文化强国之路
文化体制改革的探索与实践
（上）

李长春

人民出版社

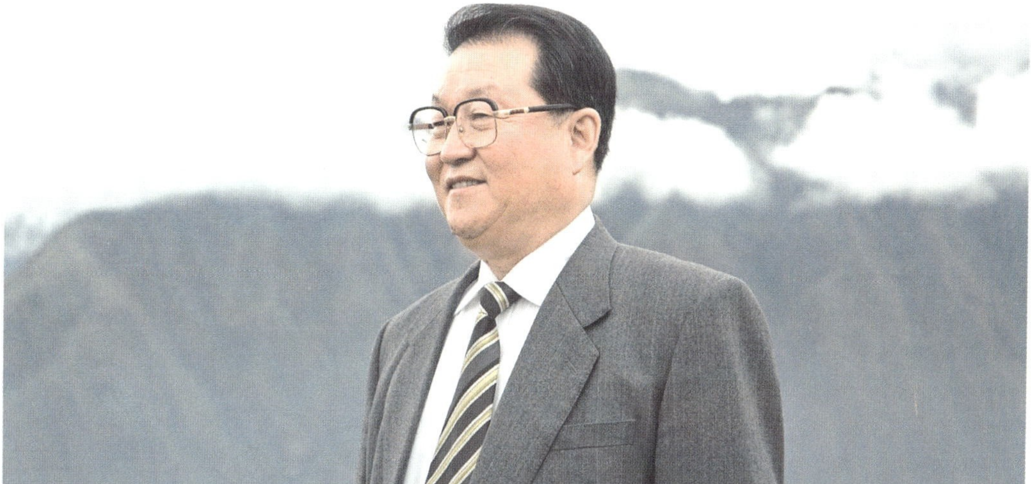

目　录

（上）

关于《中共中央关于深化文化体制改革推动社会主义文化
　　大发展大繁荣若干重大问题的决定》的说明............... 李长春　1
（2011年10月15日）

深化文化体制改革，
推动社会主义文化大发展大繁荣

深化文化体制改革是贯彻落实"三个代表"重要思想的
　　必然要求..31
（2002年12月至2003年3月）

宣传思想工作要坚持"三贴近"..35
（2003年3月26日）

扎实推进文化体制改革试点工作..45
（2003年6月28日）

提高认识，狠抓落实，深入推进文化体制改革.........................62
（2006年3月28日）

文化建设迈向大发展大繁荣 80
　（2007年7月4日）

认真贯彻落实党的十七大精神，大力推进文化
　改革发展 94
　（2008年3月5日至9日）

深入学习实践科学发展观，推动社会主义文化
　大发展大繁荣 110
　（2008年11月16日）

正确认识和处理文化改革发展中的若干重大关系，
　努力探索中国特色社会主义文化发展道路 135
　（2010年6月16日）

贯彻落实胡锦涛同志重要讲话精神，开创文化改革
　发展新局面 160
　（2010年8月20日、2011年1月4日）

文化体制改革是宣传思想文化工作的一大亮点 182
　（2011年1月30日）

党领导文化建设的纲领性文件 186
　（2011年11月2日）

力争如期完成文化体制改革的阶段性任务 229
　（2012年2月15日）

在新的历史条件下继承和弘扬《讲话》精神，
  奋力开拓中国特色社会主义文化发展道路......232
 （2012年5月23日）

不平凡的历程，历史性的成就......252
 （2012年9月26日）

沿着中国特色社会主义文化发展道路阔步前进......276
 （2012年11月8日）

解放思想、转变观念，牢固树立符合科学发展观要求的新的文化发展理念

实践呼唤改革......285
 （2003年4月13日）

思想观念是个总开关......292
 （2003年4月至6月）

破除妨碍文化改革发展的思想观念和体制弊端......298
 （2003年5月14日）

进一步做好改革的思想理论准备和工作准备......303
 （2003年6月3日）

认识和树立新的文化发展理念 308
（2007年9月6日）

变三思而后行为二思而后行 312
（2009年11月5日）

软实力也是硬支撑 316
（2010年11月3日）

文化建设既要强"魂"又要健"体" 318
（2011年10月26日）

抓紧抓实抓出成效 323
（2013年5月9日）

加快推进文化体制机制创新，
进一步解放和发展文化生产力

国有文化单位改革要分类推进 335
（2002年12月27日）

在实践中探索创新，为改革提供新鲜经验 338
（2003年2月4日）

改革要抓好试点 352
（2003年2月14日）

逐步完善文化法律法规体系 356
　（2003年3月7日）

改革要在体制机制创新上下功夫 359
　（2003年4月1日）

弄清文化体制改革的关键 363
　（2003年4月11日）

面向群众面向市场进行体制机制创新 366
　（2003年6月2日）

股份制是推进国有文艺院团改革的有益探索 370
　（2004年2月6日）

理清文化体制改革的基本思路 378
　（2004年3月11日）

抓好文化市场综合执法试点意义很大 389
　（2004年7月22日）

创新网吧经营体制机制 392
　（2006年2月8日）

文化体制改革要防止三种倾向 394
　（2006年11月24日）

进一步完善文化改革发展的政策措施 396
　（2007年12月14日）

推动出版发行体制改革取得更大进展 403
　　（2009年1月16日）

构建有利于文化科学发展的体制机制 408
　　（2009年5月8日至20日）

事业性文化单位要积极探索管理体制和运行模式创新 420
　　（2010年9月17日、2012年9月28日）

发挥首都全国文化中心示范带动作用 422
　　（2011年9月8日）

加快推进国有文艺院团改革 433
　　（2012年6月14日）

广播电台电视台合并要实现"化学反应" 444
　　（2012年7月1日）

关于《中共中央关于深化文化体制改革推动社会主义文化大发展大繁荣若干重大问题的决定》的说明

（2011年10月15日）

李 长 春

现在，我受中央政治局委托，就党的十七届六中全会《决定》有关问题向全会作说明。

一、关于全会研究深化文化体制改革、推动社会主义文化大发展大繁荣问题的基本考虑

中央政治局决定党的十七届六中全会重点研究深化文化体制改革、推动社会主义文化大发展大繁荣问题并作出决定，主要基于以下几点考虑。

第一，全面贯彻落实党的十七大精神，推动社会主义文化大发展大繁荣，需要进一步从战略上研究部署文化改革发展。党的十七大从党和国家事业发展全局出发，对兴起社会主义文化建设新高潮、推动社会主义文化大发展大繁荣作出战略部署，强调中华民族伟大复兴必然伴随着中华文化繁荣兴盛，要更加自觉、更加主动地推动文化大发展大繁荣，在中国特色社

会主义的伟大实践中进行文化创造。全党全国认真贯彻落实党的十七大精神，推进文化体制改革，大力发展文化事业和文化产业，开创了文化建设新局面。中央政治局认为，面对国内外形势新变化、我国经济社会发展新要求、各族人民过上更好生活的新期待以及文化建设面临的新情况新问题，必须深化文化体制改革、推动社会主义文化大发展大繁荣，进一步为全党全国各族人民坚持和发展中国特色社会主义提供强大精神力量。召开一次全会对文化改革发展作出战略部署，是贯彻落实党的十七大确定的重大任务的必然要求，也是新形势下加强我国社会主义文化建设的迫切需要。

第二，深入贯彻落实科学发展观，实现"十二五"时期奋斗目标，加快全面建设小康社会进程，需要进一步从战略上研究部署文化改革发展。文化建设是中国特色社会主义事业总体布局的重要组成部分，文化更加繁荣是全面建设小康社会的重要目标和重要保证。当代中国进入了全面建设小康社会的关键时期和深化改革开放、加快转变经济发展方式的攻坚时期。"十二五"规划纲要从推动科学发展的高度提出未来5年我国文化发展的目标任务，强调要基本建成公共文化服务体系、推动文化产业成为国民经济支柱性产业。我们要顺利实现"十二五"时期奋斗目标、到2020年全面建成惠及十几亿人口的更高水平的小康社会，必须加快文化改革发展，推动文化建设与经济建设、政治建设、社会建设以及生态文明建设协调发展。

第三，提高国家文化软实力、在日趋激烈的综合国力竞争中赢得主动，需要进一步从战略上研究部署文化改革发展。当今综合国力竞争的一个显著特点，是文化的地位和作用更加凸显，越来越多的国家把提高文化软实力作为发展战略的重要内容。从一定意义上说，谁占据了文化发展制高点，谁拥有了强大文化软实力，谁就能够在激烈的国际竞争中赢得主动。在这样的形势下，我们必须大力弘扬中华优秀传统文化，大力发展社会主义先进文化，不断扩大中华文化国际影响力，形成与我国国际地位相称的文化软实力，牢牢掌握思想文化领域国际斗争主动权，切实维护国家文化安全。

第四，切实解决当前文化建设面临的突出问题，需要进一步从战略上研究部署文化改革发展。改革开放特别是党的十六大以来，我国文化改革发展形势很好，取得了历史性成就。同时，我们也要看到，总体上讲，我国文化建设同经济发展和人民日益增长的精神文化需求还不完全适应，同推动科学发展、促进社会和谐的要求还不完全适应，同扩大对外开放的新形势还不完全适应，宣传思想文化领域也还存在不少亟待解决的问题。解决文化建设面临的突出问题，动力在深化改革，出路在加快发展。我们必须抓住和用好我国发展的重要战略机遇期，以改革创新的思路办法和更加有力的政策举措推动文化又好又快发展。

总之，中央政治局认为，深入研究我国文化建设的新形势新要求，总结我国文化改革发展的丰富实践和宝贵经验，研究部署深化文化体制改革、推动社会主义文化大发展大繁荣，进一步兴起社会主义文化建设新高潮，对夺取全面建设小康社会新胜利、开创中国特色社会主义事业新局面、实现中华民族伟大复兴具有重大而深远的意义。

二、关于《决定》起草过程

《决定》起草工作是在中央政治局常委会直接领导下进行的。4月下旬,经中央政治局批准,文件起草组正式成立。胡锦涛总书记在文件起草组第一次全体会议上作了重要讲话,对起草工作提出明确要求、指明了努力方向。中央要求,《决定》起草要充分发扬民主,注意吸收各方面意见,做到科学决策、民主决策。为集中全党智慧起草好文件,4月下旬,中央就全会议题在党内一定范围征求意见。各地区各部门各方面认真组织学习讨论,共反馈意见121份。5月上旬,文件起草组组成8个调研组,分赴12个省市和部队开展调研。文件起草组还委

2011年10月15日至18日,中国共产党第十七届中央委员会第六次全体会议在北京举行。 （新华社记者张铎摄）

关于《中共中央关于深化文化体制改革推动社会主义文化大发展大繁荣若干重大问题的决定》的说明

托中央和国家机关29个部门开展专题调研，形成48个专题调研报告。

各地区各部门各方面普遍赞同党的十七届六中全会把研究深化文化体制改革、推动社会主义文化大发展大繁荣作为主题。文件起草组在充分吸收和采纳各方面意见的基础上形成文件框架提纲和《决定》初稿。中央政治局和中央政治局常委会多次审议，提出重要修改意见。经反复修改，形成《决定》征求意见稿。8月初，中央政治局决定将《决定》下发党内一定范围征求意见。这期间，胡锦涛同志主持召开座谈会听取了各民主党派中央、全国工商联负责人和无党派人士意见。文件起草组召开座谈会，听取了文化界部分专家学者意见。

各地区各部门各方面对《决定》征求意见稿给予高度评价，同时提出2112条意见，扣除重复性意见后为1498条。中央责成文件起草组对各地区各部门各方面意见予以认真研究。文件起草组对每一份报告都仔细研究，对每一条意见都认真讨论，对《决定》作出修改325处，并尽量压缩《决定》篇幅。

9月，中央政治局常委会和中央政治局先后再次审议《决定》。文件起草组根据这两次会议精神，对《决定》进行修改，形成了报送全会审议的稿子。

三、关于《决定》总体框架和布局

《决定》除引言和结束语外，共九个部分，分为三个板块。第一、第二部分构成第一板块，主要阐述新形势下深化文化体制改革、推动社会主义文化大发展大繁荣的重大意义、指导思想、奋斗目标、重要方针。第三、第四、第五、第六、第七、第八六个部分构成第二板块，主要部署文化改革发展重点任务。第九部分是第三板块，阐述加强和改进党对文化工作的领导。

在确定总体框架和布局时，我们注意把握以下三个方面。

第一，文化内涵十分丰富、外延非常宽泛，可以指人类在改造客观世界过程中创造的物质成果和精神成果的总和，也可以指人类在改造客观世界过程中创造的精神成果的总和。《决定》从中国特色社会主义事业总体布局出发把握文化范畴，重点研究部署与经济建设、政治建设、社会建设相对应的文化建设。对教育、科技、体育等领域，在与文化建设直接相关的问题上也有所涉及。推进文化改革发展包括很多方面，每个方面也涉及很多任务，《决定》对这些任务作出全面部署，同时注重突出重点。

第二，推动社会主义文化大发展大繁荣是一项紧迫任务，也是一项长期任务，既要抓紧推进当前紧迫的工作，又要对长期战略目标作出谋划。为此，《决定》既提出了到2020年文化改革发展的阶段性目标，又提出了建设社会主义文化强国这一长期战略目标，着力点放在当前和今后一个时期文化改革发展重点任务上，努力做到既立足当前、又着眼长远。

第三，文化改革发展是一个理论性和实践性都很强的问题，既要注重从理论上阐明文化改革发展的重大问题，又要注重从实践上提出实实在在的政策措施。综合各地区各部门各方面意见，大家比较一致的看法是，当前和今后一个时期推进文化改革发展需要着力研究解决以下几个问题。一是进一步深化对推进文化改革发展重要性和紧迫性的认识，增强全党全社会的文化自觉。二是加强社会主义核心价值体系建设，巩固全党全国各族人民团结奋斗的共同思想道德基础。三是繁荣文化创作生产，更好满足人民精神文化需求。四是加快文化事业和文化产业发展，提高我国文化总体实力。五是完善文化体制机制，增强文化发展动力和活力。六是加大文化人才培养力度，壮大文化人才队伍。七是加强和改进党对文化工作的领导。《决定》重点围绕上述普遍关注的问题进行研究部署。

四、关于推进文化改革发展的重要性和紧迫性

《决定》第一部分重点讲这个问题，从我们党重视和开展文化工作的实践和取得的成就、文化改革发展面临的机遇和挑战、文化改革发展在党和国家工作大局中的地位和作用、文化建设存在的突出矛盾和问题等方面阐述新形势下推进文化改革发展的重要性和紧迫性，主要作了三个层次的论述。一是从五个方面回顾了改革开放特别是党的十六大以来我们党推动文化建设取得的成就及其对党和国家事业全局作出的贡献。强调改革开放特别是党的十六大以来，我们党始终把文化建设放在党和国家全局工作重要战略地位，坚持物质文明和精神文明两手抓，实行依法治国和以德治国相结合，促进文化事业和文化产业同发展，推动文化建设不断取得新成就，走出了中国特色社会主义文化发展道路，显著提高了全民族思想道德素质和科学文化素质、促进了人的全面发展，显著增强了国家文化软实力，为坚持和发展中国特色社会主义提供了强大精神力量。二

是用"四个更加"、"四个越来越"、"三个关系"集中阐述推进文化改革发展的重大意义。强调当今世界各种思想文化交流交融交锋更加频繁，文化在综合国力竞争中的地位和作用更加凸显，维护国家文化安全任务更加艰巨，增强国家文化软实力、中华文化国际影响力要求更加紧迫。强调文化越来越成为民族凝聚力和创造力的重要源泉、越来越成为综合国力竞争的重要因素、越来越成为经济社会发展的重要支撑，丰富精神文化生活越来越成为我国人民的热切愿望。强调在新的历史起点上深化文化体制改革、推动社会主义文化大发展大繁荣，关系实现全面建设小康社会奋斗目标，关系坚持和发展中国特色社会主义，关系实现中华民族伟大复兴。强调物质贫乏不是社会主义，精神空虚也不是社会主义；没有社会主义文化繁荣发展，就没有社会主义现代化。三是着眼世情国情党情新变化，深入分析文化改革发展面临的新形势新要求。我国文化领域正在发生广泛而深刻的变革，推动文化大发展大繁荣既具备许多有利条件，也面临一系列新情况新问题。《决定》从八个方面分析了当前文化领域存在的突出矛盾和问题，包括一些地方和单位对文化建设重要性、必要性、紧迫性认识不够，文化在推动全民族文明素质提高中的作用亟待加强；一些领域道德失范、诚信缺失，一些社会成员人生观、价值观扭曲，用社会主义核心价值体系引领社会思潮更为紧迫，巩固全党全国各族人民团结奋斗的共同思想道德基础任务繁重；舆论引导能力需要提高，网络建设和管理亟待加强和改进；有影响的精品力作还不够多，文化产品创作生产引导力度需要加大；公共文化服务体系不健全，城乡、区域文化发展不平衡；文化产业规模不大、结构不合理,束缚文化生产力发展的体制机制问题尚未根本解决;文化走出去较为薄弱,中华文化国际影响力需要进一步增强;文化人才队伍建设急需加强。强调我们必须抓住和用好我国发展的重要战略机遇期,在坚持以经济建设为中心的同时,自觉把文化繁荣发展作为坚持发展是硬道理、发展是党执政兴国第一要务的重要内容,作为深入贯彻落实科学发展观的一个基本要求。要求全党准确把握我国经济社会发展新要求,准确把握当今时代文化发展新趋势,准确把握各族人民精神文化生活新期待,增强责任感和紧迫感,解放思想,转变观念,抓住机遇,乘势而上,在全面建设小康社会进程中、在科学发展道路上奋力开创社会主义文化建设新局面。

五、关于推进文化改革发展的指导思想、目标任务、重要方针

《决定》第二部分重点讲这些内容,突出阐述坚持中国特色社会主义文化发展道路、努力建设社会主义文化强国。这是新中国成立特别是改革开放以来我国文化建设实践探索的基本结论,是对中国特色社会主义道路认识的丰富和深化,鲜明回答了我国文化改革发展走什么路、朝着什么样的目标迈进这个带有方向性、战略性的重大问题。《决定》提出的文化改革发展的指导思想、目标任务、重要方针都是围绕这个重大问题展开的。

《决定》提出,坚持中国特色社会主义文化发展道路,深化文化体制改革,推动社会主义文化大发展大繁荣,必须全面

贯彻党的十七大精神，高举中国特色社会主义伟大旗帜，以马克思列宁主义、毛泽东思想、邓小平理论和"三个代表"重要思想为指导，深入贯彻落实科学发展观，坚持社会主义先进文化前进方向，以科学发展为主题，以建设社会主义核心价值体系为根本任务，以满足人民精神文化需求为出发点和落脚点，以改革创新为动力，发展面向现代化、面向世界、面向未来的，民族的科学的大众的社会主义文化，培养高度的文化自觉和文化自信，提高全民族文明素质，增强国家文化软实力，弘扬中华文化，努力建设社会主义文化强国。这段话，是我们推进文化改革发展的指导思想，也是坚持中国特色社会主义文化发展道路的基本要求。

《决定》提出了建设社会主义文化强国的总体要求，这就是：着力推动社会主义先进文化更加深入人心，推动社会主义精神文明和物质文明全面发展，不断开创全民族文化创造活力持续迸发、社会文化生活更加丰富多彩、人民基本文化权益得到更好保障、人民思想道德素质和科学文化素质全面提高的新局面，建设中华民族共有精神家园，为人类文明进步作出更大贡献。

《决定》提出建设社会主义文化强国是考虑到，我国是文明古国，是文化资源大国，但还算不上文化强国，迫切需要加快建设与我国深厚文化底蕴和丰富文化资源相匹配、与中国特色社会主义事业总体布局相适应、与建设富强民主文明和谐的社会主义现代化国家的目标相承接的社会主义文化强国。目前，已有二十多个省区市提出建设文化强省、文化强区、文化强市的目标。在这个基础上，从国家层面提出建设社会主义文化强国，符合我国实际，符合党和国家事业发展要求，有利于凝聚各方面力量推动社会主义文化大发展大繁荣。从征求意见的情况看，大家一致赞同这个目标。考虑到建设社会主义文化强国需要一个过程，而且要与国家现代化战略部署相联系，《决定》没有提出建成社会主义文化强国的具体时间表，而是强调全党全国要共同努力，为把我国建设成为社会主义文化强国打下坚实基础。

按照党的十七大提出的实现全面建设小康社会奋斗目标新要求，《决定》提出了到2020年文化改革发展奋斗目标，这就是：社会主义核心价值体系建设深入推进，良好思想道德风尚进一步弘扬，公民素质明显提高；适应人民需要的文化产品更加丰富，精品力作不断涌现；文化事业全面繁荣，覆盖全社会的公共文化服务体系基本建立，努力实现基本公共文化服务均等化；文化产业成为国民经济支柱性产业，整体实力和国际竞争力显著增强，公有制为主体、多种所有制共同发展的文化产业格局全面形成；文化管理体制和文化产品生产经营机制充满活力、富有效率，以民族文化为主体、吸收外来有益文化、推动中华文化走向世界的文化开放格局进一步完善；高素质文化人才队伍发展壮大，文化繁荣发展的人才保障更加有力。

《决定》在总结文化建设实践经验的基础上，提出文化改革发展的重要方针，就是"五个坚持"：一是坚持以马克思主义为指导，这强调的是文化改革发展的根本指导思想。二是坚持社会主义先进文化前进方向，这强调的是文化改革发展的根本性质。三是坚持以人为本，这强调的是文化改革发展的根本目的。四是坚持把社会效益放在首位，这强调的是文化改革发展的根本要求。五是坚持改革开放,这强调的是文化改革发展的根本动力。

六、关于推进文化改革发展的重大举措

《决定》围绕建设社会主义文化强国和实现到2020年文化改革发展奋斗目标,围绕各地区各部门各方面普遍关注的重点问题,从六个方面作出工作部署、提出重大举措。

第一,推进社会主义核心价值体系建设,巩固全党全国各族人民团结奋斗的共同思想道德基础。历史和现实反复证明,没有核心价值体系,一种文化就立不起来、强不起来,一个民族就没有赖以维系的精神纽带,一个国家就没有统一意志和共同行动。基于这样的认识,《决定》首先对推进社会主义核心价值体系建设进行阐述和部署,并将这方面的总体要求作为一条红线贯穿全篇。《决定》提出,社会主义核心价值体系是兴国之魂,是社会主义先进文化的精髓,决定着中国特色社会主义发展方向。要把社会主义核心价值体系融入国民教育、精神文明建设和党的建设全过程,贯穿改革开放和社会主义现代化建设各领域,体现到精神文化产品创作生产传播各方面,坚持用社会主义核心价值体系引领社会思潮,在全党全社会形成统一指导思想、共同理想信念、强大精神力量、基本道德规范。围绕这项任务,《决定》从四个方面作出工作部署。一是坚持马克思主义指导地位。《决定》提出,要毫不动摇地坚持马克思主义基本原理,用发展着的马克思主义指导新的实践,推动学习实践科学发展观向深度和广度拓展。要大力推进马克思主

2011年10月15日,李长春在中共十七届六中全会上,就《中共中央关于深化文化体制改革推动社会主义文化大发展大繁荣若干重大问题的决定(讨论稿)》作说明。

(新华社记者鞠鹏摄)

义学习型政党建设,深入推进马克思主义理论研究和建设工程[1],实施中国特色社会主义理论体系普及计划[2],推动中国特色社会主义理论体系进教材、进课堂、进头脑,加强和改进学校思想政治教育。二是坚定中国特色社会主义共同理想。《决定》提出,中国特色社会主义是当代中国发展进步的根本方向,集中体现了最广大人民根本利益和共同愿望。要深入开展理想信念教育,深入开展形势政策教育、国情教育、革命传统教育、改革开放教育、国防教育,坚定广大干部群众对中国特色社会主义的信心和信念。三是弘扬以爱国主义为核心的民族精神和以改革创新为核心的时代精神。《决定》提出,爱国主义是中华民族最深厚的思想传统,最能感召中华儿女团结奋斗；改革创新是当代中国最鲜明的时代特征，最能激励中华儿女锐意进取。要广泛开展民族精神教育，广泛开展时代精神教育，大力弘扬一切有利于国家富强、民族振兴、人民幸福、社会和谐的思想和精神，大力发扬艰苦奋斗、劳动光荣、勤俭节约的优良传统，加强民族团结进步教育，加强爱国主义教育基地建设。四是树立和践行社会主义荣辱观。《决定》提出，社会主义荣辱观体现了社会主义道德的根本要求。要深入开展社会主义荣辱观宣传教育，推进公民道德建设工程，深化群众性精神文明创建活动，拓展各类道德实践活动，全面加强学校德育体系建设，深入开展学雷锋活动，开展道德领域突出问题专项教育和治理。要大力推进政务诚信、商务诚信、社会诚信和司法公信建设，抓紧建立健全覆盖全社会的征信系统，加大对失信行为惩戒力度。要加强法制宣传教育，弘扬科学精神，深入开展反腐倡廉教育。

在征求意见和起草调研过程中，一些同志建议对社会主义核心价值体系作概括，提出简明扼要、便于传播践行的社会主义核心价值观。文件起草组进行深入调研，多方听取意见，委托有关部门和单位进行专题研究，梳理关于社会主义核心价值观的各种表述。从调研情况看，概括出能够得到广泛认同的社会主义核心价值观，需要在实践中继续探索。

第二，全面贯彻"二为"方向[3]和"双百"方针[4]，为人民提供更好更多的精神食粮。推动文化繁荣发展，满足人民多样化精神文化需求，不论是发展文化事业还是发展文化产业，基础工作是要创作生产更多优秀作品。这是文化繁荣发展的重要标志，也是文化繁荣发展的重要支撑。当前，我国文化产品

关于《中共中央关于深化文化体制改革推动社会主义文化大发展大繁荣若干重大问题的决定》的说明

创作生产方向总体上是正确的，文化创作生产呈现积极向上、繁荣发展的景象。同时，我们也要看到，与人民群众的需求和期待相比，文化创作生产仍然存在不小差距，叫得响、传得开、留得住的高质量文化产品还不多，特别是人民群众对文化创作生产中存在低俗、一切向钱看等问题反映强烈。因此，必须加强对文化创作生产的引导，特别是要牢牢坚持正确创作方向。《决定》提出，正确创作方向是文化创作生产的根本性问题，必须全面贯彻为人民服务、为社会主义服务的方向和百花齐放、百家争鸣的方针，必须牢固树立人民是历史创造者的观点，坚持以人民为中心的创作导向，引导文化工作者牢记为人民服务、为社会主义服务的神圣职责，坚持正确文化立场，弘扬真善美、贬斥假恶丑，发挥文化引领风尚、教育人民、服务社会、推动发展的作用。

文化产品创作生产，最主要的领域是哲学社会科学、新闻舆论、文艺作品、网络文化。《决定》分别对这些领域作出工作部署。关于繁荣发展哲学社会科学。《决定》强调，必须大力发展哲学社会科学，使之更好发挥认识世界、传承文明、创新理论、咨政育人、服务社会的重要功能。要巩固发展马克思主义理论学科，建设具有中国特色、中国风格、中国气派的哲学社会科学。要坚持以重大现实问题为主攻方向，加强对全局性、战略性、前瞻性问题研究，实施哲学社会科学创新工程[5]，发挥国家社会科学基金示范引导作用，整合哲学社会科学研究力量，建设一批具有专业优势的思想库。关于加强和改进新闻舆论工作。《决定》强调，舆论导向正确是党和人民之福，舆论导向错误是党和人民之祸。要坚持马克思主义新闻观，牢牢把握正确导向，提高舆论引导的及时性、权威性和公信力、影响力，加强和改进正面宣传，加强社会热点难点问题引导，加强和改进舆论监督。新闻媒体和新闻工作者要秉持社会责任和职业道德，真实准确传播新闻信息，自觉抵制错误观点，坚决杜绝虚假新闻。关于推出更多优秀文艺作品。《决定》强调，各领域文艺工作者都要积极投身到讴歌时代和人民的文艺创造活动之中，创作生产出思想性艺术性观赏性相统一、人民喜闻乐见的优秀文艺作品。要实施精品战略，鼓励原创和现实题材创作，扶持代表国家水准、具有民族特色和地方特色的优秀艺术品种，积极发展新的艺术样式，抵制低俗之风。针对互联网等媒体快速发展的新情况新挑战，《决定》重点就发展健康向上的网络文化作出工作部署。互联网催生了新的文化生产和传播方式，形成特色鲜明的网络文化，成为干部群众特别是青少年精神文化生活的重要组成部分，也成为各种思想文化交汇和意识形态较量的重要平台。经过这些年的努力，我们在网络建设和管理方面积累了成功经验，初步形成了一套有效的管理体制，管理水平不断提高。同时，互联网突出的特点是技术更新快、发展普及快、信息扩散快，新型网络传播手段不断涌现，加强网络文化建设和管理十分重要。《决定》抓住"建设和管理"这两个关键环节作出工作部署，强调加强网上思想文化阵地建设，是社会主义文化建设的迫切任务。要认真贯彻积极利用、科学发展、依法管理、确保安全的方针，加强网上舆论引导，实施网络内容建设工程，支持重点新闻网站加快发展，打造一批在国内外有较强影响力的综合性网站和特色网站，广泛开展文明网站创建，督促网络运营服务企业履行法律义务和社会责任。要加强网络法制建设，加强对社交网络和即时通信工具等的引导和管理，规范网上信息传播秩序，培育文明理性的网络环境，深入推进整治网络淫秽色情和低俗信息专项行动[6]，维护公共利益和国家信息安全。完善文化产品评价体系和激励机制对引导文化产品创作生产具有重要意义。《决定》提出，要坚持把遵循社会主义先进文化前进方向、人民群众满意作为评价作品最高标准，把群众评价、专家评价和市场检验统一起来，形成科学的评价标准。要建立公开、公平、公正评奖机制，精简评奖种类，改进评奖办法，开展积极健康的文艺批评，在资金、频道、版面、场地等方面为展演展映展播展览弘扬主流价值的精品力作提供条件。

第三，大力发展公益性文化事业，保障人民基本文化权益。满足人民基本文化需求是社会主义文化建设的基本任务。《决定》提出，必须坚持政府主导，加强文化基础设施建设，完善公共文化服务网，让群众广泛享有免费或优惠的基本公共文化服务。从公益性文化事业发展状况和要求看，当前和今后一个时期必须在构建公共文化服务体系、发展现代传播体系、建设优秀传统文化传承体系、加快城乡文化一体化发展四个方面取得突破，《决定》就此作出工作部署。关于构建公共文化服务体系。《决定》提出，加强公共文化服务是实现人民基本文化权益的主要途径。要以公共财政为支撑，以公益性文化单位为骨干，以全体人民为服务对象，以保障人民群众看电视、听广播、读书看报、进行公共文化鉴赏、参与公共文化活动等基本文化权益为主要内容，完善覆盖城乡、结构合理、功能健全、实用高效的公共文化服务体系，把主要公共文化产品和服务项目、公益性文化活动纳入公共财政经常性支出预算，加强公共文化服务设施建设，统筹规划和建设基层公共文化服务设施，引导和鼓励社会力量参与公共文化服务。关于发展现代传播体系。《决定》提出，提高社会主义先进文化辐射力和影响力，必须加快构建技术先进、传输快捷、覆盖广泛的现代传播体系。要加强党报党刊、通讯社、电台电视台和重要出版社建设，加强国际传播能力建设，整合有线电视网络，推进电信网、广电网、互联网三网融合，发挥各类信息网络设施的文化传播作用。关于建设优秀传统文化传承体系。优秀传统文化凝聚着中华民族自强不息的精神追求和历久弥新的精神财富，是发展社会主义先进文化的深厚基础，是建设中华民族共有精神家园的重要支撑。《决定》提出，要全面认识祖国传统文化，加强对优秀传统文化思想价值的挖掘和阐发，加强国家重大文化和自然遗产地、重点文物保护单位、历史文化名城名镇名村保护建设，抓好非物质文化遗产[7]保护传承，广泛开展优秀传统文化教育普及活动，发挥国民教育在文化传承创新中的基础性作用，繁荣发展少数民族文化事业。关于加快城乡文化一体化发展。增加农村文化服务总量，缩小城乡文化发展差距，对推进社会主义新农村建设、形成城乡经济社会发展一体化新格局具有重大意义。《决定》提出，要以农村和中西部地区为重点，加强县级文化馆和图书馆、乡镇综合文化站[8]、村文化室建设，深入实施文化惠民工程，加大对革命老区、民族地区、边疆地区、贫困地区文化服务网络建设支持和帮扶力度。中央、省、市三级设立农村文化建设专项资金，保证一定数量的中央转移支付资金用于乡镇和村文化建设。

第四,加快发展文化产业,推动文化产业成为国民经济支柱性产业。发展文化产业是社会主义市场经济条件下满足人民多样化精神文化需求的重要途径。文化产业是最具发展潜力的新兴产业之一,对推动经济结构战略性调整、加快转变经济发展方式具有重要作用。近年来,我国文化产业总体发展较快,2004年至2010年全国文化产业增加值年平均现价增长速度超过23%。2010年,我国文化产业增加值突破1.1万亿元,占国内生产总值比重为2.75%。《决定》强调,必须坚持社会主义先进文化前进方向,坚持把社会效益放在首位、社会效益和经济效益相统一,按照全面协调可持续的要求,推动文化产业跨越式发展,使之成为新的经济增长点、经济结构战略性调整的重要支点、转变经济发展方式的重要着力点,为推动科学发展提供重要支撑。围绕这项任务,《决定》从四个方面作出工作部署。一是构建现代文化产业体系。《决定》提出,必须构建结构合理、门类齐全、科技含量高、富有创意、竞争力强的现代文化产业体系,在重点领域实施一批重大项目,推进文化产业结构调整,发展壮大传统文化产业,加快发展新兴文化产业,加强文化产业基地规划和建设,加大对拥有自主知识产权、弘扬民族优秀文化的产业支持力度,推动文化产业与旅游、体育、信息、物流、建筑等产业融合发展。二是形成公有制为主体、多种所有制共同发展的文化产业格局。《决定》提出,加快发展文化产业,必须毫不动摇地支持和壮大国有或国有控股文化企业,毫不动摇地鼓励和引导各种非公有制文化企业健康发展。要培育一批核心竞争力强的国有或国有控股大型文化企业或企业集团,在发展产业和繁荣市场方面发挥主导作用。在国家许可范围内，引导社会资本以多种形式投资文化产业，营造公平参与市场竞争、同等受到法律保护的体制和法制环境。三是推进文化科技创新。科技创新是文化发展的重要引擎。《决定》提出，要发挥文化和科技相互促进的作用，深入实施科技带动战略，增强自主创新能力，加强核心技术、关键技术、共性技术攻关，依托国家高新技术园区、国家可持续发展实验区等建立国家级文化和科技融合示范基地，把重大文化科技项目纳入国家相关科技发展规划和计划。四是扩大文化消费。增加文化消费总量，提高文化消费水平，是文化产业发展的内生动力。《决定》提出，要创新商业模式，拓展大众文化消费市场，开发特色文化消费，扩大文化服务消费，提高基层文化消费水平，有条件的地方要为困难群众和农民工文化消费提供适当补贴。要积极发展文化旅游，发挥旅游对文化消费的促进作用。

第五，进一步深化改革开放，加快构建有利于文化繁荣发展的体制机制。文化引领时代风气之先，是最需要创新的领域。推动社会主义文化大发展大繁荣，必须牢牢把握正确方向，加快推进文化体制改革，建立健全科学的文化管理体制和富有活力的文化产品生产经营机制，发挥市场在文化资源配置中的积极作用，创新文化走出去模式。围绕这项任务，《决定》从六个方面作出工作部署。一是深化国有文化单位改革。《决定》提出，要以建立现代企业制度为重点，加快推进经营性文化单位改革，培育合格市场主体。要推进一般国有文艺院团、非时政类报刊社、新闻网站转企改制，拓展出版、发行、影视企业改革成果，形成符合现代企业制度要求、体现文化企业特

关于《中共中央关于深化文化体制改革推动社会主义文化大发展大繁荣若干重大问题的决定》的说明

点的资产组织形式和经营管理模式。要全面推进文化事业单位人事、收入分配、社会保障制度改革,创新公共文化服务设施运行机制。要推动一般时政类报刊社、公益性出版社、代表民族特色和国家水准的文艺院团等事业单位实行企业化管理,增强面向市场、面向群众提供服务能力。二是健全现代文化市场体系。促进文化产品和要素在全国范围内合理流动,必须构建统一开放竞争有序的现代文化市场体系。《决定》提出,要重点发展图书报刊、电子音像制品、演出娱乐、影视剧、动漫游戏等产品市场,发展现代流通组织和流通形式,加快培育要素市场,办好重点文化产权交易所。三是创新文化管理体制。《决定》提出,要深化文化行政管理体制改革,加快政府职能转变,强化政策调节、市场监管、社会管理、公共服务职能,推动政企分开、政事分开,完善管人管事管资产管导向相结合的国有文化资产管理体制,健全文化市场综合行政执法机构,加快文化立法,提高文化建设法制化水平。要落实谁主管谁负责和属地管理原则,深入开展"扫黄打非"[9],完善文化市场管理,坚决扫除毒害人们心灵的腐朽文化垃圾。四是完善政策保障机制。《决定》提出,要保证公共财政对文化建设投入的增长幅度高于财政经常性收入增长幅度,提高文化支出占财政支出比例,落实和完善文化经济政策,设立国家文化发展基金,扩大有关文化基金和专项资金规模,提高各级彩票公益金用于文化事业比重,继续执行文化体制改革配套政策。五是推动中华文化走向世界。《决定》提出,要开展多渠道多形式多层次对外文化交流,创新对外宣传方式方法,实施文化走出去工程,培育一批具有国际竞争力的外向型文化企业和中介机构，加强海外中国文化中心[10]和孔子学院[11]建设，支持海外侨胞积极开展中外人文交流。六是积极吸收借鉴国外优秀文化成果。《决定》提出，要坚持以我为主、为我所用，学习借鉴一切有利于加强我国社会主义文化建设的有益经验、一切有利于丰富我国人民文化生活的积极成果、一切有利于发展我国文化事业和文化产业的经营管理理念和机制。要加强文化领域智力、人才、技术引进工作，吸收外资进入法律法规许可的文化产业领域。

第六，建设宏大文化人才队伍，为社会主义文化大发展大繁荣提供有力人才支撑。推动社会主义文化大发展大繁荣，队伍是基础，人才是关键。《决定》提出，要加快培养造就德才兼备、锐意创新、结构合理、规模宏大的文化人才队伍。围绕这项任务，《决定》从三个方面作出工作部署。一是造就高层次领军人物和高素质文化人才队伍。《决定》提出，要继续实施"四个一批"人才培养工程[12]和文化名家工程[13]，建立重大文化项目首席专家制度，造就一批人民喜爱、有国际影响的名家大师和民族文化代表人物，抓紧培养善于开拓文化新领域的拔尖创新人才、掌握现代传媒技术的专门人才、懂经营善管理的复合型人才、适应文化走出去需要的国际化人才。二是加强基层文化人才队伍建设。《决定》提出，要制定实施基层文化人才队伍建设规划，设立城乡社区公共文化服务岗位，对服务期满高校毕业生报考文化部门公务员、相关专业研究生实行定向招录，壮大文化志愿者队伍，形成专兼结合的基层文化工作队伍。三是加强职业道德建设和作风建设。《决定》提出，要引导广大文化工作者特别是名家名人自觉践行社会主义核心

关于《中共中央关于深化文化体制改革推动社会主义文化大发展大繁荣若干重大问题的决定》的说明

价值体系，增强社会责任感，努力追求德艺双馨。要鼓励文化工作者特别是文化名家、中青年骨干深入实际、深入生活、深入群众，增强国情了解，增加基层体验，增进群众感情。

七、关于加强和改进党对文化工作的领导

加强和改进党对文化工作的领导，是推进文化改革发展的根本保证，也是加强党的执政能力建设和先进性建设的内在要求。《决定》提出，必须从战略和全局出发，把握文化发展规律，健全领导体制机制，改进工作方式方法，增强领导文化建设本领。

《决定》从四个方面作出工作部署。一是切实担负起推进文化改革发展的政治责任。《决定》提出，各级党委和政府要把文化建设摆在全局工作重要位置，深入研究意识形态和宣传文化工作新情况新特点，及时研究文化改革发展重大问题，加强和改进思想政治工作，牢牢把握意识形态工作主导权，掌握文化改革发展领导权。二是加强文化领域领导班子和党组织建设。《决定》提出，要坚持德才兼备、以德为先用人标准，选好配强文化领域各级领导班子，把政治立场坚定、思想理论水平高、熟悉文化工作、善于驾驭意识形态领域复杂局面的干部充实到领导岗位上来，把文化领域各级领导班子建设成为坚强领导集体。要加强领导班子思想政治建设，增强政治敏锐性和政治鉴别力，筑牢思想防线，确保文化阵地导向正确。各级领导干部要高度重视并切实抓好文化工作，加强文化理论学习和文化问题研究，提高文化素养，努力成为领导文化建设的行家

里手。三是健全共同推进文化建设工作机制。《决定》提出，推动社会主义文化大发展大繁荣是全党全社会的共同责任。要建立健全党委统一领导、党政齐抓共管、宣传部门组织协调、有关部门分工负责、社会力量积极参与的工作体制和工作格局，形成文化建设强大合力。四是发挥人民群众文化创造积极性。人民是推动社会主义文化大发展大繁荣最深厚的力量源泉。《决定》提出，要牢固树立马克思主义群众观点，为广大群众成为社会主义文化建设者提供广阔舞台，广泛开展群众性文化活动，引导群众在文化建设中自我表现、自我教育、自我服务，推广大众文化优秀成果，在全社会营造鼓励文化创造的良好氛围，让蕴藏于人民中的文化创造活力得到充分发挥。

注　释

〔1〕马克思主义理论研究和建设工程，是党的十六大以来中央组织实施的思想理论建设的标志性工程，2004年4月启动，主要任务包括加强马克思主义中国化理论成果和重大现实问题的研究，加强马克思主义经典著作的编译和研究，建设充分反映马克思主义中国化最新成果的哲学社会科学学科体系和教材体系，加强马克思主义理论队伍建设等。截至2012年底，工程取得了丰硕成果。在经典著作编译和基本观点研究方面，编译出版了10卷本《马克思恩格斯文集》和5卷本《列宁专题文集》。在马克思主义学科建设方面，增设马克思主义理论为一级学科，下设6个二级学科，一批高校成立了马克思主义学院，基本形成了完整的马克思主义理论学科体系。在高校思想政治理论课教材和重点学科教材建设方面，推出了《马克思主义基本原理概论》、《毛泽东思想和中国特色社会主义理论体系概论》、

关于《中共中央关于深化文化体制改革推动社会主义文化大发展大繁荣若干重大问题的决定》的说明

《中国近现代史纲要》、《思想品德修养和法律基础》等4门高校思想政治理论课新教材,以及《马克思主义哲学》、《史学概论》、《文学理论》、《新闻学概论》等30多种重点学科教材,反映马克思主义中国化最新成果的高校哲学社会科学教材体系正在逐步形成。在重大理论和现实问题研究方面,推出了一大批对党和政府决策有重要参考价值的报告。在理论人才培养方面,中共中央宣传部、中共中央组织部等6部门在中央党校举办了40期高校哲学社会科学教学科研骨干研修班,中共中央宣传部、教育部在国家教育行政学院举办了28期高校思想政治理论课骨干教师研修班,先后组织专家学者1400余人次开展国情调研和出国考察,团结和凝聚了一大批优秀理论人才。

〔2〕中国特色社会主义理论体系普及计划,是党的十七届六中全会提出的一项理论武装工作任务。

〔3〕"二为"方向,指文艺要坚持"为人民服务、为社会主义服务"的方向。最早见于国家出版局1980年颁布的《出版社工作暂行条例》,后由《人民日报》1980年7月26日社论作了较详细的阐述。它取代了"文艺为工农兵服务"、"文艺为政治服务"的口号,体现了新时期的文艺政策。

〔4〕"双百"方针,指毛泽东提出的"百花齐放、百家争鸣"的方针。毛泽东1951年提出"百花齐放",1953年提出"百家争鸣"。1956年4月28日,毛泽东在中共中央政治局扩大会议上的总结讲话中说:"艺术问题上的百花齐放,学术问题上的百家争鸣,我看应该成为我们的方针。"从此,"百花齐放、百家争鸣"成为促进我国文艺发展和科学进步,繁荣社会主义文化的一项基本方针。

〔5〕哲学社会科学创新工程,是党的十七届六中全会提出的推动哲学社会科学繁荣发展的战略举措。其主要目标和任务是,瞄准学术发展前沿,推进学科体系、学术观点、科研方法创新,建立具有鲜明时代特征的学科理论体系和体现中国特色社会主义伟大创新实践的学术话语体系,形成中国特色、中国风格、中国气派的哲学社会科学。

〔6〕整治网络淫秽色情和低俗信息专项行动，是由中共中央对外宣传办公室、工业和信息化部、公安部等部门从2009年1月开始联合开展的针对互联网和手机传播淫秽色情等不良信息的整顿、治理行动。

〔7〕非物质文化遗产，指各种以非物质形态存在的与群众生活密切相关、世代相承的传统文化表现形式，包括传统口头文学以及作为其载体的语言、传统表演艺术、民俗活动和礼仪与节庆、有关自然界和宇宙的民间传统知识和实践、传统手工艺技能等，以及与上述传统文化表现形式相关的文化空间。非物质文化遗产是以人为本的活态文化遗产，它强调的是以人为核心的技艺、经验、精神，其特点是活态流变。

〔8〕乡镇综合文化站，指在乡镇组建的集图书阅读、广播影视、宣传教育、文艺演出、科技推广、科普培训、体育和青少年活动等于一体的综合性文化站。为在农村地区整合公共文化资源、丰富农村文化生活、提升综合服务能力，2005年中央有关部门开始组织实施乡镇综合文化站工程，该工程是农村公共文化服务体系的重要组成部分。截至"十一五"期末，全国共建成乡镇综合文化站34139个，基本实现"乡乡有综合文化站"目标。

〔9〕"扫黄打非"，文化市场管理的专业术语。"扫黄"指清理黄色书刊、黄色音像制品及歌舞娱乐场所、服务行业的色情服务，即扫除淫秽色情、封建迷信等危害人们身心健康、污染社会文化环境的文化垃圾；"打非"指打击非法出版物，即打击违反《中华人民共和国宪法》规定的破坏社会安定、危害国家安全、煽动民族分裂的出版物，侵权盗版出版物以及其他非法出版物。

〔10〕海外中国文化中心，指中国政府在国外建立的以推介中华文化、促进中外文化交流为主要任务的文化中心，开展文化活动、教学培训和信息服务。截至2012年11月，已建成运营10个海外中国文化中心，在建9个，并与多个国家签署建立中心的协定、备忘录或声明。

〔11〕孔子学院，是向世界推广汉语、增进世界各国对中国了解的非营利性教育机构，2004年成立，总部设在北京。孔子学院以汉语教学为核心

任务，通过中外双方教育机构合作办学，满足世界各个国家和地区人民对汉语学习的需要，同时开展中医、武术、电影等多种文化活动，已经成为综合性对外文化交流平台。2004年11月21日，全球第一所孔子学院在韩国首都挂牌。截至2012年底，全球已有410所孔子学院、540个孔子课堂，分布在108个国家和地区，注册学员（攻读学位）50多万人。

〔12〕"四个一批"人才培养工程，是全国宣传文化系统实施的一项人才工程。从2003年开始，中共中央组织部、中共中央宣传部和人事部在宣传文化系统内选拔的有过硬的思想政治素质、较大的专业成就、本科以上文化程度、年龄在50周岁以下的一批全面掌握邓小平理论和"三个代表"重要思想、学贯中西、联系实际的理论家；一批坚持正确导向、深入反映生活、受到群众喜爱的名记者、名编辑、名主持人；一批熟悉党和国家方针政策、社会责任感强、精通业务知识的出版家；一批紧跟时代步伐、热爱祖国和人民、艺术水平精湛的作家、艺术家，简称"四个一批"。

〔13〕文化名家工程，是中共中央组织部、中共中央宣传部以及人力资源和社会保障部实施的重大人才工程，目的在于培养造就一批造诣高深、成就突出、影响广泛的宣传思想文化领域杰出人才，进一步提高国家文化软实力。主要任务是，每年确定一批哲学社会科学、新闻出版、广播影视、文化艺术和文物保护、文化经营管理、文化科技等方面的名家，对他们承担重大课题、重点项目、重要演出以及开展创作研究、展演交流、出版专著等活动给予重点资助扶持。文化名家的遴选从2011年开始分期分批进行，到2020年完成工程目标，届时由国家资助的文化名家将达到2000名。

深化文化体制改革，推动社会主义文化大发展大繁荣

深化文化体制改革是贯彻落实"三个代表"重要思想的必然要求[*]

（2002年12月至2003年3月）

> 用"三个代表"重要思想统领宣传思想工作，体现到文化建设上，就要以增强活力、壮大实力、提高竞争力为重点，发展文化事业和文化产业，深化文化体制改革。

一

大力发展社会主义先进文化，是应对国内外形势发展变化、提高党的领导水平和执政水平的迫切需要，是全面建设小康社会、加快推进社会主义现代化的内在要求，也是落实"三个代表"重要思想、推动社会主义文化发展繁荣的根本要求。落实"三个代表"重要思想，其中一个重要方面就是大力发展社会主义先进文化。这是我们宣传思想战线直接的任务。党的十六大报告提出了牢牢把握社会主义先进文化的前进方向、坚持弘扬和培育民族精神、切实加强思想道德建设、大力发展教育和科技事业、

---

[*] 这是李长春同志三篇讲话的节选。

积极发展文化事业和文化产业、继续深化文化体制改革等六项任务。宣传思想战线的各个部门、各个单位都是建设社会主义先进文化的骨干力量，也是重要的组织者和领导者，要认真学习党的十六大关于文化建设和文化体制改革的重要部署，担负起落实文化建设和文化体制改革的各项任务。各个单位要在调查研究的基础上，结合自身的业务，总结正反两个方面的经验，制定落实好党的十六大提出的文化建设和文化体制改革任务的具体措施。

（2002年12月2日在十六届中央宣传思想工作
领导小组第一次会议上讲话的一部分）

二

党的十六大把"三个代表"重要思想同马克思列宁主义、毛泽东思想、邓小平理论一道，确立为我们党必须长期坚持的指导思想，实现了我们党指导思想上的又一次与时俱进，这是一个历史性决策，一个历史性贡献。"三个代表"重要思想，坚持了马克思主义基本原理及其世界观、方法论，是对马克思列宁主义、毛泽东思想和邓小平理论的继承，同时又反映了时代的新要求，用新的思想、新的观点、新的论断丰富和发展了马克思列宁主义、毛泽东思想、邓小平理论。坚持"三个代表"重要思想，就是坚持马克思列宁主义、毛泽东思想和邓小平理论。在新世纪新阶段做好宣传思想工作，把宣传思想工作提高到新水平，必须认真落实胡锦涛总书记提出的坚持用"三个代表"重要思想统领宣传思想工作的要求。

用"三个代表"重要思想统领宣传思想工作，体现到文化建设上，就要以增强活力、壮大实力、提高竞争力为重点，发展文化事业和文化产业，深化文化体制改革。发展文化事业和文化产业，是发展社会主义先进文化的重要途径。要积极推进文化领域资产重组，优化文化资源配置，把文化事业和文化产业做强做大。改革既要符合社会主义精神文明建设的要求，又要符合社会主义市场经济规律，确保党对宣传文化事业的领导，确保正确导向，确保宏观控制力。党报党刊、电台电视台等属于党和人民喉舌性质的单位，保留事业体制，深化内部机制改革。这方面要继续试点，总结经验，成熟了再加以推广。担负公共服务的公益性事业单位，如图书馆、公立博物馆、文化馆等，要努力加强管理，增强活力，提高服务水平。鼓励应完全面向市场的经营性行业和单位走向市场，走产业化、企业化道路，在市场竞争中发展壮大并实施走出去战略，努力跻身国际市场。书报刊音像制品发行、影视制作以及一般文艺院团，要借鉴国有企业改革经验并结合自身特点，加快走向市场的步伐。对国家重点扶持的文艺演出单位也要围绕增强活力、多出精品，深化改革。改革既要积极探索、勇于创新，又要细致稳妥、有序推进。要始终坚持把社会效益放在首位，实现社会效益和经济效益的有机统一。要加大文化阵地和文化市场依法管理力度，绝不给腐朽、落后的文化提供传播渠道。

（2003年1月8日在全国宣传部长会议上讲话的一部分）

三

"三个代表"重要思想深刻回答了当代世界和中国的发展变

化给我们党和国家工作提出的新要求，回答了什么是社会主义、怎样建设社会主义和建设一个什么样的党、怎样建设党的问题，回答了现代化建设的一系列重大理论和实践问题，具有很强的包容性和实践性，完全符合中国特色社会主义的实际。文艺工作是党和国家全部工作的重要组成部分，必须坚持"三个代表"重要思想的指导地位，只有这样才能保证文艺沿着中国特色社会主义的正确方向发展，才能真正代表社会主义先进文化的前进方向。中国特色社会主义的文艺要坚持为人民服务、为社会主义服务的方向和百花齐放、百家争鸣的方针，坚持弘扬主旋律、提倡多样化，坚持继承民族优秀文化和革命文化成果，吸收世界文化有益成果，不断进行文化创新，坚持一手抓繁荣、一手抓管理，把社会效益放在首位，努力实现社会效益和经济效益的统一。这是我们繁荣社会主义文艺的根本要求和必由之路。希望在座的文艺界政协委员，能够带头坚持社会主义先进文化的前进方向，带头多做统一思想、凝聚力量的工作，多做弘扬正气、美化心灵的工作，多做团结鼓劲、坚定信心的工作，追求真理、反对谬误，歌颂真善、反对丑恶，崇尚科学、反对愚昧，大力发展先进文化，支持健康有益文化，努力改造落后文化，坚决抵制腐朽文化，不断丰富人们的精神世界，不断增强人们的精神力量，用更多更好的精神食粮提高人民群众的文化生活质量和水平。

（2003年3月7日在参加全国政协十届一次会议
文艺界委员讨论时讲话的一部分）

宣传思想工作要坚持"三贴近"[*]

（2003年3月26日）

> "三贴近"体现了辩证唯物主义和历史唯物主义的世界观和方法论，是用"三个代表"重要思想统领宣传思想工作的必然要求，是新世纪新阶段加强和改进宣传思想工作的重要突破口，是宣传思想工作增强针对性、实效性和吸引力、感染力的根本途径，是宣传思想战线必须长期坚持的工作原则。实践没有止境，解放思想没有止境，"三贴近"也没有止境。

围绕着贴近实际、贴近生活、贴近群众，毛泽东、邓小平、江泽民同志都有很多重要论述，胡锦涛同志明确要求宣传思想战线在"三贴近"上取得新进展，我们一定要高度重视，认真学习，很好地贯彻落实。

"三贴近"是用"三个代表"重要思想统领宣传思想工作的

---

[*] 这是李长春同志在十六届中央宣传思想工作领导小组第四次会议上讲话的一部分，经整理后发表在《求是》杂志2003年第10期上，原题为《从"三贴近"入手，加强和改进宣传思想工作》。

必然要求。坚持用"三个代表"重要思想统领宣传思想工作，说到底就是要在宣传思想工作中全面贯彻"三个代表"的要求。"三贴近"就集中体现了"三个代表"重要思想对宣传思想工作的要求，为新形势下宣传思想工作履行使命、改革创新提供了有效途径。

只有做到"三贴近"，宣传思想工作才能面向全面建设小康社会的实践，紧紧围绕发展这个党执政兴国的第一要务，更好地服从服务于全党全国工作大局，最大限度地激发广大人民群众的积极性和创造性，为改革开放和现代化建设提供强有力的思想保证、精神动力和舆论支持，把代表先进生产力的发展要求落到实处。只有做到"三贴近"，宣传思想工作才能深深植根于中华文明沃土和火热的现实生活，始终坚持"二为"方向和"双百"方针，发展面向现代化、面向世界、面向未来的，民族的科学的大众的社会主义文化，不断丰富人们的精神世界，增强人们的精神力量，满足人们的精神文化需求，把代表先进文化前进方向的要求落到实处。只有做到"三贴近"，宣传思想工作才能始终坚持全心全意为人民服务的宗旨，贯彻党的群众路线，把体现党的意志和反映人民心声统一起来，帮助群众解决生产生活中的实际问题，把代表最广大人民根本利益的要求落到实处。

"三贴近"是新世纪新阶段加强和改进宣传思想工作的重要突破口。改革开放以来，特别是党的十三届四中全会以来，党的宣传思想工作取得了巨大成就。但是，随着时代的变化和实践的发展，我们也面临许多新情况、新问题。适应新形势、开创新局面，必须从"三贴近"入手。

做到了"三贴近"，就能推动我们解放思想、实事求是、与时俱进，一切从实际出发，找准有效解决存在问题的方法和途径，为宣传思想工作奠定更加坚实的群众基础；就能使理论研究紧紧围绕现代化建设的实际回答现实问题，不断实现理论创新，使理论宣传紧紧围绕人民群众的思想实际解疑释惑，更好地用科学的理论武装人；就能在新闻宣传上把体现党的意志和反映人民心声结合起来，从人民群众的实际需要出发，办出特色，办出风格，更好地用正确的舆论引导人；就能在思想政治工作中把继承和创新结合起来，使思想政治工作更加可亲可信、入情入理，更好地用高尚的精神塑造人；就能把弘扬主旋律和提倡多样化结合起来，做到思想性、艺术性、观赏性的统一，满足人民群众日益增长的精神文化需求，更好地用优秀的作品鼓舞人。

"三贴近"是宣传思想工作增强针对性、实效性和吸引力、感染力的根本途径。增强宣传思想工作的针对性、实效性和吸引力、感染力，是宣传思想工作体现时代性、把握规律性、富于创造性的必然要求。而贴近实际、贴近生活、贴近群众，是实现这"两性"、"两力"的根本途径。这就像"过河"和"桥"的关系。"两性"、"两力"是我们的愿望，"三贴近"就是实现愿望的途径。

做到了"三贴近"，就能使宣传思想工作从实际出发，适应形势的变化和实践的要求，因时因地因人制宜，有的放矢，取得实效；就能使宣传思想工作扎根现实生活，从生活中汲取营养，与时俱进，始终保持生机与活力；就能使宣传思想工作把群众的思想实际和群众需求作为第一信号，紧扣群众思想脉搏，吸引群众参与，引起群众共鸣，实实在在为群众讲话，得到群众的拥护和信任；就能使宣传思想工作充分体现尊重人、理解人、关心人，弘扬以人为本的人文精神。如果脱离实际、脱离生活、脱离群众，宣传思想工作就丧失了根基，就会显得苍白无力，陷入形式主义和"自娱自乐"之中。

"三贴近"体现了辩证唯物主义和历史唯物主义的世界观和方法论，是宣传思想战线必须长期坚持的工作原则。坚持"三贴近"，就是坚持实践第一的观点，就是坚持人民群众是历史创造者的观点，就是坚持解放思想、实事求是、与时俱进的思想路线，就是坚持党的群众观点和群众路线。宣传思想工作属于意识形态领域里的工作，必须以实践为基础，以生活为源泉，从群众中来，到群众中去。客观实际不断变化，社会生活不断前进，人民群众不断提出新的要求。宣传思想工作要不落后于实际，不落后于群众，就必须始终不渝地做到"三贴近"。实践没有止境，解放思想没有止境，"三贴近"也没有止境。因此，要把"三贴近"作为宣传思想战线的重要工作原则，长期坚持下去。

坚持"三贴近"，要落实到各项工作中，要从现在抓起，从具体事情抓起。当前，要着重解决五个方面的问题。

一是不断深化对"三贴近"的重要意义的认识。提高认识，统一思想，形成共识，是贯彻"三贴近"的重要前提。要组织宣传思想战线广大干部特别是领导干部认真学习党的三代领导核心的有关论述，学习胡锦涛同志的有关重要指示，加强辩证唯物主义和历史唯物主义教育，加强党的思想路线和群众路线教育，加强"两个务必"教育，进一步深化对"三贴近"重要意义的认识。要在实际工作中大力倡导"三贴近"，积极鼓励"三贴近"，努力实践"三贴近"，使"三贴近"在宣传思想战线蔚然成风。

二是按照"三贴近"的要求把学习宣传贯彻党的十六大精神

不断引向深入。我们要按照胡锦涛总书记提出的围绕主题、把握灵魂、抓住精髓、狠抓落实的要求,把学习宣传贯彻十六大精神的热潮不断引向深入。要以"三贴近"为突破口,进一步在深入人心上下功夫,在开拓创新上下功夫,在力求实效上下功夫。做到了"三贴近",就能进一步扩大学习宣传的覆盖面,使十六大精神家喻户晓,人人明白,把十六大提出的重要观点、重要论断、重大政策、重大部署充分说清楚,把全党全社会的注意力集中到发展先进生产力和先进文化,实现最广大人民根本利益上来。

做到"三贴近",首先要紧密结合广大干部群众的思想实际,用公众易于理解和接受的方式,用实际工作和生活中的鲜活事例,用通俗易懂、生动活泼的语言,深入浅出地回答大家普遍关注的热点难点问题。其次要紧密联系工作实际,解决改革发展稳定中的突出矛盾,解决群众生产生活中的实际困难,解决党的建设和干部作风中存在的具体问题,扎扎实实地推动工作。再次要进一步深化理论研究,尽快推出一批研究阐释"三个代表"重要思想,有深度、有价值的理论成果。新闻媒体和出版部门要推出一批说服力强、影响力大的理论文章、学术性著作和电视理论文献片,把"三个代表"重要思想的学习宣传研究引向深入。

三是切实把"三贴近"要求贯穿到宣传思想工作的各个方面。理论研究工作"三贴近",就要以改革开放和现代化建设的实际问题、以我们正在做的事情为中心,着眼于马克思主义的运用,着眼于对实际问题的理论思考,着眼于新的实践和新的发展,深入研究邓小平理论和"三个代表"重要思想,深入研究领会马克思主义中国化的最新成果,形成新的系统的理论研究成果。理论宣传工作"三贴近",就要在理论联系实际上下功夫,真正做到学以致用。要紧贴干部群众的思想实际,有针对性地回答人们普遍关心的疑难问题。要适应群众的接受能力,深入浅出,长话短说,鲜明生动,入耳入脑。坚决防止和克服把理论研究搞成书斋里的概念游戏,把理论学习搞成应景式的照本宣科,把理论宣传搞成故作高深、言之无物的刻板说教。

新闻宣传工作"三贴近",就要始终坚持正确的导向。正确导向代表最广大人民的根本利益,是党和人民之福。要把体现党的意志同反映人民心声统一起来,把思想性、指导性和可读性结合起来,多用群众的语言,多联系群众身边的事例,多采用群众喜闻乐见的形式,多报道有实在内容、有新闻价值的事情。就要深入到改革开放和现代化建设的第一线,把镜头对准基层,把版面留给群众,讲求时效性,增加信息量,关注热点问题,反映群众呼声,实行正确的舆论监督,推动实际工作,引导社会舆论。要多听群众意见,多创品牌栏目,办出特色,办出风格,增强吸引力,提高竞争力,在市场上站住脚,在群众中扎下根。要在坚持正确导向的前提下,鼓励和支持新闻媒体发挥主观能动性,勇于创新。

文艺出版工作"三贴近",就要坚持"二为"方向和"双百"方针,坚持弘扬主旋律和提倡多样化的统一,坚持思想性、艺术性和观赏性的统一,把尊重市场规律与尊重精神产品创作规律结合起来,把提高和普及结合起来,推动文化创新,多出群众满意喜欢的精神文化产品,满足人民群众日益增长的多层次、多方面、多样性的精神文化需求,繁荣社会主义文化。要坚持群众第一的观点、社会效益第一的观点,做到社会效益和经济效益的统一，以现实生活作为创作的源泉，以群众满意不满意、喜欢不喜欢作为评价标准。要以体制和机制的创新为重点，建立和完善有利于创作生产实现"三贴近"的保障机制，为文艺工作者深入实际、深入生活、深入群众创造良好环境和激励机制。要建立健全精神文化产品生产和流通面向基层、面向群众、面向市场的运营机制，积极参与市场竞争。要加快基层文化基础设施建设步伐，活跃广大群众的文化生活。

思想政治工作"三贴近"，就要把继承和创新统一起来，从改革开放和现代化建设的实际出发，从人民群众的思想实际出发。要区分层次，把先进性要求和广泛性要求结合起来，根据不同对象提出不同要求。要多用疏导的方法、群众参与的方法、发扬民主的方法，关心人、理解人、尊重人。要把深入细致的思想政治工作和帮助群众解决实际问题相结合，在服务群众中引导群众。

精神文明创建工作"三贴近"，就要紧密结合党委和政府的中心任务，以提高全社会的思想道德素质和科学文化素质为核心，以创建文明城市、文明村镇、文明行业、文明单位和争做文明公民为载体，以解决日常生活中群众反映强烈的突出问题为着力点，为群众多办实事好事。要以促进实际工作和满足群众需求为目标确定活动主题，立足群众乐于参与和便于参与，以群众参与程度和满意程度作为评价创建活动成效的重要标志。要坚决防止和克服以创建文明单位为名，搞劳民伤财的"形象工程"；防止和克服以发动群众参与为名，搞违背自愿原则的"运动群众"；防止和克服以评先评优为名，搞名目繁多、干扰基层的"工作检查"。

实现"三贴近",必须建立科学的评价反馈机制。要发挥国家统计部门的力量,借助社会调查机构的作用,运用科学的统计分析方法,直接听取广大群众的意见,让群众来评价和监督宣传思想工作,从群众中了解工作的效果。要建立科学的反馈机制,通过宣传机关以外的渠道,获取群众对宣传思想工作的意见和要求,据此评价和改进我们的工作。要抓紧建立灵敏高效的舆情信息反映机制,定期分析干部群众的思想动态和社会心理,及时发现带有倾向性、苗头性的问题,找准薄弱环节,提高决策水平。

四是大兴调查研究之风,提高决策的科学化和民主化水平。"三贴近"既有思想认识问题,也有体制、机制、制度和工作作风等方面的问题。解决这些问题,必须加强经常性、前瞻性的调查研究和战略性的思考,因此要迈开双脚,大兴调查研究之风。

大兴调查研究之风,首先是形势发展的需要。当前宣传思想工作形势总体是好的,但我们要居安思危,增强忧患意识。目前,无论是国际国内,还是党内党外,都出现了很多新情况、新问题,给宣传思想工作提出了许多新课题。全社会主流意识形态即马列主义、毛泽东思想、邓小平理论、"三个代表"重要思想的指导地位在不断加强,同时要看到非马克思主义的意识形态也在滋长。在这样的形势下,如何做到"三贴近",使宣传思想工作更加有效,是需要我们深入调查研究、认真解决的重要课题。

大兴调查研究之风,也是提高宣传思想战线领导水平的需要。进入新世纪新阶段,宣传思想工作面临一系列重大而紧迫的问题。比如,在社会生活日益多样化的条件下,如何用"三个代表"重要思想统领宣传思想工作,巩固马克思主义在意识形态领域的指导地位;如何按照解放思想、实事求是、与时俱进的要求，不断开创宣传思想工作的新局面，使我们的工作始终体现时代性、把握规律性、富于创造性；如何遵循社会主义精神文明建设的特点和规律，适应社会主义市场经济发展的要求，深化文化体制改革，大力推进文化创新，积极发展文化事业和文化产业，满足人民群众日益增长的精神文化需求；如何在宣传思想文化领域贯彻依法治国的方略，把党的主张转化为国家意志，使文化工作逐步走上法制化的轨道；等等。这些问题都关系到宣传思想工作全局。如果不能在深入调查研究的基础上作出科学的回答，我们的决策就会带有很大的盲目性。因此，以上题目，也是我们当前调查研究的重点题目。

各部门的调研力量要加强，社科院要在担负起中国化的马克思主义理论创新和哲学社会科学学术创新任务的同时，努力成为党中央、国务院的思想库、智囊团。这个思想库、智囊团不是纯理论研究，是对策研究，就是给领导出主意，当参谋，就是联系当前实际，在理论和实践的结合上，拿出点子，拿出办法。如何发挥职工思想政治工作研究会在调查研究方面的作用，也要深入研究。

五是抓紧解决群众反映强烈的突出问题。兴起学习贯彻"三个代表"重要思想的新高潮，要联系实际，解决问题。宣传思想战线要带头落实这个要求。当前，宣传思想战线要把抓紧解决群众反映强烈的突出问题作为落实"三贴近"的紧迫任务，认真抓好。

首先，解决用行政权力发行报刊、加重群众负担的问题。其次，继续搞好改进新闻宣传的工作。要落实好中央批准的《关于进一步改进会议和领导同志活动新闻报道的意见》，遵照中央精神，制定严格措施，常抓不懈，防止反弹。要建立健全重大突发事件新闻报道的反应机制，对国内外发生的重大突发事件，争取在第一时间，准确地进行报道，稳定社会，安定民心，掌握舆论引导的主动权。要坚决整治有偿新闻、虚假报道、有害信息、不良广告，健全法规制度，加大管理力度，综合运用各种手段，严肃查处各类违规违法行为。要实行正确的舆论监督，继续办好"焦点访谈"、"东方时空"、"今日说法"等符合"三贴近"的名牌栏目，始终坚持团结稳定鼓劲、正面宣传为主的方针，给人以信心和力量。要提高新闻单位自身的监督水平，提高记者的素质，接受地方党委、政府和群众的监督，努力使中央满意，地方满意，群众满意，新闻单位也满意。

再次，要解决文化产品生产从立项、拨款到评价奖励过程中的不正之风。一定要按照"三贴近"的原则，研究文化体制和机制创新问题。现在有一种说法，叫"政府是投资主体，领导是基本观众，评奖是主要目的，仓库是最终归宿"。文化产品如果仅仅在本系统自身进行内循环，就是脱离实际、脱离生活、脱离群众。这个体制要坚决改掉。在文化创作生产和产品的立项、拨款、制作、评审上，要进行体制和机制的创新。凡是经营性的文化项目和文化单位，都要面向人民群众、面向文化市场的需求，经受市场的检验，接受消费者的评判。要清理奖项，增强奖项的公正性、权威性，要以群众满意不满意、喜欢不喜欢为根本评价依据。

扎实推进文化体制改革试点工作[*]

（2003年6月28日）

> 深化文化体制改革，是发展社会主义先进文化、实现全面建设小康社会目标的必然要求，是积极应对加入世界贸易组织后的新形势、参与国际文化竞争的重要举措，是加快文化建设、构建丰富多彩文化市场的强大动力，是保证宣传思想文化工作贴近实际、贴近生活、贴近群众，面向现代化、面向世界、面向未来的根本途径。实践呼唤改革，时代要求改革，基层呼吁改革，广大人民群众和文化工作者渴望改革。

这次会议的任务是，落实党的十六大提出的深化文化体制改革的要求，研究部署全国文化体制改革试点[1]工作。会议开得很成功。下面，我讲几点意见。

---

[*] 这是李长春同志在全国文化体制改革试点工作会议上的讲话。

一、充分认识文化体制改革的重要性和紧迫性

改革开放以来,特别是党的十三届四中全会以来,在党中央正确领导下,宣传思想文化战线广大干部群众辛勤工作、改革探索,为改革开放和社会主义现代化建设提供了精神动力、思想保证和舆论支持,社会主义文化建设取得巨大成就,呈现出繁荣景象。主要表现在:一是文化基础设施建设成就显著。1993年至2002年,全社会文化基本建设投资年均增长18.6%,是新中国成立以来投资最多的时期。建成了世界上规模最大、覆盖人口最多的广播电视网,一大批规模宏大的文化基础设施投入使用,创办了一批技术先进、设备齐全的新闻、文化网站,基本形成了多种媒体分工协作的现代化传播体系和覆盖城乡的文化网络。二是精神文化产品生产快速增长,质量提高。精神文化产品丰富多彩,种类齐全,科技含量不断增加,制作水准明显提高,涌现了一大批精品力作。三是群众文化生活日益丰富。人民群众的文化消费迅猛增长,文化消费方式趋向多样,电视、互联网普及率大大提高,文化生活条件明显改善,质量显著提高。四是对外文化交流空前活跃。同世界上大多数国家签订双边政府文化协定,开展不同形式的文化往来,中华文化以其独特的风格和气派展现在世界舞台。

同时,也要看到,经过二十多年的改革开放,文化赖以生存和发展的经济基础、体制环境、社会条件发生了深刻变化,给文化改革发展带来了一系列重大影响。我们无论在思想认识、文化观念,还是在管理体制、工作方式上,都存在着诸多的不适应。

第一,人民群众的生活水平已基本实现由温饱到小康的转

变，文化发展与人民群众日益增长的精神文化需求不相适应。经过二十多年的改革开放，我国人民群众物质生活水平有了很大提高，恩格尔系数[2]平均已降到0.5以下，城市已降到0.4以下，人民群众精神文化需求迅速增长，消费能力大大增强，鉴赏水平不断提高，呈现出多层次、多形式、多样化的特点。这既为文化建设注入新的动力，也使文化产品的供需矛盾更加突出。一方面，国有文化资源大量闲置，另一方面，思想性、艺术性、观赏性相统一的精品力作还不多，在引进国外优秀文化产品的同时也涌入一些消极的负面的东西，侵权盗版现象屡禁不绝，落后、封建、腐朽的东西时而沉渣泛起。而我们能够提供的文化产品和文化服务，不论数量上还是质量上都还不能满足人民群众的需求。

第二，我国已进入全面建设小康社会的新的发展阶段，文化发展与全面建设小康社会的要求不相适应。党的十六大提出的全面建设小康社会的目标，是经济、政治、文化全面发展的目标。这个目标把文化同经济、政治的发展摆在同等重要的地位，突出强调了文化发展既是全面建设小康社会的重要保证，也是全面建设小康社会的重要内容。小康社会既要满足人民群众的物质需求，也要满足人民群众的精神文化需求，既要有经济的健康发展，也要有人的全面发展，既是人的知识水平普遍提高的社会，也是全民终身学习的学习型社会。所有这一切都依赖和要求文化的高度繁荣和发展。

第三，我国已实现由计划经济体制向社会主义市场经济体制的转变，现行文化体制与社会主义市场经济体制不相适应。市场在国民经济和社会事业各个领域的资源配置中发挥着越来越重要的基础性作用，极大地提高了资源配置的质量、效益和速度，拓展了精神文化产品的创作、生产、流通和消费空间，也给现有的文化生产和管理体制带来巨大冲击。而我们在许多方面还习惯于用计划经济的手段管文化、办文化，把经营性文化产业混同于公益性文化事业，由政府包揽，并游离于社会主义市场经济体制之外，缺乏活力和竞争力，尚未走上良性发展的轨道，主渠道的作用出现弱化的倾向。面对文化市场已经出现的多种所有制竞争的局面，国有经营性文化单位难以适应，没有形成进入市场主动竞争的意识和体制，甚至一些文化单位在现行体制下难以为继。

第四，以加入世界贸易组织为标志，我国对外开放进入了新阶段，文化发展与我国对外开放的新形势不相适应。对外开放的进一步扩大，带来了思想意识、价值观念、行为方式的交流与碰撞，这为我们更好地学习、借鉴世界优秀文化成果，推动我国文化走向世界提供了有利条件，但同时也使我们面临西方文化资本、文化产品和价值观念的严峻挑战，在国际文化竞争中面临巨大压力。一方面，国有文化资源大量闲置，另一方面，外国文化产品大量涌入，文化产品进出口严重逆差。加入世界贸易组织后，中外文化的直接碰撞不仅发生在境外，而且将大量发生在国内市场。文化产品有引导社会、教育人民的重要功能。如果不能尽快形成我们自己的文化优势，就难以在激烈的国际竞争中捍卫我国的战略利益，确保文化安全，就有既守不住也打不出去的危险。

第五，世界高新技术的飞速发展，数字技术的应用和互联网的普及，带来文化创新和传播领域的重大革命，文化发展现状与世界高新技术飞速发展和应用的形势不相适应。高新技术的飞速发展，既给我们扩大文化阵地、加快文化发展提供新的手段，也为各种文化业态的变革创造新的机遇。而我们在这方面还缺乏适应性和主动性，在体制、结构和管理上反应很不敏感，文化的微观主体由于体制的不完善，在运用高新技术形成新的文化创造力上，还不能同发达国家高新技术和市场运作相结合、催生文化产业迅猛发展的势头相抗衡。

改变上述不适应的状况，根本的出路在改革。改革是发展先进文化、实现全面建设小康社会目标的必然要求，是积极应对加入世界贸易组织后的新形势、参与国际文化竞争的重要举措，是加快文化建设、构建丰富多彩文化市场的强大动力，是保证宣传思想文化工作贴近实际、贴近生活、贴近群众，面向现代化、面向世界、面向未来的根本途径。实践呼唤改革，时代要求改革，基层呼吁改革，广大人民群众和文化工作者渴望改革。改则兴，不改则衰。我们一定要深刻认识文化建设和文化体制改革的战略意义，增强做好这项工作的责任感和紧迫感。

二、解放思想，创新观念，为深化文化体制改革做好思想和理论准备

落实好党的十六大提出的深化文化体制改革的重要任务，最根本的就是按照党的基本理论、基本路线、基本纲领和基本经验进一步解放思想，创新观念。思想观念是个总开关。只有解放思想，创新观念，才能冲破落后的传统观念和主观偏见的束缚，提高改革的自觉性；才能正确分析形势，发现问题，增强改革的紧迫感；才能从发展变化的实际出发，找准改革的突破口，实现体制和机制的创新。当前，创新观念必须在以下几个方面有大的

突破：

第一，对文化建设重要意义的认识要有新高度。党的十六大指出，当今世界，文化与经济和政治相互交融，在综合国力竞争中的地位和作用越来越突出。文化的力量，深深熔铸在民族的生命力、创造力和凝聚力之中。这段论述十分透彻地阐明了文化的重要意义。

文化作为人们在认识世界和改造世界的实践中创造的精神成果，与经济、政治的联系越来越紧密。文化是经济、政治的反映，又给予经济、政治能动的反作用。文化发展以经济为基础，经济发展创造文化成就，文化发展为经济发展提供支撑并开辟新的领域。文化与政治相互作用、相互推动，文化建设以政治为导向，政治建设以文化为依托，共同服务于经济。文化必须与经济、政治共同发展，削弱了文化建设，经济和政治发展就必然受到影响。

文化哺育和传承了民族精神，滋养着民族的生命力，激发着民族的创造力，铸造着民族的凝聚力。文化极大地提高人民群众的思想道德素质和科学文化素质，为现代化建设提供强大的精神动力和智力支持。文化的力量是民族生存和强大的根本力量。

文化生产力是社会生产力的重要组成部分。文化产品生产中的智力投入和物质投入，具备社会生产力诸要素的基本特征，文化产品的生产，形成物质形态的生产过程，与其他产品的生产一道，共同构成社会生产力的发展过程。文化产业是新兴产业，方兴未艾，它所创造的价值，在国内生产总值构成中占有越来越大的比重，在国民经济中占有越来越重要的地位。

当前，很多地方都在努力改善投资环境，提高本地区的综合竞争力。而与硬环境建设相比较，软环境建设成为关键的关键。建设廉洁高效的政务环境、民主公正的法治环境、公平诚信的市场环境、安全稳定的社会环境、舒适便利的生活环境、健康向上的人文环境、可持续发展的生态环境等，都取决于人的素质，都与文化建设息息相关。

综上所述，文化对促进经济增长，增强综合国力，参与国际竞争，培育民族精神，提高人的素质，推动社会全面进步具有基础性、战略性作用。党的十六大确定的全面建设小康社会的目标，是中国特色社会主义经济、政治、文化全面发展的目标。我们对文化的认识要有一个新高度。

第二，要从计划经济体制下形成的传统文化发展观念中解放出来，树立与社会主义市场经济体制相适应的新的文化发展理念。党的十六大指出，发展文化产业是市场经济条件下繁荣社会主义文化、满足人民群众精神文化需求的重要途径。这为新世纪新阶段繁荣社会主义文化指明了方向，我们必须把思想统一到党的十六大精神上来。在市场经济条件下，文化特别是经营性文化产业必须面向市场。要在思想上明确，我国的市场经济是与社会主义基本制度紧密结合在一起的，人民群众是文化市场的消费主体。面向群众和面向市场是一致的，与为人民服务、为社会主义服务的方向，与"三个代表"重要思想的要求是统一的，是把这些要求落到实处的重要实现途径。因此，要树立既符合社会主义精神文明建设的特点和规律，又适应社会主义市场经济发展要求的新的文化发展理念，下气力在体制和机制上解决好文化面向群众、面向市场的问题。一方面，研究解决公益性文化事业如何以多种方式面向群众、面向市场；另一方面，研究解决如何充分运用市场手段大力发展经营性文化产业，推动我国文化产业走上良性循环、健康发展的轨道。

第三，既要注重文化产品的意识形态属性，又要注重文化产品的产业属性和健身益智等多方面的功能。一方面，我们强调相当部分的文化产品具有意识形态属性，有引导社会、教育人民的功能，在任何时候，都要贯彻发展先进文化的要求，把社会效益放在首位。另一方面，我们也强调重视文化产品的产业属性，坚持社会效益与经济效益相统一。在社会主义市场经济条件下，文化产品的生产和传播，绝大部分都要进入市场，遵循市场规则，通过商品交换，转化为群众的消费。也就是说，只有把文化产品变成商品，变为广大群众的消费，才能最大限度地发挥文化的宣传教育功能，达到以优秀作品鼓舞人的目的。就这个意义讲，文化产品的意识形态属性与产业属性是紧密相联的，占领市场和占领意识形态阵地是统一的，社会效益和经济效益是一致的。只有更好地占领市场，才能更多地占领阵地。在确保正确导向的前提下，经济效益越好，受教育的人就越多，社会效益就越实在，不能把两者割裂开来、对立起来。否则，既没有社会效益，也没有经济效益，更无法走上良性发展的轨道。所以，发展社会主义先进文化，要充分发挥社会主义市场经济体制的优势，创作和生产更多健康向上、群众喜闻乐见的文化产品，去赢得群众，占领市场，走上良性发展轨道。

第四，始终保持与时俱进的精神状态，从基层和群众的实践中获取改革动力。坚持党的思想路线，解放思想、实事求是、与时俱进，是我们宣传思想工作体现时代性、把握规律性、富于创造性的决定性因素，也是深化文化体制改革，推动文化发展必须具有的精神状态。与时俱进，最重要的就是使我们的思想从不断发展变化的实际出发，努力做到主观和客观相统一，认识和实践相一致，依靠实践来丰富和提高我们的认识。人民群众是实践的主体，具有无限的创造力。人民群众的实践总是走在前头，是认识的源泉。在文化体制改革方面，基层和群众已经创造了很多宝贵经验，我们要积极主动地从中汲取营养。要用发展的眼光认识新事物，用发展的理论指导新实践，按照党的十六大的要求，自觉地把思想认识从那些不合时宜的观念、做法和体制的束缚中解放出来，从对马克思主义的错误的和教条式的理解中解放出来，从主观主义和形而上学的桎梏中解放出来。一切妨碍文化发展的思想观念都要坚决冲破，一切束缚文化发展的做法和规定都要坚决改变，一切影响文化发展的体制弊端都要坚决革除。

三、以体制和机制创新为重点，搞好文化体制改革试点工作

文化体制改革重在体制和机制的创新。体制是具有长期性和稳定性的制度；机制是保证制度实施的程序、规则和运作方式。实现体制和机制的创新，要明确以下几点：

第一，改革的基本原则。要以邓小平理论和"三个代表"重要思想为指导，按照党的十六大精神和中央的部署，进行文化体制改革试点工作。在工作中要坚持把握好几个原则：一是确保党对文化工作的领导，确保马克思主义在意识形态领域的指导地位，确保社会主义先进文化的前进方向。尤其是党和国家重要新闻媒体的改革，无论怎么改，党和人民喉舌的性质不能变，党管

媒体不能变，党管干部不能变，正确的舆论导向不能变。二是既要符合社会主义精神文明建设的特点和规律，又要适应社会主义市场经济发展的要求。始终坚持大力发展先进文化，支持健康有益文化，改造落后文化，抵制腐朽文化。始终把社会效益放在首位，坚持社会效益和经济效益相统一。三是坚持"两手抓"，一手抓公益性文化事业，一手抓经营性文化产业。这是当今文化发展的普遍规律，是繁荣社会主义文化的必然要求。二者之间互相联系、互相促进，构成社会主义市场经济条件下文化发展的两个轮子。改革既要保证公益性文化事业的发展，又要推动经营性文化产业的壮大。前者由政府主导，后者由市场主导，做到两手抓、两加强。

第二，改革的着力点。就是围绕面向群众、面向市场进行体制和机制创新。逐步建立有利于调动文化工作者积极性，推动文化创新，多出精品、多出人才的文化管理体制和运行机制。改革开放以来，在文化体制改革方面，我们曾做了大量探索，也取得一定成效，但释放的能量有限。根本的问题是要触及体制，仅在机制层面上是不够的，要创新面向群众、面向市场的体制和机制。改革的目的是为了加快发展社会主义先进文化，更好地坚持为人民服务、为社会主义服务的方向，贴近实际、贴近生活、贴近群众，满足人民群众日益增长的精神文化需求。在社会主义市场经济条件下，人民群众是文化市场的消费主体，群众通过市场来选择和实现自己的文化消费。面向群众必须面向市场，面向市场与面向群众是统一的，与坚持"二为"方向是一致的。解决"两个面向"必须以体制和机制创新作保证，这是文化体制改革的关键。抓住了这个关键，才能调动积极性，才有创新的动力。因此，改革的着力点是面向群众、面向市场进行体制和机制创新。

第三，改革的基本出发点。就是要充分发挥社会主义市场经济体制的强大威力，解放和发展文化生产力，推动社会主义文化的发展；充分吸引和调动社会资源，增加对文化的投入，壮大文化实力；充分发挥国有文化企业在文化市场中的主导作用，保证文化市场始终坚持社会主义先进文化的前进方向；充分调动广大文化工作者的积极性和创造性，多出精品、多出人才，生产更多健康向上、群众喜闻乐见的文化产品，满足人们日益增长的文化需求。这"四个充分"是相互关联的。第一个"充分"是基础，不进行体制创新，文化就很难增强活力、壮大实力、提高竞争力，走上良性发展的轨道。第二个"充分"是条件，仅靠政府发展文化，力量是有限的，只有创新资源配置的机制，吸引和调动社会资源，社会主义文化才能呈现繁荣景象。第三个"充分"是保证，文化市场是客观存在的，国有文化企业只有主动进入市场，开展竞争，才能更好地占领阵地，发挥导向作用，保证文化市场始终符合社会主义精神文明的要求。第四个"充分"是归宿，改革的全部目的就是多出精品、多出人才，满足人民群众日益增长的文化需求。

第四，改革的基本思路。主要是两个方面：一是要以增加投入、转换机制、增强活力、改善服务为重点，抓好公益性文化事业的改革和发展。增加投入的重点是要增加对文化基础设施建设的投入，要由各级政府主导，鼓励社会捐助。在城市，要加大对博物馆、文化馆、图书馆、群艺馆建设的投入，加强社区和居民小区配套文化设施建设，满足广大群众就近、经常和有选择地参加文化活动的需要。在农村，要加强乡镇文化站和村文化室的建设。转换机制就是通过深化内部干部制度、人事（劳动）制度、分配制度三项制度改革，形成干部能上能下、职工能进能出、收入能高能低的竞争和管理机制。要优化结构，整合资源，治理散乱。要按照党的十六大的要求，明确"四个扶持"的政策措施，大力扶持党和国家重要的新闻媒体和社会科学研究机构，扶持体现民族特色和国家水准的重大文化项目和艺术院团，扶持对重要文化遗产和优秀民间艺术的保护工作，扶持老少边穷地区和中西部地区的文化发展。要引导和鼓励各类文化事业单位通过多种形式，充分利用市场机制激发活力，在发展中搞活，在搞活中发展，不断提高为人民群众服务的水平。二是要以创新体制、转换机制、面向市场、增强活力为重点，抓好经营性文化单位的改革，促进文化产业发展。其一，要以改革各级政府办的文化单位为重点，重塑文化市场主体。通过转企改制，培育一批自主经营、自负盈亏、自我发展、自我约束的国有和国有控股的文化企业；大力发展民营文化企业；按照加入世界贸易组织的承诺引进外资，形成以公有制为主体、多种所有制共同发展的文化产业格局。在转企改制的基础上，要对文化企业进行公司制改造，建立现代企业制度，并在此基础上，以骨干文化企业为龙头，以资产为纽带，推进集团化建设。对事业单位转为企业的，要制定扶持政策。通过打造一批有活力、有实力、有竞争力的微观主体，发展壮大文化产业。其二，培育和规范文化市场体系。要加快建立健全统一、开放、竞争、有序的现代文化市场体系。发展现代流通方式，整顿和规范市场秩序，打破行业垄断和条块分割，促进文化商品和生产要素在国内统一市场中有序流动。积极实施走出去战略，使我国文化产品更多地进入国际市场。其三，转变政府职能。主管部门要逐步实现由办文化向管文化转变，由管微观向管宏观转变，由主要面对直属单位转为面向全社会，实行政企分开、政事分开。充分发挥政策调节、市场监管、社会管理和公共服务的职能。其四，改善宏观调控体系。从有利于文化企业"两个面向"出发，改革主管机关的调控手段：改进评奖办法，把群众和市场的评价作为根本标准；改进国家投入方式，国家投入要与党委、政府主导的宣传教育活动结合起来，实行"订货"制；建立和完善文化法律法规体系，从以行政手段为主，逐步转向以法律手段为主，辅之以必要的行政手段，实行依法管理；制定产业政策，支持重点行业，指导宏观运行；把住市场准入关，依法对文化企业和文化产品的市场准入进行审查和管理，对重要行业和重点企业，必须坚持国家控股，确保符合社会主义精神文明的要求。其五，完善社会保障制度。我国社会保障制度已经初步建立，文化方面必须跟上。对由事业转为企业的文化单位要借鉴科研院所改革的经验，实行老人老办法、新人新办法，对改革前的离退休人员由政府帮助解决社会保障问题，使它们轻装上阵，进入市场。

第五，改革的工作方针。就是"因地制宜，分类指导，以点带面，统筹兼顾"。因地制宜，就是要充分考虑东、中、西部的差异，东部先行，中部跟上，西部逐步推进；充分考虑农村和城市的差异，先城市后农村，不搞一刀切。分类指导，就是要对文化领域的各个行业、各个单位进行科学分类，区别对待。对意识形态属性比较强的单位和行业，尤其是重点媒体，改革中要有利于巩固党的意识形态阵地。可比照文化事业单位，主要是深化内部三项制度改革，搞活机制。其经营部分可以剥离出来，进行企业改制，在市场中做强做大，更好地支持事业的发展。对意识形态属性不是很强或较易管理的经营性行业和单位，要按照经营性文化产业的属性，实行企业改制，推向市场，自主经营，自我发展，依法管理。以点带面，就是要先搞好试点，发挥典型的示范引导作用，不断总结经验，逐步推开，不要一哄而起。过去按照中办发的关于深化新闻出版广播影视业改革的若干意见确定了一批试点，这次按照新的试点方案又扩大了试点，要把两者结合起来一并继续抓好。统筹兼顾，就是要使文化体制改革与经济体制改革相衔接，与其他相关方面的改革相衔接，与国家现行的法律法规体系相衔接，与世界贸易组织的贸易规则相衔接，与治散治乱、调整结构和促进发展相衔接。同时，要充分考虑文化的特殊性和我国的国情，按照既符合社会主义精神文明建设的特点和规律，又适应社会主义市场经济发展的要求，制定相应的配套措施。

四、加强对文化体制改革试点工作的领导

文化体制改革是一项艰巨复杂的社会系统工程，涉及上层建筑许多领域的改革，既要做持久的努力，又要有紧迫感；既要坚定改革方向，加大改革力度，又要增强政治意识、大局意识、责任意识，稳步推进。中央确定进一步搞好文化体制改革试点工作，是推进改革的重要一步。为此，提出以下要求：

一是要增强光荣感和责任感。中央对试点工作十分重视。中央政治局常委会议专门讨论了试点工作的意见，并要求在试点的

基础上，制定全国文化体制改革的总体方案。各试点单位是中央宣传部会同有关部门经过反复酝酿，既考虑试点地区和单位的战略地位、工作基础、区域布局，也考虑了班子的基础、创新意识等因素，经中央同意确定下来的。试点单位担负着出经验、出成果的重任，直接关系到全国文化体制改革总体方案的制定和改革的进程。希望大家不负众望，不辱使命，切实负起责任，完成好任务。

二是要和兴起学习贯彻"三个代表"重要思想新高潮紧密结合起来，用党的十六大精神统一思想，指导试点工作。要深刻领会党的十六大提出的一系列新思想、新观点、新论断，以"三个代表"重要思想为指导，始终坚持解放思想、实事求是、与时俱进的思想路线，把试点工作作为兴起学习贯彻"三个代表"重要思想新高潮理论联系实际的重要任务之一，动员和引导宣传思想文化战线的广大干部职工，支持改革，参与改革，推进改革，使广大文化工作者成为改革的主人。文化体制改革是一项新工作，在探索和试验过程中，难免会有这样那样的不足，甚至失误，要注意保护好干部群众的改革热情，鼓励探索，鼓励创新，鼓励试验。发现问题及时纠正，力求少走弯路，不走大的弯路。

三是要制定试点方案和文化发展纲要。要从调查研究入手，搞清影响发展的突出矛盾，在此基础上，按中央要求，制定本地区、本单位的试点工作方案和文化发展纲要。

四是要加强领导，精心组织。中央确定组成文化体制改革试点工作领导小组，日常工作由中央宣传部牵头，各行政主管部门齐抓共管。各试点地区要形成党委统一领导，政府大力支持，宣传部组织协调，各部门各负其责的领导体制。各级党委要把试点工作摆到重要日程，深入研究，作出部署，切实加强对文化体制改革试点工作的领导。要注意处理好改革、发展和稳定的关系，确保改革健康发展。各级领导要身体力行，深入到试点工作第一线，加强指导、督促检查、总结经验、狠抓落实。文化体制改革涉及许多部门，涉及各方面利益，各有关部门和单位要从改革和发展的大局出发，主动配合，相互支持，为搞好改革试点工作作出贡献。

五是一手抓繁荣，一手抓管理。通过深化改革和扩大开放，会大大促进文化事业的繁荣，同时也会给文化市场的管理带来新的复杂情况。我们要保持清醒的头脑，既不能因噎废食，又不能掉以轻心，始终坚持一手抓繁荣、一手抓管理的方针，既要增强微观组织的竞争力，又要保证宏观管理的控制力，严格依法管理，确保社会主义先进文化的前进方向。

让我们在以胡锦涛同志为总书记的党中央领导下，高举邓小平理论伟大旗帜，全面贯彻"三个代表"重要思想，按照党的十六大的要求，以高度的责任感，圆满完成党中央交给我们的文化体制改革试点任务！

注　释

〔1〕全国文化体制改革试点，指从2003年7月到2005年12月文化体制改革开展试点、探索经验的工作。按照党的十六大的部署，2003年7月，中共中央办公厅、国务院办公厅转发《中共中央宣传部、文化部、国家广电总局、新闻出版总署关于文化体制改革试点工作的意见》，对开展文化

体制改革试点工作作出部署，决定在北京、上海、重庆、广东、浙江、深圳、沈阳、西安、丽江等9个文化体制改革综合性试点地区和35个宣传文化单位进行改革试点。试点工作为全面深化文化体制改革积累了宝贵经验。

〔2〕恩格尔系数，指食品支出占家庭消费支出总额的比重。19世纪德国经济学家和统计学家恩格尔根据相关统计资料，研究得出了关于消费结构变化的一个规律，即一个家庭收入越少，家庭总支出中用于购买食品的支出所占比重就越大，反之，家庭总支出中用于购买食品的支出比例则会下降。根据联合国对生活水平的划分标准，一个国家平均家庭恩格尔系数大于0.6为贫穷，0.5—0.6为温饱，0.4—0.5为小康，0.3—0.4为相对富裕，0.2—0.3为富足，0.2以下为极其富裕。

提高认识，狠抓落实，
深入推进文化体制改革[*]

（2006年3月28日）

> 深化文化体制改革总的要求是：高举邓小平理论和"三个代表"重要思想伟大旗帜，全面落实科学发展观，坚持社会主义先进文化前进方向，遵循社会主义精神文明建设的特点和规律，适应社会主义市场经济发展的要求，以发展为主题，以改革为动力，以体制机制创新为重点，以创造更多更好适应人民群众需求的精神文化产品为目标，深入推进文化体制改革，解放和发展文化生产力，促进文化事业全面繁荣和文化产业快速发展，为建设社会主义先进文化作出新贡献。

一、充分认识深化文化体制改革的重大意义，进一步增强责任感、紧迫感和使命感

改革开放以来，在党中央的正确领导下，宣传思想文化战线

---

[*] 这是李长春同志在全国文化体制改革工作会议上的讲话。

广大干部群众辛勤工作，努力探索，加快改革，社会主义文化建设取得了巨大成就，呈现出繁荣景象，为改革开放和社会主义现代化建设提供了思想保证、精神动力和舆论支持。同时也要看到，经过二十多年的改革开放，我国文化生存和发展的经济基础、体制环境、社会条件发生了深刻变化，全面建设小康社会的新形势对文化建设提出了新要求。深化文化体制改革，进一步解放和发展文化生产力的任务历史性地摆在我们面前。

深化文化体制改革，是以胡锦涛同志为总书记的党中央在科学判断国际国内形势，全面把握当今世界文化发展趋势，深刻分析我国基本国情和战略任务的基础上，继经济体制改革、政治体制改革、教育体制改革、科技体制改革、卫生体制改革之后作出的又一项关系全局的重大决策。党的十六大突出强调文化建设的重要地位和作用，对文化建设和文化体制改革提出了一系列新要求。党的十六届三中全会明确把文化体制改革纳入完善社会主义市场经济体制的重要任务，进一步确定了深化文化体制改革的总体思路和目标。党的十六届四中全会把不断提高建设社会主义先进文化能力作为加强党的执政能力建设的一项重要任务，明确提出深化文化体制改革，解放和发展文化生产力。党的十六届五中全会强调要构建公共文化服务体系，积极发展文化事业和文化产业，创造更多更好适应人民群众需求的优秀文化产品。这充分表明，我们党对中国特色社会主义事业总体布局的认识达到了新高度，对发展社会主义先进文化重要性的认识达到了新高度，对社会主义市场经济条件下文化建设规律的认识达到了新高度。我们一定要充分认识深化文化体制改革的重大意义，进一步增强责任感、紧迫感和使命感。

第一，深化文化体制改革是全面落实科学发展观、构建社会主义和谐社会的需要。贯彻落实科学发展观，构建社会主义和谐社会，要求把深化文化体制改革、繁荣发展社会主义先进文化摆到更加突出的位置。文化是社会发展的重要内容，是社会进步的显著标志。文化的力量，深深熔铸在民族的生命力、创造力和凝聚力之中。贯彻落实科学发展观，构建社会主义和谐社会，需要我们把文化建设同经济建设、政治建设、社会建设一道纳入经济社会发展全局，促进经济社会协调发展；需要我们大力弘扬和培育以爱国主义为核心的民族精神和以改革创新为核心的时代精神，不断巩固全党全国人民团结奋斗的共同思想基础；需要我们切实加强思想道德建设，提高全民族的思想道德素质，改善社会风气，在全社会形成团结互助、平等友爱、共同前进的良好社会氛围和人际关系；需要我们创造更多更好的精神文化产品，丰富人们的精神生活，增强人们的精神力量，提高人们的科学文化素质，促进人的全面发展，实现以人为本的理念。所有这一切，都要求我们必须深化文化体制改革，解放和发展文化生产力，为繁荣发展社会主义先进文化注入强大动力，实现文化建设与经济、政治、社会建设协调发展，为构建社会主义和谐社会提供精神支撑和文化条件。

第二，深化文化体制改革是建立完善的社会主义市场经济体制的需要。经过二十多年的改革开放，我国初步建立了社会主义市场经济体制，市场在资源配置中的基础性作用得到充分发挥，极大地提高了资源配置的质量和效率，文化发展的环境和条件发生了深刻变化，既拓展了精神文化产品创作、生产、流通和消费的空间，为文化发展提供了难得的机遇，同时也更加凸显了原有

提高认识，狠抓落实，深入推进文化体制改革

文化体制与不断发展变化的经济基础和体制环境不相适应的问题。文化领域在许多方面仍然停留在传统体制的模式上，习惯于用计划经济的手段管文化、办文化，把经营性文化产业混同于公益性文化事业，应该由政府主导的公益性文化事业长期投入不足，应该由市场主导的经营性文化产业长期依赖政府。一些掌握大量国有文化资源的文化单位，游离于社会主义市场经济体制之外，缺乏活力和竞争力，在多种所有制共同发展的情况下，有些国有文化单位被"边缘化"，有的甚至难以为继。党的十六大提出，根据社会主义精神文明建设的特点和规律，适应社会主义市场经济发展的要求，推进文化体制改革。党的十六届三中全会明确把深化文化体制改革纳入完善社会主义市场经济体制的重要任务。这就要求宣传思想文化战线在围绕中心、服务大局，为改革

2006年3月28日至30日，全国文化体制改革工作会议在北京召开。

(新华社记者姚大伟摄)

开放和现代化建设提供强大思想保证和精神动力的同时，要加快自身体制的改革，使文化体制与经济体制相适应，为社会主义文化建设提供有力的体制保障。

第三，深化文化体制改革是推动文化自身发展、满足人民群众精神文化需求的需要。随着我国经济社会的全面发展和物质生活水平的提高，人民群众的精神文化需求迅速增长，呈现出多方面、多层次、多样化的特点，为文化发展注入了新的动力，对文化建设提出了更高要求。一方面，人民群众要求大力发展公益性文化事业，加强公共文化基础设施建设，为全社会提供更加完备的公共文化服务，保障人民群众的基本文化权益；大力发展文化产业，繁荣文化市场，提供更多更好的精神文化产品，满足人民群众不断变化和增长的多方面的文化需求。另一方面，文化自身的发展也迫切要求冲破传统体制的束缚，使文化资源得到有效利用，广大文化工作者的积极性、主动性、创造性得到充分发挥。目前，在一些地方特别是基层存在的公共文化设施严重不足，设备陈旧，文化单位缺乏活力，以及外来不良文化产品大量涌入，侵权盗版屡禁不止，甚至腐朽文化沉渣泛起等问题，从根本上来说，是文化生产力还有待进一步解放，社会主义先进文化的发展还不适应人民群众日益增长的精神文化需求。这就要求我们深化文化体制改革，加快建立有利于文化发展面向群众、面向市场，文化工作者各尽其才、各得其所，优秀文化产品不断涌现的体制机制，最大限度地激发文化发展的活力，激励广大文化工作者创作和生产更多思想性、艺术性、观赏性俱佳的精品力作，促进文化自身繁荣，使文化发展的成果惠及全体人民。

第四,深化文化体制改革是适应对外开放新形势,推动中华文化走向世界的迫切需要。以加入世界贸易组织为标志,我国对外开放进入了新阶段。一方面,我们可以更好地学习、借鉴人类优秀文化成果,推动我国文化走向世界,另一方面,也使我们面临国际文化市场竞争的巨大压力。中华民族具有五千多年的文明史,累积了丰厚的文化底蕴。但在日趋激烈的国际文化竞争中,我们的文化资源优势还没有转化为文化竞争优势,文化产品进出口存在严重逆差。随着我国加入世界贸易组织过渡期的基本结束,国外文化资本、文化企业、文化产品将不断涌入,中外文化的碰撞不仅发生在国外,而且大量发生在国内,而我们的许多国有文化单位还停留在传统体制,不具备进入国际市场、参与国际竞争的市场主体地位和实力。如果我们不加快改革发展,就会面临既走不出去又守不住的危险。我们必须深化文化体制改革,加快形成有利于提高文化产品竞争力、促进文化走出去的体制机制,培育一批有较强实力和国际竞争力的文化企业和企业集团,积极参与国际文化市场竞争,推动中华文化走向世界。

第五,深化文化体制改革是维护国家战略安全的迫切需要。文化是民族的灵魂,是哺育和传承民族生命力的载体,是民族生存和发展的精神支柱。面对世界经济、政治、文化相互交融,各种思想文化相互激荡的国际环境,面对西方敌对势力加紧对我进行意识形态渗透、实施西化分化政治图谋的形势,面对我国文化市场资本和投入日益多元的复杂局面,大力弘扬民族优秀文化传统,巩固和扩大社会主义先进文化阵地,增强国有文化资本的市场控制力、影响力和带动力,关系到民族精神与文化力量的丰富和增强，关系到社会主义基本经济制度的巩固和完善，关系到中国特色社会主义的前途和命运。一句话，关系国家的战略安全。现在，一方面文化市场上非公有资本迅速发展，另一方面公有制文化单位游离于市场之外，形成"主体"缺位。这就要求我们深化文化体制改革，在继续鼓励和引导非公有资本进入文化领域的同时，进一步巩固文化领域公有制的主体地位和民族文化的主体地位，形成以公有制为主体、多种所有制共同发展的文化产业格局和以民族文化为主体、吸收外来有益文化的文化对外开放格局，增强我国文化的整体实力和竞争力，有效抵御外来不良文化冲击，切实维护国家利益和文化安全。

从总体上看，我国文化建设已经进入新的发展阶段，正面临一个机遇与挑战并存、机遇大于挑战，有利于加快我国文化发展的战略机遇期。党的十六大以来，党中央关于繁荣社会主义文化和文化体制改革的一系列指导方针和决策部署，为深化文化体制改革，繁荣社会主义文化指明了前进方向；文化体制改革试点工作取得了重大突破，为深化文化体制改革提供了经验，奠定了基础；宣传思想文化战线广大干部职工解放思想，转变观念，推进体制创新、机制创新和文化创新的热情高涨，为文化的改革发展注入了生机与活力；人民群众的精神文化需求日益增长，热切盼望解放和发展文化生产力，提供更多的精品力作，为深化文化体制改革和文化的繁荣发展提供了强大动力；社会各方面参与文化建设的热情和潜力巨大，能量正待释放。我们一定要抓住机遇而不可丧失机遇，开拓创新而不可因循守旧，锐意进取，奋发有为，不断开创文化体制改革和繁荣社会主义文化的新局面。

二、认真贯彻中央决策部署，深入推进文化体制改革

中共中央、国务院《关于深化文化体制改革的若干意见》明确了深化文化体制改革的指导思想、原则要求和目标任务，我们一定要认真贯彻落实。总的要求是：高举邓小平理论和"三个代表"重要思想伟大旗帜，全面落实科学发展观，坚持社会主义先进文化前进方向，遵循社会主义精神文明建设的特点和规律，适应社会主义市场经济发展的要求，以发展为主题，以改革为动力，以体制机制创新为重点，以创造更多更好适应人民群众需求的精神文化产品为目标，深入推进文化体制改革，解放和发展文化生产力，促进文化事业全面繁荣和文化产业快速发展，为建设社会主义先进文化作出新贡献。这里，我着重强调几个问题。

第一，坚持解放思想，转变观念，树立新的文化发展理念。解放思想、实事求是、与时俱进，坚定不移地走改革开放之路，是我们各项事业不断取得成功的根本保证。在改革开放的伟大实践中，我们就是靠解放思想、实事求是、与时俱进、开拓创新，实现了经济社会发展的新飞跃。在社会主义市场经济条件下，繁荣发展社会主义先进文化是一项具有开创性的事业，解放思想，转变观念，就更加带有先导性的意义。文化体制改革试点工作在一些重要领域取得了突破，归根到底也是坚持解放思想、实事求是、与时俱进的结果。当前，解放思想，转变观念，最重要的是全面领会党的十六大以来中央关于发展社会主义先进文化的一系列新观点新论断，牢固树立新的文化发展理念。要不断深化对文化地位和作用的认识，充分认识文化在综合国力竞争中的地位和作用越来越突出，繁荣发展社会主义先进文化具有全局性、战略

性意义;不断深化对文化发展方向的认识,始终坚持党对文化工作的领导,坚持马克思主义在意识形态领域的指导地位,坚持社会主义先进文化的前进方向;不断深化对文化发展动力的认识,坚持以改革为动力,以体制机制创新为重点,建立遵循社会主义精神文明建设的特点和规律、适应社会主义市场经济体制要求的体制机制,解放和发展文化生产力;不断深化对文化发展思路的认识,坚持一手抓公益性文化事业、一手抓经营性文化产业,做到两手抓、两加强;不断深化对文化发展格局的认识,形成以公有制为主体、多种所有制共同发展的文化产业格局,以民族文化为主体、吸收外来有益文化的文化开放格局,切实维护国家战略利益和文化安全;不断深化对文化发展目的的认识,坚持以人为本,创造更多更好的精神文化产品,满足人民群众日益增长的精神文化需求,促进人的全面发展,为社会主义现代化建设提供精神动力和智力支持。要坚决冲破一切妨碍文化发展的思想观念,坚决改变一切束缚文化发展的做法和规定,坚决革除一切影响文化发展的体制弊端,做到思想上不断有新解放,理论上不断有新发展,实践上不断有新创造。

第二,坚持文化体制改革的正确方向。深化文化体制改革,要根据社会主义精神文明建设的特点和规律,适应社会主义市场经济发展的要求,始终坚持党对文化工作的领导,坚持马克思主义在意识形态领域的指导地位,坚持社会主义先进文化的前进方向。要坚持为人民服务、为社会主义服务,百花齐放、百家争鸣,围绕中心、服务大局,贴近实际、贴近生活、贴近群众,弘扬主旋律、提倡多样化。要大力发展先进文化,支持健康有益文化,努力改造落后文化,坚决抵制腐朽文化。要正确处理文化产品意识形态属性和商品属性的关系、社会效益和经济效益的关系，任何时候都要把社会效益放在首位，努力实现社会效益和经济效益的统一。要适应社会主义市场经济发展的要求，通过体制机制创新，形成有利于多出精品、多出人才，充分调动广大文化工作者积极性、主动性、创造性，富有生机活力的文化管理体制和运行机制。要积极推进文化领域对外开放，吸收和借鉴世界有益文化，坚决抵制不良思想文化渗透，保护民族文化瑰宝，努力维护和保障国家文化安全。

第三，坚持一手抓公益性文化事业、一手抓经营性文化产业，推动社会主义文化全面协调发展。党的十六大指出，积极发展文化事业和文化产业，并强调发展文化产业是市场经济条件下繁荣社会主义文化、满足人民群众精神文化需求的重要途径。党的十六届五中全会指出，要逐步形成覆盖全社会的比较完备的公共文化服务体系。一手抓公益性文化事业，一手抓经营性文化产业，做到两手抓、两加强，这是深化文化体制改革的基本思路。长期以来，制约文化发展的体制弊端的一个重要表现，就是把公益性文化事业和经营性文化产业的性质相混淆，事业的职能和企业的功能相混淆。深化文化体制改革，就是要着力解决这个体制弊端。公益性文化事业的根本任务是为人民群众提供基本的公共文化服务，努力构建覆盖全社会的比较完备的公共文化服务体系，普及文化知识，传播先进文化，提供精神食粮，体现人文关怀，不断满足人民群众最基本的文化需求。发展公益性文化事业要坚持以政府为主导，鼓励社会参与，在改革中贯彻"增加投入、转换机制、增强活力、改善服务"的方针，切实提高服务群众的能力和水平，最大限度地发挥公益性文化事业的社会效益。

经营性文化产业的根本任务是繁荣文化市场，满足人民群众多方面、多层次、多样化的精神文化需求。发展经营性文化产业要充分发挥市场配置资源的基础性作用，坚持以市场为导向，在改革中贯彻"创新体制、转换机制、面向市场、壮大实力"的方针，调动社会力量发展文化产业，在市场竞争中发展壮大。文化事业和文化产业相互区别、功能不同，但又相互联系、相互促进，统一于繁荣社会主义先进文化的伟大事业。贯彻这个思路，体现了立党为公、执政为民的执政理念，体现了科学发展观的本质要求，体现了社会主义市场经济体制的基本特征。做到两手抓、两加强，就能保证公益性文化事业和经营性文化产业协调快速发展，成为繁荣社会主义文化的两个轮子。

当前，要按照建设社会主义新农村的要求，高度重视农村公益性文化事业和经营性文化产业的发展，进一步加强农村文化建设。经过几年的努力，基本解决农民群众看书难、看电影难、收听收看广播电视难的问题，满足广大农民群众的基本文化需求。

第四，坚持以体制机制创新为重点，在关键环节上实现新突破。深化文化体制改革，就是按照社会主义市场经济体制的要求，推进体制机制创新。要在以下四个关键环节上实现新突破：一是重塑文化市场主体。要加快推进国有经营性文化单位的转企改制，增强微观主体的活力。这是文化体制改革的中心环节。要按照建立现代企业制度的要求，完善法人治理结构，盘活国有文化资源，有条件的进行股份制改造和兼并重组，实现低成本扩张，打造一批有实力、有竞争力和影响力的国有或国有控股的文化企业和企业集团，使之成为文化市场上的主导力量和文化产业的战略投资者。二是完善市场体系。要打破按部门、按行政区划

2006年3月28日，李长春在全国文化体制改革工作会议上发表讲话。

（新华社记者姚大伟摄）

和行政级次分配文化资源和产品的传统体制，打破条块分割、地区封锁、城乡分离的市场格局，加快建立健全统一、开放、竞争、有序的现代文化市场体系。培育各类文化产品市场，加强文化生产要素市场建设，促进文化资本、人才、技术在更大范围内合理流动。完善现代流通体制，推进连锁经营、物流配送、电子商务和电影院线等现代流通组织形式。建立健全市场中介机构和行业组织，提高文化产品和服务的市场化程度。三是改善宏观管理。要加快建立党委领导、政府管理、行业自律、企事业单位依法运营的文化管理体制和富有活力的文化产品生产经营机制。加强文化立法，完善法律法规体系，实现主要以行政手段管理为主向综合运用法律、经济、行政、技术等手段管理转变。要加强国有文化企业资产的监督管理，防止国有资产流失，实现国有资产保值增值。制定和完善文化产业政策,加强对市场准入和进口的管理,鼓励、支持和规范非公有资本进入文化产业。推广综合执法,加大执法力度,提高文化市场监管能力和水平。四是加快转变政府职能。要按照建设法治政府和服务型政府的要求,推进政企分开、政资分开、政事分开、政府与市场中介组织分开,推动文化行政管理部门逐步实现由办文化为主向管文化为主转变,由管微观向管宏观转变,由主要面向直属单位转为面向全社会,更好地履行政策调节、市场监管、社会管理和公共服务的职能。

第五,坚持把体制机制创新和文化创新紧密结合起来,以改革创新促发展。文化创新是建设创新型国家的重要方面,是推动文化发展的有效途径。世界高新技术特别是数字技术的飞速发展与应用,为加快我国文化发展,形成新的文化创造力提供了极好机遇。要把文化体制改革与文化创新紧密结合起来,以改革促创新、促发展,推动文化观念、文化内容、文化形式和文化科技的全面进步。一是要培育一批有自主创新能力、有知名品牌、有自主知识产权的文化企业和企业集团,使骨干文化企业成为文化创新的主体,大幅度地提高我国文化的国际竞争力和市场占有率,特别是在影视、出版、发行领域要尽快有所突破。要制定实施扶持文化企业走出去的政策和规划,推动文化企业参与国际竞争。二是要积极运用高新技术改造传统文化产业,运用电子出版、数字影视、网络传输等现代技术,催生新的文化业态,大力发展文化创意、文化博览、动漫游戏、数字传输等新兴产业。要在高新技术开发区、经济技术开发区的建设中注重培育文化创新产业,形成一批特色鲜明的文化创新集聚区,大幅度提高我国文化产业的科技水平。三是要建立健全知识产权保护体系,加大知识产权的保护和宣传力度，形成尊重创新、鼓励创新、保护创新的良好环境。推出具有自主知识产权的技术标准，提升文化创新的整体水平。要研究设立规范的国家荣典制度，激发文化工作者的使命感和责任感，鼓励创作和生产更多思想性、艺术性、观赏性俱佳的精品力作。

三、加强领导，狠抓落实，确保文化体制改革顺利推进

深化文化体制改革是党的十六大提出的重大战略任务，关系社会主义现代化建设全局。各级党委和政府要深刻认识这项任务的极端重要性和紧迫性，加强领导，精心组织，明确责任，狠抓落实。

第一，抓好文件学习，统一思想认识。文化体制改革是文化领域一场广泛而深刻的变革，是时代赋予我们的光荣使命。当前，要认真组织学习中共中央、国务院《关于深化文化体制改革的若干意见》，学习党的十六大和十六届三中、四中、五中全会关于文化建设和文化体制改革的重要论述，学习胡锦涛同志关于宣传思想文化工作的重要讲话精神，把思想认识统一到中央关于深化文化体制改革和繁荣社会主义文化的重大决策部署上来，把智慧和力量凝聚到深化文化体制改革、解放和发展文化生产力的伟大事业上来。我们既要充分认识深化文化体制改革的重要性、紧迫性，也要深刻认识做好这项工作的艰巨性、复杂性。要清醒地看到，文化既有意识形态属性又有产业属性，文化体制改革既涉及经济基础又涉及上层建筑的某些领域，这些都增加了文化体制改

革的复杂程度。一些历史形成的包袱和一些深层次的矛盾，也需要各方面共同努力，逐步化解。传统体制和陈旧观念在文化领域的影响还比较深，还需要做深入细致的思想工作。完成中央交给我们的光荣任务，还需要做大量艰苦的工作。统一思想、凝聚力量，最重要的就是树立改革的信念，增强改革的信心，坚定不移地走改革开放之路。改革开放是中国特色社会主义最鲜明的特征。二十多年的伟大实践充分证明，改革开放是强国之路。哪里有改革，哪里就有新局面。文化体制改革试点的实践也再次证明，哪里有改革，哪里就有大发展。我们一定要毫不动摇地坚持改革方向，通过改革解放和发展文化生产力。要用改革来凝聚人心，尊重基层群众的首创精神，激发干部职工的改革热情，使广大文化工作者成为改革的主人。要用改革的办法来解决前进中的问题。注重提高改革方案的科学性，加强改革措施的配套协调，妥善处理各方面的利益关系。各级领导干部要带头学好中央文件，带头解放思想，带头投身改革实践，牢牢掌握领导文化体制改革的主动权。

第二，加强组织领导，注重统筹协调。要建立健全党委统一领导、政府组织实施、党委宣传部门协调指导、行政主管部门具体落实、有关部门密切配合的领导体制和工作机制，为深化文化体制改革提供有力的体制保障。党委统一领导，主要是按照党委总揽全局、协调各方的原则，把文化体制改革摆上重要议事日程，主要领导亲自抓，分管领导具体抓，加强政治、思想和组织领导，动员组织各方面力量积极支持和参与改革。政府组织实施，主要是把文化建设和文化体制改革列入经济社会发展规划，制定扶持政策，增加财政投入，强化宏观管理，规范行政执法。党委宣传部门协调指导，主要是牵头研究制定改革方案，具体指导改革工作，协调解决改革中出现的问题。行政主管部门具体落实，主要是落实改革方案，转变政府职能，落实政策调节、市场监管、社会管理和公共服务的各项任务。有关部门密切配合，主要是加大政策扶持力度，完善配套措施，使文化体制改革与劳动人事、收入分配、社会保障、行政管理等改革相衔接，按照老人老办法的原则解决历史遗留问题，妥善安置分流人员。在推进改革过程中，各有关方面要明确职责，落实到人。要在深化改革中加强管理，建立健全有关制度，确保改革顺利进行。为加强领导，推进改革，中央决定成立文化体制改革工作领导小组，负责指导和协调全国文化体制改革工作。各省、自治区、直辖市和中央有关部门也要成立相应的领导机构，指导和协调本地区本部门的改革工作。

第三，坚持区别对待、分类指导、循序渐进、逐步推开的原则，积极稳妥地推进改革。推动文化体制改革，既要积极又要稳妥，既要坚持早改革早主动，又要充分考虑不同地区经济社会文化发展的不平衡性，充分考虑农村和城市的差别，充分考虑不同行业、不同单位的性质和功能，坚持一切从实际出发、实事求是的原则，分别提出不同的改革要求。从地域上讲，要根据东、中、西部地区的不同情况，因地制宜，有计划、有步骤地推动文化体制改革在全国范围内展开。从文化单位的性质和功能上讲，要按照中央文件的要求，明确界定公益性文化事业和经营性文化产业，加强分类指导。从改革进度上讲，可有先有后，不搞一刀切。总体上先行试点地区要在巩固已有成果基础上，逐步全面推开；其他省、自治区、直辖市要先确定一批市（地）和文化单位作为试点，取得经验后逐步展开；少数条件尚不成熟的地区可根据自身实际情况，深入调查研究，积极创造条件，为下一步改革做好思想和工作准备，也可以选择一些有条件的单位先行试点，探索积累经验。

第四，认真总结经验，加强典型示范。文化体制改革试点工作开展两年多来，我们在许多方面进行了积极探索和创新，积累了有益经验。要认真总结试点工作取得的成功经验，为全面推开改革提供有益借鉴。在深化改革的过程中，要善于发现和总结新鲜经验，运用多种形式及时加以推广。要把总结经验与学习中央文件结合起来，在实践中加深对中央精神的理解，更好地把中央的要求落到实处。要把总结经验与基层的改革实践结合起来，善于从群众的创造中汲取智慧，不断探索解决问题、推动工作的新思路、新途径、新办法。要把总结经验与理论研究结合起来，把具有普遍意义的经验升华为理性认识，为深化改革提供有力的理论指导。领导干部要深入实际，调查研究，及时了解实际工作中存在的主要问题和薄弱环节，提出解决问题的办法和措施，增强指导改革的针对性。要注意处理好改革发展稳定的关系，落实好改革中涉及职工利益的政策，充分调动广大文化工作者参与改革的积极性、主动性、创造性。要充分发挥新闻媒体的作用，采取生动有效的形式，积极宣传推广改革试点阶段创造的好经验，宣传改革中涌现出的新典型，加大推动改革的力度。

第五，加强队伍建设，提供人才保障。要按照政治强、业务精、纪律严、作风正的要求，大力加强宣传思想文化战线各级领导班子思想政治建设和党风廉政建设，不断提高社会主义市场经济条件下领导文化建设的能力。要把文化体制改革的过程作为培养人才、造就队伍的过程。牢固树立"人才资源是第一资源"的观念，认真贯彻人才强国战略，加强人才培养力度，着力培养造就一批政治上坚定可靠、改革意识强、熟悉宣传思想文化工作、清正廉洁的高素质领导人才，一批政治强、作风正、勇于开拓、懂经营善管理的经营管理人才，一批文化领域的领军人物和拔尖人才、掌握现代传媒技术的专门人才。要尊重劳动、尊重知识、尊重人才、尊重创造，形成有利于优秀人才脱颖而出的体制机制，最大限度地激发广大文化工作者的积极性、主动性和创造性。宣传思想文化战线的同志要认真学习党的十六大以来中央关于文化建设的一系列新论述、新观点、新要求，学习新形势下文化建设所需要的新理论、新知识、新技术，在改革实践中不断提高自身素质。

这次会议标志着文化体制改革进入一个新的阶段。宣传思想文化战线肩负着重要使命，任重道远。让我们紧密团结在以胡锦涛同志为总书记的党中央周围，高举邓小平理论和"三个代表"重要思想伟大旗帜，全面落实科学发展观，以高度的政治责任感和强烈的历史使命感，锐意进取，开拓创新，扎实推进文化体制改革，为繁荣发展社会主义先进文化作出新的更大贡献！

文化建设迈向大发展大繁荣[*]

(2007年7月4日)

> 党的十六大以来,文化体制改革态势良好,进展顺利,成效显著,极大地解放和发展了文化生产力。精神文化产品创作生产空前繁荣,公共文化服务的能力和水平大幅提高,文化产业的竞争力不断增强,文化遗产保护体系逐步健全,中华文化的国际影响力显著提升,文化市场管理明显加强,文化建设正在迈向大发展大繁荣的新阶段。

根据党的十六大的要求,党中央作出了深化文化体制改革的重大决策。2003年开始,按照"区别对待、分类指导,循序渐进、逐步推开"的方针,文化体制改革在全国部分地区和单位试点。2005年在试点基础上制定了中共中央、国务院《关于深化文化体制改革的若干意见》。目前,原试点省市正在全面展开,

---

[*] 这是李长春同志在政协十届全国委员会常务委员会第十八次会议上就文化建设情况所作报告的一部分。

其他省（区、市）正在进行试点，为全面展开做准备。总的看，改革态势良好，进展顺利，成效显著。

一、积极推进文化体制改革，解放和发展文化生产力。按照增加投入、转换机制、增强活力、改善服务的要求，积极推进公益性文化单位改革，深化劳动人事、收入分配制度改革，提高服务水平。按照创新体制、转换机制、面向市场、增强活力的要求，稳步推进国有经营性文化单位转企改制，培育和重塑文化市场主体，改变了国有文化单位市场主体缺失、竞争力不强的状况。到今年5月，全国已有一批图书出版社、音像出版社、国有电影制片厂、电影公司、电影发行放映公司和一般文艺院团完成转企改制工作，28个省（区、市）的新华书店注册为企业。另外，有8家文化企业在A股上市，有2家文化企业在H股上市，走出了面向资本市场融资、增加文化投入的新路子。

介乎公益性文化事业和经营性文化产业之间，还有一些文化单位，如党和国家的重要新闻媒体和社会科学研究机构，体现民族特色和国家水准的艺术院团，政治性、公益性强的出版社，如人民出版社、盲文和少数民族语言文字出版单位等，继续保留事业体制，由国家给予扶持。

加快完善市场体系，统一、开放、竞争、有序的文化市场开始形成。积极发展文化产品市场，培育要素市场，打破了按行政区划、行政级次分配文化产品的传统体制。推广连锁经营、物流配送、电影院线和电子商务等现代流通组织形式，目前，已组建一批全国性出版物连锁总部、连锁网吧、连锁演出票务公司、电影院线。进一步规范了非公有资本和外资的文化市场准入，大力发展行业协会和中介组织，文化市场长效管理机制逐步建立。

加强改善宏观管理,新型文化管理体制正在建立,党委领导、政府管理、行业自律、企事业单位依法运营的文化管理体制逐步确立。制定下发了支持文化产业发展和经营性文化事业单位转企改制、鼓励文化产品和服务出口、推动我国动漫产业发展、实行文化市场综合执法等政策性文件,促进改革发展的配套政策日益完善。坚持文化立法进程与改革发展进程相适应,逐步创造条件,把经过改革发展实践检验成熟了的政策文件和行政规章及时上升为法律法规。加快政府职能转变,逐步理顺文化行政管理部门与文化企事业单位的关系,政府部门政策调节、市场监管、社会管理和公共服务能力明显提高,基本实现从管微观到管宏观、从办文化向管文化、从面向直属单位到面向全社会的转变。综合性试点地区文化市场综合行政执法改革已经完成,较好解决了文化市场管理方面长期存在的职能交叉、多头执法等问题,执法力量加强,监管力度加大。

二、繁荣精神文化产品创作生产,丰富活跃人民群众文化生活。改革极大地解放和发展了文化生产力,激发了全社会的文化创造活力,调动了广大文艺工作者的积极性、主动性、创造性,促进了精神文化产品创作生产的发展繁荣,涌现出了大量有广泛社会影响的优秀作品。

文艺创作活跃繁荣。"文革"前17年我国长篇小说出版总量只有100多部,20世纪90年代初每年在500部左右,近年则达到1000部左右;2003年以前,电影多年来徘徊在100部以下,2006年已达到330部;电视剧产量每年以1000集的速度持续增加,2006年达到500部13872集;2003年图书出版19万种,2006年达到23万多种。文艺作品和出版物质量大幅提升,形式、风格、品种丰富多彩，一大批优秀作品走进荧屏、舞台、书市。《张思德》、《亮剑》、《恰同学少年》、《任长霞》、《长征》、《延安颂》、《激情燃烧的岁月》、《乔家大院》等一批优秀影视剧，产生了广泛的社会影响。

组织实施代表国家水准的重点文化工程。扎实推进精神文明建设"五个一"[1]、舞台艺术精品[2]、国家"十一五"重点图书出版规划、《中华大典》、民族精神史诗[3]等工程，集中人力物力财力，规划创作生产一批能够代表国家水准、体现民族特色的优秀作品，成为文化繁荣的亮点。

文化工作服务基层、服务农民力度加大。组织文艺出版工作者深入基层和农村，开展"心连心"[4]、"送欢乐下基层"[5]、"艺术进万家"等形式多样的文化活动。加强农村文艺工作，创作生产适合"三农"的文艺作品和出版物，积极培养基层文化队伍，开展送书下乡活动，中央财政为300个国家扶贫开发工作重点县、3000个乡镇配送图书5116万册。

在文艺界大力倡导崇德尚艺、深入基层、服务人民的良好风气。组织"德艺双馨"中青年文艺家评选活动，对巴金[6]、常香玉[7]等老艺术家授予"人民作家"、"人民艺术家"称号，在中国电影和话剧诞生100周年之际表彰50名有突出贡献电影艺术家、30名话剧艺术家，鼓舞和焕发了广大文艺工作者的创作热情。制定全国性文艺新闻出版评奖管理办法，纠正乱评比、乱表彰现象，提高了全国性评奖的公正性、科学性和权威性。加强改进文艺评论，宣传推介优秀作品，抵制低俗媚俗庸俗之风。

三、大力发展公益性文化事业，不断提高公共文化服务能力。以政府为主导，大力发展公益性文化事业，保障人民群众看电视、听广播、读书看报、进行公共文化鉴赏、参与公共文化活动等基本文化权益，是社会主义文化建设的重要任务。近年来，各级财政对公益性文化事业扶持力度加大、建设项目增多，社会各界积极参与，人民群众得到了较多实惠。

文化基础设施建设投入逐年增加，多元投入机制初步形成。"十五"期间，中央财政对县级公共图书馆、文化馆基础设施建设共投入1364亿元，比"九五"期间增长约50%。先后投入380亿元用于电台电视台、发射转播台站等基础设施建设、设施设备及技术改造，增强广播电视节目制作、传输和覆盖能力。少数民族地区，如新疆、西藏加强了译制中心建设，提高了少数民族语言节目的制作和供给能力。国家大剧院、国家博物馆等一批标志性大型文化设施建设正在抓紧进行。出台鼓励捐赠、兴办公益性文化事业办法，民办博物馆也迅速发展。

公共文化服务网络逐步完善，服务能力水平明显提高。正在构建大中城市为骨干、县级城市为基础、辐射乡镇的公共文化基础设施网络。2006年，全国广播电视人口综合覆盖率分别达到95.04%和96.23%，基本实现县县有文化馆、图书馆的目标，每100万人拥有6个公共文化服务机构。

公共文化服务重点工程顺利推进。按照《国家"十一五"时期文化发展规划纲要》的部署，大力实施广播电视村村通工程[8]，在基本实现已通电行政村和50户以上自然村农民收听收看广播电视目标的基础上，正在解决20户以上自然村通电视的问题。全国文化信息资源共享工程[9]进展顺利，正在形成省有中心、地县有分中心、乡镇和街道有基层中心、村和社区有服务点的格局，目前已经建设50TB[10]的资源量，到2010年还将增加到100TB。启动农家书屋工程[11]，到2010年基本实现由国家资助中西部地区建成20万个农家书屋的目标。实施农村电影放映工程[12]，考虑到农村的传统，我们把给农民每个月免费放映一场电影纳入公益性文化服务的范畴，由政府买单，按照企业经营、市场运作、政府买服务的体制和机制加以推动。

四、加快发展经营性文化产业，不断增强市场竞争力。发展文化产业是市场经济条件下繁荣社会主义文化、满足人民群众精神文化需求的重要途径。我们在这方面的工作思路是，充分发挥国有资本在文化市场中的主导地位，广泛调动社会资本投资文化产业的积极性，初步形成以公有制为主体、多种所有制共同发展的文化产业格局和以民族文化为主体、吸收外来有益文化的文化开放格局。

文化产业规模不断扩大。2006年，我国文化产业实现增加值5123亿元，占国内生产总值的比重为2.45%。文化产业的年增长速度高出同期国内生产总值年增长速度6.4个百分点，快于同期第三产业年增长速度6.8个百分点。

多种所有制文化企业蓬勃发展。现已组建国有及国有控股的出版集团公司22家、期刊集团公司2家、发行集团公司25家、印刷集团公司7家、电影集团公司6家、演艺集团公司8家，国有资本在文化市场中的控制力明显提高，公有制经济的主导地位进一步增强。已有民营出版物总发行企业13家，全国连锁经营企业8家。民营出版物发行网点已占全国发行网点总数的69%，占全国一般图书市场50%的份额。认真履行我国加入世界贸易组织承诺，外商投资书报刊发行企业已有45家，发展迅猛。市场在配置文化资源中的基础性作用进一步发挥，珠江三角洲、长江流域和环渤海地区初步形成若干书报刊音像出版、印刷复制、出版物物流、动漫游戏开发、影视生产等文化产业基地和特色文化产业群。

出版业、发行业、影视业、演艺业等传统文化产业重焕生机，新兴文化产业也快速发展。近年来，我国动漫产业快速发展，国产动画片的产量2006年达到82300分钟，这一年的产量相当于1993年至2003年11年间的179%。我国自主研发的网络游戏产品数量逐步增多，2006年为218款，占网络游戏市场总规模的64.8%。积极打造有国际影响的文化交易平台，自2004年以来，深圳文博会[13]已成功举办三届，成为覆盖全国并具有国际影响的大型文化会展。

五、逐步健全文化遗产保护体系，继承发扬民族优秀文化传统。我国拥有丰厚的民族文化遗产，切实保护和利用好这些文化遗产，有利于发展社会主义先进文化，增强民族认同感和凝聚力。正确处理经济社会发展与文化遗产保护的关系，坚持依法和科学保护，文化遗产保护状况明显改善。

政策法规体系更加完善。修订颁布《文物保护法》、《文物保护法实施条例》及《长城保护条例》，制定出台一批地方性法规和配套规章。印发关于加强文化遗产和非物质文化遗产保护工作的规范性文件，进一步明确物质文化遗产与非物质文化遗产保护工作的总体目标、基本方针、工作任务和保障措施。将每年6月的第二个星期六设为"文化遗产日"，提高全社会文化遗产保护意识。正在抓紧研究全国政协部分委员提出的清明节、端午节和中秋节等传统节日是否列为国家法定节日的问题。

物质文化遗产保护工作扎实推进。基本完成全国重点文物保护单位记录档案建档备案和全国馆藏一级文物建档备案工作。全面加强国家重点大遗址保护，编制完成36处大遗址保护规划纲要。南水北调工程、三峡工程等国家重大基本建设项目中的文物保护工程稳步实施。公布第六批全国重点文物保护单位，全国重点文物保护单位总数达到2351处。明清皇家陵寝扩展、澳门历史建筑群等项目相继通过世界遗产申报评选，我国世界遗产总数达到35处。第三次全国文物普查正式启动，各项工作有序开展。

非物质文化遗产保护工作取得重要进展。实施民族民间文化保护工程，开展非物质文化遗产普查，公布第一批518项国家级非物质文化遗产名录，确定226名代表性传承人名录。实施国家昆曲[14]艺术抢救、保护扶持工程，抢救保护一批优秀昆曲剧目。正式加入联合国教科文组织《保护非物质文化遗产公约》，昆曲艺术、古琴艺术、新疆维吾尔木卡姆[15]艺术和蒙古族长调民歌[16]成功入选联合国教科文组织"人类口头和非物质遗产代表作"。开展"民间艺术之乡"、"特色艺术之乡"命名活动，加强对民族民间文化生态保护区的保护。文化部正会同有关部门研究对属于文化遗产的民间手工艺品生产在税收上给予照顾和支持。

六、实施文化走出去战略，提升扩大中华文化国际影响力。配合国家总体外交战略和重大外交活动，加大文化走出去的力度，积极参与国际文化合作与竞争，全方位、多层次、宽领域的文化走出去格局正在形成。

发挥政府的主导作用，积极开展对外文化交流，增进了友谊，树立了我国和平发展的良好形象。成功举办中法"文化年"、中俄"国家年"、"中华文化非洲行"等高水平文化交流活动。

积极参加重要的国际电影展、文物展、电视周、艺术周等活动，参与文化领域相关国际规则的制定。与148个国家签订文化合作协定，在海外建立6个中国文化中心。

以文化企业为主体，参与国际文化竞争，努力改变文化产品和服务进出口的被动局面。我国的外向型骨干文化企业逐步成长，文化产品和服务的国际竞争力不断增强。版权贸易进出口比例由2003年的15.4∶1，降到2006年的6∶1。版权出口主要是到香港、澳门、台湾和东南亚地区，真正进入西方国家的还很少。比如2004年对美国是285∶1，对英国是126∶1，2006年分别下降为20.1∶1和19.6∶1。法兰克福图书博览会相当于图书出版界的世博会，在2006法兰克福图书博览会上，我国共输出图书版权1936种，超过了引进的1254种图书版权。电影出口从无到有，逐年增加，2003年25部，2006年达到73部，但跟进口比，差距还是很大。海外发行电视剧逐年上升，2005年出口58部3110集，2006年出口101部3226集。国产动画片出口也出现新气象，《蓝猫淘气三千问》、《天眼》等出口美国、英国、韩国、科威特等数十个国家和地区。《云南映象》[17]在美国、巴西、阿根廷成功进行商业演出后，2007年扩大国际巡演范围。《风中少林》[18] 2006年9月赴美演出两年。商业演出才能真正看出竞争力，目前在这方面已经开始出现好的兆头。

运用多元传播载体，不断扩大广播电视节目的境外落地。访问国际在线、央视国际网站的境外用户也在不断扩大。国际在线上网的文版已达43种，网上广播语种46种。今年春节联欢晚会开始至结束，通过央视国际网站收看晚会节目的境外用户最高达15万。汉语国际推广工作快速发展。截至今年4月，已建立140

所孔子学院，分布在52个国家和地区。孔子学院已经成为推动中华文化走出去的重要品牌，成为帮助外国了解中国的一个重要窗口，成为增进我国人民和世界各国人民之间相互信任和友谊的一座桥梁。

七、加强文化市场管理，维护良好文化环境。文化市场管理关系到人民群众文化权益，青少年健康成长环境，国家政治文化安全。加大文化市场监管力度，在解决突出问题、规范经营秩序、健全文化市场管理体系等方面，取得明显进展。

深入开展"扫黄打非"。开展"反盗版百日行动"等系列活动，打击各类侵权盗版违法犯罪行为，树立我国政府保护知识产权良好形象。2006年，共收缴各类非法出版物1.5亿件，淫秽色情出版物246.7万件，盗版音像制品和走私盗版光盘1.06亿件，盗版软件及电子出版物761.8万件，盗版图书2056.1万件，盗版教材教辅读物772.5万件，查获非法光盘生产线14条，查办有关案件3万余起。开展网络"扫黄"斗争，严厉查处色情游戏网站、传播淫秽色情内容的文学网站和涉黄视频网站。倡导文明办网、文明上网，督促网站自查自纠，整治发送不健康短信、刊载不健康广告、传播不健康作品。

积极治理文化经营场所。切实加强对学校周边文化产品经营场所的管理，定期检查出版物批发和电脑软件等市场，严厉查处不健康的游戏光盘、漫画和口袋书。开展网吧治理活动，加强规范化教育，鼓励规范管理、连锁经营，健全社会举报制度，建立禁止接纳未成年人进入网吧和重点游戏用身份证登录制度，推广未成年人上网防沉迷系统，违规案件呈逐年下降趋势。加强城市娱乐场所、农村演出市场管理，城乡演出市场中的低俗之风得到遏制。

注 释

〔1〕"五个一工程",即精神文明建设"五个一工程"。从1991年起,中共中央宣传部定期对各地区各部门和解放军创作生产的精神文化产品进行集中评选,从中评选出五个方面的精品佳作,即一台好戏、一部好电视剧、一部优秀电影、一本好图书(限社会科学)、一篇好理论文章(限社会科学),予以表彰奖励。该工程的实施,对精神文化产品的创作生产发挥了积极的导向作用。

〔2〕舞台艺术精品工程,是文化部、财政部从2002年开始联合实施的重点文化建设工程,主要是遴选和扶持代表中国舞台表演艺术最高水准的舞台艺术精品。

〔3〕民族精神史诗工程,是党的十六大后中共中央宣传部组织实施的重点出版工程,目的是用丰富多彩的出版物,多层次、多角度地对中华民族精神进行完整、权威的阐释,以史诗般的效果,帮助广大读者特别是青少年读者感知伟大民族精神。

〔4〕"心连心",是中央电视台举办的文艺演出下基层慰问活动。1996年5月,中央电视台成立"心连心"艺术团,每年多次组织全国艺术家走进老少边穷地区、厂矿部队科研一线举行义务慰问演出。

〔5〕"送欢乐下基层",指中国文学艺术界联合会推出的文化惠民活动。从2005年起,每年元旦、春节期间,组织广大文艺工作者深入革命老区、贫困地区、边远地区以及遭受自然灾害的地区,为群众送戏、送艺术、送文化、送欢乐。

〔6〕巴金(1904—2005年),文学家。原名李尧棠,生于四川成都。曾任中国作家协会主席,中国文学艺术界联合会副主席,第五届全国人大常

委会委员，第六届至第十届全国政协副主席。代表作有《家》、《春》、《秋》等。1985年倡议建立中国现代文学馆。2003年被国务院授予"人民作家"荣誉称号。

〔7〕常香玉（1923—2004年），戏曲演员。原名张妙玲，河南巩县（今巩义）人。9岁随父学戏，后拜翟彦身、周海水为师，并随义父姓改名为常香玉。原学豫西调，后在演出中广泛吸收豫东调、祥符调、沙河调等各种豫剧唱腔以及京剧、评剧、秦腔等剧种的唱腔和表演艺术，独创了"常派"真假混合声演唱体系，形成豫剧中的一支主要流派。曾任中国戏剧家协会副主席。2004年被国务院追授"人民艺术家"荣誉称号。

〔8〕广播电视村村通工程，是为解决广大农村地区群众收听收看广播电视难问题而组织实施的一项重大文化惠民工程，是农村公共文化服务体系的重要组成部分，由国家广播电影电视总局从1998年开始组织实施。党的十六大以来特别是"十一五"期间，采取有线联网、直播卫星接收、公用卫星传输等多种方式扩大信号覆盖，加大了推进工程的力度。截至2012年底，工程已覆盖全部通电行政村和20户以上自然村，解决了72.28万个20户以上自然村约5000万群众听广播看电视难的问题，正从"村村通"向"户户通"推进。

〔9〕全国文化信息资源共享工程，是为方便农村群众快捷享受网络文化信息资源、缩小城乡数字鸿沟而实施的一项重大文化惠民工程，是农村公共文化服务体系的重要组成部分，2002年4月启动，由文化部组织实施。工程主要依托省、市、县图书馆和乡镇综合文化站、村文化活动室等公共文化设施，通过互联网、卫星、有线电视、移动通讯等多种渠道，建立覆盖全国城乡的公共文化信息服务网络。截至2012年9月，已建成1个国家中心、33个省级分中心、2840个县级支中心、2.8万个乡镇基层服务点、59.7万个村基层服务点，基本建立了覆盖城乡的服务网络，工程资源建设总量达到137.4TB。

〔10〕TB，指的是数字信息储存容量，1TB相当于1024GB。

〔11〕农家书屋工程，是为解决农民群众"买书难、借书难、读书难"问题而组织实施的一项重大文化惠民工程，是农村公共文化服务体系的重要组成部分，由新闻出版总署组织实施，从2005年开始试点，2007年在全国范围内推广。截至2012年，已全部覆盖64万个行政村。

〔12〕农村电影放映工程，是为解决农村地区群众看电影难问题而组织实施的一项重大文化惠民工程，是农村公共文化服务体系的重要组成部分，由国家广播电影电视总局从1998年开始组织实施，目标是以行政村为单位，一村一月免费放映一场电影。党的十六大以后，进一步加大工程建设力度，按照"企业经营、市场运作、政府购买、农民受惠"的农村电影发展思路，基本建立起公共服务和市场运作相协调、固定放映和流动放映相结合的农村电影服务体系。

〔13〕深圳文博会，指中国（深圳）国际文化产业博览交易会，是由文化部、商务部、国家广播电影电视总局、新闻出版总署、广东省人民政府和深圳市人民政府共同主办的国家级、国际性、综合性的文化产业博览交易会。2004年开始在广东深圳举办，到2012年已举办8届，累计成交额超过6500亿元，出口额超过730亿美元，吸引力、影响力不断扩大，成为展示文化改革发展成果的重要窗口、引领文化产业发展的重要引擎、促进中外文化交流的重要平台。

〔14〕昆曲，亦称"昆腔"、"昆剧"，是发源于14、15世纪苏州昆山的曲唱艺术，糅合了唱念做打、舞蹈及武术等表演艺术，以曲词典雅、行腔宛转、表演细腻著称，被誉为"百戏之祖"。在2001年被联合国教科文组织列为"人类口头和非物质遗产代表作"。

〔15〕木卡姆，为阿拉伯语，在现代维吾尔语中意为"大型套曲"，它运用音乐、文学、舞蹈、戏剧等语言和艺术形式表现了维吾尔族人民绚丽的生活和高尚的情操。木卡姆被称为维吾尔民族历史和社会生活的百科全书，是中华民族多元文化的组成部分。

〔16〕长调民歌，是蒙古族在长期游牧生产劳动中创造的几种民歌的总

称，是蒙古民歌主要艺术形式之一。长调内部结构较自由，题材集中在思乡、思亲、赞马、酒歌等方面。

〔17〕《云南映象》，是舞蹈艺术家杨丽萍策划并领衔主演的大型原生态歌舞集。该歌舞集将原创乡土歌舞精髓和民族歌舞经典全新整合重构，展现了云南浓郁的民族风情，70％的演员是来自云南各地州甚至田间地头的本土少数民族演员。

〔18〕《风中少林》，是郑州歌舞剧院公司创作演出的大型原创歌舞剧。该剧将少林功夫与中国舞蹈元素完美结合，运用声、光、电等现代科技，演绎了少林武僧的传奇故事。2006年创排以来，先后到几十个国家演出。

认真贯彻落实党的十七大精神，
大力推进文化改革发展[*]

（2008年3月5日至9日）

> 各级党委和政府要认真学习领会党的十七大关于加强文化建设的重要精神，进一步提高文化自觉，真正把文化建设作为中国特色社会主义事业四位一体总体布局的一个重要方面来认识，纳入党委和政府重要议事日程，纳入经济社会发展规划，采取有力措施，切实推动社会主义文化大发展大繁荣。

党的十七大报告突出强调了加强文化建设、提高国家文化软实力的极端重要性，提出要兴起社会主义文化建设新高潮，更加自觉、更加主动地推动社会主义文化大发展大繁荣。十一届全国人大一次会议对深化文化体制改革、推动文化大发展大繁荣作出了部署。贯彻党的十七大精神，落实十一届全国人大一次会议部署，要求我们在文化建设上迈出新步伐，取得新进展。大力推进

---

[*] 这是李长春同志在参加十一届全国人大一次会议四川、浙江、江西、云南代表团审议时讲话关于文化建设内容的主要部分。

文化改革创新，推动文化大发展大繁荣，要着力在以下几个方面下功夫。

一、抓住提高思想认识这个前提，进一步深化对文化重要地位和作用的认识

进一步深化对文化地位和作用的认识，最重要的是把思想统一到党的十七大精神上来。党的十七大报告用"三个越来越"、"两个更加"、"一个兴起"对文化的地位和作用进行了高度概括。"三个越来越"，就是文化越来越成为民族凝聚力和创造力的重要源泉、越来越成为综合国力竞争的重要因素，丰富精神文化生活越来越成为我国人民的热切愿望；"两个更加"，就是更加自觉、更加主动地推动社会主义文化大发展大繁荣；"一个兴起"，就是兴起社会主义文化建设新高潮。在中国特色社会主义事业四位一体总体布局中，党的十七大报告对文化建设提出了兴起新高潮的要求，这充分体现了以胡锦涛同志为总书记的党中央对文化建设的高度重视，充分体现了我国经济社会发展对文化建设的新要求和人民群众对文化建设的新期待。各级党委和政府要认真学习领会党的十七大关于加强文化建设的重要精神，进一步提高文化自觉，真正把文化建设作为中国特色社会主义事业四位一体总体布局的一个重要方面来认识，纳入党委和政府重要议事日程，纳入经济社会发展规划，采取有力措施，切实推动社会主义文化大发展大繁荣。

二、抓住建设社会主义核心价值体系这个根本,不断巩固全党全国各族人民团结奋斗的共同思想基础

建设社会主义核心价值体系,是我们党在思想文化建设上的重大理论创新和重大战略任务,是文化建设必须把握的一条主线,也是多年实践经验的科学总结。社会主义核心价值体系决定着文化的性质和方向,体现了社会主义先进文化的前进方向,体现了社会主义意识形态的根本要求,体现了我们党举什么旗、走什么路的鲜明导向。社会主义核心价值体系包含四个层次,即马克思主义指导思想、中国特色社会主义共同理想、以爱国主义为核心的民族精神和以改革创新为核心的时代精神、社会主义荣辱观。要紧紧围绕这四个层次推进社会主义核心价值体系建设,坚持不懈地用马克思主义中国化最新成果武装全党、教育人民,用中国特色社会主义共同理想凝聚力量,用以爱国主义为核心的民族精神和以改革创新为核心的时代精神鼓舞斗志,用社会主义荣辱观引领风尚。建设社会主义核心价值体系,要体现到国民教育全过程,体现到文艺创作中,体现到群众性精神文明创建活动中,体现到日常的宣传思想教育工作和群众性文化活动中。体现到国民教育全过程,就是要围绕建设社会主义核心价值体系,加强大学生思想政治教育,加强高校思想政治理论课教材体系和教师队伍建设,加强中小学思想品德、语文、历史课教材建设,切实做到使社会主义核心价值体系进学校、进教材、进课堂、进学生头脑。体现到文艺创作中,就是要把社会主义核心价值体系的要求贯穿文艺作品创作和生产的各个方面,成为鲜明的主旋律,推出更多思想性、艺术性、观赏性俱佳,深受人民喜爱的精品力

2008年3月5日，李长春参加十一届全国人大一次会议四川代表团的审议。右一为四川省委书记刘奇葆，左二为四川省省长蒋巨峰。　　　　（新华社记者鞠鹏摄）

作，发挥文艺作品鼓舞人、引导人、陶冶人的作用。体现到群众性精神文明创建活动中，就是要按照建设社会主义核心价值体系的要求，大力推进精神文明建设，不断提高公民思想道德素质和社会现代文明程度。去年首次在全国开展的道德模范评选表彰活动[1]，目的就是把党的十七大报告提出的加强社会公德、职业道德、家庭美德、个人品德建设的要求落到实处。这次评选发动群众广泛参与，使评选的过程成为很好的思想道德教育的过程；让群众评身边的人和事，充分体现"三贴近"的要求。评选表彰道德模范在全社会引起很大反响，充分表明，人民呼唤道德、社会呼唤道德、时代呼唤道德。体现到日常的宣传思想教育工作和群众性文化活动中，就是要积极探索用社会主义核心价值体系引领社会思潮的有效途径，主动做好意识形态工作，既尊重差异、包容多样，又有力抵制各种错误和腐朽思想的影响。对差异和多样，我们要尊重和包容，但要加强正面引导，最大限度地形成社会思想共识，形成既有统一意志又有个人心情舒畅、生动活泼的良好局面，进一步巩固全党全国各族人民团结奋斗的共同思想基础。要寓教育于服务之中，为开展健康的群众性文化活动搞好服务，寓教于乐，推动群众自我教育。

三、抓住建设公共文化服务体系这个基础，切实保障人民基本文化权益

党的十六大以来，我们党对文化建设的认识进一步深化，明确了文化建设的基本思路，就是要坚持"两手抓"的方针，一方面大力建设覆盖城乡的公共文化服务体系，保障人民基本文化权益；一方面大力发展文化产业，繁荣社会主义文化市场，满足人民多方面、多层次、多样化的精神文化需求。

公共文化服务是政府保障人民基本文化权益的基本途径，具有四个基本特征。一是公益性，即公共文化服务是政府为广大人民群众提供的免费服务，或者是低收费的优惠服务，体现公益性质。二是基本性，即公共文化服务不是满足包罗万象的所有文化需求，而是着重保障人民基本文化权益。人民基本文化权益，现阶段主要就是听广播看电视、读书看报、进行公共文化鉴赏、参与公共文化活动等权益。在农村，考虑到历史传统，把每个月为农民群众免费放映一场电影也列为公共文化服务。听广播看电视的权益，由各级电台电视台承担，即使发展数字电视也要保证一

些基本频道是免费的公共服务；在此基础上，可以再发展别的频道，提供增值服务。读书看报的权益，主要由公共图书馆承担，因此公共图书馆要建设好，逐步走向免费开放。进行公共文化鉴赏的权益，主要由公共的博物馆、纪念馆、美术馆等提供，让人民群众充分享受我们国家的历史文化遗产和现代文化成果，受到艺术的熏陶、文化的传承、精神的启迪。参与公共文化活动的权益，主要由各级文化馆、群众艺术馆、科技馆、青少年宫、社区文化中心等承担，开展丰富多彩的群众性文化活动。三是均等性，即不管是城市还是农村，发达地区还是欠发达地区，富人还是穷人，都一律平等地享受政府提供的公共文化服务，体现社会公正性。对于中西部地区的公共文化服务体系建设，中央财政要通过转移支付给予支持，体现均等性的要求。四是便利性，即文化设施要网点化，在居住地一定距离内，要有群众文化活动场所，方便群众就地就近开展和参与文化活动。

建设公共文化服务体系的方针是，以政府为主导，以公共财政为支撑，以公益性文化事业单位为骨干，动员和鼓励全社会共同参与。以政府为主导，就是政府要切实履行"政策调节、市场监管、社会管理、公共服务"的职能，把建设公共文化服务体系，提供公共文化服务作为政府公共服务职能在文化领域的体现，纳入经济社会发展规划，纳入各级党委和政府的重要议事日程，纳入财政预算安排，纳入扶贫攻坚计划，纳入目标考核体系，自觉履行公共文化服务职能。以公共财政为支撑，就是建设公共文化服务体系主要依靠政府财政投入，扶持公益性文化单位，建设基本文化设施，向文化企业购买文化产品，为全社会提供公共文化服务。以公益性文化事业单位为骨干，就是要充分发挥公共电台电视台、博物馆、纪念馆、陈列馆、美术馆、文化馆、图书馆以及基层文化活动中心的作用，面向全社会开放。这些单位就是要追求社会效益最大化，不搞产业化。凡是因为搞创收挪作他用的，一律要纠正。经过研究，中央决定，公共博物馆、纪念馆今明两年要全部向社会免费开放。目前，一些省市博物馆已免费向社会开放，参观人数大幅度上升，取得了很好的社会效益。下一步还要推动图书馆、文化馆免费开放，同时，研究解决其他一些公益性文化单位如青少年宫、科技馆等如何体现公共文化服务要求的问题。在这个基础上，要调动社会方方面面参与公共文化服务的积极性。首先，鼓励社会各方面对公益性文化事业进行赞助。在这方面中央也有政策，向公益性文化事业单位捐赠，在年度应纳税所得额10%以内的部分，可在计算应纳税所得额时予以扣除。[2]其次，鼓励民间非公有制资本建设博物馆、图书馆等。由于这部分博物馆、图书馆不属于公共文化设施，可有偿服务。再次，通过政府采购的办法引进社会力量包括文化企业参与公共文化服务，如通过招标采购服务，在特定的时间、为特定的人群提供文化服务等。通过这些途径来充分调动全社会的资源，共同投入到公共文化服务体系建设中。

建设公共文化服务体系的重点和难点在基层、在农村，要向基层倾斜，向农村倾斜。当前，要着力抓好五大文化惠民工程。一是广播电视村村通工程，要在行政村实现村村通的基础上，扩展到20户以上的自然村都要实现村村通。二是全国文化信息资源共享工程，就是以国家图书馆为核心，把各级图书馆、博物馆的资源，以及其他各类文化资源如影视剧、科普知识等数字化，形成庞大的数据库，通过互联网送到基层，一直送到农村的村文化活动室。村文化活动室只要有一台电脑、一台投影仪、一块幕布，就能够看电影、看戏剧、看农业科技讲座，甚至看故宫博物院里的展品。三是乡镇综合文化站和社区文化中心建设工程。乡镇综合文化站是事业单位，职责包括为所在地群众提供公共文化服务、指导各个村的文化活动、加强基层文化市场管理等，要在调查研究的基础上，统筹规划，加大建设力度。关于社区文化中心建设，中央明确了一条政策，就是从城市住房开发投资中提取1%用于社区公共文化设施建设。提取的1%不是文化部门从开发商那里拿出1%的钱，而是要求开发商就地把1%的资金用于建设文化活动中心。这样做，也有利于调动开发商的积极性，因为小区的配套设施越完善，房屋销售也就越好。四是农村电影放映工程。由政府买服务，每个月免费给农民群众放一场电影。政府不再养人、养机构，通过招标的方式由转企改制后的电影公司或由电影放映个体户来承担放映任务，对中西部地区可以帮助配备一些流动电影放映车和数字放映设备，推广农村电影数字化放映服务。五是农家书屋工程。在村文化活动室里，要有图书阅览室，有一定数量适合农民阅读的农业、科普、经济、法律、卫生、文化类图书、期刊和音像制品，所需经费由各级财政予以保证。总之，建设城乡基层文化活动场所，要打一场硬仗，需要各级党委和政府高度重视，加大支持力度。

四、抓住大力发展文化产业这个繁荣文化的重要途径，增强中华文化的竞争力和影响力

党的十七大报告提出，大力发展文化产业，繁荣文化市场，

增强国际竞争力。发展文化产业，是促进社会主义文化大发展大繁荣的重要途径，是增强中华文化竞争力和影响力的必由之路。与公益性文化事业相对应，文化产业的功能是繁荣社会主义文化市场，满足人民群众多方面、多层次、多样化的精神文化需求。公益性文化事业和经营性文化产业，构成繁荣社会主义文化的两个轮子。在传统文化管理体制下，公益性文化事业和经营性文化产业界限不清，事业不像事业，产业不像产业。说它是事业，投入的经费不足，自己还要去创收；说它是产业，还躺在政府的怀里，不面向群众、面向市场，没有动力，没有活力。这种体制，造成大量国有文化资源闲置，无法满足人民群众日益增长的精神文化需求。特别是在对外开放的条件下，国外文化资本大量涌入，这种体制使我们无法与之抗衡。比如在电影、图书版权贸易、商业演出等方面，我们与一些欧美国家之间，还存在比较严重的进出口逆差。这种状况无论如何要改变。如果不加快发展文化产业，我们的文化产品不仅出不去，而且在全球化和对外开放的形势下，随着国外文化产品越来越多地进入我国，在国内文化市场上也站不住脚。文化产业具有双重属性，既有意识形态属性，又有产业属性。如果我们不大力发展文化产业，仍然停留在传统体制，不仅我们文化产业的生存很危险，更重要的是，会对我国的文化安全和意识形态安全造成重大威胁。在这个问题上，我们一定要有清醒的认识，增强发展文化产业的责任感和紧迫感。

文化产业是文化和经济紧密交融的集中体现，是新的经济增长点，是现代服务业的重要组成部分。由于其知识密集，资源消耗低，环境污染少，发展潜力大，因此也是经济结构调整的着力

认真贯彻落实党的十七大精神，大力推进文化改革发展

点。当前，要重点发展影视制作、出版、发行、印刷复制、广告、演艺娱乐、文化会展、文化创意、数字内容和动漫等文化产业。发展文化产业，关键是要培育和发展合格的市场主体，即文化企业。产业是个宏观概念，它的微观主体是企业，不存在没有文化企业的文化产业。发展文化产业，当务之急是要着力培育一批有实力、有竞争力的骨干文化企业和战略投资者，特别是要加快发展国有或国有控股文化企业。要加大对改革比较到位、初步形成规模的重点国有文化企业的支持力度，有条件的要面向资本市场融资，实现低成本扩张，使其充分发挥示范、引导作用，作

2009年6月6日，李长春在浙江省杭州杂技总团调研。右一为新闻出版总署署长柳斌杰，右二为浙江省委书记赵洪祝，右三为中宣部常务副部长雒树刚，右五为中宣部副部长、文化部部长蔡武。　　　　　　　　　　　　　　　　　　　　（黄署林摄）

为战略投资者进一步带动全行业改革发展，并和信息化紧密结合，催生新兴文化产业。同时，要实施重大文化项目带动战略，加快文化产业基地和区域性特色文化产业群建设，形成若干文化产业密集区，进一步完善文化产业格局，壮大我国文化产业的整体实力。

发展文化产业，要正确认识和处理两个效益的关系，即社会效益和经济效益的关系。对于公益性文化事业，必须实现社会效益最大化。对于经营性文化产业，必须把社会效益摆在首位，实现社会效益和经济效益相统一。所谓社会效益好，就是导向正确且受教育的人多，两者缺一不可，如果仅是导向正确而没有人看，不能说是社会效益好。在社会主义市场经济条件下，人们更多是通过市场交换来实现文化消费的，优秀的文化产品，看的人越多，受教育的人就越多，同时也就会产生好的经济效益。而且实践也证明，凡是社会效益好的，经济效益都很好。但是反过来说就不一定成立，有些经济效益好的文化产品，如果导向有问题，社会效益也是不好的。所以，我们一定要把社会效益摆在首位，实现社会效益和经济效益的有机统一。

发展文化产业，要坚持以公有制为主体、多种所有制共同发展；以民族文化为主体，积极吸收外来有益文化。只有鼓励非公有资本进入文化产业，坚持多种所有制共同发展，坚持对外开放，才能繁荣文化产业；只有坚持以公有制为主体，才能确保社会主义先进文化的前进方向，两者缺一不可。当前，非公有制文化企业快速发展，文化市场空前繁荣的新形势，要求国有文化企业必须发挥其主导作用。因此，加快发展国有或国有控股的文化企业或企业集团大有可为，这是繁荣社会主义文化市场的重要途径，是实现以公有制为主体、多种所有制共同发展的文化产业格局和以民族文化为主体、积极吸收外来有益文化的文化开放格局的重大举措，必须高度重视，加快发展。

五、抓住推进文化创新这个关键，激发全社会的文化创造活力

党的十七大报告提出，在时代的高起点上推动文化内容形式、体制机制、传播手段创新，解放和发展文化生产力，是繁荣文化的必由之路。推动文化大发展大繁荣，必须紧紧抓住文化创新这个关键。

推进文化创新，最重要的是解放思想、实事求是、与时俱进。思想观念是总开关，是行动的先导。解放思想、改革创新是党的十七大的灵魂。推动文化大发展大繁荣，必须进一步解放思想、转变观念，以改革创新精神推进文化建设。要认真学习领会党的十七大精神，大力弘扬改革开放伟大进程中中国共产党人和中国人民一往无前的进取精神，坚决冲破一切妨碍文化发展的思想观念，坚决改变一切束缚文化发展的做法和规定，坚决革除一切制约文化发展的体制弊端，着力把握文化发展规律，创新文化发展理念，转变文化发展方式，破解文化发展难题，推动文化建设实现又好又快发展。实践在发展，时代在前进，解放思想、改革创新不能一劳永逸，必须贯穿于推动文化大发展大繁荣的全过程，永不僵化、永不停滞，用实践的不懈探索带动思想的不断解放，用思想的不断解放促进文化的繁荣发展。

深化文化体制改革，推进体制机制创新，是文化创新的首要

任务。一是要重塑公有制文化市场主体，把国有经营性文化单位转制为企业，这是文化体制改革的首要任务和中心环节。要按照"创新体制、转换机制、面向市场、增强活力"的要求，使经营性文化单位成为面向市场、自主经营的独立的文化产品生产者和经营者。充分发挥市场在文化资源配置中的基础性作用，极大地调动广大文化工作者的积极性、主动性和创造性，增强微观主体的活力。二是要完善市场体系，打破原来按行政级次和行政区划分配文化产品的传统体制，打破条块分割、地区封锁、城乡分离的市场格局，形成统一开放竞争有序的文化市场体系。三是要转变政府职能，按照建设法治政府和服务型政府的要求，推进政企分开、政资分开、政事分开、政府与市场中介组织分开，使政府由主要是办文化转向管文化，从主要是微观管理转向宏观管理，从主要是管直属单位转向管全社会，即真正转到政策调节、市场监管、社会管理、公共服务上来。这是一个不小的转变，需要我们进一步解放思想，改革创新。四是要改善宏观管理，加快建立党委领导、政府管理、行业自律、企事业单位依法运营的文化管理体制和富有活力的文化产品生产经营机制。加强文化立法，完善法律法规体系，实现主要以行政手段管理为主向综合运用法律、经济、行政、技术等手段管理转变。要大力推进公益性文化事业单位体制机制创新，按照"增加投入、转换机制、增强活力、改善服务"的要求，深化内部劳动、人事、分配制度改革，不断增强活力，切实改善服务，最大限度地发挥社会效益。

深化文化体制改革，要遵循"区别对待、分类指导、循序渐进、逐步推开"的方针。对不同地区，提出不同要求，东部先行，中部跟上，西部逐步。对具体行业，要正确区分公益性文化事业和经营性文化产业的界限，以及各行业、各单位的不同情况，分别按要求进行改革。在方法步骤上，要先试点、后推开。就全国而言，已进入由试点到全面展开的新阶段。要完善转企改制过程中的配套政策。2003年国办专门下发文件，对文化体制改革试点中支持文化产业发展和经营性文化事业单位转制为企业作出了具体规定，原来适用于试点单位，现扩展到面上。这个文件既和整个事业单位转企改制的政策相衔接，又照顾了文化领域的特点，可在实践中加以细化和完善，妥善解决好社保、富余人员安置等问题。

在体制机制创新的基础上，要大力推进内容形式和传播手段创新，加快构建传输快捷、覆盖广泛的文化传播体系，努力提高文化的传播能力，运用各种新兴媒体传播社会主义先进文化。要建立以企业为主体、市场为导向、产学研相结合的文化创新体系。要适应人民群众精神文化需求多方面、多层次、多样化的新特点，适应人民群众审美情趣、欣赏习惯的新需求，充分发掘利用丰富的民族文化资源，借鉴世界优秀文明成果，大力推进文化内容和形式的创新，实现题材体裁、风格流派和表现手法的极大丰富，使我们的文化产品更具吸引力和感染力。要积极扶持原创作品，着力打造一批代表国家形象、具有自主知识产权的文化品牌。

六、抓住人才队伍建设这个重要保障，为文化大发展大繁荣提供有力的人才支撑

推动文化大发展大繁荣，关键在人才。要适应新形势新任务对文化改革发展提出的更高要求，牢固树立"人才资源是第一资

源"的观念,加大文化领域各类人才的培养力度,努力造就一支与社会主义文化大发展大繁荣相适应的宏大的文化工作者队伍。

文化生产是复杂的创造性劳动,投入的是智力资源,产出的是著作权、版权等知识产权。所以,一定要贯彻"二为"方向和"双百"方针,发扬艺术民主和学术民主,弘扬主旋律、提倡多样化,形成尊重劳动、尊重知识、尊重人才、尊重创造的氛围,最大限度地调动广大文化工作者的积极性、主动性、创造性,多出优秀作品,多出优秀人才。要通过举办研讨班、培训班、社会考察等多种有效途经,帮助文化工作者深入学习党的十七大精神和各项方针政策,树立正确的世界观、人生观、价值观,自觉用马克思主义中国化最新成果武装头脑,自觉运用社会主义核心价值体系指导创作,自觉深入火热的改革开放实践,坚持贴近实际、贴近生活、贴近群众,讴歌人民群众为实现民族伟大复兴而奋斗的时代最强音,创作无愧于时代的精品力作。对文艺作品中出现的问题,要通过运用文艺批评的方式加以引导,鼓励文化艺术工作者自我讨论、自我教育、自我总结,一般不搞大批判。实践证明,搞大批判容易导致情绪化和扩大化,导致人人自危,从而抑制文化创新活力。思想理论领域的问题不能靠简单行政压服来解决,而要通过摆事实、讲道理,加大正面引导力度。我们有很多正面引导的手段,如中央电视台的黄金时段的运用,对影视作品就具有鲜明的导向性,是重要的引导方式。我们就是要充分运用这一引导手段,将体现社会主义核心价值体系的影视作品安排到黄金时段,对影视创作发挥导向作用。总之,对文艺作品,我们总体上要采取客观、公正、宽容的态度,同时也要加强行业管理、科学管理、依法管理。

要从政治上、工作上、生活上关心广大文化工作者。要进一步完善激励机制，设立国家荣誉制度，对有杰出贡献的文化工作者进行表彰；对做出优异成绩的各方面代表人物，要在各级人大、政协中予以安排。要高度重视艺术人才的培养，对艺术院校学生的助学金、奖学金要与普通高等院校一视同仁，确保那些有艺术天赋、经济困难的学生有接受高等教育、深造成才的机会。要重视复合型人才的培养，如既懂编导又懂电脑制作的现代编导人才，既懂文化又善经营管理的人才，既懂艺术又熟悉现代传播手段的人才等。要为优秀青年艺术人才的成长成才创造良好条件，努力培养和造就一批在全国、全世界有影响的大师级文艺家，催生一批经典传世之作，为文化大发展大繁荣提供强有力的人才保障。特别是要关心照顾老艺术家们的生活，给予必要的帮助和照顾，体现党和人民对他们的尊重和关怀。

注　释

〔1〕道德模范评选表彰活动，是中共中央精神文明建设指导委员会办公室2007年开始组织实施的推进公民道德建设的一项创新活动，评选表彰"助人为乐"、"见义勇为"、"诚实守信"、"敬业奉献"、"孝老爱亲"五类道德模范，每两年开展一次。该活动已经成为广大群众自我参与、自我教育、自我提高的载体，对于在全社会弘扬中华民族传统美德、建设社会主义核心价值体系发挥了积极作用。

〔2〕这一政策，见国务院办公厅转发的《关于进一步支持文化事业发展的若干经济政策》。

深入学习实践科学发展观，推动社会主义文化大发展大繁荣[*]

（2008年11月16日）

> 宣传思想文化战线要坚持以邓小平理论和"三个代表"重要思想为指导，深入贯彻落实科学发展观，高举旗帜、围绕大局、服务人民、改革创新，着力转变不适应、不符合科学发展观的思想观念，着力解决影响和制约文化科学发展的突出问题，着力构建有利于文化科学发展的体制机制，推动社会主义文化大发展大繁荣。

科学发展观是以胡锦涛同志为总书记的党中央深刻总结我国发展实践，准确把握世界发展趋势，坚持解放思想、实事求是、与时俱进，大力推进党的理论创新取得的重要成果，是中国特色社会主义理论体系的重要组成部分。党的十七大对科学发展观的科学内涵、精神实质和根本要求作出了全面系统的论述，明确指出，科学发展观是对党的三代中央领导集体关于发展的重要思想

---

[*] 这是李长春同志发表在《求是》杂志2008年第22期上的文章。

的继承和发展,是马克思主义关于发展的世界观和方法论的集中体现,是同马克思列宁主义、毛泽东思想、邓小平理论和"三个代表"重要思想既一脉相承又与时俱进的科学理论,是我国经济社会发展的重要指导方针,是发展中国特色社会主义必须坚持和贯彻的重大战略思想。实践证明,科学发展观符合我国基本国情,符合当代中国发展要求,符合广大人民根本利益,符合当今世界发展大势,越来越得到全党全国各族人民的衷心拥护,越来越成为全社会的基本共识。中央决定,从今年9月开始,用一年半左右的时间,在全党分批开展深入学习实践科学发展观活动。这是贯彻落实党的十七大精神,在新的历史起点上发展中国特色社会主义的重大战略部署。

宣传思想文化战线要认真贯彻落实中央的决策部署,始终坚持正确导向,大力唱响继续解放思想、坚持改革开放、推动科学发展、促进社会和谐的主旋律,为在全党开展深入学习实践科学发展观活动提供有力的思想保证、精神动力和舆论支持。同时,要在宣传思想文化领域扎实开展深入学习实践科学发展观活动,紧紧围绕党的十七大提出的兴起社会主义文化建设新高潮、推动社会主义文化大发展大繁荣的战略任务,坚持以邓小平理论和"三个代表"重要思想为指导,深入贯彻落实科学发展观,高举旗帜、围绕大局、服务人民、改革创新,着力转变不适应、不符合科学发展观的思想观念,着力解决影响和制约文化科学发展的突出问题,着力构建有利于文化科学发展的体制机制,推动社会主义文化大发展大繁荣。完成好这个光荣而艰巨的任务,必须在以下几个方面进行不懈努力。

一、认清形势、统一思想，增强以科学发展观统领文化建设的自觉性和坚定性

文化建设是中国特色社会主义事业总体布局的重要组成部分。推动社会主义文化大发展大繁荣，必须全面准确地把握文化建设面临的新形势新任务和人民群众的新要求新期待，进一步增强以科学发展观统领文化建设、加快文化发展的责任感和紧迫感。

从国际上看，当今时代，综合国力竞争的一个显著特点，就是文化的地位和作用更加凸显，越来越多的国家把提高文化软实力作为重要发展战略。改革开放以来特别是党的十六大以来，我国综合国力大幅提升，国际地位和影响显著提高。今年以来，随着抗震救灾斗争取得重大胜利、北京奥运会残奥会成功举办、神舟七号载人航天飞行圆满成功，我国文化软实力进一步增强，我国发展道路、发展成就在国际上的影响日益扩大。同时要看到，世界范围内各种思想文化交流、交融、交锋更加频繁，西方敌对势力对我进行西化分化的战略图谋没有改变。目前，我国文化在国际上的影响力和竞争力，与我国国际地位不相适应，与我国五千多年文明积淀的丰厚文化资源不相适应。这就迫切要求我们必须以科学发展观统领文化建设，加快文化发展步伐，使我国尽快从文化资源大国转变为文化发展强国，提升我国文化软实力，推动中华文化走出去，不断增强中华文化的国际影响力。

从国内看，随着中国特色社会主义事业的全面推进，文化在经济社会发展中的地位和作用不断增强。公益性文化事业作为文化建设的重要内容，在保障人民基本文化权益方面的作用越来

明显。经营性文化产业作为文化与经济相互交融的集中体现，科技含量高，资源消耗低，环境污染少，发展潜力大，是新的经济增长点，也是调整经济结构和繁荣文化市场的着力点，推动经济社会发展的作用日益凸显。越来越多的优秀文化产品，对于陶冶人们的情操，增强全社会精神力量，发挥着十分重要的作用。同时要看到，我国仍处于并将长期处于社会主义初级阶段的基本国情没有变，人民日益增长的物质文化需要同落后的社会生产之间的矛盾这一社会主要矛盾没有变，我国文化发展的整体水平还不高，还不能很好地满足人民群众日益增长的精神文化需求，还没有充分发挥在推动经济社会发展中的积极作用，还需要进一步加强其在引导社会、教育人民方面的功能。这就迫切要求我们必须以科学发展观统领文化建设，切实把文化建设纳入经济社会发展全局，更加自觉、更加主动地推动社会主义文化大发展大繁荣，不断提高全民族的思想道德素质和科学文化素质，推动经济社会又好又快发展。

从文化建设自身发展来看，改革开放以来特别是党的十六大以来，我国文化建设取得了巨大成就，文化体制改革取得积极进展，文化事业和文化产业步入协调快速发展的良性轨道，文化建设开创了新局面。同时要看到，文化发展的体制机制还不健全，活力还不强，与全社会快速增长的精神文化需求不相适应，与日趋完善的社会主义市场经济体制不相适应，与对外开放不断扩大的新要求不相适应，与现代科学技术和传播手段迅猛发展和广泛应用的新形势不相适应。这就迫切要求我们必须以科学发展观统领文化建设，进一步深化文化体制改革，构建充满活力、富有效率、更加开放、有利于科学发展的体制机制，解放和发展文化生产力。

总之，科学发展观充分反映了我们党对当今世界发展大势和中国特色社会主义发展方位的科学把握，不仅是我国经济社会发展的重要指导方针，也是我国社会主义文化发展繁荣的重要指导方针。面对我国改革发展的新形势新任务，面对人民群众的新要求新期待，文化建设要破解发展难题，开创发展新局面，必须全面贯彻落实科学发展观。我们一定要坚持以科学发展观统领文化建设，从理论与实践的结合上，明确新的历史条件下文化为什么要发展、实现什么样的发展、怎样发展和发展为了谁、发展依靠谁等根本问题，使文化建设的各项工作更加符合科学发展观的要求，实现社会主义文化大发展大繁荣的奋斗目标。

二、坚持解放思想、改革创新，按照科学发展观的要求树立和落实新的文化发展理念

解放思想是发展中国特色社会主义的一大法宝。思想观念是个总开关。观念决定思路，思路决定出路。以科学发展观统领文化建设，必须坚持解放思想、转变观念，牢固树立符合科学发展观要求的新的文化发展理念，以改革创新精神推动文化建设。

改革开放特别是党的十六大以来，宣传思想文化战线坚持以邓小平理论和"三个代表"重要思想为指导，深入贯彻落实科学发展观，解放思想、与时俱进，在实践中深化了对文化发展规律的认识，概括起来有八个方面。一是在文化地位和作用上，明确文化建设是中国特色社会主义事业总体布局的重要组成部分，文化越来越成为民族凝聚力和创造力的重要源泉、越来越成为综合

国力竞争的重要因素，丰富精神文化生活越来越成为我国人民的热切愿望。二是在文化发展方向上，明确要牢牢把握社会主义先进文化前进方向，建设社会主义核心价值体系，发展面向现代化、面向世界、面向未来的，民族的科学的大众的社会主义文化。要大力发展先进文化，支持健康有益文化，努力改造落后文化，坚决抵制腐朽文化。三是在文化发展目的上，明确要坚持以人为本，满足人民群众日益增长的精神文化需求，保障人民基本文化权益，丰富人民精神文化生活。四是在文化发展动力上，明确要坚持改革创新和科技进步，破除制约文化发展的体制性障碍，不断解放和发展文化生产力。五是在文化发展思路上，明确要一手抓公益性文化事业、一手抓经营性文化产业，一手努力构建覆盖城乡、惠及全民的公共文化服务体系，一手壮大文化产业、繁荣社会主义文化市场，一手抓繁荣、一手抓管理，推动文化全面协调健康发展。六是在文化发展格局上，明确要积极吸引民营资本、海外资本参与文化建设，形成以公有制为主体、多种所有制共同发展的文化产业格局，以民族文化为主体、吸收外来有益文化的文化开放格局。七是在文化发展战略上，明确要提升国家文化软实力，提高全民族的思想道德素质和科学文化素质，促进人的全面发展，实施文化走出去战略，增强中华文化国际影响力。八是在文化发展领导力量和依靠力量上，明确要始终坚持党对文化工作的领导，充分发挥人民群众在文化建设中的主体作用，最大限度地发挥广大文化工作者的积极性主动性创造性。这些重要的文化发展理念，初步回答了新世纪新阶段我国社会主义文化发展的一系列重大问题，是科学发展观在文化建设领域的具体体现，是新的历史条件下文化发展规律的客观反映，一定要贯彻落实到文化建设的各个方面，并在实践中不断发展和完善。

三、坚持建设社会主义核心价值体系这个根本，牢牢把握文化建设的正确方向，不断巩固全党全国各族人民团结奋斗的共同思想基础

建设社会主义核心价值体系，是党的十七大对文化建设提出的一项重大战略任务，是深入贯彻落实科学发展观对文化建设提出的根本要求。以科学发展观统领文化建设，必须把建设社会主义核心价值体系作为基础工程和灵魂工程，摆在文化建设的首要位置，贯彻到文化建设的各个方面，在全社会形成统一的指导思想、共同的理想信念、强大的精神力量和良好的道德风尚。

第一，准确理解社会主义核心价值体系的深刻内涵，全面把握社会主义文化建设的根本要求。社会主义核心价值体系包含四个层次，即马克思主义指导思想、中国特色社会主义共同理想、以爱国主义为核心的民族精神和以改革创新为核心的时代精神、社会主义荣辱观。这四个层次，相互联系、相互贯通、相互促进，是有机统一的整体。推进文化建设，必须紧紧围绕这四个层次，坚持不懈地用马克思主义中国化最新成果武装全党、教育人民，用中国特色社会主义共同理想凝聚力量，用以爱国主义为核心的民族精神和以改革创新为核心的时代精神鼓舞斗志，用社会主义荣辱观引领风尚，不断巩固全党全国各族人民团结奋斗的共同思想基础。要紧密联系当前国际国内形势的深刻变化，紧密联系改革开放30年取得的巨大成就，紧密联系干部群众的思想实际，着重讲清楚六个"为什么"：一是为什么必须坚持马克思

主义在意识形态领域的指导地位，而不能搞指导思想的多元化；二是为什么只有社会主义才能救中国，只有中国特色社会主义才能发展中国，而不能搞别的什么主义；三是为什么必须坚持人民代表大会制度，而不能搞"三权分立"；四是为什么必须坚持中国共产党领导的多党合作和政治协商制度，而不能搞西方的多党制；五是为什么必须坚持以公有制为主体、多种所有制经济共同发展的基本经济制度，而不能搞私有化或单一公有制；六是为什么必须坚持改革开放不动摇，而不能走回头路。回答好这些问题，是当前社会主义核心价值体系建设的关键。要真正从历史和现实、理论和实践的结合上，既讲清楚为什么"必须坚持"，更讲清楚为什么"不能搞"，进一步找准统一思想、凝聚力量的着力点，更好地引导干部群众坚定不移地高举中国特色社会主义伟大旗帜不动摇、坚持中国特色社会主义道路不动摇、坚持中国特色社会主义理论体系不动摇，为开创中国特色社会主义事业新局面而共同奋斗。

第二，把建设社会主义核心价值体系作为主线，贯穿到文化建设的各个方面。建设社会主义核心价值体系，要与文化建设的具体任务紧密结合起来，立足当前、着眼未来，多做打基础、利长远的工作。要把社会主义核心价值体系纳入马克思主义理论研究和建设工程，深入研究和揭示社会主义核心价值体系的重大意义、内涵外延和实践要求，推出一批有分量、有影响的研究成果。要把社会主义核心价值体系体现到媒体宣传中，有效引导社会舆论，积极营造健康向上的主流舆论，振奋民族精神，凝聚党心民心，在全社会形成有利于社会主义核心价值体系建设的舆论强势。要把社会主义核心价值体系体现到群众性精神文明创建活动中，始终围绕建设社会主义核心价值体系部署任务、安排活动、开展工作，广泛开展各种形式的精神文明创建活动，加强社会公德、职业道德、家庭美德、个人品德建设，不断提高公民思想道德素质和社会现代文明程度。要把社会主义核心价值体系体现到大学生思想政治教育和未成年人思想道德建设中，纳入国民教育总体规划，加强高校思想政治理论课教材体系和教师队伍建设，加强中小学思想品德、语文、历史课教材建设，切实推动社会主义核心价值体系进学校、进教材、进课堂、进学生头脑。要把社会主义核心价值体系体现到文艺作品创作生产的各个方面，使之成为鲜明的主旋律，把积极的人生追求、高尚的情感境界、健康的生活情趣传递给人民，让人们在美的享受中受到鼓舞、得到陶冶、获得启迪。

第三，积极探索用社会主义核心价值体系引领社会思潮的有效途径，尊重差异、包容多样，用社会主义文化的力量最大限度地凝聚力量、形成共识。当前，我国社会思想文化多元多样多变，人们思想活动的独立性、选择性、多变性、差异性不断增强。这就迫切要求我们坚持用社会主义核心价值体系引领社会思潮，既尊重差异、包容多样，又有力抵制各种错误和腐朽思想的影响。要紧密结合人们思想观念发展变化的实际，探索总结引领社会思潮的有效途径和办法，力求在多元多样中立主导、在交流交融中谋共识、在变化变动中一以贯之，团结一切可以团结的力量，化消极因素为积极因素，形成既有国家统一意志又有个人心情舒畅、既包容多样又有力抵制各种错误和腐朽思想、既坚守基本社会思想道德又向着更高理想目标前进的生动局面。

四、坚持把发展作为第一要务，着力解决影响和制约文化发展的突出问题，加快文化发展步伐

科学发展观的第一要义是发展。以科学发展观统领文化建设，最根本的是紧紧抓住文化发展这个主题，围绕中心、服务大局，进一步深化文化体制改革，破解文化发展难题，转变文化发展方式，推进文化创新，解放和发展文化生产力，通过加快文化自身发展推动经济社会又好又快发展。

第一，坚持一手抓公益性文化事业、一手抓经营性文化产业，转变文化发展方式，发展繁荣社会主义文化。发展方式决定发展效果。长期以来，制约文化发展的一个重要因素，就是把公益性文化事业和经营性文化产业相混淆，政府统包统揽，应该由政府主导的公益性文化事业长期投入不足，应该由市场主导的经营性文化产业长期依赖政府，因而束缚了文化事业和文化产业发展。党的十六大以来，在科学发展观指导下，我们明确了社会主义市场经济条件下文化发展的基本思路，就是一手抓公益性文化事业，一手抓经营性文化产业，两轮驱动，两翼齐飞，推动文化建设走上科学发展的轨道。

公益性文化事业的根本任务，是构建覆盖城乡的公共文化服务体系，为人民群众提供基本的公共文化服务，保障人民收听收看广播电视、读书看报、进行公共文化鉴赏、参与公共文化活动等基本文化权益。要坚持公益性、基本性、均等性、便利性的原则，以政府为主导，以公共财政为支撑，以公益性文化事业单位为骨干，以基层为重点，鼓励全社会积极参与，创新公共文化服务方式。以政府为主导，就是政府要切实履行在文化领域的公共

服务职能，把建设公共文化服务体系纳入经济社会发展规划。以公共财政为支撑，就是主要依靠政府财政投入建设公共文化服务体系，扶持公益性文化单位，建设基本文化设施，购买文化产品用于公共文化服务。以公益性文化事业单位为骨干，就是要积极推动公共博物馆、纪念馆、陈列馆、美术馆、文化馆、图书馆以及基层文化活动中心向全社会免费开放，提高公益性文化单位服务群众的能力和水平，最大限度地发挥社会效益。以基层为重点，就是优先安排涉及群众切身利益的文化建设项目，切实提高基层文化服务能力，满足基层群众的基本文化需求。鼓励全社会积极参与，就是完善相关政策和法律法规，积极引导社会力量以多种方式参与公共文化建设。创新公共文化服务方式，就是引入竞争机制，对重要公共文化产品、重大公共文化项目和公益性文化活动，采取建立基金、政府招标、定向资助等手段，进一步增强公共文化服务的活力。

经营性文化产业的根本任务，是繁荣文化市场，满足人民群众多层次、多方面、多样化的精神文化需求，其显著特点是市场在文化资源配置中发挥基础性作用。发展文化产业，关键是按照"创新体制、转换机制、面向市场、增强活力"的要求，着力培育一批有实力、有竞争力的骨干文化企业，鼓励引导有条件的国有和非公有制文化企业面向资本市场融资，实现低成本扩张，打造一批战略投资者，带动全行业改革发展。主要途径是实施重大文化项目带动战略，加快文化产业基地和区域性特色文化产业群建设，形成若干文化产业密集区，使文化产业占国民经济比重明显提高、国际竞争力显著增强。重点是发展文化创意、影视制作、出版发行、印刷复制、广告、演艺娱乐、文化会展、数字内容和动漫等九大文化产业，壮大我国文化产业的整体实力。最终要形成以公有制为主体、多种所有制共同发展的文化产业格局，以民族文化为主体、吸收外来有益文化的文化对外开放格局。

第二，进一步深化文化体制改革，努力形成充满生机活力、有利于加快文化发展的体制机制，解放和发展文化生产力。体制机制是发展的根本保障。党的十六大以来，文化体制改革在改革开放以来进行大量有益探索的基础上继续深入推进，新的文化管理体制和运行机制逐步建立，国有文化单位的活力、竞争力不断增强，文化产业快速发展，改革成效日益显现。但总体来看，文化领域不少方面受传统体制的影响还很深，加快文化发展面临诸多制约因素。破解影响和制约文化发展的难题，根本出路在于按照"区别对待、分类指导、循序渐进、逐步推开"的原则，进一步深化文化体制改革。当前，要着力在四个关键环节的改革上下功夫：一是重塑文化市场主体，这是文化体制改革的中心环节。要加快推进国有经营性文化单位的转企改制，按照建立现代企业制度的要求，完善法人治理结构，使之成为合格的市场主体。二是完善市场体系，打破按部门、按行政区划和行政级次分配文化资源和产品的传统体制，打破条块分割、地区封锁、城乡分离的市场格局，加快建立健全统一开放竞争有序的现代文化市场体系。三是改善宏观管理，建立党委领导、政府管理、行业自律、企事业单位依法运营的文化管理体制和富有活力的文化产品生产经营机制，增强宏观调控能力。四是转变政府职能，按照建设服务政府、责任政府、法治政府和廉洁政府的要求，推进政企分开、政资分开、政事分开、政府与市场中介组织分开，推动文化行政管理部门逐步实现由办文化为主向管文化为主转变，由管微观向管宏观转变，由主要面向直属单位转为面向全社会，履行好政策调节、市场监管、社会管理、公共服务的职能。要贯彻"增加投入、转换机制、增强活力、改善服务"的方针，积极推进公益性文化单位内部人事、收入分配和社会保障制度改革，增强活力，提高服务群众的能力和水平。通过深化改革，逐步建立和完善社会主义市场经济条件下加快文化发展的管理体制机制，营造有利于出精品、出人才、出效益的良好环境。

第三，积极推进文化创新，增强文化发展的生机和活力。提高自主创新能力是国家发展战略的核心，是提高综合国力的关键。改革创新和科技进步是文化发展的根本动力。必须在推进文化体制机制创新的同时，大力推进各方面的创新。要加快建立以企业为主体、市场为导向、产学研相结合的文化创新体系，使企业成为文化创新投入的主体、实施文化创新项目的主体、文化创新成果转化的主体，以企业为纽带推动文化在与市场、科技和产业的结合中不断创新。要适应人民群众文化需求的新特点和审美情趣的新变化，不断推进文化内容形式的创新，推动不同艺术门类和文化活动相互融合，积极运用声、光、电等手段提高传统文化的表现力，实现题材体裁、风格流派和表现手法的多样化。要积极运用现代科技手段开发利用民族文化资源，改造传统文化产业，催生新的文化业态，大力发展文化创意、文化博览、动漫游戏、数字传输等新兴产业，加快构建传输快捷、覆盖广泛的文化传播体系。要实施重大文化工程，调动各方面力量，整合优势资源，集聚各领域最新的创作理念和创作方法，以项目为平台带动文化创新。要鼓励探索与市场接轨的商业模式，建立以市场为导向的内容集成、加工、制作、传播的生产机制，打造有自主知识产权、有市场影响的文化品牌，满足群众的现实文化需求，引导和开发群众的潜在文化需求。

五、坚持以人为本，最大限度地满足人民群众精神文化需求，促进人的全面发展

科学发展观的核心是以人为本。文化建设以人为本，就是要贴近实际、贴近生活、贴近群众，以服务人民为根本宗旨，以满足人民群众精神文化需求、促进人的全面发展为根本目的，以人民群众为根本依靠力量，以发展文化事业和文化产业、提高文化产品和服务的供给能力为根本途径，以人民群众满意不满意为衡量工作成效的根本尺度，建立健全面向群众、服务群众的体制机制，多提供人民需要的文化产品和服务，多做有利于保障人民基本文化权益的事，让文化发展成果惠及全体人民。

第一，坚持以人为本，就要大力提高文化产品和服务的供给能力，努力满足人民群众日益增长的精神文化需求。要把保障人民基本文化权益摆在文化建设的首要位置，加大对公共文化服务的投入，通过建立实用、便捷、高效的公共文化服务网络，实施重大文化工程，拓展公共文化服务领域，健全公共文化服务组织等多种手段，向全社会提供更多免费或优惠的公共文化产品和服务，特别是要切实维护低收入群体和特殊群体的基本文化权益。要把繁荣文化市场、满足人民群众多样化文化需求作为文化建设的紧迫任务，适应人们文化需求多层次、多方面、多样化的新形势，鼓励广大文化工作者创作更多群众喜闻乐见的精品力作，鼓励国有文化企业积极开发市场、占有市场，发挥骨干作用，鼓励

文化强国之路

非公有制文化企业积极提供多样化的文化产品和服务，满足不同地域、不同层次、不同群体、不同年龄人们健康向上的文化需求。要利用现代科技手段满足人民群众的新型文化需求，加强网络文化建设，发展网络影视、网络图书、手机电视、手机报等现代文化服务业，建设更多适合青少年需要的绿色网吧，使互联网成为传播社会主义先进文化的重要阵地、提供公共文化服务的有效平台、促进人民精神文化生活健康发展的广阔空间，让人民群众更加方便快捷地享用各种文化产品和服务。

2006年2月13日，李长春在中国国家博物馆参观中国非物质文化遗产保护成果展。左二为国家民委主任李德洙，右四为文化部部长孙家正。　　（新华社记者刘建生摄）

第二，坚持以人为本，就要切实尊重人民群众的主体地位，激发人民群众参与文化建设的积极性主动性创造性。人民群众是一切文化创造的源泉。要紧紧依靠群众，做到谋划文化发展思路向人民群众问计，查找文化发展中的问题听人民群众意见，改进文化发展措施向人民群众请教，衡量文化发展成效由人民群众评判。要尊重群众的首创精神，及时总结群众创造的新鲜经验并加以推广，推动全社会文化创造活力竞相迸发、充分涌流。要大力开展城乡群众喜闻乐见的文化活动，鼓励群众建设各种形式的文化活动阵地，支持群众兴办各种演出团体和其他文化团体，引导群众在文化建设中自我创造、自我服务、自我发展。要广泛开展道德模范评选表彰、文明城市文明村镇文明单位创建、讲文明树新风等群众便于参与、乐于参与的活动，让群众评、评群众身边的人和事，使人民群众成为思想道德建设的主体。要建立科学的情况反馈机制和考核测评体系，通过问卷调查、民意测验、群众投票、媒体公示等办法，直接听取群众意见，接受群众评议，依靠群众的智慧和力量推动文化建设不断向前发展。

第三，坚持以人为本，就要充分反映人民群众的利益诉求，推动解决人民群众最关心最直接最现实的利益问题。随着社会主义民主政治的深入发展，人民群众的参与意识、表达意识、维权意识不断增强。文化建设以人为本，必须适应社会主义民主政治建设的要求，坚持把体现党的主张与反映人民心声统一起来，把坚持正确导向与通达社情民意统一起来，把正面宣传为主与加强和改进舆论监督统一起来，切实保障人民的知情权、参与权、表达权、监督权。对广大群众反映强烈的民生问题，要及时向社会通报情况，宣传党和政府采取的措施，多用答疑解惑、形势政策教育等方法积极加以引导。对突发公共事件，要及时准确、公开透明地向社会发布信息，引导社会舆论。对中央已作出决定并三令五申，但仍没有得到落实的问题，要加强和改进舆论监督，通过准确监督、科学监督、依法监督、建设性监督，推动有关地方和部门认真解决问题。对群众提出的暂时没有条件解决的问题，甚至一些带有情绪化的意见，也要通过讲清情况、摆明道理，把群众的思想情绪疏通好、引导好。

六、坚持全面协调可持续，妥善处理文化发展中的重大关系，推动社会主义文化又好又快发展

科学发展观的基本要求是全面协调可持续。文化建设坚持全面协调可持续，就要理顺文化与经济社会发展的关系，加强文化建设各个方面、各个环节之间的相互协调和配合，使文化发展的结构和布局更加全面均衡，发展的速度与质量效益更加协调统一，文化可持续发展的能力进一步增强。

第一，正确处理文化建设与经济社会发展的关系，促进文化建设与经济社会发展相协调。经济社会发展是文化发展的基础和前提，文化发展是经济社会发展的重要内容和重要支撑。加快文化发展，对于提高经济社会发展质量、巩固发展成果、增强发展后劲，具有重要作用。这就要求我们必须更加重视文化建设，把文化建设纳入经济社会发展全局，摆到更加突出的地位，投入更多的人力物力财力，努力实现文化建设与经济建设、政治建设、社会建设整体推进、共同发展，形成与我国经济社会发展要求相适应的文化软实力。同时，文化建设也要从社会主义初级阶段的

基本国情出发，从经济社会发展实际出发，科学制定规划，合理安排投入，积极实施文化建设项目，增强文化建设与经济社会发展的协调性。

第二，正确处理社会效益和经济效益的关系，始终把社会效益放在首位，做到社会效益与经济效益相统一。社会效益和经济效益的关系，是社会主义文化建设面临的一个重大问题，必须正确认识和把握好。文化产品既有教育人民、引领社会的意识形态属性，也有通过市场交换、获取经济利益、实现再生产的商品属性，两种属性相应地带来了"两个效益"的关系问题。要正确区分公益性文化事业和经营性文化产业中"两个效益"的不同要求。对公益性文化事业来说，就是要追求社会效益的最大化，不搞产业化。对经营性文化产业来说，既要讲社会效益，也要讲经济效益，两者并不是对立的。在社会主义市场经济条件下，人们越来越多地通过市场满足文化需求，购买优秀文化产品的人越多，受教育的面就越大，社会效益就越广泛，经济效益也就越好。从这个意义上说，没有经济效益，社会效益也难以落实，文化产业也无法实现再生产。反之，如果文化产品不讲社会效益，不能满足人民群众健康有益的文化需求，就会逐渐被边缘化直至被逐出市场，经济效益也无从谈起。实现社会效益与经济效益有机统一，是文化产业可持续发展的重要条件。要鼓励文化企业在确保正确导向的前提下，争取更大的经济效益。当经济效益同社会效益发生冲突时，经济效益要服从社会效益。

第三，正确处理弘扬主旋律与提倡多样化的关系，推动社会主义文化全面繁荣。弘扬主旋律、提倡多样化，是坚持为人民服务、为社会主义服务方向和百花齐放、百家争鸣方针的具体体现，是社会主义文化发展的内在要求。主旋律反映社会发展的主流思想和价值取向，代表人民群众的根本利益和愿望，是时代的最强音。多样化是社会思想文化多元多样多变的客观反映，是社会生活丰富多彩的具体体现。主旋律是主导，多样化不可或缺，二者统一于社会主义文化建设的具体实践中。当今中国，各族人民正在中国共产党领导下，坚持走中国特色社会主义道路，奋力实现中华民族的伟大复兴。这是我们这个时代最鲜明的主旋律，我们必须大力唱响这一主旋律。同时，要适应人们思想活动独立性、选择性、差异性、多变性不断增强，人民群众精神文化需求多方面、多层次、多样化特征日益凸显的新形势，积极发展各种健康有益文化，使社会主义文化更加多姿多彩。弘扬主旋律要坚持思想性、艺术性、观赏性的有机统一，不能降低艺术标准，不能粗制滥造。提倡多样化要讲究格调品位，寓教于乐，不能低俗媚俗庸俗，搞低级趣味。要进一步完善评奖机制，加强文艺评论，正确引导文化产品的创作生产，形成崇尚主旋律、鼓励多样化的良好氛围。

第四，正确处理促进繁荣与加强管理的关系，通过科学管理确保文化健康有序发展。繁荣是目的，管理是保障。推进文化建设，必须坚持一手抓繁荣、一手抓管理，在发展繁荣的过程中不断改进和创新管理，通过科学有效的管理促进文化发展繁荣。要进一步丰富管理手段，在恰当运用思想教育手段的同时，更加注重依法管理为主，并综合运用法律、经济、行政、科技等手段。要进一步创新管理理念，强化服务意识，寓管理于服务之中，善于在服务的过程中更好地实施管理。要用改革的办法解决前进中的问题，向体制机制要秩序。要进一步拓展管理领域，坚持"积极发展、加强管理、趋利避害、为我所用"的方针,加强网络文化建设,繁荣网络文化,加强依法管理,促进新兴媒体健康发展。要进一步提高文化执法水平,大力推进文化市场综合执法,加强执法主体建设,改变过去多头执法、力量分散、执法水平不高的问题,确保文化市场繁荣有序。要把有序开放和有效管理结合起来,确保文化安全。

七、坚持统筹兼顾,不断增强文化发展的均衡性,形成文化建设整体推进的良好局面

科学发展观的根本方法是统筹兼顾。文化建设涉及经济基础和上层建筑两个领域,涉及国内国际两个大局,涉及经济社会发展的方方面面。以科学发展观统领文化建设,必须坚持统筹兼顾,使文化建设各方面相互促进、良性互动。

第一,统筹城乡、区域文化发展,着力提高中西部地区和农村文化发展水平。城乡、区域发展不平衡,是我国经济社会发展中存在的突出问题。文化建设坚持统筹兼顾,就必须切实贯彻中央关于统筹城乡发展、区域发展的一系列重大决策部署,着力改变文化领域的城乡二元结构,缩小区域文化差别,推动城乡、区域文化协调发展。在资金投入上,要更加注重公共财政对中西部地区和农村地区文化发展的支持,保证一定数量的中央财政转移支付资金特别是文化领域每年新增的财政投入主要用于中西部地区、农村和基层。在文化惠民工程建设上,要积极推进文化资源向农村和基层倾斜,大力实施广播电视村村通、文化信息资源共享、社区文化中心和乡镇综合文化站(室)、农家书屋和农村电

影放映等重大文化惠民工程，切实解决农民看书难、看报难、看电影难、收听收看广播电视难的问题。在城乡文化发展格局上，要建立健全以城带乡的体制机制，充分发挥城市的辐射带动作用，鼓励城市骨干文化企业向农村延伸，占领农村文化市场，丰富基层文化生活。在区域文化发展布局上，要重点扶持中西部地区文化发展，鼓励中西部地区充分发挥资源优势，大力发展特色文化产业，引导东部地区文化产业向西部地区转移，形成东中西优势互补、协调发展的新格局。

第二，统筹各方面力量，形成推动文化建设的强大合力。推动文化建设既是宣传思想文化战线的重要任务，也是全社会的共同责任。这就要求我们建立健全党委统一领导、宣传思想文化部门主要负责、党政各部门齐抓共管、社会各方面共同参与的工作体制和工作格局，在党委统一领导下，统筹发挥好宣传思想文化战线和社会各方面的作用，形成推动文化建设的整体优势。宣传思想文化部门要在党委统一领导下，切实履行好党和人民赋予的职责，发挥好主力军作用，同时主动加强与各方面的联系，争取各方面的配合与支持。发展改革、财政、社保、税务、工商等与文化建设密切相关的部门，要切实担负起涉及文化建设和管理的相关职责，在政策、财力、物力等方面积极提供支持和保障，共同推动文化发展繁荣。要调动海内外、全社会力量参与文化建设，鼓励和引导非公有制资本按规定进入文化领域，为弘扬中华文化作贡献。

第三，统筹国内国际两个大局，大力推动中华文化走出去。在对外开放不断扩大的新形势下推动文化建设，必须统筹国内国际两个大局，积极利用国际国内两个市场、两种资源，吸收外来有益文化，增强中华文化的国际影响力和竞争力。要大力实施文化走出去战略，在继续推动政府间文化交流的同时，着力打造一批具有国际竞争力的外向型文化企业，打造具有重要影响力的国际文化交易平台，打造具有核心竞争力的知名文化品牌，以企业为主体、以市场化运作为主要方式推动文化产品走出去，努力扩大我国文化产品在国际市场的份额，逐步改变文化贸易逆差的局面。要按照有序开放、有效管理的原则，推动文化对外开放，积极开展合资合作等多种形式，吸收各国优秀文化成果。要统筹国内国际舆论引导，加强内宣和外宣的协调配合，着力建设语种多、受众广、信息量大、影响力强、覆盖全球的国际一流媒体，使我们的图像、声音、文字、信息更广泛地传播到世界各地，进入千家万户，为我国改革开放和现代化建设营造更加良好的国际舆论环境。要扩大文化、教育国际交流合作，扎实有效开展汉语国际推广工作。

八、坚持加强和改善党对文化工作的领导，为推动文化大发展大繁荣提供坚强保证

把科学发展观的要求落实到文化建设的各个方面，关键在党的领导。坚持以科学发展观统领文化建设，必须切实加强和改善党对文化工作的政治领导、思想领导、组织领导，使之更好地担负起领导和推动文化大发展大繁荣的历史重任。

第一，进一步提高思想认识，切实把文化建设摆到更加突出的位置。党的十七大报告用"三个越来越"、"两个更加"、"一个兴起"对文化的地位和作用进行了高度概括。胡锦涛同志对宣

传思想文化工作的重要性多次作出深刻论述。提高对文化建设地位和作用的认识，最重要的是把思想统一到党的十七大精神和胡锦涛同志一系列重要讲话精神上来。各级党委和政府要进一步提高对文化建设重要性的认识，增强政治意识、政权意识、责任意识，增强政治敏锐性和政治鉴别力，增强责任感、使命感和紧迫感，切实把文化建设摆在更加突出的位置，纳入党委和政府的重要议事日程，纳入经济社会发展总体规划，纳入科学发展考核评价体系，加强组织领导，加强统筹协调，加强政策扶持，加强资金投入，加强督促检查，确保文化建设各项任务落到实处。

第二，进一步提高领导文化建设的能力和水平，牢牢把握文化改革发展的主动权。文化建设面临的复杂形势和艰巨任务，迫切要求我们不断提高把握文化发展方向、统筹文化发展大局、组织文化建设、改善文化管理、推动文化发展的能力。各级党委和政府要善于分析和研究文化建设面临的形势，善于从经济社会发展全局出发谋划文化发展战略，制定文化发展政策，明确文化发展重点，优化文化发展布局，组织实施重大文化发展项目，推动文化体制和机制创新，更好地发挥文化建设对推动经济社会发展的积极作用。要认真落实谁主管谁负责和属地管理的原则，确保各类宣传文化阵地始终坚持社会主义先进文化的前进方向。要善于学习，深入学习马克思列宁主义、毛泽东思想、邓小平理论、"三个代表"重要思想和科学发展观关于文化建设的一系列重要论述，广泛学习历史、经济、法律、哲学等各领域知识，特别是学习以数字技术和网络技术为代表的现代科技知识，努力成为领导文化建设的行家里手。

第三，进一步加强人才队伍建设，为文化大发展大繁荣提供

2009年1月22日，李长春看望著名词作家乔羽。　　　　（新华社记者高洁摄）

人才保障。文化生产是复杂的创造性劳动，投入的是智力资源，产出的是著作权、版权等知识产权。知识分子是文化生产的骨干力量，在文化建设中具有不可替代的重要作用。要坚持尊重劳动、尊重知识、尊重人才、尊重创造，从政治上、工作上、生活上关心知识分子。要认真贯彻"双百"方针，实行学术民主、艺术民主，鼓励探索，支持创新，包容失败，努力营造良好创作环境，最大限度地调动知识分子的积极性、主动性、创造性，多出精品力作，多出优秀人才。要认真贯彻人才强国战略，牢固树立"人才资源是第一资源"的观念，加大文化领域各类人才的培养力度。要高度重视在知识分子中培养一大批坚定的马克思主义者，努力造就政治坚定、与党同心同德、具有广泛社会影响的理论家、思想家，造就一大批坚持为人民服务、为社会主义服务的作家艺术家。认真组织实施"四个一批"人才培养工程，努力造就一支高素质的文化工作者队伍，造就一大批文化领域各方面的领军人才和学术带头人，造就一大批各门类拔尖人才、经营管理人才、专业技术人才，为文化发展提供有力人才保障。要拓宽和知识界联系沟通的渠道，多同知识分子交朋友，认真听取意见，加强思想引导，把知识分子团结和凝聚在党的周围。

正确认识和处理文化改革发展中的若干重大关系，努力探索中国特色社会主义文化发展道路[*]

（2010年6月16日）

> 坚持社会主义先进文化前进方向，坚持贴近实际、贴近生活、贴近群众，以推动社会主义文化大发展大繁荣为主题，以满足人民群众日益增长的精神文化需求为根本任务，以改革创新和科技进步为强大动力，以构建有利于文化科学发展的体制机制为主攻方向，以全面提高人才队伍素质为重要保障，正确认识和处理文化改革发展中的若干重大关系，不断深化对社会主义文化建设规律的认识，努力探索中国特色社会主义文化发展道路。

今年2月，中央举办省部级主要领导干部深入贯彻落实科学发展观加快经济发展方式转变专题研讨班，胡锦涛总书记发表重要讲话，深刻阐述了加快经济发展方式转变的重要性和紧迫性，提出了加快经济发展方式转变的八项重点工作，其中强调发展文化产业有利于优化经济结构和产业结构，有利于拉动居民消费结

---

[*] 这是李长春同志发表在《求是》杂志2010年第12期上的文章。

构升级，有利于扩大就业和创业。要在重视发展公益性文化事业的同时，坚持经济效益与社会效益相统一，把满足人民日益增长的多样化、多层次、多方面精神文化需求作为扩大内需的重要组成部分，深化文化体制改革，加快文化产业发展。温家宝总理在今年政府工作报告中，把"大力加强文化建设"作为需要重点抓好的八个方面工作之一，强调要继续推进文化体制改革，扶持公益性文化事业，发展文化产业，鼓励文化创新，培育骨干文化企业，生产更多健康向上的文化产品，满足人民群众多样化的文化需求。胡锦涛总书记的重要讲话和温家宝总理所作的政府工作报告，进一步阐明了文化建设在中国特色社会主义事业总体布局中的重要地位和作用，指出了大力发展文化产业是加快经济发展方式转变的重要途径和重要方面，标志着我们党对文化建设规律的认识提升到了一个新的高度。这既是对宣传思想文化战线的巨大鼓舞和激励，也为进一步深化文化体制改革、加快发展文化事业和文化产业指明了方向。我们一定要深入学习、深刻领会，切实贯彻到实际工作中，推动文化建设迈上新台阶。

党的十六大以来，以胡锦涛同志为总书记的党中央高度重视文化建设，对深化文化体制改革、发展文化事业和文化产业作出了一系列重大决策部署。党的十七大进一步从中国特色社会主义事业四位一体总体布局的高度，提出了兴起社会主义文化建设新高潮、推动社会主义文化大发展大繁荣的战略任务。各地区各部门认真贯彻中央决策部署，解放思想、与时俱进、开拓创新，在实践中不断探索总结，开创了文化体制改革和文化发展的新局面。覆盖城乡的公共文化服务体系初步形成，人民群众基本文化权益得到更好保障；国有经营性文化单位转企改制取得决定性进

正确认识和处理文化改革发展中的若干重大关系，努力探索中国特色社会主义文化发展道路

展，国有文化企业的活力和竞争力大大增强；文化产业结构调整和资源整合力度不断加大，涌现出一批有实力有活力的国有或国有控股大型文化企业；作家艺术家讴歌时代和人民的积极性空前高涨，创新动力和创造活力进一步增强，主旋律作品大放异彩；广大文化工作者改革发展的积极性主动性显著增强，展现出良好精神风貌。可以说，文化建设的春天已经到来。我们一定要高举中国特色社会主义伟大旗帜，以邓小平理论和"三个代表"重要思想为指导，深入贯彻落实科学发展观，认真贯彻中央关于文化建设和文化体制改革的一系列重要方针政策，解放思想、转变观念，牢固树立忧患意识、机遇意识、改革意识、发展意识，正确认识和处理文化改革发展中的若干重大关系，坚持社会主义先进文化前进方向，坚持贴近实际、贴近生活、贴近群众，以推动社会主义文化大发展大繁荣为主题，以满足人民群众日益增长的精神文化需求为根本任务，以改革创新和科技进步为强大动力，以构建有利于文化科学发展的体制机制为主攻方向，以全面提高人才队伍素质为重要保障，进一步深化文化体制改革，破解文化发展难题，转变文化发展方式，不断解放和发展文化生产力，加快发展文化事业和文化产业，不断深化对社会主义文化建设规律的认识，努力探索中国特色社会主义文化发展道路。

第一，正确认识和处理人民群众基本文化需求与多样化、多层次、多方面文化需求的关系，坚持一手抓公益性文化事业，一手抓经营性文化产业，做到两手抓、两加强，最大限度地满足人民群众日益增长的精神文化需求。满足人民群众日益增长的精神文化需求，是文化建设的根本任务。随着我国经济社会持续快速发展和人民生活水平不断提高，城乡居民文化需求越来越旺盛，

文化消费进入了快速增长期。从总体上看，人民群众的文化需求可以分为两部分，一部分是体现人民群众文化权益的基本文化需求，另一部分是多样化、多层次、多方面的文化需求。现阶段，我们界定的基本文化需求主要包括读书看报、听广播看电视、进行公共文化鉴赏、参与公共文化活动等。在农村，考虑到过去的传统，每个月为农民免费放映一场电影也属于这个范畴。除此之外，就属于多样化、多层次、多方面的文化需求。正确区分这两种文化需求并处理好二者关系，有助于我们对文化建设中政府职责和市场功能进行科学定位，明确文化建设的基本思路，即一手

2010年6月25日，李长春在四川省汶川县水磨镇了解地震灾后重建情况时，同当地群众在一起。右二为中宣部副部长、文化部部长蔡武，右三为国家广电总局副局长张海涛，右六为新华社总编辑何平，右七为四川省省长蒋巨峰。（新华社记者江宏景摄）

抓公益性文化事业，一手抓经营性文化产业，做到两手抓、两加强，两轮驱动，两翼齐飞，推动社会主义文化大发展大繁荣，最大限度地满足人民群众日益增长的精神文化需求。

人民群众的基本文化需求，是社会主义制度下人民群众必须得到保障的基本文化权益。因此，要以政府为主导，以公共财政为支撑，以公益性文化事业单位为骨干，以全民为服务对象，以基层特别是农村为重点，构建覆盖城乡的公共文化服务体系。基本文化权益具有公益性、均等性、基本性、便民性等属性。公益性，就是政府提供的公共文化服务基本上是免费服务，或是低于成本、收费很少的服务；均等性，就是不分男女老少，不分富人穷人，不分城市农村，不分东中西部，都平等地享受公共文化服务；基本性，就是政府提供的是基本文化服务，而不是所有文化服务；便民性，就是要网点化，做到一定空间范围内必须有公共文化活动场所，方便群众就近参与。公共文化服务体系建设的重点和难点在农村、在基层，要向农村和基层倾斜。当前，要优先安排涉及农村和基层群众切身利益的文化建设项目，积极推进广播电视村村通、文化信息资源共享、社区和乡镇综合文化站（室）、农家书屋、农村电影放映等重点文化惠民工程建设。要大力推动公共博物馆、纪念馆、美术馆、文化馆、图书馆、青少年宫、科技馆、群众艺术馆以及基层文化活动中心向全社会免费开放，提高公益性文化单位服务群众的能力和水平。要推动政府通过购买文化产品的方式在特定时段、以特定内容、向特定群体提供公共文化服务，同时要继续开展"三下乡"[1]、"四进社区"[2]、"送欢乐下基层"等文化惠民活动并不断规范，丰富基层群众的文化生活。

对于人民群众多样化、多层次、多方面的文化需求，主要靠市场来满足。在社会主义市场经济条件下，市场越来越成为人们实现个性化文化消费、满足多样化文化需求的主要途径。这就要求我们必须大力发展经营性文化产业，进一步繁荣文化市场。要大力发展文化创意、影视制作、出版发行、印刷复制、广告、演艺娱乐、文化会展、数字内容和动漫等九大文化产业，不断壮大我国文化产业的总体实力。要培育各类自主经营、自我发展的合格市场主体，这是文化产业的基础。要加快构建和培育统一开放竞争有序的现代文化市场体系，建立门类齐全的文化产品市场和文化要素市场，繁荣城乡文化市场，培育大众性文化消费市场，更好地满足人民群众精神文化需求。要积极鼓励广大文化工作者创作更多群众喜闻乐见的精品力作，鼓励国有或国有控股文化企业积极开发市场、占有市场，发挥骨干作用，鼓励非公有制文化企业积极提供多样化的文化产品和服务，提高供给能力，努力满足不同地域、不同层次、不同群体、不同年龄群众丰富多彩、健康有益的文化需求。

第二，正确认识"两种属性"、"两个效益"的关系，始终把社会效益放在首位，努力做到社会效益与经济效益有机统一。在社会主义市场经济条件下，文化产品既有引导社会、教育人民的意识形态属性，也有通过市场交换获取经济利益、实现再生产的商品属性、产业属性、经济属性。在"两种属性"中，意识形态属性是文化产品的特殊属性，商品、产业、经济属性是文化产品的一般属性。不能因为文化产品具有商品的一般属性，就忽视其意识形态的特殊属性；也不能因为文化产品具有意识形态的特殊属性，就排斥其商品的一般属性，而是要把两者统一起来。正

正确认识和处理文化改革发展中的若干重大关系，努力探索中国特色社会主义文化发展道路

确把握"两种属性"的关系，要求我们必须正确认识和处理"两个效益"即社会效益与经济效益的关系。不论是公益性文化事业，还是经营性文化产业，都要突出以文化人的功能。每个国家、每个民族、每个人都要有精神支撑，因此要充分发挥文化陶冶情操、凝聚力量、提振信心、鼓舞士气的重要功能。公益性文化事业、经营性文化产业，只是文化形式的差别、载体的不同，而承载的精神即文化的灵魂应是一致的，那就是必须以传播社会主义先进文化为己任。因此，文化建设必须坚持社会主义先进文化前进方向，把社会效益摆在首位。发展公益性文化事业，就是要追求社会效益的最大化，不搞产业化，但也要在内部引入激励机制，改善服务。发展经营性文化产业，就是要在把社会效益放在首位的前提下，努力实现社会效益与经济效益的有机统一，当经济效益同社会效益发生冲突时，经济效益要服从社会效益。在社会主义市场经济条件下，检验经营性文化产业产品和服务"两个效益"相统一的一个重要标准，就是人民群众喜欢不喜欢、是否愿意花钱购买和消费。购买优秀文化产品的人越多，受教育的面就越大，经济效益越好，社会效益也就越广泛。从这个意义上说，没有经济效益，社会效益也是空的。但如果文化产品不讲社会效益，不符合人民群众健康有益的文化需求，在某些方面管理疏漏的情况下，即使暂时会谋些蝇头小利，但终会被边缘化直至被逐出市场，经济效益也无从谈起。因此，实现社会效益与经济效益相辅相成、相互促进、有机统一，是经营性文化产业可持续发展的重要条件。要鼓励经营性文化单位创新体制机制，把面向群众、面向基层、面向农村与面向市场统一起来，认真做好市场调研，准确把握群众需要，在占领市场的过程中更好地服务群

众，在服务群众的过程中更多地赢得市场，努力实现社会效益与经济效益的最大化。与此相适应，各级各类评奖机制也要进一步改革，改变一些地方和部门评奖过多过滥和文化产品只面向评委而不面向群众的弊端，把群众喜欢不喜欢、满意不满意、接受不接受、认可不认可作为评价作品的最终标准，在导向正确的前提下，将发行量、演出场次、票房收入和销售额等作为衡量文化产品社会影响的客观指标，使评奖真正成为推动文化产品更好地面向群众、面向市场的重要宏观调控手段，催生更多"既叫好又叫座"的精神文化产品，而不能使评奖成为反向调控的指挥棒。

第三，正确认识弘扬主旋律与提倡多样化的关系，坚持社会主义先进文化前进方向，坚持贴近实际、贴近生活、贴近群众，推动社会主义文化全面繁荣。弘扬主旋律、提倡多样化，是坚持社会主义先进文化前进方向的内在要求。弘扬主旋律、提倡多样化，与坚持为人民服务、为社会主义服务的"二为"方向和贯彻百花齐放、百家争鸣的"双百"方针，从根本上讲是一致的，都是社会主义文化建设规律的客观反映。弘扬主旋律，必须始终坚持为人民服务、为社会主义服务的方向；提倡多样化，必须全面贯彻百花齐放、百家争鸣的方针。坚持"二为"方向，弘扬主旋律，是社会主义制度对文化建设提出的本质要求，是社会主义精神文明的具体体现，是社会主义文化必须担负的社会责任；贯彻"双百"方针，提倡多样化，是社会主义初级阶段的基本国情对文化建设提出的客观要求，是由人民群众日益增长的多样化、多层次、多方面的精神文化需求决定的，是社会主义文化繁荣发展的活力所在。这两个方面相辅相成、不可或缺，都统一于贴近实际、贴近生活、贴近群众的具体实践中。文化必须有深刻的精神

正确认识和处理文化改革发展中的若干重大关系，努力探索中国特色社会主义文化发展道路

内涵，才能以文化人，中华文化就是要体现民族精神和时代精神。在当代中国，主旋律从精神层面上来讲，最根本的就是社会主义核心价值体系；从实践层面上来讲，最根本的就是全国各族人民在中国共产党领导下走中国特色社会主义道路、全面建设小康社会、实现中华民族伟大复兴的宏伟事业。在文化建设中，要全面贯穿这一鲜明的时代主旋律，热情歌颂改革开放和社会主义现代化建设取得的伟大成就，大力唱响共产党好、社会主义好、改革开放好、伟大祖国好、各族人民好的时代最强音，鼓舞和激

2010年1月14日，李长春在国家大剧院观看大型音乐舞蹈史诗《复兴之路》后，与演职人员合影。二排右五为中共中央政治局委员、中央书记处书记、中宣部部长刘云山，右三为全国政协副主席、中国社科院院长陈奎元，左四为中共中央政治局委员、国务委员刘延东，左二为中宣部副部长、文化部部长蔡武。　　　（新华社记者刘建生摄）

励全党全国各族人民为夺取全面建设小康社会新胜利、开创中国特色社会主义事业新局面而不懈奋斗。同时，也要适应社会生活日趋丰富多彩、人民群众精神文化需求日趋多样多变的客观现实，在坚持"二为"方向、弘扬主旋律的前提下，认真贯彻"双百"方针，尊重差异、包容多样，充分发扬艺术民主和学术民主，在艺术创作上提倡不同形式和风格的自由发展，在艺术理论上提倡不同观点和学派的充分讨论，在艺术发展上提倡不同品种和业态的积极创新，使社会主义文化百花园更加绚丽多彩。弘扬主旋律要坚持思想性、艺术性、观赏性的有机统一，增强吸引力、感染力，不能脱离现实生活，不能空洞说教；提倡多样化要处理好高雅与通俗、普及与提高的关系，兼顾大众和小众的需求，高雅艺术形态也要努力贴近实际、贴近生活、贴近群众，不断扩大受众面，努力做到雅俗共赏；通俗艺术形态也要强调思想内涵，追求格调品位，寓教于乐，不降低艺术标准，不低俗媚俗庸俗。

第四，正确认识和处理改革创新与加快发展的关系，坚持以改革创新为强大动力，增强文化发展活力，不断解放和发展文化生产力。推动文化大发展大繁荣是社会主义文化建设的鲜明主题，改革创新是加快文化发展的强大动力。进一步推进文化体制改革，积极推进文化创新，大力发展文化事业和文化产业，是深入贯彻落实科学发展观、加快经济发展方式转变的迫切需要，是加快文化自身发展、增强自身活力、满足人民群众日益增长的精神文化需求的迫切需要，是适应我国深化各领域改革、完善社会主义市场经济体制的迫切需要，是顺应现代信息科技迅猛发展和广泛应用新趋势、抢占文化发展制高点的迫切需要，是适应对外

正确认识和处理文化改革发展中的若干重大关系，努力探索中国特色社会主义文化发展道路

开放不断扩大新形势、提高中华文化国际影响力和竞争力的迫切需要。我们一定要从党和国家事业发展的全局和战略高度，不断增强改革创新的自觉性和坚定性，深化文化体制改革，推进观念创新、体制创新、机制创新、内容创新、形式创新、传播手段创新、业态创新、科技创新，进一步增强文化发展的生机和活力。

坚持以改革创新为强大动力，推动文化科学发展，最根本的是要进一步解放思想、转变观念。解放思想是发展中国特色社会主义的一大法宝。思想观念是个总开关。观念决定思路，思路决定出路。在文化改革发展的实践中要全面贯彻党的思想路线，始终坚持解放思想、实事求是、与时俱进，自觉地把思想认识从不符合文化科学发展的思想观念和思维定势的桎梏中解放出来，从不符合文化科学发展的做法和规定的限制中解放出来，从不符合文化科学发展的传统体制的束缚中解放出来，敢于突破陈规陋习，勇于用改革的办法破解难题，不断增强改革创新的意识和本领，努力用符合科学发展观要求的新的文化发展理念指导文化改革发展的实践。

坚持以改革创新为强大动力，推动文化科学发展，要以体制机制创新为重点，大力推进文化体制改革。要根据区别对待、分类指导、循序渐进、逐步推开的指导方针，对公益性文化事业和经营性文化产业采取不同的改革路径，从实际出发，分阶段、有区别地加以实施。对公益性文化单位，包括公共博物馆、纪念馆、美术馆、文化馆、图书馆、青少年宫、科技馆、群众艺术馆等提供公共文化服务的单位，改革的方针是"增加投入、转换机制、增强活力、改善服务"，政府要增加投入，足额保证经费，单位自己不搞创收，但也要转换内部机制，深化劳动人事制度、

收入分配制度等改革，不断增强活力，切实提高服务群众的能力和水平，最大限度地发挥社会效益。对国有经营性文化单位，主要包括出版社、新华书店、电影制片厂、电视剧制作中心、电影放映单位、一般艺术院团、重点新闻网站、非时政类报刊社以及主流媒体中可剥离的经营部分等，改革的方针是"创新体制、转换机制、面向市场、壮大实力"，核心是紧紧抓住转企改制这个中心环节，重塑文化市场主体，推动国有经营性文化单位从行政附属物转变为自主经营、自我发展、自我创新、依法运营、相对独立的文化产品生产经营者。在转企改制过程中，要严格按照建立现代企业制度的要求，完善法人治理结构，使国有经营性文化单位成为真正的企业法人，做到可核查、不可逆，坚决杜绝出现行政事业性质的"翻牌公司"。要在转企改制的基础上，进行股份制改造，建立现代产权制度，并把改革和改组结合起来，盘活国有文化资产，以资本为纽带，推动跨地区跨行业跨领域兼并重组，实现低成本扩张，打造一批有实力、有竞争力和影响力的国有或国有控股的文化企业和企业集团，使之成为文化市场的主导力量和文化产业的战略投资者。要在演艺娱乐业、动漫游戏业、传媒业、网络业、影视业、出版发行业等重点文化产业，选择一批改革到位、成长性好、竞争力强的大型国有或国有控股集团公司，推动上市融资，尽快做强做大做优。在有条件的地方，要鼓励以财政、金融资金为主体，吸收社会资本，组建企业化的文化产业投资公司，进一步拓宽文化产业发展的融资渠道。要进一步完善文化市场体系，建立文化资产评估体系、文化产权交易体系，发展以版权交易为核心的各类文化资产交易市场，以及文化经纪代理、评估鉴定、风险投资、保险、担保、拍卖等中介服务机构，为文化企业的成长壮大创造良好市场条件。另外，从目前国情出发，还要正确把握处于公益性文化单位和经营性文化单位之间少数文化单位的改革，这些文化单位主要指国家扶持的体现民族特色和国家水准的艺术院团，包括国家直属院团和一些重点保护剧种的重点院团如京剧院团、昆曲院团，使其代表国家的水平，并发挥示范、引导作用；还有一些需要逐步培育市场的高雅艺术团体如交响乐团、芭蕾舞团等。这些文化单位不同于普通的公益性文化单位，与文化市场有着密切的联系，具有一定的经营性质，但完全走向市场目前还不具备条件，因此实行事业单位企业化管理。对它们的改革方针是"政府扶持、转换机制、面向市场、增强活力"。政府扶持的目的，是要支持这些文化单位更好地面向市场、增强活力。因此，这些文化单位要积极进行内部机制改革创新，建立起符合艺术发展规律、体现按劳分配原则的分配制度和能进能出的人员流动机制，建立起以观众为中心、以市场为导向、以社会效益与经济效益有机统一为目标的院团经营管理机制，形成自我发展的内生动力，在面向群众、面向市场的过程中不断发展壮大。需要指出的是，这些文化单位毕竟是少数特殊情况，仅限于现有存量，在改革过程中，要严格界定、严格审查、严格控制，最大限度地减少事业性质企业化管理的文化单位，条件成熟的，鼓励进行转企改制的探索，推动越来越多的经营性文化单位转企改制。

坚持以改革创新为强大动力，推动文化科学发展，要善于把继承与创新有机统一起来。推进文化发展，基础在继承，关键在创新。不善于继承，创新就没有根基；不善于创新，继承就缺乏活力。要继承和弘扬中华民族的优秀文化传统，加强中华优秀文化传统教育，加强对文物和非物质文化遗产的保护，深入挖掘蕴藏其中的丰厚文化资源，并赋予新的时代内涵，使其与当代社会相适应、与现代文明相协调，在新的历史条件下继续发扬光大。对具有产业和市场潜力、具备经营条件的传统文化资源，要鼓励在国家政策支持下，运用市场和产业的手段进行保护、传承和发展，特别是和发展旅游业紧密结合，开发文化产品，拓展服务项目，在与产业和市场的结合中增强生机、焕发活力，实现可持续发展。要适应人民群众文化需求的新特点和审美情趣的新变化，推动不同传统艺术门类之间相互融合，推动传统艺术与现代艺术相互借鉴，积极运用声光电等手段提高传统文化表现力，实现题材体裁、风格流派和表现手法的创新发展。

第五，正确认识和处理文化与经济的关系，不断提高文化产业对加快经济发展方式转变的贡献。当今时代，文化与经济日益交融，在为经济发展提供强大精神动力的同时，文化的经济功能明显增强，经济的文化含量不断提高，文化在综合国力竞争中的地位和作用越来越突出，文化产业对促进经济增长和经济发展方式转变的贡献越来越大。从实践中看，在加快经济发展方式转变过程中，文化产业具有优结构、扩消费、增就业、促跨越、可持续的独特优势和突出特点。

优结构，就是无论从总供给还是从总需求的角度讲，发展文化产业都有利于优化经济结构、产业结构、需求结构。党的十七大强调，要促进经济增长由主要依靠第二产业带动向依靠第一、第二、第三产业协同带动转变。这也就是说从总供给的结构上，我们要从过去主要依靠第二产业带动经济增长，转变为依靠第一、第二、第三产业协同带动，特别是要增加第三产业的比

正确认识和处理文化改革发展中的若干重大关系，努力探索中国特色社会主义文化发展道路

重。文化产业是现代服务业的重要组成部分，既为生活服务，又为生产服务。因此，抓住了文化产业，就抓住了调整供给结构的突破口，就从总供给方面进一步优化了经济结构和产业结构。扩消费，就是从总需求的角度讲，发展文化产业有利于扩大居民消费，拉动居民消费结构升级。党的十七大强调，要促进经济增长主要由依靠投资、出口拉动向依靠消费、投资、出口协调拉动转变。这也就是说在总需求的结构上，我们要从过去主要依靠投资、出口拉动经济增长，转变为消费、投资、出口"三驾马车"协调拉动。从目前总需求与总供给平衡关系上来看，很多产业都出现产能过剩的问题，文化产业是少数几个总供给还远远不能满足总需求的朝阳产业之一，人民日益增长的物质文化需要同落后的社会生产之间的矛盾这一社会主要矛盾在文化领域表现得特别突出。特别是人均国内生产总值达到3000美元之后，人民群众精神文化需求呈"井喷"之势，而我们提供的优秀文化产品和服务相比之下还太少。因此，无论是文化事业还是文化产业，都是人民群众生活基本实现小康之后增加消费的重要途径，大力发展文化事业和文化产业，也就抓住了扩大消费的重要着力点。增就业，就是发展文化产业有利于增加就业、带动创业。文化产业投入的是智力资源，产出的是知识产权，不需要更多厂房和土地就能够创造很多的就业机会。而且文化创意是推动其他相关产业发展的重要基础。因此，发展文化产业，有利于解决更多的人就业特别是能够有效缓解大学生就业难的问题，有利于带动其他领域、其他产业的创新发展，实现更多的人就业创业。促跨越，就是发展文化产业有利于实现跨越式发展，对欠发达地区就更有意义。文化产业与一个地区原来的工业发展水平等基础条件关系不

大，不需要考虑配套能力和复杂的工艺性协作条件，只要引进优秀人才，有好的创意，就能发展。中西部地区普遍拥有丰富的文化资源，只要善于在市场化、产业化、科技化上率先突破，就能把文化资源变成现实财富，促进本地区的跨越式发展。可持续，就是发展文化产业有利于实现可持续发展。当前，经济发展面临的资源、能源、环境等瓶颈制约越来越突出，而文化产业的一大特点是资源消耗低、环境污染小，是受资源、能源、环境瓶颈制约不大的新兴产业之一，最能够实现人与自然协调发展，是典型的低碳经济、绿色经济。抓住了文化产业，就抓住了推动可持续发展的重要途径。综合以上这些优势和特点，完全可以说文化产业是战略性、先导性产业，不仅能够提供精神动力、思想保证、文化条件，而且能够开辟经济发展的新途径、新空间，是转变经济发展方式的重要途径和突破口。因此，要从加快经济发展方式转变的全局和战略高度，大力发展文化产业，将其纳入经济社会发展总体规划，作为发展战略性新兴产业的重要组成部分，摆上更加重要的日程，采取更加有力的举措，积极推动文化产业与旅游、休闲、制造、电信、交通、房地产等产业相融合，使文化产业成为国民经济新的增长点和支柱产业。

第六，正确认识和处理发挥政府作用与调动全社会力量参与文化建设的关系，努力形成文化建设的强大合力。兴起社会主义文化建设新高潮，推动社会主义文化大发展大繁荣，是全党全社会的共同事业。无论是发展公益性文化事业还是发展经营性文化产业，都要既充分发挥政府的主导作用，又充分调动社会各方面的积极性、主动性、创造性，努力形成多元投入、协力发展的新格局。

正确认识和处理文化改革发展中的若干重大关系，努力探索中国特色社会主义文化发展道路

政府在文化建设中的作用，主要体现在提供公共文化服务和为各类文化主体发展创造良好的政策环境、法制环境和市场环境等方面。具体来讲，就是要履行好"公共服务、政策调节、社会管理、市场监管"的职能。公共服务，即政府必须切实承担起提供公共文化服务、保障人民基本文化权益的职责，把建设公共文化服务体系纳入经济社会发展总体规划，依靠公共财政投入为主建设公共文化服务体系，扶持公益性文化单位，建设文化基础设施，购买必要的文化产品用于公共文化服务，建立健全公共文化设施免费开放的财政保障机制，不断提高公共文化产品和服务的供给能力。政策调节，即政府要在深入调查研究基础上，科学制定文化发展规划，制定引导和推动文化事业和文化产业发展的政策措施。这些年，已相继出台了《国家"十一五"时期文化发展规划纲要》、《文化产业振兴规划》等一系列政策措施，有力地引导和推动了文化事业和文化产业的发展。社会管理，即要建立健全党委领导、政府管理、行业自律、企事业单位依法运营的文化管理体制和富有活力的文化产品生产经营体制机制，推进政企分开、政资分开、政事分开、政府与市场中介组织分开，推动形成行为规范、运转协调、公正透明、廉洁高效的管理体制，为各类文化主体创造良好的发展环境。市场监管，即政府主管部门必须切实担负起文化市场监管的职责，提高文化市场监管能力和水平，确保文化市场繁荣有序。

近年来，随着我国经济结构调整力度不断加大，文化产业已经成为最有吸引力的投资领域之一，社会力量参与和投入文化事业和文化产业的积极性越来越高，作用越来越突出。要适应形势发展的要求，抓住这一有利时机，制定和实施更加完善的政策措

施，坚持公有制为主体、多种所有制经济共同发展的基本经济制度，毫不动摇地加快壮大国有或国有控股文化企业，毫不动摇地鼓励和引导各种非公有制文化企业的发展，努力形成以公有制为主体、多种所有制共同发展的文化产业格局。要在法律和政策许可的范围内，降低非公资本进入文化产业的门槛，吸收社会资本参与到振兴文化产业的进程中来，鼓励民营文化企业参与国有经营性文化单位的转企改制。要进一步完善和落实社会力量捐赠公益性文化事业的政策措施，引导和鼓励社会各方面通过捐助、捐赠、自办等方式，投资兴办公共文化服务实体，建设公共文化设施，开展公益性文化活动。总之，要努力形成政府力量与民间力量一起上、公有制文化单位和非公有制文化单位一起上，汇聚强大合力，共同推动社会主义文化大发展大繁荣的生动局面。

第七，正确认识和处理民族文化与外来文化的关系，坚持对外开放，努力形成以民族文化为主体、积极吸收外来有益文化的文化开放格局，推动中华文化走出去，不断扩大中华文化的国际影响力和竞争力。随着世界多极化、经济全球化加快发展和我国对外开放不断扩大，中外思想文化交流交融交锋更加频繁，这既为我们学习借鉴世界有益文化、推动中华文化走出去、扩大中华文化在国际上的影响力和竞争力提供了极好机遇，同时也使我们面临更加直接、更加激烈的国际文化竞争。这就要求我们必须统筹国内国际两个市场、利用两种资源，既大力弘扬民族优秀文化，又坚持对外开放，积极借鉴吸收各国有益文明成果，加快发展文化产业，把丰富的民族文化资源转化为文化产业优势，提高我国文化产品的市场竞争力，努力形成以民族文化为主体、积极吸收外来有益文化的文化开放格局，同时大力推动文化走出去，不断扩大中华文化的国际影响力和竞争力。要不断创新文化走出去的渠道、途径和方式方法，坚持"两条腿"走路，在继续推动政府主导的文化交流的同时，积极探索市场化、商业化、产业化的运作方式，着力打造一批具有国际竞争力的外向型文化企业，打造具有重要影响力的国际文化交易平台，以企业为主体、以市场化运作为主要方式推动我国文化产品和服务出口，扩大我国文化产品在国际市场上的份额。要着力打造具有自主知识产权和核心竞争力的知名文化品牌，提高我国文化产品的附加值。要鼓励文化企业通过投资、合资、参股等多种方式，在境外兴办文化实体，使我国文化产品更直接地参与国际文化市场竞争。要加强国际传播能力建设，加快建设语种多、受众广、信息量大、影响力强、覆盖全球的国际一流媒体，使我们的图像、声音、文字、信息、影视节目更广泛地传播到世界各地，不断扩大中华文化的国际影响力。

第八，正确认识和处理促进繁荣与加强管理的关系，通过不断提高管理的科学化水平确保文化健康有序发展。繁荣是目的，管理是保障。推动社会主义文化大发展大繁荣，必须始终坚持"两手抓"，一手抓发展繁荣、一手抓加强管理，在促进繁荣的过程中不断改进和创新管理，通过科学有效的管理促进文化发展繁荣，努力建立和完善中国特色社会主义文化管理体制。要在恰当运用思想教育手段的同时，更加注重依法管理为主，综合运用法律、经济、行政、科技等手段，推进管理工作的法制化、规范化、制度化、科学化，有效解决在管理上存在的突出问题。要进一步创新管理理念，强化服务意识，寓管理于服务之中。要坚持用改革的办法解决管理中出现的问题，向体制要秩序。要通过制定和完善法人、岗位、职业、产品等市场准入和退出机制，通过健全登记备案、年检制度、加强岗位培训等多种行业监管手段，强化行业自律，推动文化企业形成自我约束、自我监督、自我管理的良性发展机制，切实履行社会责任。要进一步转变政府职能，按照建设法治政府和服务型政府的要求，推动文化行政管理部门逐步实现由办文化为主向管文化为主转变，由管微观向管宏观转变，由主要面向直属单位转为面向全社会，进一步把工作的重心转移到文化市场的管理和服务上来，按照谁主管谁负责和属地管理原则，真正把管理职责落到实处。要结合地方机构改革，加快推进城市综合文化行政主体改革和文化市场综合执法改革，切实理顺文化执法体制，解决多头执法、力量分散、执法水平不高的问题，不断提高文化市场管理水平。要进一步加强网络文化建设和管理，推动相关行政管理部门的职责向互联网、手机等新兴媒体延伸，坚决清除淫秽色情和低俗内容，净化网络文化环境。要推进网吧连锁化、品牌化经营，加强学校电子阅览室和公共图书馆、社区活动中心、青少年宫等公益性上网场所建设。要加大执法力度，依法保护知识产权，坚持不懈地开展"扫黄打非"，不断建立和完善文化市场执法的长效机制。

第九，正确认识文化与科技的关系，把运用高新技术作为推动文化建设、提高文化创新能力和传播能力的新引擎。在信息技术高度发展的当今时代，谁的传播手段先进、传播能力强大，谁的思想文化和价值观念就能更广泛地流传，谁的文化产品就能更有力地影响世界。数字技术、网络技术的迅猛发展和广泛应用，极大地增强了文化的创造力和传播力，催生了一系列新兴文化业态和新的表现形式。这些新兴文化业态和新的表现形式，是文化产业中最具活力和潜力的部分，反映了文化产业未来发展的方向。可以说，科技进步与体制机制创新一样，是加快文化发展的强大动力。要充分认识科技进步对文化发展的重要作用，敏锐把握世界文化发展的新趋势，紧紧抓住信息化深入发展的历史机遇，加快文化与科技的融合，努力掌握文化发展和文化传播的主动权。要积极利用高新技术改造传统文化产业，大力发展文化创意、手机电视、网络电视、数字出版、动漫游戏等战略性新兴文化产业，催生新的文化业态，拓展文化发展的新领域。要建立健全以企业为主体、市场为导向、产学研相结合的文化创新体系，努力掌握一批具有自主知识产权的核心技术和关键共性技术，为我国文化产业的发展提供有力的技术支撑和创新动力。要充分运用高新技术特别是数字技术、网络技术发展的最新成果，加快构建覆盖广泛、技术先进的文化传播体系和创新体系，切实增强文化传播力和文化感染力。要适应现代信息技术发展的趋势，加快媒体资源特别是音视频媒体资源的整合和融合，积极推动地方广播电台电视台合并。传统媒体要积极创办新兴媒体，实现传统媒体与新兴媒体相互促进、共同发展。要积极推进三网融合[3]，在确保内容服务的有效管理和文化安全的基础上，有序推动广电和电信业务双向进入，促进文化产业、信息产业和相关服务业健康发展。

第十，正确处理充分调动广大文化工作者积极性与培养造就大批文化领域创新型、复合型、外向型、科技型等新型人才的关系，为推动文化大发展大繁荣提供有力人才保障。推动文化大发展大繁荣，关键在人才。长期以来，广大文化工作者在推进社会主义文化建设方面发挥了重要作用，作出了重要贡献。在深化文化体制改革、兴起社会主义文化建设新高潮中，要充分发挥他们

2010年2月9日，李长春看望著名音乐家谷建芬。　　（新华社记者李涛摄）

的积极性、主动性、创造性。对于曾为文化发展作出杰出贡献、有重大影响的老艺术家，要研究制定合理的保障机制，切实给予关爱。对于在国有经营性文化单位转企改制过程中的分流人员，要妥善安置，通过安排他们到社区文化中心担任文化辅导员等多种方式，使他们各得其所，为他们继续展示才华创造条件。要牢固树立"人才资源是第一资源"的观念，适应形势发展要求，进一步创新人才培养方式，拓展人才培养领域，提高人才培养质量，努力造就一大批文学创作、影视剧创作与编导、戏曲创作与编导、动漫制作等方面的领军人物，一大批勇于改革、敢于创新、善于开拓的创新型人才，一大批精通文化工作、懂经营善管理、具有现代科学素养的复合型人才，一大批精通外语、熟悉国际文化市场规则、善于开拓国际文化市场的外向型人才，一大批掌握现代科技知识、具有研发能力、能够占据文化科技制高点的科技型人才，构建一支门类齐全、结构合理、梯次分明、素质优良的文化工作者队伍。要创新人才的使用和管理，努力形成尊重劳动、尊重知识、尊重人才、尊重创造，鼓励创新，宽容失败的良好氛围，建立和完善有利于优秀人才健康成长、脱颖而出和双向选择、能进能出的体制机制，最大限度地调动广大文化工作者的积极性、主动性、创造性，形成人尽其才、各展所长的良好局面。要注重发挥非公有制文化单位人员的积极性，在职称评定、培训提高、政府奖励资助等方面一视同仁，努力形成各类文化人才竞相涌现的生动局面。广大文化工作者要无愧于人类灵魂工程师的光荣称号，自觉担负起传播先进文化的历史职责，努力成为德艺双馨、深受人民群众喜爱的文化工作者。

以上十个方面的认识，是在以胡锦涛同志为总书记的党中央高度重视和坚强领导下，在实践中不断探索形成的宝贵经验和精神财富，体现了深入贯彻落实科学发展观对加强文化建设的具体要求，反映了新的历史条件下我国文化发展的客观规律，凝结着广大文化工作者的辛勤汗水和集体智慧。我们一定要始终坚持并在实践中不断发展和完善，更加自觉、更加主动地推动社会主义文化大发展大繁荣，使中国特色社会主义文化发展道路越走越宽广。

在新的历史条件下，探索中国特色社会主义文化发展道路，开创文化建设新局面，关键在党的领导。各级党委和政府一定要从中国特色社会主义事业四位一体总体布局的战略高度，深入学习领会、切实贯彻落实胡锦涛总书记在省部级主要领导干部专题研讨班上的重要讲话和全国两会精神，充分认识文化建设在经济社会发展中的重要地位和作用，充分认识发展文化产业对于调整经济结构、加快经济发展方式转变的重要性和紧迫性，进一步增强深化文化体制改革、加快发展文化事业和文化产业的自觉性坚定性。要切实把文化建设摆在更加突出的位置，纳入党委和政府的重要议事日程，纳入经济社会发展总体规划，纳入科学发展考核评价体系，与经济、政治、社会各领域工作一起部署、一同推进，加强组织领导，加强统筹协调，加强政策扶持，加强资金投入，加强督促检查，确保各项任务落到实处。要切实把文化产业作为战略性新兴产业，作为加快经济发展方式转变的重要突破口，列入产业振兴规划，积极推动文化产业与国民经济各领域各行业的融合，不断壮大文化产业的整体实力，为推动本地区经济结构调整、转变经济发展方式作出贡献。宣传思想文化战线特别是各级文化行政主管部门，要进一步增强改革创新意识，增强加快文化发展的责任感紧迫感，更加自觉地担负起兴起社会主义文化建设新高潮、推动社会主义文化大发展大繁荣的历史使命。要紧紧围绕经济建设这个中心，围绕党委和政府中心工作，从本地区经济社会发展全局出发，进一步理清文化发展思路，谋划文化发展战略，明确文化发展重点，优化文化发展布局，组织实施重大文化发展项目，加快构建覆盖城乡的公共文化服务体系，加快推进文化体制改革，大力发展文化产业特别是新兴文化产业，更好地发挥文化建设对推动经济社会发展的积极作用。

总之，新形势新任务对社会主义文化建设提出了新的更高要

正确认识和处理文化改革发展中的若干重大关系，努力探索中国特色社会主义文化发展道路

求。让我们更加紧密地团结在以胡锦涛同志为总书记的党中央周围，高举中国特色社会主义伟大旗帜，以邓小平理论和"三个代表"重要思想为指导，深入贯彻落实科学发展观，以改革创新精神推动文化事业和文化产业繁荣发展，为夺取全面建设小康社会新胜利、开创中国特色社会主义事业新局面作出新的更大贡献。

注　释

〔1〕"三下乡"，指文化、科技、卫生"三下乡"，是中共中央宣传部、科技部、农业部、文化部等十部委联合开展的下乡惠民服务活动，1997年在全国正式开展。

〔2〕"四进社区"，指中共中央精神文明建设指导委员会办公室、中共中央社会治安综合治理委员会办公室、文化部、卫生部、国家体育总局、中国科学技术协会、共青团中央、全国妇联从2002年开始在全国开展的科教、文体、法律、卫生进社区活动。

〔3〕三网融合，指电信网、广播电视网、互联网这三大网络通过技术改造，实现技术功能和业务范围逐渐趋同、网络互联互通、信息资源共享，能为用户提供语音、数据和广播电视等多种服务。

贯彻落实胡锦涛同志重要讲话精神，开创文化改革发展新局面[*]

（2010年8月20日、2011年1月4日）

> 要以胡锦涛总书记重要讲话精神为强大思想武器，统一思想、坚定信心，紧紧围绕"三加快"、"一加强"的重点任务，按照"十二五"时期文化改革发展的总体部署，牢牢把握推动文化科学发展这条主线，着力破解文化发展难题，着力转变文化发展方式，在深化文化体制改革上迈出新步伐，促进我国文化又好又快发展。

一

今天我们召开座谈会，邀请国家综合部门、有关部门和中央宣传思想文化部门的负责同志，就如何进一步深入学习贯彻胡锦涛总书记在中央政治局第二十二次集体学习[1]时的重要讲话精神，以讲话精神为指导编制好国家"十二五"时期文化体制改革和发展规划纲要，听取大家的意见和建议。

---

[*] 这是李长春同志的两篇讲话。

贯彻落实胡锦涛同志重要讲话精神，开创文化改革发展新局面

7月23日，胡锦涛总书记在中央政治局第二十二次集体学习时的重要讲话发表后，我们于7月26日召开了中央宣传思想文化部门主要负责人会议，对贯彻落实胡锦涛总书记重要讲话精神，开展国家"十二五"时期文化体制改革和发展规划纲要调研和编制工作，进行了动员和部署。各部门按照统一部署，迅速组织学习和调研。我和云山[2]、延东[3]同志也将陆续召开座谈会，进一步听取意见和建议。

刚才，大家发表了很好的意见和建议，听了后有几点突出的感受：一是感到胡锦涛总书记在中央政治局第二十二次集体学习时的重要讲话发表后，各部门高度重视，理论学习中心组和领导班子都认真组织了学习传达，对讲话精神都理解得比较深刻，对以讲话精神为指导推动工作都作了很好的安排。二是感到各部门都组织专门力量，就编制国家"十二五"时期文化体制改革和发展规划纲要展开专题调研，掌握了不少第一手情况，调研取得了初步成果。三是感到大家对编制规划纲要的设想都紧密结合实际，考虑得比较深入，对我们很有启发，对编制规划纲要很有参考价值。请中宣部认真梳理、深入研究，充分反映到编制工作中去。这里，结合大家的发言，我讲两点意见。

（一）进一步认真学习贯彻胡锦涛总书记在中央政治局第二十二次集体学习时的重要讲话精神，以讲话精神为指导，不断开创中国特色社会主义文化建设新局面。

第一，必须正确认识文化改革发展面临的形势，既要进一步坚定信心，又要不断增强紧迫感和责任感。胡锦涛总书记在讲话中充分肯定了党的十六大以来文化建设和文化体制改革取得的成绩，指出各地区各部门认真贯彻中央决策部署，积极推进文化体

制改革，大力发展文化事业和文化产业，开创了中国特色社会主义文化建设新局面。这是以胡锦涛同志为总书记的党中央对近年来文化建设和文化体制改革成绩的高度肯定，是对宣传思想文化战线的巨大鼓励和鞭策。刚才，大家在发言中也都从不同方面总结了近年来文化体制改革和文化建设取得的新成绩新经验。对近年来的文化建设和文化体制改革取得的成绩，可以说中央满意，宣传思想文化战线的同志们振奋，人民群众也得到了实惠。

我体会，党的十六大以来文化建设和文化体制改革取得的成绩主要体现在以下六个方面：一是宣传思想文化战线坚持以科学发展观统领文化建设，进一步解放思想、与时俱进，思想观念发生了巨大变化，逐步树立起了中国特色社会主义文化发展新理念，支持改革、参与改革、推进改革的自觉性坚定性明显增强。二是大力推进体制机制创新，勇于冲破传统体制的束缚，文化体制改革在局部试点的基础上不断扩大试点并全面推开，取得了关键性进展，极大地解放和发展了文化生产力，国有经营性文化单位重塑市场主体取得重要进展，公有制成分在文化市场中的主导作用不断增强，为文化建设始终沿着正确方向又好又快发展提供了体制机制保障。三是覆盖城乡的公共文化服务体系框架基本形成，人民群众的基本文化权益得到更好保障。四是文化产业快速发展，以公有制为主体、多种所有制共同发展的文化产业格局初步形成，文化与产业融合的力度之大、发展之快、势头之猛前所未有，文化与科技结合、与旅游结合、与金融结合空前活跃，文化市场空前繁荣，文化产业成为经济发展新的增长点，在国民经济中显示出异军突起的良好态势。五是坚持一手抓繁荣、一手抓管理，坚持"二为"方向和"双百"方针，正确把握和处理"两种属性"、"两个效益"的关系,文化法律法规和政策体系进一步健全,综合执法的体制机制逐步形成,执法力度不断加大,保证了文化建设沿着社会主义先进文化前进方向健康发展。六是广大文化工作者的积极性主动性创造性不断高涨,思想解放、观念更新、精神振奋,施展才能的空间和舞台进一步扩大,迸发出更加旺盛的创造活力。

在看到成绩的同时,我们也必须看到文化建设还面临着许多新情况新问题,要不断增强紧迫感和责任感。胡锦涛总书记在讲话中科学分析了文化建设面临的国际国内形势,指出了我们工作中存在的差距。主要体现在三个方面:

一是从国内形势和文化自身发展看,胡锦涛总书记指出,我国文化发展还存在"四个不完全适应",就是与人民群众日益增长的精神文化需求不完全适应,与快速发展的现代传播手段不完全适应,与不断扩大的对外开放不完全适应,与推动我国经济社会又好又快发展的新形势不完全适应。具体来讲,就是文化产品和服务在数量上、质量上,都还不能很好地满足人民群众需求;推进文化与科技融合的体制机制还不健全,运用现代科技发展文化、创新文化、传播文化的意识和能力还不强;我国文化产品的国际影响力和竞争力还不能适应国际文化市场竞争日趋激烈的新形势,还没有从根本上扭转文化产品进出口严重逆差的局面;文化引导社会、教育人民、推动发展的功能还有待加强。这些都迫切要求我们进一步深化文化体制改革,加快文化与市场、产业和科技融合的步伐,不断增强我国文化的整体实力和发展活力。

二是从当前综合国力全方位竞争的态势看,胡锦涛总书记指出,世界多极化、经济全球化深入发展,世界范围内各种思想文化交流交融交锋更加明显，国际思想文化领域斗争尖锐复杂，维护国家文化安全任务十分紧迫。必须看到，文化领域深化改革、加快发展、增强实力是对敌对势力思想文化渗透最好的抵御，对国家文化安全的最好维护。这就迫切要求我们在加强防范的同时，进一步深化文化体制改革，加快发展文化事业文化产业，为我国在日趋激烈的综合国力竞争中赢得主动。

三是从推动文化与经济社会协调发展的要求看，胡锦涛总书记指出，当今世界，文化产业日益成为经济发展新的增长点，日益成为国民经济的支柱产业，推动文化建设和经济建设、政治建设、社会建设协调发展，已成为实现科学发展的必然要求。但目前来看，我国文化产业的总体规模和整体实力还不强，在国民经济中所占比重还不高，文化产业推动经济发展方式转变、实现经济社会又好又快发展的独特优势还没有得到很好发挥。这就迫切要求我们进一步深化文化体制改革，不断解放和发展文化生产力，加快发展步伐，更好地发挥文化在经济社会发展中的重要作用，特别是发挥新兴文化产业的战略性、先导性作用。

面对以上"四个不完全适应"、"一个十分紧迫"、"一个必然要求"，我们必须进一步增强深入推进文化体制改革、加快发展文化事业和文化产业的紧迫感和责任感。

第二，必须以新的视角深刻认识文化的重要地位和作用，切实增强深化文化体制改革、推动文化大发展大繁荣的自觉性和坚定性。胡锦涛总书记在讲话中强调，文化是民族凝聚力和创造力的重要源泉，是综合国力竞争的重要因素，是经济社会发展的重要支撑。深入推进文化体制改革，促进文化事业全面繁荣和文化产业快速发展，关系全面建设小康社会奋斗目标的实现，关系中国特色社会主义事业总体布局,关系中华民族伟大复兴。这"三个重要"、"三个关系"的重要论述,从社会主义现代化建设的总体布局,从民族复兴的历史纵深,从国际竞争的战略高度,对文化的重要地位和作用进行多维审视,体现了我们党高度的文化自觉。学习领会讲话精神,必须进一步认识到,文化既是推动经济社会发展的重要手段,又是社会文明进步的重要目标;既是凝聚人心的精神纽带,又直接关系民生幸福;既直接贡献于经济增长,又有利于转变经济发展方式、提高经济发展质量。我们只有从这样的多维视角,全面深刻地认识文化的重要地位,把握文化的重要作用,才能更加自觉、更加主动地承担起推动文化繁荣发展的历史责任。

第三,必须坚持用科学发展观统领文化体制改革,推动文化建设又好又快发展。科学发展观是马克思主义关于发展的世界观、方法论的集中体现,不仅反映了我们党对当今世界发展趋势和中国特色社会主义事业发展方位的科学把握,也反映了我们党对当今文化发展趋势和我国文化建设规律的科学把握,为推动文化大发展大繁荣提供了强大思想武器。学习领会讲话精神,我们必须深刻认识到,坚持以科学发展观为统领,坚定不移地走科学发展道路,是解决当前文化发展面临的现实问题的必然选择,也是保证文化长远发展、可持续发展、又好又快发展的必由之路。我们应当自觉地把科学发展理念贯穿到文化建设的各个方面、各个环节,始终坚持以发展为主题,把发展作为第一要务,用发展的办法解决前进中的问题,既积极为经济建设中心服务,又努力实现文化自身的繁荣发展;始终坚持以人为本,以满足人民群众日益增长的精神文化需求为根本出发点和落脚点,做到文化发展

文化强国之路

为了人民、发展依靠人民、发展成果由人民共享,努力促进人的全面发展;始终坚持以改革创新为动力,构建有利于文化科学发展的体制机制;始终坚持全面协调可持续,着力解决影响文化科学发展的突出问题,协调好文化建设的各个领域、各个方面,努力促进文化持续快速健康发展;始终坚持统筹兼顾,立足全局、着眼长远,正确认识和妥善处理涉及文化改革发展中的各种重大关系,不断提高文化建设的科学化水平。

第四,必须以改革创新精神推动文化建设,切实贯彻落实好

2009年2月10日,李长春在四川省北川县曲山镇凉风垭羌寨,考察当地发展羌绣产业促进农民增收情况。左一为新华社社长李从军,左二为四川省省长蒋巨峰,左五为中宣部常务副部长雒树刚。　　　　　　　　　　　　　（新华社记者肖林摄）

贯彻落实胡锦涛同志重要讲话精神，开创义化改革发展新局面

胡锦涛总书记讲话提出的四项主要任务。胡锦涛总书记在讲话中提出，要加快文化体制机制的改革创新，加快构建公共文化服务体系，加快发展文化产业，加强对文化产品创作生产的引导，着力构建充满活力、富有效率、更加开放、有利于文化科学发展的体制机制，不断增强我国文化软实力和国际竞争力。这"三加快"、"一加强"，既是深化文化体制改革的关键所在，又是加强文化改革发展的基础性、战略性任务。在四项主要任务中，加快构建公共文化服务体系、加快发展文化产业，大体上说是文化建设的两大"硬件"；加快文化体制机制改革创新、加强对文化产品创作生产的引导，大体上说是文化建设的两大"软件"。公共文化服务体系建设、文化产业发展是文化建设的"两翼"和"两个轮子"，文化体制机制的改革创新是增强文化发展效率和活力的根本途径，文化产品创作生产是文化建设的关键和精髓，承载着文化建设的精神价值，体现文化发展的方向，决定着文化产品引导社会、教育人民、推动发展三大功能的全面发挥。完成好这四个方面的主要任务，归根到底都要靠改革创新，即体制改革和文化创新。没有改革，就没有内生动力，就没有文化创新；没有文化创新，文化改革发展也就没有活力。所以，必须进一步增强改革创新意识，以新的思路、新的举措、新的办法，推动文化体制改革在重点领域、关键环节取得新的突破。现在，文化体制改革取得的成绩仅仅是迈出第一步，深化改革的任务还很重。必须顺应文化发展规律，统筹好体制改革和文化发展，统筹好文化事业和文化产业，确保各项工作健康有序地推进。

第五，必须切实加强对深入推进文化体制改革、加快文化发展的组织领导，努力提高领导推动文化科学发展的能力。要切实

落实胡锦涛总书记在讲话中所强调的"三个纳入":纳入党委和政府的重要议事日程,纳入经济社会发展总体规划,纳入科学发展考核评价体系,建立健全领导体制和工作机制,坚持一手抓繁荣、一手抓管理,牢牢把握发展主动权。要把握好文化改革发展中的重大关系,并在实践中进一步探索总结,努力提高各级党委和政府领导推动文化科学发展的能力。要切实加强文化战线领导班子建设,按照德才兼备、以德为先的用人标准,加强领导干部的选拔任用和教育管理,为深化文化体制改革和文化建设提供有力的组织保证。要牢固树立"人才资源是第一资源"的观念,建立和完善有利于优秀人才健康成长和脱颖而出的体制机制,最大限度地调动广大文化工作者的积极性主动性创造性,形成人尽其才、各展所长的良好局面。

总之,学习贯彻胡锦涛总书记重要讲话,现在刚刚开始,还要进一步在深入上下功夫。这一重要讲话是指导今后一个时期特别是"十二五"时期文化体制改革和发展的重要文献。各有关部门要在领导班子带头学习的基础上,进一步组织广大干部职工深入学习、切实贯彻,用讲话精神统一思想和行动,把讲话精神转化成为深入推进文化体制改革、兴起社会主义文化建设新高潮、推动社会主义文化大发展大繁荣的强大思想武器。

(二)认真编制好国家"十二五"时期文化体制改革和发展规划纲要,为推动未来五年文化改革发展提供基本蓝图和行动纲领。

"十二五"时期是全面建设小康社会的关键时期,也是我国文化改革发展的关键时期。编制好国家"十二五"时期文化体制改革和发展规划纲要,明确未来五年文化发展的总体思路、发展战略、目标任务和政策措施，对于深入推进文化体制改革，加快发展文化事业和文化产业，推动文化建设与经济建设、政治建设、社会建设协调发展，实现"十二五"时期经济社会发展目标，夺取全面建设小康社会新胜利，具有重要意义。中央对这项工作高度重视，胡锦涛总书记专门作出重要批示，强调要与国家"十二五"时期经济社会发展规划纲要相衔接，重在战略性、前瞻性、指导性。我们一定要认真贯彻落实胡锦涛总书记的重要讲话和重要批示精神，在深入调查研究、科学分析判断的基础上，努力编制出一个体现中央要求、反映人民意愿、符合当前实际、适应发展需要，具有战略性、前瞻性、指导性的规划纲要。

根据大家刚才提出的意见建议，这里，我讲几点看法，与大家共勉，并请大家进一步深入研究思考。

第一，要理清家底，明确起点，找准方位。编制国家"十二五"时期文化体制改革和发展规划纲要，要在实施和落实国家"十一五"时期文化发展规划纲要的基础上进行。国家"十一五"时期文化发展规划纲要，是在我们党提出深化文化体制改革、推动社会主义文化大发展大繁荣等一系列决策部署之后制定和实施的，是一个集中体现中央关于文化建设和文化体制改革一系列重大战略思想的完整规划。要认真总结"十一五"时期我国文化体制改革和文化建设取得的新成就新进展新经验，同时根据胡锦涛总书记在讲话中指出的当前我国文化建设还存在的"四个不完全适应"的问题，以及国际国内形势变化的新要求，深入查找工作差距，全面分析我国文化改革发展面临的新情况新问题，作为编制"十二五"时期文化体制改革和发展规划纲要的前提和基础。

第二，要科学把握"十二五"时期文化改革发展的基调。编制国家"十二五"时期文化体制改革和发展规划纲要的基调，我想就是要充分体现胡锦涛总书记重要讲话中提出的"三加快"、"一加强"的重要思想。"三加快"，就是加快文化体制机制创新，加快构建公共文化服务体系，加快发展文化产业；"一加强"，就是加强对文化产品创作生产的引导。如果说"十一五"时期是我国文化建设的创新发展期，主要任务是打破传统体制束缚，通过改革创新构建有利于文化科学发展的体制机制，以新的体制机制推动文化大发展大繁荣，那么，"十二五"时期就是我国文化建设的加速发展期，主要任务是在前一阶段改革发展的基础上，进一步加大力度、加快进度、提高水平、加速发展。加大力度，就是要加大改革力度，加大创新力度，加大投入力度，推动文化又好又快发展。加快进度，就是要按照已经确定的"时间表"、"路线图"，加快构建符合科学发展观要求的新的文化发展体制机制，加快构建覆盖城乡的公共文化服务体系，加快发展文化产业，加快文化走出去步伐，不断满足人民群众日益增长的精神文化需求，不断提高文化产业占国民经济比重，不断增强中华文化的国际影响力和竞争力。提高水平，就是要多出精品力作，进一步提高文化产品和服务的供给能力，更好地发挥文化引导社会、教育人民、推动发展的三大功能。加速发展，就是要加速推进文化与科技的融合，加速改造提升传统文化产业，加速发展新兴文化产业，加速推进新兴传播手段的应用，努力占领文化发展的制高点。要通过"三加快"、"一加强"，着力构建充满活力、富有效率、更加开放、有利于文化科学发展的体制机制，使"十二五"时期真正成为我国文化建设的一个加速发展期。

贯彻落实胡锦涛同志重要讲话精神，开创文化改革发展新局面

第三，要明确"十二五"时期文化改革发展的战略定位。2009年国务院批准的《文化产业振兴规划》提出，文化产业是经济发展新的增长点。今年2月，中央举办省部级主要领导干部深入贯彻落实科学发展观加快经济发展方式转变专题研讨班，胡锦涛总书记发表重要讲话，深刻阐述了加快经济发展方式转变的重要性和紧迫性，提出了加快经济发展方式转变的八项重点工作，其中强调发展文化产业有利于优化经济结构和产业结构，有利于拉动居民消费结构升级，有利于扩大就业和创业。要在重视发展公益性文化事业的同时，坚持社会效益与经济效益相统一，把满足人民日益增长的多样化、多层次、多方面精神文化需求作为扩大内需的重要组成部分，深化文化体制改革，加快文化产业发展。胡锦涛总书记在中央政治局第二十二次集体学习时的重要讲话中也指出，文化产业日益成为经济发展新的增长点，日益成为国民经济的支柱产业。很多专家学者认为，文化产业特别是新兴文化产业应该成为战略性、先导性产业，成为现代服务业的支柱产业。我国很多省份也提出了要从文化大省或者文化资源大省发展成为文化强省的目标。现在看来，我国是文化资源大国，但还不是文化大国，与文化强国的建设目标则距离更远。日本在过去提出"贸易立国"的基础上，1995年又提出了"文化立国"；在1998年，韩国也提出"文化立国"；在美国，文化产业是其第一大出口产业。因此，在编制国家"十二五"时期文化体制改革和发展规划纲要时，既要按照中央提出的中国特色社会主义事业四位一体总体布局对文化建设进行总体定位，又要按照胡锦涛总书记提出的文化产业"日益成为经济发展新的增长点，日益成为国民经济的支柱产业"的精神对文化产业进行战略定位，要看清

文化的方位，对建设文化大国、文化强国的含义和标准进行深入研讨，并提出对文化发展战略定位具体的、科学的表述。

第四，要明确"十二五"时期文化改革发展具体的战略目标和主要任务。"十二五"时期文化改革发展，任务十分繁重，要突出重点，统筹规划。刚才大家就文化建设中推进重大战略、实施重大工程、制订政策措施等提出了很多很好的意见建议，我先归纳一下，请大家进一步仔细梳理，深入研究。

关于建设"五大体系"的问题。一要建设覆盖城乡的公共文化服务体系。按照公益性、均等性、基本性、便民性的要求，积极推进重点文化惠民工程建设，特别是要突出农村和中西部地区这两个薄弱环节，不断提高公共文化产品和服务的供给能力，更好地保障人民基本文化权益。二要建设现代文化企业制度体系。在国有经营性文化单位转企改制的基础上，加快股份制改造，建立现代企业制度，完善法人治理结构，把改革、改组、改造与创新管理结合起来，把建设现代企业制度体系与推进政企分开、转变政府职能结合起来，做强做大做优一批国有或国有控股的骨干文化企业和企业集团，使之成为文化市场的主导力量，成为文化领域技术创新的主体。三要建设现代文化产业体系。一方面积极运用高新技术改造传统文化产业，大力提升影视制作、出版发行、印刷复制、广告、演艺娱乐、文化会展等文化产业；另一方面要加快发展文化创意、数字内容、动漫游戏、手机电视、网络电视、网络传输等新兴文化产业。四要建设现代文化市场体系。打破按部门、按行政区划和行政级次隶属文化单位、分配文化资源和产品的传统体制，加快构建统一开放竞争有序的现代文化市场体系，建立门类齐全的文化产品市场和文化要素市场，建立文化资产评估体系、文化产权交易体系，建立健全文化经纪代理等中介服务机构，促进文化产品和生产要素在更大范围内合理流动，真正发挥市场在文化资源配置中的基础作用。五要建设现代传播体系。切实提高主流媒体和数字文化产品的国内国际传播能力，加强国家广播应急体系建设，在试点的基础上加快推进三网融合，充分发挥各种传播资源的作用，努力提高我国文化传播能力和水平。

关于推进"六大战略"的问题。一要推进文化品牌战略。着力打造一批具有自主知识产权和核心竞争力、市场号召力的知名文化产品品牌和企业品牌，不断提高我国文化产品的附加值，全面提升文化企业的影响力和竞争力。二要推进重大项目带动战略。加快建设一批具有重大示范效应和产业拉动作用的重大文化产业项目，积极推进具有战略性、先导性、带动性的重大文化建设项目，促进文化产业在重点领域实现跨越式发展。三要推进文化产业园区和基地发展战略。加强文化产业园区和基地布局的统筹规划，促进各种文化资源合理配置和产业分工，建设一批重点产业示范基地，形成文化产业发展的集聚效应和孵化培育效应。四要推进文化软实力建设战略。推动各地区和重点城市把文化软实力建设纳入经济社会发展、城市建设的总体规划，使文化软实力成为一个地区和城市综合实力竞争的重要指标，成为提升地区和城市品位、增强吸引力影响力辐射力的显著标志。同时要进一步研究论证制订提升国家文化软实力的指导意见。五要推进文化走出去战略。在继续推动政府主导的文化交流的同时，着力打造一批具有自主知识产权和较强国际竞争力的外向型文化企业，打造具有重要影响力的国际文化交易平台，完善支持文化走出去的政策措施，形成以政府为引导、以企业为主体、以市场化运作为主要方式的文化走出去新格局，进一步增强中华文化的国际影响力和竞争力。六要推进人才兴文战略。建立和完善有利于优秀人才健康成长和脱颖而出的体制机制，加快培养一大批文化领域创新型、复合型、外向型、科技型等新型人才特别是拔尖人才，构建一支门类齐全、结构合理、梯次分明、素质优良的文化工作者队伍。

关于实施"四大工程"的问题。一要实施国际文化交易平台建设工程。以深圳文博会为中心，统筹办好广播影视、图书、动漫等专项展览，形成相互补充、相互借鉴、相辅相成、相互促进，既面向国际又面向国内的文化交易平台体系，进一步拓宽对外文化贸易的渠道和网络。二要实施网络文化建设工程。坚持一手抓净化、一手抓繁荣，要建立网络净化的长效机制，同时建设一批国际国内有重要影响力竞争力的网络文化企业，包括依托中央和省级广播电视台的网络广播电视台，以公有制为主体、多种所有制共同发展的搜索引擎、网络内容产品提供商等文化企业，推进网络文化健康有序发展，推动社会主义先进文化占领网络阵地。三要实施文化精品创作工程。进一步建立健全有利于广大文化工作者深入实际、深入生活、深入群众的体制机制，建立国家荣誉制度，改革文艺评奖体制，加强文艺评论，扶持原创性作品，营造鼓励创新、宽容失败的良好环境，为精品力作不断涌现创造良好条件。四要实施文化遗产保护工程。妥善处理保护、传承、利用、发展的关系，加大文化遗产重点项目保护力度，推动具有市场前景的文化遗产在与产业和市场的结合中实现传承和可持续发展。

贯彻落实胡锦涛同志重要讲话精神，开创文化改革发展新局面

第五，要进一步研究制定"十二五"时期文化改革发展的重大政策措施。一是要处理好政府与市场的关系，进一步研究如何界定政府职能，明确政府在文化发展中的责任，既不越位也不缺位，研究如何在新形势下进一步创新行政管理体制，包括完善监管、准入、退出的机制，进一步简化和规范文艺评奖机制，推动政府正确行使管理职能等，发挥市场在资源配置中的基础性作用；二是要进一步区别情况，研究支持文化改革发展的财税政策；三是要进一步研究推动文化与金融、旅游、信息以及国民经济各行业相结合的政策措施，使文化更好地融入经济社会发展的大循环之中；四是要进一步研究完善推动文化走出去的意见，充分调动各方面参与推动文化走出去的积极性，不断扩大我国文化产品的国际市场份额，增强中华文化的国际影响力和竞争力；五是要进一步研究如何充分利用社会资本参与文化建设、加快文化发展的问题，在确保我国文化安全的前提下，研究究竟哪些文化领域必须始终坚持以公有制为主体，哪些文化领域可以采取股份制的方式，面向资本市场融资，哪些文化领域可以进一步降低准入门槛，容许更多的民营资本进入；六是要进一步研究如何充分发挥文化引导社会、教育人民、推动发展三大功能的问题，使文化更好地为引领社会进步提供巨大精神力量；七是要进一步研究如何充分调动广大文化工作者的积极性主动性创造性；八是要进一步研究如何完善考核评价体系的问题，以促进各级党委和政府做到"三纳入"[4]，促使党委和政府不仅关注国内生产总值的增长，而且把文化改革发展摆上重要议事日程，也包括明确文化强省的标志是什么，指导他们认清离建成文化强省还有多大差距，如何建设文化强省等；九是要研究如何进一步完善文化立法，如

何把实践中行之有效的政策措施上升为法律法规，哪些领域的法律法规需要完善补充，特别是在互联网管理方面如何进一步加强立法，推动管理法制化；十是要进一步研究如何在世界多极化经济全球化深入发展、对外开放不断扩大的新形势下确保我国文化安全；等等。这些都是"十二五"时期文化改革发展面临的重大战略任务，需要我们进一步深入研究，切实增强工作的前瞻性、预见性。

第六，要进一步加强领导、精心组织，确保高起点、高标准、高质量完成编制工作。国家"十二五"时期文化体制改革和发展规划纲要编制工作是一项系统工程，时间紧、任务重，参与部门多、涉及面广，必须加强领导、精心组织，确保高起点、高标准、高质量完成编制工作。中宣部和发展改革委要发挥牵头作用，加强组织领导，加强沟通协调，抓好具体实施。中央宣传思想文化各部门要发挥各自优势，调动各种资源，按照各自的职能，编制好本领域的规划。中宣部和发展改革委要加强综合平衡和统筹研究，要把调查研究与规划纲要编制工作有机统一起来，充分吸收调研成果，充分反映"十一五"时期各地区各部门贯彻落实中央关于文化建设和文化体制改革重大决策部署的情况，充分反映各地区各部门和基层群众创造的新鲜经验，广泛听取专家学者的意见建议。要妥善处理好国家"十二五"时期文化体制改革和发展规划纲要与各方面的衔接，特别是要与实现2020年全面建设小康社会的目标相衔接，与中央关于国民经济和社会发展第十二个五年规划纲要的建议相衔接，与国家在科技、教育、人才等重要领域的规划相衔接，与国家"十一五"时期文化发展规划纲要相衔接，使"十二五"时期文化体制改革和发展规划纲要真正具有战略性、前瞻性、指导性。

（2010年8月20日在国家"十二五"时期文化体制改革和发展规划纲要编制工作北京调研座谈会上的讲话）

二

今年是我国文化改革发展加速推进的关键一年。我们要以胡锦涛总书记在中央政治局第二十二次集体学习时的重要讲话精神为强大思想武器，统一思想、坚定信心，进一步增强推动文化大发展大繁荣的责任感和使命感，增强改革创新的自觉性和主动性，始终保持积极进取、攻坚克难的良好精神状态，紧紧围绕加快文化体制机制改革创新、加快构建公共文化服务体系、加快发展文化产业、加强对文化产品创作生产的引导这"三加快"、"一加强"的重点任务，按照"十二五"时期文化改革发展的总体部署，牢牢把握推动文化科学发展这条主线，着力破解文化发展难题，着力转变文化发展方式，在深化文化体制改革上迈出新步伐，促进我国文化又好又快发展。

加快文化体制机制改革创新，事关冲破影响文化发展的体制机制障碍，为不断解放和发展文化生产力提供强大动力，决定着文化发展的生机活力。要按照加大力度、加快进度、巩固提高、重点突破、全面推进的要求，加强领导，狠抓落实。加大力度、加快进度，就是要紧紧抓住转企改制这一中心环节，力争在今明两年基本完成国有经营性文化单位转企改制任务，基本完成建设一批国有骨干文化企业任务，基本完成有线电视网络整合任务，基本完成文化市场综合执法改革任务。巩固提高，就是要进一步巩固出版、发行、影视制作全行业转企改制成果，坚持改革改组改造紧密结合，推动已转制的文化企业建立现代企业制度、完善法人治理结构，培育自主经营、富有活力的文化市场主体，大力推动跨地区重组，提高产业集中度，继续走在文化改革发展的前列。重点突破，就是要加快一般性国有文艺院团和非时政类报刊体制改革步伐，今年要有突破性进展。全面推进，就是要积极稳妥推进党报党刊发行体制改革[5]、以电视剧制作等为主要内容的制播分离[6]改革，加快重点新闻网站转企改制[7]和影视发行体制改革，理顺广播电视体制，大力推进各市县组建文化、广电、新闻出版综合行政主体，加快政府职能转变步伐。

加快构建公共文化服务体系，事关满足人民群众基本文化需求，决定着对人民基本文化权益的保障。必须把更多的资源向基层倾斜、向农村倾斜、向贫困地区倾斜、向中西部倾斜、向革命老区和边疆民族地区倾斜，推动基层、农村文化基础设施有一个大的进展、大的改观。要继续推进重点文化惠民工程建设，不断创新服务方式。要落实好、巩固好、实现好公共美术馆、图书馆、文化馆、博物馆等向社会免费开放，并对科技馆、青少年宫、妇女儿童活动中心等免费开放进行调研。制定支持和保障公共文化服务体系建设投入办法，完善和落实社会力量捐赠公益性文化事业的政策措施。

加快发展文化产业，事关满足人民群众多样化、多层次、多方面的文化需求，决定着我国文化的整体实力和竞争力、影响力。要把加快文化产业发展作为重要战略任务，认真落实《文化产业振兴规划》，加强文化产业区域布局的统筹规划，精心组织

2010年7月2日，李长春专程来到青海玉树地震灾区看望慰问干部群众，实地察看灾后恢复重建特别是文化重建情况。图为李长春在结古镇赛马场帐篷区，看望正在进行灾后重建的群众。右一为中共中央政治局委员、中央书记处书记、中宣部部长刘云山。

（新华社记者刘卫兵摄）

实施一批重大工程和重点项目，进一步提高文化产业规模化、集约化、专业化水平。进一步提升文化产业增加值占国民经济的比重，提高文化产业集中度和关联度，加快推动文化产业逐步成为国民经济支柱性产业。积极发展影视制作业、出版业、发行业、印刷复制业、广告业、演艺业、娱乐业、文化会展业、数字内容和动漫产业，推动文化创意产业发展、文化业态更新和产业转型升级。重点选择一批改革到位、成长性好、竞争力强的大型国有或国有控股文化集团公司，推动上市融资，迅速做强做大做优，使之成为我国文化领域的龙头和骨干企业。大力发展数字内容、网络文化、移动多媒体等新兴文化产业，推动文化与旅游、电信、高新技术等产业融合。拓宽文化产业投融资渠道，完善非公有资本进入文化产业的政策范围和管理办法。积极开拓大众性文化消费市场，培育农村文化市场，引导和扩大文化消费。

加强对文化产品创作生产的引导，事关文化建设的灵魂，体现着文化建设的思想内涵和精神价值，决定着文化建设的性质和方向。随着文化体制改革的深入推进，我国文化产品创作生产取得长足进步，数量极大丰富、规模迅速扩大，但与群众的需求和期盼相比，仍然存在不小差距，特别是广大群众喜闻乐见，叫得响、传得开、留得住的高质量文化产品还不够多。加强文化产品创作生产引导，推出更多基层群众需要的高品质文化产品，越来越成为文化建设的紧迫任务。要在稳步提升文化产品数量规模的同时，着力提高文化产品质量，推出更好更多的文化精品。要引导文化工作者坚持"三贴近"，深入实际生活、感受时代脉搏，在群众的丰富实践中挖掘素材，在群众的伟大创造中汲取营养，在群众的火热生活中激发灵感，创作更多思想性、艺术性、观赏性相统一的精神文化产品。要研究制定进一步加强和改进文艺批评工作的意见，规范和改进文艺评奖，探索建立科学的文化产品评价标准和评价机制，不断提高评价的导向性、权威性和公信力。要加强对文化企业的管理和引导，推动文化企业自觉担当社会责任，始终把社会效益放在首位，努力实现社会效益和经济效益的有机统一，更好地发挥文化引导社会、教育人民、推动发展的功能。

（2011年1月4日在全国宣传部长会议上讲话的一部分）

贯彻落实胡锦涛同志重要讲话精神，开创文化改革发展新局面

注　释

〔1〕中央政治局第二十二次集体学习，指 2010 年 7 月 23 日十七届中共中央政治局以深化我国文化体制改革研究为主题的集体学习，胡锦涛同志在学习时发表重要讲话，提出了"加快文化体制机制改革创新，加快构建公共文化服务体系，加快发展文化产业，加强对文化产品创作生产的引导"这四项必须抓好的重点工作。

〔2〕云山，指刘云山同志。

〔3〕延东，指刘延东同志。

〔4〕"三纳入"，即把文化建设纳入党委和政府的重要议事日程，纳入经济社会发展总体规划，纳入科学发展考核评价体系。

〔5〕党报党刊发行体制改革，指党报党刊将发行业务从事业体制中剥离出来，组建独立的报业经营公司，进行市场化运作，负责党报党刊发行、物流配送等业务。

〔6〕制播分离，指广播电台电视台将电视剧、动画、体育、科技、娱乐类等节目的制作与播出业务分离开来，组建面向市场的制作公司独立运作。

〔7〕重点新闻网站转企改制，指中央和省级事业性质的重点新闻网站，通过转企改制成为独立的市场主体。

文化体制改革是宣传思想文化
工作的一大亮点[*]

（2011年1月30日）

> 文化体制改革是宣传思想文化领域事关长远的一件大事，是党的十六大以来宣传思想文化工作的一大亮点，是改善党对文化工作的领导、提高党的执政能力的重大举措。

党的十六大提出了继续深化文化体制改革这个重大命题。宣传思想文化部门根据这个命题，认真组织调查研究，制定试点方案，扎实开展试点工作。经过两年左右的试点，以党中央、国务院文件的形式，经过中央政治局常委会议和中央政治局会议讨论，下发了《关于深化文化体制改革的若干意见》。又经过两年左右的努力，逐步推动文化体制改革全面展开。

文化体制改革虽然在社会上的影响面不是特别大，与千家万户的联系也不像教育、卫生体制改革那样密切，但也是改革难度很大的一个领域。这是因为：一是文化体制改革既牵涉经济基

---

[*] 这是李长春同志在中宣部看望慰问时讲话的一部分。

础，又牵涉上层建筑；既有意识形态属性，又有经济属性、产业属性，比其他领域的改革更加敏感、更加复杂。二是文化体制的历史成因比较复杂，既有革命战争时期，作为党团结人民、动员群众、打击敌人的战斗武器的成分；也有新中国成立以后，在对资本主义工商业进行社会主义改造过程中，将一些民营、私营文化单位超越发展阶段搞了"一大二公"转变而来的成分；还有长期以来各级政府按照计划经济模式组建的国有文化单位，实际上成为各级政府的附属物。三是文化体制的形态比较复杂，既有我们党处于革命时期的战时体制，又有计划经济性质的体制，还有长期受"左"的影响形成的体制。所以，旧的习惯势力的影响还较深，统一思想的难度很大。各级宣传思想文化部门的领导者中不少同志来源于宣传思想文化单位本身，好处是熟悉文化工作、具有较高理论素养，但是也有局限的一面，就是经历的岗位少些，阅历不深，因而胆识和魄力相对差一些，不敢碰硬。综合以上因素，可以说，文化体制改革的难度不可低估。

从2003年开始进行文化体制改革，到现在已经七年多的时间，总体上看，中央是满意的，认为文化体制改革是成功的。胡锦涛总书记在十七届中央政治局第二十二次集体学习时的重要讲话中，代表党中央充分肯定了文化体制改革取得的成绩，指出各地区各部门认真贯彻中央决策部署，积极推进文化体制改革，大力发展文化事业和文化产业，开创了中国特色社会主义文化建设新局面。

在深化文化体制改革的实践中，我们积累了许多成功经验。包括：坚持先试点，由点到面、逐步推开；坚持区别对待、分类指导，根据东、中、西部地区的不同情况，根据各个文化业态和类别的不同特点，提出不同的改革要求；坚持以人为本，不断制定完善配套政策，最大限度地团结宣传思想文化战线的干部群众，团结广大文化工作者和艺术家，充分调动他们的积极性、主动性、创造性；在对文化体制改革的思想认识上允许有先有后，不要简单地划分哪些是改革派、哪些是不改革派，即便在初期出现一些与改革要求不相符的观点也没有关系，而是在实践中不断统一思想，最大限度地团结广大干部群众，保证了改革始终积极稳妥健康地推进；加大干部交流力度，选调熟悉地方情况的同志到中央部门工作，选派中央部门的同志到地方工作，推动干部上下交流、横向交流，帮助他们看问题更加全面、处理问题更加周到；对于推动改革取得明显成效、政绩突出的同志，加大选拔使用力度，体现用干部的正确导向。通过这些努力，文化体制改革取得了重大进展。

在深化文化体制改革过程中，出版发行始终走在前列。目前，出版发行等行业国有经营性文化单位转企改制已基本完成。近几年，电影、电视剧制作领域的改革步伐明显加快，电影院线、农村电影放映体制改革加速推进，适应三网融合新形势，进一步推动电台电视台合并、事业变企业、小网变大网、单向变双向、模拟变数字、看电视变用电视，加快三网融合播控平台建设，步步深入，取得了很大成绩。文艺院团改革确实有难度，起初在进度安排上允许稍晚一点，只搞"路线图"、不搞"时间表"，成熟一个改革一个。去年，文艺院团改革也取得重要进展。现在，以胡锦涛总书记在十七届中央政治局第二十二次集体学习时提出"三加快"、"一加强"的要求为标志，文艺院团改革今后也要设"时间表"，就是要在党的十八大以前基本完成改革任务。

总的看，文化体制改革是宣传思想文化领域事关长远的一件大事，是党的十六大以来宣传思想文化工作的一大亮点，是改善党对文化工作的领导、提高党的执政能力的重大举措。胡锦涛总书记指出，积极推进文化体制改革，大力发展文化事业和文化产业，开创了中国特色社会主义文化建设新局面。这是对我们的极大鼓舞，是对我们这些年辛勤努力的最好评价。

党领导文化建设的纲领性文件[*]

（2011年11月2日）

> 以党的十七届六中全会为标志，我们党吹响了向文化进军的新号角。随着时间的推移，将越来越证明这次全会是继毛泽东同志在延安文艺座谈会上发表重要讲话之后，我们党在领导文化建设的历史进程中又一件具有里程碑意义的大事，必将推动我国文化改革发展进入新的重要阶段。

党的十七届六中全会是在全面建设小康社会关键时期和深化改革开放、加快转变经济发展方式攻坚时期召开的一次十分重要的会议。全会全面分析当前形势和任务，通过了《中共中央关于深化文化体制改革推动社会主义文化大发展大繁荣若干重大问题的决定》。胡锦涛总书记在全会上发表重要讲话，系统回顾总结一年来中央政治局工作，深刻阐述新形势下推进文化改革发展的

---

[*] 这是李长春同志在中央党校所作的关于学习贯彻党的十七届六中全会精神的报告。

重大意义，明确提出贯彻落实全会精神的具体要求，对当前党和国家各项工作作出部署。全会通过的《决定》，全面总结我们党领导文化建设的成就和经验，深刻分析文化改革发展面临的形势和任务，在集中全党智慧的基础上，阐述了中国特色社会主义文化发展道路，确立了建设社会主义文化强国的战略目标，提出了新形势下推进文化改革发展的指导思想、重要方针、目标任务、政策举措，是当前和今后一个时期指导我国文化改革发展的纲领性文件。

为帮助大家更好地学习领会全会精神，我从四个方面谈谈认识和体会。

一、深刻认识党的十七届六中全会的重大意义

这次全会重点研究深化文化体制改革、推动社会主义文化大发展大繁荣问题并作出决定，这在新中国历史上还是第一次，具有重大的现实意义和深远的历史意义。

第一，全会专题研究文化改革发展问题并作出决定，是新世纪新阶段我们党不断推进各领域改革作出的又一重大决策部署，更加鲜明地昭示我们党坚持改革开放不动摇的坚强决心。新时期最鲜明的特点是改革开放。改革开放以来，我们从经济体制改革入手，不断深化各个领域的改革，推动社会主义制度自我完善和发展。文化建设是中国特色社会主义事业的重要组成部分，文化体制改革是全方位改革的重要方面。改革开放以来，我们党在文化领域的体制机制创新方面也进行了各种探索，党的十六大作出了深化文化体制改革的决策部署。党的十六大以来，我们党把文

化体制改革摆上重要日程，在总结历史经验的基础上不断进行探索，取得了重要突破和进展。这次全会认真总结改革开放特别是党的十六大以来的实践经验，对深化文化体制改革作出了进一步的战略部署，顺应了我国经济社会发展的新要求、人民群众的新期待、深化改革的新形势，表明我们党在全方位推进改革开放进程中又迈出了坚实一步。可以说，这次全会是我们党始终坚持改革开放不动摇的重要标志，必将激发亿万人民改革创新的巨大热情，必将把我国改革开放伟大事业推向新的高度。

第二，全会专题研究文化改革发展问题并作出决定，是我们党不断推进理论创新和实践创新的又一重要成果，标志着我们党在文化建设理论和实践上更加成熟、更加自信，有着重大的理论意义和实践意义。我们党历来高度重视运用文化引领前进方向、凝聚奋斗力量。进入新世纪新阶段，以江泽民同志为核心的党的第三代中央领导集体提出了"三个代表"重要思想，鲜明地指出我们党要始终代表中国先进文化的前进方向，并在党的十六大上作出了深化文化体制改革的重大部署。以胡锦涛同志为总书记的党中央不断推进理论和实践创新，提出了科学发展观等一系列重大战略思想，强调要坚持社会主义先进文化前进方向，兴起社会主义文化建设新高潮，推动社会主义文化大发展大繁荣。在科学发展观指导下，我们党进一步把文化建设提高到中国特色社会主义事业总体布局的战略高度，不断深化对文化重要地位和作用的认识，加强对深化文化体制改革的领导，推动文化体制改革从试点开始，逐步扩大，全面推开，积累了宝贵经验，在文化建设方面形成了新的发展理念，开创了社会主义文化建设的新局面，为形成中国特色社会主义文化发展道路奠定了坚实的理论基础和实践基础，也为这次全会全面系统地就文化改革发展问题作出决定提供了理论和实践上的准备。全会鲜明地提出了坚持中国特色社会主义文化发展道路、努力建设社会主义文化强国的重大命题，标志着我们党经过长期的实践探索和不懈的理论创新，第一次形成了走中国特色社会主义文化发展道路、建设社会主义文化强国这样一个鲜明而完整的社会主义文化建设理论和实践体系，进一步丰富了中国特色社会主义理论体系，为我们党在新的历史条件下领导文化工作提供了根本遵循，必将使中国特色社会主义文化发展道路越走越宽广。

第三，全会专题研究文化改革发展问题并作出决定，体现了以胡锦涛同志为总书记的党中央充分尊重人民群众的首创精神，充分肯定广大文化工作者改革探索的成功经验，必将极大地调动全社会投身文化改革发展的积极性主动性创造性。人民群众是历史的创造者，人民群众的伟大实践是一切文化创造的根本源泉。中央关于深化文化体制改革的决策部署，顺应了人民群众的愿望和要求，广大群众特别是文化工作者对改革表现出极大的热情，拥护改革、投身改革，进行了许多具有开创性的改革探索，创造了很多新鲜经验。在全会《决定》形成过程中，我们党充分发扬民主，集中全党智慧，广泛听取社会各方面特别是广大文化工作者的意见和建议。这次全会，就邀请了部分文化界的知名人士和党的第十七次全国代表大会代表中的文化界基层代表参加。因此，全会提出的一系列有关文化改革发展的新思想新观点新论断新举措，都是来自于基层和群众，是改革实践的产物，是群众智慧的结晶，是全党意志的集中体现，是坚持党的群众路线的丰硕成果。在此基础上，全会从战略和全局的高度，进一步阐述了文化建设在中国特色社会主义事业总体布局中的重要地位和作用，阐述了新形势下深化文化体制改革、推动社会主义文化大发展大繁荣的重要性、必要性、紧迫性，号召全党全国各族人民培养高度的文化自觉和文化自信，必将更加有力地鼓舞广大干部群众特别是宣传思想文化战线以及广大文化工作者积极主动地投身文化改革发展热潮。

第四，全会专题研究文化改革发展问题并作出决定，明确了深化文化体制改革、推动社会主义文化大发展大繁荣的指导思想、重要方针、目标任务、重大举措，为进一步推进文化改革发展指明了前进方向。当前，我国文化改革发展正处于一个十分重要的关键阶段。一方面，深化文化体制改革取得了积极进展和显著成绩；另一方面，要在一些重点领域和关键环节取得更大的突破，迫切需要对文化改革发展面临的一系列带有方向性的问题作出有力的回答，以进一步统一思想、凝聚共识，理清思路、明确方向。全会围绕建设社会主义文化强国的战略任务和到2020年文化改革发展奋斗目标，就当前和今后一个时期文化改革发展作出了全面部署，在文化的地位作用、发展方向、发展目的、发展动力、发展思路、发展格局、发展战略、领导力量和依靠力量等方面，深入回答了我国文化改革发展中一系列带有方向性、根本性、战略性的重大问题，明确了文化改革发展的总体思路、工作格局、基本要求、政策措施，是我们党领导文化建设工作的纲领性文件，必将为兴起社会主义文化建设新高潮、推动社会主义文化大发展大繁荣提供强大的思想保证、科学的行动指南和有力的政策保障。

总之，全会专题研究文化改革发展问题并作出决定，对于全面贯彻落实党的十七大提出的兴起社会主义文化建设新高潮、推动社会主义文化大发展大繁荣的战略任务,对于深入贯彻落实科学发展观、实现"十二五"时期奋斗目标、加快全面建设小康社会进程,对于提高国家文化软实力、在日趋激烈的综合国力竞争中赢得主动,对于切实解决当前文化建设面临的突出问题、进一步开创文化建设新局面,都具有十分重要的意义。以这次全会为标志,我们党吹响了向文化进军的新号角。随着时间的推移,这次全会将越来越被证明是继毛泽东同志在延安文艺座谈会上发表重要讲话之后,我们党在领导文化建设的历史进程中又一件具有里程碑意义的大事,必将推动我国文化改革发展进入新的重要阶段。

二、切实增强深化文化体制改革、推动社会主义文化大发展大繁荣的责任感和紧迫感

社会主义先进文化是马克思主义政党思想精神上的旗帜。我们党历来十分重视运用文化引领前进方向、凝聚奋斗力量,在革命、建设、改革各个历史时期,不断以思想文化新觉醒、理论创造新成果、文化建设新成就推动党和人民事业向前发展。

党的十六大以来,以胡锦涛同志为总书记的党中央高度重视社会主义文化建设,始终将其放在党和国家全局工作重要战略地位,坚持物质文明和精神文明两手抓,坚持依法治国和以德治国相结合,促进文化事业和文化产业同发展,推动文化建设不断取得新成就,走出了中国特色社会主义文化发展道路。全会《决定》从五个方面概括了文化建设取得的成就,具体来说,一是在

理论建设方面，不断推进马克思主义中国化时代化大众化，形成和发展了中国特色社会主义理论体系，采取了一系列措施进一步巩固马克思主义在意识形态领域的指导地位。比如，积极开展学习型党组织建设，积极推进理论大众化，普及党的理论创新成果，取得了很好的效果。大力实施马克思主义理论研究和建设工程，重新编译出版10卷本《马克思恩格斯文集》、5卷本《列宁专题文集》，把马克思主义中国化最新成果体现到高校哲学和社会科学教材体系建设之中，目前已完成4门高校思想政治理论课新编教材和14门哲学社会科学重点教材的编写出版，高校和哲学社会科学研究机构马克思主义学科建设得到加强。进一步加强马克思主义理论研究队伍特别是中青年骨干队伍建设，对高校哲学社会科学教学科研骨干开展集中培训。通过这些措施，初步改变了两个"弱化"的局面，即马克思主义在哲学社会科学领域主导地位有所弱化，马克思主义理论教学有所弱化、人才青黄不接的局面。二是在思想道德建设方面，坚持推进社会主义核心价值体系建设，开展理想信念教育，实施公民道德建设工程，加强和改进青少年思想道德教育，积极探索用社会主义核心价值体系引领社会思潮的有效途径，巩固了全党全国各族人民团结奋斗的共同思想道德基础。比如，在高校我们重点加强和改进大学生思想政治教育，在中小学我们着力加强和改进未成年人思想道德教育，在全社会努力形成有利于青少年健康成长的文化环境。广泛开展全国道德模范评选表彰活动，由群众评、评群众身边的人和事，已经连续评选三届，每次都吸引了上亿群众参加。全国道德模范评选的过程比结果更加重要，因为这一活动创新了公民道德建设的方式方法和工作载体，向全社会发出了我们倡导什么、贬斥什么的鲜明信号。三是在文化产品创作生产方面，坚持为人民服务、为社会主义服务的方向和百花齐放、百家争鸣的方针，积极实施文化精品工程和重大文化项目，文化产品创作生产异彩纷呈、空前繁荣，丰富了人民精神文化生活。在电影产量方面，党的十六大以前我国电影产量每年不到100部，2010年达到526部，居世界第三，前两位是印度和美国。在电视剧产量方面，新世纪以来，每年以1000集的速度递增，现在每年达到14000集左右，居世界第一。舞台艺术也空前活跃，出现了连演几百场的好戏，

2010年2月11日，李长春在中央电视台春节联欢晚会彩排现场，亲切看望正在紧张工作的演职人员。右一为中共中央政治局委员、中央书记处书记、中宣部部长刘云山。

（新华社记者李涛摄）

也有一些舞台艺术精品能够到国外进行商演，比如杂技芭蕾《天鹅湖》，把杂技和芭蕾舞艺术结合起来，深受国外观众欢迎，《风中少林》在国外商演也取得了很好的成绩。在长篇小说方面，改革开放前16年总共出版不到100部，文化体制改革以前每年大约出版700部左右，现在每年出版总数达到3000部，也出现一批好作品，如《狼图腾》[1]、《笨花》[2]等。在动漫产业方面，我国的动漫产业从无到有、发展很快，2004年以前外国动漫占我国市场的80%以上，而国产动漫年产只有2000分钟，去年增长到22万分钟，产生了一些深受广大青少年喜爱的作品，如《中华小岳云》、《孔子》等，还有的也开始出口国外，现在国产动漫占到我国市场的60%—70%。但总的看，我们的精品力作还不够多，还远远满足不了人民日益增长的精神文化需求。四是在体制机制创新方面，坚持推进文化体制改革，创新文化发展理念，解放和发展文化生产力，一手抓公益性文化事业、一手抓文化产业，大力实施重大文化惠民工程，推动博物馆等公益性文化场馆免费向社会开放，推进国有经营性文化单位转企改制，推进文化市场综合行政执法改革，加强文化领域法制化建设，人民基本文化权益得到进一步保障，文化在经济社会发展中的地位和作用更加突出。长期以来，我国文化体制是在计划经济体制下形成，与计划经济体制相适应，文化单位基本上是党委和政府的附属物，没有合格的公有制市场主体，没有开拓市场的动力，活力不足。一些公共文化单位也存在经费不足的问题，自己搞创收，没有担负起应有的公共文化服务职能。本应是市场主体的国有经营性文化单位，却躺在政府怀里等靠要。业内人士戏说的"政府是投资主体，领导是基本观众，评奖是主要目的，仓库是最终归宿"的状况，虽然极端了点，但确是原体制的真实写照。2003年，我到一个省召开座谈会，省文化厅长跟我讲省里的文艺院团社会效益如何如何好，得了多少多少大奖。当我问他你们给群众演了多少场时，他却什么也说不上了。文化产品本来是受教育的人越多，社会效益才越好。光得奖，不给群众演，哪来的社会效益？这些都说明，在传统体制下，一些人思想观念陷入了误区，文艺产品创作生产存在许多弊端，迫切需要改革。这些年，文化体制改革有了重大突破，厘清了政府职能，对经营性国有文化单位，要求它们转企改制、重塑市场主体；对担负公共文化服务职能的公益性文化单位进行重新定位，强化其公共文化服务功能，这使得公益性文化事业单位和国有经营性文化单位都焕发出了空前的活力。在公共文化服务体系建设上，党的十六大以来中央鲜明地提出要建设覆盖城乡、惠及全民的公共文化服务体系，将其作为保障人民基本文化权益的重要途径，从2008年开始推动公共博物馆、纪念馆免费开放，今年开始推动美术馆、公共图书馆、文化馆（站）免费开放。现在，公共文化设施免费开放已经成为促进社会公平的重要体现，农民工也可以进博物馆、图书馆了。免费开放的实施，从根本上改变了长期以来博物馆冷冷清清的局面，参观人数都有了几倍甚至几十倍的增长，社会效益得到充分发挥，基层群众文化生活呈现空前繁荣的局面。五是坚持统筹国内国际两个大局，实施文化走出去战略，积极参与国际文化交流合作，拓展全方位、多层次、宽领域对外文化交流格局，吸收外来有益文化，推动文化产业和文化企业走出去，推进海外中国文化中心和孔子学院建设，加强和改进对外宣传，加强国际传播能力建设，为提升国家形象、推动中华文化走向世界发挥了重要作用。特别是孔子学院建设成效显著，国际社会反响强烈，进一步彰显了中华文化的魅力。总的看，改革开放特别是党的十六大以来，我国文化建设开创了新局面，为坚持和发展中国特色社会主义提供了坚强思想保证、强大精神力量、有力舆论支持、良好文化条件。

同时也要看到，总体而言，我国文化发展同经济社会发展和人民日益增长的精神文化需求还不完全适应，同推动科学发展、促进社会和谐的要求还不完全适应，同扩大对外开放的新形势还不完全适应，同科学技术迅猛发展的新形势还不完全适应。特别是进入新世纪新阶段以来，文化建设面临许多新情况新问题，主要表现为面临五个挑战。

一是面临人民精神文化需求日益增长与落后的文化生产之间突出矛盾带来的挑战。国际经验表明，人均国内生产总值超过3000美元，居民消费进入物质消费和精神文化消费并重时期。现在，我国人均国内生产总值已经达到4200美元，城乡居民家庭恩格尔系数已经降到0.4以下，居民消费正由生存型、温饱型向小康型、享受型转变，人民精神文化需求呈"井喷"之势迅速增长，呈现出多样化、多方面、多层次的特点。有专家测算，当我国人均国内生产总值超过4000美元时，每年文化消费总量应为4万亿元左右，而2010年我国实际文化消费仅为约1万亿元，文化市场的消费潜力巨大。党的十六大以来我国电影票房的增长也从一个方面反映了我国文化市场的消费潜力，2002年我国电影票房为9.2亿元，到2010年突破100亿元，平均每年以超过30%的速度增长。这既为文化建设注入了强大动力，同时也使文化产品的供需矛盾更加突出，我们的文化产品无论是数量上还是质量上，都还不能很好地满足人民日益增长的精神文化需求，文化领域已成为我国少数几个总供给不能满足总需求的领域之一。在传统体制下，一方面国有文化资源大量闲置，没有活力，另一方面人民精神文化需求得不到满足，这种情况必然带来国外一些不良文化产品趁虚而入，一些地方腐朽落后文化沉渣泛起。造成这一状况的根本原因就在于，面向群众、面向市场、有利于多出优秀文化产品的体制机制尚不完善，我们主渠道的供给能力跟不上人民快速增长的精神文化需求，特别是精品力作满足不了人民需求。这就要求必须通过深化改革，推动掌握大量文化资源的国有文化单位加快建立面向群众、面向市场的体制机制，进一步解放和发展文化生产力，更好地满足人民精神文化需求。

二是面临社会主义市场经济体制不断完善带来的挑战。随着社会主义市场经济体制的逐步完善，文化赖以存在的体制环境发生了深刻变化，文化与市场的接轨已经成为文化发展的必然趋势。这既有利于提高文化资源配置的质量、效益和速度，拓展精神文化产品创作、生产、传播和消费空间，又对现有的文化生产和管理体制带来巨大冲击。长期以来，文化领域受传统体制影响，习惯于用计划经济手段配置文化资源，把文化产业和公益性文化事业混为一体，由政府包揽，这就造成应该由政府保障的公益性文化单位由于经费不足，挤占公共文化资源去搞本单位创收，难以履行公共文化服务职责；应该走向市场的国有经营性文化单位长期游离于市场之外，缺乏活力和竞争力，不仅满足不了社会文化需求，自身也难以为继。同时还要看到，国有文化单位在文化市场上如果长期缺位，必然造成主渠道缺失，将严重影响国家文化安全。因此，必须通过深化改革，把公益性文化事业和文化产业区分开来，切实做到"两个到位"：属于公益性文化事业的，政府投入必须到位，不能挤占公共文化资源搞本单位创收；属于文化产业的，改革必须到位，重塑合格市场主体，建立与市场接轨的体制，主动参与市场竞争，发挥国有文化企业在文化市场中的主导作用，建立健全现代文化市场体系，形成与社会主义市场经济体制相适应的文化管理体制和充满活力、富有效率的文化产品生产经营机制，为文化加快发展注入强大动力。

三是面临社会思想文化日趋多元多样多变带来的挑战。进入新世纪后，人民生活实现了从温饱不足到总体小康的历史性跨越，正在向更高水平的小康迈进。我国经济社会发展正处在重要战略机遇期，同时也进入了改革攻坚期和矛盾凸显期，人们思想活动的独立性、选择性、多变性、差异性不断增强，社会思想文化更加活跃。特别是随着社会经济成分、组织形式、就业方式、利益关系和分配方式的日益多样化，不同群体之间的利益关系更趋复杂，各类社会热点相互叠加，各种"两难"问题更加突出，信息传播渠道更加多样，社会舆论形成更加复杂，统一思想、凝聚力量的任务更加繁重。在社会成员总体上精神面貌昂扬向上，民族自尊心、自信心和自豪感不断增强的同时，部分社会成员价值观扭曲，信仰模糊，拜金主义和享乐主义倾向有所滋长，诚信缺失现象时有发生，社会呼唤道德建设。如何在多元中立主导、在多样中谋共识、在多变中把握正确方向，凝聚社会共识、促进和谐稳定，是一项重大而紧迫的任务。这就要求充分发挥社会主义核心价值体系的引领作用，既尊重差异、包容多样，又有力抵制各种错误和腐朽思想的影响，推动在全社会形成统一指导思想、共同理想信念、强大精神力量和基本道德规范，要求文化在引领社会、教育人民、以文化人上发挥更大作用。因此，解放和发展文化生产力，适应新形势新任务的要求更加紧迫。

四是面临经济全球化深入发展带来的挑战。经济全球化必然带来文化产品和服务的全球化。加入世界贸易组织，标志着我国进入了全方位、多层次、宽领域对外开放的新阶段。实践证明，这是我国为抓住重要战略机遇期、融入国际经济体系、加快发展作出的十分重大的战略抉择。历史反复证明，正如邓小平同志所强调的，关上门是搞不了现代化的，但是打开窗户，既进来了新鲜空气，又难免飞进蚊子、苍蝇。随着我国对外开放的不断扩大，对我国文化发展的影响也有两个方面：一方面，为我们学习借鉴世界有益文化成果，推动我国文化走向世界、提高文化软实力提供了有利条件；另一方面，也使我国文化面临激烈的国际竞争。这种竞争不仅发生在国际上，甚至在我国本土上也要展开激烈的竞争。从总体上看，我国传统文化体制机制还不适应经济全球化的新形势，我国国有经营性文化单位还不具备参与文化市场竞争的市场主体的属性，长期以来游离于国际国内市场之外；我国虽然是有着五千多年历史的文明古国，拥有深厚的文化底蕴和丰富的文化资源，但是我们没有把资源优势转化成竞争优势，没有做强做大文化产业，中华文化的国际竞争力、传播力和影响力还不强，文化领域"西强我弱"的局面依然比较严重。英国前首相撒切尔夫人在所著的《治国方略》一书中讲，中国成不了超级大国，"因为今天中国出口的是电视机，而不是思想观念"。可见文化软实力的重要性。如果我们不加快改革发展，形成我们自己的文化优势，不仅谈不上增强文化软实力，中华文化也难以在激烈的国际文化竞争中站稳脚跟，作为中华民族的精神纽带也将被削弱甚至被边缘化,这直接关乎我国的文化安全。这就要求我们必须通过深化改革,创新体制机制,形成有竞争力的文化产业,在日趋激烈的国际文化竞争中赢得主动,维护国家文化安全。

五是面临现代传播技术迅猛发展带来的挑战。数字技术、网络技术的迅猛发展和广泛应用,深刻改变了人们获取知识、传递信息、鉴赏文化的渠道和方式,既极大地增强了文化的创造力和传播力,为催生新兴文化业态和新的表现形式提供了广阔空间,也对占领新兴文化阵地、运用现代传播技术加快文化改革发展、维护国家信息安全和文化安全提出了新的要求。截至2011年6月底,我国已有4.85亿网民、近9.3亿手机用户、3.18亿手机上网用户、1.95亿微博用户,互联网普及率达36.2%,成为全球互联网使用人口最多的国家,互联网已成为年轻人获取信息的主要渠道。能不能紧紧抓住信息化深入发展的历史机遇,加快文化与科技的融合,使主流文化占据新媒体阵地和文化传播的制高点,关系到社会主义先进文化能不能广泛传播、深入人心,关系到能否坚守住我们的精神家园,关系到我国文化产品能不能更有力地影响世界、造福人类。受传统文化体制影响,许多国有文化单位对数字技术、网络技术的运用不敏感,对科技创新缺乏动力,难以抓住信息化时代的历史机遇,难以运用现代传播技术形成新的文化创造力,难以同发达国家新兴文化产业迅猛发展的势头相抗衡。这就要求必须通过深化改革,建立与现代传播技术迅猛发展相适应的体制机制,促进文化与科技深度融合,加快构建以企业为主体、市场为导向、产学研相结合的文化创新体系,催生新的文化业态,用先进技术传播先进文化,不断增强我国文化整体实力和竞争力。

对上述五个方面的挑战，我们既要看到问题的严峻性，也要看到党的十六大以来，通过不断深化改革，有些问题已有所缓解，有利于文化繁荣发展的体制机制也正在逐步完善。但总体上看，文化改革发展的任务十分繁重，不可能一蹴而就，需要付出艰苦的努力。因此，在这次全会上党中央作出了四个"迫切需要"的重要判断。

第一，全面贯彻落实党的十七大精神，推动社会主义文化大发展大繁荣，迫切需要进一步从战略上研究部署文化改革发展。党的十七大从党和国家事业发展全局出发，对兴起社会主义文化建设新高潮、推动社会主义文化大发展大繁荣作出战略部署。全党全国认真贯彻落实党的十七大精神，推进文化体制改革，大力发展文化事业和文化产业，开创了文化建设新局面。同时也要看到，面对国内外形势新变化、我国经济社会发展新要求、各族人民过上更好生活的新期待以及文化建设面临的新情况新问题，必须深化文化体制改革、推动社会主义文化大发展大繁荣，进一步为全党全国各族人民坚持和发展中国特色社会主义提供强大精神力量。召开一次全会对文化改革发展作出战略部署，是贯彻落实党的十七大确定的重大任务的必然要求。

第二，深入贯彻落实科学发展观，实现"十二五"时期奋斗目标，加快全面建设小康社会进程，迫切需要进一步从战略上研究部署文化改革发展。当代中国进入了全面建设小康社会的关键时期和深化改革开放、加快转变经济发展方式的攻坚时期，文化越来越成为民族凝聚力和创造力的重要源泉、越来越成为综合国力竞争的重要因素、越来越成为经济社会发展的重要支撑，丰富精神文化生活越来越成为我国人民的热切愿望。全面建成惠及十几亿人口的更高水平的小康社会，既要让人民过上殷实富足的物质生活，又要让人民享有健康丰富的文化生活。"十二五"规划纲要提出了未来五年我国文化发展的目标任务，强调要基本建成公共文化服务体系，推动文化产业成为国民经济支柱性产业。这是规划纲要在文化建设方面提出的最重要的两个指标。我们要顺利实现"十二五"时期奋斗目标，到2020年全面建成小康社会，必须加快文化改革发展，推动文化建设与经济建设、政治建设、社会建设以及生态文明建设协调发展。

第三，提高国家文化软实力、在日趋激烈的综合国力竞争中赢得主动，迫切需要进一步从战略上研究部署文化改革发展。当今世界，各种思想文化交流交融交锋更加频繁，文化在综合国力竞争中的地位和作用更加凸显，维护国家文化安全任务更加艰巨，增强国家文化软实力、中华文化国际影响力要求更加紧迫。现在，越来越多的国家把提高文化软实力作为发展战略。在这样的形势下，我们必须大力弘扬中华优秀传统文化，大力发展社会主义先进文化，不断扩大中华文化国际影响力，形成与我国国际地位相称的文化软实力，牢牢掌握思想文化领域主动权，从文化大国向文化强国迈进，维护国家文化安全。关于文化软实力，我理解，文化软实力也有广义和狭义之分。在当代中国，广义的文化软实力应该包括三个方面：一是中国特色社会主义发展道路、发展理念的认同度和吸引力，二是我国独立自主和平外交理念的感召力和感染力，三是中华文化的国际亲和力和影响力。狭义的文化软实力也就是多数人理解的概念，主要指的是社会主义意识形态、社会主义核心价值体系、社会主义先进文化、中华民族优秀传统文化、全民族思想道德素质和社会现代文明程度、创新精神、传播能力等展示出的精神力量，其中也包括文化产业的竞争力以及文化产业承载的精神价值的影响力。因此，文化软实力在综合国力竞争中的地位和作用十分重要，加强文化软实力建设的任务还非常艰巨。

第四，切实解决当前文化建设面临的突出问题，迫切需要进一步从战略上研究部署文化改革发展。改革开放特别是党的十六大以来，我国文化改革发展取得了历史性成就，对这一点我们必须充分估计和认识。同时也要看到，文化改革发展还存在许多亟待解决的突出矛盾和问题。主要体现在全会《决定》所列的八个方面：一是一些地方和单位对文化建设重要性、必要性、紧迫性认识不够，文化在推动全民族文明素质提高中的作用亟待加强。二是一些领域道德失范、诚信缺失，一些社会成员人生观、价值观扭曲，用社会主义核心价值体系引领社会思潮更为紧迫，巩固全党全国各族人民团结奋斗的共同思想道德基础任务繁重。这方面的问题不容忽视。近年来媒体相继揭露的"毒奶粉"、"瘦肉精"、"染色馒头"、"地沟油"、"血燕窝"等案件，都冲击了社会道德底线乃至触犯刑律，全社会普遍关注，必须高度重视，多管齐下解决这些问题。三是舆论引导能力需要提高，网络建设和管理亟待加强和改进。四是有影响的精品力作还不够多，文化产品创作生产引导力度需要加大。五是公共文化服务体系不健全，城乡、区域文化发展不平衡。六是文化产业规模不大、结构不合理，束缚文化生产力发展的体制机制问题尚未根本解决。七是文化走出去较为薄弱，中华文化国际影响力需要进一步增强。八是文化人才队伍建设急需加强。解决这些突出矛盾和问题，动力在深化改革，出路在加快发展，必须以改革创新的思路办法和更加有力的政策举措推动文化又好又快发展。

总之，在新的历史起点上深化文化体制改革、推动社会主义文化大发展大繁荣，关系实现全面建设小康社会奋斗目标，关系坚持和发展中国特色社会主义，关系实现中华民族伟大复兴。我们必须抓住和用好我国发展的重要战略机遇期，在坚持以经济建设为中心的同时，自觉把文化繁荣发展作为坚持发展是硬道理、发展是党执政兴国第一要务的重要内容，作为深入贯彻落实科学发展观的一个基本要求，进一步增强责任感和紧迫感，解放思想，转变观念，抓住机遇，乘势而上，在全面建设小康社会进程中、在科学发展道路上奋力开创社会主义文化建设新局面。

三、全面领会、准确把握党的十七届六中全会精神

文化的内涵十分丰富、外延非常宽泛，既可以指人类在改造客观世界过程中创造的物质成果和精神成果的总和，也可以指人类在改造客观世界过程中创造的精神成果的总和，前者就是广义的文化，后者就是狭义的文化。全会《决定》从中国特色社会主义事业总体布局出发把握文化范畴，重点研究部署与经济建设、政治建设、社会建设相对应的文化建设，对推进文化改革发展作出了全面部署，在理论上有新概括、政策上有新突破、举措上有新实招。学习领会全会精神，我认为，要着重理解和把握好以下几个重要问题。

第一，牢牢把握坚持中国特色社会主义文化发展道路、建设社会主义文化强国这一主线。全会《决定》鲜明提出，坚持中国

特色社会主义文化发展道路，努力建设社会主义文化强国。这是改革开放特别是党的十六大以来我国文化建设探索的基本结论，鲜明回答了在新的历史条件下我国文化改革发展走什么路、朝着什么样的目标前进这个带有方向性、战略性的重大问题，是对中国特色社会主义道路的丰富和发展，是新形势下推进文化改革发展的主线，也是党的十七届六中全会在我们党领导文化工作历史上具有里程碑意义的重要标志。一切推进文化改革发展的实践和探索都必须坚持中国特色社会主义文化发展道路，一切推进文化改革发展的力量都要凝聚到建设社会主义文化强国这个战略目标上来。

《决定》提出，坚持中国特色社会主义文化发展道路，深化文化体制改革，推动社会主义文化大发展大繁荣，必须全面贯彻党的十七大精神，高举中国特色社会主义伟大旗帜，以马克思列宁主义、毛泽东思想、邓小平理论和"三个代表"重要思想为指导，深入贯彻落实科学发展观，坚持社会主义先进文化前进方向，以科学发展为主题，以建设社会主义核心价值体系为根本任务，以满足人民精神文化需求为出发点和落脚点，以改革创新为动力，发展面向现代化、面向世界、面向未来的，民族的科学的大众的社会主义文化，培养高度的文化自觉和文化自信，提高全民族文明素质，增强国家文化软实力，弘扬中华文化，努力建设社会主义文化强国。这是推进文化改革发展的指导思想，也是坚持中国特色社会主义文化发展道路的基本要求。准确把握中国特色社会主义文化发展道路的科学内涵，核心是要深刻领会胡锦涛总书记在全会重要讲话中提出的"四个必须"：一是必须坚持以马克思主义为指导，坚持社会主义先进文化前进方向。这是中国特色社会主义文化最鲜明的特征,是事关文化发展全局的根本问题。二是必须发挥人民在文化建设中的主体作用,坚持文化发展为了人民、文化发展依靠人民、文化发展成果由人民共享。这是我国社会主义制度的本质要求,是我们党立党为公、执政为民理念的重要体现。三是必须继承和发扬中华优秀文化传统,大力弘扬中华文化,建设中华民族共有精神家园。这是发展中国特色社会主义文化的深厚基础,是中华民族开放包容、团结奋进、生生不息的力量源泉。四是必须坚持一手抓公益性文化事业、一手抓文化产业,推动文化事业和文化产业全面协调可持续发展。这是推进文化改革发展的基本思路,是十六大以来我们党在领导文化改革发展上的理论和实践创新。这"四个必须",集中体现了文化改革发展的根本方向、最终目的、深厚基础和基本思路,是坚持中国特色社会主义道路、中国特色社会主义理论体系、中国特色社会主义制度对文化建设提出的根本要求。

建设社会主义文化强国,是我们党在新的历史条件下推进文化改革发展的战略任务。《决定》明确提出了建设社会主义文化强国的总体要求,这就是:着力推动社会主义先进文化更加深入人心,推动社会主义精神文明和物质文明全面发展,不断开创全民族文化创造活力持续迸发、社会文化生活更加丰富多彩、人民基本文化权益得到更好保障、人民思想道德素质和科学文化素质全面提高的新局面,建设中华民族共有精神家园,为人类文明进步作出更大贡献。这为我国文化发展提出了新的奋斗目标。我国是文明古国,是文化资源大国,但还算不上文化强国,迫切需要加快建设与我国深厚文化底蕴和丰富文化资源相匹配、与中国特色社会主义事业总体布局相适应、与建设富强民主文明和谐的社会主义现代化国家目标相承接的社会主义文化强国。从国家层面提出建设社会主义文化强国，是继人才强国、科技强国之后，我们党提出的又一重大战略思想，符合我国实际，符合党和国家事业发展要求，充分反映了我们党在新的历史条件下高度的文化自觉和为实现中华文化繁荣兴盛而不懈奋斗的雄心壮志，非常振奋人心、鼓舞斗志，有利于凝聚各方面力量推动社会主义文化大发展大繁荣。考虑到建设社会主义文化强国需要一个过程，而且要与国家现代化战略部署相联系，因此，全会《决定》没有提出具体时间表，而是强调全党全国要共同努力，为把我国建设成为社

2010年9月12日，李长春在新疆阿合贡盖提草原调研时，与哈萨克族老人共同跳起欢快的舞蹈。
（新华社记者李涛摄）

会主义文化强国打下坚实基础。为此，全会《决定》按照党的十七大提出的实现全面建设小康社会奋斗目标新要求，从社会主义核心价值体系建设、文化产品创作生产、繁荣文化事业、发展文化产业、文化体制改革、文化人才队伍建设六个方面，提出了到2020年文化改革发展的奋斗目标。全会确定的文化改革发展的目标任务，把长远战略和阶段性目标有机结合起来，既体现了我们党奋力推进社会主义文化建设的雄心壮志，又体现了我们党一切从实际出发的科学态度。当前和今后一个时期，推进文化改革发展，就是要紧紧围绕建设社会主义文化强国这一长远目标和到2020年的阶段性目标，充分激发一切有利于文化改革发展的积极性主动性创造性，不断开创社会主义文化建设新局面，为把我国建设成为社会主义文化强国打下坚实基础。

第二，牢牢把握建设社会主义核心价值体系这一根本任务。历史和现实反复证明，没有核心价值体系，一种文化就立不起来、强不起来，一个民族就没有赖以维系的精神纽带，一个国家就没有统一意志和共同行动。基于这样的认识，全会《决定》首先对推进社会主义核心价值体系建设进行阐述和部署，并作为一条红线贯穿全篇。全会《决定》提出，社会主义核心价值体系是兴国之魂，是社会主义先进文化的精髓，决定着中国特色社会主义发展方向。要把社会主义核心价值体系融入国民教育、精神文明建设和党的建设全过程，贯穿改革开放和社会主义现代化建设各领域，体现到精神文化产品创作生产传播各方面。这一重要论述，深刻揭示了社会主义核心价值体系在文化建设中的灵魂作用，是全会《决定》突出强调的一个重点。学习领会全会《决定》这一精神，我体会，需要正确认识和把握文化"魂"与

"体"的辩证关系。从精神生产的特有属性和内在规律来看,任何文化都是所包含的精神价值与承载这些精神价值的物质基础和传播形态之间的有机统一。文化的精神价值是文化的"魂",是文化思想性的根本体现,是文化引领风尚、教育人民、服务社会、推动发展的力量源泉,决定着文化的性质和方向;承载文化精神价值的物质基础和传播形态是文化的"体",是文化实现教育功能、以文化人的根本途径,决定着文化精神价值的传播力和影响力。文化之"魂"以民族优秀传统文化为根基,并随着时代的发展而不断被赋予鲜明的时代内涵。当代中国文化的"魂",就是社会主义核心价值体系。社会主义核心价值体系是社会主义意识形态的本质体现,充分反映了马克思主义中国化时代化大众化的要求,继承和发展了中华民族优秀传统文化,吸收和借鉴了人类文明有益成果,是一个开放包容、与时俱进的体系,是一切文化产品创作、生产、传播的生命所在。文化之"体",有着鲜明的民族性、时代性,随着时代的发展有着不同的表现形式。当代中国文化的"体"的主要形式,从大的方面讲,包括国民教育体系、公共文化服务体系、文化产业体系以及各种形式的文化产品和服务等。这些"体"作为文化的物质基础和传播形态,都是承载、传播文化精神价值的重要载体和形式,都承担着弘扬社会主义核心价值体系这个"魂"的重要功能。"魂"与"体"相互依存、相辅相成,统一于文化建设的实践中。离开"魂","体"就没有精神价值的支撑,就会空洞无物,失去吸引力、影响力,甚至偏离正确方向;离开"体","魂"就无所依附,难以传播,文化的精神价值就无从实现。古今中外的历史表明,每一次文化的繁荣发展,都是文化"魂"与"体"完美统一的结果。正确认识和把握文化"魂"与"体"的辩证关系，有助于我们进一步廓清对文化意识形态属性与商品属性、社会效益与经济效益、思想性知识性与艺术性观赏性等一些重要关系的模糊认识，进一步增强用社会主义核心价值体系统领文化建设的自觉性和坚定性，进一步增强推进文化改革发展的责任感和紧迫感，大力繁荣文化产品创作生产，充分发挥国民教育在文化传承创新中的基础性作用，积极发展公共文化事业和文化产业，不断加强文化载体建设，增强文化传播力，做到强"魂"健"体"，使当代中华文化之"魂"广为传扬、深入人心，使中华文化之"体"茁壮成长，健硕有力。

按照全会《决定》提出的要求，建设社会主义核心价值体系，一是要坚持马克思主义指导地位，大力推进马克思主义学习型政党建设，深入推进马克思主义理论研究和建设工程，实施中国特色社会主义理论体系普及计划，推动中国特色社会主义理论体系进教材、进课堂、进头脑，加强和改进学校思想政治教育。二是要坚定中国特色社会主义共同理想，深入开展理想信念教育，深入开展形势政策教育、国情教育、革命传统教育、改革开放教育、国防教育，坚定广大干部群众对中国特色社会主义的信心和信念。三是要弘扬以爱国主义为核心的民族精神和以改革创新为核心的时代精神，广泛开展民族精神教育和时代精神教育，大力弘扬一切有利于国家富强、民族振兴、人民幸福、社会和谐的思想和精神，大力发扬艰苦奋斗、劳动光荣、勤俭节约的优良传统，加强民族团结进步教育，加强爱国主义教育基地建设。四是要树立和践行社会主义荣辱观，推进公民道德建设工程，深化群众性精神文明创建活动，拓展各类道德实践活动，全面加强学校德育体系建设，深入开展学雷锋活动，开展道德领域突出问题专项教育和治理。要大力推进政务诚信、商务诚信、社会诚信和司法公信建设，抓紧建立健全覆盖全社会的征信系统，加大对失信行为惩戒力度。落实全会提出的这方面要求，需要综合运用法律、行政、经济、科技、思想教育等多种手段，推动公民道德建设不断上水平。

在全会《决定》稿征求意见和起草调研过程中，一些同志建议，在社会主义核心价值体系四个层次内容的基础上，进一步提出简明扼要、便于传播践行的社会主义核心价值观。文件起草组进行深入调研，多方听取意见，委托有关部门和单位进行专题研究，梳理关于社会主义核心价值观的各种表述。从调研情况看，概括出能够得到广泛认同的社会主义核心价值观条件尚不成熟，需要在实践中继续探索，也希望中央党校和国家行政学院进一步就这个问题进行探索。同时，鼓励各地概括出有感召力的企业精神、城市精神和不同群体的核心价值观。为了扎实推进社会主义核心价值体系建设，由中宣部牵头，还要着手制定社会主义核心价值体系建设实施纲要。

第三，牢牢把握创作生产更好更多精神文化产品这一中心环节。创作生产更多无愧于历史、无愧于时代、无愧于人民的优秀作品，是文化繁荣发展的重要标志，是文化建设的中心环节，是发展文化事业和文化产业的基础工作。当前，我国文化创作生产总体上呈现积极向上、繁荣发展的景象。同时也要看到，与人民群众的需求和期待相比，与生机勃勃的社会实践相比，文化创作生产仍然存在不小差距，叫得响、传得开、留得住的高质量文化产品还不多。特别是人民群众对文化创作生产中存在低俗、一切向钱看等问题反映强烈。因此，必须加强对文化产品创作生产的引导，特别是要牢牢坚持正确创作方向。要按照全会《决定》提出的要求，全面贯彻"二为"方向和"双百"方针，牢固树立人民是历史创造者的观点，坚持以人民为中心的创作导向，弘扬真善美、贬斥假恶丑，发挥文化引领风尚、教育人民、服务社会、推动发展的作用，为人民提供更好更多的精神食粮。具体来讲，就是要把握好以下五个方面：一是要繁荣发展哲学社会科学，巩固发展马克思主义理论学科，建设具有中国特色、中国风格、中国气派的哲学社会科学，其本质就是在借鉴人类文明成果的同时，强化自主创新。要坚持以重大现实问题为主攻方向，加强对全局性、战略性、前瞻性问题研究，实施哲学社会科学创新工程，发挥国家哲学社会科学基金示范引导作用，整合哲学社会科学研究力量，建设一批具有专业优势的思想库。二是要加强和改进新闻舆论工作，坚持马克思主义新闻观，牢牢把握正确导向，提高舆论引导的及时性、权威性和公信力、影响力，加强和改进正面宣传，加强社会热点难点问题引导，加强和改进舆论监督。三是要推出更多优秀文艺作品，实施精品战略，鼓励原创和现实题材创作，扶持代表国家水准、具有民族特色和地方特色的优秀艺术品种，积极发展新的艺术样式，抵制低俗之风。四是要发展健康向上的网络文化，认真贯彻积极利用、科学发展、依法管理、确保安全的方针，加强网上舆论引导，实施网络内容建设工程，支持重点新闻网站加快发展，广泛开展文明网站创建，督促网络运营服务企业履行法律义务和社会责任。要加强网络法制建设，规范网上信息传播秩序，培育文明理性的网络环境，深入推进整治网络淫秽色情和低俗信息专项行动，维护公共利益和国家信息安全。五是要完善文化产品评价体系和激励机制，坚持把遵循社会主义先进文化前进方向、人民群众满意作为评价作品最高标准，把群众评价、专家评价和市场检验统一起来，形成科学的评价标准。要建立公开、公平、公正评奖机制，精简评奖种类，改进评奖办法，开展积极健康的文艺批评，在资金、频道、版面、场地等方面为展演展映展播展览弘扬主流价值的精品力作提供条件。

第四，牢牢把握文化事业文化产业"两手抓"这一基本思路。党的十六大以来，我们把人民精神文化需求界定为两个部分，一部分是体现人民文化权益的基本文化需求，另一部分是人民多样化、多方面、多层次的文化需求，明确文化建设的基本思路是一手抓公益性文化事业，一手抓文化产业。这是我们党在文化建设上的理论和实践创新，是对文化建设规律认识的进一步深化，其重大意义在于，廓清了过去长期以来我们在文化建设上的思想迷雾，厘清了文化建设中政府职责和市场功能的科学定位、公益性文化单位和经营性文化单位的不同功能，确定了不同的改革路径，实现了"两轮驱动"、"两翼齐飞"，既最大限度地保障人民基本文化权益，又最大限度地满足人民日益增长的精神文化需求。

全会《决定》对发展公益性文化事业作出了全面部署，主要体现在四个方面：一是要按照公益性、基本性、均等性、便利性的要求，以公共财政为支撑，以公益性文化单位为骨干，以全体人民为服务对象，完善覆盖城乡、结构合理、功能健全、实用高效的公共文化服务体系。公益性，就是把公共文化产品和服务项目、公益性文化活动纳入公共财政经常性支出预算，加强公共文

2012年7月19日，李长春在西藏调研时，来到海拔4700米的当雄县达布村，走进牧民帐篷，查看太阳能电视机收视效果。右二为西藏自治区党委书记陈全国，右四为全国人大常委会原副委员长热地，右五为中宣部副部长、国家广电总局局长蔡赴朝。

（新华社记者庞兴雷摄）

化服务设施建设，统筹规划和建设基层公共文化服务设施，引导和鼓励社会力量参与公共文化服务。同时强调，提供的公共文化服务基本上是免费服务，或是低于成本、收费很少的服务。基本性，就是政府提供的是基本文化服务，当前主要包括读书、看报、听广播、看电视、进行公共文化鉴赏、参加公共文化活动等。在农村，考虑到过去的传统，每个月以行政村为单位通过政府购买、由电影企业为农民免费放映一场电影也属于这个范畴。公共文化服务就限于这"六加一"的范围。读书、看报，主要由各级公共图书馆、图书阅览室承担，一直延伸到村一级的农家书屋；听广播、看电视，主要由各级电台、电视台承担，向群众提供公益性服务；进行公共文化鉴赏，主要由公共博物馆、美术馆承担，向人民群众免费开放；参与公共文化活动，主要由各级文化馆（站）、群众艺术馆以及社区文化中心、村文化活动室和农家大院等承担。均等性，就是不分男女老少，不分城市农村，不分东中西部，都一律享受均等化的基本文化服务。这里我想强调，我国幅员辽阔，区域和城乡发展很不平衡，实现均等化并不是轻而易举的事，我们一方面要下决心努力实现，另一方面又要强调均等性是建立在基本性基础之上的，要保障的只限于上面提到的"六加一"的内容。这个标准，应该说在国际上水平也是不低的，甚至达到了一些发达国家的水平，这主要是为了体现我国社会主义制度的优越性。同时，这个标准也不能随意提高，否则就会因为超越了社会主义初级阶段而难以持续。因此，只能保证在基本性的基础上努力实现公共文化服务均等化。便利性，就是要网点化，做到一定范围之内必须有公共文化活动场所，方便群众就近参与。这里我要强调，构建公共文化服务体系的重点和难点在基层和农村。要把更多的财力、物力和人力投向基层和农村的公共文化设施建设，满足基层群众对公共文化服务的迫切需要，坚决防止搞贪大求洋形象工程、忽视基层文化设施建设的倾向。二是要加快构建技术先进、传输快捷、覆盖广泛的现代传播体系，加强党报党刊、通讯社、电台电视台和公益性出版社建设，加强国际传播能力建设，加强主流互联网站建设，整合有线电视网络，推进三网融合，发挥各类信息网络设施的文化传播作用。三是要建设优秀传统文化保护传承体系，加强对优秀传统文化思想价值的挖掘和阐发，加强国家重大文化和自然遗产地、重点文物保护单位、历史文化名城名镇名村保护建设，抓好非物质文化遗产保护传承，广泛开展优秀传统文化教育普及活动，发挥国民教育在文化传承创新中的基础性作用，繁荣发展少数民族文化事业。四是要加快城乡文化一体化发展，以农村和中西部地区为重点，加强县级文化馆和图书馆、乡镇综合文化站、村文化室建设，深入实施文化惠民工程，加大对革命老区、民族地区、边疆地区、贫困地区文化服务网络建设支持和帮扶力度。中央、省、市三级设立农村文化建设专项资金，保证一定数量的中央转移支付资金用于乡镇和村文化建设。全会就此作出部署，目的就是破解文化建设上的城乡二元结构问题。

全会《决定》提出，要加快发展文化产业，推动文化产业成为国民经济支柱性产业。这是我们党立足当前国内外形势的深刻变化，立足推动科学发展、转变经济发展方式的新要求，立足对外开放不断扩大的新形势，作出的一项重大战略部署。党的重要文件第一次提出文化产业概念是在党的十六大报告中，这次全会《决定》又作出了新的重要论述和部署。要看到，发展文化产业具有重大的意义，我们至少可以从以下几个方面来理解。第一，大力发展文化产业，是社会主义市场经济条件下满足人民多样化精神文化需求的重要途径。这一论述是党的十六大报告首先提出来的，胡锦涛总书记在这次全会上的重要讲话中又作了强调。也就是说，人民基本文化需求由政府提供公共文化服务来保障，多样化的精神文化需求只能依靠市场来满足。只有大力发展文化产业，不断繁荣文化市场，才能有效缓解文化产品和服务的供求矛盾，更好地满足人民群众多样化、多方面、多层次的精神文化需求。第二，大力发展文化产业，是充分发挥市场在文化资源配置中的积极作用、激发全社会文化创造活力的迫切需要。这是胡锦涛总书记在这次全会重要讲话中强调的重要论述。也就是说，发展文化产业是文化自身繁荣发展的需要，不发展文化产业，文化就做不强做不大，就不能调动全社会的文化创造活力参与文化建设。第三，大力发展文化产业，是加快经济结构战略性调整、为经济发展注入新的强大动力的迫切需要。这是中央在研究"十二五"规划纲要时强调的重要思想。之所以这样强调，是因为文化产业具有优化结构、扩大消费、增加就业、促进跨越式发展、实现可持续发展的独特优势和突出特点，越来越成为经济社会发展的重要支撑。文化产业除了其承载的精神价值为经济社会发展提供思想保证、精神动力、舆论支持、文化条件之外，它本身也是经济的重要组成部分，发挥着重要作用。所谓优化结构，就是党的十七大从总需求和总供给的角度强调，要促进经济增长由主要依靠投资、出口拉动向依靠消费、投资、出口这"三驾马车"协调拉动转变，由主要依靠第二产业带动向依靠第一、第二、第三产业协同带动转变。从总供给的角度讲，文化产业总体上属于第三产业，是现代服务业的重要组成部分，发展文化产业有利于优化经济结构、产业结构；从总需求的角度讲，文化产业的主要功能是满足人民精神文化需求，对于扩大需求有直接作用，发展文化产业有利于优化需求结构。所谓扩大消费，就是当前城乡居民家庭恩格尔系数都下降到0.4以下，人民群众有更大的能力进行文化消费，通过发展文化产业解决好文化领域总供给不能满足总需求的矛盾，就可以刺激文化消费，进而扩大居民消费需求，拉动居民消费结构升级。所谓增加就业，就是在当前解决就业特别是解决大学生就业问题任务繁重的情况下，通过发展文化产业解决就业问题所需要的投资最少，因为文化产业投入的是智力资源,产出的是知识产权,不需要更多厂房、土地和设备就能够创造很多的就业机会,往往只需要一张桌子、一台电脑就可以发展起来,大力发展文化产业有利于实现更多人就业创业。所谓促进跨越式发展,就是发展文化产业与一个地区一个城市原来的经济发展水平、配套能力、基础设施没有太大关系,因此有可能实现跨越式发展。目前,广大中西部地区普遍拥有丰富的文化资源,只要善于在市场化、产业化、科技化上率先突破,就能把文化资源变成现实财富,促进本地区的跨越式发展。所谓实现可持续发展,就是当前我们的发展遇到了资源、能源、环境的瓶颈制约,但是文化产业消耗的资源能源少,基本上不污染环境,是典型的低碳经济、绿色经济,不受瓶颈制约的影响,发展文化产业有利于实现可持续发展。抓住了文化产业,就抓住了优化结构的突破口,抓住了扩大消费的增长点,抓住了解决大学生就业问题的捷径,抓住了促进跨越式发展的现实途径,抓住了实现可持续发展的重要环节。第四,大力发展文化产业,是加快推动中华文化走出去的迫切需要,是扩大中华文化国际影响力的现实途径,是把我国丰富的文化资源转化为现实的文化生产力和竞争力的基本途径。推动中华文化走出去,政府间的文化交流必不可少,今后还要继续开展。但通过文化产业的形式走出去,更具有经常性、持久性和广泛性,更具有生机活力。大力发展文化产业,有助于提高我国文化企业的国际竞争力,扩大我国文化产品和服务在国际文化市场的份额,增强中华文化的国际影响力,提升我国文化软实力。因此,全会《决定》强调,必须坚持社会主义先进文化前进方向,坚持把社会效益放在首位、社会效益和经济效益相统一,按照全面协调可持续要求,推动文化产业跨越式发展，使之成为新的经济增长点、经济结构战略性调整的重要支点、转变经济发展方式的重要着力点，为推动科学发展提供重要支撑。

全会《决定》对发展文化产业作出了具体部署：一是要构建现代文化产业体系，在重点领域实施一批重大项目，推进文化产业结构调整，发展壮大出版发行、影视制作、印刷、广告、演艺娱乐、会展等传统文化产业，加快发展文化创意、数字出版、移动多媒体、动漫游戏等新兴文化产业，加强文化产业基地规划和建设，加大对拥有自主知识产权、弘扬民族优秀文化的产业支持力度，推动文化产业与旅游、体育、信息、物流、建筑等产业融合发展。二是要形成公有制为主体、多种所有制共同发展的文化产业格局，毫不动摇地支持和壮大国有或国有控股文化企业，毫不动摇地鼓励和引导各种非公有制文化企业健康发展。要培育一批核心竞争力强的国有或国有控股大型文化企业或企业集团，在发展产业和繁荣市场方面发挥主导作用。在国家许可范围内，引导社会资本以多种形式投资文化产业，营造公平参与市场竞争、同等受到法律保护的体制和法制环境。三是要推进文化科技创新，发挥文化和科技相互促进的作用，深入实施科技带动战略，增强自主创新能力，加强核心技术、关键技术、共性技术攻关，依托国家高新技术园区、国家可持续发展实验区等建立国家级文化和科技融合示范基地，把重大文化科技项目纳入国家相关科技发展规划和计划。四是要扩大文化消费，创新商业模式，拓展大众文化消费市场，开发特色文化消费，扩大文化服务消费，提高基层文化消费水平，有条件的地方要为困难群众和农民工文化消费提供适当补贴。要积极发展文化旅游，发挥旅游对文化消费的促进作用。要完善和规范文化产业的统计工作,努力探索有利于文化产业科学发展的分类方法、指标体系和统计方法。

第五,牢牢把握改革创新这一根本动力。改革创新是坚持和发展中国特色社会主义的强大动力,也是推动文化繁荣发展的强大动力。这些年文化建设取得的巨大成绩,从根本上说得益于改革创新;今后文化发展要实现新的更大跨越,归根到底还要靠改革创新。推动社会主义文化大发展大繁荣,必须牢牢把握正确方向,加快推进文化体制改革,建立健全科学的文化管理体制和富有活力的文化产品生产经营机制,创新文化走出去模式,为文化繁荣发展提供强大动力。

围绕这项任务,全会《决定》从六个方面作出工作部署:一是要深化国有文化单位改革,科学界定文化单位性质和功能,区别对待、分类指导,循序渐进、逐步推开。要以建立现代企业制度为重点,加快推进国有经营性文化单位改革,培育合格市场主体。要推进一般国有文艺院团、非时政类报刊社、新闻网站转企改制,拓展出版、发行、影视企业改革成果,并与资产重组、技术改造和加强管理紧密结合,形成符合现代企业制度要求、体现文化企业特点的资产组织形式和经营管理模式。哲学社会科学研究机构、重点新闻媒体、公共文化服务部门是承担公共文化服务的重要文化事业单位。全会《决定》提出,这些单位要着眼于突出公益性、强化服务功能、增强发展活力,全面推进人事、收入分配、社会保障制度改革。要推动时政类报刊社、公益性出版社、代表民族特色和国家水准的文艺院团等事业单位实行企业化管理,增强面向群众、面向市场提供服务能力。二是要构建统一开放竞争有序的现代文化市场体系,重点发展图书报刊、电子音像制品、演出娱乐、影视剧、动漫游戏等产品市场,发展现代流通组织和流通形式,加快培育要素市场,办好重点文化产权交易所。三是要创新文化管理体制,深化文化行政管理体制改革,加快政府职能转变,强化政策调节、市场监管、社会管理、公共服务职能,推动政企分开、政事分开,完善管人管事管资产管导向相结合的国有文化资产管理体制,健全文化市场综合行政执法机构,加快文化立法,提高文化建设法制化水平。四是要完善政策保障机制,保证公共财政对文化建设投入的增长幅度高于财政经常性收入增长幅度,提高文化支出占财政支出比例,落实和完善文化经济政策,设立国家文化发展基金,扩大有关文化基金和专项资金规模,提高各级彩票公益金用于文化事业比重,继续执行文化体制改革配套政策。五是要推动中华文化走向世界,开展多渠道多形式多层次对外文化交流,创新对外宣传方式方法,实施文化走出去工程,培育一批具有国际竞争力的外向型文化企业和中介机构,开拓国际文化市场,支持海外侨胞积极开展中外人文交流。六是要积极吸收借鉴国外优秀文化成果,坚持以我为主、为我所用,学习借鉴一切有利于加强我国社会主义文化建设的有益经验、一切有利于丰富我国人民文化生活的积极成果、一切有利于发展我国文化事业和文化产业的经营管理理念和机制,加强文化领域智力、人才、技术引进工作,吸收外资进入法律法规许可的文化产业领域。

第六,牢牢把握人才队伍建设这一基础性工程。推动社会主义文化大发展大繁荣,队伍是基础,人才是关键。全会《决定》强调,要坚持尊重劳动、尊重知识、尊重人才、尊重创造,深入实施人才强国战略,牢固树立人才是第一资源思想,全面贯彻党

文化强国之路

管人才原则,加快培养造就德才兼备、锐意创新、结构合理、规模宏大的文化人才队伍。围绕这项任务,全会《决定》从三个方面作出工作部署:一是要造就高层次领军人物和高素质文化人才队伍,继续实施"四个一批"人才培养工程和文化名家工程,建立重大文化项目首席专家制度,造就一批人民喜爱、有国际影响的名家大师和民族文化代表人物,抓紧培养善于开拓文化新领域的拔尖创新人才、掌握现代传媒技术的专门人才、懂经营善管理的复合型人才、适应文化走出去需要的国际化人才。二是要加强基层文化人才队伍建设,制定实施基层文化人才队伍建设规划,设立城乡社区公共文化服务岗位,壮大文化志愿者队伍,形成专

2012年1月18日,李长春看望百岁老人、著名学者杨绛。(新华社记者马占成摄)

兼结合的基层文化工作队伍。三是要加强职业道德和作风建设，引导广大文化工作者特别是名家名人自觉践行社会主义核心价值体系、努力追求德艺双馨，坚决抵制学术不端、情趣低俗等不良之风，鼓励文化工作者特别是文化名家、中青年骨干深入实际、深入生活、深入群众，增强国情了解，增加基层体验，增进群众感情。

第七，牢牢把握加强和改进党的领导这一根本保证。加强和改进党对文化工作的领导，是推进文化改革发展的根本保证，也是加强党的执政能力建设和先进性建设的内在要求。全会《决定》强调，必须从战略和全局出发，把握文化发展规律，健全领导体制机制，改进工作方式方法，增强领导文化建设本领。贯彻全会《决定》精神，要着重把握好四个方面的要求。一是要切实担负起推进文化改革发展的政治责任，各级党委和政府要把文化建设摆在全局工作重要位置，深入研究意识形态和宣传文化工作新情况新特点，及时研究文化改革发展重大问题，加强和改进思想政治工作，牢牢把握意识形态工作主导权，掌握文化改革发展领导权。二是要加强文化领域领导班子和党组织建设，坚持德才兼备、以德为先用人标准，选好配强文化领域各级领导班子，把政治立场坚定、思想理论水平高、熟悉文化工作、善于驾驭意识形态领域复杂局面的干部充实到领导岗位上来，把文化领域各级领导班子建设成为坚强领导集体。三是要建立健全党委统一领导、党政齐抓共管、宣传部门组织协调、有关部门分工负责、社会力量积极参与的工作体制和工作格局，形成文化建设强大合力；发挥文化领域各部门各单位主力军作用，调动其他各部门积极性，支持人大、政协履行职能，支持民主党派、无党派人士和人民团体发挥作用，推动文联、作协、记协等文化领域人民团体履行好联络协调服务职能。四是要发挥人民群众文化创造积极性，牢固树立马克思主义群众观点，自觉贯彻群众路线，为广大群众成为社会主义文化建设者提供广阔舞台，引导群众在文化建设中自我表现、自我教育、自我服务，及时总结来自群众、生动鲜活的文化创新经验。

四、切实抓好全会精神的学习宣传和贯彻落实

深入学习宣传贯彻党的十七届六中全会精神，是当前全党全国的一项重大政治任务。全会闭幕后，中央专门下发《通知》，对学习宣传贯彻全会精神作出部署，中央有关部门制定贯彻实施全会《决定》重要举措分工方案，成立中央宣讲团赴各地宣讲全会精神，下发全会精神宣传报道意见。各地各部门按照中央要求，迅速行动，周密安排，精心组织，推动全会精神广为普及、深入人心。广大干部群众一致认为全会主题重要、意义重大，必将成为我国文化改革发展史上的重要里程碑。国际社会高度赞誉，认为全会提出的文化发展战略充满智慧，预示着中国的文化软实力建设和文化发展将进入一个黄金时期。目前，一个学习宣传贯彻全会精神的热潮正在兴起，并不断向广度和深度拓展。

胡锦涛总书记在全会第二次全体会议上的重要讲话中，对贯彻落实全会精神提出了明确要求，强调各地各部门要统筹兼顾、立足实际，有计划分步骤加以落实，既要全面贯彻又要突出重点，以改革创新精神落实好全会提出的各项任务。各级党委和领导干部要按照讲话要求，高度重视全会精神的学习宣传贯彻，切

实把全会作出的决策部署落到实处，推动文化改革发展迈出新步伐。

第一，深入学习、提高认识，把思想统一到全会精神上来。贯彻落实好全会精神，抓好学习是基础。各级党委理论学习中心组要组织专题学习，全面准确深入领会全会精神，领导干部要带头学习，列入党组织学习计划，与加强学习型党组织建设结合起来。要以学习贯彻六中全会精神为内容，专门召开党委全会对本地区本单位文化改革发展作出部署。要广泛开展全会精神宣讲活动，组织中央和省一级宣讲团深入基层开展宣讲。要精心组织贯彻落实全会精神的宣传报道工作，引导广大干部群众把思想认识统一到全会提出的文化改革发展的指导思想、重要方针、目标任务、政策举措上来，统一到胡锦涛总书记关于贯彻落实全会精神的基本要求上来，不断增强深化文化体制改革、推动社会主义文化大发展大繁荣的责任感和紧迫感。

第二，解放思想，转变观念，抓住机遇，乘势而上，以改革创新精神开创文化建设新局面。全会《决定》强调，要准确把握我国经济社会发展新要求，准确把握当今时代文化发展新趋势，准确把握各族人民精神文化生活新期待，增强责任感和紧迫感，解放思想，转变观念，抓住机遇，乘势而上，在全面建设小康社会进程中、在科学发展道路上奋力开创社会主义文化建设新局面。这是党中央在新的历史条件下，对文化改革发展提出的新要求，也是向全党全国人民发出的庄严号召。我们一定要深入领会这一要求的深刻内涵和精神实质，在推动文化改革发展的过程中，始终坚持解放思想，转变观念，抓住机遇，乘势而上。解放思想，转变观念，就是要自觉把思想认识从不符合文化科学发展的思想观念和思维定势的桎梏中解放出来,从不符合文化科学发展的做法和规定的限制中解放出来,从不符合文化科学发展的传统体制的束缚中解放出来,牢固树立符合科学发展观要求、与社会主义市场经济体制相适应、与社会主义精神文明建设要求相一致的新的文化发展理念,敢于突破陈规陋习,勇于破解改革难题,以改革创新精神推动文化建设。抓住机遇,乘势而上,就是要以党的十七届六中全会胜利召开为东风,紧紧抓住人民群众精神文化需求空前旺盛、全社会参与文化建设热情空前高涨、我国社会主义文化建设空间空前广阔、我国文化建设正迎来一个繁荣发展的黄金时期的大好机遇,在巩固文化改革发展已有成绩的基础上,进一步在深化文化体制改革、构建富有活力的文化体制机制上下功夫,在完善公共文化服务体系上下功夫,在做强做大文化产业上下功夫,在多出精品力作、多出优秀人才上下功夫,在增强中华文化国际影响力和竞争力上下功夫,以卓有成效的工作,推动文化改革发展不断取得新突破新进展新成绩。

第三,统筹兼顾、着眼全局,正确认识和妥善处理好文化改革发展的重大关系。文化改革发展既涉及上层建筑也涉及经济基础,既涉及文化自身也涉及方方面面,既涉及国内也涉及国际。贯彻落实全会精神,必须坚持统筹兼顾,着眼党和国家工作大局和经济社会发展全局,正确认识和妥善处理文化改革发展中的一系列重大关系,包括人民基本文化需求与多样化需求的关系,文化意识形态属性与商品属性的关系,社会效益与经济效益的关系,弘扬主旋律与提倡多样化的关系,改革创新与加快发展的关系,文化与经济的关系,政府与市场的关系,文化与科技的关系,民族文化与外来文化的关系,促进繁荣与加强管理的关系,培养拔尖创新人才与加强基层文化队伍建设的关系,进一步增强用科学发展观统领文化改革发展的自觉性坚定性,推动文化又好又快发展。

第四,加强组织领导,提高推动文化科学发展的水平。各级党委和政府必须认真贯彻全会《决定》提出的要求,切实担负起推进文化改革发展的重大职责,在坚持以经济建设为中心的同时,自觉把文化繁荣发展作为坚持发展是硬道理、发展是党执政兴国第一要务的重要内容,作为深入贯彻落实科学发展观的一个基本要求,把文化建设纳入经济社会发展总体规划,纳入科学发展考核评价体系,与经济社会发展一同研究部署、一同组织实施、一同检查落实。中央已经制定了落实全会《决定》重要举措的分工方案,有关部门还将出台一系列贯彻落实全会精神的具体实施方案,各级党委和政府要紧密结合实际,抓紧制定本地区本部门的实施方案,加强组织领导,加强统筹协调,加强政策扶持,加强资金投入,加强督促检查,确保各项任务落到实处。要深入做好文化领域知识分子工作,充分尊重知识分子创造性劳动,善于同知识分子特别是有影响的代表人士交朋友,把广大知识分子紧密团结在党的周围。要善于从群众的创造中汲取智慧,不断总结实践中积累的新鲜经验,充分发挥先进典型的示范带动作用,牢牢掌握文化改革发展领导权,推动文化改革发展全面上水平、上台阶。

推动社会主义文化大发展大繁荣,是时代的殷切呼唤,是人民群众的热切期待,是全面建设小康社会、加快推进社会主义现代化、实现中华民族伟大复兴的迫切要求。让我们紧密团结在以胡锦涛同志为总书记的党中央周围,高举中国特色社会主义伟大旗帜，以邓小平理论和"三个代表"重要思想为指导，深入贯彻落实科学发展观，同心同德、锐意进取，在坚持和发展中国特色社会主义的伟大实践中进行文化创造，为把我国建设成为社会主义文化强国而努力奋斗！

注　释

〔1〕《狼图腾》，是姜戎创作的一部有关人与自然、人性与狼性、狼道与天道的长篇小说，2004年4月出版。该书在国内发行300余万册，被译为30种语言，在全球110个国家和地区发行。

〔2〕《笨花》，是铁凝创作的一部长篇小说，2006年1月出版。该书获第十届精神文明建设"五个一工程"奖。

力争如期完成文化体制改革的
阶段性任务[*]

（2012年2月15日）

> 要紧紧抓住贯彻落实党的十七届六中全会精神这一前所未有的历史机遇，认真落实胡锦涛总书记"三加快"、"一加强"的要求，以组织实施"十二五"时期文化改革发展规划纲要为重要抓手，加大力度、加快进度、巩固提高、重点突破、全面推进，毫不动摇地把文化改革发展继续推向前进，进一步兴起社会主义文化建设新热潮。

新春伊始，中央文化体制改革和发展工作领导小组召开全国文化体制改革工作会议，深入学习贯彻党的十七届六中全会精神，贯彻落实《国家"十二五"时期文化改革发展规划纲要》，安排部署当前和下一步工作，十分及时、十分重要。请代我向与会代表致以亲切问候，向受表彰的先进地区表示热烈祝贺！

---

[*] 这是李长春同志对在山西省太原市召开的全国文化体制改革工作会议所作的批示。

深化文化体制改革是新世纪新阶段党中央作出的一项重大战略决策。党的十六大以来，在以胡锦涛同志为总书记的党中央坚强领导下，各地各部门坚持以邓小平理论和"三个代表"重要思想为指导，深入贯彻落实科学发展观，树立高度的文化自觉和文化自信，大力推进文化体制改革，加快发展文化事业文化产业，加强文化产品创作生产引导，积极推动文化走出去，有利于文化科学发展、充满活力、富有效率的文化体制机制初步建立，覆盖城乡、惠及全民的公共文化服务体系框架基本形成，以公有制为主体、多种所有制共同发展的文化产业格局日益完善，文化引领风尚、教育人民、服务社会、推动发展的功能进一步发挥，中华文化的国际影响力和竞争力显著增强。经过这些年的探索，我们初步走出了一条中国特色社会主义文化发展道路，开创了文化建设新局面。文化体制改革彰显了党中央坚持改革开放不动摇的决心，取得的丰硕成果充分证明，深化文化体制改革是解放和发展文化生产力、满足人民日益增长精神文化需求的必由之路，是推动社会主义文化大发展大繁荣、提升国家文化软实力的根本途径，是加快经济发展方式转变、推动经济社会又好又快发展的重要引擎。

党的十七届六中全会明确了到2020年文化建设的奋斗目标，吹响了向社会主义文化强国进军的时代号角，为我们做好新形势下的文化改革发展工作指明了前进方向、注入了强大动力。2012年是贯彻落实党的十七届六中全会精神、在新的历史起点上深入推进文化改革发展的关键一年。各地各部门要紧紧抓住这一前所未有的历史机遇，认真落实胡锦涛总书记"三加快"、"一加强"的要求，以组织实施"十二五"时期文化改革发展规划纲要为重要抓手，加大力度、加快进度、巩固提高、重点突破、全面推进，毫不动摇地把文化改革发展继续推向前进，进一步兴起社会主义文化建设新热潮。要按照既定的路线图和时间表，加快推进文化体制机制改革创新，力争在党的十八大前如期完成既定的改革阶段性任务，努力增强文化发展活力和竞争力。要突出抓好农村和基层这个重点，深入推进重大文化惠民工程，加快完善公共文化服务体系，努力形成城乡文化一体化发展格局。要统筹速度与质量、结构与效益，加快构建现代文化产业体系和现代文化市场体系，加大骨干文化企业培育力度和国际文化市场开拓力度，努力推动文化产业成为国民经济支柱性产业。要坚持社会主义先进文化前进方向，牢固树立以人民为中心的创作导向，切实加强对文化产品创作生产的引导，努力推出更多思想性艺术性观赏性相统一、经得起历史和人民检验的精品力作。

各级党委和政府要把深入贯彻党的十七届六中全会精神作为今年工作的重要政治任务，作为事关科学发展的硬要求，摆到重要位置，建立健全共同推进文化建设的工作体制和机制，更加自觉更加主动地肩负起文化改革发展的领导责任。要深入开展调查研究，坚持一手抓改革发展、一手抓科学管理，正确处理文化体制改革和文化建设中的重大关系，不断提高工作的科学化水平。要推广典型经验，表彰激励先进，强化督促检查，确保各项任务落到实处、取得实效，努力以文化改革发展的优异成绩迎接党的十八大胜利召开！

在新的历史条件下继承和弘扬《讲话》精神，奋力开拓中国特色社会主义文化发展道路[*]

（2012年5月23日）

> 广大文化工作者要从全局和战略的高度认清肩负的崇高责任和神圣使命，更加自觉地继承和弘扬毛泽东同志《在延安文艺座谈会上的讲话》精神，更加积极地响应党的十七届六中全会号召，提升文化自觉，增强文化自信，以科学发展为主题，以建设社会主义核心价值体系为根本任务，以满足人民精神文化需求为出发点和落脚点，以改革创新为动力，沿着中国特色社会主义文化发展道路开拓奋进，不断开创我国文化繁荣发展的新局面。

今天我们在这里隆重集会，纪念毛泽东同志《在延安文艺座谈会上的讲话》发表70周年。中央对这次座谈会高度重视，胡锦涛总书记专门作出重要指示，深刻阐明《讲话》的历史地位和

---

[*] 这是李长春同志在纪念毛泽东同志《在延安文艺座谈会上的讲话》发表70周年座谈会上的讲话。

在新的历史条件下继承和弘扬《讲话》精神，奋力开拓中国特色社会主义文化发展道路

重要作用，高度赞扬70年来一代又一代文艺工作者作出的重要贡献，对新形势下进一步继承和弘扬《讲话》精神、繁荣发展社会主义文艺事业提出了明确要求。胡锦涛总书记的重要指示充分体现了党中央对文化工作的高度重视和对广大文艺工作者的殷切期望，必将鼓舞和鞭策广大文艺工作者沿着《讲话》指引的正确方向，在新的历史起点上推动社会主义文艺繁荣发展。

70年前，在延安整风期间，毛泽东同志亲自主持召开了由文艺工作者和中央各部门负责人参加的延安文艺座谈会，发表了重要讲话。《讲话》从马克思主义理论的高度，紧密结合中国革命的实际，系统总结了五四运动以来中国革命文艺运动的基本经验，鲜明地提出"我们的文学艺术都是为人民大众的，首先是为工农兵的"，从根本上回答了革命文艺的方向、道路等重大原则问题。《讲话》第一次科学、系统地阐述了党的文艺主张和文艺思想，深刻论述了文艺与人民、文艺与政治、文艺与生活、文艺与时代、内容与形式、继承与创新、歌颂与暴露、普及与提高、世界观与文艺创作等重要问题，提出了一系列富有创造性的理论观点，确定了党领导文艺工作的基本理论、路线、方针，是马克思主义中国化一篇彪炳史册的光辉文献。《讲话》作为毛泽东思想的重要组成部分，不仅是我们党领导文化建设和文艺工作的重要里程碑，也对整个中国革命事业的发展和胜利产生了广泛而深远的指导作用；不仅将我国革命文艺运动推进到了一个崭新的阶段，也为我们今天探索和开拓中国特色社会主义文化发展道路提供了重要的理论指南。此时此刻，我们回顾70年峥嵘岁月，重温毛泽东同志的《讲话》精神，联系当代中国文艺发展和文化建设的伟大实践，更加强烈地感受到《讲话》闪耀着永恒的思想光

芒和跨越时空的不朽力量。

70年来，在《讲话》精神指引下，我们党始终把文艺事业摆在重要位置，高度重视、精心领导，并随着时代的发展不断提出新的战略思想，作出新的决策部署，团结带领广大文艺工作者推动社会主义文艺繁荣发展，取得了历史性的伟大成就。以毛泽东同志为核心的党的第一代中央领导集体，把文学艺术作为在争取民族独立、人民解放斗争中团结人民、战胜敌人的强大武器，作为鼓舞站起来了的中国人民建设社会主义新家园的冲锋号角，激励和引导广大进步作家艺术家踊跃投身革命和建设的时代洪流，催生出一大批感人肺腑、影响深远的优秀文艺作品，开启了社会主义文艺的崭新纪元。以邓小平同志为核心的党的第二代中央领导集体，积极推动文化领域的拨乱反正，邓小平同志《在中

2012年5月23日，李长春出席纪念毛泽东同志《在延安文艺座谈会上的讲话》发表70周年座谈会并讲话。　　　　　　　　　　　　　　　　（新华社记者庞兴雷摄）

在新的历史条件下继承和弘扬《讲话》精神，奋力开拓中国特色社会主义文化发展道路

国文学艺术工作者第四次代表大会上的祝词》指明了改革开放新时期社会主义文艺事业繁荣发展的正确道路，强调人民是文艺工作者的母亲，文艺要为培育"四有"新人作出贡献，文艺工作者要成为名副其实的人类灵魂工程师，把最好的精神食粮奉献给人民，文艺事业迎来了新的春天。以江泽民同志为核心的党的第三代中央领导集体，在全面推进中国特色社会主义伟大事业的进程中，积极推进社会主义文化建设，努力发展社会主义先进文化，要求作家艺术家在人民的历史创造中进行艺术的创造，在人民的进步中造就艺术的进步，创作出更多无愧于伟大时代、无愧于伟大人民的优秀作品，广大文艺工作者满腔热情地讴歌时代发展和社会进步的主旋律，社会主义文艺园地百花竞放、繁花似锦。党的十六大以来，以胡锦涛同志为总书记的党中央在团结带领全国各族人民全面建设小康社会、开创中国特色社会主义事业新局面的伟大征程中，不断推进文化体制改革，不断深化对文化发展规律的认识，形成了文化改革发展的一系列新思想、新观点、新论断，号召广大文艺工作者把握时代前进脉搏，顺应历史发展要求，把艺术追求融入国家发展的洪流之中，把文艺创造寓于时代的进步之中，满腔热情地讴歌时代主旋律，社会主义文艺充分发挥了引领风尚、教育人民、服务社会、推动发展的作用，呈现出大团结大繁荣大发展的生动局面。70年来，一代又一代文艺工作者在《讲话》精神的感召下，与时代同进步、与祖国共命运、与人民心连心，自觉投身革命、建设、改革的伟大实践，不断推出反映时代呼声、振奋民族精神、陶冶高尚情操的优秀作品，不断涌现德艺双馨、深受人民喜爱的文艺家，谱写了我国文化发展的辉煌篇章，为激励亿万人民投身民族解放、国家富强、改革开

放的宏伟事业作出了重要贡献，为满足人民精神需求、丰富人民精神世界、增强人民精神力量发挥了重要作用。

70年来，我们党始终坚持解放思想、实事求是、与时俱进，不断继承和丰富《讲话》精神，不断探索和创新社会主义文艺的理论与实践，不断深化对社会主义文艺事业发展规律的认识，取得了一系列重要成就，积累了一系列宝贵经验。这些宝贵经验，概括起来讲，主要体现在：一是必须坚持正确的政治立场，自觉用马克思主义中国化最新成果武装头脑、指导实践、推动工作，以马克思列宁主义、毛泽东思想、邓小平理论和"三个代表"重要思想为指导，深入贯彻落实科学发展观；二是必须坚持社会主义先进文化的前进方向，全面贯彻落实党的文艺方针政策，坚持为人民服务、为社会主义服务，坚持百花齐放、百家争鸣，弘扬主旋律、提倡多样化，在继承借鉴的基础上，古为今用、洋为中用、推陈出新；三是必须坚持以人为本，贴近实际、贴近生活、贴近群众，充分发挥人民在文化建设中的主体作用，真正做到文化发展为了人民、文化发展依靠人民、文化发展成果由人民共享；四是必须坚持把社会效益放在首位、社会效益和经济效益相统一，遵循文化发展规律，适应社会主义市场经济发展要求，一手抓文化事业、一手抓文化产业，一手抓繁荣、一手抓管理，做到"两手抓、两加强"，推动文化事业和文化产业全面协调可持续发展；五是必须坚持解放思想、实事求是、与时俱进，深化文化体制改革，推进文化创新，构建有利于文化繁荣发展的体制机制，不断解放和发展文化生产力；六是必须坚持尊重规律、团结和谐，尊重文艺工作者的创造性劳动，充分调动文艺工作者的积极性主动性创造性，努力形成有利于多出优秀作品、多出优秀

在新的历史条件下继承和弘扬《讲话》精神，奋力开拓中国特色社会主义文化发展道路

人才的良好局面。这些宝贵经验，体现了《讲话》发表以来我们党领导文艺工作的优良传统，体现了新世纪新阶段文艺工作的成功探索，反映了社会主义文艺工作的本质要求，是繁荣发展社会主义文艺的重要遵循，我们要长期坚持并在实践中不断丰富和发展。

70年前，在中华民族内忧外患、生死存亡的危难关头，《讲话》犹如精神灯塔，指引革命文艺健康发展，使之成为推动中国革命取得胜利的重要力量；70年后，在夺取全面建设小康社会新胜利、开创中国特色社会主义事业新局面、实现中华民族伟大复兴的征程上，我们纪念《讲话》，就是要引领文艺事业更好地肩负起历史使命，充分发挥讴歌人民、昭示光明、凝聚力量、鼓舞人心的重要作用。回顾在《讲话》精神指引下中国文艺70年的辉煌历程，站在新的历史起点上展望未来，我们对社会主义文艺的美好前景充满信心。去年，我们党胜利召开了十七届六中全会，明确提出坚持中国特色社会主义文化发展道路、努力建设社会主义文化强国的战略目标。这是新中国成立特别是改革开放以来我国文化建设实践探索的基本结论，鲜明回答了新的历史条件下我国文化改革发展走什么样的路、朝什么样的目标迈进这个带有方向性、战略性的重大问题，是对中国特色社会主义道路的丰富和发展，是我们党理论创新和实践创新的又一重大成果，为我们党在新的历史条件下领导文化工作提供了根本遵循。这次全会，是我们党领导文化工作又一具有里程碑意义的大事。以党的十七届六中全会为标志，我国文化改革发展进入了新的历史性阶段。

在新的历史条件下继承和弘扬《讲话》精神，最重要的就是

坚持中国特色社会主义文化发展道路。中国特色社会主义文化发展道路，凝结着中华民族优秀历史文化传统，吸收了人类文明进步有益成果，是中国特色社会主义道路的重要组成部分，是鼓舞中华儿女不断增强文化自觉和文化自信、凝聚全社会智慧力量推动文化科学发展的正确道路。这条道路，贯穿了《讲话》中蕴涵的马克思主义立场、观点和方法，既与《讲话》精神在思想内涵、精神实质、根本要求等方面一脉相承，又紧密结合发展了的实际与时俱进，体现出鲜明的实践特色、民族特色、时代特色。广大文化工作者要从全局和战略的高度认清肩负的崇高责任和神圣使命，高举中国特色社会主义伟大旗帜，以邓小平理论和"三个代表"重要思想为指导，深入贯彻落实科学发展观，更加自觉地继承和弘扬《讲话》精神，更加积极地响应党的十七届六中全会号召，提升文化自觉，增强文化自信，以科学发展为主题，以建设社会主义核心价值体系为根本任务，以满足人民精神文化需求为出发点和落脚点，以改革创新为动力，沿着中国特色社会主义文化发展道路开拓奋进，不断开创我国文化繁荣发展的新局面。

一、坚持中国特色社会主义文化发展道路，必须以马克思主义为指导，始终用马克思主义中国化的最新成果引领文化发展方向

毛泽东同志在《讲话》中指出，"马克思列宁主义是一切革命者都应该学习的科学，文艺工作者不能是例外"，强调要"用辩证唯物论和历史唯物论的观点去观察世界，观察社会，观察文

在新的历史条件下继承和弘扬《讲话》精神，奋力开拓中国特色社会主义文化发展道路

学艺术"。在新的历史条件下继承和弘扬《讲话》精神、奋力开拓中国特色社会主义文化发展道路，最重要的就是坚持以马克思主义为指导，坚持以社会主义先进文化为引领，这是中国特色社会主义文化发展道路的本质特征。马克思主义是我们立党立国的根本指导思想。我们党从诞生之日起就始终高举马克思主义的旗帜，并在同中国实际相结合的过程中不断推进马克思主义中国化时代化大众化。正是有了马克思主义的科学指导，中国革命、建设、改革才不断从胜利走向新的胜利，社会主义文化才不断从繁荣走向新的繁荣。在社会主义市场经济日益发展和对外开放不断扩大的新形势下，我国社会思潮更加多元多样，只有毫不动摇地坚持马克思主义的指导地位，用发展着的马克思主义指导实践、引领思潮，才能打牢中国特色社会主义文化建设的思想基础，才能使我们在错综复杂的形势中始终把握文化发展的正确方向。

中国特色社会主义理论体系是马克思主义中国化的最新成果。坚持以马克思主义为指导，最根本的是要把中国特色社会主义理论体系贯彻落实到文艺创作、文艺活动、文艺评论等各个方面。要深刻领会中国特色社会主义理论体系的科学内涵和精神实质，掌握贯穿其中的马克思主义立场、观点、方法，用中国特色社会主义理论体系研究解决文化改革发展面临的问题，充分发挥科学理论武装头脑、指导实践、推动工作的巨大作用。要深入开展马克思主义文艺观学习实践活动，引导文艺工作者深入学习马克思主义经典著作，运用辩证唯物主义和历史唯物主义指导文艺创作，正确反映五千年中华文明史，正确反映近代中国革命史，正确反映党领导人民的奋斗史、创业史、改革开放史，展示社会主义现代化建设的辉煌成就，激发人们爱党爱国的热情，坚定走

中国特色社会主义道路的信念和信心。要加强马克思主义文艺理论研究，根据时代变化的新要求，研究回答新时期文艺创作面临的重大理论和现实问题，构建符合中国实际的马克思主义文艺思想体系和美学体系，探索建立中国特色社会主义文艺评价体系，使文艺发展建立在深厚理论基础之上。要紧密联系文艺创作实践开展积极健康的文艺评论，关注热点焦点问题，褒优贬劣、激浊扬清，形成有利于先进思想文化传播的良好氛围。要积极探索用马克思主义引领文化思潮的有效途径，深入研究不同阶层、不同群体思想活动的差异性，在纷繁复杂的文化生态中辨析主流与支流、区分先进与落后，在事关方向、原则的重大问题上，旗帜鲜明地表达党的文艺立场、文艺方针，理直气壮地批评不良倾向和错误观点，努力在多样化文化思潮中立主导、谋共识，不断巩固马克思主义的指导地位。

二、坚持中国特色社会主义文化发展道路，必须大力建设社会主义核心价值体系，巩固全党全国各族人民团结奋斗的共同思想道德基础

《讲话》在中国革命形势最为严酷的时刻呼唤革命文艺承担起"打倒我们民族的敌人，完成民族解放的任务"，对文艺工作发挥团结凝聚亿万中国人民的作用提出了明确要求，强调要使文艺"作为团结人民、教育人民、打击敌人、消灭敌人的有力的武器，帮助人民同心同德地和敌人作斗争"。在新的历史条件下继承和弘扬《讲话》精神、奋力开拓中国特色社会主义文化发展道路，就要大力建设社会主义核心价值体系，凝魂聚气、强基固

在新的历史条件下继承和弘扬《讲话》精神，奋力开拓中国特色社会主义文化发展道路

本，推动在全社会形成统一指导思想、共同理想信念、强大精神力量和基本道德规范，这是中国特色社会主义文化发展道路的根本任务。社会主义核心价值体系是兴国之魂，是社会主义先进文化的精髓，决定着中国特色社会主义的发展方向。文艺事业是中国特色社会主义事业的重要组成部分，是社会主义文化建设的重要内容。当代中国文艺作为民族精神的火炬、人民奋进的号角，必须自觉体现和传播社会主义核心价值体系，赋予精神文化产品更加丰富、更加深刻的思想内涵，推动全社会形成良好思想道德风尚和积极健康的文化氛围，激发亿万人民群众奋发向上的精神力量，建设中华民族共有精神家园，为中华民族伟大复兴提供有力文化支撑。

广大文艺工作者要承担起弘扬社会主义核心价值体系的历史使命，自觉把正确的价值追求同崇高的艺术追求统一起来，在践行社会主义核心价值体系的过程中进行艺术创造。纵观古今中外的文化发展史，任何文化都是其精神价值与承载这些精神价值的物质基础和传播形态之间的有机统一。精神价值是文化的"魂"，决定着文化的性质和方向。承载文化精神价值的物质基础和传播形态是文化的"体"，决定着文化精神价值的传播力和影响力。每一次文化的繁荣发展，都是文化"魂"与"体"完美结合的结果。我们要深刻认识和把握文化建设"魂"与"体"的辩证关系，努力寻找社会主义核心价值体系与人们情感世界的契合点，通过生动感人的形式表现社会主义核心价值体系，以丰富多样的题材、鲜明生动的形象、个性化的艺术创新和有效的传播形式来培育和弘扬正确的价值导向，让人们在美的享受中得到陶冶、受到启迪，增强社会主义核心价值体系的感召力和影响力。要准确

把握时代脉搏、紧扣党和国家工作主线，推出更多热情讴歌改革开放和现代化建设伟大成就、生动展示中国人民奋发有为精神风貌和宏伟业绩的文艺作品，用内容更加丰富、形式更加多样、影响更加广泛的文化活动，唱响在中国共产党领导下、走中国特色社会主义道路、实现中华民族伟大复兴的时代最强音。要把以爱国主义为核心的民族精神和以改革创新为核心的时代精神作为文艺作品的突出主题，大力弘扬中华民族自强不息、艰苦奋斗、百折不挠、敢于胜利的优秀传统，深刻反映当代中国人民顽强拼搏、开拓创新的进取精神。要通过各种形式的文艺创作，倡导中华民族优秀传统道德和社会主义精神文明，倡导正确的世界观、人生观和价值观，弘扬真善美、贬斥假恶丑，引导人们增强道德判断力和道德荣誉感，把积极的人生追求、高尚的情感境界、健康的生活情趣传递给人民，在全社会形成践行社会主义荣辱观的良好风尚。

三、坚持中国特色社会主义文化发展道路，必须贴近实际、贴近生活、贴近群众，牢固树立以人民为中心的创作导向

《讲话》旗帜鲜明地提出"为什么人的问题，是一个根本的问题，原则的问题"，强调"我们的文学艺术都是为人民大众的"，"一切革命的文学家艺术家只有联系群众，表现群众，把自己当作群众的忠实的代言人，他们的工作才有意义"。这是毛泽东同志从中国革命文艺运动的实际出发，运用马克思主义唯物史观对"文艺为什么人服务"这个根本问题作出的科学回答，开

在新的历史条件下继承和弘扬《讲话》精神，奋力开拓中国特色社会主义文化发展道路

辟了马克思主义文艺理论的新境界，不仅对我国文艺事业发展而且对整个文化建设都具有重大指导作用，是《讲话》这座精神灯塔中最耀眼的光芒。在新的历史条件下继承和弘扬《讲话》精神、奋力开拓中国特色社会主义文化发展道路，就要坚持以人为本、人民至上，这是中国特色社会主义文化发展道路的根本方向和最终目的。历史和现实充分证明，人民是历史的创造者，也是文化发展最深厚的力量源泉。一切伟大的文化工作者无不具有深厚的人民情怀，一切伟大的精神文化产品无不具有深刻的人民性，当文化工作者的心与人民的心紧紧贴在一起的时候，文化产品就会拥有感人至深的力量，就会拥有传之久远的生命力。我们建设的社会主义文化，是人民大众的文化。中国特色社会主义文化发展道路，是人民群众共建共享的道路，社会主义文化建设与整个社会主义事业的价值追求有着高度的内在一致性，那就是文化源于人民、文化为了人民、文化属于人民。这就要求我们必须牢固树立马克思主义的群众观点，牢记文化建设的根基和力量在人民，自觉走与人民结合的道路，站稳群众立场，培养群众感情，坚持文化发展为了人民、文化发展依靠人民、文化发展成果由人民共享，实现好维护好发展好广大人民的文化权益。

广大文艺工作者要继承发扬文艺为人民服务、为社会主义服务的光荣传统，更加自觉主动地承担起为人民抒写、为人民放歌的历史责任。要坚持以人为本，树立以人民为中心的创作导向，让人民成为文艺作品的主角，忠实生动地记录普通群众创造美好生活的伟大实践，浓墨重彩地歌颂各行各业劳动者可歌可泣的事迹，满怀热忱地反映他们的精神世界。要坚持贴近实际、贴近生活、贴近群众，积极投身"走基层、转作风、改文风"活动，全

心全意、真心实意地到人民群众中去，到改革开放和现代化建设的第一线，向实践学习，拜人民为师，关心人民命运，体察人民愿望，从人民群众的火热生活中挖掘素材，从人民群众的实践创造中提炼主题，从人民群众的审美需求中汲取灵感，把握生活的主流，展示社会的积极面，展现人生的美好前景，让人们在文艺作品中看到光明、看到进步、看到希望。要坚持面向基层、重心下移，把发展先进文化作为保障和改善民生的重要内容，以满足人民精神文化需求为出发点和落脚点，多创作生产基层群众喜闻乐见的文艺作品，多开展群众乐于参与、便于参与的文艺活动，把更多优秀作品投向基层，把更多文化服务延伸到基层，让文化发展成果惠及全体人民。要充分发挥人民在文化建设中的主体作用，尊重人民的首创精神，开辟渠道、搭建平台、创造条件，开展多层次、多形式的群众性文化活动，挖掘基层的文化资源，支持群众自办文化，激发群众的智慧和力量，让蕴藏于人民中的文化创造活力竞相迸发、充分涌流。

四、坚持中国特色社会主义文化发展道路，必须牢牢把握科学发展这个主题，把科学发展观的要求贯穿到文化工作的各个方面

《讲话》深刻地指出，"为什么人服务的问题解决了，接着的问题就是如何去服务"。在新的历史条件下继承和弘扬《讲话》精神、奋力开拓中国特色社会主义文化发展道路，就要坚持把科学发展观的要求贯穿到文化工作的各个方面。科学发展是党和国家工作的鲜明主题，也是中国特色社会主义文化发展道路的鲜明

在新的历史条件下继承和弘扬《讲话》精神，奋力开拓中国特色社会主义文化发展道路

主题。当今世界，文化在综合国力竞争中的地位和作用更加凸显，维护国家文化安全的任务更加艰巨，增强国家文化软实力、扩大中华文化国际影响力的要求更加紧迫，只有通过科学发展，文化建设才能不断获得新的发展动力和增长空间，实现与经济建设、政治建设、社会建设以及生态文明建设的协调发展。要充分认识中国特色社会主义文化发展道路是文化的科学发展之路，牢固树立符合科学发展观要求的新的文化发展理念，紧紧抓住科学发展这一主题，激活文化发展内生动力，不断增强文化发展后劲，实现文化又好又快发展。

站在新的历史起点上，我们要努力把握当今文化发展趋势和文化建设规律，始终把发展作为第一要务，用发展的办法解决前进中的问题，强化机遇意识、发展意识，紧紧抓住难得的重要战略机遇期，解决好影响文化科学发展的突出问题，推动文化持续快速健康发展。要坚持一手抓公益性文化事业，一手抓文化产业，推动文化事业和文化产业相互促进、共同发展。一方面坚持政府主导，按照公益性、基本性、均等性、便利性的要求，加快文化基础设施建设，优先安排与群众切身利益紧密相关的文化项目，深入实施好重点文化惠民工程，完善覆盖全社会的公共文化服务体系，让群众广泛享有免费或优惠的基本公共文化服务。另一方面，以推动文化产业成为国民经济支柱性产业为目标，实施重大文化产业项目带动战略，提高文化产业规模化、集约化、专业化水平，推动文化产业跨越式发展，使之成为发展现代服务业的重要抓手、新的经济增长点、经济结构战略性调整的重要支点、转变经济发展方式的重要着力点，为推动文化科学发展提供重要支撑。要坚持统筹兼顾，加快转变文化发展方式，力争在发

展中促转变、在转变中谋发展。要处理好数量与质量的关系，把提高文化产品创作生产质量放在更加突出的位置，深入实施精品战略，充分发挥"五个一工程"、重大革命和历史题材创作工程、重点文学艺术作品扶持工程等的示范带动作用，推出更多思想性、艺术性、观赏性相统一的精品力作。要处理好繁荣与管理的关系，在促进繁荣的过程中改进和创新管理，通过科学有效的管理为繁荣文化提供健康有序的制度环境。要处理好社会效益与经济效益的关系，无论是文化事业还是文化产业，都要突出以文化人的功能，坚持把社会效益放在首位，实现社会效益和经济效益的有机统一。

五、坚持中国特色社会主义文化发展道路，必须解放思想、实事求是、与时俱进，始终以改革创新为强大动力

《讲话》深刻指出，"作为观念形态的文艺作品，都是一定的社会生活在人类头脑中的反映的产物。"毛泽东同志还反复强调，革命文艺事业必须随着实践的发展而发展。在新的历史条件下继承和弘扬《讲话》精神、奋力开拓中国特色社会主义文化发展道路，就要坚持解放思想、实事求是、与时俱进，深化改革、勇于创新，这是中国特色社会主义文化发展道路越走越宽广的根本保证。这些年文化领域取得的一切进步，最根本的原因就是改革创新，最鲜明的标志也是改革创新，改革创新是推动文化大发展大繁荣、建设社会主义文化强国的不竭动力。实践证明，在社会主义市场经济条件下，只有通过改革创新，建立起有利于发挥市场

在文化资源配置中积极作用的体制机制,才能充分解放和发展文化生产力,推动文化单位和文艺工作者遵循艺术规律,焕发创造活力,更好地贴近群众、贴近市场,丰富文化产品服务,繁荣城乡文化市场,最大限度地满足人民日益增长的精神文化需求,在新的历史条件下切实解决好"为什么人"的问题。可以说,深化文化体制改革是继承和弘扬文艺为人民服务这一《讲话》核心思想的本质要求,与《讲话》精神一脉相承并赋予了新的时代内涵。

我们要紧紧围绕文化发展为了人民、依靠人民、服务人民、由人民评判、为人民共享这一根本要求,深化文化体制改革,加快建立贴近群众、贴近市场的体制机制,切实提高社会主义市场经济条件下满足人民精神文化需求的能力和水平。要进一步创新公共文化服务体制机制,按照"增加投入、转换机制、增强活力、改善服务"的要求,深化公益性文化单位内部劳动人事制度、收入分配制度等改革,完善服务方式、改进服务质量,不断提高保障人民基本文化权益的能力。要进一步创新有利于加快文化产业发展的体制机制,在国有经营性文化单位转企改制的基础上,把改革改组改造与加强管理结合起来,加快培育一批富有活力、实力和竞争力的合格市场主体,催生新型文化业态,提高文化产品和服务供给能力,更好地满足人民多样化、多层次、多方面的精神文化需求。要进一步创新文化产品的评价体系,坚持把遵循先进文化前进方向、人民满意作为评价作品的最高标准,把群众评价、专家评价和市场检验统一起来,催生更多"既叫好又叫座"的精神文化产品。要进一步创新有利于推动广大文艺工作者服务群众、面向市场的体制机制,坚持公有制为主体、多种所有制共同发展的文化产业格局，引导和鼓励越来越多的文艺工作者在服务基层、服务群众的过程中各展所长、建功立业。要大力营造有利于文化创新的浓厚氛围，保护创新热情，完善创新机制，鼓励原创，使一切创新的观念得到尊重，一切创新的举措得到支持，不断把文化创新的丰硕成果奉献给人民群众。

六、坚持中国特色社会主义文化发展道路，必须积极吸收世界优秀文明成果，推动中华文化走向世界

《讲话》指出，"对于中国和外国过去时代所遗留下来的丰富的文学艺术遗产和优良的文学艺术传统，我们是要继承的"，同时"批判地吸收其中一切有益的东西"。在新的历史条件下继承和弘扬《讲话》精神、奋力开拓中国特色社会主义文化发展道路，就要努力形成以民族文化为主体、吸收外来有益文化、推动中华文化走向世界的文化开放格局，要坚持以我为主、为我所用，学习借鉴一切有利于加强我国社会主义文化建设的有益经验、一切有利于丰富我国人民文化生活的积极成果、一切有利于发展我国文化事业和文化产业的经营管理理念和机制，广泛参与世界文明对话，共同维护文化多样性，这是发展中国特色社会主义文化、为人类文明作出新的更大贡献的重要历史使命。中华文化源远流长、博大精深，是世界文化的重要组成部分，反映了鲜明的民族个性和审美特征，积淀着深厚的精神追求，是中华民族生生不息、团结奋进的不竭动力，是发展中国特色社会主义文化的深厚基础，也为世界文化多样性发展作出了积极贡献。中国特色社会主义文化发展道路是开放的道路，我们要立足中华文化的

深厚沃土，努力推动中华文化走出去、增强中华文化在世界上的感召力和影响力，促进世界各民族文化和谐共存、互鉴发展。

广大文化工作者要担负起弘扬中华文化的崇高使命，继承中华优秀传统文化，弘扬五四运动以来形成的革命文化传统，适应社会发展进步的新要求，不断赋予中华文化以新的活力，使古老的中华文明之树开出新的时代之花，进一步增强民族凝聚力向心力。要正确对待外来文化，坚持辩证取舍，兼收并蓄、博采众长，提高转化再造能力，吸收借鉴一切国外文化有益成果，推出更多具有中国特色、中国风格、中国气派的精品力作。要积极推动双边、多边文化往来，促进文化相互借鉴，使文化成为加深中国人民与世界人民相互了解和友谊的精神纽带。要推动国际文化产品贸易交易和文化服务平台建设，发挥文化产业和文化企业在推动文化走出去中经常性、持久性的优势和作用，培育一批具有较强实力和国际竞争力的外向型文化企业，努力构建以政府为主导、以企业为主体、以市场化运作为主要方式的文化走出去新格局。要把政府交流和民间交流结合起来，发挥非公有制文化企业、文化非营利机构在对外文化交流中的作用，支持海外侨胞积极开展中外人文交流。要遵循国际文化交流规律，适应国际文化市场需求，改进对外文化传播方式方法，加快建设现代传播体系，既充分展现中华民族优秀文化内涵、体现当代中国价值观念和文化建设的最新成果，又符合国外受众的思维方式、审美特点和接受习惯，努力做到"中国内涵、国际表达"，充分展示中国人民改革创新、和平发展、文明进步的精神风貌和良好形象，提升中华文化的辐射力和影响力，推动形成与我国国际地位相适应的文化软实力。

加强和改进党的领导,是坚持中国特色社会主义文化发展道路的根本政治保证。各级党委和政府要进一步提高对文化建设地位和作用的认识,把思想统一到党的十七大和十七届六中全会精神上来,进一步增强政治意识、责任意识、大局意识,把文化建设摆在全局工作重要位置,纳入经济社会发展总体规划,纳入科学发展考核评价体系,与经济社会发展一同研究部署、一同组织实施、一同督促检查。要切实担负起推进文化改革发展的政治责任,深入研究文化改革发展重大问题,掌握文化改革发展领导权。坚持德才兼备、以德为先的用人标准,加强文化领域领导班子和党组织建设。建立健全党委统一领导、党政齐抓共管、宣传部门组织协调、有关部门分工负责、社会力量积极参与的工作体制和工作格局,形成文化建设强大合力。

推动文化事业繁荣发展,关键在人才。要牢固树立"人才资源是第一资源"的观念,把队伍建设摆在更加突出的位置,加大工作力度,努力造就一批有影响的文化名家、文化大师和各领域领军人物,建设一支宏大的文化人才队伍。要加强文艺院校建设,努力培养更多优秀青年文艺工作者。要关心爱护文艺工作者,政治上充分信任、创作上热情支持、生活上真诚关怀,努力为他们办实事、解难事。要尊重劳动、尊重知识、尊重人才、尊重创造,营造团结鼓劲、和谐奋进的良好氛围,建立和完善有利于优秀人才健康成长和脱颖而出的体制机制,最大限度地调动广大文艺工作者的积极性主动性创造性。要引导作家艺术家努力践行文艺界"爱国、为民、崇德、尚艺"的核心价值观,自觉遵守《中国文艺工作者职业道德公约》,珍惜时代提供的舞台,珍重社会给予的关爱,严肃对待作品的社会效果,热心公益、弘扬正气,以德艺双馨的公众形象,争做恪守职业道德的表率,更好地完成党和人民赋予的神圣使命。

"随着经济建设的高潮的到来,不可避免地将要出现一个文化建设的高潮。"毛泽东同志的这个预言已经变成现实,中华民族的伟大复兴必将伴随着中华文化的繁荣兴盛,社会主义文化建设正在迎来繁荣发展的黄金时期。让我们更加紧密地团结在以胡锦涛同志为总书记的党中央周围,高举中国特色社会主义伟大旗帜,以邓小平理论和"三个代表"重要思想为指导,深入贯彻落实科学发展观,继承和弘扬毛泽东同志《在延安文艺座谈会上的讲话》精神,肩负起庄严的历史使命和时代责任,以高度的文化自觉和文化自信,在中国特色社会主义文化发展道路上创造中华文化的新辉煌,为建设社会主义文化强国而努力奋斗!

不平凡的历程，历史性的成就[*]

（2012年9月26日）

> 通过坚持不懈推动文化体制改革，文化领域整体面貌和发展格局焕然一新，文化建设开创了新局面，初步走出了一条中国特色社会主义文化发展道路。实践充分证明，这条道路作为中国特色社会主义道路的重要组成部分，符合我国基本国情、顺应时代发展要求、体现文化发展规律、引领文化繁荣昌盛，是一条科学发展、改革创新的文化强国之路。

在全党全国各族人民深入贯彻党的十七届六中全会精神和胡锦涛总书记在省部级主要领导干部专题研讨班开班式上重要讲话精神、喜迎党的十八大之际，中央召开全国文化体制改革工作表彰大会，隆重表彰在文化改革发展中创造突出业绩的先进地区、先进单位和先进个人，这对于进一步深化改革、加快发展，兴起社会主义文化建设新高潮、开启建设社会主义文化强国新征

---

[*] 这是李长春同志在全国文化体制改革工作表彰大会上的讲话。

程具有重要意义。借此机会，我代表党中央，对受表彰的先进地区、先进单位、先进个人表示热烈祝贺，向多年来为推动文化改革发展呕心沥血、作出重要贡献的宣传思想文化战线的同志们致以崇高敬意，向各方面关心支持文化改革发展的同志们表示衷心感谢！

下面，我就全面回顾总结党的十六大以来文化体制改革工作，进一步推进文化改革发展，讲几点意见。

一、深化文化体制改革是时代的呼唤、人民的愿望、历史的抉择

改革开放是决定当代中国命运的关键抉择，是新时期最鲜明的时代特征。深化文化体制改革，是我们党高举改革旗帜不动摇，继着力推进经济体制改革、政治体制改革以及教育体制改革、科技体制改革、医疗卫生体制改革之后，作出的又一项关系全局的重大决策。改革开放以来，我们党高度重视文化建设，在文化体制机制创新方面进行了有益的探索，取得了显著的成绩。但总体而言，我国文化改革发展同经济社会发展和人民日益增长的精神文化需求还不完全适应，同推动科学发展、促进社会和谐的要求还不完全适应，同扩大对外开放的新形势还不完全适应，同科学技术迅猛发展的新形势还不完全适应。面对新形势新情况新要求，迫切需要进一步深化文化体制改革、加快文化事业和文化产业发展，更好地发挥文化引领风尚、教育人民、服务社会、推动发展的作用。

第一，人民精神文化需求日益增长，迫切需要进一步加快文

化改革发展、增强文化产品和服务的有效供给。经过改革开放以来的快速发展，我国人民物质生活水平有了很大提高，2002年人民生活总体上达到小康水平，城乡居民家庭恩格尔系数平均已降到0.5以下，目前进一步降到0.4以下。随着居民消费由温饱型向小康型转变，人民精神文化需求呈"井喷"之势迅速增长，呈现出多样化、多方面、多层次的特点。这既为文化建设注入了强大动力，也使文化产品的供需矛盾更加突出。我们的文化产品无论是数量上还是质量上，都还不能很好地满足人民日益增长的精神文化需求，文化领域已成为我国少数几个总供给不能满足总需求的领域之一。在传统体制下，一方面国有文化资源闲置，另一方面人民精神文化需求得不到满足，这必然带来各渠道文化产品趁虚而入，泥沙俱下，侵权盗版屡禁不止，一些地方腐朽落后文化沉渣泛起。改变这一状况，根本出路在于深化文化体制改革，充分激发文化单位的内生动力，充分调动文化工作者的积极性，创作生产更多思想性、艺术性、观赏性相统一的优秀作品，提高文化产品和服务供给能力，不断满足人民的精神文化需求。

第二，社会主义市场经济体制不断完善，迫切需要进一步加快文化改革发展、健全有利于文化科学发展的体制机制。随着社会主义市场经济体制的逐步完善，市场在资源配置中的基础性作用得到充分发挥，文化赖以存在的体制环境发生了深刻变化。这一方面有利于提高文化资源配置的质量、效益和速度，拓展精神文化产品创作、生产、传播和消费空间，另一方面也对原来的文化生产和管理体制带来巨大冲击，客观上提出了文化体制要尽快适应经济体制改革新形势的历史性课题。长期以来，文化领域受传统体制影响，习惯于用计划经济手段配置文化资源，把经营性文化产业和公益性文化事业混为一体，这就导致应该由政府保障的公益性文化单位挤占公共文化资源去搞本单位创收，应该走向市场的国有经营性文化单位游离于市场之外，躺在政府怀里，缺乏活力和竞争力，造成国有经营性文化单位在文化市场上长期缺位，主渠道缺失，严重影响国家文化安全。改变这一状况，根本出路在于深化文化体制改革，把公益性文化事业和经营性文化产业区分开来，一手抓公益性文化事业，提高公共文化服务能力，一手抓经营性文化产业，重塑合格市场主体，建立面向群众、面向市场的体制机制，促进文化事业繁荣和文化产业发展。

第三，社会思想文化日趋多元多样多变，迫切需要进一步加快文化改革发展，发挥文化统一思想、凝聚力量、促进和谐的独特功能。我国正处在发展的重要战略机遇期，同时也进入了改革攻坚期和矛盾凸显期，经济体制深刻变革、社会结构深刻变动、利益格局深刻调整、思想观念深刻变化，人们思想活动的独立性选择性多变性差异性不断增强，社会思想文化更加活跃。特别是随着社会经济成分、组织形式、就业方式、利益关系和分配方式的日益多样化，不同群体之间的利益关系更趋复杂，各类社会热点相互叠加，各种"两难"问题更加突出，信息传播渠道更加多样，社会舆论更加复杂，统一思想、凝聚力量、促进和谐的任务更加繁重。改变这一状况，根本出路在于深化文化体制改革，重新厘清文化的功能和定位，进一步改进党对文化建设的领导方式，加快转变政府职能，不断提高党领导文化建设的科学化水平，不断丰富和壮大承载、传播文化精神价值的重要载体和形式，不断创新有利于贴近实际、贴近生活、贴近群众的体制机制，为更加广泛地传播社会主义核心价值体系提供强有力的支撑，使传播社会主义核心价值体系这一文化之"魂"的载体、途径、方法、手段即文化之"体"更加强大，推动在全社会形成统一指导思想、共同理想信念、强大精神力量、基本道德规范，促进社会和谐。

第四，经济全球化持续深入，迫切需要进一步加快文化改革发展、提高国家文化软实力。进入新世纪后，西方发达国家极力利用经济全球化推动文化产品和服务全球化，凭借其在经济、科技等领域的优势进行文化输出和文化渗透，世界范围内各种思想文化交流交融交锋更加频繁，"西强我弱"的国际文化格局更加凸显。伴随着经济全球化的深入发展，我国对外开放不断扩大，特别是以加入世界贸易组织为标志，进入了全方位多层次宽领域对外开放的新阶段。这既为我们学习借鉴世界优秀文化成果、推动我国文化走向世界提供了有利条件，也使得外国文化产品、文化资本大量涌入，我国文化面临走出去和守住国内市场的双重压力和挑战。改变这一状况，根本出路在于深化文化体制改革，培育强大的市场主体和文化产业，把推动中华文化走出去与借鉴国外有益文化紧密结合起来，提高参与国际文化竞争的能力，不断增强中华文化的国际影响力。

第五，现代传播技术日新月异，迫切需要进一步加快文化改革发展、抢占文化与科技深度融合的制高点。数字技术、网络技术的迅猛发展和广泛应用，深刻改变了人们获取知识、传递信息、鉴赏文化的渠道和方式，既极大地增强了文化的创造力和传播力，为催生新兴文化业态和新的表现形式提供了广阔空间，同时也对运用现代传播技术加快文化改革发展、占领新兴文化阵地、维护国家信息安全和文化安全提出了新的要求。受传统文化

2012年9月26日，李长春出席全国文化体制改革工作表彰大会并讲话。图为李长春为全国文化体制改革工作先进地区、先进单位和先进个人颁发获奖证书。左二为中共中央政治局委员、中央书记处书记、中宣部部长刘云山，左三为全国政协副主席、中国社科院院长陈奎元。　　　　　　　　　　　　　（新华社记者饶爱民摄）

体制影响，许多国有文化单位对数字技术、网络技术的运用不敏感，对科技创新缺乏动力，难以抓住信息化时代的历史机遇，难以运用现代传播技术形成新的文化创造力，难以同发达国家推动高新技术和市场运作相结合、催生文化产业迅猛发展的势头相抗衡。改变这一状况，根本出路在于深化文化体制改革，建立与现代传播技术迅猛发展相适应的体制机制，促进文化与科技深度融合，用先进技术传播先进文化，不断增强我国文化整体实力和竞争力。

　　同时还要看到，我国文化自身发展也面临着一系列亟待解决的突出问题。比如，一些地方和单位对文化建设重要性、必要性、紧迫性认识不够，文化推动经济社会发展的作用亟待加强；

基层文化设施设备陈旧，投入不足，城乡、区域之间文化发展不平衡；文化产业规模不大、实力不强、结构不合理；相当一些文化单位动力不足、活力不强，难以适应改革开放不断深化的新形势，有的甚至难以为继；用人机制僵化，需要的人进不来，不需要的人出不去，能干的人出去走穴，不能干的人躺在单位怀里嗷嗷待哺，缺乏竞争的压力和动力，严重影响了文化工作者的积极性；文化创造和创新活力不足，有影响的精品力作还不够多；等等。改变这一状况，根本出路在于深化文化体制改革，冲破传统体制束缚，激发文化发展的活力，推动文化自身又好又快发展。

时代呼唤改革、人民期盼改革、实践要求改革。正是在这样的背景下，党的十六大作出深化文化体制改革的重大战略部署，鲜明提出"根据社会主义精神文明建设的特点和规律，适应社会主义市场经济发展的要求，推进文化体制改革"的重大命题。以胡锦涛同志为总书记的党中央，从全面推进中国特色社会主义伟大事业，推进全方位改革和社会主义制度自我完善，提高党的执政能力、维护国家文化安全和战略安全的大局出发，把深化文化体制改革摆上前所未有的重要议程，作出一系列重大部署，在新的历史起点上拉开了深化文化体制改革的序幕，开启了新时期文化繁荣发展的新征程。

二、党的十六大以来文化体制改革在探索中前进、在创新中发展，走过了不平凡历程，取得了历史性成就

按照党的十六大的决策部署，各地区各部门开拓进取、探索

创新，文化体制改革由点到面、有序推开，历经10年，大体可分为四个阶段。

第一阶段，从2003年初到2005年12月，主要是开展试点、探索经验。中央政治局常委会议讨论通过《文化体制改革试点工作方案》，中办、国办转发《中共中央宣传部、文化部、国家广电总局、新闻出版总署关于文化体制改革试点工作的意见》，确定北京等9个综合性试点地区和35个文化单位开展试点。经过两年多的探索实践，试点工作取得明显成效，为全面推开改革提供了示范、积累了经验、奠定了基础。第二阶段，从2005年12月到2010年7月，在试点基础上制定了中共中央、国务院《关于深化文化体制改革的若干意见》，在全国扩大试点、逐步推开。按照中共中央、国务院《关于深化文化体制改革的若干意见》和全国文化体制改革工作会议精神，要求综合性试点地区率先推开改革，除新疆、西藏以外的其他省区市也要确定自己的改革试点地区和单位，取得经验后逐步推开。新疆、西藏要从自身实际出发，逐步推进改革。改革的目标任务不断细化、政策环境日益优化，在重点领域和关键环节取得新的进展。第三阶段，从2010年7月到2011年10月，主要是加快推进、全面展开。胡锦涛总书记在中央政治局第二十二次集体学习时发表重要讲话，提出了"三加快"、"一加强"的重点任务。按照"加大力度、加快进度、巩固提高、重点突破、全面推进"的要求，文化体制改革大力度推进、全方位展开、纵深化拓展，部分领域基本完成改革任务，重点难点取得重大突破。第四阶段，从2011年10月党的十七届六中全会召开至今，各地区各部门全面贯彻落实六中全会重大部署，迅速兴起文化改革发展的热潮，我国文化改革发展取得重大阶段性成果,进入一个崭新的阶段。

10年来,文化改革发展的进展主要有以下几个方面。

第一,推动解放思想、转变观念,实现文化建设理论上的突破,提出文化改革发展的正确思路。坚持把解放思想、转变观念作为总开关,认真组织学习宣传中央关于新形势下深化文化体制改革的一系列重要论述和战略部署,按照科学发展观的要求,着力破除制约文化科学发展的陈旧观念和思想障碍,不断以思想的新解放、理论的新发展推动文化改革发展实践的新创造。积极适应社会主义精神文明建设和社会主义市场经济发展"两个规律",妥善把握文化意识形态属性和商品属性"两种属性",不断深化对人民"两种文化需求"的认识,鲜明提出坚持文化事业和文化产业"两轮驱动、两翼齐飞"、"两手抓、两加强",努力实现把社会效益摆在首位、社会效益和经济效益"两个效益"相统一的文化改革发展思路。深刻把握社会主义核心价值体系这个文化之"魂"与文化传播之"体"的关系,切实做到"强魂"与"健体"的有机统一。全党全社会的文化自觉和文化自信进一步增强,符合科学发展观要求的新的文化发展理念日益深入人心,坚持走中国特色社会主义文化发展道路、努力建设社会主义文化强国,逐渐成为全社会的广泛共识和自觉行动。

第二,基本完成中央确定的文化体制改革阶段性任务。按照创新体制、转换机制、面向市场、壮大实力的要求,把推动经营性文化单位转企改制作为中心环节,攻坚克难、锐意进取,大力推进文化体制机制改革创新,全面完成出版发行、电影电视剧制作、广电传输等单位的转企改制,基本完成一般文艺院团、非时政类报刊出版单位等国有经营性文化单位的转企改制[1],重点新闻网站的转企改制取得重大突破，转企改制后，呈现出企业发展、市场繁荣、职工积极性高涨的可喜局面。重塑一大批合格的文化市场主体，国有或国有控股文化企业的实力活力竞争力大大增强，成为文化领域战略投资者和文化市场主导力量。以人民网[2]、新华网[3]、央视网[4]转企改制，有的成功上市、迅猛发展为标志，互联网、手机短信等新兴媒体中的主流力量得到发展壮大。推进副省级及以下城市组建文化市场综合执法机构并整合文化、广电、新闻出版等有关行政管理部门，全面完成文化市场综合执法改革任务。积极推进政企、政事分开和管办分离，探索建立新型国有文化资产管理体制，文化行政部门与文化企事业单位的关系逐步理顺。推进广电传输网络省内整合[5]，除西藏外，各省区市基本实现省、市、县三级贯通和统一规划、统一建设、统一运营、统一管理，为形成全国性大网奠定了基础。

第三，初步建立覆盖城乡的公共文化服务体系。按照以政府为主导、以公共财政为支撑、社会广泛参与、群众共建共享的要求，坚持公益性、基本性、均等性、便利性的原则，大力发展公益性文化事业，健全设施、创新机制，努力构建覆盖城乡的公共文化服务体系。全面完成广播电视村村通、乡镇和社区综合文化站、文化信息资源共享、农村电影放映、农家书屋等五大重点文化惠民工程阶段性目标，建立健全公共文化服务网络，促进公共文化产品和服务有效供给。推进基层公共文化设施共建共享，除遗址类外的公共博物馆、纪念馆、美术馆和全国爱国主义教育示范基地等陆续向社会免费开放。公共文化服务能力和水平明显提高，有效解决了广大群众特别是农村群众看书难、看电影难、收听收看广播电视难等问题。与国家分类推进事业单位改革相衔接，按照增加投入、转换机制、增强活力、改善服务的思路，积极推动图书馆、博物馆、文化馆（站）等公益性文化事业单位改革，省级党报发行机构基本完成剥离转制，绝大部分地方电台电视台完成合并，制播分离也取得了重要进展。公益性文化事业单位的公益属性和服务意识日益强化，在公共文化服务体系中的骨干作用进一步发挥。

第四，不断壮大文化产业整体规模和实力[6]。按照结构合理、门类齐全、科技含量高、富有创意、竞争力强的要求，调整结构、优化布局，加快构建现代文化产业体系。制定和实施文化产业振兴规划，推进文化与科技、商贸、旅游、金融等深度融合，文化产业日益成为经济发展新的增长点。推动文化企业以资本为纽带兼并重组、整合资源，积极推动文化企业上市融资，涌现出一批总资产和总收入超过或接近百亿元的大型国有或国有控股文化企业[7]。社会资本参与文化产业的渠道更加畅通、环境不断优化，非公有制文化企业的积极作用日益发挥。大力发展影视制作、出版、发行、印刷复制、广告、演艺娱乐、文化会展、数字内容和动漫等重点文化产业，推动文化创意产业发展、文化业态更新和产业转型升级。积极发展现代文化产品流通组织形式，加快培育资本、产权、人才、信息、技术等文化要素市场，建立上海、深圳文化产权交易所。统一开放竞争有序的现代文化市场体系建设取得阶段性成果。

第五，着力加强对文化产品创作生产的引导，推动精品力作不断涌现。面对人民精神文化需求多样化多方面多层次的新特点，始终坚持"二为"方向、"双百"方针、"三贴近"原则，弘扬主旋律、提倡多样化，自觉用社会主义核心价值体系引领文化产品创作生产，赋予文化产品深刻的思想内涵和鲜明的价值导向，唱响在中国共产党领导下、走中国特色社会主义道路、实现中华民族伟大复兴的时代最强音，让人们在美的享受中得到陶冶、受到启迪。坚持尊重差异、包容多样，充分发扬艺术民主，在文化创作上提倡体裁、题材、形式、手段充分发展，在文化理论上提倡不同观点和学派充分讨论，在文化发展上提倡不同品种和业态积极创新，力争做到雅俗共赏，使文化产品更加丰富多彩，文化市场更加繁荣兴盛。广大文化工作者的创作激情竞相迸发，思想性艺术性观赏性俱佳、群众喜闻乐见的精品力作不断涌现，文化产品创作生产呈现出百花齐放、异彩纷呈、全面繁荣的喜人景象。

第六，着力构建全方位多层次宽领域的文化走出去格局。按照政府主导、企业主体、民间参与、合作共赢的要求，创新模式、拓宽渠道，在继续大力推进政府主导文化交流的同时，积极探索市场化、商业化、产业化运作方式，构建全方位多层次宽领域的文化走出去格局。实施文化走出去工程，加大对文化出口重点企业和项目的扶持力度，加强出口渠道和国际营销网络建设，逐步减少文化产品和服务进出口逆差。按照"外圆内方"[8]的理念，中央重点媒体积极培育合格市场主体，以市场化、商业化方式，不断加快国际传播能力建设步伐，扩大在海外的覆盖面和影响力，一些民营文化企业积极到海外兴办或并购当地媒体，成为国际传播能力建设的生力军。打造一批国家级、国际化、综合性的文化博览交易平台，中国（深圳）国际文化产业博览交易会出口成交额逐年增长，促进文化产业发展和推动中华文化走出去的平台作用日益显现。我国文化产品和服务出口规模不断扩大，在国际文化市场上的份额逐步提高，涌现出一批具有中国气派、中国风格、中国特色的优秀民族文化品牌，民族文化产业实力和竞争力不断增强，有效维护了国家意识形态安全和文化安全。

经过10年不懈探索，文化体制改革取得了显著成效。一是有力促进了文化生产力的解放发展。有利于文化科学发展的体制机制初步形成，以公有制为主体、多种所有制共同发展的文化产业格局初步形成，极大激发了国有文化单位的内部活力和发展动力，极大调动了全社会参与文化建设的积极性主动性创造性，实现了文化事业和文化产业跨越式发展。二是有力促进了文化的发展繁荣。文化基础设施建设全面加强，公共文化服务网络日益完善，文物和非物质文化遗产保护成效显著，文化市场空前活跃，文化产品和服务供给能力极大增强，社会文化生活特别是基层群众文化活动丰富多彩，人民基本文化权益保障水平大幅提高，人民日益增长的精神文化需求得到更好满足。三是有力促进了经济发展方式的加快转变。文化产业在国民经济中的比重不断增加，其优结构、扩消费、增就业、促跨越、可持续的独特优势逐步凸显，日益成为新的经济增长点、经济结构战略性调整的重要支点、转变经济发展方式的重要着力点，对国民经济增长的贡献率不断上升。特别是在国际金融危机背景下，我国文化产业实现逆势上扬，成为经济增长中的新亮点。四是有力促进了国家文化软实力的不断提升。以民族文化为主体、吸收外来有益文化、推动中华文化走向世界的文化开放格局进一步形成，世界各国人民对中华文化的了解进一步加深，世界舆论格局中的中国声音日益厚重，中国发展道路、发展理念的影响力日益增强。五是有力促进了各类文化人才竞相涌现。有利于出精品、出人才、出效益的文化发展环境日臻完善，宣传文化工作队伍的政治素养、知识结构、精神状态和工作本领全面提升，基层队伍建设力度明显加大，创造力、凝聚力、战斗力不断增强，人才结构不断优化，各类文化人才竞相涌现、各尽其才、各展所长。

10年来，通过坚持不懈推动文化体制改革，文化领域整体面貌和发展格局焕然一新，文化建设开创了新局面，初步走出了一条中国特色社会主义文化发展道路。实践充分证明，这条道路作为中国特色社会主义道路的重要组成部分，符合我国基本国情、顺应时代发展要求、体现文化发展规律、引领文化繁荣昌盛，是一条科学发展、改革创新的文化强国之路。

三、深入总结宝贵经验，并在新的实践中不断丰富发展，使中国特色社会主义文化发展道路越走越宽广

在以胡锦涛同志为总书记的党中央坚强领导下，在推动改革发展的不平凡历程中，我们解放思想、实事求是、与时俱进，不断探索和创新社会主义文化建设的理论与实践，不断深化对文化改革发展规律的认识，积累了一系列宝贵经验。概括起来，主要体现在：

一是必须始终坚持党的领导，为坚持文化建设正确方向、有力推进文化改革发展提供坚强保证。党的十六大以来，以胡锦涛同志为总书记的党中央高度重视文化建设，对深化文化体制改革、发展文化事业和文化产业作出了一系列重大决策部署。党的十七大进一步从中国特色社会主义事业总体布局的高度，提出了

兴起社会主义文化建设新高潮、推动社会主义文化大发展大繁荣的战略任务。胡锦涛总书记在中央政治局第二十二次集体学习时发表重要讲话，对深入推进文化改革发展提出了"三加快"、"一加强"的要求，进一步为深化文化体制改革奠定了重要的思想基础。党的十七届六中全会通过了《中共中央关于深化文化体制改革推动社会主义文化大发展大繁荣若干重大问题的决定》，提出了坚持中国特色社会主义文化发展道路、建设社会主义文化强国的战略任务。胡锦涛总书记今年7月23日在省部级主要领导干部专题研讨班开班式上重要讲话中，对建设社会主义文化强国又作出了新的部署。各级党委、政府和各有关部门认真贯彻中央决策部署，切实担负起推进文化改革发展的重大职责，把文化建设纳入经济社会发展总体规划，纳入科学发展考核评价体系，与经济社会发展一同研究部署、一同组织实施、一同检查落实。党的坚强领导，为文化体制改革顺利推进和健康发展提供了坚强保证，标志着我们党的文化自觉和文化自信达到了前所未有的新高度，标志着文化建设在中国特色社会主义事业总体布局中的地位和作用越来越重要。有了这个根本的前提，我们才迎来了社会主义文化建设新高潮，开启了社会主义文化强国建设的新征程。

二是必须始终坚持解放思想、实事求是、与时俱进，牢固树立符合科学发展观要求的新的文化发展理念。解放思想是发展中国特色社会主义的一大法宝，也是探索和开拓中国特色社会主义文化发展道路的源头活水，必须始终贯穿文化改革发展的全过程。党的十六大以来，宣传思想文化战线坚持以邓小平理论和"三个代表"重要思想为指导，深入贯彻落实科学发展

2011年8月28日，李长春在吉林歌舞剧院集团有限公司考察时，与演职人员亲切交谈。
（宋楷摄）

观，在实践中探索总结，深化了对文化地位和作用、文化发展方向、文化发展目的、文化发展动力、文化发展思路、文化发展格局、文化发展战略、文化发展领导力量和依靠力量等的认识，形成了一系列新的文化发展理念。这些新的文化发展理念，是科学发展观在文化建设领域的具体体现，顺应了新的历史条件下文化改革发展规律的内在要求，顺应了各族人民精神文化生活的新期待，并落实到文化建设的实践中，越来越转化为广大文化工作者理解、支持、投身文化体制改革的坚强决心和巨大动力。

三是必须坚持一手抓公益性文化事业、一手抓文化产业，把社会效益放在首位、社会效益和经济效益相统一，做到两加强、两促进。最大限度地满足人民日益增长的精神文化需求，是社会主义文化建设的根本任务。随着我国经济社会持续快速发展和人民生活水平不断提高，城乡居民文化需求越来越旺盛，这些需求总体上分为两部分：一部分是体现人民文化权益的基本文化需求，需要在政府主导下，通过构建覆盖城乡、惠及全民的公共文化服务体系来实现；另一部分是多样化多方面多层次的文化需求，则要通过壮大文化产业、繁荣社会主义文化市场加以实现。科学区分这两种文化需求并采取不同的改革举措和路径，从根本上明确了文化体制改革的基本思路，明确了文化建设中政府职责和市场功能的准确定位，从而真正做到两手抓、两加强，相互促进、两翼齐飞，推动文化建设全面协调可持续发展，更好地满足人民日益增长的精神文化需求。无论是构建公共文化服务体系，还是壮大文化产业、繁荣社会主义文化市场，都要以传播社会主义先进文化为己任，始终体现社会主义核心价值体系这个"魂"，始终坚持把社会效益放在首位、社会效益和经济效益相统一，最大限度地发挥文化引领风尚、教育人民、服务社会、推动发展的作用。

四是必须坚持以改革为动力，从实际出发，区别对待、分类指导、循序渐进、逐步推开，积极稳妥推进各项改革。文化引领时代风气之先，是最需要创新的领域。推动社会主义文化大发展大繁荣，必须坚持以改革为动力，着力推进文化体制机制创新，以改革促发展、促繁荣。对于国有经营性文化单位改革，以建立现代企业制度为重点，加快培育合格市场主体；对于一般时政类报刊社、公益性出版社、代表民族特色和国家水准的文艺院团等事业单位，则推动实行企业化管理，增强面向群众、面向市场提供服务的能力；对于哲学社会科学研究机构、重点新闻媒体、公共文化服务部门等承担公共文化服务的重要文化事业单位，则着眼于突出公益属性、强化服务功能、增强发展活力，全面推进人事、收入分配、社会保障制度改革；对不同地区、不同行业，允许在完成中央确定任务的前提下，根据实际情况因地制宜进行更加广泛深入的改革。在改革实践中，由于坚持区别对待、分类指导，文化事业不断繁荣发展，文化产业的活力和竞争力大大增强，涌现出一批有实力有活力的国有或国有控股大型文化企业，全社会参与文化建设和文化改革发展的积极性空前高涨；由于坚持典型引路、逐步推开，既鼓励先进、极大激发文化繁荣发展的创新动力和创造活力，又推广成功经验、使广大文化工作者不断增强对改革的认同和信心，展现出良好精神风貌。

五是必须坚持以人为本，充分调动人民群众和广大文化工作者投身文化建设的积极性主动性创造性。人民是历史的创造者，也是文化改革发展最深厚的力量源泉，推进文化改革发展，必须充分发挥人民在文化建设中的主体作用，坚持以人民为中心的创作导向，坚持把遵循社会主义先进文化前进方向、人民群众满意作为评价作品的最高标准，不断完善贯彻落实"三贴近"原则的体制机制，保障好人民基本文化权益，满足好人民精神文化需求，真正做到文化发展为了人民、文化发展依靠人民、文化发展成果由人民共享。文化创作生产是创造性的劳动，必须坚持遵循规律、团结和谐，尊重文艺工作者的创造，使一切创新的观念得到尊重，一切创新的举措得到支持，努力形成有利于多出优秀作品、多出优秀人才的良好局面。

六是必须坚持统筹兼顾，正确认识和处理好文化改革发展中的一系列重大关系，不断提高文化改革发展的科学化水平。深化文化体制改革，是伟大的创造性实践，各地区各部门认真贯彻中央部署，坚持从实际出发，统筹城乡区域文化发展、着力提高基层和农村文化发展水平，统筹国内国际两个大局、积极推进中华文化走出去，在实践中进一步深化了对文化改革发展中若干重大关系的认识，包括文化"魂"与"体"的关系、人民基本文化需求与多样化多方面多层次文化需求的关系、意识形态属性与经济属性的关系、社会效益与经济效益的关系、弘扬主旋律与提倡多样化的关系、改革创新与加快发展的关系、文化与经济的关系、文化与科技的关系、发挥政府作用与调动全社会力量参与文化建设的关系、民族文化与外来文化的关系、促进繁荣与加强管理的关系，等等。正确把握和处理好这些重大关系，使文化改革发展的实践既能够总揽全局、统筹规划，又抓住了重要领域和关键环节，实现了重点突破、整体推进，不断提高文化改革发展科学化水平，推动文化建设开创新局面。

这些宝贵经验，是在坚持和发展中国特色社会主义文化发展道路的实践中形成的宝贵精神财富，体现了我们党领导文化建设的优良传统，体现了新的历史条件下我国文化改革发展的客观规律，体现了人民群众和广大文化工作者的不懈探索。我们一定要倍加珍惜、长期坚持，并在实践中不断丰富和完善，更好地发挥指导作用，使中国特色社会主义文化发展道路越走越宽广。

四、在新的历史起点上抓住机遇、乘势而上，深化改革、加快发展，不断开创社会主义文化建设新局面

当前，我国正处于全面建设小康社会的关键时期和深化改革开放、加快转变经济发展方式的攻坚时期，也是文化改革发展的重要战略机遇期。站在新的历史起点上，文化在综合国力竞争中的作用日益凸显，百舸争流、不进则退，我们必须以高度的文化自觉和文化自信，把握文化发展的难得机遇，坚定不移地走中国特色社会主义文化发展道路，奋力开拓社会主义文化强国建设的新局面。

当前和今后一个时期，要继续深入贯彻落实党的十七届六中全会精神，按照即将召开的党的十八大提出的新要求，进一步深化文化体制改革，牢牢把握文化发展主动权，推动兴起社会主义文化建设新高潮。为此，提几点希望：一是要以科学发展观为统领，着力解放思想、转变观念，把握新形势新要求，研究新情况新问题，更加自觉地把思想认识从不符合文化科学发展的思想观

念和思维定势的桎梏中解放出来，从不符合文化科学发展的做法和规定的限制中解放出来，从不符合文化科学发展的传统体制的束缚中解放出来，坚持中国特色社会主义文化发展道路，全面推进文化大发展大繁荣。二是要始终坚持把文化体制改革作为文化发展的动力，在深化和完善体制机制上狠下功夫，加快推进文化改革创新，进一步健全党委领导、政府管理、行业自律、社会监督、企事业单位依法运营的文化管理体制和富有活力的文化产品生产经营机制。对于改革还没有完全到位的，要狠抓薄弱环节、薄弱领域。已经实现转企改制的文化企业，要把改革改组改造和加强管理紧密结合起来，加快股份制改造，完善现代企业制度。要进一步推动政企分开、政事分开、政资分开、政府与市场中介组织分开，理顺政府与文化企事业单位的关系，完善管人管事管资产管导向相结合的国有文化资产管理体制，完善统一开放竞争有序的现代文化市场体系。要大力推进文化内容创新、形式创新、传播手段创新、业态创新、科技创新，不断焕发文化发展的内在动力和生机活力。三是要以农村和老少边穷地区为重点，着力构建覆盖城乡、结构合理、功能健全、实用高效的公共文化服务体系，加快城乡文化一体化发展，使文化建设成果惠及全民。四是要以文化产业成为国民经济支柱性产业为目标，着力推动文化产业跨越式发展，加快文化产业结构战略性调整，一手抓传统文化产业，一手抓新兴文化产业，推动文化产业成为国民经济支柱性产业，为推动科学发展提供重要支撑。五是要紧紧围绕多出精品力作，不断加大对文化产品创作生产引导的力度，全面提升文化创作生产的质量和水平。六是要紧紧围绕提升国家文化软实力，创新文化走出去模式，全方位开展对外宣传、对外文化交流和对外文化贸易，不断扩大中华文化的国际竞争力和影响力。七是在人才队伍建设上要以激发活力和创造力为重点，着力建设一支德才兼备、锐意创新、结构合理、规模宏大的文化人才队伍，为社会主义文化大发展大繁荣提供有力的人才支撑。

加快文化改革发展、推动社会主义文化大发展大繁荣，是时代的呼唤，是人民的期待，是全面建成小康社会、加快推进社会主义现代化、实现中华民族伟大复兴的迫切要求。让我们紧密团结在以胡锦涛同志为总书记的党中央周围，深入贯彻落实中央精神，奋发进取、开拓创新、扎实工作，在坚持和发展中国特色社会主义的伟大实践中进行文化创造，为把我国建设成为社会主义文化强国而努力奋斗！

注　释

〔1〕国有经营性文化单位的转企改制。截至2012年9月，全国有改革任务的580家出版社、3000家新华书店、850家电影制作发行放映单位、57家广电系统所属电视剧制作机构、38家党报党刊发行单位等已经全部完成转企改制；全国2103家有改革任务的文化系统国有文艺院团已有2093家完成改革任务，占总数的99.5%；全国3388种应转企改制的非时政类报刊已有3041种完成改革任务，占总数的89.8%；中央和全国28个省区市（除新疆、西藏、青海外）应转企改制的重点新闻网站中，80%以上已完成和基本完成改革任务。据不完全统计，全国共注销经营性文化事业单位法人6950家、核销事业编制近29.4万个。

〔2〕人民网，是依托人民日报社成立的重点新闻网站，创办于1997年1月1日，前身为人民日报网络版，用中文、英文、日文、法文、西班牙

文、俄文、阿拉伯文等 7 种语言向全世界发布信息。2009 年 12 月转企改制，2012 年 4 月 27 日人民网股份有限公司在上海证券交易所成功上市，成为第一家在国内 A 股上市的新闻网站。

〔3〕新华网，是由新华社主办的重点新闻网站，每天以中文、英文、法文、西班牙文、俄文、阿拉伯文和日文等 7 种语言发布新闻信息，是具有全球影响的中文新闻网站之一。前身是 1997 年 11 月开通的新华社网站，2000 年 3 月改为现名，2010 年 3 月转企改制。

〔4〕央视网，指中央电视台主办的网站，是集新闻、信息、娱乐、服务为一体，具有视听、互动特色的综合网络媒体，1996 年 12 月建立并试运行，2010 年转企改制。

〔5〕广电传输网络省内整合。截至 2012 年，除西藏外，全国各省区市均已完成广电传输网络整合，组建省级广电传输网络公司。全国有线电视用户突破 2 亿户，其中数字用户 1.15 亿户，有线电视数字化比重从 2004 年的不到 1% 提高到 57.5%。

〔6〕文化产业整体规模和实力。据统计，2004 年我国文化产业增加值为 3440 亿元，占同期国内生产总值的 2.15%；2011 年文化产业增加值为 13479 亿元，占同期国内生产总值的 2.85%，比 2010 年增加 21.9%，高于同期国内生产总值现价年增长速度 4 个百分点。

〔7〕大型国有或国有控股文化企业。改革极大解放和发展了文化生产力，一批国有或国有控股文化企业在市场竞争中做强做大，规模、实力和竞争力显著提升，2011 年资产或销售收入超过 100 亿元的企业约 10 家，成为文化领域的主导力量。如江苏凤凰出版传媒股份有限公司 2011 年销售额超过 142 亿元，总资产接近 200 亿元，净资产超 127 亿元。

〔8〕"外圆内方"，是中华传统文化的一个重要哲学思想，源自我国古代的"天圆地方"说。这一原本关于天地形状的认识，后来逐步引申到治国、做人之道，由自然观、宇宙观演变为社会观、历史观、人生观、价值观，与"天人合一"、"道法自然"等学说一起发展为中华传统文化的重要思想，

渗透到经济、政治、社会和人生的各个方面,成为分析和解决问题的重要方法论。所谓"圆",代表圆润、通达、柔和、包容;所谓"方",代表棱角、刚正、规矩、原则。"外圆内方"的精髓,就是原则性与灵活性的有机统一,既站稳自身立场,坚持原则,又审时度势,因地制宜,采用灵活有效的方法手段,实现动机与效果的完美统一,保证顺利完成预期目标。

沿着中国特色社会主义文化
发展道路阔步前进[*]

（2012年11月8日）

> 中国特色社会主义文化发展道路，就是高举中国特色社会主义伟大旗帜，以邓小平理论、"三个代表"重要思想、科学发展观为指导，坚持社会主义先进文化前进方向，以科学发展为主题，以建设社会主义核心价值体系为根本任务，以满足人民精神文化需求为出发点和落脚点，以改革创新为动力，发展面向现代化、面向世界、面向未来的，民族的科学的大众的社会主义文化，培养高度的文化自觉和文化自信，提高全民族文明素质，增强国家文化软实力，弘扬中华文化，努力建设社会主义文化强国。

党的十六大以来，以胡锦涛同志为总书记的党中央坚持以邓小平理论、"三个代表"重要思想、科学发展观为指导，从全面推进中国特色社会主义总体布局，推进全方位改革和社会主义制

---

[*] 这是李长春同志在参加党的十八大四川代表团讨论时发言的一部分。

度自我完善，提高党的执政能力、维护国家文化安全和战略安全的大局出发，始终把文化建设放在党和国家全局工作重要战略地位，作出一系列重大部署，坚持不懈推进文化体制改革，文化领域整体面貌和发展格局焕然一新，形成了社会主义文化大发展大繁荣的生动局面。

10年来，我们党领导文化改革发展取得的最大成就，就是初步走出了一条中国特色社会主义文化发展道路。中国特色社会主义文化发展道路，鲜明回答了新的历史条件下我国文化改革发展走什么路、朝着什么样的目标迈进这个带有方向性、战略性的重大问题，是我们党不断推进实践基础上的理论创新在文化建设领域取得的重要成果，是新中国成立特别是改革开放以来我国文化建设实践的经验总结，是中国特色社会主义道路的重要组成部分。这条道路明确了新形势下推进我国文化改革发展的指导思想、重要方针、目标任务、政策举措，反映了我们党对推进我国文化建设总体格局的深刻把握。我理解，中国特色社会主义文化发展道路，就是高举中国特色社会主义伟大旗帜，以邓小平理论、"三个代表"重要思想、科学发展观为指导，坚持社会主义先进文化前进方向，以科学发展为主题，以建设社会主义核心价值体系为根本任务，以满足人民精神文化需求为出发点和落脚点，以改革创新为动力，发展面向现代化、面向世界、面向未来的，民族的科学的大众的社会主义文化，培养高度的文化自觉和文化自信，提高全民族文明素质，增强国家文化软实力，弘扬中华文化，努力建设社会主义文化强国。可以概括为：高举一面旗帜——中国特色社会主义伟大旗帜，坚持一个方向——社会主义先进文化前进方向，把握一个主题——科学发展，围绕一个根本任务——建设社会主义核心价值体系，抓住一个出发点和落脚点——满足人民精神文化需求，依靠一个动力——改革创新，实现一个目标——建设社会主义文化强国。中国特色社会主义文化发展道路的形成，是继毛泽东同志在延安文艺座谈会上发表重要讲话之后我们党领导社会主义文化建设进程中又一个具有里程碑意义的重大贡献，为新形势下加快推进文化改革发展指明了前进方向、提供了根本遵循。

10年来，我们不断深化文化体制改革，取得了重要的阶段性成果，开创了文化建设新局面。改革开放是决定当代中国命运的关键抉择，是新时期最鲜明的时代特征。深化文化体制改革，是我们党高举改革旗帜不动摇，继经济体制改革、政治体制改革、教育体制改革、科技体制改革、卫生体制改革之后，作出的又一项关系全局的重大决策。改革开放以来，我们党高度重视文化建设，在文化体制机制创新方面进行了有益的探索，取得了显著的成绩。但由于历史和现实的原因，由于文化自身的特殊性敏感性，文化领域在计划经济体制下形成的传统思维观念和体制机制影响还比较深，文化发展落后于经济社会发展的局面总体上还没有改变。而且，党的十六大报告鲜明提出："我们党历经革命、建设和改革，已经从领导人民为夺取全国政权而奋斗的党，成为领导人民掌握全国政权并长期执政的党；已经从受到外部封锁和实行计划经济条件下领导国家建设的党，成为对外开放和发展社会主义市场经济条件下领导国家建设的党。"作为党的领导的重要组成部分，党对文化工作的领导也必须适应这两个转变，作出相应调整。进入新世纪新阶段后，面对世情、国情、党情的深刻变化，文化发展面临着一系列深刻而严峻的挑战。形势逼人，不进则退。时代呼唤改革、人民期盼改革、实践要求改革。深化文化体制改革的使命，历史性地摆在全党全国面前，迫切需要我们党作出战略抉择。党的十六大审时度势、知难而进，鲜明地作出继续深化文化体制改革的重大部署。10年来，我们迎难而上、攻坚克难，推动文化体制改革由点到面、有序推开、逐步深化，取得了重要的阶段性成果，开创了文化建设新局面，初步走出了一条中国特色社会主义文化发展道路，并为进一步开拓中国特色社会主义文化发展道路奠定了坚实的实践基础，积累了宝贵经验。实践充分证明，中国特色社会主义文化发展道路，符合我国基本国情、顺应时代发展要求、体现文化发展规律、引领文化繁荣昌盛，是一条科学发展、改革创新的文化强国之路。

10年来，我们不断深化对文化发展规律的认识，形成了一系列符合科学发展观要求的新的文化发展理念，为进一步开拓中国特色社会主义文化发展道路提供了有力的思想理论支撑。一是在文化地位和作用上，明确文化建设是中国特色社会主义事业总体布局的重要组成部分，文化越来越成为民族凝聚力和创造力的重要源泉、越来越成为综合国力竞争的重要因素，丰富精神文化生活越来越成为我国人民的热切愿望。二是在文化发展方向上，明确要牢牢把握社会主义先进文化前进方向，建设社会主义核心价值体系，发展面向现代化、面向世界、面向未来的，民族的科学的大众的社会主义文化。要大力发展先进文化，支持健康有益文化，努力改造落后文化，坚决抵制腐朽文化。三是在文化发展目的上，明确要坚持以人为本，把满足人民精神文化需求作为出发点和落脚点，保障人民基本文化权益，丰富人民精神文化生

文化强国之路

活。四是在文化发展动力上，明确要坚持改革创新和科技进步，破除制约文化发展的体制性障碍，不断解放和发展文化生产力。五是在文化发展思路上，明确要一手抓公益性文化事业、一手抓文化产业，一手抓繁荣、一手抓管理，做到两手抓、两加强，推动文化全面协调健康发展。六是在文化发展格局上，明确要积极吸引民营资本、海外资本参与文化建设，形成以公有制为主体、多种所有制共同发展的文化产业格局，以民族文化为主体、吸收外来有益文化的文化开放格局。七是在文化发展战略上，明

2012年11月8日，李长春参加党的十八大四川代表团讨论时，与代表亲切交谈。右三为四川省委书记刘奇葆，右一为四川省省长蒋巨峰。（新华社记者马占成摄）

确要提升国家文化软实力，提高全民族的思想道德素质和科学文化素质，促进人的全面发展，实施文化走出去战略，增强中华文化国际影响力。八是在文化发展领导力量和依靠力量上，明确要始终坚持党对文化工作的领导，充分发挥人民群众在文化建设中的主体作用，最大限度地发挥广大文化工作者的积极性、主动性、创造性。这些新的文化发展理念，进一步丰富了科学发展观的内涵，是中国特色社会主义文化发展道路的理论支撑。

总之，中国特色社会主义文化发展道路是我们党领导文化建设取得的重大理论创新和实践创新成果，体现了科学发展观的内在要求，反映党的宗旨、符合中国国情、顺应人民要求，具有鲜明的民族特色和时代特色，是最能鼓舞中华儿女不断增强文化自觉和文化自信，凝聚全社会智慧力量投身文化建设，不断解放和发展文化生产力，推动社会主义文化大发展大繁荣的唯一正确道路。始终坚持这条道路不动摇，我们就能在实现中华民族伟大复兴的历史征程中不断开创社会主义文化建设新局面，创造中华文化的新辉煌，实现建设社会主义文化强国的宏伟目标。

解放思想、转变观念,牢固树立符合科学发展观要求的新的文化发展理念

实践呼唤改革*

（2003年4月13日）

> 事实证明，哪里有改革，哪里就有新局面。改则兴，不改则衰。

一

我有这么几点感受：第一，深深感到基层在呼唤改革，实践在呼唤改革。基层对改革认识的高度和实践的进度，是出乎我们意料的。现在看来，基层对文化产业和文化体制改革的认识，已经走在了主管机关的前面。这充分说明了党的十六大提出的深化文化体制改革的必要性和重要性。第二，对改革的基本方向有了进一步的认识。改革的核心是解决面向群众、面向市场的问题。对于改革，原来是侧重于做强做大，现在看来这不是主要矛盾。文化体制改革要建立与社会主义精神文明建设的特点和规律相符合，与社会主义市场经济发展要求相适应的体制

---

* 这是李长春同志在云南大理文化体制改革座谈会上的讲话。

和机制。两者之间,主要矛盾是面向市场不够,也就是面向群众不够。"两点论"的重点论,重点是面向市场,这是问题的症结所在。第三,对改革要做好充分的思想准备、理论准备和工作准备。搞好试点的关键是做好思想、理论、工作准备。试点工作能不能搞好,取决于这三个准备。试点工作会议可以晚一点开,把这三个准备做得再充分一些,特别是要吸收基层的营养。正确的认识是从群众中来,从实践中来。只在办公室苦思冥想是不行的,要走出去,到群众中丰富这三个方面的准备。第四,现在正是发展先进文化、推进文化体制改革的有利时机。宣传文化部门要牢固树立发展是第一要务的观念。要抓住机遇,乘势而上。有许多地方已经把发展先进文化与推动经济建设、建设小康社会结合起来,以文化建设带动地区发展。我们要适应这个形势。

二

我在这里提几点建议:第一,请中宣部、文化部把做好思想准备和理论准备工作摆在首位,特别是要引导方方面面,按照党的十六大精神,做到"三个解放出来"[1]、"三个一切"[2]。要把有关问题弄清楚,明确改革的必要性和方向、改革要解决的问题,真正把思想认识统一到党的十六大精神上来。要做好充分的思想准备和舆论准备,准备不足容易走弯路。第二,文化体制改革一定要坚持先试点。要对文化体制改革的艰巨性、复杂性有充分的思想准备,认真搞好试点。尽管经济体制改革已经搞了二十多年,但宣传文化领域有相当一部分还长期游离于社会主义市场经济体制之外，观念、做法上还有浓厚的计划经济色彩，不适应社会主义市场经济的要求。对这个问题要有充分的估计，一定要坚持先搞好试点，重点抓好试点，要选好试点单位。具体试点由中宣部研究再定，要有后备对象，保证试点成功。试点之外的地区仍保持原样。地方根据自己的情况主动进行改革，我们赞成，但目前不组织非试点单位和地区进行体制改革。第三，要注意坚持调查研究，总结经验，用典型引路。要坚持用马克思主义认识论指导改革。中宣部、文化部还要组织更多的人深入进行调查研究。到下面亲身感受来自实践的思路、经验，对我们来说就是解放思想的过程。要更深入地开展调查研究，总结典型经验。要用不同的典型来引导。试点各个阶段都要通过典型来引导。当前要准备开好试点工作会，试点工作会议上就请典型发言，争取用几个好的典型经验来推动开好试点工作会议，试点会议本身就是一个解放思想的会议。第四，指导改革，始终要突出体制和机制创新。"三贴近"要有体制机制创新来保证。体制机制创新才能使"三贴近"落到实处，否则容易流于口号、流于形式。关键是体制机制创新。以前文化事业单位侧重于人事、分配制度等方面的改革，虽然有一定成效，但关键的还是体制问题。体制机制创新了，这些问题就会迎刃而解。事实证明，哪里有改革，哪里就有新局面。改则兴，不改则衰。科研单位的改革就取得了成功。对科研单位改革开始也有担心。改革前，科研单位没有在市场中找到位置。经过改革，在市场中找到了位置。课题从市场中来，成果在市场中交换，单位就活起来了。

文化强国之路

三

在具体环节上,中宣部等有关部门还要深入研究以下几个问题:一是集团化问题。涉及下一步如何推进集团化建设。集团应该是企业,但现在的集团大都是事业性质。这个问题不弄清楚,就容易不伦不类。二是关于为人民服务、为社会主义服务与面向市场之间的关系问题。讲为人民服务都赞成,但一提面向市场就有不同意见。两者应该是统一的。文化产品进入市场,通过商品交换,受到群众欢迎,为人民服务的任务就完成得好。这就关系

2003年4月13日,李长春在云南省德宏傣族景颇族自治州潞西市,向基层干部和群众了解民族地区文化改革发展和生态环境保护情况。右八为云南省委书记白恩培。

(新华社记者周重要摄)

到文化到底是面向群众还是面向领导。三是社会效益和经济效益的关系。两者的要求是不同的,要研究两者在什么条件下能统一,在什么条件下不能统一。社会效益好是否经济效益就好,检验社会效益的标准是什么,谁是检验的主体。不论怎么改革,都要坚持把社会效益放在首位。四是把企业和事业关系弄清楚。企业和事业的性质本来是很清楚的,实践中的主要担心是,变成企业是否就管不住了。为什么事业就能管住,企业就管不住。五是市场和先进文化之间的关系。什么是先进文化,先进文化能不能进入市场,先进文化同市场是不是割裂开的、对立的?这些问题都要研究清楚。中宣部、文化部既是党中央和国务院关于文化体制改革的推动者、执行者,又是思想库和智囊团。要吸取基层营养,把影响改革的一些问题说清楚,把党的十六大提出的文化体制改革的方针、原则和要求具体化,从理论和实践的结合上,解决影响改革的认识问题。要借用社会各方面的力量,帮助我们认清一些问题。对国际上一些好的经验,也要注意借鉴和吸收。现在,有这样一个现象,就是像美国这样历史文化资源不太丰厚的国家,却是文化产业大国,其价值观通过文化产品向全世界推广。而一些文化资源大国,却是文化产业小国。文化的扩展应该如何进行?是不是有两个支柱,一个是市场,一个是科技。美国主要就靠这两个手段,使其文化产品风靡世界。在国内也有类似情况,像深圳这样一个文化资源很少的地方,文化产业发展很快,影响很大,如"世界之窗"[3],看的人非常多,常演不衰。党的十六大对文化体制改革提出了明确的方向和要求,但现在看来,我们有很多问题从理论上都还没有弄清楚。

四

在改革中，要注意认真把握以下一些问题：一是对意识形态属性比较强的重要单位要把住，确保公信力，不为资本所左右；对一般单位，主要是放，在放中引导，依法管理；对介乎两者之间的，要有管有放。二是对体现国家水准的艺术院团和一般艺术院团要分类指导。对重点文化遗产和民间文化要分类指导。对推向市场的文化单位也要老人老办法，新人新办法。三是要用典型引路。试点要积极，总结推广要稳妥。指导改革是否可以归纳为这几句话：因地制宜，分类指导，典型引路，循序渐进。第一位的要面向群众、面向市场。要处理好点和面的关系。

文化体制改革非常艰巨复杂。有利的方面是我们有二十多年经济体制改革的经验，有教育科研单位改革的经验。文化确实有双重属性的问题，能否把文化的两个属性都处理好，是改革成败的关键。

注　释

〔1〕"三个解放出来"，指党的十六大报告提出的"自觉地把思想认识从那些不合时宜的观念、做法和体制的束缚中解放出来，从对马克思主义的错误的和教条式的理解中解放出来，从主观主义和形而上学的桎梏中解放出来"。

〔2〕"三个一切"，指党的十六大报告提出的"一切妨碍发展的思想观念都要坚决冲破，一切束缚发展的做法和规定都要坚决改变，一切影响发展

的体制弊端都要坚决革除"。

〔3〕世界之窗，是香港中旅（集团）有限公司在深圳创建的大型文化旅游景区，1994年6月开业，集中展示世界奇观、古今名胜、民俗风情以及民间歌舞表演等。

思想观念是个总开关[*]

（2003年4月至6月）

> 要坚持用马克思主义认识论指导改革。要组织更多的干部深入基层调查研究，到实践中感受基层干部群众的改革热情、积极性和创造性，向实践学习，向群众学习，在实践中找到改革的思路和措施，而不能坐在屋子里凭主观想象搞改革。

一

深化文化体制改革首先要解决思想观念问题。思想观念是个总开关。要把广大干部的思想统一到党的十六大精神上来，做到自觉地把思想认识从那些不合时宜的观念、做法和体制的束缚中解放出来，从对马克思主义的错误的和教条式的理解中解放出来，从主观主义和形而上学的桎梏中解放出来；做到一切妨碍发展的思想观念都要坚决冲破，一切束缚发展的做法和规定都要坚决改变，一切影响发展的体制弊端都要坚决革除。要深刻理解党

---

[*] 这是李长春同志三篇讲话的节选。

的十六大提出的这些重要论断，充分认识文化体制改革的必要性和紧迫性，明确改革方向，在认识上有一个新飞跃。要坚持用马克思主义认识论指导改革。要组织更多的干部深入基层调查研究，到实践中感受基层干部群众的改革热情、积极性和创造性，向实践学习，向群众学习，在实践中找到改革的思路和措施，而不能坐在屋子里凭主观想象搞改革。还有一些观念问题要解决。比如，先进文化与市场的关系，是不是先进文化不能进市场，进市场就没有先进文化？比如，社会效益和经济效益的关系，什么条件下能够做到两者的统一，什么条件下不能统一？有没有不讲经济效益的社会效益，是不是有社会效益就可以不讲经济效益？再比如，事业和企业的关系，是不是把事业变成企业就一定会偏离社会主义方向，就会不听话，就管不住了？还有一个高雅文化和大众文化的关系，高雅文化要不要进入市场，怎样变为群众的消费？另外，政府扶持和进入市场有什么关系，扶持后有一些能否进入市场？类似这样的观念和实践问题还有一些。搞清楚这些问题，是深化文化体制改革的前提，是解放思想的必要过程。思想准备、理论准备工作的责任不在基层，而是在上层。思想和理论准备不足要走弯路。中宣部、文化部等都要加强思想库、智囊团的建设，还可把社科院、党校的力量组织起来，研究这些理论和实践问题，为科学决策和民主决策提供依据。适当时候，可就发展社会主义先进文化和深化文化体制改革召开研讨会，务务虚，开阔开阔思路，做好思想和理论准备。

（2003年4月13日在赴重庆云南调研小组座谈会上讲话的一部分）

二

党的十六大给我们提供了强大的思想武器——解放思想、实事求是、与时俱进。要把影响我们加快发展的思想观念问题找准，以党的十六大精神为武器来推动新一轮的思想解放，真正落实党的十六大报告提出的"三个解放出来"和"三个一切"。这对于欠发达地区是十分有针对性的，有着非常重要的指导意义。西部地区发展上的差距，固然有客观条件的限制，但主观方面首先是观念上的差距。因此，我们的观念、做法、规定、体制、机制都要服从发展的需要，突出发展这个执政兴国的第一要务，努力营造解放思想、实事求是、与时俱进的良好氛围，努力营造聚精会神搞建设、一心一意谋发展的良好氛围。

文化领域之所以出现诸多不适应，关键是能否与时俱进，因此解放思想是解决问题的总开关。要首先解决不重视文化建设的问题。文化建设既能对经济建设提供精神动力、思想保证和智力支持，同时它本身也是全面建设小康社会的一个重要目标，发展文化是社会主义精神文明建设的途径之一，也与经济建设密切相关。所以，它既是手段又是目的，不是可有可无的，是三大目标之一。党的十六大报告深刻指出：当今世界，文化与经济和政治相互交融，在综合国力竞争中的地位和作用越来越突出。文化的力量，深深熔铸在民族的生命力、创造力和凝聚力之中。各级党委要按照党的十六大精神，真正把思想认识统一到关于宣传思想文化工作的部署上来，深刻认识文化建设的战略意义，推动文化的发展繁荣。解放思想的另一个方面，就是我们要从计划经济体制下所形成的发展文化的观念中解放出来，从只注重文化的意识形态属性转向既要重视意识形态属性，又要重视经济属性、产业属性、商品属性，以及促进人的全面发展的功能，把发展文化产业作为市场经济条件下繁荣社会主义文化的重要途径，把发展文化产业同发展文化事业一样作为发展先进文化的重要途径。云南以务虚会的形式寻找阻碍发展的思想观念，扫除阻碍文化发展和文化体制改革的思想观念，是一个可以借鉴的办法。希望你们坚持以马克思主义为指导，进一步解决好解放思想的问题。

（2003年4月15日在听取云南省委省政府工作汇报时讲话的一部分）

三

在思想观念上，我们也有一个与时俱进的问题。一是要提高对文化重要性的认识，克服那种认为文化只是蹦蹦跳跳、可有可无，对文化不重视的思想。随着整个社会的变化，文化与经济紧密交融，在综合竞争能力中的地位越来越重要，文化为现代化建设提供强大的精神动力和智力支持，文化极大地提高人民群众的思想道德素质和科学文化素质，文化的力量深深熔铸在一个国家和一个地区群众的生命力、创造力和凝聚力之中，有些专家把它称作软实力。对这个问题，不是所有的领导者都认识到了。党的十六大提出的全面建设小康社会的目标，是包含经济、政治、文化全面发展的目标。我们一定要在认识上与时俱进。二是要从长期以来在计划经济条件下形成的文化发展观念中解放出来，冲破旧体制的束缚，走出一条既适应社会主义市场经济发展要求，又符合社会主义精神文明建设特点和规律的文化发展新路子。长期以来我们把经营性文化产业等同于公益性文化事业，政府大包大揽，缺乏活力。党的十六大明确指出，发展文化产业是市场经济条件下繁荣社会主义文化、满足人民群众精神文化需求的重要途径，为我们实现观念创新指明了方向。三是既要重视文化产品的意识形态属性，又要重视文化产品的产业属性和商品属性。在"文化大革命"中，由于"左"的思潮影响，把文化局限于单一的意识形态属性，否定它的产业属性、商品属性，从而把计划经济体制推向了极端，彻底与市场切断，使相当一批文化单位走入了死胡同。现在，我们要回归到文化发展的客观规律上来，既要看到它的意识形态属性，又要看到产业属性和商品属性。意识形态属性是文化产品的特殊性，商品属性是文化产品的普遍性。既不能因为特殊性而排斥普遍性，也不能因为普遍性而忽视特殊性。作为意识形态属性，它有教育人民、引导社会的功能，因此要始终坚持先进文化的前进方向；作为商品属性，它必须面向市场，展开竞争，因此要遵循市场法则，要讲投入产出。当然，在发展市场经济过程中，也要注意防止另外一种倾向，就是只强调产业属性、商品属性，而忽视意识形态属性，要把两者有机结合起来。在实践中，一些同志把思想性、艺术性和观赏性割裂开来，把社会效益与经济效益对立起来，甚至把得了奖就认为是社会效益好，把手段和目的割裂开来，其结果既没有经济效益也没有社会效益，以至于一些国有文化单位在现行体制下难以为继。

这些问题都说明，文化体制改革势在必行，实践呼唤改革，时代要求改革，基层呼吁改革。党的十六大提出深化文化体制改革,反映了广大人民的心声,是贯彻落实"三个代表"重要思想的要求,不是哪个人的主观意志。

(2003年6月2日在吉林省振兴中国电影事业和深化文化体制改革座谈会上讲话的一部分)

破除妨碍文化改革发展的
思想观念和体制弊端[*]

（2003年5月14日）

> 社会主义市场经济条件下，市场检验就是群众检验。坚持面向群众、面向市场，就是占领意识形态阵地，就是符合"三个代表"重要思想要求，就是坚持了"二为"方向。

围绕着发展先进文化，确实是存在很多思想观念上的障碍，体制上的弊端，以及一些束缚发展的做法和规定。在思想观念上，我觉得大家谈的这几个方面都很好：第一，确实我们一些领导同志对发展文化的重要意义重视不够，因此在实际工作中还不能摆到重要议程上，还是认为文化可有可无，没有把它作为社会主义物质文明、政治文明、精神文明之一摆到重要位置上来。我看这个意见讲得很好。第二，确实存在着计划经济体制下形成的传统文化发展观念的束缚。现在存在着怎么样从传统的文化发展观向适应社会主义市场经济发展要求的新的文化发展观转变的问

---

[*] 这是李长春同志在湖北省文化体制改革座谈会上的讲话。

题，主要就是我们的文化或者说文化产品，在体制上远离市场，这是最大的一个要害。在社会主义市场经济条件下，绝大多数文化产品，都是通过商品交换来变成广大群众的消费品，远离市场也就远离了群众。把坚持正确导向与进入市场对立起来，以为进入市场就难以坚持正确导向。其实，不进入市场，结果是导向也没落实到群众中去，导向也是空的，或者说是流于形式。所以说，远离市场的结果是既没有经济效益，也没有社会效益，没有坚持为人民服务、为社会主义服务的"二为"方向，这是我们一个比较普遍的问题。第三，我们长期只注重文化产品的意识形态属性，对很多文化产品具有产业的属性、经济的属性注重不够。因此在实际工作中，往往把经营性文化产业混同于公益性文化事业，界限不清楚，结果就造成了政府主导的没到位，应该推向市场的也没推向市场，两者都没发展好。第四，对群众只注重了教育的一面，而服务的一面力度不够，对群众多方面、多层次、多形式的需求重视不够。大家谈的这几个认识问题，既涉及微观主体的问题，也涉及宏观管理体制的问题。在宏观管理体制上，确实存在着管办不分、多头管理、职责不清的问题，所以我们就要结合贯彻党的十六大精神，进一步理顺政府和文化企事业单位之间的关系。政府要从过去主要是办文化转向管文化，从过去面向直属单位转向面向全社会。将来我们在深化改革的过程中，特别是试点的过程中，要制定相应的办法，起码要在省以下这些层次，最大限度地理顺政府与文化企事业单位之间的关系，最大限度地解决多头管理的问题。大家在发言中还谈到了一些做法、规定限制文化发展的问题，比如以公有制为主体、多种所有制经济共同发展这一基本经济制度在文化领域怎么体现，有的是政策还不够明确，门槛过高；有的是改革和发展的政策不配套；有的是一些文化事业单位转为企业后，职工从单位人转为社会人，老体制留下来的社会保障问题没有一个明确的说法；等等，我看讲得都挺好。

中央对文化体制改革很重视，确定先试点，在试点基础上制定方案。试点方案中央政治局常委会议专门讨论过一次。原来考虑的试点省，定的是广东省和浙江省，因为他们市场化程度更好一点，没在中西部选。中西部选的是市，重庆和西安。我想湖北可不可以自学成才，自己选几个点，先试点，后推开，区别情况，逐步深入。

根据大家谈的意见，我感到，在深化文化体制改革过程中，首先要坚持"两手抓"，就是一手抓公益性文化事业，一手抓经营性文化产业。公益性文化事业由政府主导，经营性文化产业由市场主导，把大界限界定清楚。要明确公益性文化事业的任务，很好地落实政策。博物馆、文化馆、图书馆，加上基层的文化站，这"三馆一站"是最基本的公益性文化基础设施，必须由政府主导，当然也可以吸收社会各方面的捐助，但总体上靠政府主导。公益性文化事业当前突出的问题是投入严重不足，长期以来我们在公益性文化事业上欠账太多。所以要加大财政对文化投入的力度，重点用于基层文化设施的建设和群众文化活动的开展。现在看，城市社区文化中心确实解决了很大问题，使社区群众特别是离退休职工有个活动阵地，居民委员会开展工作也有个抓手了。乡镇文化站和村文化活动室对农村也非常必要，现在农村赌博屡禁不止，非法宗教活动也屡禁不止，一个重要原因就是基层健康的文化活动太薄弱，一定要下决心改变这种状况。当然，公益性文化事业也有一个深化改革、转换机制的问题，主要是两个方面，一个是怎么样面向群众、提高服务水平，一个是怎么增强活力。公益性文化事业单位要搞好劳动人事、收入分配和社会保障制度改革，这三项制度改革最适合公益性文化事业单位。公益性文化事业单位中还有一种情况，就是党的十六大报告中提到的"四个扶持"，即扶持党和国家重要的新闻媒体和社会科学研究机构，扶持体现民族特色和国家水准的重大文化项目和艺术院团，扶持对重要文化遗产和优秀民间艺术的保护工作，扶持老少边穷地区和中西部地区的文化发展。当然，这"四个扶持"也要区别对待，有的是要扶持不进入市场，如重点社科研究机构；有的是要提高服务水平，如老少边穷地区和中西部地区的公共文化服务；有的是扶持了也得进市场，如体现国家水准的艺术院团。

经营性文化单位要用多种形式进入市场，引进股份制改造也好，民间资本进入也好，关键是要尽快进入市场。进入市场不是依靠行政动力，即依靠上级动员，而是要建立与市场接轨的体制，成为合格的市场主体，即转企改制建立内生动力。国有文艺院团转为企业进入市场要有政策保障，我主张最重要的是两条：一条是对已经退下来的或接近退休的职工，采取老人老办法，解决他们的社保问题，帮助企业卸下包袱；另一条是原来财政扶持资金不动，或根据情况几年不动，可以在实践中看。有了这两条，应该说就解决了后顾之忧，就没有道理不进入市场。文艺院团进入市场，最主要的是增强了活力，可以最大限度地满足广大人民群众不断增长的精神文化需求。否则就是业界所讲的，"政府是投资主体，领导是基本观众，评奖是主要目的，仓库是最终归宿"。表面上看得了很多奖，实际上得奖后就刀枪入库了，群众没有看到。所以你说你坚持了导向，你导谁了呢，导领导了，没导到群众，社会效益和经济效益全部是空的，或者是泡沫繁荣。要解决这个问题，必须要进入市场，由市场来检验。社会主义市场经济条件下，市场检验就是群众检验。坚持面向群众、面向市场，就是占领意识形态阵地，就是符合"三个代表"重要思想要求，就是坚持了"二为"方向；没有市场，得了奖就刀枪入库，就没体现"三个代表"重要思想，就没坚持"二为"方向，就是"两张皮"，就是脱离群众。

希望湖北结合自己的情况，深化文化体制改革，大胆创新，把党的十六大提出来的"三个解放出来"、"三个一切"落实好，多出精品、多出人才，繁荣社会主义文化，最大限度地满足广大人民群众日益增长的精神文化需求。

进一步做好改革的思想理论准备和工作准备[*]

（2003年6月3日）

> 要按照党的十六大提出的要求，联系文化工作的实际，搞清楚妨碍文化发展的思想观念是什么，束缚文化发展的做法和规定是什么，影响文化发展的体制弊端是什么。

文化体制改革不是一件简单的事情，需要做好进一步的思想理论准备和工作准备。

一是思想理论准备。最重要的还是解放思想，要按照党的十六大提出的"三个解放出来"和"三个一切"的要求，联系文化工作的实际，搞清楚妨碍文化发展的思想观念是什么，束缚文化发展的做法和规定是什么，影响文化发展的体制弊端是什么。特别要围绕文化改革发展方面长期存在的一些争论，如文化的意识形态属性和产业属性的关系，社会效益和经济效益的关系，占领市场和坚守阵地的关系，大奖和大众的关系，高雅文化和通俗

---

[*] 这是李长春同志在吉林省文化体制改革座谈会上讲话的一部分。

文化的关系，公益性文化事业和经营性文化产业的关系等，开点研讨会、务虚会，在思想准备和理论准备上再多做些工作，更好地统一思想。

二是工作准备。就是要制定改革试点工作的具体方案。要在中央政治局常委会议讨论的试点工作方案的指导下，进一步变成操作性更强的具体方案。通过大量的调查研究，总结各方面的意见，提出初步思路，请大家研究。总体上说，我们的文化体制改革，要按照"因地制宜，分类指导，先点后面，统筹兼顾"十六个字的方针来进行。

因地制宜，就是要充分考虑到东部、中部、西部的差异，充分考虑到城市和农村的差异，不搞"一刀切"。东部要先行，中部要跟上，西部要逐步推开。考虑到城市和农村的差异，要先城市后农村。

分类指导，就是文化领域涵盖的范围比较广，要进行科学分类，区别对待。文化按照功能和作用可以划分为两大类，一类是公益性文化事业，一类是经营性文化产业。这是繁荣社会主义文化的"两个轮子"，要坚持"两手抓"，使其都得到加强。公益性文化事业必须确立政府的主导地位。从长远来讲，公益性文化事业不能光靠政府，也要吸纳社会的力量，鼓励社会捐助，但目前要以政府为主导。这个领域要在增加政府投入的同时进行改革，主要是内部改革，提高服务水平。经营性文化产业是以市场为主导的，这个领域的改革首先是体制创新。从意识形态属性上来分类，可以划分成三个档次。第一档次，就是意识形态属性比较强的部分，即党报党刊、电台、电视台。这部分不管怎么改革，党和人民的喉舌性质不能变，党管舆论的体制不能变，党管干部的原则不能变，坚持正确的舆论导向不能变，事业单位的体制不能变。改革主要是把它的经营部分剥离出来，进行企业改制，建立现代企业制度，有条件的可以进行股份制改造，也可以进行间接融资和直接融资，做强做大，更好地支持文化事业的发展。这部分改革，我们要继续把原来确定的试点搞好，把问题吃透。报业集团有一些取得了明显成效，广电集团争议还不小，到底怎么弄，集团和台是什么关系，集团和局是什么关系，要逐步探索，把矛盾摸清。要产生"化学反应"，而不只是物理捏合。这一部分比较敏感，要稳步推进，不能急，在没得出结论前，不要再批准建立新的集团了。第二档次，就是非党报党刊和出版业，这一部分有的意识形态属性比较强，有的不那么强，如英语类报刊、计算机类报刊。过去我们一律按照意识形态阵地来管理，现在看需要解放思想，与时俱进。要把意识形态属性很强的部分继续管住，但对具备面向市场条件的要放开。第三档次，就是图书、音像制品的发行单位，电影、电视文艺节目的制作机构以及一般文艺院团等。相对于前两个档次来说，这部分我们更要解放思想，更应该把它们推向市场。在公益性文化事业和经营性文化产业之间还有一些过渡形态的单位，比如党的十六大提到的"四个扶持"中有些就属于这一类。重要新闻媒体，说它是公益性事业不准确，考虑它是意识形态的核心层，我们可以把它放在公益性文化事业这个角度来指导。重要社科研究机构，原则上是指省级以上的社科研究机构，属于公益性的事业单位，不能产业化，要扶持。体现民族特色和国家水准的艺术院团，要视同为公益性的文化事业来处理、来指导，但标准要严，数量不能多。优秀的民间艺术和重要的文化遗产的保护，要有财政的支持，有些也可以多种形式进入市场，特别是有条件进入市场的，要坚决进入市场，这是最好的传承发展。再就是对老少边穷地区文化建设要给予支持。

先点后面，就是先搞试点，再逐步推开。按照这样的原则，我们确定部分省市进行文化体制改革的综合试点，另外还确定了一些单项试点。待试点拿出经验，制定全国的文化体制改革总体方案之后，面上再推开。

统筹兼顾，就是文化体制改革要兼顾经济、科技、教育、卫生等方方面面的改革，既要借鉴，又要考虑其特殊性。文化体制改革是在经济体制改革以及科技、教育、卫生各方面改革都进展了一段时间的基础上提到日程上来的。社会发展的规律就是，文化要建立在一定的经济基础之上，经济体制改革没有形成比较完整的体系之前，想在文化体制改革上提出很明确的体系和框架，并取得大的突破，是不可能的。现在，通过经济体制改革，我们已经初步建立起了社会主义市场经济体制，而且要在2010年建立比较完善的社会主义市场经济体制。科技、教育、卫生的改革，中央都相应作出了决定，并取得了成效。在这样的大背景下，文化体制改革到了必须跟上的时候了，条件也成熟了。文化体制改革要和经济体制改革相衔接。具体来说，文化体制改革中，原来的文化企业单位和从事业转向企业的单位，要逐步按照《公司法》的要求来运作，这是重要的法律依据。文化体制改革还要和财税体制改革相衔接，改变拨款办法，对公益性文化事业和经营性文化产业要有区别。对于经营性文化产业，不管给予文化单位什么样的支持，都要适应它从事业变成企业这样一种新的形势。还要和相关的改革政策相衔接。比如科研院所的改革先走了一步，分为基础研究类、公益性研究类和技术开发类三个部分，其中开发性研究机构已经都转为企业了，这与文化体制改革很类似，其老人老办法、新人新办法等一些进入市场的扶持政策可以借鉴。要制定一些扶持的政策，让转企改制后的文化企业放下包袱进市场。在财税政策上也要有利于鼓励经营性文化单位通过转企改制进入市场，而不是逆向调节。除此之外，文化体制改革既要遵循社会主义精神文明建设的规律，也要符合社会主义市场经济发展要求。比如，在调控手段上，对于党委和政府开展社会宣传、公益活动的特殊需要，像重大政治活动，像面向中小学生等特殊群体提供文化服务，像面向农村的"三下乡"等方面的文化活动，政府还要拿钱去办，实行"政府采购"，用这种方式来解决政企分开、政事分开。再比如，文化企业的市场准入也有它的特殊性，不能像经济领域那样，搞简单的登记制，有的可以搞登记备案，有的要有一定准入条件。这些都是我们在改革过程中需要统筹兼顾的内容。

认识和树立新的文化发展理念[*]

（2007年9月6日）

> 长期以来，我国的文化传统中缺乏经营理念，文人不言商，君子不言利。文化体制和市场不接轨，同时没有合格的市场主体，也就没有运用高科技的动力，严重影响了我国文化发展的活力。

党的十六大以来，我们深入贯彻落实科学发展观，在文化体制改革上的思路越来越清晰，提出了新的文化发展理念。新的文化发展理念的内容，集中表现在正确认识和处理"两个轮子"、"两种属性"、"两个效益"、"两个格局"、"两个市场"、"两个动力"等一系列问题上。

"两个轮子"。就是公益性文化事业和经营性文化产业构成文化大发展大繁荣的"两个轮子"。我们要坚持"两个轮子"一起转，即一手抓公益性文化事业，一手抓经营性文化产业，促进文化的大发展大繁荣。公益性文化事业是公共文化服务体系的主

---

[*] 这是李长春同志在听取湖北省委省政府工作汇报时讲话的一部分。

体，其功能是保障广大人民群众的基本文化权益；经营性文化产业的功能是繁荣文化市场，满足人们多样化的精神文化需求。前者由政府主导，后者由市场主导。建设公共文化服务体系，除了发挥好公益性文化事业单位的主体作用外，还要调动社会各方面的力量。一方面，经营性文化产业也可以承担公共文化服务，由政府通过招投标等方式购买服务，调动它们参与公共文化服务体系建设的积极性，不能再把它们视作政府的附属物，随意平调，要尊重其市场主体地位；另一方面，要鼓励社会方方面面的力量参与公益性文化事业，如鼓励企业赞助，鼓励个人开办图书馆、博物馆等。中共中央、国务院《关于深化文化体制改革的若干意见》已经对公益性文化事业和经营性文化产业作出了科学的界定。

"两种属性"。文化产品还有"两种属性"的问题，既具有引导社会、教育人民的属性，与我们倡导的社会主流意识形态息息相关，同时也具有产业和商品属性，特别是在社会主义市场经济深入发展的大环境下，文化产品的市场属性更加明显。作为商品的文化产品，必然带有商品的一般属性，同时又具有意识形态的特殊属性。必须正确把握文化产品两种属性之间的关系，不能因为它有商品的一般属性，就忽视意识形态的特殊属性，也不能因为它具有意识形态的特殊属性，就排斥商品的一般属性。

"两个效益"。文化产品所具有的"两种属性"，要求我们必须处理好社会效益和经济效益之间的关系。无论是公益性文化事业还是经营性文化产业，都必须把社会效益放在首位。对于公益性文化事业单位，就是要求它只追求社会效益，必须始终把社会效益放在首位并实现最大化；对于经营性文化产业，就是要在把社会效益放在首位的基础上，努力实现社会效益和经济效益的统

2007年9月4日,李长春同志在湖北省谷城县五山镇中心学校考察。图为李长春询问进城务工人员子女李静的学习情况。　　　　　　　　　　　（郑元昌摄）

一,因为作为产业,没有经济效益就无法实现再生产。而且在社会主义市场经济的条件下,文化产品和服务多数是通过市场交换实现的,在导向正确的前提下,经济效益越好,社会效益也是好的,两者是统一的。

"两个格局"。在对外开放和发展社会主义市场经济的条件下,无论是公益性文化事业还是经营性文化产业,既要有活力又要确保国家的文化安全。为此,我们提出要努力形成"两个格局":一个是以公有制为主体、多种所有制共同发展的文化产业格局,一个是以民族文化为主体、吸收外来有益文化的文化开放格局。这是坚持社会主义先进文化前进方向的重要保证,是确保我国文化主权和文化安全的根本所在。各级领导干部,特别是思想文化领域的各级领导干部务必保持清醒的头脑,以政治意识、大局意识、责任意识落实好"两个格局"。

"两个市场"。要坚持"两个市场"并重,既要牢牢占领国内文化市场,同时也要积极开拓国际文化市场。在经济全球化的大潮中,没有国际竞争力,不仅走不出去,就连国内市场也占不住,所以必须有"两个市场"的概念。文化作为国家软实力的重要组成部分,在综合国力竞争中的作用越来越突出。要推动中华文化走出去,不断增强我国的软实力,就必须要积极开拓国际市场,牢牢占领国内市场,两者相辅相成。

"两个动力"。发展文化事业和文化产业,关键是要靠改革和科技两大动力。美国这样一个文化底蕴不太深厚的国家,为什么能有这么发达的文化产业呢?一是有现代的科学技术,二是有健全的市场体系。这两条,使美国文化产业在国际市场上所向披靡。我国虽然有五千多年的丰厚文化底蕴,却处于"西强我弱"的被动局面,恰恰就是因为我们没有发达的科学技术和健全的文化市场。长期以来,我国的文化传统中缺乏经营理念,文人不言商,君子不言利。文化体制和市场不接轨,同时没有合格的市场主体,也就没有运用高科技的动力,严重影响了我国文化发展的活力。当前,我们就是要解决"两个动力"问题:一是改革,二是科技,而运用科技的动力归根结底也取决于改革。通过改革来塑造和培育文化市场主体,健全文化市场体系,形成有利于文化发展的体制机制,解放和发展文化生产力;通过科技来改造传统文化产业,增强文化的创造力,将我们传统文化的资源优势转化为现实的竞争优势、产业优势,提升我国文化产业的整体水平和竞争力。

变三思而后行为二思而后行*

（2009年11月5日）

> 在伟大的社会变革中，在改革的攻坚阶段，要下决心变三思而后行为二思而后行，把个人的利益抛在脑后，时刻以党和人民的利益为重，只要是有利于党和人民事业的事情，就毫不犹豫地去做。

现在很多人都以为"三思而后行"是孔子的主张，其实这是误解。恰恰相反，孔子是反对三思而后行的。我们不妨看看《论语》原文："季文子三思而后行。子闻之，曰：'再，斯可矣。'"[1]这段话的意思是：季文子要三次考虑以后，才去做某一件事。孔子听到这事，说："考虑两次，就可以了。"[2]由此可见，《论语》中"三思而后行"并非出自孔子之口，而是季文子的行事原则。季文子，春秋时期鲁国大夫，《左传》记载，季文子之为人，于祸福利害，计较过细。孔子对季文子的做法进行了批评，认为考虑两次就可以了。宋代学者程颐[3]就此解释说："三则私意起而

---

* 这是李长春同志发表在《人民日报》上的文章。

反惑矣，故夫子讥之。"现代学者钱穆[4]在《论语新解》一书中注解此句时指出："事有贵于刚决，多思转多私，无足称。"这些注释赞同孔子的观点，对季文子的行事原则提出了批评，认为考虑过多就会生出私心杂念来，办事瞻前顾后，优柔寡断，不值得称道。

在现实生活中，孔子对季文子的批评对各级领导干部很有借鉴意义。受长期以来传统体制和习惯思维的束缚，在实际工作中会遇到大量需要从体制机制创新中求得突破的问题。在这些问题面前，领导干部往往会出现三种情况。第一种是善于研究和发现事物的内在规律，敢于突破陈规陋习，勇于用改革的办法破解难题，收到了事半功倍的效果，甚至为全局创造了经验，取得了显著政绩。改革开放以来涌现了大批这样的干部，值得称道。第二种是循规蹈矩、就事论事，头痛医头、脚痛医脚，虽然工作尚属勤奋，但缺乏辩证思维能力、开拓创新意识，习惯于围绕传统体制做文章，习惯于用管理和协调去弥补体制上的弊端，往往事倍功半。这样的干部需要进一步解放思想、更新观念、学习提高，不断增强改革创新的意识和本领。第三种是看到了体制机制的弊端，看到了问题的本质，但害怕费力不讨好，害怕得罪人，害怕上级考核时有人说"坏话"，因此不愿触及矛盾，满足于"门市"工作，好做表面文章。实践中这种干部不乏其人，而且在一定时间内往往"发展"还很顺利，但经不起历史的检验。这样的干部就需要对照一下孔子对季文子的批评，变三思而后行为二思而后行。一思问题症结何在，应不应该从体制机制上进行改革创新；二思怎么能改革好，如何统一思想、明确思路、制定方案、出台政策，增强预见性、提高科学性、注意协调性、完善配套性，努力实现预期目标。只要这两个问题考虑成熟了，足矣。如果有第三思，往往就是考虑推动这项改革会不会对我个人利益有什么影响，会不会得罪人、丢选票，会不会对个人政治利益、经济利益甚至人身安全带来风险，等等。一句话，就是滋生私心杂念，"多思转多私"。因此，这第三思要不得，要下决心变三思而后行为二思而后行，把个人的利益抛在脑后，时刻以党和人民的利益为重，只要是有利于党和人民事业的事情，就毫不犹豫地去做。当然，上级在考察干部时，也要以符合科学发展观的要求去衡量干部的政绩，建立鼓励改革创新的干部选拔机制。全社会也要营造激励创新、宽容失败的良好氛围，让更多的人消除犹豫不决的思想包袱，勇于开创新局面。

当前，我国正处于伟大的社会变革中，改革进入攻坚阶段，发展进入关键时期，我们在前进道路上还会遇到这样那样可以预见和不可预见的困难和风险。党的十七大号召全党全国各族人民坚持解放思想、实事求是、与时俱进，勇于变革、勇于创新，永不僵化、永不停滞，不为任何风险所惧，不被任何干扰所惑，坚持改革开放不动摇。这是党中央在新世纪新阶段对各级领导干部提出的基本要求。面对新形势新任务，我们必须破除私心杂念作祟，破除陈旧观念束缚，破除传统体制枷锁，抢抓机遇、乘势而上，勇于改革创新，善于破解难题，努力创造无愧于时代、无愧于人民、无愧于历史的业绩。

一言以蔽之，思亦有道。思而不行者，多思无益；思而决其行，再思可矣。

注　释

〔1〕《论语·公冶长第五》。

〔2〕徐志刚:《论语通译》,人民文学出版社1997年版,第55页。

〔3〕程颐(1033—1107年),北宋哲学家、教育家,河南洛阳人。曾任秘书省校书郎,官至崇政殿说书,与兄程颢学于周敦颐,同为北宋理学的奠基者,世称"二程"。他的哲学思想以"穷理"为主,认为"天下之物皆能穷,只是一理",强调"格物致知",主张"涵养须用敬,进学在致知"的修养方法。

〔4〕钱穆(1895—1990年),现代历史学家,江苏无锡人。历任燕京大学、北京大学等校教授。抗日战争时期,先后在西南联合大学、华西大学、四川大学任教,并曾主持齐鲁大学国学研究所。1949年,在香港创办亚洲文商夜校(后更名新亚书院)。1953年创办新亚研究所。1967年移居台北,任教于台湾地区中国文化书院(今文化大学),并任台北"中央研究院"院士、台北"故宫博物院"特聘研究员,在学术思想和文化史研究方面多有建树。

软实力也是硬支撑*

（2010年11月3日）

> 文化软实力不仅是一个国家综合国力的重要组成部分，也是一个地区和城市的靓丽名片和金字招牌，是代表一个地区和城市综合实力、竞争能力、发展潜力的重要因素。

党的十七届五中全会特别提出了提升国家文化软实力的重大战略任务，为我们进一步加强文化建设指明了方向。软实力是相对于经济、军事、科技等硬实力而言的，是指一个国家通过政治制度、发展模式、文化价值观念、国家形象和外交理念等体现出的综合影响力，是国家综合实力的重要组成部分。软实力有广义和狭义之分。在当代中国，广义的软实力主要包含三个方面内容：一是中国特色社会主义发展道路、发展理念的生命力、吸引力；二是我国独立自主和平外交政策的感召力、感染力；三是中华文化的亲和力、影响力。狭义的软实力特指文化软实力，就是

---

* 这是李长春同志在湖北省调研时讲话的一部分。

社会主义意识形态、核心价值体系、社会主义先进文化、中华民族传统文化、全民族思想道德素质和现代文明程度、创新精神、传播能力等展示出的精神力量。

从国家发展和综合国力竞争的层面看，提高我国文化软实力是增强民族凝聚力、提高国际竞争力和影响力、更好地参与经济全球化进程的迫切需要，是维护我国意识形态安全和文化安全的迫切需要，是增强我国在国际上的话语权、增进国际社会对我国了解和认同、为改革发展营造良好国际舆论环境的迫切需要，是树立我国良好国民形象和国家形象、增进与世界各国的友好交往、推动建设和谐世界的迫切需要。从一个地区和城市经济社会发展的层面看，提升文化软实力同样具有不可替代的巨大促进作用，有利于一个地区和城市打造形象、提升品位，增强吸引力、影响力、竞争力，吸引更多的人才、技术、资金，促进经济社会发展；有利于丰富人民群众精神文化生活，提高人们科学文化素质、思想道德素质和现代文明程度，促进人的全面发展；有利于振奋干部群众精神，增强凝聚力向心力，激发人们的创新创业激情，营造聚精会神搞建设、一心一意谋发展的浓厚氛围。所以，文化软实力不仅是一个国家综合国力的重要组成部分，也是一个地区和城市的靓丽名片和金字招牌，是代表一个地区和城市综合实力、竞争能力、发展潜力的重要因素。可以说，软实力也是硬支撑。

文化建设既要强"魂"又要健"体"*

（2011年10月26日）

> 在推进文化改革发展的过程中，必须正确处理文化"魂"与"体"的辩证关系，始终牢牢抓住文化的"魂"，创新和用好各种文化的"体"，使二者相互促进、相得益彰，做到形神兼备、强"魂"健"体"，推动社会主义文化大发展大繁荣。

党的十七届六中全会通过的《中共中央关于深化文化体制改革推动社会主义文化大发展大繁荣若干重大问题的决定》指出，社会主义核心价值体系是兴国之魂，是社会主义先进文化的精髓，决定着中国特色社会主义发展方向。要把社会主义核心价值体系融入国民教育、精神文明建设和党的建设全过程，贯穿改革开放和社会主义现代化建设各领域，体现到精神文化产品创作生产传播各方面。这一重要论述，深刻揭示了社会主义核心价值体

---

* 这是李长春同志发表在《人民日报》上的文章，原题为《文化"魂"与"体"辩证关系刍议》。

系在文化建设中的灵魂作用,体现了我们党对文化建设规律认识的进一步深化,是全会《决定》突出强调的一个重点。学习领会全会《决定》这一精神,需要我们正确认识和把握文化"魂"与"体"的辩证关系。

文化是人类改造客观世界过程中创造的精神成果的总和。从精神生产的特有属性和内在规律来看,任何文化都包括虚体部分和实体部分,虚体部分就是文化所蕴含的精神价值,实体部分则是承载文化精神价值的物质基础和传播形态。前者是文化之"魂",是文化思想性的根本体现,是文化引领风尚、教育人民、服务社会、推动发展的力量源泉,是一个民族的精神家园,决定着文化的性质和方向。后者是文化之"体",是文化实现教育功能、以文化人的重要途径,是文化生产力的重要依托,决定着文化精神价值的传播力和影响力。"魂"与"体"相互依存、相辅相成,统一于精神生产和文化建设的实践中。离开了"魂","体"就失去了精神价值的支撑,就会空洞无物,失去思想性和生命力,甚至偏离正确的方向;离开了"体","魂"就无所依附,难以传播,文化的精神价值就难以实现,就难以发挥教育引领的作用。

文化之"魂"以民族优秀传统文化为根基,并随着时代的发展而不断被赋予鲜明的时代内涵。当代中国文化之"魂",就是社会主义核心价值体系。它包括马克思主义指导思想、中国特色社会主义共同理想、以爱国主义为核心的民族精神和以改革创新为核心的时代精神、社会主义荣辱观四个层次的内容。社会主义核心价值体系是社会主义意识形态的本质体现,充分反映了马克思主义中国化时代化大众化的要求,继承和发展了中华民族优秀传统文化，吸收和借鉴了人类文明有益成果，是一个开放包容、与时俱进的体系。社会主义核心价值体系作为当代中华文化的"魂"，引领着社会主义先进文化的前进方向。在当代中国，一切文化产品只有生动地体现了社会主义核心价值体系这个"魂"，才有主心骨，才有精气神。从这个意义上讲，文化的"魂"是一切文化产品创作、生产、传播的生命所在，不管以什么形态承载、传播，都必须保持崇高的精神价值，不存在商品化的问题。

文化之"体"，有着鲜明的民族性、时代性，随着时代的发

2008年3月4日，李长春看望出席全国政协十一届一次会议的文艺界委员并参加讨论。图为李长春与聋哑人舞蹈家邰丽华亲切交谈。　　　　　（新华社记者庞兴雷摄）

展有着不同的表现形式。当代中国文化之"体"的主要形式,包括国民教育体系、公共文化服务体系、文化产业体系以及各种形式的文化产品和服务(如小说、电影、戏曲、动漫等)。这些"体"作为文化的物质基础和传播形态,都是承载、传播文化精神价值的重要载体和形式,都承担着弘扬社会主义核心价值体系这个"魂"的重要功能。因此,只有把"体"做强做大,才能使文化之"魂"广为传播、深入人心。纵观古今中外,每一次文化的大发展都是"魂"和"体"的完美统一。

文化"魂"与"体"的辩证关系,揭示了文化发展的客观规律,反映了社会主义文化建设的内在要求。正确认识和把握二者的辩证关系,有助于我们进一步廓清对文化意识形态属性和商品属性、社会效益与经济效益、思想性知识性与艺术性观赏性等一些重要关系的模糊认识,进一步增强用社会主义核心价值体系统领文化建设的自觉性和坚定性,积极培育、大力提升文化的思想内涵和精神价值,确保文化建设始终沿着社会主义先进文化的方向前进。要进一步增强推进文化改革发展的责任感和紧迫感,大力推动繁荣文化产品创作生产,涌现更多无愧于历史、无愧于时代、无愧于人民的精品力作。大力办好教育,充分发挥国民教育在文化传承创新中的基础性作用。大力发展公益性文化事业,完善覆盖城乡、结构合理、功能健全、实用高效的公共文化服务体系。大力发展文化产业,催生新的文化业态,不断增强中华文化的影响力和竞争力。不断丰富和创新文化产品和服务的品种、形式、形态,大力繁荣中华文化百花园。通过不断加强文化载体建设,增强文化传播力,使当代中华文化之"魂"广为传扬、影响深远。特别是要深刻领会发展文化产业是社会主义市场经济条件下满足人民多样化精神文化需求的重要途径，是充分发挥市场在文化资源配置中的积极作用、激发全社会文化创造活力的必然要求，加快发展文化产业，不断增强文化产业的整体实力和竞争力，把我国丰富的文化资源转化为现实的竞争力和影响力，为更加广泛地传播社会主义核心价值体系提供强有力的支撑。

总之，学习贯彻党的十七届六中全会精神，必须正确处理文化"魂"与"体"的辩证关系，在推进文化改革发展的过程中，始终牢牢抓住文化的"魂"，创新和用好各种文化的"体"，使二者相互促进、相得益彰，做到形神兼备、强"魂"健"体"，推动社会主义文化大发展大繁荣，不断巩固全党全国各族人民团结奋斗的共同思想道德基础。

抓紧抓实抓出成效

（2013年5月9日）

> 对宣传思想文化工作如何克服一般化倾向，狠抓落实，抓出成效，有这样几点经验和体会。一是践行"三贴近"原则，打造有效载体，坚持典型引路。二是宣传思想文化部门既要挑大梁又不能唱"独角戏"，推动形成全党全社会共同做好宣传思想文化工作的强大合力。三是抓住落实工作的关键环节，处理好"过河"与"桥"或"船"的关系。四是深入调查研究，狠抓督促检查，加强面对面的具体指导。五是善于调动一切积极因素，统一思想、凝聚共识，形成有利于文化改革发展的浓厚氛围。

如何把中央对宣传思想文化工作各项部署落到实处，防止一般化，切忌"两张皮"，一直是宣传思想文化工作要研究的一个重要问题。

---

* 本文根据李长春同志几次谈话要点整理而成。

改革开放以来，我们党始终坚持以经济建设为中心，坚定不移地推进改革、扩大开放，战胜各种风险挑战，经济持续较快发展，综合国力大幅增强，人民生活水平显著提高，不断为坚持和发展中国特色社会主义打下坚实物质基础。由于过去一些地方和部门把主要资源和注意力都放到了经济工作上，有时就难免对宣传思想文化工作关注得少一些，甚至存在"一手硬、一手软"的问题。同时，为了推动经济快速发展，各级党委和政府配备主要领导干部时大多从经济领域挑选，使得熟悉宣传思想文化工作的主要领导长期以来比例小、人数少。由于这两个因素，宣传思想文化工作就比较容易在本战线小范围内循环，始终面临着一个如何争取党委支持、纳入各级党委和政府重要议事日程、调动全社会力量参与的问题。这在当时的发展阶段上，有其历史必然性，也是可以理解的。从宣传思想文化战线自身看，在落实中央重大决策和部署时，也长期存在着如何把软任务变成硬要求、把软指标变成硬措施，防止工作停留在一般号召上，出现走形式、"两张皮"的问题。进入新世纪新阶段，中国特色社会主义事业不断取得新进展，呈现出一系列新的阶段性特征，特别是我们党在认真总结我国发展实践的基础上，及时提出并全面贯彻落实科学发展观，强调坚持以人为本，推动经济社会全面协调可持续发展，把文化建设纳入中国特色社会主义事业总体布局。这充分体现了我们党对社会主义建设规律认识的不断深化，标志着我们党对文化建设重要地位和作用的认识达到了新的高度。中国特色社会主义成功实践提供的强大物质基础，党中央对领导文化建设的高度自觉，人民群众日益增长的精神文化需求，既为文化大发展大繁荣创造了难得机遇，也对文化改革发展提出了新的更高要求。在这种形势下，宣传思想文化战线如何以求真务实的精神，加快文化改革发展步伐，把工作往深里做、往实里做，虚功实做，狠抓落实、抓出成效，推动社会主义文化大发展大繁荣，更好地满足人民群众日益增长的精神文化需求，是我们面临的一个重大课题。党的十六大以来，我们在这方面进行了积极探索，形成了一些成功经验和有效做法。

一是践行"三贴近"原则，打造有效载体，坚持典型引路。这是马克思主义唯物史观和唯物辩证法在宣传思想文化工作中的具体运用，是把中央的决策部署同基层工作实际结合起来，同广大干部群众的工作、生活和思想实际结合起来，防止宣传思想文化工作停留于一般号召和一般部署的好方法。马克思主义唯物史观认为，人民群众是历史的创造者，是历史进步的推动者。打造有效载体，就是坚持从群众中来、到群众中去，根据中央关于宣传思想文化工作的重大决策部署，因地制宜、有的放矢地打造群众喜闻乐见、便于参与的工作载体，充分调动广大群众的积极性主动性创造性，引导群众在文化建设中自我表现、自我教育、自我服务，使中央的决策部署变成人民群众的自觉行动。打造有效载体还要始终与坚持典型引路的方法紧密结合。典型引路就是尊重群众首创精神，用人民群众在实践中创造的经验指导工作，这也是践行唯物史观的具体体现。从唯物辩证法的观点来看，事物在发展过程中，平衡是相对的，不平衡是绝对的，任何一项工作，总是存在着认识上的先后和进度上的快慢。坚持典型引路，就是坚持唯物辩证法从个别到一般、再从一般到个别的方法论，善于在先后快慢的不平衡中，发现代表前进方向、体现中央意图的先进典型，然后加以挖掘提炼，总结成功经验，进行宣传推广，发挥典型的示范带动作用，以先进带后进，推动整个工作不断向前发展。

近年来，我们开展的"讲文明树新风"活动、精神文明创建活动、道德模范评选表彰活动、群众性学雷锋活动、"双百人物"评选活动[1]，以及文化体制改革先进经验交流、文化企业30强评比等，都是宣传思想文化领域中的创新做法和成功经验。这些活动，既是推动宣传思想文化工作的有效载体和有力抓手，也体现了典型引路的工作方法。实践证明，一个好的载体，就是一个吸引广大干部群众参与、把中央的决策部署落到实处的广阔舞台。载体的有效性决定工作落实的深度，载体的吸引力决定工作落实的广度。一个好的典型，就是一面激励广大干部群众学习先进、赶超先进的精神旗帜。典型的高度决定工作高度，典型的水平决定工作水平。把打造有效载体同典型引路有机结合起来，载体搭台、典型唱戏，宣传思想文化工作就会事半功倍，文化改革发展就会不断开创新局面。

二是宣传思想文化部门既要挑大梁又不能唱"独角戏"，推动形成全党全社会共同做好宣传思想文化工作的强大合力。宣传思想文化工作是党和国家工作的重要组成部分，既需要宣传思想文化战线冲锋在前、勇挑重担，也需要动员全党全社会的力量共同参与、形成合力。面对进一步深化文化体制改革、解放和发展文化生产力的创造性实践，实现进一步开拓中国特色社会主义文化发展道路、建设社会主义文化强国的宏伟目标，仅靠宣传思想文化部门的力量是远远不够的，不能只埋头唱"独角戏"，必须建立和完善党委统一领导、党政齐抓共管、宣传部门组织协调、有关部门分工负责、社会力量积极参与的领导体制和工作机制，形成强大合力，把中央的决策部署和宣传思想文化工作的各项任务落到实处。在这个大格局里，宣传思想文化部门是主力军、是桥梁和枢纽，要勇于挑大梁，在做好自身承担工作任务的基础上，担负起沟通协调、统筹各方的重要职责，发挥提纲挈领、穿针引线的关键作用。在这些作用中，既有纵向的，如及时掌握情况、分析问题、制订方案，向上当好党委的参谋助手，向下抓好责任落实、督促检查；也有横向的，如对宣传思想文化工作的决策部署进行细化，分解到各职能部门，明确职责分工，做好协调服务工作。

这些年，我们在这方面也有很多成功的实践和经验。如在发展红色旅游中，宣传思想文化部门既勇于挑大梁又没有唱"独角戏"，而是坚持统一协调、分工负责、形成合力，建立和完善发展红色旅游的工作协调机制，积极争取各级党委政府和有关部门的支持。在这种新的机制中，宣传部门会同发改委、财政、民政、建设、交通、旅游等相关部门，密切沟通配合，制定具体措施，规划了红色旅游的重要景区和精品线路，落实了红色旅游发展专项资金和项目配套资金，加大了对基础设施、陈列布展、文物保护的经费投入，改善了景区公路、铁路、航空等交通条件，推出了爱国主义教育基地免费开放的惠民措施，使红色旅游成为旅游业的一道亮丽风景线，成为开展爱国主义教育和革命传统教育的创新之举，成为深受人民群众欢迎的政治工程、文化工程、富民工程、民心工程。可以说，如果没有宣传文化部门的组织协调、没有各方面共同参与的强大合力，很多工作就难以开展，已经做的也难以深入下去，更难以形成目前这样良性发展的大好局面。

三是抓住落实工作的关键环节，处理好"过河"与"桥"或"船"的关系。在任何工作中，目的和手段都是辩证统一的。毛泽东同志曾经指出："我们不但要提出任务，而且要解决完成任务的方法问题。我们的任务是过河，但是没有桥或没有船就不能过。不解决桥或船的问题，过河就是一句空话。"[2]要实现"过河"这个目的，就必须解决好手段即"桥"或"船"的问题。在各种"桥"或"船"当中，做出什么样的选择，决定着"过河"的效果，这就需要我们找准主要矛盾，抓住关键环节，选择最有效的"桥"或"船"。关键环节往往情况复杂，牵扯的矛盾多，是工作中难啃的硬骨头，但是只有抓住了关键环节，才能抓住主要矛盾，才能纲举目张，其他矛盾也才能迎刃而解，从而把工作落到实处。所以，抓住关键环节、解决主要矛盾，需要丰富的阅历、正确的判断、过人的勇气和魄力，锲而不舍地加以推动。如果只满足于一般号召、一般部署，遇到矛盾绕着走，抓不住关键环节，就会事倍功半，这也是有些工作抓而不实、流于一般化的症结所在。

从文化体制改革的实践看，推动社会主义文化大发展大繁荣，建设社会主义文化强国，就是社会主义文化建设需要过的"河"。深化文化体制改革，解放和发展文化生产力，就是我们经过长期探索找到的"桥"或"船"。这些年，我们在深化文化体制改革的过程中，正是由于抓住了重塑文化市场主体、完善市场体系、改善宏观管理、转变政府职能等关键环节，着力破解影响和制约文化科学发展的根本性难题，才实现了重点突破，开创了文化建设的新局面。特别是通过转企改制、重塑文化市场主体，抓住了文化体制改革的"牛鼻子"，找到了突破口，一大批国有经营性文化单位转企改制，按照建立现代企业制度要求，完善法人治理结构，成为合格的文化市场主体，在竞争中成长为文化市场的主力军。这个关键环节的突破，极大解放和发展了文化生产力，极大增强了文化的创造活力，极大提升了文化的整体实力和竞争力。

四是深入调查研究，狠抓督促检查，加强面对面的具体指导。马克思主义认识论告诉我们，人的认识从实践中来，在实践中接受检验，然后进一步形成新的认识，再回到实践中去接受检验。毛泽东同志说过，"实践、认识、再实践、再认识，这种形式，循环往复以至无穷，而实践和认识之每一循环的内容，都比较地进到了高一级的程度。这就是辩证唯物论的全部认识论，这就是辩证唯物论的知行统一观"[3]。从这个意义上说，制定政策是从个别到一般的过程，督促检查则是从一般到个别的过程。基层干部群众是实践的主体，他们创造了很多新鲜经验，是深化我们认识的重要源泉，制定政策的重要依据，也是检验上级决策部署的主体。要坚持一切从实际出发，深入基层、深入群众，查实情、听实话，解决实际问题，这样才能有的放矢，制定出符合事物发展规律的政策措施。比如，针对高校思想政治理论课一度出现的"学生不爱听、老师讲得没劲"的问题，我们组织力量深入高校课堂现场听课，通过各种方式，广泛听取师生意见，形成了关于加强和改进大学生思想政治教育的意见，推动解决实际问题，取得了比较好的效果。督促检查就是通过对实际工作具体指导，在实践中检验认识意义上的政策措施，发现问题、查找原因、加以完善，总结人民群众在实践中创造的新鲜经验，形成针对性更强、更加科学有效的政策措施，在更大范围和更高层次上指导实践、推动工作。这种督促检查的过程，实际上也是面对面具体指导的过程，是抓落实的重要工作方法。因此，督促检查既是推动工作落到实处的一个有效工作方法，也是深化认识、提高工作水平的重要途径，运用得好，往往一举多得。实践中起码有三个不可替代的优点：第一，有利于实地了解真实情况，察看工作进展，发现不落实的问题，找出问题的症结；第二，有利于面对面指导、推动解决问题，便于听取具体地方、部门的意见，特别是能够了解主要领导同志的思想认识和推进工作的状况，从而深入交换意见，做到反复抓、抓反复，对工作进行有针对性的指导和推动；第三，有利于与调查研究结合起来，对工作进行由点到面的剖析，倾听群众呼声，解决实际问题，发现和总结实践中创造的经验，为进一步科学决策、完善政策提供参考，实现认识上的新飞跃。

从党的十六大以来的实践来看，通过督促检查推动宣传思想文化工作有很多成功经验。如对中共中央、国务院关于加强和改进未成年人思想道德建设和大学生思想政治教育的意见贯彻落实情况的督察，都是督促检查的成功范例。通过督察，掌握了大量第一手材料，对所到地区未成年人思想道德建设和大学生思想政治教育工作的总体状况有了比较全面的了解，摸清了存在的问题和薄弱环节，对工作进行了有的放矢的指导，为进一步采取相关配套措施推动文件精神的落实，提供了重要依据。这些年，文化体制改革从试点到逐步推进再到全面推开，也与各级党委、政府领导同志亲自挂帅，围绕改革中的重点难点，多次开展督促检查，进行面对面指导，把工作要求落到实处分不开。

五是善于调动一切积极因素，统一思想、凝聚共识，形成有利于文化改革发展的浓厚氛围。中国特色社会主义事业是开创性的事业，文化建设作为中国特色社会主义事业的重要组成部分，同样也是开创性、探索性的事业。特别要看到，在发展社会主义市场经济和扩大对外开放的条件下推进文化改革发展，对我们党、对宣传思想文化战线，都是一个全新的历史课题，需要攻坚克难、大胆探索。如何不断统一各级宣传思想文化部门干部职工的思想认识，充分调动广大文化工作者的一切积极因素，发挥他们的积极性主动性创造性，激发他们支持和参与文化改革发展的智慧和力量，是一个伴随整个文化改革发展进程的重要问题。只有在解放思想中统一思想，在探索实践中扩大共识，在改革发展中汇聚力量，引导广大文化工作者理解改革、认同改革、支持改革、投身改革，文化改革发展才能顺利推进，不断取得显著成效。

这些年来，我们在文化体制改革中提出的"区别对待、分类指导、循序渐进、逐步推开"原则，就体现了这样的思想和要求。在思想认识上我们允许有先有后，在启动改革上我们允许有快有慢，对不同地区、不同行业允许结合实际稳步推进，允许在完成"规定动作"的基础上创新"自选动作"，确定试点单位采取"自报公议"的办法，最终达到全面推进改革发展的目标。特别是在改革初期试点先行，面上允许等、允许看，不搞一刀切，先试点，后推开，不简单地以快慢多少界定谁支持改革、谁反对改革，避免了人为制造改革的羁绊和对立面。对改革的关键环节、难点领域，我们始终坚持实事求是的态度，坚持正面宣传为主，通过干部培训、现场观摩、实地考察、深入交流、完善政策等多种方式来统一思想、提高认识，用改革发展的显著成效和成功经验来坚定信念、增强信心。通过实践的生动教育，加上典型引路的示范带动作用，广大文化工作者变"要我改革"为"我要改革"，变"要我发展"为"我要发展"，变外部压力为内生动力，展现出盼改革、谋发展、争创新的昂扬精神风貌，激发出文化改革发展的巨大能量。

以上五个方面，是做好宣传思想文化工作特别是文化改革发展狠抓落实，防止一般化、"两张皮"的一些经验之谈。结合新的实践，继续在这些方面进行探索和完善，相信对进一步开创宣传思想文化工作新局面会有很多的启示和借鉴。

注 释

〔1〕"双百人物"评选活动，指中共中央宣传部、中共中央组织部等11个部门于2009年6月组织开展的"100位为新中国成立作出突出贡献的英雄模范人物和100位新中国成立以来感动中国人物"评选活动。

〔2〕《毛泽东选集》第一卷，人民出版社1991年版，第139页。

〔3〕《毛泽东选集》第一卷，人民出版社1991年版，第296—297页。

加快推进文化体制机制创新，进一步解放和发展文化生产力

国有文化单位改革要分类推进[*]

（2002 年 12 月 27 日）

> 新闻出版系统的发行、印刷单位及大部分出版单位，影视领域中的电影制片厂、电视剧制作中心以及影视发行机构，一般性的文艺演出团体，都要推向市场，增强活力，迅速做强做大。

文化体制改革要区分不同情况，分类推进。整个宣传思想文化战线可以分成几种情况：第一种是担负公共服务的，过去是事业单位，今后仍然是事业单位，不能搞企业化，如图书馆、博物馆等，当然这些单位也要研究如何提高管理水平，增加活力。第二种是可以保留事业单位性质但要探索面向市场企业化管理的，如需要国家重点扶持的、体现民族特色和国家水准的重点艺术院团等。第三种就是可以通过转企改制推向市场的，要把它们做强做大。这部分恐怕还是大量的。比如，新闻出版系统的发行、印

---

[*] 这是李长春同志在十六届中央宣传思想工作领导小组第二次会议上讲话的一部分。

刷单位及大部分出版单位，影视领域中的电影制片厂、电视剧制作中心以及影视发行机构，一般性的文艺演出团体，都要推向市场，增强活力，迅速做强做大。因为这些文化单位不是党和人民的喉舌，意识形态属性上可管可控，完全可以参照国有工业企业改革的经验进行改革，向企业化、产业化方向发展。发展文化产业主要是指这些。对这些文化单位的改革应当考虑的是如何在试点基础上大力推进的问题。这部分的层次需要细分一下。电影集团是企业，应该允许它们跨地区兼并联合，靠资产重组做强做大。现在有三十多个电影公司，如何改革？要像国有工业企业一样，取消行政级别，进行市场运作。对于弘扬主旋律的精品，要有扶持的政策，可以在宣传部门设立创作基金，用招标的方式，通过以奖代拨、以奖代补的做法来激励精品的创作。影视剧制作发行这部分现在活力不够，与整个改革大形势相比较，跟不上形势，要大力推动，不是试点的问题。广电总局对此要分类指导。也要下大力气推进广播电台电视台的合并工作，今后新成立的地级市不要再分设广播电台电视台了，只批一家广播电视台，一个法人、一个呼号就可以了，不要再搞二次改革，避免像计划经济时代形成的开始有几家、最后还得走往一起合的路子。今后发展的方向是数字化，数据、音频、视频是一套手段了，是多媒体、全媒体，分不开了，技术的发展也推动这些机构的联合。

对于新创办的报刊，凡是用行政权力搞发行，又是公款订的，原则上先不要批，待明年调研完了，研究出有效的办法以后再说。但属于群众自费订阅的，通过市场渠道发行又填补空白的报刊，该批的还是要批。一定要解决利用权力搞发行的问题。过去我到一些乡镇调研时看到，有的乡镇每年要拿出五十多万元来订报刊，有的报刊订阅后，连捆都不拆，就放在那里，接着送废品收购站，只是为了应付上面，为了完成订阅指标。我们到基层就可以发现，工作中脱离群众、搞形式主义的事情很多。这些问题如果不从根本上解决，不可能理顺群众的情绪。

新闻出版总署要把有些部门利用手中权力搞发行这个问题作为调研课题，这个问题怎么解决？要下决心抓一两个典型，在全国通报。要让基层群众看到解决问题的希望。在报刊发行问题上，对摊派性质严重的要吊销它的营业执照。靠加重农民负担扩大发行量，分发行费的做法实在说不过去。

新华书店改革步伐要加快，它在基层是有基础的，完全可以改造成为连锁店，占领书刊发行主渠道。新华书店的流通体制改革要学习商业流通体制改革的办法，如音像制品、书报刊等的发行。一定要把新华书店的连锁经营搞起来，这是事半功倍的事情，有利于集中管理，比到市场上去抓、去堵强得多。

在实践中探索创新，
为改革提供新鲜经验[*]

（2003年2月4日）

> 文化体制改革的核心是，创新体制机制，增强活力、多出精品，繁荣社会主义文化。

党的十六大提出了建设社会主义先进文化和深化文化体制改革的要求。十六大以前，中宣部就积极开展这项工作，安排了一系列的试点，并取得了一些成果。十六大之后又组织有关部门深入调查研究，深化改革试点工作，并着手组织制定文化体制改革总体方案。希望深圳能抓住这个机遇，在经济体制改革、行政体制改革、对外开放等方面取得显著成绩的基础上，进一步在发展社会主义先进文化和深化文化体制改革上也不断创造新的经验。深圳应当成为党的十六大提出的深化文化体制改革的试点城市。我想让中宣部与你们进一步研究给予深圳经济特区在文化体制改革方面试验权的问题。希望深圳能发挥自己的优势，大胆创新，进一步进行试验和探索，为全国创造新鲜经验。为此，我给你们

---

[*] 这是李长春同志在深圳报业集团调研时讲话的一部分。

出几个题目。

第一个题目，关于怎样进一步提高报业集团水平的问题。深圳的报业集团改革，已经产生了明显的"化学反应"，初步发挥了集团的作用。下一步还要根据广大人民群众日益增长的文化需求，对报业集团的系列报刊进行科学定位，从内涵上进一步解决低水平重复建设的问题。必须看到，我们文化领域、新闻宣传领域，低水平重复建设问题也是比较严重的。为什么我们有的报刊出现猎奇、出现不正当的竞争？根本原因就是散、乱，就是结构不合理，低水平重复建设。你们的晶报[1]和晚报[2]，都属于都市类的报纸，要研究怎么科学定位，进行结构调整。所谓科学定位，就是根据人民群众的需求，也就是市场需求，办出自己的特色。你们方才提出要申报新刊号，我看还是从调整结构挖潜力，要走内涵式发展、做强做大的路子，把每一份报纸、每一个系列报刊都办出鲜明的特色，更加适销对路，扩大市场的覆盖率，不仅占领深圳的市场，而且要进一步走向全国。

第二个题目，关于地方部门办报的问题。现在地方部门办报，弊端很多。一是用行政权力发行，与党报争夺市场，使党报发行困难。二是成为增加基层和农民负担的一个重要源头。特别是有的地方出现把部门报刊的发行与部门上下级的考核挂钩，与"一票否决"挂钩，与评选先进挂钩等情况，带来行业不正之风，严重影响党政机关和人民群众之间的血肉联系，基层和群众意见很大。三是成为部门小金库的一个重要来源。一些部门办报的投入是国家经费，报刊发行和广告的回收款则被主办机关分掉了一块儿，落进了个人的腰包，造成部门之间分配不公，这一利益驱动又更加促使各个部门竞相办报办刊。下级为上级部门报刊的发

文化强国之路

行积极"服务",向下压"任务",层层分提成,各级都有钱赚,就是苦了基层和老百姓,加重了他们的负担。四是加剧报刊市场的散和乱。由于恶性竞争,助长一些报刊猎奇,甚至格调低下,编造假新闻、泄露国家机密等。五是乱拉广告,用行政权力摊派广告,造成国家税源"跑冒滴漏",甚至诱发腐败。到基层调研时,年年都反映这个问题,一直没有得到很好解决。这个问题怎么办?我讲几点思路,供你们研究参考。

首先,近期内先规范部门办报刊的行为,做到"三脱钩一挂钩"。"三脱钩",一是财务脱钩,部门办的报刊要自负盈亏。机

2008年10月18日,李长春在广东省深圳市罗湖区渔民村调研时与村民在一起。左一为中共中央政治局委员、广东省委书记汪洋。　　　　　　　(新华社记者刘卫兵摄)

关不要在那里拿好处,别沾这个边儿。因为你们已经实行了收支两条线,统一核定和发放了公务员岗位补贴,并已确定要纳入纪律监察部门的监督范畴,不允许再有灰色收入了。这就为财务脱钩创造了条件。二是人员脱钩,就是政事分开、政企分开。凡是批准公开发行的报刊,就是独立的企事业法人单位,不要跟党政机关混岗。谁是公务员,谁是企事业单位人员,要严格分开。三是行政职能脱钩,不能用行政权力搞发行,要走市场渠道。有能力的自办发行,没有能力的就用邮局这个公用发行渠道,不允许党政机关用行政权力去搞发行。"一挂钩",就是部门办的报刊要同严格依法纳税挂钩,不能在税收上开口子。这样一来,就淡化了部门办报刊的热情,降低了他们的积极性。至于党政机关为了指导工作,可发免费的内部资料或通过大众传媒发公告。

再进一步,经过一段时间的市场选择,即优胜劣汰后,要研究对那些确实有市场需求的报刊如何进一步整合。前提就是要使报刊与党政机关脱钩。因为在权力作后盾的情况下,市场机制就失灵,优的胜不了、劣的也汰不了,弄不清哪些报刊有市场需求。要像党政机关不准办企业一样,对机关办报刊也要严格控制,逐步与所办报刊彻底脱钩。脱了钩,这些原来部门办的报刊到哪里去呢?有的可归到报业集团,有的可以划归没有行政权力的单位,如党校、行业协会等,有的可以撤并。这就不存在原来的权力作后盾了,也就不会影响我们党政机关的形象。应该说,这项改革是很艰巨的,是历史遗留下来的体制问题,但深圳有条件先行试点解决。

另外,也请你们研究县区以下是不是还办党报。很多同志向我建议,可否在报业集团的主报中增办县区版,县区不要再办党报党刊了。深圳可以考虑一下这个问题。中宣部也正在组织几个部门进行调研,为中央决策提出解决办法。

第三个题目,关于组建广电集团的问题。广电集团的改革初衷,是为了做强做大,解决资源配置上的散乱和低水平重复建设。由于历史的原因,现在从上到下形成电视台、广播电台分设的局面,造成条块分割、部门林立,小而全、大而全,资源浪费,又在两台之上,加设"集团"这个层次。中宣部、广电总局都在抓这件事。目前,全国已经批准搞了10家广电集团试点。这10家先稳住,不要再批了,把已批的集团弄明白,在一些关键环节上继续探索,取得经验后,再研究如何完善。最近我给有关部门提出来,可以再选一两个省或一两个中心城市搞试点。试点的模式以电视台为主体,整合广播电视资源,实行两台合并,这样可能有利于起"化学反应",也避免多一个层次,带来体制更加复杂,难以理顺。至于呼号,保留原来的也可以。如果像发达国家那样,类似BBC[3]、NHK[4]等,搞一个呼号,这也可以研究。但是,必须是一个法人,是"化学反应"。希望深圳进行试点,创造经验。

另外,深圳的区镇办的电视台,能不能也都整合到市一级广播电视台来?你们提出,根据市场规律把各级政府的投资按股份制的办法统一起来,我看这个办法可试。因为区镇电视台自己做节目的条件不具备,水平难以提高,而且和中央、省、市台争抢黄金时段,甚至影响中央电视台新闻联播的转播,上级还得组织人去检查。这纯属体制上自己给自己找的麻烦。当然,为了更好地满足人民群众的需求,可以在一个广播电视台内实行频道专业化,也可以开辟公共频道、县区频道,而不要大家都去办台。

这样做的最大好处，是可以资源共享，避免低水平的重复建设，避免乱拉广告，使中央的声音畅通无阻。

第四个题目，关于图书音像制品的发行改革问题。过去，我们在计划经济时期，基本上是按行政级次、行政区划分配图书。这与在商业上一级批发、二级批发、三级批发再到零售环节是一样的。近年来，中宣部、文化部、新闻出版总署为改革这种体制做了大量的工作。由于多种原因，现在图书音像制品市场比较乱，原有的主渠道不灵了，新的秩序还没建立起来，所以各级政府的文化市场管理有很大精力用在"扫黄打非"上。当然，"扫黄打非"今后还要加强，在对外开放的形势下，市场越来越多样化，监管任务也就更重了，对图书音像制品市场的监管也应该随之加强。但我们也必须看到，在市场上采取打呀扫呀的办法，毕竟是一种治标的办法。这当中，也有一个向改革要秩序的问题，要通过改革，建立起既与社会主义市场经济相适应、又符合社会主义精神文明建设要求的现代图书音像制品发行体制。

关于图书音像制品流通体制问题，我没有考察过国外的做法。但是，我想图书音像制品流通与商品流通的道理是一样的。沃尔玛的商品流通体制，对我国图书音像制品发行应该是有借鉴意义的。可以考虑像沃尔玛那样，在全国形成若干个国有控股的图书音像制品发行巨头，采用现代物流、集中配送、统一服务、超市连锁经营，使这样的现代图书音像制品流通方式成为主渠道。过去我们建立的国有图书发行主渠道，即新华书店，现在它的作用已经有所弱化，急需通过改革焕发青春。在社会主义市场经济条件下，主渠道不可能是上级任命的，也不可能是自封的，必须是在市场竞争中形成的，起到主导作用，市场承认你，社会也认同你，这才叫主渠道。因此，要研究能不能像沃尔玛那样搞现代物流，打破行政区划的界限。新华书店过去在布点上有优势，在基层网点的建设上有优势，能不能加快新华书店的体制改革，由原来行政型的事业体制转为新型的图书音像制品发行企业集团，搞超市连锁经营，可以跨地区设点，在改革中使新华书店成为图书音像制品发行的主渠道。对有实力的民营书商，也支持其走股份制、集团化、连锁经营的路子，积极吸收个体书商加盟连锁集团。实践证明，图书音像制品发行仅靠集贸市场和长途个体运销户是不行的。这种小生产的流通方式，必然带来盗版、淫秽出版物的泛滥和税收的流失。希望深圳在这方面进行探索，深圳的发行集团实力强了，可以发展到邻近地区，甚至在全国和海外设立分销点。

这方面的改革，是有紧迫性的。因为我们在加入世界贸易组织时，在这一点上是有承诺的，允许国外的分销商进入中国市场。现在，我国已经出现了文化产品进出口的严重逆差。这倒不是从经济角度看问题，要求外汇平衡。重要的是要看到我们的文化竞争力、影响力面临挑战。希望深圳解放思想，大胆创新，在精神文化产品的生产发行改革上迈出更大的步伐。图书音像制品的生产发行单位，不像报刊、广播电视等，它们就是企业，可以更多地借鉴国有企业改革的经验与做法，更多地考虑按市场经济规律来办。

第五个题目，关于文化事业、文化产业等方面的改革问题。包括文艺演出团体，文艺创作单位，影视作品制作机构，公益性文化单位如图书馆、博物馆、文化馆、基层文化站等，这些领域的改革怎么搞？中宣部、文化部、广电总局和一些地方也都做了很多工作，一些基层单位也在探索，取得了一些进展，但管理体制和运行机制仍不适应形势发展需要，活力不足，总体上滞后于经济、科技甚至教育领域，改革的难度还比较大。当然，文化体制改革滞后于经济体制改革也符合社会发展的内在规律，但现在到了要跟上的时候了。文化体制改革的核心是，创新体制机制，增强活力、多出精品，繁荣社会主义文化。为此，要理顺政府部门和文化企事业单位的关系，总的方向是政府要实现从主要是办文化向管文化转变，从主要是面向直属单位的微观管理向面向全社会的宏观管理转变，从主要是直接管理向间接管理、依法管理转变，既要办好公益性文化事业，又要大力推动经营性文化产业的发展，实行"两手抓"。为什么这里还强调一个"主要"？因为政府一点儿不办文化，一点儿不搞直接管理还做不到。举例来说，文化基础设施如博物馆、图书馆、文化馆等，基层群众文化活动阵地如文化站、妇女儿童活动中心、青少年宫等，属公益性事业，要由政府直接来投资办，经费主要由政府拨，当然也可以吸收社会捐助。政府有为公民提供公共文化服务的责任，所以党的十六大强调这方面的任务要加强。对公益性文化事业，主要是进行内部改革、增强活力、提高服务水平。这是第一类。还有一类是要政府来扶持的文化事业。扶持以后，根据各自情况的不同，有的是搞活事业，有的是推入市场，有的是实行企业化管理。具体来说，就是党的十六大报告中讲的"四个扶持"。一是扶持党和国家重要的新闻媒体和社会科学研究机构，二是扶持体现民族特色和国家水准的重大文化项目和艺术院团，三是扶持对重要文化遗产和优秀民间艺术的保护工作，四是扶持老少边穷地区和中西部地区的文化发展。但是，政府扶持，不等于是政府包下来。要分类指导，根据各自的特点，采取不同的措施，增强其活力。对于这一类，主要是制定扶持政策，怎么样把党的十六大的要求在全国和一个地区具体化。总的意见是扶持范围既不缩小也不扩大，注意突出重点。扶持的方法也要改革，由"养人"变成支持干事。这样有利于其面向市场，增强活力。第三类，就是发展文化产业。这是我们在文化方面与发达国家有明显差距因而也是大有可为的部分。党的十六大指出，发展文化产业是市场经济条件下繁荣社会主义文化、满足人民群众精神文化需求的重要途径。因此，要实现文化发展指导思想的重大转变。政府要大力推动体制改革，制定完善的产业政策，包括建立扶持主旋律作品的创作基金，实行依法管理，为各种所有制文化企业创造良好的平等的市场环境，增强文化产业的整体实力和竞争力。精神文化产品是特殊的商品，既要符合社会主义精神文明建设的要求，又要遵循社会主义市场经济的规律，两者缺一不可。现在，影响文化产业发展的一个重要原因，就是一些人在思想认识上把经营性文化产业等同于公益性文化事业，往往忽视其经济的属性、产业的属性、商品的属性。因此，等、靠、要思想严重，影响其面向市场，走上良性发展的轨道。同时，要看到文化产品大多具有意识形态属性的特点，因而要把社会效益摆在首位。以为面向市场，实行产业经营，就可以放松管理，这也是错误的。要防止这两种倾向。当前，我们发展文化产业首先遇到的问题就是，面向市场的合格的市场主体不多，不少文化企事业单位过多依赖政府。一方面，一些国有文化资源大量闲置，不能产生富有竞争力的产品，不能满足人民日益增长的文化需求，建立不起来面向市场的良性发展的运行机制；另一方面，良莠不齐的外国文化产品大量涌入，盗版制品屡禁不止，甚至腐朽文化也沉渣泛起。所以，发展文化产业，总体上面临着一个重塑文化领域市场主体的任务。没有一批有活力的文化企业，包括生产企业、流通企业、经纪人公司等，何谈文化产业。产业是宏观的概念，其微观基础是企业。此外，还有文化市场不发育、市场体系不完善的问题。总的看，发展文化产业，关键要抓住思想观念、管理体制、运行机制、产业政策、培养人才等几个问题。因此，落实党的十六大提出的加快发展的要求，即一切妨碍发展的思想观念都要坚决冲破，一切束缚发展的做法和规定都要坚决改变，一切影响发展的体制弊端都要坚决革除，在文化领域任务更加艰巨。

2008年10月19日，李长春在广东省深圳市考察雅昌企业集团公司，了解印刷业发展情况。右一为中共中央政治局委员、广东省委书记汪洋，左二为新闻出版总署署长柳斌杰，左四为中宣部常务副部长雒树刚。　　　　　　　　　　　（罗文清摄）

对各地业务主管部门来说，思想观念要转变，要解决越位、缺位和错位的问题。要适应新形势下出现的几个多样化的要求，即投资主体多样化，文化企业所有制成分多样化，文化产品及其来源多样化，文化产品的流通方式多样化，人们对文化产品的需求多样化。概括起来说，文化体制改革要以增强活力、多出精品、多出人才为中心，以满足人民群众日益增长的精神文化需求、繁荣社会主义先进文化为目的，以体制机制创新为重点，抓住思想观念、管理体制、运行机制、产业政策、法律法规和培养人才等关键环节，坚持公益性文化事业和经营性文化产业两手抓的方针来进行。一是要解放思想、实事求是、与时俱进，转变思想观念。二是要理顺政府和文化企事业单位的关系，实行政企分开、政事分开，加强宏观管理，不断改进管理方式，制定和完善政策法规，提高市场经济条件下党委、政府领导文化的水平。三是要研究如何深化文化事业单位的改革，在落实"四个扶持"、"一个加强"即加强文化基础设施建设的同时，改革扶持方法，推动内部改革，使公益性文化事业单位增强活力、健康发展。四是要用新的思路发展文化产业，即充分引入市场体制发展文化产业。包括如何加快国有文化单位改革的步伐，促进有条件的经营性文化单位转制为企业，转换国有文化企业的经营机制，发展民营文化企业，创办中外合资文化企业，加快重塑文化领域的市场主体，做强做大一批文化骨干企业；改革文化产品从立项、投入、制作、流通到评价的整个运行机制；制定产业政策；完善法律法规；完善市场体系，增强文化产业的整体实力和竞争力，使文化产业不仅能够占领阵地，还能够走出去。

深圳要继续发挥改革试验田的作用，担负起文化体制改革的试点任务。党的十六大提出"根据社会主义精神文明建设的特点和规律，适应社会主义市场经济发展的要求，推进文化体制改革"，并提出"抓紧制定文化体制改革的总体方案"。根据经济体制改革的经验，在中央确定了改革的总体思路后，要在地方上进行试点，取得突破后，再总结典型经验，推动面上工作，并为制定改革总体方案提供依据。深圳自改革开放以来，很好地发挥了改革试验田和对外开放窗口的作用，起到了重要的示范、辐射和带动作用。江泽民同志在深圳特区建立20周年庆祝大会上的讲话中提出，努力形成和发展经济特区的中国特色、中国风格、中国气派，这是历史赋予经济特区的光荣使命。党的十六大要求全党始终保持与时俱进的精神状态，要求"发展要有新思路，改革要有新突破，开放要有新局面，各项工作要有新举措"。深圳有改革创新的良好氛围，有责任也有条件肩负起文化体制改革的试点任务。要继续解放思想、实事求是、与时俱进、开拓创新，制定文化体制改革方案，特别是在改革的关键环节和重要领域要有新的突破，努力建立起有利于调动广大文化工作者积极性，增强文化产业总体实力和竞争力，多出精品、多出人才的文化管理体制和运行机制，为全国提供新鲜经验。

深圳要在发展社会主义先进文化上走在前面，创造经验。党的十六大指出："当今世界，文化与经济和政治相互交融，在综合国力竞争中的地位和作用越来越突出。文化的力量，深深熔铸在民族的生命力、创造力和凝聚力之中。"要求全党同志深刻认识文化建设的战略意义，推动社会主义文化的发展繁荣。深圳在加快实现现代化的道路上，也面临着进一步改善法治环境、政务环境、人文环境、市场环境、生态环境和生活环境的任务。这些软环境建设，大都离不开大力发展社会主义先进文化，建设社会主义精神文明。深圳建设中国特色社会主义示范市，率先基本实现社会主义现代化，就是要做到经济、政治、文化全面发展。深圳改革开放以来的发展实践也证明了文化与经济和政治相互交融。正是经济的快速发展，大大促进了文化的发展。深圳在繁荣社会主义文化方面作出了重要贡献，在全国文艺百花园里是有深圳的形象和位置的，如推出了歌曲《春天的故事》、《走进新时代》，电视连续剧《钢铁是怎样炼成的》等一批精品，既弘扬了主旋律，又有很好的艺术性、观赏性；涌现了一些有活力的文化企业，如深圳华侨城[5]等。这也符合经济基础和上层建筑作用与反作用的规律。希望深圳结合贯彻党的十六大精神，在发展社会主义先进文化上迈出更大的步伐，在发展文化事业和文化产业上继续出经验、出成果、出人才。要制定文化发展纲要，确定发展的目标和任务。要建设完善的文化基础设施，发展公益性文化事业；坚持为人民服务、为社会主义服务"二为"方向和百花齐放、百家争鸣"双百"方针，创作生产更多的文化精品；通过把有条件的事业单位转制为企业、国有企业转换经营机制、发展民营企业和股份制企业等途径，崛起一批有竞争力的文化企业，推动文化产业发展壮大；实施走出去战略，把文化产品打入国际市场。要在弘扬主旋律和提倡多样化的统一、体现党的意志和反映人民心声的统一、符合社会主义精神文明建设规律和适应社会主义市场经济发展要求的统一等方面，创造新鲜经验。

深圳要按照一手抓繁荣、一手抓管理的方针，健全文化市场体系，完善文化市场管理机制，为繁荣社会主义文化创造良好的社会环境。深圳毗邻香港，情况复杂，文化市场管理任务繁重，管好了意义重大。要坚持不懈地开展"扫黄打非"，坚持不懈地打击走私非法光盘和淫秽出版物，完善文化市场体系和文化执法。

希望深圳市委加强领导，政府大力支持，把发展社会主义先进文化和深化文化体制改革这件大事抓好。发展社会主义先进文化和深化文化体制改革，仅靠宣传思想战线和文化部门是不行的，必须列入党委和政府的重要议事日程，切实加强领导。要把发展先进文化作为贯彻党的十六大精神的重要任务，作为深圳建设中国特色社会主义示范市和率先基本实现现代化的重要目标，作为进一步改善软环境、促进经济再上大台阶的战略措施，抓紧抓实、抓出成效。希望你们继续把创新作为深圳的代名词，在发展先进文化方面大胆创新，创造成果，为全国提供经验。

注 释

〔1〕晶报，是深圳报业集团主办的都市类报纸。

〔2〕晚报，即《深圳晚报》，是深圳报业集团主办的大型综合性晚报。

〔3〕BBC，是 British Broadcasting Corporation 的简称，即英国广播公司。

〔4〕NHK，源自日语罗马字 Nippon Hōsō Kyōkai 的缩写，即日本放送协会，又称日本广播协会，是日本最大的广播电视机构。

〔5〕深圳华侨城，是大型国有文化企业，拥有锦绣中华、中国民俗文化村、世界之窗等大型主题公园。

改革要抓好试点[*]

（2003年2月14日）

> 试点要积极，推广要慎重。要总结经验，切实可行了，再推广。

党的十六大提出深化文化体制改革，现在看，试点工作前一阶段也做了一些，但还需要进一步扩大试点范围。可以借鉴经济体制改革的经验，先试点，在一个地区全面展开，总结经验后再推广，一些敏感性的改革，先从地方突破。在中央这个层次上，影响大，地方是个局部，也好操作。所以，要扩大一些单项的试点单位和综合试点省市的数量。

试点要积极，推广要慎重。要总结经验，切实可行了，再推广。要进一步把试点工作搞好，进一步深化认识。文化领域的改革，与经济领域的改革相比有很大的特殊性，既要遵循社会主义市场经济发展的要求，同时还要符合社会主义精神文明建设的规

---

[*] 这是李长春同志在十六届中央宣传思想工作领导小组第三次会议上讲话的一部分。

律。比如繁荣基层文化的问题，多种所有制发展文化产业的问题，怎么样解决部门办报刊和县区办党报办台的问题，把这些敏感的问题、不好搞的问题交给综合试点地区和单位，取得经验后再推广。

在改革的过程中，我们还要尽量减少事业单位。与企业相比，事业单位动力和机制不同，因此活力不同。像国家的文化设施等单位这是事业单位，其他能够市场化运作的尽量推向市场。要界定出来哪些是公益性事业单位，哪些是事业单位企业化管理，哪些是企业，分成三个档次。事业单位企业化管理的，越少越好，因为这是不规范的体制，要在体制上尽量靠一头，不搞脚踏两只船。是公司必须是企业，你不是企业算什么公司？你要是事业单位，就没有办法用市场机制，银行不给你贷款，事业单位不是经济法人，不能够对社会负经济责任，银行为什么给你贷款？至于进入资本市场，那就更谈不上了。靠行政力量捏合，只能堆大，不能做强，不用市场机制，怎么做强？政府给一分钱，办一分钱的事，永远做不强。

党的十六大报告中强调了发展文化产业，提出发展文化产业是在市场经济条件下繁荣社会主义文化的重要途径。我们在发展文化产业上要进一步解放思想。文化产业是一个宏观的概念，对微观来讲就必须解决市场主体问题，市场主体是什么？经济领域包括工业企业、个体工商户、农村承包户等等，这些都赋予了市场主体的地位。现在文化领域除了非公有制这部分外，面临的根本问题是重塑市场主体，没有文化企业何谈文化产业？这是问题的关键。真正按照企业运行了，内部的人事制度是企业负责人的事。20世纪80年代初，国有工业企业进行改革就是这样，企业一旦走向市场，就有了内生动力，如果不加快建立面向市场的体制机制，就立不住脚了，所以文化体制改革的大思路是要重塑市场主体，这是我们发展文化产业面临的非常紧迫的任务。市场主体就是自主经营、自负盈亏、自我发展、自我约束的企业法人。由于现在我们文化领域总体是"保姆"体制，缺少市场主体，怎么有活力？问题的要害在这里。

建立现代企业制度的前提是股份制改造，如果在一个企业投资主体不是多元化的情况下，所谓的现代企业制度是很难到位的，运作不起来。建立现代企业制度，有条件的还是要搞股份制改造。至于重要的领域，就实行国家控股。我们要在改革试点里面解决这个问题，进行股份制改造，建立现代企业制度，面向市场。对文化产品的评价，更多地要用市场来评价，减少用行政领导机关来评价的做法。我们再三强调把思想性、艺术性、观赏性结合起来，最重要的就是群众喜欢不喜欢，而群众喜欢不喜欢用什么形式体现出来呢？就是市场。我们过去在评价文化产品方面把群众的作用位置放得太低，所以包括"五个一工程"、电影"百花奖"[1]等都要由群众来检验，群众不喜欢的不能评。优秀出版物的评选，不能是装帧好就获奖，关键是市场，看群众欢迎不欢迎。

广电改革有一定的难度，它的喉舌性质更突出，比出版改革难度更大。试点工作要加大力度，特别是在关键环节，就是要促进"化学反应"，有了突破后，还是要把体制理顺。要在地方增加几个试点单位，以电视台为主体来整合广电资源。原来批准成立的广电集团，要允许试验，然后再逐步把它理顺，试点不是把它作为一个模式推广，确实行不通，再研究，但不要再批准成立新的广电集团了。电影院改革要通过调研，下决心推向市场。电影院在哪个国家也不是事业单位编制，所以影视的制作、发行、放映都要产业化，必须下这个决心，否则中国电影没有希望。下一步民营企业陆续参与影院改造，再不抓紧改革不行。很多国家的电影产业被个别电影强国打败了，我们要尽快增强中国电影产业的实力、竞争力。

出版发行领域的改革思想要解放一些。现在图书大量积压，扣除正常的流通量，积压量相当于一年的销售量。问题是什么？就是没有引入市场竞争机制，还是沿用计划经济的办法。为什么出版社就不能优胜劣汰？关键是要把握住大的方向，要将优的真正做强，劣的淘汰掉。发行很明确，就是要引入现代企业制度、现代物流理念。应该有若干个国有发行集团，强化主渠道。主渠道上不来，必然是淫秽、盗版这些东西泛滥，然后再组织力量去打去扫，打和扫是必要的，但那是治标不治本，还是要向改革要秩序，要在体制上创新，积极建立新的主渠道，这个问题不解决是不行的。

总之，贯彻党的十六大精神，发展社会主义先进文化，深化文化体制改革，第一是重调研，用半年时间，认真搞好调查研究。第二是重试点，一定要把这些关键环节、敏感问题通过试点拿出经验来，这样我们才好搞文化体制改革综合方案，才好进一步推广。对综合试点省市，中宣部也可以再研究，有的也可以搞单项试点，如怎样避免用行政权力搞发行，解决部门办报刊、县区办党报办电台电视台等一系列问题，都可以先搞试点。

注　释

〔1〕百花奖，是由中国电影家协会和中国文学艺术界联合会联合主办的大众电影奖项。创办于1962年，首届由《大众电影》杂志主办。该奖项由观众投票产生，因此又称"观众奖"。

逐步完善文化法律法规体系[*]

（2003年3月7日）

> 当前和今后较长的时期，我们要坚持政策和法律并重，注意总结贯彻执行政策过程中取得的经验，不断加以完善，逐步形成符合文化建设需要的法律法规体系。

依法治国是党领导人民治理国家的基本方略，要坚定不移地贯彻到现代化建设的各个领域中去。改革开放以来特别是党的十三届四中全会以来，我们在文化立法方面做了许多工作，制定的相关法律法规和条例已有24项，包括著作权法、文物保护法、国家通用语言文字法，以及出版、广播电视、电影、音像制品、计算机软件保护、营业性演出等方面的管理条例。近年来，为适应加入世界贸易组织的需要，宣传文化领域又修订了1部法律和5个法规。这为文化事业和文化产业的健康繁荣发展提供了重要的法律保障。文化属于上层建筑，文化立法相对滞后于经济体制

---

[*] 这是李长春同志在参加全国政协十届一次会议文艺界委员讨论时讲话的一部分。

2005年3月4日，李长春看望出席全国政协十届三次会议的文化艺术界委员，并参加联组讨论。右一为全国政协副主席徐匡迪，左一为新闻出版总署署长石宗源，左二为文化部部长孙家正。

（新华社记者徐家军摄）

改革和经济立法，只能随着社会主义市场经济体制的立法进程而逐步发展和完善。这是由经济基础决定上层建筑、上层建筑要适应经济基础的客观规律所决定的。政策也是一种有效的调控和管理手段。与法律法规相比，政策的灵活性、时效性更强，便于与时俱进，较快地解决问题。立法要以政策为基础。一项政策制定实施以后，需要有一个较长的时间，在实践中修正和检验，逐步完善成熟后上升为法律。因此，在实际工作中更多地运用政策手段实行引导和管理，是符合实际的。在改革开放和社会主义市场经济体制确立、发展过程当中，就显得更加必要。当前和今后较长的时期，我们要坚持政策和法律并重，注意总结贯彻执行政策过程中取得的经验，不断加以完善，逐步形成符合文化建设需要的法律法规体系。当前，随着社会主义市场经济体制的不断完善，具备了加快文化立法的条件。我们要适应新世纪新阶段文化立法的迫切需要，深入调查研究，做好统筹规划，分清轻重缓急，成熟一个，推出一个，推动文化立法更快地发展。

改革要在体制机制创新上下功夫[*]

（2003年4月1日）

> 文化产业做强做大必须引入市场机制，才能以几何级数发展。微观上忙几年但体制机制没变，结果只能是事倍功半。因此，改革要在创新体制和机制上下功夫。

当前各条战线都在学习贯彻党的十六大精神，宣传思想战线要研究怎样加快发展社会主义先进文化和深化文化体制改革。希望大家畅所欲言，内部研究无禁区，座谈要讲实话。

大家在发言中提出了很多改革中需要解决的实际问题，我梳理一下，是不是主要包括以下几个问题。

第一个问题，文化事业和文化产业怎么具体划分。是不是可以分成这样几类，第一类是公益性事业单位，属于政府提供公共文化服务的机构，如文化馆、图书馆、博物馆、少年宫、科技馆等，这一类不能进入市场，要由政府投资，面向社会提供公共服

---

[*] 这是李长春同志在部分文化集团试点单位和专家学者座谈会上讲话的一部分。

务。第二类是非经营性的事业单位，如社科院、画院、艺术研究院等，也不能进入市场。第三类是有经营性业务的文化单位，如报刊、广电、出版、文艺演出团体。按照意识形态属性还有所不同，党报党刊、电台电视台意识形态属性最强，一般报刊、出版社和文艺院团次之。这一部分比较复杂，还要深化研究。第四类是文化产业，如新华书店、影视制作单位等。对微观主体，我分了这四类。这四类改革的办法不同，要研究分类指导。第一类进行单位内部改革，把人事搞活，提高服务水平。第二类与第一类相近。第三类除党报党刊、电台电视台外，绝大部分要归入第四类，第四类要面向市场，重塑文化市场主体。由于过去文化领域受计划经济影响较深，长期行政条块分割，没有形成合格的文化市场主体。文化领域很大一部分单位要通过改革进入市场，不进入市场就没有活力，不是完善的市场主体就无法用资本纽带联在一起。因此，只有冲破条块分割，才能重塑市场主体，才能做强做大。

第二个问题，政府与微观主体的关系要理顺，要实现几个转变：一是要从直接办文化向管文化转变，政府可以办一点第一类的文化，其他大量的要靠社会办，靠社会的投资主体、经纪人，走出一条良性发展轨道。二是要从主要管直属单位向面向全社会管理转变，过去行政部门是被管理单位的老板，这是管理上的错位。要变为面向全社会的管理服务者。三是要从微观管理向宏观管理转变，由具体的审批到依法管理。对文化企业的管理，重点是制定产业政策和法规。

第三个问题，文化市场体系问题。严格地说，我们现在还没有形成文化市场体系，处于条块分割状态，还处于按行政区划、行政级次分配文化产品的体制，还处于小散滥的状况，没有从部门、地方所有制中解脱出来，形成以资本为纽带的统一市场，这需要一个很大转变。培育市场体系，就像办个球场，各球队来比赛，球场就是市场，球队就是市场主体。

第四个问题，法律法规问题。法律法规就是游戏规则。文化领域法律法规是薄弱环节，但现在到了加快立法的时候了。要制定立法规划，走上法制化轨道，最终实现依法管理。现阶段是法律、法规、政策相结合的阶段，要逐步把部门政策变成行政法规，再上升为国家法律。

解决这四个方面的问题，首先遇到的是解放思想问题。20世纪80年代，经济领域的改革就遇到解放思想问题，文化领域的改革也不能低估这个问题。怎样实现从计划经济条件下的传统管理体制到适应社会主义市场经济体制的转变，从单纯的阵地喉舌功能到既保持阵地喉舌性质不变又注重人民群众多方面、多形式、多层次的文化需求，即注重市场和产业属性的转变，这中间就有一个进一步解放思想的问题。

这里还必然遇到一个体制和机制的创新问题。文化产业做强做大必须引入市场体制机制，才能以几何级数发展。微观上忙几年但体制机制没变，结果只能是事倍功半。因此，改革要在创新体制和机制上下功夫。

这次座谈会对启发我们思路有帮助。要抓紧研究以下问题：

一是要对现有的文化单位进行科学定位，界定到行业，厘清单位的性质。二是要坚持分类指导的原则，对不同性质的单位提出不同的改革目标。三是要深化微观主体的改革。公益性文化单位，要深化内部改革，提高服务水平。经营性文化单位，要重塑市场主体，进而按公司制改造，建立现代企业制度。四是要研究完善法律法规。不同性质的单位，改革的方向不同，要有不同的游戏规则，需要制定相应的规章来指导改革。五是要理顺政府与企事业单位的关系。在改革试点单位中，要实行政企分开，管办分离，加强监管。不要搞行政机关与集团一套班子，也不能搞企业与事业一套班子。六是要建立健全国有文化资产的管理体制。要解决出资人缺位问题，实行管人管事管资产管导向相结合。七是要形成公有制为主体、多种所有制文化企业共同发展的格局。要归类界定哪些领域可以鼓励和引导社会资本进入，哪些领域国外资本可以进入。八是要加快完善文化市场体系。要针对按行政区划、行政部门把完整的文化市场分割开来的现状，提出改革的对策。

弄清文化体制改革的关键[*]

（2003年4月11日）

> 文化体制改革的关键是大力推进体制机制创新，真正做到像党的十六大报告里讲的那样，"一切影响发展的体制弊端都要坚决革除"。

今天这个座谈会开得很好，思想上很有收获，在上边弄不明白的事情，听了你们的发言后，很多问题豁然开朗。对文化体制改革，信心更足了。长期以来，中央对文化工作高度重视，党的十六大把文化更加繁荣作为全面建设小康社会的重要目标之一，提出了继续深化文化体制改革的任务。这里面需要弄清文化体制改革的关键在什么地方？为什么活力不足？为什么不能做强做大？其中的原因在哪里？我觉得通过这次座谈，思想上更加清楚了。

首先是思想认识问题。必须坚持解放思想、实事求是、与时俱进，真正做到像党的十六大报告里讲的那样，"一切妨碍发展

---

[*] 这是李长春同志在云南省丽江市基层文化建设座谈会上的讲话。

文化强国之路

的思想观念都要坚决冲破"。通过你们所谈的问题,感到文化领域长期以来确实存在受传统体制影响的思想观念,也存在长期把文化作为单一的意识形态而忽视人民群众多方面的文化需求,忽视文化的产业属性、商品属性的问题。

2003年4月11日,李长春在云南省丽江市考察工作。右七为中宣部副部长李从军,右八为云南省省长徐荣凯。　　　　　　　　　　　　　　　　　（杨志刚摄）

其次是体制和机制落后的问题。要继续推进体制和机制创新,这也是党的十六大报告里讲到的"一切影响发展的体制弊端都要坚决革除"的要求。你们在体制和机制方面讲了很生动的例子。本质的问题是过去的文化体制是排斥市场的,是在思想文化系统内部循环的，没有进入全社会，没有进入广大群众中去大循环。这是很大的问题。因此，文艺产品的立项、拨款、制作、流通、评价等必须在体制和机制上进行大胆的创新。你们的体会和实践都很宝贵，我有个建议，把丽江增加为文化体制改革工作的试点市，这对于丰富试点经验、推动大城市的改革，有重要意义。越是基层，对体制束缚的弊端体会越深。特别像丽江这样连财政自给都十分困难的市，能够把文化产业发展起来，我想那些经济条件好的地方，市场经济运作比较发达的地方，做不好文化产业就更没有理由了。丽江很有说服力，又是西部地区。文化体制改革试点工作会议，要请丽江的市委书记参加，并作发言。丽江前不久搞了个文化论坛，就做了思想和理论上的准备。先行者为师嘛，丽江先行一步，并且有实际行动和成果，有了实践才能体会深，没有实践体会不深刻，完全应该让丽江去讲讲。现在看来，文化体制改革也跟经济体制改革一样，在某种程度上，是下边帮助上边解放思想。在丽江这个地方，对文化产业的发展作了深入认真的探索，这是没有想到的。中宣部、文化部要把丽江这方面的工作经验发个简报，发到全国。

面向群众面向市场
进行体制机制创新[*]

（2003年6月2日）

> 文化体制改革的出发点就是要实现"四个充分"：充分发挥社会主义市场经济体制的强大威力，充分动员全社会的力量来发展社会主义文化，充分发挥国有文化企业在文化市场中的主导作用，充分调动广大文艺工作者的积极性主动性创造性。

过去在文化体制改革方面，我们从上到下做了大量的工作，进行了大量的探索，也取得一定成效，但释放的能量有限。从现在看，根本的问题是要创新面向群众、面向市场的体制机制。说文化发展不适应人民群众日益增长的精神文化需求也好，不适应全方位对外开放的要求也好，不适应社会主义市场经济体制的要求也好，归根结底都是一个面向群众、面向市场的体制机制问题。因为文化市场的消费主体是群众，因此面向群众和面向市场是一致的。其本质就是要创造更多群众喜闻乐见的精神文化产

---

[*] 这是李长春同志在吉林省振兴中国电影事业座谈会上讲话的一部分。

品，满足人民群众日益增长的精神文化需求。解决了这个问题，其他方面的问题就迎刃而解了。所以，改革的任务就是要围绕着面向群众、面向市场这个根本问题进行体制机制创新。必须明确，在社会主义市场经济条件下，绝大多数文化产品都具有商品的属性，通过商品交换，变为广大群众的消费。因此，只有占领市场，才能发挥文化产品教育人民、引导社会的功能，才能坚持为人民服务、为社会主义服务的方向。占领市场，就是占领意识形态阵地。就这个意义来讲，其社会效益和经济效益是一致的。如果远离广大群众而一味地追求评奖，文化活动只能是在文化系统内部"小循环"，没有进入社会运行的"大循环"，就谈不上社会效益，谈不上"三贴近"，更谈不上进入良性发展的轨道。

改革的出发点就是要实现"四个充分"：一是充分发挥社会主义市场经济体制的强大威力繁荣社会主义文化，特别是对经营性文化产业。社会主义市场经济体制的重要功能，就是增强微观主体创新的动力，就是使文化产品经受群众检验，经受市场检验，用市场的力量推动文化产品思想性、艺术性和观赏性有机结合，社会效益和经济效益相统一。二是充分动员全社会的力量来发展社会主义文化。过去就是靠政府，这个力量是有限的，满足不了人民群众日益增长的多层次、多方面、多样性的精神文化需求。要找出一个体制来，使得向文化产业投资也能赚钱，这样就能够把全社会投资文化的积极性都调动起来，使社会资源在市场的配置下进入文化产业。在政府主导的事业单位的体制下是不会有人投资的。现在有一些民营企业家，特别是在南方，资本积累已经完成了，钱往哪里投找不到方向。如果还让他去搞小钢铁、小煤炭、小化肥，把环境都污染了。要吸引他往文化上投，搞股

文化强国之路

份制文化企业，这样就能集中全社会的力量来发展文化。有条件的文化企业，还可通过上市直接融资，吸收公众的投资，这样才能做强做大，形成以公有制为主体、多种所有制共同发展的文化产业格局。三是充分发挥国有文化企业在文化市场中的主导作用，实现大力发展先进文化、支持健康有益文化、努力改造落后文化、坚决抵制腐朽文化的要求。在社会主义市场经济条件下，文化市场是客观存在的，国有文化企业不进入市场，就等于是把文化市场拱手相让。只有主动进入市场，开展竞争，才能更好地发挥导向作用、主渠道作用，才能保证我们的文化市场始终坚持

2003年6月2日，李长春在吉林省长影集团有限公司调研时，听取长影世纪城的规划和工程建设情况介绍。右一为中宣部常务副部长吉炳轩，右三为吉林省委书记王云坤，右四为吉林省省长洪虎。

（潘永顺摄）

先进文化的前进方向，国有文化企业自身才有活力。四是充分调动广大文艺工作者的积极性主动性创造性，贴近实际、贴近生活、贴近群众，多出精品、多出人才，创作更多群众喜闻乐见的精神文化产品，不断满足人民群众日益增长的精神文化需求。我们国家几十年正反两方面经验说明，"大锅饭"的体制不行，积极性调动不起来。过去我们搞计划经济的时候，在认识上有个误区，以为把人们所谓的"后顾之忧"解除了，就能调动积极性，所以领导职务是终身制，职工是终身制，分配是只能高不能低。实践证明，这样不能调动积极性。必须形成干部能上能下、职工能进能出、分配能高能低的机制，这样才能调动积极性。文化领域不解决体制机制创新，就不能焕发出积极性主动性创造性，因而也就不能适应变化了的新形势的要求。

总之，我们改革的出发点，就是围绕着面向群众、面向市场进行体制机制创新，就是要实现四个"充分"。这四个"充分"中，第一个"充分"是基础，第二个"充分"是条件，第三个"充分"是保证，第四个"充分"是归宿或是最终目的，四者是相互联系的有机整体。

股份制是推进国有文艺院团
改革的有益探索[*]

（2004年2月6日）

> 用股份制的形式来改造文艺院团，是一个非常好的改革途径，可以使转企改制一步到位，可以从根本上解决长期以来存在的文化单位政企不分、政事不分的问题，有利于在全社会范围内进行资源整合。

儿童剧团属于一般院团，是改革难度比较大的单位，因为它面对的市场不是经济上独立的成年人，而是经济上还没有独立的儿童。北京市率先对北京儿童艺术剧院进行转企改制，这正表明了北京市推进文化体制改革的决心和魄力。你们这个改革在全国是走在前头的，一定能够赢得市场先机，实践将证明，这个路子是正确的。

用股份制的形式来改造儿童剧团是一个非常好的改革途径。一是使转企改制一步到位，从事业单位一下转向公司法人。北京

---

[*] 这是李长春同志在北京儿童艺术剧院股份有限公司调研时讲话的一部分。

青年报社作为公司的控股股东选择得非常好。我们这些剧团也好，演出团体也好，长期在计划经济体制下，经营的本领退化了，一下子转制为企业，缺少经营人才。北京青年报经过十多年的市场运作，有比较多的经营人才，由这样的单位来控股，很快就能打开市场。这是一个好的经验。北京青年报的小红帽公司送报刊送牛奶，帮助用户干活，本身就有活力，在导向的把握上总体也是好的。报社投资儿童剧团也是来自社会回报社会的一件好事。我看，我们的一些大报，要学一学北京青年报的经验，特别是要学习他们开拓市场的本事和能力。北京青年报送报上门，提供全方位服务，为订户送牛奶，为了让订户第二年再订这张报纸，还帮助人家干活。这就是以人为本嘛。我们的一些大报说了多少次也做不到这一点。我们就需要这样的机制，不能光靠发文件来搞发行。北京电视台下面的电视发展股份公司作为股东参与北京儿艺的改造也很好，一个是解决了电视台的节目来源，第二也符合电视台改革的方向。作为党和人民的喉舌，电视台具有较强的意识形态属性，核心部门要保留事业性质，同时，它的经营实体要剥离出来独立发展。总之，北京儿艺选择的控股单位我很满意，特别是北京青年报在面向市场方面有经验，也有一批具备市场经营理念的年轻人，在他们的策划下，完全可以把这个公司搞好。

　　二是这样的改制，可以从根本上解决长期以来存在的文化单位政企不分、政事不分的问题，有力地推动政府职能的转变。过去文化部门既是政府管理部门，又是文化单位的老板，既当运动员又当裁判员，这是造成既缺位又错位的体制上的原因。现在由几家国有公司做股东，使院团由原来的"行政婆婆"改为"资本婆婆"，找到了政企分开的实现途径。你们公司的股东之一是高校房地产公司，这个公司与市教育局应该实行政企分开，企业由国资委管。不然它入股，再让它组织学生看演出，就有关联交易之嫌，在体制上就有缺陷。

三是有利于在全社会范围内进行资源整合，增加对文化的投入，加快发展先进文化的步伐。过去文化单位完全依赖政府，政府能力有限。文化单位过得很紧，政府也很累。改革开放二十多年了，社会上具有投资能力的单位、企业很多，苦于找不到好的投资门路。而文化市场所能够提供的让群众喜闻乐见的产品还不多，满足不了群众的要求，很重要的原因，就是投入上不去。刚

2006年3月29日，李长春观看北京儿童艺术剧院排演的儿童剧《红领巾》后，与演出人员合影。后排右六为中共中央政治局委员、中央书记处书记、中宣部部长刘云山，右四为全国政协副主席、中国社科院院长陈奎元，左六为国务委员陈至立。

（新华社记者姚大伟摄）

才你们讲到，如果北京市一个学生一年看一场戏，就要求剧院平均一天得演六场才能满足，没有足够的投入很难做到这一点。现在通过股份制改造，一下就增加了两千多万元的投入，这在过去打多少报告都解决不了，只有转为企业，才会有社会投资。事业单位没有人投资，只能是赞助。希望你们通过增量扩股，多吸收一些社会资金。当前儿童文化市场是最有潜力的市场之一，现有的生产远远满足不了需求，迫切需要加大投入。然而，一个根本的问题，就是事业体制制约着文化产业的发展。事业体制就是什么都靠政府，靠政府发工资，靠政府拿那么一点钱来维持运转。政府的能力是有限的，完全靠政府的力量来发展文化，常常顾此失彼，许多应该给全社会提供公共文化服务的事做不到位。文化产业本来应该由社会来办，由市场配置资源，政府也把它背起来，不讲投入产出，人员也都由政府来包办，政府很累，你们剧团也活得很累。只有转制为企业，我们才能把艺术生产规律和市场经济规律很好地结合起来，可以动员和吸引全社会的力量来投入，这就远远大于政府的力量。比如，你们能够拿出20万元，在全国范围内征集剧本，在原先事业体制下是难以想象的，这本身就对全国的文艺创作产生了积极的影响。有了好剧本、好剧目，就不只是为北京的少年儿童演出，在全国青少年中都可以打出牌子，就有了知识产权，可以确立你们在全国少年儿童中的影响和地位。你们的收入不光是演出的票房，还可以开发光盘，还可以为电视的少儿频道提供节目源，可以出售版权，从多个方面来创造价值。还可以搞一些动画片的制作，特别是用好数字高新技术，大大提高生产量。儿童动画片市场大得很，将来各省区市和副省级城市都要开办少儿频道，这就需要大量的节目源。还可结合品牌进行后续产品开发,如儿童玩具、学习用品的开发等。因此,谁先改制谁就能占得先机。国务院最近发布了《关于推进资本市场改革开放和稳定发展的若干意见》,党的十六届三中全会提出,要大力发展一批大型的文化企业和企业集团。中宣部、文化部正在酝酿能够上市的文化企业,如果你们能够做到这一点,实力就会大大增强。

在企业转制的过程中,也要处理好大家关心的一些问题。一是要坚持老人老办法,新人新办法。对于已经离退休的职工,原有的待遇一律不动,不要让他们有利益上的损失。对于改制前参加工作的人和改制后的新人,要各有各的解决办法。将来还有一个解决冗员的问题,也请北京市在更大范围内通过多种渠道妥善安置,原则上不要下岗回家。我们现在还在大力发展公益性文化事业,包括基层群众文化活动阵地、爱国主义教育基地,要配上辅导员,文艺院团一些不能上舞台的、年龄大的演员,就可以让他们做这些工作,辅导基层的文化活动,把他们的社会保障解决好,这样改革发展稳定之间就结合好了。

二是转企改制后文化事业、艺术事业的发展问题。转企改制后,艺术院团发展到底是受影响还是得益处,这是一个导向问题。改革的目的就是为了促进发展,不是卸包袱。根本的问题在于,原来的体制束缚了文化生产力。转企改制后,肯定会对艺术事业的发展有一个很大的促进。改制是为了促进发展,要有相应的支持发展的政策,包括土地、税收政策等。在市场经济条件下,如何为少年儿童成长提供绿色空间,非常重要。对青少年频道,电视台要在经济上给予支持。

三是人才培养的问题。转企改制后,企业面向市场,会不会影响人才培养？人才培养主要是两个阶段，一个是学校培养，一个是实践锻炼。关于艺术院校问题，随着文化大发展大繁荣的需要和人才强国战略的实施，要逐步加大教育的投入，更加重视国民教育对人才的培养。关于实践锻炼、提高的问题，要为现有艺术人才的成长发展搭建更加广阔的舞台。人才特别是艺术人才，不是行政任命的，而是在市场的闯荡中由观众来任命的。可以设想，如果没有市场体制，就产生不了梅兰芳[1]。正是市场催生了大师，梅兰芳在美国大萧条的1930年，唱红了大半个美国，开了中国京剧出国商业演出的先河[2]。这样的大师级人物，只有在市场闯荡中对京剧不断推陈出新，在观众中树立了威望，才有可能产生。京剧在传统计划体制下很难产生梅兰芳，很难在国外进行成功的商业演出。只有在与群众和市场的结合中，才能使艺术不断推陈出新，才能使人才在观众中树立起形象和影响，才能让观众认可。评职称，对企业事业单位要一视同仁。科研方面很多院士就是在企业中产生的。因此，文艺院团改制为企业后，照样能产生国家一级演员，产生大师级的人物。今后评职称，要看在群众中、在市场上的影响。而且在企业，由于直接面向观众、面向市场，可能更容易得到检验和好评，成长也许会更快一些。作为企业运作后，单位用人就不再像事业单位那样受编制的限制，就可以在社会上聘请各种各样的人才，单位里的优秀人才更多了。过去事业单位要进人，就要受编制的限制，现有的人登不了台，能登台的又进不来。分配上也是这个问题。转为企业后，可以按贡献来分配，不像事业单位要受工资总额和编制的限制。企业有一个税后分成，而且对国有经营性文化单位转企改制，中央有鼓励的政策。只要你有本事，收入肯定比事业单位要多。科研院所改制时，有很多人也担心转企改制后收入得不到保障，结果转企改制后面向市场，又有了股份，又有了专利收入，收入大大增加了。

四是对群众和市场的认识。观众是上帝，是最严格的评委。你说节目再好，观众不爱看，也等于零。转企改制后，要面向市场，面向真正的评委，艺术事业才能更好地上水平。所谓上水平，最根本的标准，就是观众喜欢，这也是贯彻落实"三个代表"重要思想的具体体现。这就逼迫你把思想性、艺术性、观赏性紧密结合起来。对文艺作品的评奖，中宣部正在会同几个部门进行改革。要有利于参评单位面向群众、面向市场，而不是背离群众、背离市场。没有经过观众和市场检验的，不能参加评奖，这是一条原则。评奖的范围要缩小，周期要长一些，要有足够的市场检验的时间。这种激励机制，要同整个文化体制改革的要求相适应，要从演员本位、评奖本位转向观众本位、市场本位。过去，科学技术发明转化不了产品，只能是生产一些样品，让领导看一看，评个奖，然后就锁起来。文化也存在同样的问题。有的电影一个拷贝也没卖出去，但是得了大奖。就像文化界有些人讲的那样，"政府是投资主体，领导是基本观众，评奖是主要目的，仓库是最终归宿"。中央要求大兴求真务实之风，我们就要在体制上反对搞形式主义。

注　释

〔1〕梅兰芳（1894—1961年），京剧表演艺术家。原籍江苏泰州，生于

北京。出身京剧世家。8岁学戏，10岁登台。演青衣，兼演刀马旦。在长期的舞台实践中，对京剧旦角的唱腔、念白、舞蹈、音乐、服装、化妆各方面都有所创造发展，形成了自己的艺术风格，影响很广，世称"梅派"。与荀慧生、尚小云、程砚秋并称"四大名旦"。新中国成立后任中国京剧院院长、中国戏曲研究院院长、中国文学艺术界联合会副主席、中国戏剧家协会副主席。1959年加入中国共产党。

〔2〕梅兰芳赴美商演。1930年2月16日，梅兰芳率剧团在纽约百老汇剧院向美国观众表演了精彩的京剧，标志着中国京剧第一次登上美国的戏剧舞台。梅兰芳的演出受到美国观众的热烈欢迎和高度赞誉，戏票销售一空，票价不断上涨。在纽约连续演出一个多月后，梅兰芳又率剧团在半年多时间内先后到西雅图、芝加哥、旧金山、洛杉矶、圣地亚哥和檀香山等地继续演出，均获得巨大成功，在经济大萧条时期的美国刮起了一股强烈的中国京剧旋风。

理清文化体制改革的基本思路*

（2004 年 3 月 11 日）

> 文化体制改革的基本思路可以概括为一二三四，即始终围绕一个目标，转好两个轮子，处理好三个关系，抓好四个关键环节。

改革开放二十多年来的实践告诉我们，解放和发展社会生产力只有靠改革。哪里有改革，哪里就有新局面。因此，要想使文化有迅猛的发展，就必须把文化体制改革摆到重要日程上来。党的十六大报告强调要进行文化体制改革，给我们指出了新世纪新阶段繁荣社会主义文化的途径。怎么改革？当务之急，是要理清改革的基本思路。明确改革的方向，我想从以下四个方面谈谈我的认识，即一个目标、两个轮子、三个关系、四个关键环节，与大家共勉。

第一，始终围绕一个目标。解放和发展文化生产力，最大限

---

* 这是李长春同志在参加十届全国人大二次会议天津代表团审议时讲话的一部分。

度地满足人民群众日益增长的精神文化需求，这是社会主义生产的性质所决定的，也是新世纪新阶段加强精神文明建设和思想道德建设的一个新途径。因此，文化体制改革必须始终把解放和发展文化生产力，最大限度地满足人民群众日益增长的精神文化需求，作为推进文化体制改革的根本出发点和最终目的，作为检验改革成效的根本尺度和唯一标准。满足群众的精神文化需求，就是要寓教于乐，在娱乐中受到教育；寓教于学，在学习新知识中受到教育；寓教于知，在满足求知欲望中受到教育，更好地体现以人为本的思想。

第二，转好两个轮子。按照党的十六大提出的要求，繁荣社会主义文化，要一手抓好公益性文化事业，一手抓好经营性文化产业。这是发展社会主义文化不可缺少的两个轮子。

第一个轮子就是公益性文化事业，包括我们通常讲的文化基础设施，如博物馆、图书馆、文化馆、艺术馆、纪念馆以及基层的群众文化活动站（室），等等。特别需要强调的是基层的群众文化活动站（室）。因为博物馆、图书馆、艺术馆、纪念馆等，大城市都有，当然需要完善，特别在改善服务上还需创新。但基层群众的文化活动站（室）却非常缺乏，发展公益性文化事业，要把建设基层群众文化活动站（室）作为一个重点来抓。关于公益性文化事业，党的十六大报告强调要抓好"四个扶持"，就是：一要扶持党和国家重要新闻媒体和社会科学研究机构，主要指党报党刊、电台电视台和社科研究机构。关于社科研究机构，现在省会城市以上都有，一些大学也有，还有一部分国家部委所属研究机构和部分省属的研究机构。可以这么说，我们国家是世界上最重视社科研究的。像我们这样，政府用纳税人的钱建立这么多的庞大的社科机构,世界上独此一家。从这个角度讲,我们是高度重视的。当然,各级政府重视程度可能有差别,但总体上是高度重视的。最近,中央专门发布了《关于进一步繁荣发展哲学社会科学的意见》,重视程度是空前的。目前的问题在于,我们是低水平重复研究,重点不突出,资源利用得不好,浪费也很严重,对有能力、有水平的研究机构还倾斜不够。还有,就是社会科学机构资源合理配置问题。《意见》明确规定,国家的社科机构要进行哲学社会科学各个学科的基础理论研究,要创新,跟踪世界先进水平,成为国家的重要思想库、智囊团。地方的社科机构主要是搞应用研究,要成为地方政府的思想库、智囊团,原则上不要再搞基础研究。二要扶持体现民族特色和国家水准的重大文化项目和艺术院团。我们这么大一个国家,还是要有少量的国家级院团作为示范,代表国家形象。三要扶持重要文化遗产和优秀民间艺术的保护工作。四要扶持老少边穷地区和中西部地区的文化发展。这"四个扶持"中的大部分属于公益性文化事业,也有的定位事业性质,要企业化管理,还有的要带着扶持政策走向市场。对公益性文化事业,我们的方针是十六个字:"增加投入、转换机制、增强活力、改善服务。"公益性文化事业是政府主导,增加投入首先是增加政府投入。要改变过去公益性文化事业搞创收,甚至把展览馆、博物馆租出去搞家具展挣钱的做法。那样我们建展览馆、博物馆就没有意义了。展览馆、博物馆经费不足,财政给它补上,我们就是要它的社会效益,落脚在改善服务上,不要它搞创收。增加投入以政府为主,当然也可鼓励社会方方面面向公益事业捐助。将来也要制定一些鼓励各方面捐助的税收政策。

第二个轮子就是经营性文化产业。党的十六大报告指出，发展文化产业是市场经济条件下繁荣社会主义文化的重要途径，这给我们指明了方向。过去在计划经济体制下，我们没有文化产业的概念。第一次在党的文件中提出文化产业这一概念，是在党的十五届五中全会上。党的十六大报告则进一步明确发展文化产业是市场经济条件下繁荣社会主义文化的重要途径。在两个轮子当中，这是一个重要的轮子。对于文化产业，我们的方针也是十六个字："创新体制、转换机制、面向市场、增强实力。"对国有经营性文化单位，首先不是增加投入问题，而是体制不行，游离于市场之外。所以，这是个体制创新的问题，经营性文化产业要由市场来主导。

第三，处理好三个关系。一是要把符合社会主义精神文明建设的特点和规律与适应社会主义市场经济发展的要求统一起来，始终坚持先进文化的前进方向。现在，我们国家整个经济基础发生了重大变化，文化想脱离这种经济基础是不现实的，否则，就违背了社会发展的规律。现在的任务，就是把精神文明建设的特点和规律与市场经济发展的要求统一起来，把弘扬主旋律与提倡多样化统一起来，把坚持"二为"方向与贯彻"双百"方针统一起来，使我们的作品在思想性、政治性、艺术性、观赏性、可读性上紧密结合起来。在社会主义市场经济体制下，在导向正确的前提下，占领的市场越多，意识形态的阵地越巩固，二者不是矛盾的，因为广大人民群众是通过市场交换来消费文化产品的。如果文化生产不符合社会主义市场经济的规律，就没有办法真正面向群众。不能够占领市场，就不能够占领意识形态阵地。二是要把社会效益放在首位，做到社会效益和经济效益相

2004年3月11日，李长春参加十届全国人大二次会议天津代表团的审议。右一为中共中央政治局委员、天津市委书记张立昌，左四为天津市市长戴相龙。

（新华社记者鞠鹏摄）

统一。发展文化事业和文化产业，都是传播文化的途径或形式，其灵魂是精神价值，首先要符合精神文明建设的要求，要以传播先进文化为己任，所以要把社会效益放在首位。在确保社会效益的同时，要重视经济效益，努力实现社会效益和经济效益的有机统一。这是绝大多数文化产品既有意识形态属性又有商品属性所决定的。有的同志不承认文化产品是商品，这是不正确的。在市场经济条件下，大多数文化产品和服务要通过市场为广大群众所认知、接受和消费。承认文化产品和服务的商品属性，善于通过占领市场来扩大文化产品的社会影响力，是我们在思想认识上的一个新突破，是我们在社会主义市场经济条件下发展文化事业和文化产业的必然选择。商品属性是文化产品的普遍性，意识形态属性是文化产品的特殊性。我们要把这种普遍性和特殊性统一起来，不能相互排斥，特别是对文化产业更要如此。公益性文化事业，是政府用纳税人的钱来投资，作为政府为社会提供公共服务的手段。所以，对具体的文化事业单位不要它的经济效益。但是对文化产业，我们得讲两句话：一句是，把社会效益放在首位，这是其以文化人的功能所决定的，要符合社会主义精神文明建设的特点和规律；还有一句话，必须把社会效益和经济效益统一起来，这是由它的商品属性、产业属性所决定的。如果只有投入，没有产出，那么作为一个产业就无法维持。这就是马克思所阐述的再生产理论中的重要观点。同时，在市场经济条件下，这种经济效益本身也是对社会效益的验证。这也就是票房价值和社会效益的关系，精品力作与喜闻乐见的关系。不被广大群众所接受，社会效益是空的，只能是把我们的文化工作引向"假、大、空"的歧路。这跟我们党倡导的求真务实的精神是相悖的。因此，今后在激励机制上，要把能不能占领文化市场，作为必要条件，当然不是充分条件。说市场票房价值高，就是好作品，这也不行。把市场价值绝对化，认为凡是市场价值好的都是精品，这个说法是不对的。因为确实有一些污七八糟的，迎合某些素质不高的人群，也可以暂时得到好的票房，但这经不住历史的检验，经不住市场的监管，做不到可持续发展。应该说，优秀的作品必然市场价值高，必然票房好，这样才能表明你的社会效益好。否则，你不能占领市场，只能占领领导，就不是真正的社会效益，因此也就不是优秀作品。过去一些地方有这个倾向，千方百计到北京演出，然后通过各种关系，找领导来看看。领导来看，当然要说几句鼓励的话。有的都出笑话了，说是领导看完了没表态，回去没法传达呀，千方百计套出个好话来："你看怎么样？"最后领导烦了，说"好，好，好……"于是回去传达就说，"震动了领导，连说三个好啊"，不能搞这些东西。今后，就得让你震动市场、震动人民群众。人民群众是实践的主体，是历史的主人，是创造历史的决定力量。必须坚持唯物史观，要坚持把社会效益摆在首位，做到社会效益与经济效益相统一。三是要把宏观控制力和微观活力统一起来。改革的出发点，是要激发每个文化单位的活力。同时，文化有着鲜明的意识形态属性，也必须保证有足够的宏观控制力。要把二者统一起来，不能够一管就死，一放就乱。把这二者统一起来，是要做到"三个有利于"：一要有利于加强党对文化的领导，而不是削弱党的领导。党的领导包括党领导人民制定法律的领导，包括党的路线、方针、政策的领导，也包括党组织的思想教育方式的领导，始终要坚持这一点。二要有利于调动广大文艺工作者和经营者的积极性主动性创造性，进一步解放和发展文化生产力。广大文艺工作者和经营者都是在文化生产第一线，只有把他们的积极性主动性创造性调动起来，文化的发展才能有活力。三要有利于社会主义文化的繁荣发展，推动涌现更多人民群众喜闻乐见的精品力作。

第四，抓好四个关键环节。第一个关键环节，重塑市场主体。作为市场，首先要有市场主体——企业。目前文化市场的现状是部分民营企业发展起来了，有的民营文化企业做得很大。但是在文化市场上，国有的、国有控股的文化市场主体基本上没有，这是国有文化单位游离于社会主义市场经济体制之外的一个主要标志，与社会主义初级阶段的基本经济制度相悖。社会主义初级阶段的基本经济制度，是以公有制为主体、多种所有制经济共同发展的制度。如果我们的文化市场，民营企业有了，逐步地国外的文化资本也进来了,就是唯独没有国有的文化企业,那么,国有文化企业的主体地位怎么体现出来呢?实际上,这等于把市场拱手相让。特别是文化有着引导社会、教育人民的功能,更要体现以公有制为主体,以国有文化企业为骨干。党的十六大要求我们做到"三个解放出来",就是要自觉地把思想认识从那些不合时宜的观念、做法和体制的束缚中解放出来,从对马克思主义的错误的和教条式的理解中解放出来,从主观主义和形而上学的桎梏中解放出来。还要做到"三个一切",就是一切妨碍发展的思想观念都要坚决冲破,一切束缚发展的做法和规定都要坚决改变,一切影响发展的体制弊端都要坚决革除。国有经营性文化单位长期游离于社会主义市场经济体制之外、受传统体制束缚所造成的弊端,不应该再继续下去了,必须革除。在这种体制下,文化单位只能围着政府转,等、靠、要。国有经营性文化单位只有变成企业,进入市场,才有内生动力,社会资本才会向文化投入,而这个力量远远大于政府。政府可以集中力量,把向全社会提供公共服务的文化事业办得更好。否则,事业不像事业,产业不像产业。最近,北京市对北京儿童艺术剧院进行了股份制改造,原来国有资产评估是1500万元,现在五个股东共投资2500万元,变成了4000万元资产。于是,马上就拿出20万元向全国招标剧本,这一下也把创作激活了。可以说是一招对路,全盘皆活。如果还是停留在老体制,打报告向政府要钱,不知要打多少报告才能得到2500万元。所以,把社会资源吸引进来,可以大大地促进文化产业的发展。文化产业是个新兴的朝阳产业,朝阳产业往往都能得到高于社会平均利润率的回报。谁看得准,谁主动,谁就抓住了机遇,抓住了发展的先机。因此,抓改革就是财富，不抓改革就是包袱。比如，新华书店系统就是这样。当前，一方面个体书商发展得很快，另一方面，虽然现在我们离全面履行加入世界贸易组织承诺的过渡期还有两年时间，但实际上有的外资现在已经进来了。如果新华书店系统再不改革，被市场边缘化了，全国新华书店系统的十多万职工不就变成各级政府的包袱了吗？反过来，现在抓紧改革还来得及，因为新华书店基层的销售网点还在，而且又都处在繁华的商业区，抓紧改革才能成为主渠道。因此，要重塑文化市场主体，解决国有经营性文化单位游离于市场体制之外所带来的一系列弊端。当然，这种改革对具体文化单位来讲，也是个很重大的转变，既需要观念的更新，也需要稳妥把握。为了使改革稳步进行，国务院办公厅最近出台了文化体制改革试点中支持文化产业发展和经营性文化事业单位转制为企业的规定。总的就是，老人老办法，新人新办法。现在，科研院所中开发型的研究机构都已经从事业单位转为企业了，很多的国家工程院院士、科学院院士，都在企业。所以，文化单位进入市场转为企业后，该评一级演员评一级演员，这都是一样的。社会地位没有丝毫的降低，而且更有利于文化产业的发展。反过来，如果还迷恋传统的事业体制，那么文化产业就不可能发展起来。事业单位的体制适用于政府提供公共服务的领域，不适合经营性单位。因为事业的性质就是不计投入产出、不提折旧，编制和工资总额管理严格，必然导致需要进的人进不来，需要出的人出不去，论资排辈，误了人才。因为是事业单位，不能搞市场运作，你想融资，除了向政府打报告，也没有别的渠道。同时，因为事业单位不可能独立向社会负经济责任，因此民间资本进不来，银行也不贷款给你，想直接进资本市场融资就更没有可能了。但只要进入市场,变成企业,这些问题都解决了。最近,我们正在选几个大型的文化企业,通过上市进入资本市场融资,催生几个大的文化企业和企业集团,然后到全国去兼并,成为投资主体。党的十六届三中全会通过的《中共中央关于完善社会主义市场经济体制若干问题的决定》,强调要形成一批大型文化企业和企业集团。温家宝总理的政府工作报告又重申了这个问题。现在是谁先改革,谁就能够催生大的文化企业和企业集团;谁晚改革,对不起,你这个文化资源就被别的大企业兼并重组。在推进国有文化企业形成的同时,我们还要履行加入世界贸易组织的承诺,允许在一些领域让外国文化资本进来,并鼓励民营企业更多地进入到文化的各个领域,形成以公有制为主体、多种所有制共同发展的文化产业格局,在文化方面落实社会主义基本经济制度。因此,重塑市场主体,这是第一个关键环节。

第二个关键环节,完善市场体系。作为市场,要有市场体系。从严格意义来讲,我们正处于一个由计划经济向市场经济转变的十字路口,现在的文化市场还是一个很不发育的市场。长期以来,按照计划经济体制,文化方面实行的是按照行政级次、行政区划(如中央、省、市、县)分配文化产品的老体制,换句话说,是处于条块分割状态。电影发行,从总发行公司到省、市、县,一级一级传递拷贝。图书也是,由新华书店总店、分店一层一层分配到基层书店。现在就要冲破地区的分割,冲破部门的束缚,变成统一的大市场。比如,电影院就要从基层政府文化局所属的一个事业单位解脱出来,进入电影院线集团公司,由集团公司投资改造,变成集团的连锁经营点。这样,新电影一投放,它的这套网络几乎都能同时看到新电影。如果按照行政级次,先首都后省会,后地级市，最后到县，一个月以后才能看到，这个已经不行了。一定要形成统一开放竞争有序的现代文化市场体系，并相应地完善中介组织，逐步规范文化市场。

第三个关键环节，改革宏观管理。一是完善这方面的法规，强化依法管理。二是完善财税制度，这是一个调控杠杆。要制定分类的税收政策和产业政策。财政上，各级政府要建立文化发展基金来调控方向，包括一些重大活动，采取政府招标订货或者招标采购。三是要加强市场准入的管理。对文化企业要区别对待。大量的可以搞登记制，有的不能搞登记制，要特许经营，不是谁都可以办的，如文化产品进口。四是改进评奖的办法，面向群众、面向市场，做到"三贴近"，充分发挥市场和群众的评价、激励作用。要完善评奖办法，评奖也是一种激励，但是必须科学设置、运用得好，要经过市场检验，经过群众检验，而且要少要精，解决过去那种过多过滥甚至有的搞暗箱操作、搞不正之风等问题。

第四个关键环节，转变政府职能。要改变过去政府主管部门既是管理者又是经营者的这种状况，从直接办文化转向主要是管文化。要面对各种所有制，从管直属单位变为管全社会，从办转向管，从以行政管理为主转向依法管理，建立起依法管理为主，必要的行政手段、经济手段和思想政治工作为辅的管理体制。总之，要转向"公共服务、政策调节、社会管理、市场监管"上来。

抓好文化市场综合执法
试点意义很大[*]

（2004年7月22日）

> 城市的执法队伍要集中起来，不能分散，不搞多层，这是一个很重要的思路。

现在文化市场执法，存在一些亟需解决的问题。一是存在多头执法的问题。执法部门众多，执法权力分散，既不适应文化市场管理日趋复杂的新情况，也不适应高新技术发展的新形势，执法效果不明显。二是存在多层执法的问题。省、市、区多层执法，有利益的事情互相争抢，吃力不讨好的事情互相推诿，败坏执法队伍形象，造成了很不好的社会影响。三是执法队伍不健全。原来有些地方没有专门的执法队伍，靠文化部门的文化市场处、市场科去执法。四是存在临时性、运动式执法的问题。与长效机制相比，有它的局限性。五是存在随意性执法的问题。就是法律法规不健全，没有执法依据。部门发一个通知，就要按这个

---

[*] 这是李长春同志在十六届中央宣传思想工作领导小组第十六次会议上讲话的一部分。

通知的精神去办，依据不充分。六是存在以罚代管的问题。就是执法没有国家固定的经费保证，靠罚没来养活自己，罚款了事。推行文化市场综合执法试点，就是要努力探索出一条解决这些弊端的新路来。

抓好这件事情意义很大。现在我们正在研究怎样提高党的执政能力，对于宣传思想文化战线来说就有一个怎样加强和改进党对意识形态和文化工作领导的问题。加强和改进党对意识形态和文化工作的领导，要逐步地把党的主张转化为法律法规，通过依法行政的手段来实现党的主张，从体制和机制上真正体现党委领导、政府管理、行业自律、企事业单位依法运营的要求。这既是创新党对意识形态领导方式的需要，也是适应行政许可法要求、加快推进依法行政新形势的需要，是适应人民群众法律意识和维权意识不断增强的需要，是适应互联网等高新技术发展的需要。在试点过程中，既要适应社会主义市场经济发展的要求，同时也要符合社会主义精神文明建设的特点和规律。具体来说，就是省一级现有的文化行政管理机构不动，省辖市的文化、广电、新闻出版机构要统一合并，搞一个综合的文化行政部门。这个部门下属一个文化综合执法大队，这样领导关系最顺，责任最清。为了避免多层执法，综合执法队伍设在市这一级，省和城市的区这两层就不设了。过去，城市政府执法主体责任不清，特别是省会城市，省政府的部门去直接执法，市政府的部门也去执法，结果要么重复执法，要么出现执法盲区。省是战略单位，市是战术单位。所以这次我们明确省一级政府部门的任务是指导，市一级在第一线执法。省政府各个部门不设执法队伍，有任务下达给市。市里也不再在区里设执法队伍，否则的话，就很难分哪些由市一级执法队伍执法,哪些由区一级执法队伍执法。规模大的城市,市执法大队可在区设分队,统一指挥。直辖市原则上参照省设文化行政主体,组建一个综合执法队伍,由各文化部门授权或委托执法,执法主体对相应文化行政管理部门负责。副省级城市可探索符合实际的行政主体和执法主体的体制机制,允许其有一定的探索空间。总之,城市的执法队伍要集中起来,不能分散,不搞多层,这是一个很重要的思路。

创新网吧经营体制机制[*]

（2006年2月8日）

> 鼓励发展公益性网吧，为青少年开辟健康的上网场所，推动经营性网吧创新体制机制，向改革要秩序。

按照国务院有关文件[1]的规定，未成年人不能进入营业性网吧，但是计算机学习、网络教育都要从娃娃抓起，而且青少年又特别爱好计算机，因此必须为未成年人开辟健康的上网场所。上海加强社区文化阵地建设，开设公益性网吧，把社区公益性网吧、公共图书馆、公共阅览室和校园网结合起来，建设公益性网络和绿色网吧；同时对营业性网吧进行体制创新、机制创新、管理创新，通过东方网[2]进行连锁经营，加大了监管力度，保证了广大市民特别是青少年健康上网，也落实了未成年人不得进入营业性网吧的规定。过去我们对网吧的管理存在一个很大的弊病，就是体制机制不完善，单纯依靠监管，结果事倍功半。要从

---

[*] 这是李长春同志在考察上海未成年人思想道德建设情况时谈话的一部分。

经营体制机制上创新,支持若干个有条件的各种所有制大型网吧运营商,搞连锁经营,增强他们的社会责任感、品牌意识、社会影响力,反过来也促使他们更好地约束自己。这叫作向改革要秩序。希望上海东方网打破城市界限,形成全国性的、有影响力的大型网吧经营集团公司,对现有的网吧进行收购。像过去的加油站,管理混乱,有的还向油里掺水,还搞缺斤少两,大型企业集团收购后,搞连锁经营,规范管理,就解决了这些问题。网吧、书店也要这样,对个体的、分散的,要提高组织化程度,最终也要像沃尔玛那样,创新经营管理体制,以资本为纽带组成多种所有制的企业集团,实现超市连锁、现代物流、集中配送,只有这样,才能从根本上降低文化市场上"扫黄打非"的难度。上海非常重视体制机制创新,起点很高,希望在这两个方面进一步完善提高,为全国未成年人思想道德建设提供有益借鉴。

注　释

〔1〕国务院有关文件,指2002年国务院颁布的行政法规《互联网上网服务营业场所管理条例》。

〔2〕东方网,是由解放日报社、文汇新民联合报业集团、上海人民广播电台、东方广播电台、上海电视台、东方电视台等上海主要新闻媒体联合投资组建的大型综合性服务类网站,2000年5月开通。

文化体制改革要防止三种倾向[*]

（2006年11月24日）

> 要防止以机制转换代替体制改革；防止以非公有制文化企业的发展代替国有文化单位的改革；防止以行政手段搞集团化、重组甚至"归大堆"代替体制机制的创新。

在文化体制改革过程中，要防止三种倾向：一是要防止以机制转换代替体制改革。必须认识到体制带有根本性、稳定性、长期性，体制不解决，仅在机制层面做文章，不能持久，局限性很大。二是要防止以非公有制文化企业的发展代替国有文化单位的改革。各种非公有制文化企业的发展，是增量，这是必须的，但增量的发展不能代替存量的国有文化资源的解放。要把国有经营性文化单位的转企改制作为中心环节，同时充分调动社会各方面力量发展文化产业，努力形成以公有制为主体、多种所有制共同发展的文化产业格局。国有文化单位不进入市场，就等于主体

---

[*] 这是李长春同志在广西壮族自治区考察工作时讲话的一部分。

缺位，造成大量的文化资源闲置。主体缺位，既关系到文化的发展，也关系到国家文化安全。三是要防止以行政手段搞集团化、重组甚至"归大堆"代替体制机制的创新。以行政命令搞集团化，从积极方面说也只能是一种资源重组，并不是改革。特别是要防止不合理的"归大堆"，甚至简单地在上面再加一层，制造行政性的集团。在重组过程中一定要发生"化学反应"，不能仅仅是物理捏合，一定是重塑市场主体，而绝不能搞行政性的集团。

进一步完善文化改革发展的政策措施[*]

（2007年12月14日）

> 国有经营性文化单位转企改制是党的十六大以来文化体制改革的一个重大突破。要进一步统一思想、统一步调，相互支持、相互配合，共同把国有经营性文化单位转企改制工作推向深入。

深化文化体制改革，破解文化发展难题，发展文化事业和文化产业，需要进一步完善政策措施。

第一，关于支持公共文化服务体系建设，尽快形成覆盖城乡的公共文化服务体系，保障人民基本文化权益。党的十六大以来，我们对文化建设的思路有新的认识，认为文化建设的形态主要包括两个部分：一是公益性文化事业，这是构建公共文化服务体系、保障人民基本文化权益的基本途径；二是经营性文化产业，这是繁荣文化市场、满足人民群众多样化精神文化需求的重

---

[*] 这是李长春同志在深化文化体制改革推动社会主义文化大发展大繁荣座谈会上讲话的一部分。

要途径。前者由政府主导,后者由市场主导。要坚持一手抓公益性文化事业,加快建设覆盖城乡的公共文化服务体系,一手抓经营性文化产业,增强文化发展活力,繁荣文化市场。从更宏观的意义上讲,文化可以分为虚体部分和实体部分,虚体部分主要指精神层面。在当代中国,文化虚体部分主要包括社会主义核心价值体系,实体部分主要包括文化事业和文化产业;虚体部分是实体部分的本质和灵魂,实体部分是虚体部分的载体,二者都很重要。公共文化服务体系建设是政府部门的重要职责,规划和投入都应该由政府承担。我们讲政府要从办文化向管文化转变,主要是指发展文化产业方面,发展公益性文化事业还是要由政府主导,同时调动社会各方面的积极性,如社会捐赠、政府向文化企业购买服务等。财政部要进一步明确各级财政的职责,把公共文化服务体系建设纳入财政投入范围,加大投入力度,改变长期以来因对公益性文化事业和经营性文化产业界限不清造成的政府职责不明的状况。同时,要进一步研究建立文化发展基金,制定相关政策,支持公共文化服务体系建设,扶持文化产业发展。中宣部、文化部要会同税务总局对鼓励企业捐赠的政策进行细化研究,制定实施细则。税务总局要对各级税务部门进行督促检查,确保相关规定落到实处。

第二,关于进一步完善经营性文化单位转企改制政策问题。国有经营性文化单位转企改制是党的十六大以来文化体制改革的一个重大突破。党的十七大报告在总结过去五年工作时指出文化建设开创了新局面,并充分肯定了文化体制改革取得重要进展。但是我们也应该看到,尽管文化体制改革与经济体制改革、教育体制改革相比,涉及群众的切身利益不是那么直接,涉及的单位和人员总数不是那么多，但任务仍然是相当艰巨的。因为文化具有意识形态和产业双重属性，情况比较复杂。同时，经营性文化单位改革并不像经济领域那样进行单纯的股份制改造、建立现代企业制度，还要先完成事业转企业的问题，这就增加了改革的难度。我国事业单位的改革整体滞后，造成社保问题以及退休人员待遇上的差异，使文化体制改革的难度进一步加大。文化企业类型繁多，分类指导的任务很繁重。特别是文化产业与内容产业紧密结合在一起，教育引导功能比较强，从而增加了敏感性。再加上受传统体制影响比较深，持续的时间比较长，因而旧的习惯势力比较重，改革的阻力不能低估。党的十六大以来，中央对国有经营性文化单位转企改制的决心非常大，胡锦涛总书记曾经指示我说，决不能让传统的文化体制在我们这一代人手中再延续下去。近年来，中宣部带头解放思想，组织文化部、广电总局、新闻出版总署等部门大力推进国有经营性文化单位转企改制，抓得很得力。但是，这项工作牵动全局，涉及很多部门，需要做的工作还很多。希望大家进一步统一思想、统一步调，相互支持、相互配合，共同把国有经营性文化单位转企改制工作推向深入。国有经营性文化单位的转企改制是文化体制改革的中心环节，研究解决转企改制前后退休人员待遇的差异问题又是转企改制的难点问题。在这个问题上，总的原则是总体衔接，有所倾斜。总体衔接，就是要同开发性科研院所事转企的改革政策相衔接，与其他领域事转企的改革政策相衔接，把改革发展稳定结合起来；有所倾斜，就是要在此基础上充分考虑文化领域的特殊性，在某些政策上有所倾斜。国办下发的关于文化体制改革试点中支持文化产业发展和经营性文化事业单位转制为企业的规定，就很好地体现了这一精神。请中宣部改革办牵头，进一步研究完善落实规定的相关问题，在同开发性科研院所改革政策相衔接的基础上，看看文化领域中有哪些特殊性问题需要作为个案进行处理，实施一定的倾斜政策。

第三，关于推动文化领域事业单位的内部改革问题。这个问题总体上不是太突出，要将其纳入国家整个事业单位改革的总体规划。注意总结典型经验，加强指导。

第四，关于支持文化发展问题。支持文化发展，一个是公共文化服务体系建设问题。首先是尽快建成覆盖城乡的包括国家、省、市、县、乡、村和社区六级的公共文化服务网络。建设这个网络的重点在基层，包括乡镇综合文化站、村文化活动室和城市社区文化中心，要加大建设力度。城市社区文化中心的建设，请文化部、国家发展改革委会同建设部根据《关于加强和改进公共文化服务体系建设的若干意见》中提出的"从城市住房开发投资中提取1%，用于社区公共文化设施建设"的规定，抓紧研究有关实施细则。其次要尽快研究博物馆、纪念馆逐步实现向全社会免费开放的办法。这些场馆花了很多钱来建设，但大都冷冷清清。最近，有的省免费开放后，参观人数成倍增加。我们开展红色旅游[1]，目的就是为了做到社会效益和经济效益的有机统一。旅行社追求经济效益最大化，哪个景点不收门票，就把旅游团安排到哪里。宣传文化部门追求社会效益最大化，去参观的人越多，受教育的人越多，社会效益就越大。社会效益和经济效益就因为一张门票而隔开了，所以要取消门票。很多公共文化设施就是因为收费，影响了它们的社会效益。除此之外，要对工会系统的工人文化宫、共青团系统的青少年宫、妇联系统的妇女儿童活动中心和科协系统的科技馆向社会免费开放进行调研,提出相应的指导政策。因为这些都属于公共文化服务设施。文化部要对宣传文化系统的公共文化活动场所使用情况进行调查摸底,凡是被挪作他用的要坚决清理,一律归位。

另一个是文化产业发展问题。要研究文化企业如何与资本对接,如何利用现代金融手段尽快发展起来,做强做大。请证监会抓紧研究中小企业创业板如何向文化企业开放的问题。中宣部改革办要会同证监会尽早筛选一批准备进入创业板市场的文化企业名单,对它们进行辅导。同时请中宣部改革办、证监会、税务总局研究文化企业如何利用好风险投资的政策,如何借鉴国外的经验、不对风险投资征收企业所得税等问题。做强做大文化产业,除了上市和二板市场进行融资以外,就是信贷问题。金融企业在对文化企业贷款上既要解放思想,也要审慎稳妥。因为金融改革也是重要的改革,政策性很强,不能因此造成一批呆坏账。另外,文化产业也有一个怎么用好文化发展基金的问题,请财政部进一步研究支持文化发展基金的相关政策。此外,还有鼓励文化企业寻找战略合作伙伴、多渠道吸收社会资本的问题。

第五,关于推动文化走出去问题。扩大中华文化的影响力,提高国家文化软实力,除了对内建设社会主义核心价值体系,树立社会主义荣辱观、培育和弘扬民族精神时代精神,增强民族凝聚力外,也有一个在国际竞争中发挥作用的问题,使我们的文化传统、发展道路、价值观念不断扩大国际影响,争取在国际上形成良好的舆论环境和文化氛围。文化走出去,政府主导的方面要继续加强,包括各种文化节、文化年、海外文化中心等,同时要大力推动文化产业走出去。文化产业具有政府行为所不能替代的作用，能经常地、生动活泼地开展文化交流活动，影响的深度和广度是政府行为所不能相比的。提高文化软实力，最根本还是要增强我国文化产业的国际竞争力。在这方面，我们要向韩国学习。韩国通过对外出口电影电视剧，提升和改善了国家形象。电影对于改变人们对一个国家和人民的印象，作用非常直接。我们一定要在电影上打翻身仗，围绕电影的产业链，从电影制作一直到剧本的创作，都要研究相关扶持办法。

第六，关于人才培养和选拔问题。文化产业是创意产业，投入的是智力资源，产出的是知识产权。所以对文化产业来说，创意型人才的培养至关重要。要加大对文化艺术类专业院校的支持力度，财政部要研究加强扶持的具体措施。目前这些院校的学费很高，要认真落实国家有关的奖学金、助学金政策，确保经济困难但有才华的学生顺利完成学业。还要抓紧研究制定设立国家荣誉制度、对有突出贡献的文化工作者进行奖励的相关办法。请中宣部和文化部也介入进去，会同人力资源和社会保障部一道，争取把这个办法搞得好一点。文化部还掌握一部分对有困难的老艺术家进行灵活补助的资金，要把它用好，体现党和政府对老艺术家的关怀。中国电影诞生100周年、中国话剧诞生100周年的时候奖励了一批老艺术家，这个做法很好，社会反响也很好，真正体现了尊重劳动、尊重知识、尊重人才、尊重创造。

注 释

〔1〕红色旅游，指以中国共产党领导人民在革命、建设和改革时期建立

丰功伟绩所形成的纪念地、标志物为载体，以其所承载的革命历史、革命事迹和革命精神为内涵，组织接待旅游者开展缅怀学习、参观游览的主题性旅游活动。为发展红色旅游，2004年中共中央办公厅、国务院办公厅颁布实施《2004—2010年全国红色旅游发展规划纲要》，国家安排专项建设资金，对全国12个红色旅游区，100个红色旅游经典景区，30条红色旅游精品线路进行重点建设和扶持。截至"十一五"期末，红色旅游景点共接待游客13.5亿人次，占国内旅游人数的1/5，带动老区群众直接就业91.2万人，间接就业371.1万人，增加了当地居民收入，促进了革命老区经济社会发展。2011年，中共中央办公厅、国务院办公厅又颁布实施《2011—2015年全国红色旅游发展规划纲要》，重点把社会主义建设时期和改革开放时期有代表性的红色旅游资源纳入规划扶持范围。

推动出版发行体制改革
取得更大进展[*]

（2009年1月16日）

> 我们有五千多年的悠久文明和丰富的文化资源，却不能成为文化产业强国，最根本的原因就在于传统的体制束缚了文化生产力。要坚决冲破一切妨碍和束缚文化发展的观念、做法和体制，不断解放和发展文化生产力。

新闻出版工作是传播先进文化的重要阵地，是传承中华文化的重要载体，是中国特色社会主义事业四位一体总体布局中文化建设的重要组成部分，在巩固舆论阵地、传承中华文明、培育民族精神、提高公民素质、促进经济增长、增强综合国力、参与国际文化竞争、推动社会全面进步等方面具有基础性、战略性作用。

要进一步加大力度、加快进度，推动出版发行体制改革取得新的更大进展。胡锦涛总书记在全国宣传思想工作会议上提出了

---

[*] 这是李长春同志在新闻出版总署调研时讲话的一部分。

"高举旗帜、围绕中心、服务人民、改革创新"的总要求,这是做好新形势下宣传思想文化工作必须长期坚持的基本方针,我们一定要全面贯彻落实。在十六个字的总要求中,改革创新这一要求,对文化领域具有极强的现实针对性。因为文化领域的全面改革起步较晚,传统观念、做法和体制的影响仍然很深。2005年中共中央、国务院《关于深化文化体制改革的若干意见》下发以来,文化体制改革从试点阶段转向全面推开,取得了很大的成绩,但总体上仍处于典型引路的阶段,还没有形成大面积的"丰收田"。出版发行体制改革在整个文化领域推进的步伐较快,成效比较显著,但仍处于攻坚克难的关键阶段,深化改革的任务依然十分繁重。当前,深入学习实践科学发展观、推动科学发展上水平,最重要的一点,就是要进一步树立改革的意识,坚定改革的信心,用改革的办法解决前进中的问题,破解文化发展难题,转变文化发展方式,坚决冲破一切妨碍和束缚文化发展的观念、做法和体制,不断解放和发展文化生产力。上个月我在中国出版集团公司考察时了解到,商务印书馆在1927年时就是亚洲最大、世界第三的出版企业,但它在传统计划体制下长期徘徊不前甚至逐渐萎缩了。他们现在精神振奋,要努力重振雄风。商务印书馆的变迁历程形象地说明,我们有五千多年的悠久文明和丰富的文化资源,却不能成为文化产业强国,最根本的原因就在于传统的体制束缚了文化生产力。要通过开展深入学习实践科学发展观活动,进一步增强深化改革的自觉性坚定性,抓住机遇、乘势而上,加大力度、加快进度,推动改革在面上展开、向纵深发展,取得更大进展。当前,一是要加快经营性出版单位转企改制步伐。要在规定时间内完成中央各部门各单位所属出版社、高校出版社以及所有地方的出版集团、出版单位的转企改制任务，有计划有步骤地加以推进。要积极推进非时政类报刊的改革，逐步推动行业协会等社会团体主办的报刊、部委主办的报刊深化改革。二是要加快推进党报党刊等公益性事业单位的机制改革。要推动党报党刊实现经营、编辑业务分开，在此基础上，经营性部分实行转企改制；公益性部分深化内部人事、收入分配和社会保障制度改革，建立新的运行机制，进一步增强活力，提高服务群众的能力和水平。三是要加大对改革到位、实力较强的出版企业的支持力度，在出版资源配置上向其倾斜，支持其上市融资、实现低成本扩张，支持其跨地区、跨所有制、跨媒体兼并，打造战略投资者，培育更多大型骨干出版传媒企业。要用好国办下发的关于文化体制改革中经营性文化事业单位转制为企业和支持文化企业发展的规定，抓紧制定完善实施细则，最大限度地发挥其对推动改革发展的支持和保障作用。

要进一步加强和改进行政管理，不断提高行业管理水平。当前，在小报小刊的管理上总体上存在着失之于宽、失之于软的问题，小、散、滥的现象仍比较严重。过去我们存在一个误区，认为报刊越多越繁荣，事实上并非如此。从产业发展的角度看，小、散、滥的现象恰恰表明产业集中度太低。我们一些重点报刊发行量比较少，一直上不去，一个重要原因就在于在现有体制下优不胜劣不汰，无法形成产业集中的优势。一些报刊为了生存，就只好通过猎奇、炮制假新闻等手段来吸引眼球，于是低俗庸俗媚俗的东西就出现了。当然这种情况是历史形成的，我们现在要正视现实，采取切实有力措施来加强管理、优化结构。党的十六大以后，中央下决心治理党政部门报刊散滥和利用职权摊派发行，取消了县一级的党报，压缩了一批刊物，既减轻了基层的负担，也优化了报刊结构。前不久，中央对进一步加强和改进报刊出版管理提出了明确要求，要认真贯彻落实，切实做好报刊整治工作，特别是加强对小报小刊的管理，形成健康向上的报刊市场秩序。要加强对假报刊、假新闻、假记者站、假记者和有偿新闻、虚假新闻、低俗之风、不良广告的整治，特别是研究建立遏制假新闻的长效机制。报道假新闻的新闻单位要作出更正，向社会公开道歉；行政管理部门和新闻单位要对报道假新闻的记者记

2009年1月16日，李长春在新闻出版总署调研时，观看改革开放30年精品出版物展。左四为中共中央政治局委员、中央书记处书记、中宣部部长刘云山，左一为中共中央政治局委员、国务委员刘延东，左二为中宣部常务副部长雒树刚，左三为新闻出版总署副署长阎晓宏，右二为新闻出版总署署长柳斌杰。　　　（新华社记者饶爱民摄）

录在案，建立新闻采编人员惩戒机制，使造假者付出代价；行政管理部门每年要对影响恶劣的假新闻进行通报批评，同时要支持假新闻报道的受害者依法维权。要重视和支持舆论监督。现在我们国家各方面的监督都还不够，舆论监督同样需要加强和改进。但如果我们的媒体总是出现假新闻这样的问题，舆论监督就没有公信力，也没有底气。因此，一定要加大这方面的管理力度。新闻出版总署作为行政管理部门，要理直气壮地加强依法管理。要充分发挥年检的作用，抓紧建立完善准入和退出机制，形成优胜劣汰、违规出局的长效管理机制。要认真清理一号多刊的现象，逐步解决报刊散滥的问题。要加大对涉及未成年人身心健康出版物的审读审看监管力度，防止不良出版物流入市场。要坚持不懈开展"扫黄打非"斗争，不断建立和完善出版物市场监管的长效机制，把"扫黄打非"贯穿到现代化建设的全过程。要继续加强版权管理，依法打击盗版侵权活动，既树立中国政府保护知识产权的良好形象，又维护好国家文化安全。要大力推进文化市场综合执法，支持和指导地方综合执法部门加强执法主体建设，改变过去多头执法、力量分散、执法水平不高的问题，确保文化市场繁荣有序。

构建有利于文化科学发展的体制机制[*]

（2009年5月8日至20日）

> 实践昭示我们，文化体制改革是促进文化大发展大繁荣的强大动力，是解放和发展文化生产力的根本途径，是满足人民群众日益增长的精神文化需求的必由之路，是推动经济社会发展的新引擎。

以胡锦涛同志为总书记的党中央高度重视文化体制改革。党的十六大作出了深化文化体制改革的战略决策并进行了全面部署，明确了改革的目标任务和具体要求。党的十七大从兴起社会主义文化建设新高潮、推动社会主义文化大发展大繁荣的战略高度，对进一步深化文化体制改革提出了新的更高要求。各地各部门坚决贯彻中央决策部署，毫不动摇地推进文化体制改革，转变发展方式，破解发展难题，文化体制改革步伐逐步加快，解放和发展文化生产力的成效不断凸显，文化事业和文化产业呈现出蓬

---

[*] 这是李长春同志到江苏省和陕西省就文化体制改革情况进行调研和督察时讲话的主要部分。

勃发展的新气象，文化建设开创了新局面。

当前，从全国来看，文化体制改革的形势是好的，突出表现在：一是改革的自觉性坚定性不断增强。文化体制改革越来越得到各级党委和政府的高度重视，符合科学发展观要求的新的文化发展理念越来越深入人心。改革才能解放和发展文化生产力，早改革早主动、晚改革就被动、不改革没出路，"哪里有改革，哪里就有新局面"越来越成为人们的共识。各地各部门改革的积极性主动性空前高涨，改革的自觉性坚定性明显增强。二是改革思路更加明确，步伐不断加快。坚持一手抓公益性文化事业、一手抓经营性文化产业，已经成为各地的基本思路和普遍共识。一方面，公益性文化事业单位内部改革稳步推进，公共文化投入机制、扶持方式和运营模式不断创新，公益性文化事业单位活力进一步增强，重大文化惠民工程建设取得显著成效。另一方面，国有经营性文化单位转企改制步伐不断加快，文化产业发展势头良好，国有文化单位市场主体缺失、竞争力不强的状况有所改变。特别是国有图书发行单位，改革前可以说基本上被市场边缘化，通过改革重新焕发了青春，市场份额不断扩大，主渠道作用日益凸显。三是改革配套政策越来越完善。2008年国办下发了关于文化体制改革中经营性文化事业单位转制为企业和支持文化企业发展的规定，支持改革发展的政策规定更加完备，为文化体制改革提供了有力的支撑。中央还将出台一系列振兴文化产业的政策措施，支持文化产业在改革的基础上加快发展。四是改革的成果日益显现。随着改革深入推进，进一步解放和发展了文化生产力，文化产业占国民经济比重明显增大、国际竞争力明显增强，文化市场日益繁荣，精品力作不断涌现。比如，从电影的改革发展看,党的十六大以前,我国国产电影年产量长期在100部以内徘徊,而去年电影产量达到406部,跻身世界第三电影生产大国。

党的十六大以来,文化体制改革取得的丰硕成果充分证明,中央关于深化文化体制改革的决策部署是完全正确的,顺应了时代发展要求,顺应了各族人民过上更好生活的新期待,顺应了文化建设的内在规律和发展趋势。实践同样昭示我们,文化体制改革,是促进文化大发展大繁荣的强大动力,是解放和发展文化生产力的根本途径,是满足人民群众日益增长的精神文化需求的必由之路,是推动经济社会发展的新引擎。

当前,文化建设的春天已经到来,进一步深化文化体制改革面临极好的机遇和有利条件。尽管国际金融危机还在发展和蔓延,对我国经济的影响还在加深,但文化产业具有反周期调节的特点,越是在经济低迷的时候,人民群众的文化需求往往越旺盛,这为深化文化体制改革、加快文化发展提供了有利契机;社会各方面对文化地位和作用的认识不断深化,推进改革的自觉性坚定性不断增强,这为深化文化体制改革提供了良好的氛围;中央出台了一系列支持文化体制改革和文化产业发展的政策,并随着改革实践的深化不断加以完善,这为文化体制改革提供了有力支撑;特别是当前全党开展深入学习实践科学发展观活动,进一步推动了把科学发展观的要求贯彻落实到文化建设领域,这为深化文化体制改革提供了强大政治动力。各地各部门和宣传文化单位,要紧密联系文化体制改革的实际,进一步增强改革的责任感紧迫感,抓住机遇、迎难而上,加大力度、加快步伐,以观念创新为先导,以深化改革为动力,以体制机制创新为突破口,着力转变不适应不符合文化科学发展的思想观念，着力构建有利于文化科学发展的体制机制，推动文化体制改革取得实质性进展，为社会主义文化大发展大繁荣提供有力的体制机制保障。

一、进一步解放思想、提高认识，不断增强深化文化体制改革的自觉性坚定性

经过几年来的努力，我国文化体制改革取得了重大进展，但也要清醒看到，文化体制改革总体上还处于"盆景"和"试验田"阶段，没有形成大面积的"百花园"和"丰收田"，改革任务依然繁重。面对新形势新任务，我们必须在以下几个方面进一步解放思想、转变观念、提高认识。

一是必须清醒认识到，面对社会主义市场经济体制日益完善的新形势，进一步深化文化领域宏观管理体制和微观运行机制改革的任务更加紧迫。随着社会主义市场经济体制的逐步完善，文化与市场的接轨已经成为文化发展的必然趋势。但目前，文化领域无论是思想观念还是实际工作，受传统体制影响还比较深，配置资源还主要依靠行政手段，活跃在文化市场上的还主要是非公有资本和非公有制企业，而掌握大量文化资源的国有文化单位游离于市场之外，没有成为合格的市场主体，与日益完善的社会主义市场经济体制还不相适应。这已经成为当前制约文化加快发展的主要因素。这种体制再不改革，必然扼杀文化工作者的积极性和创造性，扼杀文化发展的内在动力和活力，束缚文化生产力。国有文化企业的主体作用长期缺位，也影响文化安全。这就要求我们必须通过深化改革，把公益性文化事业和经营性文化产业区

分开来，切实做到"两个到位"：属于公益性文化事业的，政府投入必须到位；属于经营性文化产业的，必须改革到位，重塑合格市场主体，推向市场，为文化加快发展注入强大活力。

二是必须清醒认识到，面对文化在经济社会发展中的地位和作用日益突出的新形势，加快壮大文化产业的任务更加紧迫。随着文化与经济日益交融，文化与产业的结合已经成为文化发展的重要途径。文化产业作为文化与经济相互交融的集中体现，是最具发展潜力的朝阳产业，是新的经济增长点和经济结构调整的着力点，在当前经济结构调整和产业优化升级中的地位和作用日益凸显。目前，我国产业结构中，第三产业不够发达，而文化产业小部分属于第二产业，大部分属于第三产业，发展潜力大。这就要求我们必须抓住机遇，加快发展，进一步提升文化产业在国民经济中的地位，更好地发挥其对经济发展的推动作用。

三是必须清醒认识到，面对人民群众精神文化需求快速增长的新形势，进一步解放和发展文化生产力、提高文化产品和服务供给能力的任务更加紧迫。当前人民群众精神文化需求呈现出快速增长的态势，维护自身文化权益、满足多方面高品位精神文化需求的愿望更加强烈。相比之下，我们的文化产品无论是数量上还是质量上，都还不能很好地满足人民群众多方面、多层次、多样化的精神文化需求，甚至在一些地方出现腐朽文化、落后文化趁虚而入的问题。根本原因就在于，面向群众、面向市场、有利于多出优秀文化产品的体制机制尚不完善，主渠道的供给能力跟不上人民群众快速增长的精神文化需求。目前，我国只有少数领域是供小于求，其中就包括文化领域。这就要求我们必须加快建立健全面向群众、面向市场的体制机制，进一步解放和发展文化生产力，推动文化单位和文化企业更多地围着群众和市场转，以优秀的精神文化产品赢得群众、占领市场。

四是必须清醒认识到，面对国际文化市场竞争日趋激烈的新形势，进一步提高我国文化产品国际竞争力和传播力的任务更加紧迫。经济全球化的深入推进和我国加入世界贸易组织各项承诺的相继兑现，使我们面临着既要推动中华文化走出去，又要巩固中华民族共有的精神家园的双重任务。因此，我国文化是否有好的体制机制，是否具有强大的竞争力，关系到我国的文化安全。这就要求我们必须创新体制机制，打造具有自主知识产权的知名文化品牌，在国内深受群众喜爱，占领国内市场，同时又有较强的国际竞争力，在日趋激烈的国际文化竞争中赢得主动。

五是必须清醒认识到，面对以数字技术、网络技术为代表的现代信息科技迅猛发展和广泛应用的新形势，加快建立文化创新体系、推进文化创新的任务更加紧迫。在信息技术高度发展的当今时代，谁的传播手段先进、传播能力强大，谁的思想文化和价值观念就能更广泛地流传，谁就能更有力地影响世界。特别是数字技术的普及，网络技术的发展，极大地提高了文化的创造力。而我们传统的文化体制与高新技术、与市场机制联系不紧密，造成我们对高新技术的运用不敏感，还没有完全建立起以企业为主体、市场为导向、产学研相结合的文化创新体系，文化领域具有自主知识产权、有核心技术的自主品牌还不多。这就要求我们必须积极适应高科技迅猛发展的新形势，尽快重塑合格的市场主体，解决微观层面的创新动力。加快完善文化创新体系，催生新的文化业态，不断增强我国文化的竞争力。

二、抓住关键，突出重点，着力解决制约文化发展的深层次矛盾和问题，推动改革取得实质性进展

当前，文化体制改革已进入攻坚克难的关键阶段，迫切需要我们在已有工作基础上，抓住关键环节和重点领域，加大力度、加快进度，在解决影响和制约文化发展的一些深层次矛盾和问题上实现重点突破，推动文化体制改革向纵深发展。当前，要着力抓好以下几个方面的工作：

第一，创新公共文化服务运行机制，加快构建覆盖城乡的公共文化服务体系。要进一步深化公益性文化单位内部劳动人事、收入分配和社会保障制度改革，引入竞争激励机制，激发内在活力，提高服务水平。要创新公共文化服务方式，在切实完成公共博物馆、纪念馆向全社会免费开放任务的基础上，逐步推动公共美术馆、科技馆、图书馆和基层文化活动中心免费开放，同时进一步完善免费开放的经费保障机制，做到可持续发展。要创新公共文化的投入方式，在确保政府公共文化服务投入不断增加的基础上，继续改进财政投入方式，不断提高资金使用效益。要进一步完善和落实鼓励企业、个人等捐赠、兴办公益性文化事业的各项优惠政策，引导社会力量积极参与公共文化服务体系建设。

第二，加快国有经营性文化单位转企改制步伐，着力培育合格的文化市场主体。这是文化体制改革的中心环节，也是衡量文化体制改革是否实现突破的重要标志。当前，要加快推进出版发行、文艺院团、影视制作、非时政类报刊等经营性文化单位转企改制，培育自主经营、富有活力的合格市场主体。尤其要加快文

艺院团的改革步伐，推动一般文艺院团尽快转企改制，重点扶持的体现民族特色和国家水准的艺术院团，有条件的也可以转企改制，探索通过与市场结合的方法更好地实现对优秀民族艺术的传承和保护。要抓好党报党刊发行体制和广播电视节目制播分离改革，重点推动报刊发行、电视剧制作机构进入市场，实行公司化运作。要妥善解决转企改制单位人员分流安置、社会保障等关系职工切身利益的问题，确保改革顺利推进。

第三，着力培育骨干文化企业和文化领域战略投资者，切实增强国有文化企业的整体实力和竞争力。提高文化产业在国民经济中的比重，增强文化领域应对国际金融危机冲击的能力，推动中华文化走出去，增强国际影响力和竞争力，一定要打造一批文化领域的"巨无霸"。要在整体转制的基础上，进行股份制改造，通过联合兼并重组，打造一批文化领域的战略投资者。要支持改革到位、有一定实力和竞争力的文化企业和企业集团以资本为纽带，跨地区、跨领域、跨所有制兼并重组，实现低成本扩张。要在演艺业、游乐业、动漫游戏业、影视业、出版发行业等重点文化产业门类中选择一批成长性好、竞争力强的大型国有或国有控股集团公司，加大政策扶持力度，推动上市融资，迅速做强做大做优。

第四，加快构建有利于科技与文化产业相结合的体制机制，大力发展新兴文化产业。新兴文化产业是文化与现代科技结合的最新产物，是文化产业中最具发展潜力的部分，也是我们发挥后发优势、实现赶超的关键所在。要加快建立以企业为主体、市场为导向、产学研相结合的文化创新体系，促进创新要素向文化企业集聚，使其成为文化创新投入的主体、文化创新成果转化的主体。要加快发展文化创意、文化博览、动漫游戏、微电影、数字出版、数字传输、新型文化装备制造等新兴产业，积极发展纸质有声读物、电子书、手机报、数字报和网络出版物等新兴出版发行业态，支持发展移动多媒体广播电视、高清电视、网络广播影视、数字多媒体广播、手机广播电视等新兴媒体，加快推进下一代广播电视网[1]建设，实施双向数字化改造，着力构建传输快捷、覆盖广泛的文化传播体系。主流媒体尤其是各级电视台要充分利用自身资源优势，大力发展网络电视的内容产业，努力抢占网络电视和手机电视等新阵地，发挥主流媒体的主渠道作用。要加强数字技术、数字内容、网络技术和安全播出等核心技术的研发，努力掌握一批具有自主知识产权的核心技术，为我国新兴文化产业的发展提供有力的技术支撑。要积极鼓励民营科技企业发展新兴文化产业。

第五，积极创新文化走出去的模式，不断增强中华文化的国际影响力和竞争力。创新文化走出去的模式，提高我国文化的国际传播能力，是文化体制改革的一项紧迫任务。传统的文化走出去，主要是依靠政府间的文化交流，这种文化交流是必要的，但缺乏可持续性。经常性的文化走出去，最主要的是以产业和企业的形式走出去。这就要求我们创新文化走出去的模式，坚持"两条腿"走路，在继续推动政府间文化交流的同时，积极探索市场化、商业化、产业化的运作方式，以企业为主体推动更多的文化产品走出去，参与国际文化市场竞争。要打造具有自主知识产权和较强竞争力的知名文化品牌，提高我国文化企业在国际文化产业链条中的地位，提高我国出口文化产品的附加值。要进一步完善政策措施，鼓励文化企业通过独资、合资、控股参股等多种形式，在国外兴办文化实体或收购兼并境外文化企业，利用境外销售网络和传输渠道，使我国产品更直接地打入国际文化市场。

三、进一步加强领导、协调各方，确保文化体制改革顺利进行

文化体制改革能否实现新突破，取得实质性进展，关键在于各级党委和政府的领导和推动。各级党委和政府要从中国特色社会主义事业四位一体总体布局的战略高度，把深化文化体制改革摆在更加突出的位置，切实抓紧抓好、抓出成效。

第一，进一步加强对文化体制改革的领导，确保改革的正确方向。要把深化文化体制改革纳入党委和政府工作重要议事日程，纳入经济社会发展全局，按照中央统一部署，加强政治领导、思想领导和组织领导。要进一步建立健全深化文化体制改革的领导体制和工作机制，明确责任、明确进度、明确要求，确保文化体制改革有计划、有步骤地顺利推进。要经常深入调查研究，广泛听取意见建议，科学制定改革的实施方案，推动改革迈出新步伐。要把文化体制改革纳入科学发展考核体系，加强督促检查，确保各项任务落到实处。

第二，要把推进文化体制改革作为学习实践科学发展观活动的载体，以学习实践活动为强大政治动力推动文化体制改革。宣传思想文化战线开展深入学习实践科学发展观活动，就是要联系文化体制改革的实际，牢固树立新的文化发展理念，坚持走改革创新之路，以学习实践科学发展观活动为强大政治动力，以推动

文化体制改革为学习实践活动的实践载体，以推动文化体制改革和文化发展的成果体现和检验学习实践活动的成效，着力破除文化发展难题，转变文化发展方式，推动文化建设从主要依靠计划经济手段，向充分发挥政府宏观调控作用和发挥市场配置文化资源的积极作用转变；从封闭半封闭条件下进行文化建设，向充分运用国内国际两个市场、两种资源加快发展转变；从依靠传统的生产传播方式，向充分运用现代科学技术和传播手段转变，逐步走上科学发展、加快发展的轨道。

第三，进一步落实和完善文化体制改革的政策措施，为深化文化体制改革提供有力支持。要认真落实国办下发的关于文化体制改革中经营性文化事业单位转制为企业和支持文化产业发展的规定，充分利用好支持文化体制改革和改制文化企业发展的各项政策。在此基础上，各地各部门要进一步完善配套政策，对改革到位、具有创新能力的文化企业，从各方面提供有力支持。政府有关部门特别是发展改革、财政、社保、税务、工商等与文化建设密切相关的部门，要切实担负起相关职责，在政策、财力、物力等方面积极为文化体制改革提供支持和保障。

第四，进一步加强人才培养力度，为文化体制改革提供有力的人才支撑。从实践看，文化体制改革仅仅靠文化领域的专门人才远远不够，还需要更多既懂文化又懂政策、懂经营、懂管理的复合型人才。当前，文化领域最缺乏的是创新型、复合型、专业型和外向型人才。要认真贯彻人才强国战略，既善于在实践中发现和使用人才，又善于主动地、有计划地培养人才。要坚持尊重劳动、尊重知识、尊重人才、尊重创造，鼓励探索，支持创新，包容失败，努力创造有利于优秀人才脱颖而出的良好环境。

要拓宽人才培养渠道,创新人才培养方式,努力造就一大批文化领域各门类拔尖人才、经营管理人才、专业技术人才和外向型人才,为深化文化体制改革、推动文化大发展大繁荣提供有力人才保障。

注 释

〔1〕下一代广播电视网,指电信网、互联网和有线电视网三网融合,有线无线相结合、全程全网的广播电视网络。

事业性文化单位要积极探索
管理体制和运行模式创新[*]

（2010年9月17日、2012年9月28日）

> 国家大剧院坚持面向观众、面向市场，深入实施创新发展战略，不断创新管理体制和运行模式，已经成为展示我国文化改革发展成果、促进中外文化交流的重要平台，成为推动文化大发展大繁荣的重要引擎，取得了良好的社会效益和经济效益。

一

国家大剧院运行两年多来，成果丰硕，已经成为中西艺术交流的重要窗口，成为民族艺术精品的孵化器，成为高雅艺术面向群众、与市场规律相结合的开拓者，成为在国内外有重大影响的艺术殿堂。两年多来，国家大剧院坚持文化改革创新，在公益性和商业性的结合上，在西方经典艺术的中国化、民族化上，在高雅艺术的推广和普及上，在统筹社会效益和经济效益的关系上都

---

[*] 这是李长春同志关于国家大剧院的两则批示。

创造了很多新鲜经验，为确定为事业性质的文化单位如何面向市场、实行企业化经营进行了有益的探索。望不断总结经验，在推动中西艺术交流，催生民族艺术精品力作，探索高雅艺术和市场的结合，推动资源整合，打造演艺界的航空母舰等方面，发挥更大的作用，作出新的贡献。

（2010年9月17日对《国家大剧院创新机制促进艺术精品生产的实践与启示》一文所作的批示）

二

国家大剧院成立五年来，坚持面向观众、面向市场，深入实施创新发展战略，不断创新管理体制和运行模式，已经成为展示我国文化改革发展成果、促进中外文化交流的重要平台，同时创作生产了一大批原创性的舞台艺术精品，成为推动文化大发展大繁荣的重要引擎，取得了良好的社会效益和经济效益。中央重点媒体要结合"科学发展　成就辉煌"主题宣传活动，对国家大剧院取得的新成就新经验进行集中宣传报道。希望国家大剧院继续坚持以创新发展为动力，催生更多反映时代精神、弘扬民族优秀文化的精品力作，搞好高雅艺术普及教育，为满足人民日益增长的精神文化需求、建设社会主义文化强国作出新的更大贡献。

（2012年9月28日对《国家大剧院实施创新发展战略的实践与启示》一文所作的批示）

发挥首都全国文化中心
示范带动作用[*]

（2011年9月8日）

> 希望北京紧紧抓住党的十七届六中全会即将研究部署文化改革发展的历史机遇，深入总结成功经验，加快改革发展步伐，努力把首都建设成为在国内发挥示范带动作用、在国际上具有重大影响力的著名文化中心城市，为全国创造先进经验。

党的十六大以来，在北京市委和市政府的坚强领导下，北京在文化改革发展方面进行了许多有益探索，创造了许多宝贵经验，始终走在全国前列，为全国文化建设发挥了很好的示范带动作用。希望北京紧紧抓住党的十七届六中全会即将研究部署文化改革发展的历史机遇，深入总结成功经验，加快文化体制机制改革创新，加快构建公共文化服务体系，加快发展文化产业，加强对文化产品创作生产的引导，努力把首都建设成为在国内发挥示范带动作用、在国际上具有重大影响力的著名文化中心城市。特

---

[*] 这是李长春同志在北京市调研时讲话的一部分。

别是希望北京在以下几个方面更好地发挥示范带动作用。

第一，在建设社会主义核心价值体系、加强思想道德建设、提高社会文明程度方面发挥示范带动作用，为全国创造先进经验。党的十七届六中全会之后，中央将制定社会主义核心价值体系建设实施纲要，对社会主义核心价值体系建设提出指导性意见并作出部署。希望北京在如何把建设社会主义核心价值体系的要求落到实处，如何探索用社会主义核心价值体系引领社会思潮的有效途径，在多元中立主导、在多样中求共识，不断巩固全党全国各族人民团结奋斗的共同思想基础，如何进一步加强和改进未成年人思想道德建设，如何充分运用马克思主义理论研究和建设工程的成果加强和改进大学生思想政治教育，如何运用北京奥运精神等教育资源加强公民思想道德建设，如何进一步提高全市干部群众的思想道德素质和社会文明程度，如何进一步提升北京首善之区的软实力等方面，进行积极探索，创造新鲜经验，发挥示范带动作用。

第二，在文化体制机制创新方面发挥示范带动作用，为全国创造先进经验。按照胡锦涛总书记"三加快"、"一加强"的重要指示精神，根据"加大力度、加快进度、巩固提高、重点突破、全面推进"的要求，中宣部作出进一步深化文化体制改革的部署。希望北京认真贯彻落实胡锦涛总书记的重要指示精神，按照中宣部的具体部署，加快文化体制机制创新，继续创造先进经验。一是要紧紧抓住转企改制这个中心环节，加快推动一般性国有文艺院团和非时政类报刊转企改制，在全国率先全面完成经营性文化单位转企改制任务。二是积极探索公益性文化事业单位通过转换内部机制增强活力、改善服务的有效途径。比如，公共博物馆、图书馆、爱国主义教育基地、文化馆等回归公益属性后，要继续深化人事、收入分配、社会保障制度改革，不断增强发展活力，提高服务群众的能力和水平。三是积极探索对少量实行事业单位企业化管理的文化单位改革创新经营机制。这些文化单位主要指体现民族特色和国家水准的艺术院团，包括交响乐团、芭蕾舞团、京剧院团、昆曲院团等。它们直接面向文化市场，具有经营性质，因此不完全属于公共文化服务范畴；同时它们又体现国家水准、代表国家形象，要加大支持力度，保持事业单位性质。对这些单位，要在政府扶持的基础上，积极进行内部机制改革创新，在面向群众、面向市场的过程中不断发展壮大。希望北京在这方面积极探索。四是进一步完善以公有制为主体、多种所有制共同发展的文化产业格局。要在政策允许的文化领域内，鼓励和支持非公有资本以多种形式进入，特别是希望京剧名角出来领办民营京剧院团，因为民营院团和市场有天然的联系，是繁荣京剧的根本途径。要积极开发京剧市场，促进京剧事业繁荣发展。五是紧紧抓住打造文化"航母"这个重要任务，在转企改制的基础上，加快建立现代企业制度和现代产权制度，推进股份制改造，完善法人治理结构，通过改革、改组、改造和加强管理相结合，推进全市文化资源整合，推进市属文化资源与中央文化资源强强合作，推进跨地区、跨行业、跨所有制兼并重组，打破行政区划限制，打造一批与北京地位相称、世界一流的大型文化企业。六是积极探索在目前中央虽尚未明确提出但仍束缚文化生产力发展领域的改革，为全国创造新鲜经验。

第三，在构建覆盖城乡的公共文化服务体系、进一步提高公共文化服务水平方面发挥示范带动作用，为全国创造先进经验。

构建公共文化服务体系，是保障人民基本文化权益的重要途径，是保障和改善民生的重要内容。构建公共文化服务体系的基本要求是，按照公益性、基本性、均等性、便民性的原则，以政府为主导，以公共财政为支撑，以公益性文化事业单位为骨干，以基层、农村和落后地区为重点，形成覆盖城乡的公共文化服务体系。公益性，就是政府提供的公共文化服务主要是免费服务，或是低于成本、收费很少的服务。基本性，就是政府提供的是基本文化服务，而不是所有文化服务。当前主要包括读书看报、听广播看电视、进行公共文化鉴赏、参与公共文化活动等。在农村，考虑到过去的传统，每个月以行政村为单位为农民免费放映一场电影也属于这个范畴。多样化的文化需求靠市场来解决。均等性，就是不分男女老少，不分富人穷人，不分城市农村，不分东中西部，都一律享受均等化服务。便民性，就是要网点化，做到一定范围之内必须有公共文化活动场所，特别是社区都要有文化活动中心，方便群众就近参加。希望北京在已经实现四级公共文化服务网络全覆盖的基础上，进一步丰富服务内容、创新服务方式、完善服务机制、改进服务质量，不断提高城乡公共文化服务供给能力和服务水平。要在认真落实好、巩固好公共博物馆、纪念馆、图书馆、文化馆、美术馆向社会免费开放的基础上，推动青少年宫、工人俱乐部、科技馆、妇女儿童活动中心等免费开放，最大限度地回归公益属性，发挥社会效益。要增加政府对公共文化服务的投入，同时也要探索改进和保障公共文化服务体系建设投入办法，积极引导和鼓励社会力量通过捐助、捐赠、自办等方式参与公共文化服务，不断增强公共文化服务体系的活力。

第四，在大力发展文化产业，使其成为国民经济新的支柱性产业，繁荣发展文化市场方面发挥示范带动作用，为全国创造先进经验。国家"十二五"规划纲要强调，要推动文化产业成为国民经济支柱性产业。当今时代，文化对经济发展的作用越来越明显，不仅能够为经济发展提供精神动力、思想保证、文化条件，而且能够开辟经济发展的新途径新空间，是转变经济发展方式的重要途径和突破口。文化产业是经济的重要组成部分，具有优结构、扩消费、增就业、促跨越、可持续的独特优势和突出特点，是战略性、先导性产业，具有广阔的发展空间和巨大的发展潜力，完全可以培育成为国民经济支柱性产业。北京是全国的文化中心，经济实力雄厚，完全有能力、有条件在加快文化产业发展、培育国民经济新的支柱性产业方面走在全国前列，发挥示范带动作用。要认真落实《文化产业振兴规划》，加强文化产业区域布局的统筹规划，精心组织实施一批重大文化工程和重点文化产业项目，集中抓好大项目、大企业、大园区建设，加快培育文化产业基地和区域性特色文化产业群，进一步提高文化产业规模化、集约化、专业化水平。要鼓励以财政、金融资金为主体，吸收社会资本，壮大文化产业投资公司的规模和实力，拓宽文化产业发展的投融资渠道。要进一步完善文化市场体系，建立文化资产评估体系、文化产权交易体系，发展以版权交易为核心的各类文化资产交易市场，以及文化经纪代理、评估鉴定、风险投资、保险、担保、拍卖等中介服务机构，为文化产业发展创造良好条件。要大力繁荣文化市场，加快培育文化产品和要素市场，积极开拓大众性文化消费市场，规范和完善拍卖市场、艺术品市场，培育农村文化市场，通过引导和扩大文化消费拉动文化产业发展。要牢固树立品牌意识，努力培育一批具有浓郁北京特色、在全国乃至世界具有一定知名度和核心竞争力的自有文化品牌,不断增强北京文化的影响力和传播力。

第五,在加强文化创新、推出更多的精品力作方面发挥示范带动作用,为全国创造先进经验。希望北京充分发挥文化教育科研机构、文化人才和创意企业聚集的优势,把文化创新作为推动文化科学发展的强大引擎,进一步推进文化内容创新、形式创新、业态创新,当好文化创新的排头兵。要坚持社会主义先进文化前进方向,坚持"二为"方向和"双百"方针,贴近实际、贴近生活、贴近群众,从人民群众的实践创造中提炼主题,从人民群众的火热生活中挖掘素材,从人民群众的审美需要中汲取灵感,创作生产更多思想性、知识性、艺术性、观赏性相统一的现实题材精品力作。要加强对文化产品创作生产的引导,倡导正确创作思想,鼓励和扶持原创,尊重差异、包容多样,加强和改进文艺评论,让反映主流价值取向、体现时代发展要求的文化精品大量涌现。希望北京在近年来文艺作品数量大大增加的基础上,推出更多精品力作,在全国发挥示范带动作用。

第六,在促进文化与科技融合、推动文化科技创新方面发挥示范带动作用,为全国创造先进经验。文化创新离不开科技创新。文化与科技融合是当代文化发展的潮流,可以大大增强文化的传播力,大大增强文化作品的创造力和感染力,大大促进文化新业态的发展。北京科技实力很强,拥有一批创新成果,在推动文化与科技融合方面具备有利条件。希望北京积极实施文化创新、科技创新"双轮驱动"战略,加快推动文化与科技深度融合,把科技创新优势转化为文化发展的强大动力和现实竞争力。要积极利用高新技术改造传统文化产业,大力发展文化创意、手

2011年9月5日,李长春北京市调研期间,在北京电影学院同北京市市属文艺院校负责同志和师生代表交谈。右一为中共中央政治局委员、北京市委书记刘淇,右三为中宣部常务副部长雒树刚,右四为新闻出版总署署长柳斌杰。　（新华社记者鞠鹏摄）

机电视、网络电视、数字出版、动漫游戏等新兴文化产业,催生新型文化业态,努力掌握文化发展和文化传播的主动权。要积极推动三网融合试点,加快构建覆盖广泛、技术先进的文化传播体系,打造可管可控、双向交互、绿色安全的播控平台,促进文化产业、信息产业和相关服务业健康发展,用科技创新推动文化创新。

第七,在积极探索推动文化走出去的新途径、扩大中华文化国际影响力方面发挥示范带动作用,为全国创造先进经验。中华民族有五千多年丰厚的文化积淀,但没有转化成为现实的国际竞争力和影响力,在电影、图书版权、舞台艺术等文化核心层还存在严重的贸易逆差。近年来,虽然贸易逆差在逐步缩小,如图书版权输出和引进比例由"九五"末的1∶16，缩小到2010年的1∶3左右，但总体上我国版权贸易的逆差仍然很大。推动中华文化走出去，政府间的文化交流活动必不可少。在这方面，文化产业具有政府行为所不能替代的作用，能经常性、生动活泼地开展文化交流活动，影响的深度和广度是政府行为所不能比拟的。要加快培育一批外向型文化企业，使其成为推动文化走出去的主体，通过国际通行的商务渠道、市场运作的模式，不断扩大我国文化产品和服务的国际市场份额，努力增强中华文化的国际竞争力和影响力，提升我国文化软实力。希望北京充分发挥作为我国文化中心和国际交往中心的优势，在加快培育一批外向型文化企业、推动中华文化走出去方面积极探索，创造新鲜经验。

第八，在文化行政管理创新方面发挥示范带动作用，为全国创造先进经验。推动社会主义文化大发展大繁荣，必须坚持一手抓发展繁荣、一手抓创新管理和加强管理，在促进繁荣的过程中改进和创新管理，通过科学有效的管理促进文化发展繁荣。随着文化体制改革的不断深化，要加快转变政府职能，推进政企分开、政资分开、政事分开、政府与市场中介组织分开，推动文化行政管理部门逐步实现由办文化为主向管文化为主转变，由管微观向管宏观转变，由主要面向直属单位转为面向全社会，更好地履行政策调节、市场监管、社会管理和公共服务的职能。要在坚持运用思想教育工作手段的同时，更加注重综合运用法律、经济、行政、科技等手段，努力做到科学管理、依法管理、有效管理。要积极探索管人管事管资产管导向相结合的国有文化资产监管体系，建立健全党委领导、政府管理、行业自律、社会参与、企事业单位依法运营的文化管理体制。要进一步完善文化市场综合行政执法改革，健全综合的行政主体和文化执法主体，理顺执法体制，坚持"扫黄打非"，抵制低俗文化，抵御境外敌对势力的文化渗透，维护文化市场秩序，在推动文化市场繁荣发展的同时确保文化安全。希望北京在这些方面积极进行探索，走在全国前面，发挥示范带动作用。

第九，在互联网的建设、应用、管理和引导方面发挥示范带动作用，为全国创造先进经验。截至2011年6月，北京属地网站数量占全国网站总量的16.3%，重点网站数量占全国90%以上，权威域名服务器[1]和递归服务器[2]数量分别占国内总量的31.12%和23.21%，均排名第一。因此，北京在互联网等新兴媒体建设、应用、管理和引导方面探索形成一套成功做法，对于全局意义重大。在信息化时代，建设、运用、管理、引导互联网的能力，已经成为衡量我们党领导文化能力乃至执政能力的一个重要标志。在党的十七届六中全会文件稿征求意见过程中，几乎各地各部门都强烈反映这个问题，特别是对网络色情、网上谣言意见很大。要特别在以下几个环节下功夫：一是切实加强对网络的基础性管理。要按照谁主管谁负责和属地管理的原则，认真落实管理责任，使各地区各部门更好地履行管理职能，做好监管工作。要建立和完善新兴媒体行业的准入、日常监管、退出机制。互联网内容管理部门要加强同电信业务行业主管部门的合作，特别是要落实好《中华人民共和国电信条例》第59条第4款，任何组织和个人不得"以虚假、冒用的身份证件办理入网手续"，确保注册身份信息准确。二是主流新闻媒体要积极向新兴媒体延伸。我们的党报、党刊、电视台、广播电台等重点媒体要办好新兴媒体，做强做大做优做长一批重点新闻网站和骨干网络文化企业，提高吸引力和点击率，努力在网络文化建设上形成以公有制为主体、多种所有制共同发展的新兴媒体发展格局，不断提高公有制网络文化企业的影响力、公信力、控制力。公有制为主体不是体现在数量上，更要体现在影响力、公信力、控制力上。三是要进一步加大网上舆论引导力度。针对不同时期的舆论热点问题，要及时有效引导，对突发性事件，要快速反应，及时发布权威信息，回应社会关切。四是要把企业依法经营、行业组织自律和社会监督结合起来，强化社会监督和行业自律，特别是要加强互联网企业自律，引导互联网企业自觉做到守法经营，鼓励企业建立起自己的技术信息安全平台，从源头上进行管理，将谁经营谁负责的要求真正落到实处，努力营造健康向上的网络文化环境。五是要大力推动文明办网、文明上网，在互联网行业开展精神文明创建活动，推动网络环境上水平。希望北京在上述几个方面积极进行探索，努力走在全国前面，创造新鲜经验。

第十，在加大人才培养力度、建设人才高地方面发挥示范带动作用，为全国创造先进经验。人才是文化发展的第一资源。推动文化大发展大繁荣，关键在人才。要进一步创新人才培养方式，拓展人才培养领域，提高人才培养质量，努力造就一大批文化领域的领军人物，一大批勇于改革、敢于创新、善于开拓的创新型人才，一大批精通文化工作、懂经营善管理、具有现代科学素养的复合型人才，一大批精通外语、熟悉国际文化市场规则、善于开拓国际文化市场的外向型人才，一大批掌握现代科技知识、具有研发能力、能够占据文化科技制高点的科技型人才，构建一支门类齐全、结构合理、梯次分明、素质优良的文化工作者队伍。要进一步引导文化工作者贴近实际、贴近生活、贴近群众，始终牢记肩负的社会责任，自觉担负起传播先进文化和健康有益文化、抵制腐朽落后文化的历史职责，真正做到德艺双馨、为人师表，无愧于人类灵魂工程师的光荣称号，树立文化工作者良好形象。希望北京在加大人才培养力度、建设人才高地方面积极探索，创造新鲜经验，发挥示范带动作用。

刘淇同志在中央政治局会议研究讨论党的十七届六中全会文件时提出，希望增加关于发挥首都文化建设示范作用的内容。这充分体现了首都勇挑重担、敢为人先的开创精神。结合这次调研，我为北京的同志提出了以上十个方面的题目，供你们研究。

注 释

〔1〕域名服务器，指域名系统（Domain Name System，简称DNS）。域名是互联网上某一台计算机或计算机组的名称，用于在数据传输时表示计算机的电子方位。域名服务器用于TCP/IP网络，主要用来代替IP地址以定位计算机和相应服务。

〔2〕递归服务器，主要功能是接受用户端发送的请求后，向外发出查询请求，以获得用户需要的查询结果。递归服务器可以将各种记录进行缓存，从而减少查询次数、提高查询效率，因而也称缓存服务器。

加快推进国有文艺院团改革[*]

（2012年6月14日）

> 舞台艺术和其他文艺形式一样，必须植根于观众、植根于市场。任何一种院团体制，如果将舞台艺术与观众和市场隔离开来，不管当初的出发点多么好，结果都必然会事与愿违、走向反面。

关于文化体制改革问题，党的十七届六中全会通过的《中共中央关于深化文化体制改革推动社会主义文化大发展大繁荣若干重大问题的决定》等中央文件讲得已经很清楚了。国有文艺院团改革既是整个文化体制改革的重要组成部分，同时也有其特殊性，所以在文化体制改革的整体推进中，我们采取了先易后难的办法，让出版发行领域的改革走在前面，后期再加大对院团改革的力度。而且，在面上改革之前，已经进行了大量试点，在形成经验、典型引路的基础上，院团改革才与文化领域的其他改革一起全面推开。我想讲三个问题。

---

[*] 这是李长春同志在河南省考察调研时就加快文化体制改革问题的谈话。

第一，为什么我们要推进国有文艺院团改革？从根本上说，这是文艺创作生产和繁荣发展内在规律的要求。这个规律就是，舞台艺术和其他文艺形式一样，必须植根于观众、植根于市场。符合艺术规律，就是必须把艺术与人民群众结合起来。人民群众是艺术创作的源泉，是艺术的享有者，也是艺术的最终评判者，如果艺术与观众隔断了，也就没有生命力了。市场规律也是这样，一场演出值多少钱不是由政府确定的，也不是物价部门规定的，而是要看观众能舍得掏多少钱来买你的票。任何一种院团体制，如果将舞台艺术与观众和市场隔离开来，违背艺术规律和市场规律，不管当初的出发点多么好，结果都必然会事与愿违、走向反面。历史上，河南长期是戏曲大省，但这个戏曲大省是怎么来的呢？就是来自同观众和市场的紧密结合。从宋代开始，社会分工催生了产业分化，戏曲开始进入市场。此后一千多年中，戏曲艺术在与市场结合、与观众互动、名角互唱对台戏的过程中，产生了丰富多彩的种类和流派。这些流派的形成，既不是行政任命的，也不是官方组织人在书斋里设计出来的，而是院团在开拓市场、争取观众、相互竞争中不断推陈出新的结果，是群众认可的、群众任命的。这样的发展过程，既揭示了院团兴旺发达的规律，也体现了戏曲繁荣发展的规律。当年，常香玉的"香玉剧社"闯遍了大江南北，在闯市场中大大地发展了豫剧艺术，创造了常派，剧团经营活力四射，用自己的收入向志愿军捐献了一架战斗机，是戏曲和市场结合的典范。

我们的国粹京剧的发展也是这样。徽班进京二百多年，先后形成了很多流派，包括我们都熟悉的梅派[1]、程派[2]、马派[3]等。这些特色鲜明、各有千秋的戏曲流派，都不是人为指定或主观设计出来的,而是各个名角领着戏班子积极开发市场、与观众互动闯出来的,靠名角之间唱对台戏唱出来的。但近几十年来,不但再没有开创出新的京剧流派,反而呈现出后继乏人、难以为继的局面,能勉强把传统流派继承下来就不错了,这种尴尬局面,根子就在于把舞台艺术和观众、市场割裂开来的体制。千百年来戏曲艺术发展的实践反复证明,不管人们的主观愿望多么美好,一旦违背与观众互动、与市场结合的艺术创作生产规律,人为地割裂院团与观众、与市场之间的联系,戏曲艺术的发展就没有出路,这也是传统体制下一些文艺院团不断萎缩的根本原因所在。有的同志曾生动地用一种"猫论"来说明这一现象:猫的天性本来是抓老鼠,可是主人好心,总是拿鱼喂它,本意是鼓励它更好地抓老鼠,可是后来猫认为享受主人喂的鱼才是理所当然的,长期下去,最后就根本不会抓老鼠了。各种戏曲本来是与观众和市场有天然联系的,但人为地把院团"养"起来,进而行政化,长此以往,最后院团也就根本不会去争取观众、开拓市场了。由于长期游离于市场之外,因此也就被市场边缘化了,或者说是被市场"炒鱿鱼"了,失去了生机活力,一方面民营院团生机勃勃,一方面国有院团找不到市场。

新中国成立后,我们文艺院团的来源主要有三个部分:一部分是党在革命时期创办的带有战地文工团性质的文艺单位,这在当时是我们党团结人民、战胜敌人的有力武器。一部分是20世纪50年代在对民族工商业进行社会主义改造过程中,与各类民营企业国营化的情况相似,原来的民营院团也被"一刀切"地都归大堆,收归为国有了,如北京就把所有的民营京剧院团合并,成立了北京第一、第二、第三这样三个国有的京剧团,当时因为人多安排不下，有些名角还被"划拨"到了陕西等地方国有院团。这种体制实行之初，老一代文艺工作者通过新旧社会对比，亲身感受到了党的重视和关怀，用他们焕发出的极大政治热情掩盖了体制的弊端，文艺事业曾经出现过繁荣的景象，但随着时间的推移，一代一代新人没有老一代艺术家新旧社会对比的经历，政治热情难免淡化，"大锅饭"、"铁饭碗"的体制弊端日益凸显，有本事的人出去"走穴"，没本事的嗷嗷待哺，院团破破烂烂，越来越失去了生机活力。排演节目也是为了完成上级的演出任务或者参加评奖，结果，"政府是投资主体，领导是基本观众，评奖是主要目的，仓库是最终归宿"成了国有院团生存状态的生动写照。还有一部分，是各级党政部门按照传统模式创办的文艺院团，不是合格的市场主体，到"文化大革命"时被推向了极端，成了无产阶级专政的政治工具，全国只有八个"样板戏"，这些国有院团还由初期的企业性质又变成了事业单位，实际上是各级党委和政府的附属物，强化了其官化、行政化色彩。由上面三部分组成的国有文艺院团体制，随着改革开放的不断深入，越来越不能适应形势的发展变化。党的十六大报告鲜明地指出："我们党历经革命、建设和改革，已经从领导人民为夺取全国政权而奋斗的党，成为领导人民掌握全国政权并长期执政的党；已经从受到外部封锁和实行计划经济条件下领导国家建设的党，成为对外开放和发展社会主义市场经济条件下领导国家建设的党。"十六大报告对党的历史方位转变所作的科学判断，对文化工作提出了新的要求。作为党的领导的重要组成部分，党对文化工作的领导也必须适应这两个转变，作出相应的调整，面临着如何从办文化转向从更高的层次上领导文化的问题。要努力探索富有生机活力的体制机制，探索如何满足人民群众多样化、多层次、多方面的文化需求的途径，探索改进和加强党对文化工作的领导，这既是提高党的执政能力和领导水平的重要方面，也是深化文化体制改革的必要性。总体来看，传统的国有文艺院团体制存在的突出问题，集中体现为"五个不相适应"：一是与日益完善的社会主义市场经济体制不相适应。改革开放以来，随着计划经济体制逐步转变为社会主义市场经济体制，市场在资源配置中的基础性作用日益得到发挥，极大地提高了资源配置、投入产出的效率。经济基础发生了变化，必然要求上层建筑与之相适应，否则就会束缚生产力的发展。在这种大趋势下，文化建设也必须适应经济体制的改革，文艺院团等经营性文化单位如果不进入市场，就没有出路。二是与人民群众日益增长的精神文化需求不相适应。目前，我国人均国内生产总值已经达到5400美元，城乡居民家庭的恩格尔系数都已经降到0.4以下，人民精神文化需求呈"井喷"之势。而我们的文化产品无论是数量上还是质量上，都还不能很好地满足人民群众日益增长的精神文化需求，文化领域已成为我国少数几个总供给不能满足总需求的领域之一。面对日益扩大的文化市场，如果国有主渠道不去占领，其他各种渠道就会趁虚而入，腐朽落后文化也会沉渣泛起。三是与对外开放不断扩大的新形势不相适应。加入世界贸易组织后，我们面临国际文化交流、交锋，竞争更加激烈，如果国有院团仍然游离于市场之外，远离观众，不仅走不出去，就连国内市场也守不住，最后国家的文化安全就会直接受到威胁。四是与推动中华文化走出去、增强国家文化软实力的要求不相适应。我们国家是有着五千多年历史的文明古国，拥有深厚的文化底蕴和丰富的文化资源，但是由于我们长期没有把资源转化成现实的文化生产力，文化贸易总体上处于"西强我弱"的局面。当今世界，美国电影产量只占全球的8％，却占据了全球观看电影总时间的80％，而我国的电影却进入不了美国院线。我们的文艺院团到国外演出，也难以打开商业演出的渠道。我国文化产业在世界上的地位，与我国经济总量世界第二的经济实力很不相称，与我国五千多年文明古国的地位很不相称，根本原因就是，在传统体制下我们的文化资源无法转化为国际影响力和竞争力。五是与现代传播技术的迅猛发展不相适应。数字技术、网络技术的迅猛发展和广泛应用，极大增强了文化的创造力、传播力和感染力。但是在传统体制下，国有的、事业性质的文化单位对新技术很不敏感，对科技创新和开发运用缺乏动力和积极性，难以把现代传播技术转化为新的文化创造力，从而也就难以同发达国家文化产业迅猛发展的势头相抗衡。

从宏观上看文化建设，任何文化都是"魂"和"体"的有机统一，"魂"就是文化的精神价值，"体"就是承载精神价值的物质基础、艺术形式和传播形态。在文化体制改革的总体设计上，我们把文化建设分为公益性文化事业和文化产业两大类，坚持两手抓、两加强。近年来，公益性文化事业单位的改革发展进展顺利，覆盖城乡的公共文化服务体系正在加快构建，人民基本文化权益得到了更好的保障。同时，在市场经济条件下，文化产业也越来越成为文化最重要的"体"。而要发展文化产业，就必须重塑市场主体、培育文化企业，因为企业是市场的微观主体，只有企业才是与市场接轨的，事业单位是无法与市场接轨的，两者的价值观念不一样，和市场的关系不一样，核算办法不一样，人事制度不一样，分配办法不一样，事业单位体制与文化产品的生产经营规律相悖，因此，国有经营性文化单位必须从事业单位转制为企业。在改革过程中，只有少数体现国家水准、民族特色的院团可以保留事业性质，什么算国家水准、什么是民族特色，都是有明确标准和界定的。除此之外，该进入市场的都要进入市场，而不是笼统地说，三分之二改、三分之一不改，因为那样谁属于三分之二的范围，谁又是三分之一里边的，很难说清楚。总之，现在我们推进文艺院团改革，从根本上说，就是要回归艺术发展的规律，回归自宋代以来千余年社会分工分业催生出戏曲产业的发展规律的本来状况。

第二，推进文艺院团改革需要澄清的一些模糊认识。首先，改革不是甩包袱，不是为财政省两个钱，根本问题是要培育合格的市场主体。文化领域也要体现公有制为主体、多种所有制经济共同发展的社会主义基本经济制度的要求，因此必须推动国有院团进入市场。正因为如此，我们对改革到位的院团，原有的经费不但不减，而且还要"扶上马，送一程"，当然钱要从过去用于养人转变成干事、支持创新发展，在政府采购节目、提供排演场地等方面给予支持。其次，有人说，几个院团我们能养得起，为什么还要推向市场呢？这不是养得起养不起的问题，而是因为只要文艺院团还是各级党委和政府的附属物，就没有活力，就无法在竞争激烈的市场上立足，演艺业就无法发展，文化市场的主渠道就缺位。出路只有一个，就是必须把它们从党委和政府的附属物转变为相对独立、依法经营的市场主体，只有成为面向观众、面向市场的生产经营者，才能不仅满足人民日益增长的精神文化需求，而且能够走向世界，在竞争激烈的国内外演艺舞台上与高手相比拼。再次，还有同志至今认为，事业体制才是对戏曲最好的保护，转企改制就是让院团自生自灭。事实恰恰相反，实行事业单位体制，表面上好像是把院团养起来了，实际上由于把院团同观众和市场割裂开了，结果不面向市场、没有与广大观众的互动，反而扼杀了院团的生机活力。单靠政府"保护"，不仅现有的艺术流派很难传承下去，想创新和发扬光大更是根本不可能。根本的原因就在于，传统的事业体制不符合艺术发展规律，极端地说，如果自宋代开始就实行了院团的事业单位体制，那很可能今天就没有中国的戏曲了。不进入市场，不"去行政化"，不管我们的主观愿望如何善良，结果也只能是进博物馆的结局。至于列入非物质文化遗产保护名录的，我们要制定和落实保护的政策。这与形成面向市场的体制并不矛盾，除了确实不具备进入市场条件的，凡有条件进入市场的要进入市场，并享受相关的政府扶持政策。所以，2004年在研究文化体制改革试点方案时，胡锦涛总书记曾对我说，这种（事业单位）体制问题一定要在我们这一代人手中解决，不能再传给下一代了，不外乎是老人老办法、新人新办法。

第三，关于加快贯彻落实文化体制改革任务的问题。胡锦涛总书记在十七届中央政治局第二十二次集体学习时的重要讲话中强调，要进一步加快文化体制机制改革创新，加快构建公共文化服务体系，加快发展文化产业，加强对文化产品创作生产的引导。这"三加快"、"一加强"，就是要构建充满活力、富有效率、更加开放、有利于文化繁荣发展的体制机制，推动文化建设又好又快发展，使"十二五"时期成为我国文化建设的加速发展期，为推动我国从文化资源大国向文化强国迈进奠定坚实基础。为了贯彻胡锦涛总书记的重要讲话精神，中宣部又提出了加大力度、

2011年9月6日,李长春在中国木偶剧院了解剧院改革发展情况。右一为中共中央政治局委员、北京市委书记刘淇,右三为中宣部常务副部长雒树刚,右四为中宣部副部长、国家广电总局局长蔡赴朝。
(新华社记者鞠鹏摄)

加快进度、巩固提高、重点突破、全面推进的要求。现在要重点突破国有文艺院团的转企改制。在加快国有文艺院团转企改制步伐的同时,也要积极鼓励民营院团发展,现在各地出现了一批名角下海领办的民营文艺院团,很有活力,如著名舞蹈家杨丽萍领办的云南杨丽萍文化传播有限公司,著名越剧演员萧雅领办的上海萧雅越剧团,著名晋剧演员胡嫦娥领办的山西嫦娥文化艺术公司,著名豫剧演员王红丽领办的河南小皇后豫剧团[4],著名京剧演员刘荣升领办的天津刘荣升京剧团。要大力支持,加快发展,现在民营院团不是多了,而是还很不够。要采取切实措施,在评定职称、申报项目、表彰奖励等方面对国有文艺院团和民营院团一视同仁,鼓励更多名角下海在民营剧团中领办领演,使国有和民营文艺院团在开拓市场赢得观众的过程中你追我赶、奋勇争先，在文艺院团改革发展方面充分体现"两个毫不动摇"[5]。当然，对于转企改制到位的国有文艺院团保持原有经费不变，民营院团就不要攀比了，但评定职称、申报项目、表彰奖励这三个"一视同仁"一定要落实。对于国有文艺院团转企改制到位的，还要落实其他支持措施，如帮助建设排演场地，省级的中央部门要配套支持，市级的省里要配套支持，县级的市里要配套支持。同时，国有文艺院团改革也可以和改组相结合，也鼓励民营资本参与国有文艺院团改革，不一定都是国有控股，也可以民营控股，这方面中国木偶剧院的改革就是一个成功的范例，现在民营资本占51%，结果实现了演出场次、院团收入、演员收入的同步大幅增长。当然，如果大家一时接受不了民营资本控股，国有控股也行，全员持股也行，搞让名角和主角购买部分股份，让有特殊贡献的拥有干股的股份合作制也行，前提是尊重群众意愿。只要改革到位，不论采取哪种形式，原来的经费支持都保持不变。

总之，河南在文化体制改革的其他方面都做得不错，出版发行、电影制作发行放映、电视剧制作、有线电视网络整合等领域的改革都已基本完成，有的还走在了全国的前面。河南是我工作多年的地方，所以，从我的心情来讲，我热切盼望河南的国有文艺院团改革也能迅速跟上，甚至后来居上。

注 释

〔1〕梅派,是京剧艺术大师梅兰芳创立的旦行流派。

〔2〕程派,是京剧艺术大师程砚秋创立的旦行流派。

〔3〕马派,是京剧艺术大师马连良创立的老生流派。

〔4〕河南小皇后豫剧团,是1993年创办的民营戏曲表演团体。建团以来,长期扎根基层,服务农村,年平均演出400场以上,足迹遍及豫、鲁、皖、苏、冀、晋、鄂等省的村镇工矿及中国台湾、中国香港、澳大利亚。创作排演了《铡刀下的红梅》、《风雨行宫》等一批常演不衰的优秀剧目。

〔5〕"两个毫不动摇",即党的十七大报告提出的"毫不动摇地巩固和发展公有制经济,毫不动摇地鼓励、支持、引导非公有制经济发展"。

广播电台电视台合并
要实现"化学反应"*

（2012年7月1日）

> 电视台和广播电台的合并要作为规定动作，一定要实现"化学反应"，不是物理捏合。

辽宁在广电体制方面的改革是很有意义的。电视台和广播电台的合并应该是规定动作，要限期完成。电视与广播的资源共享效果非常明显，特别是实现从模拟技术到数字技术转变之后，音频视频数字都是一码事，过去这种按技术类型分设的机构已不合时宜。一个去播音频、一个去播视频、一个去搞数字信息传播，这样做可以说是贻笑天下。所以电视台和广播电台的合并要作为规定动作，一定要实现"化学反应"，不是物理捏合。物理捏合就是虽然两台合并了，但仍各干各的，没有资源共享，没有解决内部机构重复设置的问题。而"化学反应"，就必须打破各干各的格局，在四个方面实现一体化。一是领导体制要一体化。要建立统一的领导班子，统一号令，而不是电台一个班子，电视台一

---

* 这是李长春同志在辽宁广播电视台考察时谈话的一部分。

个班子，各指挥各的。二是机构要一体化。要打破相同职能机构重复设置的局面，把采访、编辑等各方面的力量重新组合起来，组建包括音频视频在内的统一的信息库，不能还是电台一个采编中心，电视台一个采编中心，要合在一起。三是管理要一体化。人财物要统一管理，特别是人员的管理要统一，在招人用人、劳动报酬、奖惩政策等方面，要实行同样的标准，把电台电视台人员的积极性都调动起来，形成有利于人才流动的良好机制，电台好的播音员也可以上电视"露脸"，使听众既闻其声又见其人，电视台主持人也能到电台录制节目，促使更多优秀人才涌现出来。四是资源配置要一体化。要搭建新的平台，实现音频视频资源共享，最大限度地发挥资源配置的效率。起码来讲，只有实现了这四个一体化，才能称得上实现了"化学反应"。希望你们在这方面继续大胆探索，提供新鲜经验。

广播电台、电视台和教育电视台合并应该说是辽宁的超前改革，在方向上完全正确，考虑到各地的历史情况和各方面的具体情况，在步骤上我们可以继续探索，成熟一个改革一个。但是从道理上讲，应该由广播电视台统一办好技术平台，为方方面面服务。过去，各个部门都办出版社、都办报刊，进一步发展都要办电视台，是典型的大而全、小而全，重复建设，这是计划经济的产物，也是世界上绝无仅有的，这不是好的中国特色，方向上必须要改。就比如很简单的一个例子：办一个电视台得有传输手段、技术队伍，备品备件，多一个电视台就多一套投资，这不是浪费嘛。现在我们省一级电视台拿到国际上比，一些国家电视台都没我们硬件条件好，但是效率上我们远远不如人家——人太多，环节多。因此，广播电台、电视台和教育电视台合并是辽宁一个很有意义的探索，方向完全对。希望辽宁把这一改革搞好，不断创造新鲜经验，特别是既要构建一个法人主体、一个技术平台，同时又为方方面面服好务，在这方面要进一步狠下功夫。已经将教育台并入的广播电视台一定要很好地为教育战线服好务，因为用电视的形式开展教育是个好办法。我看到有些部门还打报告要建电视台，这都不是方向，这都是计划经济思维的体现。还是办公共的技术平台，可在频道上开展合作，为方方面面服好务，走这条路子。

严格说起来，省一级广播电视台和省会市广播电视台也是我们按行政级次、行政区划分配文化资源的一个具体体现形式。我们有的领域，比如电影，过去是国家总批发到省，省再到市、县，一层一层下发，县一级看到一部新电影得两三个月以后。现在我们把电影院从县和市文化局的直属单位中抽出来，转企改制进入院线，这才是产业的办法。广播电视台既有提供公共文化产品的职能，还有意识形态宣传的职能，所以我们把它界定为公共文化服务体系范畴。公共文化服务体系就跟各级党委和政府职能联系在一起，也就是说各级党委和政府要用公共财政来保障人民基本文化权益。但是县级电视台我不主张办。办一个电视台，就要有一套人马、一套机构，都是重复建设。作为省会市的广播电视台和省里的广播电视台扯皮的事太多了，比如有线电视怎么弄？要按居民户口讲是在市里，但这样做省里有线电视就空着了，也不可能只针对省直机关服务。这本身就是实际问题，所以我很赞成你们在这方面做探索，不断提供新鲜经验。

文化强国之路
文化体制改革的探索与实践
（下）

李长春

人民出版社

目 录

（下）

加快构建覆盖城乡的公共文化服务体系，切实保障人民基本文化权益

解决报刊散滥和利用职权发行问题，切实减轻基层和
农民负担..449
　（2003年6月23日）

关于博物馆工作讲话两则..453
　（2003年10月21日、2009年11月14日）

公共文化服务要体现公益性...472
　（2004年1月17日）

关于发展红色旅游讲话两则...477
　（2004年9月28日、2009年5月20日）

努力构建农村公共文化服务体系......................................491
　（2005年8月31日）

广播电视村村通是农村文化建设"一号工程"......................497
　（2006年1月17日）

强力推进文化信息资源共享工程建设..................505
（2007年1月8日）

电视数字化改造是民心工程，不能变味..................511
（2007年6月5日）

图书馆是人民群众学习知识陶冶情操的殿堂..................513
（2009年9月9日）

履行好出版事业的崇高使命..................521
（2009年9月29日）

切实把韶山"一号工程"建设好..................532
（2009年11月30日）

切实保障好盲人群众基本文化权益..................538
（2011年8月16日）

加快发展文化产业，推动文化产业成为国民经济支柱性产业

重塑微观主体，振兴电影产业..................551
（2003年9月12日）

加速建设一批大型国有或国有控股的文化企业..................556
（2004年10月2日）

目 录

抓紧抓好文化企业上市这件大事..................................560
　（2004年10月29日）

鼓励发展民营文艺表演团体......................................565
　（2005年9月21日）

电影要走产业发展的道路..569
　（2006年2月22日）

努力打造出版业改革发展的龙头企业..............................573
　（2008年12月16日）

推动文化产业逆势而上..583
　（2009年3月6日）

大力发展民族动漫产业..587
　（2009年11月5日）

破解文化产业发展融资难题......................................594
　（2009年11月13日）

支持民营艺术院团做强做大做优..................................597
　（2010年7月11日）

文化产业要努力成为国民经济支柱性产业..........................600
　（2011年3月5日）

坚持"三改一加强"，努力打造合格文化市场主体....................602
　（2011年6月21日）

从动漫大国向动漫强国跨越..605
　（2012年3月16日）
民营文艺院团与市场有着天然联系..613
　（2012年6月15日）
中国电影要打翻身仗..616
　（2012年8月23日）

加强对文化产品创作生产的引导，为人民提供更好更多的精神食粮

文艺评奖要以群众满意不满意、喜欢不喜欢为
　根本标准..621
　（2003年3月7日）
在新的历史条件下不断改革创新，
　振兴和繁荣京剧..623
　（2005年1月25日）
建设和谐文化，繁荣发展社会主义文艺..634
　（2006年11月14日）
进一步推动话剧事业繁荣发展..650
　（2007年4月17日）

青年作家大有可为 658
　（2007年11月13日）

推进艺术创新，繁荣歌剧事业 667
　（2010年1月15日）

切实加强对文化产品创作生产的引导，多出精品力作，
　　多出优秀人才 679
　（2010年12月17日）

博采众长，推陈出新，促进我国交响音乐繁荣发展 692
　（2011年11月13日）

创作生产更多无愧于历史、无愧于时代、无愧于人民的
　　优秀作品 701
　（2011年11月25日）

争做德艺双馨的人民文艺家 722
　（2011年12月27日）

推进文化科技创新，
提升文化的创造力和传播力

发展民族传统文化要善于运用高新科技力量 729
　（2006年4月5日）

促进文化与科技融合，发展新兴文化产业 731
（2009年5月12日）

努力建设国际一流的国家网络电视台 733
（2009年12月28日）

大力推进广电设备自主创新 742
（2010年8月23日）

主流媒体要在发展新兴媒体上发挥示范作用 745
（2012年9月14日）

推动中华文化走向世界，增进中国人民同世界各国人民之间的了解与友谊

文化走出去关键是文化企业走出去 759
（2004年11月5日）

鼓励支持文化产品和服务出口 766
（2006年8月22日）

办好孔子学院，扩大中华文化影响力 771
（2007年4月24日）

加强中非友好合作，携手共建美好明天 778
（2011年4月20日）

加强友好交往，巩固传统友谊..............786

（2012年4月27日）

附　录

中国共产党第十七届中央委员会第六次全体会议公报..............797

（2011年10月18日中国共产党第十七届中央委员会第六次全体会议通过）

中共中央关于深化文化体制改革推动社会主义文化
　　大发展大繁荣若干重大问题的决定..........................803

（2011年10月18日中国共产党第十七届中央委员会第六次全体会议通过）

出版后记..828

加快构建覆盖城乡的公共文化服务体系,切实保障人民基本文化权益

解决报刊散滥和利用职权发行问题，切实减轻基层和农民负担[*]

（2003年6月23日）

> 在发展社会主义市场经济的大形势下，继续用行政权力来发行报刊，已经越来越行不通了。党报党刊要逐步强化和提高市场竞争力。

部门报刊散滥和利用职权发行的问题日益严重，广大基层干部群众反映强烈，抵触情绪很大，已经到了非解决不可的时候了。我们宣传思想战线贯彻"三个代表"重要思想，迫切需要解决这一非常现实、非常突出的问题。

党中央对这一问题高度重视。这个问题很复杂，要重点抓三项内容：一是减轻基层和农民的负担，二是治散治滥，三是改革部门办报办刊体制。治理的重点是各级党委、人大、政府、政协、检察院、法院这些机关及其部门办的报刊，至于工青妇、学术团体、社会团体、行业协会办的报刊，有什么问题解决什么

---

[*] 这是李长春同志在十六届中央宣传思想工作领导小组第七次会议上讲话的一部分。

问题。

关于减轻负担,我们这次着重解决的就是减轻农村乡镇机关、村集体、农村中小学和农民的负担。其中一个重要举措就是要提出乡、村订报订刊的经费限额,贫困地区多少钱,中等地区多少钱,发达地区多少钱。在这个限额内要明确重点订阅的几种报刊。人民日报、省委党报、市委党报这几种报纸应该是重点。刊物怎么办?一个是《求是》杂志,一个是省委机关刊物,公款订阅到底订到哪一级,要好好研究一下。这样,有了一个限额,负担自然就减下来了。减负的成果能不能巩固住,就与下面两项工作有关了。

一项是改革权力部门办报办刊的体制,实行管办脱钩和转到非权力机关这两条路。转到非权力机关,就是转到党校、工青妇、行业协会这样一些非权力机关。肯定还有大量一时转不过去的,那么就是管办脱钩。具体来说,就叫作"三脱钩、一挂钩、一加强"。"三脱钩"就是人员脱钩、财务脱钩、发行渠道脱钩,"一挂钩"就是跟国家的税收挂钩,"一加强"就是导向的责任要加强。一下大量转出去,那些非权力机关容纳不了,因此还得允许有管办脱钩,而且恐怕近期还是主要形式。所以管办脱钩这种形式在中央这个层次和省这个层次都应该存在,这样省里面难度就小一些。当然用管办脱钩这种形式确实可能出现明脱暗不脱的情况,目前我们就是靠加强监督,在今后的实践中再研究进一步的措施,如转企改制、跨部门跨地区重组。

另一项工作就是治滥。对用权力摊派增加基层负担,比较明显和恶劣的,就是要"撤"。对明显低水平重复建设的要"并"。对指导工作有用,但摊派发行容易影响我们机关形象的,改为

2008年10月19日,李长春在广东省东莞市蚝蚊窝社区农家书屋,与正在看书的老人交谈,了解基层文化建设和群众文化生活情况。右一为中共中央政治局委员、广东省委书记汪洋,左四为新闻出版总署署长柳斌杰。

免费赠送,特别是像政府的政务报、人大的机关报、政协的机关报,包括外宣品,由财政拿钱,免费赠送,当然免费发放数量要有定额。采取这三条之后,带来的问题就是有一些重点媒体没有了行政动员,因此要落实党的十六大提出的对重点媒体进行扶持的政策。再一条就是普遍要求提高质量,特别是党报党刊,要逐步强化和提高市场竞争力。这里面包括公费订阅的,存量靠动员,增量靠市场。最后就是加强领导。分级负责,由各级党委来牵头,由各级行政执法部门具体来办,各方面来落实,大力支持。

社会主义市场经济体制逐渐覆盖到社会生活的方方面面,给我们的事业发展注入了新的动力，同时也使我们的管理面临更加复杂的情况，包括我们刚才研究的治理部门报刊散滥和利用职权发行的问题。在发展社会主义市场经济的大形势下，继续用行政权力来发行报刊，已经越来越行不通了。在发行上逐步遵循市场经济规律，这是不以人的意志为转移的。各部门办的报刊，在发行上长期不进入市场，靠行政权力发行，也严重影响党政机关形象，是不可持续的，不得不改革这种体制，但是相应的就是我们在导向上的管理任务更加艰巨。类似这种情况，不仅反映在媒体上。整个宣传思想工作在新世纪新阶段遇到的一个突出问题，就是我们传统的管理办法与社会主义市场经济体制不断完善之间的矛盾。这就表明，引入市场机制，更多的单位走向市场了，不是我们的管理任务轻了，而是更重了；同时也表明，在完善市场经济体制的过程中，也始终要坚持既要符合社会主义市场经济发展的要求，同时也要符合社会主义精神文明建设的特点和规律。我们各个方面的工作都要注意，在任何时候都要把坚持正确的导向放在第一位，包括新闻媒体的舆论导向，文学艺术的先进文化导向。越是搞社会主义市场经济，越要高度重视导向问题。改革和改进新闻宣传工作，我们要坚定不移；坚持正确的导向，加强党对新闻宣传工作的领导，也要坚定不移。

关于博物馆工作讲话两则

（2003年10月21日、2009年11月14日）

> 博物馆建设要坚持以政府为主导，以公共财政为支撑，鼓励社会力量参与，始终把社会效益放在首位，着力体现公益性、教育性、服务性的要求，不断完善服务功能，使博物馆在服务人民群众、服务经济社会发展中发挥更大作用。

博物馆工作一定要坚持"三贴近"

（2003年10月21日）

河南博物院的硬件建设是可以的，但在陈列内容和形式上，同河南在中华民族历史发展进程中的地位和影响相比，仍有很大的差距，需要作一些改进，特别是在贴近实际、贴近生活、贴近群众，增强为观众服务的意识，创新展陈方式，加强博物馆陈列展览的知识性、趣味性、观赏性上下一番功夫。

现在展出的文物，虽然很精美，很有历史价值、科学价值、学术价值，但有些却很难为广大群众所接受、所喜爱、所欣赏。究其原因，在于没有从便于群众理解、接受和欣赏的角度去陈列展览，也没有充分利用各种可能的手段为这些珍贵文物注入活力。例如浑天仪、地动仪这些天文地理仪器的模型太简陋，如果制成仿真机，把工作的原理直观展演出来，让群众通过这些仿真实物感受到祖国历史上的科技成就，感佩科学家张衡[1]的伟大贡献，相信一定会有很强的感染力。还有记里鼓车，也可以仿真演示。又如元代郭守敬[2]建的观星台，完全可以仿真演示，怎么测出一年是365天零多少分多少秒。这个精度比欧洲人早500年。而现在摆在馆里的模型，太苟简，不能动，不能说明问题。再拿岳飞[3]在郾城战役中用钩镰枪大破金兵精锐之师——连环马这一历史事件来说，钩镰枪、连环马究竟是怎么回事？你们可以组织专家作些研究，给予正确说明。还有蔡伦[4]造纸、毕昇[5]活字印刷术等发明都是总结劳动人民生活实践经验创造的伟大成果，如果在博物馆里把造纸、活字印刷演示出来，让群众参与一些操作，一定会受到欢迎。再如，张仲景[6]的《伤寒杂病论》原著同现代科技、医学发展的关系都应该加以说明，现在连这本原著的影印本都没有展陈，很抽象，让观众感到很遗憾。总之，博物馆工作者要把文博事业改革创新作为时代命题，进行大胆探索和实践，而这一命题的核心就是落实"三贴近"原则。要心里想着观众，努力贴近群众，博物馆陈列要增加群众特别是青少年参与活动的内容和科技含量，不仅要使广大观众看到和体会到古代劳动人民的聪明才智和伟大创造，而且要展示我们运用现代科技手段保护文物的成就，例如湖北博物馆对楚、汉丝织物的保护，用含有惰性气体的展示台，效果很好。有的还可用些声、光、电的展示手段。博物馆的展示要增加科技含量和文化品位，把一般的陈列上升为生动的展示。我们就是要通过直观、生动、形象的展示方式，充分发挥文物启迪智慧、普及历史知识和科学知识、开展爱国主义教育的重要作用。要把专业性、学术性和知识性、趣味性、观赏性结合起来，使不同的观众都能各得其所。

博物馆的陈列内容，还要克服全国各地"同质化"的问题，特别是对历史厚重、文物资源丰富的省份，如河南、陕西等省，更要办出特点、办出特色。比如除了按社会发展史分期和历史王朝年代展示之外，可不可以按政治家、军事家、思想家、科学家、文学家等历史人物，或按历史事件，开辟一些专馆。例如，杜甫[7]是河南人，杜甫的《兵车行》和"三吏"、"三别"脍炙人口，能否作一专题，反映一下杜甫诗作成就和当时社会历史状况。还有汤阴羑里城相传是《周易》诞生地，是周文王[8]被殷纣王[9]拘禁时韬光养晦而把伏羲氏[10]的八卦演绎成六十四卦，即《史记》记载的"文王拘而演周易"之地，也可以通过一定方式进行展示。濮阳的春秋戚城[11]遗址和宋辽"澶渊之盟"[12]等历史事件，都可以通过文物展示出来。就是说，不仅要从以生产工具为标志的社会生产力发展角度，而且还可从重大历史事件和历史人物活动方面，多角度展示人类社会的进步和中国古代文明的发展，做到见物见人见精神，增强展示的震撼力。

安阳殷墟甲骨文的发现，对中国古代文明历史研究十分重要。我赞成建一个中国文字博物馆，但必须是国家一流水平的，不要一般化。可以组织专家论证，提出方案。文字博物馆可以从阐释仓颉[13]造字传说的含义起始，对中国文字的演变，作一些系统的研究和展示。据说，现在发现的甲骨文大体有3000多字，能辨识的已有1700多字，还要进一步组织专家研究，争取认识更多的甲骨文。在文字博物馆里，对历史上的字典、词典及文字结构原理，都可以通过现代手段作一些介绍。王永民[14]搞"王码"计算机输入法，是研究了中国文字结构演变规律和受了四角号码[15]启示，这一点恰好说明，文字知识的普及对当今科技发展仍有借鉴启示作用。

河南历史悠久，文物丰富，但博物馆的展览一般化，仅是陈列，还够不上展示，同其他一些省份没有大的不同。因此，要下足功夫，加以研究提高。要引进些现代展览的理念，进行创意设计。因为我曾经在河南工作过，所以，其他领导同志参观后赞扬的话我不必再说了，提点建议，也是希望你们百尺竿头，更进一步，为全国提高文博事业水平创造新鲜经验。党的十六大的精髓是解放思想、实事求是、与时俱进。各方面的工作都要创新，博物馆事业也要创新，要落实党的十六大提出的发展要有新思路、改革要有新突破、开放要有新局面、各项工作要有新举措的要求。

今天，我主要是针对河南博物院的情况讲的，各地虽然条件不同、情况各异，但都要按"三个代表"重要思想要求，坚持"三贴近"，突出特色，各显其长，面向群众，以质取胜，力争更多博物馆尽快适应我国社会经济发展和对外开放、中外文化交流的需要，改变一些博物馆冷冷清清的局面，更好地满足广大人民群众对文化生活的需求。

我是不主张县县建博物馆的。一个县只要把文化馆、图书馆、基层文化站搞好，为农民、农村、农业服务好就很不容易了。办博物馆需要更多的条件，一个县很难办得到。而且县里办博物馆，文物就很难调上来，造成资源分散。在现阶段看，建博物馆主要是省里的事情，有条件的地市也可以，但不要提县县办博物馆的口号。当然，有重要文化遗址或重大考古发现，又有条件保护的地方，经过上级文物部门同意，也可以建一点遗址保护性的陈列馆、陈列室。我们一定要从国情出发，从实际出发，实事求是，不要不切实际。

为了满足人民群众精神文化需求，可建立数字化博物馆，实现文物资源共享。有人说，建立数字博物馆之后，很多人就不会去博物馆了，这是肤浅的认识。其实，对文物的认识和了解，更需要直接观察，才能感受到文物的真正价值，体会"国之瑰宝，万世永保"的含义。通过数字化实现博物馆资源共享，可起到社会宣传，相当于广告或产品目录的作用，会吸引更多的人看实物展品。文物是人民创造的物化了的历史成果，应该通过我们的考古发掘、文物征集、博物馆展览、数字博物馆网络，回归到社会和群众中间，让广大群众对自己的历史有一个更深刻的了解，激发人们的爱国热情，为明天生活得更美好坚持不懈地奋斗。文物工作者要解放思想，实事求是，与时俱进，开拓创新。

（在河南省考察调研时的谈话）

文化强国之路

在开拓创新中加快博物馆事业发展

（2009年11月14日）

河南博物院是一个有着82年历史的国家重点博物馆，在全国具有特殊地位和广泛影响。我上次来这里考察是在2003年10月，当时提出博物院要在贴近实际、贴近生活、贴近群众上下功夫，把专业性、学术性和知识性、趣味性、观赏性有机结合起来，改进展陈手段，特别要充分利用现代科技手段，进一步提高展览的震撼力和互动性。这次来考察，看到河南博物院变化很大，展陈方式、展陈内容、展陈手段等方面都上了一个大台阶。展览内容十分丰富，既见物又见人还见精神，文物活灵活现地展现在观众面前，各个历史时期的代表性人物都得到了体现，充分坚持了人民群众是历史创造者这一马克思主义唯物史观。展陈手段改进很大，注重展示背景资料、复原陈列等应用，充分运用了多媒体技术，把一些文物的形成过程、发掘过程都充分展示出来，背景故事介绍得很清楚，对一些文物从各个不同角度进行了展示。采取了很多落实"三贴近"原则的实际举措，如"天地经纬展"以多媒体技术展示观星台、地动仪，激发了观众的想象力，使人们感觉身临其境，从文化鉴赏提升到文化体验。同时，在延伸博物馆的服务功能方面作了有益的尝试，如主动与有关方面紧密结合、更好地服务社会，加强文物研究开发和科学知识普及，为热爱文物的群众提供服务。特别是实行了免费开放，参观人数增加了三倍，更好地发挥了公共文化服务功能。总的来看，河南博物院"三贴近"工作实践富有成效，取得了比较好的社会效益，是全国文博事业快速发展攀上新台阶的缩影，看了以后感到非常高兴。结合考察情况，就博物馆事业发展，我有以下几点思考，和大家共勉。

第一，当前我国博物馆事业正处于发展的好时期。博物馆是社会主义文化事业的重要组成部分，是文化基础设施建设的重要方面，是公共文化服务体系建设的重要内容，是保障人民群众基本文化权益的重要阵地。加快博物馆事业发展，充分发挥博物馆的功能作用，有利于加强文物的保护、发掘、管理、研究和利用，大力弘扬优秀传统文化，积极传播社会主义先进文化，推动社会主义文化大发展大繁荣，提高我国文化软实力；有利于为人民群众提供更好的文化鉴赏、文化体验等服务，不断丰富人民群众精神文化生活，满足人民群众日益增长的精神文化需求；有利于充分宣传展示中华民族的辉煌历史和伟大创造，让人民群众更好地了解历史、增长知识、愉悦身心、陶冶情操、升华情怀，增强民族自豪感和爱国热情，提高全民族思想道德素质和科学文化素质。

当前，我国文化建设正处于历史上最好的时期之一。党的十六大以来，以胡锦涛同志为总书记的党中央高度重视文化建设，把文化建设纳入中国特色社会主义事业四位一体总体布局，提出了兴起社会主义文化建设新高潮、推动社会主义文化大发展大繁荣的战略任务，进一步明确了社会主义市场经济条件下我国文化发展的基本思路，这就是坚持社会主义先进文化前进方向，一手抓公益性文化事业，构建覆盖城乡的公共文化服务体系，更

文化强国之路

好地保障人民群众读书看报、听广播看电视、进行公共文化鉴赏、参与大众文化活动等基本文化权益；一手抓经营性文化产业，繁荣文化市场，更好地满足人民群众多层次、多方面、多样化的精神文化需求。近年来，通过认真贯彻落实中央关于文化建设和文化体制改革的一系列决策部署，我国文化事业出现了蓬勃发展的良好局面，博物馆事业发展也进入了一个新时期，面临着极好的发展机遇。一方面，党中央、国务院从贯彻落实科学发展观、促进经济社会协调发展和人的全面发展出发，高度重视公共

2009年11月14日，李长春在河南博物院考察。左二为河南省省长郭庚茂，右一为国家广电总局副局长赵实，右三为河南省委书记徐光春，右四为中宣部副部长、文化部部长蔡武，右五为中宣部副部长翟卫华。　　　　　　　　　　　　　　　（陈伟摄）

文化服务体系建设，财政投入力度不断加大，鼓励社会力量积极参与，着力提高公共文化产品供给能力，努力保障人民群众的基本文化权益。作为公益性文化事业一个重要方面的博物馆事业，迎来了新的发展机遇。各地按照中央要求，纷纷加大投入力度，新建、改扩建博物馆，不断改善文物藏品保护、陈列展览和社会服务条件。另一方面，人民群众精神文化需求日益旺盛，为博物馆事业发展提供了内在动力。随着经济发展和社会进步，人民群众对精神文化生活的要求越来越迫切、越来越高。国际经验表明，当人均国内生产总值超过3000美元的时候，文化消费会快速增长。近年来，我国经济社会持续快速发展，2008年人均国内生产总值超过3000美元，广大群众物质生活条件不断改善，对精神文化生活的需求快速提高，越来越多地走进博物馆，渴望在这里得到文化享受和精神愉悦，对博物馆事业发展寄予了殷切期望。特别是近年来，为了更好地发挥博物馆的社会效益，我们采取了一项政策，就是推动公共博物馆、纪念馆向社会免费开放，受到了全社会的普遍欢迎，进一步激发了公众参观的兴趣，参观人数普遍比免费开放前增长数倍，有的甚至增长十倍之多。这也充分表明，面对人民群众日益增长的精神文化需求，我们的文化供给还很不够，还不能很好地满足人民群众的需求。这是我们发展博物馆事业的重要推动力。我们要站在深入贯彻落实科学发展观、推动社会主义文化大发展大繁荣的战略和全局高度，把博物馆事业发展摆上重要位置，正确认识博物馆事业发展面临的形势，抓住难得机遇，用好有利条件，加快发展步伐，提高服务水平，努力开创博物馆事业发展新局面。

第二，进一步明确博物馆建设的方向和目标。博物馆建设要坚持以政府为主导，以公共财政为支撑，鼓励社会力量参与，始终把社会效益放在首位，着力体现公益性、教育性、服务性的要求，不断完善服务功能，使博物馆在服务人民群众、服务经济社会发展中发挥更大作用。

一是要把博物馆建设成为群众性爱国主义教育的重要阵地。加强爱国主义教育，是构建社会主义核心价值体系的一个基本途径，是实现中华民族伟大复兴的强大精神动力。鸦片战争以来，中国长期处于半殖民地半封建社会，西方列强纷纷入侵，统治者丧权辱国，国家战乱不断、积贫积弱，极大地伤害了广大人民群众的民族自尊心、自信心。在迈向中华民族伟大复兴的征程上，加强群众性爱国主义教育，不断增强民族自信心和自豪感，十分必要和迫切。博物馆承载着中华民族的辉煌历史，铭刻着中华民族的伟大创造，是群众接受爱国主义教育的重要阵地。要坚持面向群众、服务群众，改善服务设施，创新服务方式，充分利用博物馆所拥有的丰富历史文化资源，突出思想内涵，通过举办形式多样的主题展览，生动展示中华民族丰富的历史文化遗产和灿烂的文明进步成就，生动展示中国人民在中国共产党领导下创造美好生活、实现中华民族伟大复兴的艰辛历程和辉煌成就，大力弘扬以爱国主义为核心的民族精神和以改革创新为核心的时代精神，吸引更多群众走进博物馆，使群众通过耳听、眼看、心想，赞叹祖国的辉煌历史，感怀民族的伟大精神，使人们发自内心、发自肺腑热爱祖国，不断增强民族自尊心、自信心、自豪感。

二是要把博物馆建设成为传播先进文化、愉悦群众身心的精神家园。博物馆不仅是一个国家、一个民族文化遗产的重要载体，也是加强社会教育、丰富公众文化生活的重要场所。要充分发挥博物馆的公共文化服务功能，让更多的人走进博物馆，通过参观博物馆，鉴赏祖先创造出的灿烂文化，掌握历史知识，领略先进文化，提高综合素质。要通过丰富的展品、高品位的展览、完善的服务，使人们沉浸在历史文化的长河中，愉悦身心、陶冶情操，得到各类富有趣味性、激励性、参与性的精神享受，把博物馆真正办成群众学习知识的文化殿堂，办成满足人民群众文化生活需要的精神家园。

三是要把博物馆建设成为广大青少年的第二课堂。在21世纪人才竞争日趋激烈的形势下，推动大学、中学、小学由应试教育转向素质教育的要求越来越紧迫。博物馆是一部立体的"百科全书"，具有美育教育、思想教育、实践教育等特点，应当成为广大青少年提升思想道德、培养创新精神、增强审美情趣、提高实践能力的第二课堂。据统计，在美国有88%的博物馆提供从幼儿到少年的教育项目，70%的博物馆在过去五年中增加了面向教师和学生的服务，经常可以看到老师和学生在博物馆里感知历史变迁、探索自然奥秘。改革开放之后，我第一次出访是1983年访问英国。在大英博物馆看到教师带着全班同学现场讲解，留下了深刻印象。要把公共博物馆的建设和各项工作的开展与青少年教育紧密结合起来，与学校的课外活动和社会实践紧密结合起来，积极探索校外活动与学校教育有效衔接的工作机制，使博物馆成为青少年提高各方面素质的实践基地和重要课堂。要根据青少年群体的认知特点，结合学校的课程安排，制定有针对性的工作计划，组织形式多样的展陈活动，增加一些让青少年自己动手参与的内容，进一步增强参与性、互动性、体验性和趣味性，达到寓教于乐、寓教于游的目的。要针对不同年龄、不同阶段孩子的特点和需要，对基本陈列设计不同形式的讲解和说明，认真解决好"因人施讲"的问题，力求达到最佳教育功效。要积极完善博物馆服务，有条件的地方可采取接送学生、接受预约和开展"博物馆进校园"活动，为孩子学习参观提供便利。

四是要把博物馆建设成为旅游业发展的新兴景点。历史文化是吸引公众的瑰宝，博物馆是不可或缺的旅游资源。世界著名的博物馆，如巴黎卢浮宫、纽约大都会博物馆等，以及我国的故宫博物院、西安兵马俑博物馆等，都是旅游业的靓丽名片。我国推动公共博物馆（除遗址类）免费开放，为旅游业发展提供了一种可以无偿使用的优质旅游资源，调动了旅行社组织旅客到博物馆参观的积极性，激发了游客到博物馆参观的热情，使博物馆追求的社会效益最大化与旅行社追求的经济效益最大化有机统一起来，形成了一种公共文化建设与旅游经济发展相互促进、互利共赢的可喜局面。要进一步推动博物馆与旅游机构开展多渠道、多形式的合作，加强为旅游配套的硬件建设和软件服务，加大推介力度，扩大社会影响，打造旅游品牌，吸引更多国内外游客前来参观，使博物馆成为旅游目的地的一项重要文化体验、成为旅游线上的兴奋点。近年来，河南在促进博物馆建设与旅游业融合发展方面探索了一些好的做法，下一步要在实践中继续创新，努力从旅游"温线"变成旅游"热线"，创造更多新鲜经验。

五是要把博物馆建设成为对外文化交流的重要窗口。对外文物展览交流是传播历史文化的重要途径，是展示国家形象、提高文化软实力的有效手段。要加强与国外博物馆的交流合作，坚持走出去与请进来相结合，不断扩大对外文物展览交流，真正把博物馆打造成为"世界了解中国、中国认知世界"的重要窗口。要有计划、有目的、有针对性地组织好对外文物展览工作，与国外著名的博物馆合作，组织专题文物巡展，向世界人民展示我国辉煌灿烂的文明成就与和平和谐的文化理念，进一步增进世界各国人民对中华文化的了解和认同。要加大我国公共博物馆的国外宣传推介力度，进一步扩大我国博物馆的国际影响力。特别是要加强与港、澳、台的文物交流，使港澳台同胞在参观文物、回望历史中增加民族自豪感和对祖国认同归属感，为民族团结、国家统一作出积极贡献。要有计划地组织举办国际文物展览，使群众在家门口领略到世界各国人民创造的灿烂历史和优秀文化。

六是要把博物馆建设成为学术研究和科普教育的重要平台。博物馆既是文物收藏、陈列展览、教育服务的重要机构，也是开展科学研究、普及历史文化的重要力量。要充分发挥专业人才集中的优势，积极开展对古代文化、科技等方面的研究，积极参与重大学术课题研究，深入挖掘文物所蕴含的文化内涵和科学价值，不断向深度挖掘、向广度拓展，把破碎的、间断的、表面的实物，还原成连贯的、完整的、厚重的历史文化，成为历史文化学术研究的重要基地。要积极承担历史文化科普教育的社会责任，坚持走出去宣传和请进来学习相结合，创新科普教育思路、途径和手段，推进历史文化知识的科普化、生动化、大众化、现代化，不断提升博物馆的形象，更好地满足人民群众的精神文化需求。

第三，在开拓创新中加快博物馆事业发展。新中国成立以来特别是改革开放以来，我国博物馆事业取得了很大的成就，积累了许多好的经验。但同时也要看到，经济社会的新变化，科学技术的新进步，人民群众的新需求，对发展博物馆事业提出了新的

2009年11月16日,李长春在河南省安阳市出席中国文字博物馆开馆仪式并参观陈列展览。前排右四为中共中央政治局委员、国务委员刘延东,右三为全国人大常委会副委员长陈至立,右一为河南省委书记徐光春。　　　　　　　　（新华社记者马占成摄）

更高要求。要认真贯彻中央关于深化文化体制改革、加快公共文化服务体系建设的一系列决策部署,在继承和发扬优良传统的基础上,进一步解放思想,深化改革,创新服务运行机制,激发内在活力,提高服务水平,最大限度地发挥博物馆的社会效益。

一是要创新发展理念。适应新要求、新任务,推进博物馆事业创新发展,首先要创新发展理念。要牢固树立群众观念,积极探索贴近实际、贴近生活、贴近群众的新思路、新办法,把观众满意不满意作为博物馆全部工作的出发点和落脚点,把学术性、专业性、知识性、趣味性、观赏性有机统一起来,要专群结合,老少皆宜,各得其所,切实增强为群众服务的意识。要牢固树立时代意识，紧紧把握时代脉搏，紧跟现代科技和现代展览技术的发展步伐，把先进的管理理念、运作方式、体制机制、科技手段等融入博物馆的建设与发展中，充分体现先进性、时代性、科学性。要牢固树立实践观点，经常深入实际，针对群众需求确定博物馆社会教育的主题，把博物馆工作融入经济社会发展大局，融入人民群众的实际生活。

二是要创新体制机制。增强博物馆发展的生机与活力，关键在建立健全体制机制。要根据实际需要，进一步建立和完善具有我国特点的博物馆体系。我们不赞成县县建博物馆，但有条件的地方可以根据本地的资源优势，结合重大的考古发现和文物保护需求，建设遗址博物馆。地市级中心城市要把建设特色性博物馆作为重点，省一级要重点建设综合性博物馆，省会城市博物馆和省级博物馆要统筹规划、各有侧重，形成特色鲜明、布局合理的博物馆体系，防止简单雷同，避免重复建设。同时，要调动社会各方面的积极性，支持民营博物馆健康发展，逐步形成以公共博物馆为主体、各种类型的民营博物馆为补充，相互促进、共同繁荣的博物馆事业发展格局。要抓住当前正在进行的文化体制改革的机遇，结合博物馆事业的特点和本单位的实际，坚持把社会效益摆在首位，把为社会服务的好坏作为考核的根本标准，深化内部劳动人事和分配制度改革。要通过优化博物馆组织结构，合理配置内部资源，完善配套激励机制，不断提高运行效率。要最大限度地争取社会力量支持、参与博物馆建设，实现发展模式由封闭型向开放型的转变，逐步建立政府主导、法律规范、社会参与的博物馆管理体系，建立以展示教育、开放服务为核心的评价体系和政府、公众代表相结合的监督体系。

三是要创新展陈内容。陈列展览是博物馆直接面向社会和公众、展示博物馆水准的重要窗口，是博物馆实现宣传教育职能和展示学术成果的基本途径。要增强展陈内容的整体性，系统反映中华民族五千多年文明史，反映重要历史发展阶段，反映古代政治、经济、文化、军事、科技、教育等各个方面具有标志性的重要内容。要增强展陈内容的比较性，通过中外文物、中外历史的对比，古今演变的对比，不同类型文物的对比等多种方式，更好地揭示文物蕴含的历史文化价值。要增强展陈内容的生动性，通过介绍文物发现、发掘的过程，文物的历史背景，与文物有关的历史人物故事等多方面的信息，让静止的展品活起来、动起来，让高深的专业知识生动化、形象化、大众化，引导人们在参观中增加历史知识和文物知识，提高观赏兴趣。特别是要注重介绍文物的古代工艺，展示我国古代的发明创造和工艺成果，再现古代技术和工艺流程，增强观众的民族自豪感和创新意识。

四是要创新展示方式。新颖的展示方式，是博物馆增强吸引力、感染力和震撼力的重要方面。要注重创意设计，善于运用声、光、电等现代科技手段增强博物馆文化的表现力，给观众营造身临其境的氛围，增强展览的震撼力和视觉效果，增强展览的生动性、直观性和趣味性，帮助人们深入了解和亲身体验中华文明的丰富内涵和独特魅力。要重视观众心理需求，以观众的感受为依据，使展陈方式和服务手段更趋人性化，让观众在轻松愉悦的氛围中感受到展览的魅力与趣味。要探索把电影、电视、幻灯、录音、激光动画等声、光、电的辅助设备和新型工艺材料科学地运用于陈列展览，增强展览的文化表现力，丰富观众的信息量。要增强展览的参与性、互动性，通过模拟场景、多媒体背景介绍、观众体验等多种方式，让观众参与其中，把文物鉴赏提升为文化体验，给观众留下深刻印象。

五是要创新传播手段。现代科技发展日新月异，为传播手段创新提供了技术支撑。要适应数字技术快速发展的形势，认真组织实施"数字博物馆计划"，大力推动文物数字化和网上博物馆建设，特别是借助全国文化信息资源共享工程和远程教育网络，使博物馆文化辐射到广大城镇、农村和边远地区，不断延伸博物馆的传播和服务功能，提升信息传播、教育推广和知识普及的能力和水平。要依托文物藏品、陈列展览，积极开发多层次的纪念品和文化产品，让观众把博物馆文化带回家，满足群众爱好，使历史文化传播得更深入更持久。

六是要创新人才培养。人才是推动博物馆事业发展繁荣的强大支撑。要适应博物馆建设和"三贴近"的需要，把人才培养、队伍建设作为博物馆改革和发展的大事来抓，着力培养多层次、多元化人才。要不断充实研究型人才和各种专业人才，特别是要重视培养一批善于运用传统技艺和现代科技手段保护、利用古建筑及文物的高技术人才，一批熟悉和掌握古代科技知识和传统工艺的专门人才，一批兼通文物研究和博物馆管理的复合型人才，一批文博知识较为丰富、外语水平较高的外向型人才。要加强博物馆讲解队伍建设，将具有丰富的历史文化知识、深厚的专业造诣的人员充实到讲解队伍中去，通过丰富的专业知识和流畅的语言表达能力，使博物馆宣传教育工作水平得以全面提升。

各级党委和政府要高度重视文博事业的发展，自觉肩负起保障人民群众基本文化权益的职责，把文博事业作为向人民群众提供公共文化服务的重要途径，纳入地方经济社会发展总体规划，摆上重要议事日程，坚持政府主导，社会参与，保护、发掘、管理、展示、利用有机结合的原则，推动文博事业健康协调可持续发展。要认真贯彻中央决策部署，进一步建立和完善公共博物馆免费开放的财政经费保障机制。全社会都要认真贯彻落实《文物保护法》，自觉遵守法律法规。要加强宣传普及工作，增强全社会的文物保护意识，营造有利于文物保护、发掘、管理、展示和利用的良好氛围。

（在河南博物院考察时的讲话）

注　释

〔1〕张衡（78—139年），东汉科学家、文学家。南阳西鄂（今河南南阳石桥镇）人。

〔2〕郭守敬（1231—1316年），元代天文学家、水利学家和数学家。顺德邢台（今属河北）人。

〔3〕岳飞（1103—1142年），南宋初抗金名将。相州汤阴（今属河南）人。

〔4〕蔡伦（约62—121年），东汉造纸术发明家。桂阳郡（今湖南郴州）人。

〔5〕毕昇（约970—1051年），北宋发明家，活字版印刷术发明者。歙州绩溪（今属安徽）人。

〔6〕张仲景，东汉末期医学家。南阳郡（今河南南阳）人。

〔7〕杜甫（712—770年），唐代诗人。巩县（今河南巩义）人。所作《新安吏》、《石壕吏》、《潼关吏》被称为"三吏"，《新婚别》、《无家别》、《垂老别》被称为"三别"。

〔8〕周文王，姬姓，名昌。商末周族领袖。曾被纣王囚禁于羑里（今河南汤阴北）。

〔9〕殷纣王（？—前1046年），商朝末代国君。

〔10〕伏羲氏，中国神话中人类的始祖。传说八卦出于他的制作。

〔11〕戚城，春秋时期卫国的重要城邑，各国诸侯曾多次在此会盟。今属河南濮阳。

〔12〕澶渊之盟，1004年北宋与辽在澶州（今河南濮阳）签订和约，因澶州亦名澶渊郡，故史称"澶渊之盟"。

〔13〕仓颉，相传为黄帝史官，汉字创造者。

〔14〕王永民（1943年—），汉字五笔字型输入法发明者。河南南阳人。

〔15〕四角号码，指"四角号码查字法"，汉字形序排检法之一。把笔形分为10种，每种用一个数码字代表；根据所定规则，每个字按左上、右上、左下、右下四个角的笔形得出四个数字号码，末尾加一个"附号"；汉字的排列和查检按号码顺序。

公共文化服务要体现公益性[*]

（2004年1月17日）

> 公益性文化事业属于政府为全社会提供公共文化服务的范围，就是要追求社会效益。能够不收费的尽量不收费。

大力发展公益性文化事业，就要不断提高政府为全社会提供公共文化服务的水平。过去我们由于经济实力的问题，也有体制问题，文化事业、文化产业都由政府背着，结果尽管总体上都有发展，但文化事业欠账很多，文化产业处于刚刚起步的阶段。这个问题不是哪一个部门的问题，是我们体制的问题，传统的计划经济体制必然带来这个问题。而且体制改革也必须从经济体制先入手，经济是基础，文化多数属于上层建筑的领域，只能是适应经济基础。因此，必须在经济上先进行改革，逐步进行科技体制改革、教育体制改革、卫生体制改革，然后再到文化体制改革，这是一个必然的过程。我们也做过一些探索，但最终文化体制改

---

[*] 这是李长春同志在文化部调研时讲话的一部分。

革要深入推进，只能是在经济体制改革有了决定性的进展以后。我国到党的十六大之前，或者说20世纪末，初步建立起了社会主义市场经济体制，这样，文化体制改革全面展开才具备了条件。我们要按照党的十六大提出的要求，抓住广大人民群众生活水平不断提高、精神文化需求日益增长的机遇，把公益性文化事业推上一个大的台阶，图书馆、博物馆、文化馆、群众艺术馆以及基层的群众文化站等等，都要全面加强起来。

公益性文化事业就是政府主导，要从增加投入入手。与此同时，也要转变机制，增强活力，目的是提高服务水平。从增加投入入手，首先要抓好硬件，把硬件设施搞起来，过去破烂不堪的要改扩建，需要维修的要搞好维修。同时要抓好软件，抓软件最重要的就是要抓"三贴近"，让人民群众喜闻乐见，让更多的人直接享受到政府为全社会提供的公共文化服务。硬件搞起来了，人气不旺也不行，最后我们也没法跟群众交代。过去我们的公益性文化事业欠账比较多，到下面去看，人气不旺的现象大量存在，比如一些博物馆，没有多少人看。这需要我们调查研究，总结经验，开创新局面。人气不旺的这些单位，首先要处理好社会效益和经济效益两个效益之间的关系。公益性文化事业属于政府为全社会提供公共文化服务的范围，就是要追求社会效益，我甚至不主张提经济效益，当然也要厉行节约。所以，能够不收费的尽量不收费，收费高恐怕是造成人气不旺的障碍之一。我们最近准备搞一个加强未成年人思想道德建设的文件[1]，初步酝酿，所有确定为爱国主义教育基地和革命传统教育基地的，对18岁以下的未成年人，凡是参加学校集体组织的活动，一律免费，也可以考虑扩大免费范围。博物馆需要的经费，要由财政供给。对社会上经济独立的成年人，下一步再研究，但收费标准要适度降低，不能高了。

　　再一个人气旺的因素就是展览的内容、形式、方式、方法都要做到"三贴近"。不要把博物馆搞成一个专门为学术研究服务的机构，要为大众服务。1983年我到大英博物馆参观，看了之后，很有感触。在那以前，因为我是技术人员出身，又一直主管经济领域，应该说对文化的重视程度是不够的。但是看了

2011年7月16日，李长春在甘肃省酒泉市肃州区银达镇文化大院调研。

（吕建荣摄）

以后，给我很深的教育。大英博物馆规模很大，如果要认真看，没有一个礼拜是看不完的。我是仅看半天，走马观花，但是每个部分，我都看到老师带学生在现场讲解。博物馆是重要的第二课堂，而且其内容确实可以使各个层次的人都受益。比如大英博物馆里面就有各个时期英国家庭生活的情况，包括家庭内部的陈设，服饰的情况，还有蜡制的人像等等，栩栩如生。再比如马车，包括从什么时候英国开始有马车，原来是什么形状，最后演变到什么形状等。轿车也是，第一台轿车是什么样子，以后是什么样子都有。博物馆内容综合性很强，各类人员看了都能够受益。我1983年1月份去英国访问留下深刻印象，3月份回来任沈阳市长，就更重视文博事业，首先是投资改造沈阳故宫。沈阳故宫是我当市长的时候开始大量投资的，原来也是很破烂的。那时候就觉得沈阳能有这么一个完整的故宫，是很难得的，全国完整的古代皇宫就是北京故宫和沈阳故宫这么两个，而且沈阳故宫有满汉文化融合的一些特点。清朝历代皇帝都把自己喜爱的一些东西拿到沈阳故宫祭祖，所以皇帝的服装，爱好的器物，沈阳故宫都有一份。我们的博物馆工作一定要研究"三贴近"，做到"三贴近"，一定要面向全社会，要使各层次的人都能各得其所，搞学术研究的看了很有收获，普通群众看了也受到教育。我觉得我们现有的这种传统的展览办法，不能使各个层次的人员都各得其所，不能够做到让人喜闻乐见。要很好地研究如何把学术性、专业性、知识性、趣味性、观赏性这五性有机结合起来，改变以往橱窗加玻璃、文物加照片的传统展陈模式。

注 释

〔1〕加强未成年人思想道德建设的文件,即中共中央、国务院《关于进一步加强和改进未成年人思想道德建设的若干意见》。

关于发展红色旅游讲话两则

（2004年9月28日、2009年5月20日）

> 实践证明，红色旅游是全国各族人民坚定中国特色社会主义共同理想信念、巩固团结奋斗共同思想基础的政治工程，是弘扬伟大民族精神和时代精神、加强青少年思想道德建设的创新工程，是革命老区群众脱贫致富、提高生活水平的富民工程，是保障广大人民群众基本文化权益、积极发展公益性文化事业的民心工程，中央大力发展红色旅游的决策是完全正确的。

红色旅游是利党利国利民的战略工程

（2004年9月28日）

在波澜壮阔的革命战争年代，革命老区不仅为中国革命的胜利作出了历史性的巨大贡献，也为后人留下了十分丰富的革命历史文化遗产。充分挖掘和有效利用这些宝贵的革命历史文化遗产，对加强和改进未成年人思想道德建设和大学生思想政治教育,大力弘扬和培育伟大民族精神,不断增强中华民族的凝聚力,具有十分重要的推动作用。我们要以编制红色旅游发展规划纲要为契机,在原有工作的基础上,进一步提高认识,加强领导,扎扎实实地推进红色旅游。

下面,我讲几点意见。

一、充分认识发展红色旅游的重要性和紧迫性

红色旅游主要是指以中国共产党领导人民在革命、建设、改革时期建树丰功伟绩所形成的纪念地、标志物为载体,以其所承载的革命历史、革命事迹和革命精神为内涵,组织接待旅游者开展缅怀学习、参观游览的主题性旅游活动。发展红色旅游,是深入贯彻落实党的十六届四中全会精神、不断提高建设社会主义先进文化能力的重要措施,是树立和落实以人为本、全面协调可持续的科学发展观的具体体现,既是一项经济工程,更是文化工程、政治工程,是一项利党利国利民的重大举措。我们一定要从确保党和国家事业长远发展的战略高度,充分认识发展红色旅游的重大意义。

第一,发展红色旅游是巩固党的执政地位的政治工程。中国共产党是中国特色社会主义事业的领导核心。党的领导地位,是在革命和建设的历史过程中形成的。长期以来,西方敌对势力对我实施西化分化的战略图谋,主要目的就是要否定中国共产党的领导,诋毁社会主义制度,企图在这两个关键问题上搞乱人们的思想。教育和引导广大干部群众正确认识中国共产党的历史地位,增强党的观念,增强对党和政府的信任,坚定走中国特色社会主义道路、实现中华民族伟大复兴的信心,是关系巩固党的执

政地位，关系中华民族前途命运的重大问题。发展红色旅游的重要意义就在于通过重温党的革命斗争历史，帮助广大群众特别是青少年，深刻了解我们党在中国近代无数仁人志士苦苦探索的基础上，如何找到一条正确的救国救民之路，领导人民推翻三座大山，使备受西方列强欺辱蹂躏、几近亡国的中华民族走上了民族独立、人民解放、国家富强的道路，用事实证明是历史和人民选择了中国共产党、选择了社会主义、选择了改革开放，使他们深刻理解以毛泽东同志为代表的老一辈无产阶级革命家所开创的伟大事业是多么来之不易，深深懂得今天的胜利是无数革命先烈用鲜血换来的。实施红色旅游工程，就是要把我们党艰苦卓绝的奋斗史、波澜壮阔的革命史、可歌可泣的光荣史牢牢凝固在中华大地上，深深扎根于人民心坎里，引导广大群众特别是青少年进一步坚定在中国共产党的领导下，走中国特色社会主义道路，实现中华民族伟大复兴的信念，自觉把老一辈无产阶级革命家所开创的伟大事业继承下来，不断向前推进。

第二，发展红色旅游是弘扬伟大民族精神、加强青少年思想道德建设的创新工程。我们党在领导人民争取民族独立、国家解放的奋斗历程中，形成了许多宝贵的精神财富，包括井冈山精神、延安精神、西柏坡精神、太行精神、红岩精神等等，这些精神是伟大民族精神在革命斗争中的传承、锤炼和升华，是优良革命传统的集中体现，是社会主义先进文化的重要内容。革命战争年代需要这些精神，实现中华民族的伟大复兴更需要这些精神，发展社会主义先进文化就是要赋予这些精神以新的时代内涵，使之成为激励广大干部群众推进中国特色社会主义伟大事业的强大精神力量。广大青少年是中国特色社会主义事业的建设者和接班人,中华民族的伟大复兴归根到底要靠他们来实现。实施红色旅游工程,寓教于乐,寓教于游,在游览娱乐过程中开展革命传统教育和理想信念教育,弘扬和培育民族精神,推进未成年人思想道德建设和大学生思想政治教育,这是在新的历史条件下加强和改进思想政治工作、巩固全党全国人民团结奋斗共同思想基础的新创举,也是建设社会主义先进文化的新途径。

第三,发展红色旅游是促进革命老区经济社会发展、提高群众生活水平的经济工程、致富工程。革命老区为中国革命的胜利作出了巨大牺牲和卓越贡献。由于各种条件的限制,这些地区经济发展水平还比较低,基础设施落后,大多数红色旅游景区地处贫困地区、欠发达地区,人民群众的生活还比较艰苦。让革命老区尽快发展起来,让老区人民尽快富裕起来,是我们的最大心愿,也是党和政府的重大政治责任,是树立和落实科学发展观,促进经济和社会事业、不同地区之间、城乡之间协调发展的重要举措。发展红色旅游,可以加快革命老区的基础设施建设,培育和发展特色产业,把资源优势转化为经济优势,带动经济社会协调发展,这是革命老区在经济上打翻身仗最现实的突破口。旅游扶贫前景广阔,大有可为。我们要急老区人民之所急,办老区人民之所盼,把红色旅游真正办成牵动大、效益好的扶贫工程、富民工程。

二、以求真务实的精神切实推进红色旅游

发展红色旅游总的指导原则是:坚持以邓小平理论和"三个代表"重要思想为指导,深入贯彻落实科学发展观,大力弘扬求真务实精神,统筹规划、分步实施,突出重点、分级负责,整合

资源、务求实效。

第一，加强总体规划，有步骤、分阶段地落实规划要求。要研究制定2004年至2010年的红色旅游发展规划纲要，分两步实施。第一步为2004年至2007年，以12个重点红色旅游区和100个红色旅游经典景区为重点，扎实推进相关工作，初步形成红色旅游的框架；第二步为2008年至2010年，实现规划目标，形成全国红色旅游发展大格局，推动红色旅游全面发展。

第二，分级负责，着力打造重点红色旅游区和经典景区。要充分发挥中央和地方两个积极性。中央有关部门要编制全国红色旅游发展的总体规划，指导各地的红色旅游工程建设，加强对重点旅游区和中西部地区配套基础设施建设、环境整治和革命文物保护的投入。各地要把发展红色旅游摆上重要位置，按照国家总体规划提出的要求，结合实际，制定本地区红色旅游发展计划，并纳入经济社会发展规划。要加大对红色旅游的投入，加强红色旅游景区的建设，既要搞好各类爱国主义教育基地的建设和革命文物的开发，又要搞好公路、铁路、机场、港口、电信、能源、生态等相关建设，为发展红色旅游创造良好的外部条件。西部开发和农村扶贫要注意与发展红色旅游协调配合。要集中力量精心培育12个重点红色旅游区，重点建设100个红色旅游经典景区。红色旅游景区要重点突出我们党从创建到不断发展壮大、领导人民推翻三座大山的丰富史实，采取各种手段，运用多种方式，全方位地加以展示。

第三，整合相关资源，在务求实效上狠下功夫。要把红色旅游与绿色旅游结合起来，把人文景观与自然景观结合起来，把文物景点与非文物景点结合起来，把开展革命传统教育与促进旅游产业发展结合起来，形成旅游区、旅游线、旅游点有机结合的红色旅游格局。加强红色旅游景区和景点的建设，既要符合宣传教育规律，又要符合旅游产业规律，提高可持续发展的能力。对一些保护和建设还不够的重要革命纪念地要抓紧进行修缮和发掘。对革命文物的维护修缮及环境整治，要遵守文物保护法规的要求，做到修旧如故，保持原有风貌，力戒奢华铺张。要抓紧向社会特别是向老干部、老红军、烈士遗孤广泛征集史料、实物，使革命文物的展示更加丰富。新建纪念设施，要按照有关规定，严格履行审批手续，防止一哄而上。

第四，坚持贴近实际、贴近生活、贴近群众，增强吸引力和感染力。"三贴近"是促进红色旅游健康和长远发展的重要保证。红色旅游景区要紧密结合时代发展的要求和广大干部群众特别是青少年的思想实际，充分挖掘革命历史文化遗产的深刻内涵，丰富展出内容，改进展示手段，做到思想性、科学性、知识性、观赏性、趣味性的有机统一，使革命传统教育更加深入人心。要增强服务意识，为参观游览的群众提供细致周到的服务。要加强对景区讲解员的培训工作，不断提高讲解水平。

三、进一步加强对红色旅游工作的领导

发展红色旅游是一项系统工程，需要加强组织协调，动员社会各方面积极参与，共同努力。

第一，加强组织领导。按照统一协调、分工负责、形成合力的原则，组成全国红色旅游工作协调小组，研究解决发展红色旅游中的重大问题，检查、督促规划实施情况。国家旅游局负责开

展红色旅游工作，中央宣传部负责组织好爱国主义教育基地的规划建设工作，国家发展改革委负责组织好基础设施建设工作。各省、自治区、直辖市要结合实际情况，建立相应的协调机制。各有关部门要加强沟通、密切合作，按照分工要求，各司其职，制定工作方案，提出具体措施，把发展红色旅游的各项工作真正落到实处。

第二，加强政策扶持。要认真贯彻落实中央关于加强和改进未成年人思想道德建设及大学生思想政治教育的意见的要求，为青少年集体参观游览提供交通、住宿、门票等方面的优惠条件。要制定政策措施，扶持一批经营红色旅游线路的重点旅行社。要鼓励政策性银行和商业银行对红色旅游项目提供开发性金融支持，引导各类企业、社会组织参与红色旅游的建设经营，促进红色旅游持续健康发展。

第三，加强宣传推广。中央和有关地方的新闻媒体要进一步加强对红色旅游的宣传报道，特别要注意结合建党、国庆、建军等重大纪念活动，以及其他重大节庆日，充分报道革命老区开展的各项丰富多彩的红色旅游活动。要精心组织红色旅游系列推广活动，营造健康浓郁的红色旅游氛围，努力提高全社会的认识，使更多的人支持红色旅游，参与红色旅游，共同推进红色旅游。

（在红色旅游发展规划纲要汇报会上的讲话）

文化强国之路

最大限度发挥红色旅游的政治效益社会效益经济效益

（2009年5月20日）

这次我们专程到延安，瞻仰了宝塔山、枣园、杨家岭、清凉山等革命遗址，考察了延安革命纪念馆建设工程，听取了延安爱国主义教育基地"一号工程"[1]建设进展情况的汇报。2003年8月我曾到过延安，这次与6年前的情况相比，延安的面貌发生了很大变化，看到革命遗址的维护和周边环境大为改善，感到很高兴。延安是中国革命的圣地，是中国革命的摇篮，在我们党的革命史上具有重要地位。党中央在延安前后13年，在这里领导了抗日战争和解放战争的前期斗争。建设好延安"一号工程"，具有重大意义。

延安不仅为中国革命的胜利作出了重大贡献，而且在艰苦卓绝的革命斗争中，孕育形成了伟大的延安精神。这一精神的核心就是：坚定正确的政治方向，解放思想、实事求是的思想路线，全心全意为人民服务的根本宗旨，艰苦奋斗的创业精神。在新的历史条件下，我们要通过发展红色旅游，大力弘扬延安精神，不断赋予其新的时代内涵，使之成为激励全党全国各族人民为夺取全面建设小康社会新胜利、实现中华民族伟大复兴而不懈奋斗的强大精神力量。

发展红色旅游，是以胡锦涛同志为总书记的党中央从巩固和扩大党执政的思想基础、群众基础、文化基础的战略高度出发，作出的一项重大决策。根本目的，就是通过开展以重温党领导人民进行革命、建设、改革的光辉历史为主题的旅游活动，广泛开展爱党、爱国、爱社会主义、爱改革开放教育，寓教于乐、寓教于游，使人们在旅游休闲中受到教育、得到启迪，进一步坚定广大干部群众对党的信任、对中国特色社会主义的信念、对改革开放的信心，进一步巩固全党全国各族人民团结奋斗的共同思想基础。

2004年底，中办、国办印发了《2004—2010年全国红色旅游发展规划纲要》。四年多来，全国各地的红色旅游稳步发展，目前已初具规模、渐成体系，取得了较好的社会效益和经济效益。实践证明，红色旅游是全国各族人民坚定中国特色社会主义共同理想信念、巩固团结奋斗共同思想基础的政治工程，是弘扬伟大民族精神和时代精神、加强青少年思想道德建设的创新工程，是革命老区群众脱贫致富、提高生活水平的富民工程，是保障广大人民群众基本文化权益、积极发展公益性文化事业的民心工程，中央大力发展红色旅游的决策是完全正确的。今年是新中国成立60周年，进一步发展红色旅游面临极好时机。希望陕西充分利用得天独厚的资源优势，以延安"一号工程"建设为抓手，努力打造红色旅游精品，最大限度地发挥红色旅游的政治效益、社会效益和经济效益，既为促进陕西经济社会发展提供强大动力，也为全国红色旅游发展提供有益经验。

第一，进一步拓展红色旅游的内容，不断增强红色旅游的时代性和现实感。随着我们的事业不断推进，党在带领人民不断前进的征程上所留下的奋斗足迹、所创造的丰硕成果越来越多，要

2009年5月19日,李长春在陕西省延安市参观清凉山新闻纪念馆。左三为陕西省省长袁纯清,左五为中宣部副部长、文化部部长蔡武,右一为人民日报社社长张研农。

及时将这些宝贵资源纳入红色旅游范畴,进一步丰富红色旅游的内容体系。大体来说,主要包括三部分内容:一是革命战争时期的标志地,主要以韶山、井冈山、遵义、延安、西柏坡等革命遗址为代表,反映我们党推翻反动政权、夺取全国胜利、建立人民共和国,实现民族独立和人民解放的奋斗历程。二是社会主义建设创业时期的标志地,主要以"两弹一星"[2]基地、大庆油田等为代表,反映我们党创造性地实现由新民主主义向社会主义的转变,全面确立社会主义基本制度,在"一穷二白"的基础上自力更生、艰苦奋斗,进行社会主义建设的奋斗历程。三是改革开放时期的标志地,主要以深圳特区建设、浦东新区开发、西部大开发、东北地区等老工业基地振兴等为代表,反映我们党在新的历史条件下,以改革创新精神不断探索和发展中国特色社会主义的奋斗历程。中宣部要会同有关部门对各个历史时期特别是社会主义建设创业和改革开放时期的重要纪念物和标志地进行论证筛选，将其中具有代表性、富有教育意义的，纳入2011—2015年红色旅游发展规划。对这项工作，既要高度重视，又要尊重科学。要组织好发改委、宣传部等有关方面力量及党史、文物、旅游方面的专家，共同科学论证，防止一哄而起，防止低水平重复建设。

第二，进一步挖掘红色旅游的宝贵精神财富，不断丰富红色旅游的思想内涵。我们党在革命、建设、改革的各个历史时期，带领全国各族人民浴血奋战、艰苦奋斗、开拓进取，孕育了极其宝贵的精神财富。在革命战争时期，形成了井冈山精神、长征精神、延安精神、太行精神、红岩精神、西柏坡精神等；在社会主义建设创业时期，形成了"两弹一星"精神、雷锋精神、铁人精神、焦裕禄精神等；在改革开放时期，形成了九八抗洪精神、抗击非典精神、抗震救灾精神、北京奥运精神、载人航天精神等，共同熔铸出了以改革创新为核心的时代精神。这些精神都是伟大民族精神在新的历史时期的锤炼和升华，是中华民族五千年文明的宝贵结晶，是党的光荣传统和优良作风的集中体现，是我们党和中华民族极其宝贵的精神财富。发展红色旅游，就是要把党领导亿万人民在革命、建设、改革的各个历史时期浴血奋战、艰苦奋斗、开拓进取留下的历史遗迹，牢牢地凝固在中华大地上，把我们党所创造的宝贵精神财富深深地植根于全国各族人民心田中，并在新的历史条件下不断提炼升华这些伟大精神，赋予新的时代内涵，转化为战胜困难、夺取胜利的强大精神力量，世世代代发扬光大、传承下去，使广大干部群众特别是青少年更加深刻地认识到，是历史和人民选择了中国共产党，选择了马克思主义，选择了社会主义道路，选择了改革开放，从而更加自觉坚定地坚持高举中国特色社会主义伟大旗帜不动摇，坚持中国特色社会主义道路不动摇，坚持中国特色社会主义理论体系不动摇。

第三，进一步创新服务方式，不断增强红色旅游的吸引力和感染力。要进一步创新展陈方式，充分利用声、光、电等现代科技手段，再现重大历史事件和场景，营造直观逼真的效果，增强展览的视觉冲击力。要利用电子触摸屏、红歌会、知识问答、诗歌朗诵、讲解表演等多种形式，使游客在可触可感的游历互动中接受教育、受到熏陶。要不断提高讲解水平，充实内容，规范服务，增强讲解的知识性、生动性和趣味性。要进一步改善服务环境，根据不同游客群体的需求，提供更加细致周到的服务。总之，要通过各种办法，千方百计增强红色旅游的吸引力和可持续性，千万不能搞成一阵风。

第四，进一步加大改革创新力度，不断增强红色旅游的发展后劲。要积极推动红色旅游与相关产业紧密结合，不断壮大红色旅游的整体实力和相关产业带动能力。要充分利用和整合提升现有旅游产业服务体系，把红色旅游与绿色旅游、历史文化游、民族风情游、民俗旅游、休闲度假游等有机结合起来，培育形成以红色旅游为主题的特色鲜明、内涵丰富、形式多样的复合型旅游产品和线路，满足多样化的旅游市场需求。要加强与旅游公司的合作，加大红色旅游景点景区的推介力度，提升知名度和市场竞争力，吸引更多游客参观游览。要加强与演艺公司的合作，积极开发面向群众、面向市场的演出活动，丰富红色旅游的文化内涵，提高红色旅游的经济效益。要大力开发旅游纪念品，满足游客多样化的需求。要积极推动党史、革命史研究机构，旅游规划设计机构、旅游高校及研究院所，博物馆、纪念馆以及旅游企业，成为红色旅游的创新主体，在红色旅游规划、开发、保护、推广、服务等方面进行创新探索，增强红色旅游的发展活力和后劲。要妥善处理抢救保护和开发利用的关系，在保护的基础上合理开发利用，通过合理开发利用实现更积极的保护。要进一步完善红色旅游基础设施建设，和当前应对国际金融危机冲击、扩大内需结合起来，加快改善航空、铁路、公路条件，推动红色旅游加快发展。

第五，进一步强化教育效果，充分发挥红色旅游的社会效益。要认真贯彻中央决策部署，积极推进红色旅游景区中的博物馆、纪念馆和爱国主义教育基地免费向社会开放，进一步完善免费开放的经费保障机制，做到可持续发展。要广泛吸引各界群众特别是广大青少年参观红色旅游景区中的博物馆、纪念馆和爱国主义教育基地，充分发挥红色旅游作为爱国主义教育有效载体和重要阵地的作用。要把发展红色旅游与深化文化体制改革结合起来，将文化单位转企改制过程中分流的富余人员安排到红色旅游景点担任讲解人员和管理人员。要密切红色旅游单位与学校的联系，把红色旅游同加强未成年人思想道德建设和大学生思想政治教育结合起来，同学校的课堂教学和社会实践结合起来，创新教学方式，使红色旅游景区成为青少年思想道德教育和爱国主义教育的实践基地和重要课堂。

各级党委和政府要从确保党和国家事业长治久安的战略高度，切实担负起促进红色旅游加快发展的职责，把发展红色旅游纳入经济社会发展总体规划，进一步加强组织领导，完善政策体系，加大扶持力度。要加大投入，落实好红色旅游发展专项资金和项目配套资金。要在加强红色旅游景区建设的同时，搞好配套工程和周边环境建设，为发展红色旅游创造良好的外部条件。要加强宣传工作，通过开展红色旅游主题宣传、组织红色旅游系列推广活动、举办红色旅游论坛、办好红色旅游专题网站等形式，打造红色旅游的品牌形象，在全社会倡导红色旅游，营造浓郁的红色旅游氛围，推动兴起红色旅游的热潮。

（在陕西省考察红色旅游发展情况时的讲话）

注 释

[1] 爱国主义教育基地"一号工程"，指党的十六大后中央确定的韶山、井冈山、延安革命旧址保护和纪念场馆建设工程。

[2] "两弹一星"，指原子弹、氢弹和人造卫星。1964年10月16日我国第一颗原子弹爆炸成功，1967年6月17日我国第一颗氢弹空爆实验成功，1970年4月24日我国第一颗人造卫星发射成功。"两弹一星"的研制成功，极大地提高了我国的国际地位。

努力构建农村公共文化服务体系[*]

（2005 年 8 月 31 日）

> 在农村文化建设中要充分体现普遍服务的原则，最大限度地让公共文化服务体系涵盖广大农村，让更多的人从中得到实惠。

改革开放以来，特别是随着社会主义市场经济体制的建立和完善，农村文化建设遇到了很多新情况、新问题。这些问题是体制转换过程中出现的问题，是前进中的问题，是发展中的问题。我们有信心也有条件做好农村文化建设工作。

第一，要解决思想认识问题。加强农村文化建设，首先是一项政治工程，关系到我们党的方针、政策能否在广大农村得到落实，关系到我们的政权是否巩固。同时，这也是一项关系 8 亿农民精神文化生活的文化工程。广大农民群众在解决温饱问题以后，精神文化需求更加迫切。他们需要了解外界信息，需要普及

---

[*] 这是李长春同志在十六届中央宣传思想工作领导小组第二十七次会议上讲话的一部分。

科学技术知识，需要文化娱乐活动，这些都要通过图书、电视、电影、广播等手段来提供。而且，这还是一项民心工程，是把党和政府对广大农民群众的关怀送到千家万户、彻底改变农村面貌的民心工程。因此，我们必须从深入贯彻落实"三个代表"重要思想、全面落实科学发展观，从"三农"工作是全党全国工作重中之重的高度，来认识和加强农村文化建设。

第二，要加强领导。一是要把农村文化建设纳入各级党委和政府的重要议事日程。没有各级党委和政府的高度重视，农村文化建设是抓不起来的。二是要纳入城乡经济社会发展规划，与"十一五"规划统筹考虑。三是要纳入基层财政的总盘子，要给文化建设以财政支撑。四是要纳入扶贫攻坚计划。五是要纳入各级领导干部政绩考核指标。文化建设是全面落实科学发展观的重要内容，是构建和谐社会的重要内容，因此，理所当然是领导干部考核的一个重要指标。这里特别强调的是，各级主要领导同志要亲自抓，党委要加强领导，政府要靠前指挥，各有关部门要各负其责，还要调动社会方方面面力量大力支持，发动农民群众广泛参与。这样，农村文化建设才能取得成效。

第三，要认真落实农村文化建设的具体任务。一是要努力构建社会主义市场经济条件下的农村公共文化服务体系。这个体系包括县一级的"两馆"即图书馆、文化馆，乡镇一级的"一站"即综合文化站，包括广播、电视、农村科普等，村一级在行政村建立文化活动室。需要明确的是，县"两馆"和乡镇文化站都属于公益性文化设施，是政府为广大农民提供的公共文化服务，而村一级的文化活动室是农民群众自己组织的，虽然不是政府公共文化服务的组成部分，但政府要支持和指导。政府投资兴办的文化设施，需要人管理，特别是乡镇一级，要与乡镇机构改革配套起来。建议由中宣部牵头，有关部门参加，一起研究具体措施。可以是几块牌子，一套人马。这种机构不能完全没有，也不能太多。我们看问题一定要全面。随着农村经济的发展，文化建设也要逐步跟上。文化里面既有上层建筑，也有新的经济增长点。现实的结合，就是综合性的文化站，这个文化站是大概念的文化站，也包括体育等方面。文化站的公益性质、功能必须明确，不允许搞租赁、拍卖。过去被挪用的要收回来，正本清源。对文化站的管理，要与机构改革、转变政府职能结合起来。村一级的文化活动室，有条件的可单独搞，没有条件的可以一室多用，鼓励农民把文化活动组织起来，乡"站"要加强指导。这样我们就把三级管理体系建立起来了。

二是加大广播电视村村通工程建设力度。广播电视村村通工程是指国家广播电视的传输体系要进入村，如卫星地面接收装置、光缆等，以保证该村各家各户通广播电视。村村通工程是农村文化建设的头号工程，是通到千家万户的"文化室"，而且内容涉及方方面面，包括党的方针、政策，科普、卫生、文化娱乐等等。该工程要在过去的基础上进一步改善提高，从行政村延伸到自然村，也就是对应我们过去的生产小队，并且每户农民家至少要收到8个频道。过去村村通工程缺少长效机制，成果巩固不下来，现在要建立长效机制，用超强的力度，掀起新一轮村村通建设的热潮。

三是以新的思路解决农民看电影难的问题。过去农村大都是找个空场扯个大幕布看电影，现在放光盘也是看电影，看中央电视台6频道也是看电影。这里有个观念的问题。考虑到各地信息化的差异和农村传统习惯，老的放电影方式可以继续用，新的数字放映技术要推广。要坚持两种手段，两条腿走路，切实解决农村看电影难的问题。

四是加快农村文化信息数字化建设的步伐。要加强全国文化信息资源共享工程建设，积极发展农村基层服务点，把数据库送到广大农村。数字化，终端是电脑，广大农村家庭没有普及电脑，我们可以想办法把电脑设在村文化活动室，通过投影仪放映。县图书馆要把信息数字化体系建立起来。对村文化活动室，各级政府要帮助建立书库。在万村书库[1]的基础上，扩大规模，特别是要支持西部地区。

五是落实普遍服务的原则。包括公共图书馆网络、群众文化活动网络、信息化网络等，都有一个普遍服务的问题。公共文化服务体系的最大特点就是要实现普遍服务，让更多的人从中得到实惠。在农村文化建设中要充分体现普遍服务的原则，不仅条件好的地方要建设文化服务设施，条件比较差的地方、没有多少经济效益的地方也要建设好文化服务设施，最大限度地让公共文化服务体系涵盖广大农村。

农村文化建设，还要注意几点：一是要分类指导。文化内涵十分丰富，包括教育、体育、文学艺术、广播电视电影等，要坚持从实际出发，分类指导。要看到广大农民在温饱问题解决以后，接着就是子女受教育问题，再其次就是活跃文化、丰富精神生活的问题。农村文化建设非常重要，但也不能提到与穿衣吃饭同等的高度。温饱问题没有解决的地方，大搞文化建设不现实，这些地方可以晚一点，先放一放。总之要跟经济基础相适应，否则就搞不成。二是要注重实效。要真正为广大农民带来实实在在

努力构建农村公共文化服务体系

的益处，决不能增加农民负担，搞形式主义。三是要落实"两手抓"。要进一步深化文化体制改革，明确划分农村公益性文化事业和经营性文化产业的性质和功能，一手抓公益性文化事业，一手抓经营性文化产业。要落实普遍服务的原则，调整资源配置，发挥市场作用，充分调动社会各方面力量参与农村文化建设，提高农村文化服务水平，更好地实现和保障农村群众的基本文化权益，满足农村群众日益增长的精神文化需求。要创新体制，转换

2006年7月2日，李长春在辽宁省凤城市宝山镇小四台子村考察农村基层文化建设情况时，同村民亲切交谈。左一为文化部副部长周和平。

机制，繁荣农村文化。要深化农村公益性文化事业单位改革，提高服务水平。要大力发展文化产业，走出一条在社会主义市场经济条件下繁荣社会主义农村文化的新路子。要大力兴办民办文化，调动社会方方面面力量支持农村文化建设。

注　释

〔1〕万村书库，是1994年由中共中央宣传部、中共中央精神文明建设指导委员会办公室等部门组织实施的一项文化惠民活动，主要是向农村赠送图书、光盘等，满足农民群众对文化知识和科技信息的需求。

广播电视村村通是
农村文化建设"一号工程"*

（2006年1月17日）

> 要把广播电视村村通工程作为社会主义新农村建设的一件大事，作为农村文化建设的"一号工程"摆上重要位置，以只争朝夕的精神，用超常的手段强力推动农村广播电视村村通。

广播电视村村通是一件大事，应该在"十一五"开局之年开个好头，争取在"十一五"期间扎扎实实地把这件大事抓好。下面，我讲几点意见。

第一，要进一步提高认识，统一思想。对于这项工作，各级党委和政府、各有关方面都要进一步提高认识、统一思想。以胡锦涛同志为总书记的党中央高度重视"三农"问题，作出了建设社会主义新农村的重大部署。前不久，根据党的十六届五中全会提出的要求，经过中央宣传思想工作领导小组讨论，由中办和国办下发了《关于进一步加强农村文化建设的意见》。不论是根据

---

* 这是李长春同志在广播电视村村通工作现场办公会上的讲话。

五中全会提出的"十一五"规划建议，还是中办和国办发的《意见》，都把广播电视村村通工程作为一项重要任务提出来了。正像你们汇报当中所讲的，广播电视村村通工程是重要的政治工程，关系到把党的路线、方针、政策送到千家万户，关系到把党的主张变成亿万群众的自觉行动；是满足农民群众日益增长的精神文化需求的文化工程，广大农民通过电视学习新的知识，丰富文化生活，电视实际上就是送到千家万户的"文化室"，对丰富农民群众的文化生活至关重要；是深受农民群众欢迎的民心工程，体现了党和政府全心全意为人民服务的宗旨，保障了广大农民群众的基本文化权益。现在，我国经济社会环境发生了很大变化，出现了社会经济成分、组织形式、就业方式、利益关系和分配方式多样化的新情况，开展精神文明建设和思想政治工作的渠道和手段也发生了新变化，一个重要手段就是要充分依靠大众传媒。现在凡是村村通比较好的地方，赌博减少了，各种非法宗教活动也没有市场了。所以说，农村精神文明建设，大众传媒尤其是广播电视起了非常大的作用。广播电视村村通既能够带动农村的经济建设，也能够带动农村的政治建设；既是文化建设，又是社会建设。因此，要把广播电视村村通工程作为社会主义新农村建设的一件大事，作为农村文化建设的"一号工程"摆上重要位置，以只争朝夕的精神，用超常的手段强力推动农村广播电视村村通。如果说"十一五"期间要在建设社会主义新农村上取得实质性的进展，那么我们在广播电视村村通上要先行一步，要把它摆上先行位置、先导位置。各级党委和政府、各个部门都要把广播电视村村通作为社会主义新农村建设的一件大事，作为农村文化建设的"一号工程"强力推进。

第二，要进一步明确加快广播电视村村通工程建设的目标和任务。20世纪90年代后期和"十五"期间，我们在全国重点实施了村村通工程，应该说对广大农村的广播电视覆盖起到了重要作用。但是总体上看，还是低水平的，还有很多死角，而且主要是以行政村为单位。特别是在建立稳定运行的长效机制上还有很多问题，所以出现了很多村子"返盲"的现象。随着形势的发展，村村通也要进一步提高水平。你们在汇报中概括的"巩固成果、扩大范围、提高质量、改进服务"这四句话，我很赞成。巩固成果，就是已实现村村通的一定要巩固下来。特别是占农村80%的无线传输，要切实解决有效传输，遏制滑坡。扩大范围，重点就是扫除盲区，解决你们统计的20户以上自然村的4200万人的村村通问题。提高质量，就是要在时间上能够满足农民的需要，在频道上把农民喜欢的频道都尽可能地传输到农村，并且传输质量要清晰，达到规定的质量标准。改进服务，最重要的就是要建立长效机制，要有一套机制来保证维护运行。按照这样的要求，把目标、任务再具体化一下。盲区4200万人这个数，你们要在各地自报的基础上，搞一点抽查，可以跟统计部门商量一下，依靠庞大的城乡调查队再去摸一摸，一定把这个数目搞清楚。

关于20户以下的散户怎么解决的问题，我建议"十一五"期间先不要提户户通，就提村村通，村的标准就是20户以上（含20户）已通电自然村。对散户要因地制宜，进行论证。有条件的，比如结合直播卫星解决一批。将来我们在"十二五"期间再重点进行扫尾，解决散户的问题。

第三，要进一步采取切实措施加快推进村村通。一是在制定

2012年9月6日，李长春在四川省红原县下哈拉玛村了解牧民"马背电视机"使用效果。

（新华社记者江宏景摄）

"十一五"规划的时候，要把广播电视村村通工程纳入国民经济和社会发展规划当中。其中，中央要对国家扶贫开发重点县和西部地区给予支持，其他地方在现有的财政体制内分级负责、分级解决。各级政府都要为解决村村通增加投入。现在不论是中央财政收入还是地方财政收入，"十五"期间增长都很快。刚才，我听你们汇报，村村通中央要拿的也就是几十亿的资金，只要各个省都动起来，中央再给适当补助，是有能力解决这个问题的。中央确定了"工业反哺农业，城市支持农村"的方针，现在我们进入了该为农村文化建设多增加投入的时候了。关于中央对于国家扶贫开发重点县和西部地区资金补助到什么程度，会后广电总局会同发展改革委、财政部再具体商量一下，既要研究投入的数量，也要研究投入的政策，把各级的积极性都调动起来。

二是要本着因地制宜、多管齐下的方针来解决村村通。有条件的地方采取城市有线电视网往农村延伸的方法，这是实现村村通的高级形式。没有条件的就搞"村锅村网"和"小锅小网"。面上，进一步对无线发射系统进行技术改造。再一个就是直播卫星到户的问题。总之，这几个手段都要因地制宜。特别是在农村占有很大分量的无线发射，随着有线电视网的推进，需要改造多少，广电总局要会同发展改革委组织专家再进行论证，不要搞重复建设。

三是要把广播电视村村通工程与其他一些信息传播工程很好地结合起来。村村通工程要跟数字电视的发展有机结合起来，跟一些特定地区的西新工程[1]建设有机结合起来，跟农村党员干部现代远程教育工程[2]有机结合起来，跟全国文化信息资源共享工程有机结合起来，跟农村电影放映工程有机结合起来。"十一五"期间，对广电而言，我们在城市就是重点推数字电视，农村就是重点解决村村通。村村通也是为进一步实现农村的数字电视做长远准备。农村电影放映工程的实施也要多管齐下，广播电视村村通解决了，远程教育能够到村文化室或者临近小学，传统的那种到空场上去看电影的人，恐怕也不会那么多了，这些都要统筹研究。最近我们到贵州调研时看到，那里的农村中小学远程教育搞得不错，已经到了村文化室，戏曲就有400多部，电影可以看7部。要抓紧协调电影的版权问题。新闻出版总署要会同中宣部牵头研究一下，做点调查研究。现在版权是属于市场经济的东西，既然走市场了，那么国家投入这一部分，也不要是无偿了。今后凡是国家支持的项目，事先都要签好协议，国家要拥有为公共文化服务的相关作品的使用权。包括中宣部推广的100首歌曲、100部电影，全国文化信息资源共享工程等，免费提供的公共文化服务都应该这样。我们也不是分利润，就是在进行公益性文化服务时能够有权使用版权。

四是要加强项目管理。有限的资金一定要用在村村通工程建设上，不能搞截流、挪作他用。要有一套严格的管理办法。要掌握进度，进行年度考核，严格进行验收。争取通过"十一五"期间的努力，把这个问题彻底解决，不要到时候又说巩固不下来，还要重新测算、重新投资。20户以上的村彻底解决了，将来"十二五"期间就重点研究解决散户的问题。

五是要建立长效机制。县级广电部门要把工作的重点放到村村通工作上，实行县到乡广电的垂直管理，建立村村通的运营维护机制。我们既然确定了村村通是属于公共文化服务体系的，就不能通过村村通去赢利。但是为了维护系统的运转，经过充分核算、充分听证，在经过物价部门严格核准的情况下，也可以收工本费。这个问题请广电总局做点调查研究，把我们原来下发的文件需要完善的再完善一下。中央财政主要是对西新工程涉及有关省区的运行费用给予补助。地方财政条件好的，也可以通过财政来解决运行维护经费，或者财政负责解决贫困县的运行维护经费，其他地方的适当收点费。

第四，要进一步提高节目水平，努力满足广大农民群众日益增长的精神文化需求。总的还是要做到"三贴近"，在对农村的节目上，要贴近农村实际、贴近农村生活、贴近农民群众。特别是农民喜欢的几个频道要增加农民的节目、农村的节目。农业省份要多开辟一些专栏和专门的频道,增加对农村播出的节目量。在技术改造的过程中,争取多增加一些频道,扩展到中央和地方共8套节目,也就是中央1套,省1套,市1套,另外就是中央6套、7套、8套和少儿频道,还有一套看是新闻频道还是经济频道,你们再具体研究一下。总之,要力争把农民喜欢的这几个频道都加进去。要加倍努力,采取多种技术手段,逐步在广大农村实现这个目标。

第五,要进一步加强领导。与村村通有关的几个部门,都要有一位领导同志来负责这个事。我建议搞一个协调小组,太华[3]同志担任组长,中宣部、发展改革委、教育部、财政部、农业部、文化部、新闻出版总署等部门参加进来,派一位负责同志作为成员,形成相对稳定的机制,这样便于及时协调。要加强对各个省的督促检查,特别是对一些农村人口比重大的农业省份,要进行面对面的指导。要把这5年总的目标分解成每年的进度,作出年度安排,认真检查、认真考核。结合年度考核可以搞点"以奖代补"的机制,推动各地往前赶。要积极利用新闻媒体来推动,及时宣传报道各地党委和政府对村村通工作的重视和主要领导亲自抓的情况,报道村村通工作取得的重要进展,报道农民通了广播电视之后的喜悦心情,报道村村通对于农村文化生活、精神文明建设推动的情况。

近期广电总局可以在搞得比较好的地方,结合总结经验,牵头开一个会,贯彻落实这次现场办公会的精神,大力推动村村通工作的开展,使这项工作在"十一五"时期第一年就能有实质性的进展。

注　释

〔1〕西新工程，是国家广播电影电视总局于2000年9月开始组织实施，面向西藏、新疆等边疆少数民族地区的广播电视覆盖工程。

〔2〕农村党员干部现代远程教育工程，由中共中央组织部于2003年初开始组织实施，主要运用计算机、多媒体、现代通信等信息技术手段，对农村党员干部和农村群众实施教育培训。

〔3〕太华，指王太华，时任中共中央宣传部副部长、国家广播电影电视总局局长。

强力推进文化信息资源共享工程建设[*]

（2007年1月8日）

> 全国文化信息资源共享工程，是社会主义精神文明建设的基础工程，文化设施建设的战略工程，公共文化服务的创新工程，深受群众欢迎的民心工程。

全国文化信息资源共享工程实施两年多来，已经取得了实质性进展。我到基层调研时，也看了几个点，感觉文化信息资源共享工程深受广大农民欢迎。通过文化信息资源共享工程的实施，农村文化活动室的内容更加充实，更加名副其实。过去，村文化活动室里只有一些图书报刊供阅览，但真正去那里借阅的人并不多，其他文化娱乐活动也不丰富，显得冷冷清清。文化信息资源共享工程进入农村以后，村文化活动室的面貌发生了很大变化，呈现出生机盎然的局面，特别是运用科普知识讲座等方式，向广大农民提供科技信息和文化信息，对丰富农村文化生活、推动农

---

[*] 这是李长春同志在全国文化信息资源共享工程建设情况汇报会上的讲话。

村教育和农民致富，发挥了重要作用。实践证明，广播电视村村通工程和文化信息资源共享工程相辅相成，给农民带来了很大的益处。

全国文化信息资源共享工程作为农村文化建设的"二号工程"，是社会主义精神文明建设的基础工程，文化设施建设的战略工程，公共文化服务的创新工程，深受群众欢迎的民心工程。特别是在当前农村数字化信息技术手段尚未完善、农户还没普及电脑的条件下，实施文化信息资源共享工程，是填平城乡之间数字鸿沟、开阔农村群众视野、丰富农村精神文化生活的有效途径。各级党委和政府要切实增强对文化信息资源共享工程重要意义的认识，高度重视，加强领导，将其作为社会主义新农村建设的一件大事，纳入各级党委和政府的议事日程，纳入经济社会发展总体规划，纳入财政预算，纳入目标考核体系，纳入扶贫攻坚计划，确保在2010年取得决定性进展。

今后几年，全国文化信息资源共享工程建设的总体目标是：以数字资源建设为核心，以基层服务网点建设为重点，以多种形式的信息传播方式为手段，以共建共享为基本途径，全面实施文化信息资源共享工程，到2010年，基本形成资源丰富、技术先进、服务便捷、覆盖城乡的数字文化服务体系，实现村村通。信息资源的传输要以互联网为主要形式，用工程的实施推动互联网进入农村地区。在互联网尚未覆盖的地区，要采取卫星、光盘、硬盘等多种传输方式，力争在2010年前使广大农民享受到这些信息资源。要依托各级图书馆和社区、乡镇、村文化活动站（室），建立和完善以全国文化信息资源建设管理中心、省级分中心、市县支中心、乡镇综合文化站和村级文化活动室为主体的文化信息资源共享工程的四级服务体系。国家中心和省级分中心担负着资源建设的任务；市县支中心主要承担镜像站[1]建设的功能，发挥信息传输承上启下的作用；乡镇综合文化站和村文化活动室都是基层服务点，乡镇综合文化站负责对乡镇居民提供文化信息服务，村文化活动室负责向农村群众提供文化信息服务，乡镇综合文化站还承担着对村文化活动室进行业务指导的功能。

当前，要着力抓好以下几项重点工作。一是要强力推进农村基层服务点的建设。农村基层服务点是全国文化信息资源共享工程的重点和关键环节。要把农村基层服务点建设，与农村党员干部现代远程教育结合起来，与农村中小学现代远程教育结合起来，与电信系统电话村村通工程结合起来，力争在2010年前分期分批全部完成基层服务点的建设工作，实现文化信息资源共享工程的村村通。要明确基层服务点的设备配置，起码要做到有一台能够上网的电脑，有一台投影仪，有电视和DVD播放机，最大限度地满足基层群众的精神文化需求。

二是要加快数字资源建设步伐。要抓住数字资源建设这一核心，争取到2010年资源总量达到100 TB。要注重少数民族语言的数字资源建设。在资源内容上，要充分体现"三贴近"的原则，凡是广大农村群众需要和喜爱的内容，要千方百计地吸收进来，努力增强文化信息资源共享工程的大众性、实用性和公益性。要处理好信息资源的著作权问题，由国家投资的文化产品和各部门自己掌握版权的文化产品，要无偿地贡献到工程中来；对于农村群众需要的其他文化产品，可由政府购买版权，然后提供给广大农村群众。要创造条件，动员和鼓励著作权人将其作品捐赠或低价转让给文化信息资源共享工程。

三是要加强市县镜像站建设。镜像站是基层信息资源的重要来源和改善传输质量的枢纽，要在丰富内容、提高技术含量上下功夫，努力向农村基层群众提供更多更好的文化信息服务。市县文化信息资源建设管理支中心，要加强公益性公共上网场所建设，有条件的要开辟电子阅览室，为广大农村群众，尤其是青少年提供更多绿色上网空间。

四是要加强乡镇综合文化站建设。乡镇综合文化站是文化信息资源共享工程的基础环节，承担着直接为农村群众提供文化信息服务的重要功能。目前，全国各地乡镇综合文化站的情况比较复杂，有的在机构改革中被撤销，有的被出租或挪作他用。当前首要的任务，是对乡镇综合文化站的现状有一个基本的了解，区分不同类型，采取相应措施，切实发挥乡镇综合文化站的作用。具体地说，要从四个方面入手加强乡镇综合文化站建设。第一，进行调研，摸清全国乡镇综合文化站的底数，掌握基本情况；第二，在认真调查研究的基础上，制定有关乡镇综合文化站的职能定位、管理办法的规范性文件；第三，选择一批乡镇进行新型综合文化站建设试点；第四，根据试点工作情况，提出乡镇综合文化站发展规划，推动乡镇综合文化站建设健康有序进行。

五是要加大投入。各级党委和政府要根据"工业反哺农业，城市支持农村"和建设社会主义新农村的各项部署等一系列中央精神，切实加大对文化信息资源共享工程建设的投入，解决好农村文化建设投入相对不足的问题，履行好政府向农村地区提供公共文化产品的责任。中央财政在投入方向上，要重点向中西部地区倾斜、向农村倾斜。中部地区所需经费由中央财政和省级地方财政按五五开比例分担；西部地区所需经费由中央财政和省级地

2010年12月27日,李长春在中国美术馆参观全国文化信息资源共享工程"十一五"成果展时,与北京海淀行知实验学校的小学生亲切交谈。左四为中共中央政治局委员、中央书记处书记、中宣部部长刘云山,左二为中宣部副部长孙志军,左三为文化部副部长杨志今,左五为中宣部副部长、文化部部长蔡武。　　　（新华社记者饶爱民摄）

方财政按八二开比例分担。对于全国文化信息资源共享工程管理中心资源建设所需经费,由中央财政予以保证。文化部和财政部负责确定具体的年度经费预算计划,抓好落实。

六是要加大宣传力度。中宣部、文化部要制定具体的宣传方案,运用多种方式,大力宣传文化信息资源共享工程的重要意义、进展情况和成功经验。各重点网站要与文化信息资源共享工程网站进行链接,进一步扩大文化信息资源共享工程的影响,为工程的顺利实施创造良好的社会文化环境。

七是要加强组织领导。要进一步完善由文化部牵头,发展改革委、教育部、科技部、财政部、农业部、卫生部、广电总局、新闻出版总署和国务院法制办组成的部际联席会议制度。要建立长效工作机制，做好经常性的指导督促工作。各相关部门要加强协作，密切配合，形成合力，共同推动文化信息资源共享工程建设。

注　释

〔1〕镜像站（mirror site），一种文件服务器，其存储的文件与某个网站的服务器上的文件完全相同。建立镜像站点，是通过主服务器增加转移存储地址来实现信息的异地备份，从而改善异地终端的传输时效。

电视数字化改造
是民心工程,不能变味*

(2007年6月5日)

> 广播电视具有公益性质,属于政府满足人民群众基本文化需求的公共服务。在农村电视从模拟阶段向数字化阶段发展的过程中,一定要体现公益性质,不要把民心工程变成民怨工程。

关于农民群众看电视的问题,我也看到一些材料,反映发展数字电视增加了农民的负担,一个家庭有几台电视机就收几台电视机的钱,不给钱就连过去的模拟信号都收不到了,这属于强买强卖。对这种情况,广电总局要加强检查,坚决纠正,指导各地进一步规范操作。

总的来说,广播电视具有公益性质,属于政府满足人民群众基本文化需求的公共服务。我们的广播电台、电视台都是国家办的,不是私人电台电视台、商业电台电视台,必须坚持公益性质。在现阶段,人民群众的基本文化权益主要是看电视听广

---

* 这是李长春同志在河南省西峡县丹水镇英湾村调研时谈话的一部分。

播、读书看报、进行公共文化鉴赏、参与公共文化活动等，这些基本权益都要通过政府主导的公共文化服务体系来保障。在农村电视从模拟阶段向数字化阶段发展的过程中，一定要体现公益性质，这是民心工程，不能变味，至少现有的频道都要体现公益性质。至于电视台开展的增值服务，属于经营性质，要和公益性服务分开，不要弄成事业单位搞创收。比如，开办一个股市频道，是可以收费的，这属于经营性质。在数字化改造过程中，允许群众自愿，机顶盒收费要合理。总体来说，广播电视主要还是公益性服务。对这一点，广电总局一定要反复强调，认真抓好落实，避免在实践中走样变味，切实把好事办好，不要把民心工程变成民怨工程。

把电视节目送到广大农村千家万户，这是最好的"文化室"，是家庭承包的"文化室"；是最好的"电影放映工程"，是家庭承包的"电影放映工程"。因此，我们把村村通工程作为农村文化建设的"一号工程"来抓，它是丰富农民群众精神文化生活、普及科学文化知识最重要的途径。在今天，对农民群众来说，生活中没有电视是很难想象的。

现在，我们主要通过三条途径来解决村村通问题。第一条途径，对有条件的城郊地区、发达县市，要大力发展有线电视；第二条途径，对广大农村地区，在直播卫星没有发射、运营前，主要通过无线覆盖的方式，由国家建设基站、农民自己用"羊角天线"来接收；第三条途径，直接接收直播卫星信号。今年10月国家要发射卫星，解决卫星直播的问题。今后，县一级就不办电视台了，只负责传输，搞好为基层服务的工作。总之，各级政府要积极落实中央部署，切实把群众看电视难这个问题解决好。

图书馆是人民群众学习知识
陶冶情操的殿堂[*]

（2009年9月9日）

> 要坚持以人为本，始终把社会效益摆在第一位，按照公益性、基本性、均等性、便利性的原则，积极构建覆盖城乡、惠及全民、便捷高效的公共图书馆网络体系，保障人民群众读书看报等基本文化权益，充分发挥图书馆在传播知识、传承文化、播撒文明、启迪智慧等方面的重要作用。

今天，我们在这里欢聚一堂，隆重庆祝中国国家图书馆百年华诞。首先，我代表党中央、国务院，向国家图书馆表示热烈祝贺，向国家图书馆全体员工和全国的图书馆工作者表示亲切问候，向为我国图书馆事业作出突出贡献的老一辈专家学者致以崇高敬意，向关心支持我国图书馆事业发展的社会各界表示衷心感谢，向远道而来的海内外嘉宾表示真诚欢迎！

刚才，几位同志的发言，回顾了国家图书馆100年来走过的

---

* 这是李长春同志在国家图书馆建馆100周年庆祝大会上的讲话。

不平凡历程，阐释了图书馆事业对人类文明进步的巨大作用，表达了对图书馆事业的热爱，对中国图书馆事业在新世纪取得更大成就的祝愿，听了很受感动、很受启发。也对国际图联主席艾伦·泰塞女士发表的热情洋溢的致辞表示感谢。100年来，国家图书馆秉承"传承文明、服务社会"的宗旨，与时代同进步，与民族共命运，为传承和弘扬中华民族优秀传统文化、传播现代文明成果，满足人民群众精神文化需求、提高公民科学文化素质，促进知识创新、推动社会进步，发挥了重要作用，作出了不可磨灭的贡献。一代代国图人恪尽职守、甘为人梯、勤奋钻研、努力创新，为繁荣发展中国图书馆事业付出了艰辛的努力，创造了辉煌的业绩。国家图书馆的发展壮大，与一个世纪以来中国革命、建设和改革开放的伟大历程紧密相连，见证了中华民族的复兴之路，见证了中国社会的文明进步，反映了新中国公共文化事业的形成与发展，充分体现出了科学文化知识在推动经济社会发展中的重要作用。国家图书馆取得的成就，是党和政府对我国文化建设正确领导的生动写照。党中央、国务院历来高度重视图书馆事业的发展，新中国成立后，特别是改革开放以来，我国图书馆事业取得了令人瞩目的可喜进步，基本形成了以国家图书馆为龙头，省、市、县三级图书馆和村镇、社区图书阅览室共同组成的图书馆建设体系，呈现出蓬勃发展的良好态势。

当前，我国文化建设正处于历史上最好的时期之一。党的十六大以来，以胡锦涛同志为总书记的党中央高度重视文化建设，把文化建设纳入中国特色社会主义事业四位一体总体布局，提出了兴起社会主义文化建设新高潮、推动文化大发展大繁荣的战略任务，进一步明确了社会主义市场经济条件下我国文化发展

图书馆是人民群众学习知识陶冶情操的殿堂

的基本思路,这就是坚持社会主义先进文化前进方向,一手抓公益性文化事业,构建覆盖城乡的公共文化服务体系,更好地保障人民群众读书看报、听广播看电视、进行公共文化鉴赏、参与公共文化活动等基本文化权益;一手抓经营性文化产业,繁荣文化市场,更好地满足人民群众多层次、多方面、多样化的精神文化需求。随着文化体制改革深入推进,影响和制约文化发展的体制机制障碍不断破除,文化生产力得到极大解放,公共文化事业单位的服务能力不断增强,文化产业快速发展,我国文化的整体实力显著提升,全民族文化创造活力日益彰显。可以说,文化建设

2009年9月9日,李长春出席国家图书馆建馆100周年庆祝大会并讲话。图为李长春参观国家图书馆馆史展。右三为中共中央政治局委员、中央书记处书记、中宣部部长刘云山,右二为中共中央政治局委员、国务委员刘延东,右一为中宣部副部长、文化部部长蔡武,右四为新闻出版总署署长柳斌杰。　　　　　　　　　　(新华社记者黄敬文摄)

的春天已经到来。同时，也要清醒地看到，随着我国社会主义市场经济体制的不断完善，经济社会的快速发展，现代信息传播技术的突飞猛进，丰富精神文化生活越来越成为我国人民的热切愿望，提高全社会思想道德素质和科学文化素质的任务越来越重，对公共文化服务体系建设的要求越来越高，我国图书馆事业既面临难得的发展机遇，也面临新的挑战。如何紧跟时代步伐，顺应社会变革，不断改革创新，进一步推动图书馆事业的繁荣发展，更好地满足人民群众日益增长的精神文化需求，为推动经济社会又好又快发展作出新的更大贡献，是我国图书馆事业面临的重大课题和肩负的庄严使命。我们一定要高举中国特色社会主义伟大旗帜，以邓小平理论和"三个代表"重要思想为指导，深入贯彻落实科学发展观，紧紧抓住历史机遇，牢固树立全心全意做好公共文化服务的理念，进一步增强改革意识、创新意识、服务意识，以高度的社会责任感和强烈的事业心，在传播知识、传承文化，播撒文明、启迪智慧，改革创新、服务群众等方面下更大的功夫，不断提高图书馆工作的水平，努力开创我国图书馆事业发展的新局面。借此机会，我讲几点意见，与大家共勉。

第一，充分发挥图书馆事业的公共文化服务职能，积极推进学习型社会建设。建设学习型社会是党中央作出的重大战略部署，关系到提高全民族思想道德素质和科学文化素质，关系到提高自主创新能力，关系到社会的全面进步。书籍是人类进步的阶梯，是文化得以世代传承的重要载体；图书馆是社会文明进步的标志，是人民群众学习知识、陶冶情操的殿堂，是建设学习型社会的重要阵地，是公共文化服务体系建设的重要基础性设施，也是各级政府保障人民群众基本文化权益的重要实现途径。随着我国经济社会快速发展，人民群众的精神文化需求日趋旺盛，人们通过阅读学习知识、了解信息、愉悦身心的愿望越来越强烈。大力推进学习型社会建设，提供更多更好的公共文化服务，满足人民群众日益增长的文化需求，进一步推动形成全民阅读的良好风气，是时代赋予我国图书馆事业的神圣使命和光荣职责。要坚持以人为本，始终把社会效益摆在第一位，按照公共文化服务公益性、基本性、均等性、便利性的原则，积极构建覆盖城乡、惠及全民、便捷高效的公共图书馆网络体系，保障人民群众阅读内容健康、知识丰富、有益身心的图书、报纸、期刊等出版物的基本文化权益。要坚持面向基层、面向农村，加快建设县乡图书馆和农村、社区图书阅览室，开展"送书下乡"、流动图书室等便民服务，切实解决基层群众看书难等问题。要充分利用图书馆的设施、文献、技术等资源，积极开展讲座、咨询、展览、培训等特色服务，不断拓展服务的深度和广度，更好地发挥图书馆在普及科学知识、提高社会文明程度和公民文明素质、推动社会发展进步方面的重要作用。

第二，大力传承中华民族优秀文化，为建设中华民族共有精神家园作出贡献。中华民族有着绵延五千多年的深厚文化底蕴。文化的力量，已经深深熔铸在民族的生命力、创造力和凝聚力之中。图书馆是文化典籍的宝库，是人类文明成果的荟萃之地，在传承文化、播撒文明，陶冶高尚情操、丰富精神世界方面具有不可替代的重要作用。要坚持社会主义先进文化的前进方向，大力建设社会主义核心价值体系，积极弘扬共同的理想信念、强大的精神支柱和基本的道德规范，打牢全国各族人民团结奋斗的共同思想基础。要以传承民族优秀文化为己任，充分发挥国家图书馆文化典籍馆藏丰富的优势，开辟多种渠道，运用多种形式，开发利用民族文化丰厚资源，加强中华优秀文化的传播和教育，增强全民族的自信心自豪感和凝聚力向心力。要积极参与民族文化保护重大工程，加强古籍抢救、搜集、保管、整理、出版和研究工作，逐步实现古籍的科学管理、有效保护、合理利用，更好地展示中华文化的源远流长和博大精深。

第三，坚持改革创新，不断增强图书馆事业发展的活力。改革创新是中华文化保持生机活力的力量源泉，是推动图书馆事业发展的强大动力。要创新体制机制，按照"增加投入、转换机制、增强活力、改善服务"的要求，进一步深化内部人事、收入分配和社会保障制度改革，全面提高服务群众的能力和水平。要创新服务方式和传播手段，积极运用音像、电子、网络等现代科技手段开发利用馆藏资源，开办公益性电子阅览室，加强数字图书馆建设，尽快形成联通数字图书馆的网络系统，实现图书资源数字化、服务手段网络化，向广大读者提供更为广泛、更为先进、更为方便的服务，努力实现社会效益最大化。要加快推进全国文化信息资源共享工程建设，努力把文化信息资源共享工程覆盖到基层图书馆，面向基层、面向农村积极开展数字信息服务，使图书资源最大限度地全社会共享，最大限度地满足基层群众特别是广大农村的文化知识需求。要体现人文关怀，不断提高服务水平，优化服务环境，完善便民措施，千方百计为读者创造温馨宁静的学习环境。

第四，积极加强对外交流，不断增强中华文化的国际影响力和竞争力。当今时代，世界范围内各种思想文化交流交融交锋更加频繁，相互学习、相互借鉴、共同发展已成为人类文明进步的必然趋势。随着我国综合国力显著增强和国际地位日益提高，加强对外文化交流、推动中华文化走向世界、不断增强我国文化的国际影响力和竞争力，是我们面临的一项紧迫任务。图书馆是开展对外文化交流、传播中华文化的重要平台。要积极向世界各国推介我国优秀出版物，介绍和传播我国优秀民族文化，展示我国文化建设的最新成果，吸收人类文明有益成果，促进中外文化相互交流和借鉴。要主动与世界各国的公共图书馆、大学图书馆等建立广泛联系，通过走出去与引进来等方式，加强业务研讨和学术交流，学习借鉴国外先进服务模式和管理经验，不断提高自身服务水平。

第五，加快培养优秀人才，为图书馆事业的繁荣发展提供有力的人才保障。推动图书馆事业健康发展，关键在人才。在当今信息时代，要向全社会提供良好的知识服务，必须具有一支热爱图书馆事业，政治强、业务精、纪律严、作风硬的图书馆工作者队伍。要尊重劳动、尊重知识、尊重人才、尊重创造，牢固树立"人才资源是第一资源"的观念，努力培养一批专业型、研究型、创新型、复合型和外向型人才。要根据图书馆事业发展的需要，组织开展多种形式的在职培训，帮助图书馆工作者更新观念、补充知识、扩展视野、强化技能，努力提高思想政治素质和业务工作水平。要进一步办好高校的图书馆专业，培养更多高层次人才。要加强后备人才培养，为图书馆事业的可持续发展提供可靠保障。要进一步建立健全有利于人才脱颖而出的体制机制，不断完善岗位聘任制度和考核评价制度，充分调动广大图书馆工作者的积极性、主动性和创造性。

图书馆事业是社会主义文化建设的重要组成部分，是党和政府向人民群众提供公共文化服务，保障人民群众基本文化权益的重要途径。各级党委、政府和文化部门要坚持以人为本，从中国特色社会主义事业四位一体总体布局的高度，重视支持图书馆事业的发展，将其纳入经济社会发展规划，加强政策支持，加大投入力度，解决重点难点问题，推动图书馆事业积极健康发展。要从政治上、工作上、生活上关心图书馆工作者，为他们的成长进步创造良好条件。要充分发挥图书馆行业协会的作用，使其成为党和政府联系广大图书馆工作者的桥梁和纽带。我认为，城市图书馆建设和服务的水平，是衡量一个市长有没有文化的一个重要标志。在这里我呼吁，各级市长都要切实把图书馆事业重视起来。

中华民族的伟大复兴必然伴随着中华文化的繁荣兴盛。希望广大图书馆工作者不负时代重托，进一步增强使命感、责任感和紧迫感，立足中国、放眼世界、抓住机遇、改革创新，在推动文化大发展大繁荣、兴起社会主义文化建设新高潮的进程中贡献智慧和力量。希望国家图书馆在我国社会主义现代化建设的伟大征程中再创辉煌。

履行好出版事业的崇高使命[*]

（2009年9月29日）

> 人民出版社要在推进马克思主义中国化时代化大众化上作出新贡献，要像爱护眼睛一样爱护人民出版社的品牌，要在创新内部机制、增强发展活力上创造新鲜经验，要积极利用先进科技手段提高理论出版与传播能力，要努力探索走出去的途径和方式，要重视培养优秀人才，切实履行好自己的崇高使命。

在新中国成立60周年前夕，我和云山同志抽出时间专程到人民出版社来看望慰问大家。首先，我向人民出版社全体员工表示亲切问候！向为党的理论读物及党和国家重要文献出版、发行、传播作出贡献的老一辈出版工作者致以崇高敬意！也借此机会，向全国出版工作者致以节日祝贺和良好祝愿！

刚才，我们参观了人民出版社样书陈列室，观看了"中国共产党思想理论资源数据库与传播工程"演示，听取了工作汇

---

[*] 这是李长春同志在人民出版社调研时的讲话。

报。总的感到，人民出版社从诞生、重建到现在，始终与我们党的革命史、创业史、改革开放史紧密相连，可以说是同呼吸、共命运、心连心。特别是1950年重建以来，人民出版社始终坚持为人民服务、为社会主义服务的方向，紧紧围绕党和国家工作大局，牢牢把握正确出版导向，先后出版了以《马克思恩格斯全集》和《列宁全集》为代表的马克思主义经典著作，毛泽东等老一辈无产阶级革命家的著作，党和国家的重要文献和领导人的言论著作，中共党史、党的建设的读物等，为传播马克思主义理论，传播中国特色社会主义理论体系，宣传党的理论路线方针政策，推动马克思主义中国化时代化大众化，发挥了不可替代的作用，作出了不可磨灭的贡献，成为我们党的重要理论阵地。在这一过程中，人民出版社还创出了权威品牌，培养了大批优秀人才。借此机会，我对同志们长期以来的辛勤劳动表示衷心的感谢！

党中央历来高度重视人民出版社的工作。刚才我们看到，毛泽东同志等老一辈革命家曾给人民出版社题过词；改革开放后，邓小平同志、江泽民同志非常关心人民出版社，也先后题过词，作出一系列重要指示。党的十六大以来，以胡锦涛同志为总书记的党中央十分关心重视人民出版社的发展，把人民出版社作为党的理论宣传阵地的重要组成部分，摆在宣传思想文化战线各项工作的重要位置，对新形势下人民出版社在文化建设、文化发展和文化体制改革整体布局中的基本定位和发展方向给予高度重视，专门把人民出版社列为重点扶持的政治性、理论性、公益性出版社，保留事业体制，并加大扶持力度。可以说，政治性、理论性、公益性，就是以胡锦涛同志为总书记的党中央对人民出版社的科学定位。政治性,就是要求人民出版社紧紧围绕党和国家工作大局,把宣传、出版、传播马列主义、毛泽东思想、中国特色社会主义理论体系及党的路线方针政策作为根本任务。理论性,就是要求人民出版社全面系统准确、广泛深入有效地传播宣传马克思主义理论,着力推进马克思主义中国化时代化大众化,在理论宣传上坚持"三贴近",努力回答人民群众普遍关心的重大理论和现实问题。公益性,就是人民出版社必须坚持公益性质,是非营利机构,要努力实现政治效益最大化,不能单纯以盈利为目的。国家要给予必要支持。为了更好地体现公益性,就要求人民出版社出版的马克思主义理论著作、党的理论读物定价要低一些,让广大读者买得起,这样才能达到传播马克思主义理论的效果。如果价格高了,就会产生一个价格门槛,就会与扩大理论宣传效果的愿望背道而驰。同时,人民出版社的公益性与博物馆、纪念馆、图书馆的公益性又有所不同。博物馆、纪念馆、图书馆全部由国家拨款扶持,免费向社会开放,看的人越多社会效益就越好。公益性出版则不能完全免费,要保本微利,通过保本微利来维持正常运转。对基本建设和国家交给的重大项目和出版工程,国家要给予经费支持。

当前,我国文化建设正处于历史上最好的时期之一。随着文化体制改革的推进,文化生产力得到极大解放,公共文化事业单位的服务能力不断增强,文化产业快速发展,我国文化的整体实力显著提升,全民族文化创造活力日益彰显。可以说,文化建设的春天已经到来。刚刚闭幕的党的十七届四中全会,就加强和改进新形势下党的建设若干重大问题作出了战略部署,鲜明地提出了建设马克思主义学习型政党、提高全党思想政治水平这一重大战略任务。人民出版社作为党的理论宣传主阵地之一，要把推动马克思主义学习型政党建设作为重要任务，摆上重要日程，为加强党的思想理论建设、提高全党思想政治水平作出贡献。借此机会，我对人民出版社提几点希望，与大家共勉。

第一，希望人民出版社在推进马克思主义中国化时代化大众化，用中国特色社会主义理论体系武装全党、教育人民，推动马克思主义学习型政党建设上作出新贡献。人民出版社作为党和国家的重要出版机构，在宣传科学理论、推动社会主义核心价值体系建设、传播理论知识方面肩负着重要使命。目前，全国性的公益出版社只有人民出版社、民族出版社、中国藏学出版社、中国盲文出版社等少数几家，其中人民出版社担负着特殊重要使命，是其他任何一个出版单位所不能替代的。这个特殊重要使命就是，出版、传播、宣传党的理论创新成果。希望人民出版社始终坚持为人民服务、为社会主义服务、为党和国家工作大局服务的方针，牢牢把握正确出版导向，切实把党和国家交给的重大政治性、理论性、公益性的出版任务完成好。要紧紧围绕大力宣传中国特色社会主义理论体系这一根本任务，继续组织好马列主义经典原著和毛泽东思想、邓小平理论、"三个代表"重要思想著作的出版，组织好科学发展观等党的理论创新成果的出版，组织好党的路线、方针、政策的普及性读物的出版，推动马克思主义中国化时代化大众化，引导广大干部群众始终坚持高举中国特色社会主义伟大旗帜不动摇，坚持中国特色社会主义道路不动摇，坚持中国特色社会主义理论体系不动摇。要把马克思主义理论研究和建设工程成果的出版作为重大任务，认真组织好重新编译的10卷本《马克思恩格斯文集》和5卷本《列宁专题文集》的出版，组织好工程中充分体现马克思主义中国化时代化大众化最新成果的哲学社会科学教材的出版，组织好有分量、有深度的马克思主义理论研究成果的出版。

第二，希望人民出版社的每一位员工都能继承和发扬老一辈出版工作者的好传统好作风，像爱护眼睛一样爱护人民出版社的品牌。人民出版社具有的特殊地位、承担的重要职责也要求必须做到这一点。当前，社会主义市场经济的深入发展调动了方方面面的积极性，各行各业都得到快速发展，出版业也空前繁荣。同时，学术界、理论界、文艺界、出版界也滋生了一些不良风气，出现了抄袭论文、伪造成果、假冒侵权等负面现象，出版物存在这样那样错误的情况也比较普遍。面对这一状况，希望人民出版社坚持追求卓越，树立崇高目标，经受住各种诱惑的考验，全力维护来之不易的优秀品牌形象。中央之所以决定把政治性、理论性、公益性出版任务交给你们，既是因为中央对人民出版社的科学定位，也是因为人民出版社的自身良好品牌形象。人民出版社从1921年创建、1950年重建至今，几代出版人用心血和汗水创造了这个"金字招牌"，其权威性、准确性、科学性、严密性，是其他出版社无法相比的。这正是出版党和国家重要文献、重要理论读物的基本要求。要始终牢记，人民出版社是我们党的理论读物出版的主阵地。人民出版社这个品牌不仅属于人民出版社，也属于党。要力戒浮躁、甘于寂寞，始终把出精品作为立社之本，以十年磨一剑的精神打造更多精品力作。编辑人员要自觉把个人理想与党和人民的事业紧密联系起来，在为党的理论宣传工作奉献聪明才智的过程中实现自身的价值。在我的印象中，编辑是一份深受读者与作者尊敬的职业。希望同志

2009年9月29日,李长春在人民出版社调研。右一为中共中央政治局委员、中央书记处书记、中宣部部长刘云山,右二为新闻出版总署署长柳斌杰,左三为新闻出版总署副署长蒋建国。

(新华社记者庞兴雷摄)

们真心爱护编辑这个职业,爱护人民出版社这个品牌,绝不能把市场经济的负面影响带到人民出版社来。从这个角度讲,我赞成人民出版社把经营性部分剥离出来,按照企业的方式经营。人民出版社作为事业单位可以创办企业,但要坚持事企分开,管方向,管资产的保值增值,企业的日常经营由企业自己管。同时,经营范围应限于出版领域,千万不要介入房地产等其他领域。

第三,希望人民出版社在创新政治性、理论性、公益性出版单位内部机制、增强发展活力方面积极探索,努力创造新鲜经验。当前,文化体制改革整体形势很好,已经由试点阶段进入全面推开阶段，早改早主动、晚改就被动、不改没出路成为普遍共识。人民出版社作为政治性、理论性、公益性出版单位，在深化改革方面的任务和要求与经营性出版单位有所不同。当然，需要剥离、实行"事转企"的部分，要加快转企改制步伐，按照企业的方式运行。人民出版社的主体部分，按照公益性事业单位的方式运行，同时也有创新机制的任务。一是要搞活用人机制。我们传统体制一个最大的问题就是"大锅饭"、"铁饭碗"，导致工作人员没有积极性。要打破论资排辈、能干不能干一个样、缺乏生机活力的局面，努力构建有利于人才脱颖而出的体制机制，形成能力强者上、能力欠缺者下的正确导向。当然，在操作上要有规范的制度保证，体现人文关怀，避免简单化。二是要搞活分配机制。尽管人民出版社在经营上不以经济效益为考核目标，但也要探索按劳分配、绩效挂钩的新机制。简单地以编辑多少文字、出版多少本书来衡量恐怕不够，还需要考虑质量和社会效益等方面的指标，把质与量的要求结合起来考核，既体现量的指标，更注重质的要求。希望你们在这方面积极探索。三是创新"事办企"的体制机制。人民出版社作为事业单位创办企业，既有优势也有弊端。优势在于能确保出版企业的正确导向；弊端在于所办企业往往充满事业单位的文化，而不是企业文化，最后导致企业缺乏竞争意识和竞争能力。原则上讲，是企业就要在市场上通过竞争见高低，而带有事业单位积习的企业在市场上往往难以做强做大。在这方面，已经有一些经验教训值得总结。为了推动高等院校、科研院所的科研成果转化为现实生产力，国家允许他们办企业，大多数科研院所、高等院校所办企业的日子过得还算不错，员工收入也还不算少，但就是企业长期做不强做不大。关键原因就在于，这些企业受科研院所、高等院校文化的影响，开拓市场的意识和能力不强，有的甚至事企没有分开，脚踏两只船，这就是事业单位办企业的一大弊病。与此相反，凡是彻底脱离了院所文化、学校文化的企业，结果往往大不相同。希望人民出版社积极关注这一现象，认真研究这一问题，坚持事企分开，即人员分开、财务分开、资产分开、经营分开，使所办企业真正走市场化、产业化的发展路子，努力做强做大做优。

第四，希望人民出版社积极利用先进科技手段提高理论出版与传播能力。通过刚才的参观，我对你们开发的"中国共产党思想理论资源数据库与传播工程"很感兴趣。在新形势下，科学理论传播还停留在传统模式上是不行的，难以取得好的效果。今天的年轻人，除相关专业的博士生、硕士生、本科生之外，端着厚厚一本马克思主义经典作家的原著仔细阅读的现象恐怕已经很少见了。这就要求我们深入研究适应新形势需要的科学理论传播方式，积极利用读者特别是青年人喜闻乐见的方式来传播马克思主义。"中国共产党思想理论资源数据库与传播工程"邀请专家学者对马克思主义经典作家原著做导读，通过数字化视频提供给读者，这种做法就很好。这样一来，读者对学习原著就会有兴趣，如果看了视频觉得还不过瘾，就会自己找原著来阅读，你们的数据库就会发挥更大作用。为此，人民出版社要有计划、有步骤地把更多的理论书籍特别是马克思主义中国化的最新成果数字化，为读者提供更多更便利的阅读渠道，让更多的读者通过你们的工作受到教育。阅读的人越多，社会效益就越好，这就是我们追求的目标。要积极运用新媒体新技术等现代信息手段传播科学理论,特别是要最大限度地利用互联网,把人民出版社的理论读物提供给全社会,力争取得最佳社会效果。当然,网络建设需要一定经费支持,传统读物数字化还涉及作者、译者、编校者等的版权问题,也需要经费保障,请有关部门给予必要的支持。希望早日看到"中国共产党思想理论资源数据库与传播工程"网站开通[1],让更多的群众来利用。

第五,希望人民出版社积极探索走出去的途径和方式,为扩大中国特色社会主义理论体系的影响力作出更大贡献。随着经济社会的快速发展,我国综合国力显著增强、国际地位日益提高,中国发展成就、发展经验、发展道路越来越引起全世界的关注。国家硬实力提升了,迫切要求提升国家软实力。加强软实力建设,首先要求新闻媒体增强国际传播能力。出版在广义上也属于媒体范畴,是重要的传播阵地。要把推动中国特色社会主义理论体系走出去作为重要课题,组织力量专门研究,出版适合外国人阅读的理论读物,使国际社会特别是那些对中国发展成就、发展经验、发展道路感兴趣的外国智库、大学等研究机构有了解我们的便捷渠道,使广大发展中国家在研究学习中国道路时能得到完整准确的文献,同时,也要面向国外普通读者出版理论通俗读物。互联网具有无国界、天然落地的特点。"中国共产党思想理论资源数据库与传播工程"网站,也要根据推动中国特色社会主义理论体系走出去的需要,认真研究在现有数据库的基础上逐步增加英文版本甚至几种外语版本的问题,以便让更多的外国人能看懂。现在,中央电视台在对外播出方面进展很大,原来只有英语频道,后来开播了法语和西班牙语频道,最近又开播了阿拉伯语、俄语频道，加上中文国际频道，联合国6种工作语言的国际频道都开播了，下一步还准备开播葡萄牙语频道。中国国际广播电台现在已发展到用59个语种对外播出，其网站也和广播一样多语种传播。人民网、新华网也开通了外文版，"中国共产党思想理论资源数据库与传播工程"网站开通后，要和它们互相链接，进一步扩大对外影响。

第六，希望人民出版社重视培养优秀人才，为事业发展提供有力人才保障。出版社是知识高度密集型单位，需要一大批高层次的理论专家、理论工作者、编辑人员。随着现代科技的广泛应用，随着在国际上建立中国话语体系的工作被提上日程，迫切需要更多既精通党的创新理论又了解中国国情，既熟悉中央的路线方针政策又了解基层实际，既有理论造诣又熟练掌握外语，既懂传统出版形态又善于运用现代科技手段的专业型、复合型、外向型、创新型人才，为宣传党的创新理论作出贡献。人民出版社一定要适应形势发展的要求，牢固树立"人才资源是第一资源"的观念，积极加强各方面人才特别是中青年后备人才培养。要与高校相关专业建立紧密联系，让出版阵地成为重点高校相关专业的实习基地，在实习过程中发现人才。要注重吸收更多优秀知识分子，激励他们更好地为党的理论建设、理论宣传、理论传播作贡献。要尊重劳动、尊重知识、尊重人才、尊重创造，从政治上、工作上、生活上关心广大出版工作者，用事业凝聚人才，用人文关怀凝聚人才，为他们创造良好工作条件，帮助他们解除后顾之忧，努力形成人尽其才、心情舒畅的良好环境。希望人民出版社全体同志都能够以在人民出版社为传播党的理论路线方针政策作贡献为荣，并以此作为崇高使命和毕生追求,不断增强历史使命感和社会责任感,不断创造新业绩、作出新贡献。

注 释

〔1〕中国共产党思想理论资源数据库网站,已于2010年"七一"前夕正式上线运行。网址:http://www.ccpph.com.cn。

切实把韶山"一号工程"建设好[*]

（2009年11月30日）

> 建设好"一号工程"，就是要把我们党领导亿万人民进行革命建设改革取得的丰功伟绩永远铭刻在民族振兴史、国史、党史上，把我们党领导亿万人民在各个历史时期浴血奋战、艰苦奋斗、开拓进取留下的遗址遗迹牢牢凝固在中华大地上，把我们党领导亿万人民创造的宝贵精神财富深深植根于广大人民群众心田中，使之成为实现中华民族伟大复兴的强大动力。

刚才，云山同志讲了很好的意见，我完全赞成。这次来韶山，看了中央确定的爱国主义教育基地"一号工程"的建设进展情况，感到非常满意、非常高兴，也受到一次深刻的思想教育和灵魂洗礼。特别在以下几个方面印象非常深刻：

一是韶山的环境面貌大变。韶山是毛主席的家乡，毛主席是

---

[*] 这是李长春同志在韶山爱国主义教育基地"一号工程"建设整体情况汇报会上的讲话。

伟大的马克思主义者、是全国各族人民敬仰的伟大领袖,我们有责任有义务把毛主席的家乡建设得更加美好。这次我们高兴地看到,随着"一号工程"建设的进展,韶山的环境面貌发生了巨大变化,处处充满了生机和活力。二是"一号工程"的展览内容更加丰富,展示功能更加完善,展陈手段更加科学。纳入韶山"一号工程"建设的,既有毛主席故居,又有毛主席遗物馆、纪念馆、图书馆,还有毛主席塑像广场,布局合理、功能齐全、内涵丰富,同时把庄重庄严的氛围和繁华的商业气息合理地协调起来,使整个工程吸引力大增。三是"一号工程"的教育功能进一步提升,社会效益显著提高。开展思想政治教育工作,离不开适当的形式和良好的氛围。韶山"一号工程"自2008年12月基本建设完成后,在不到一年的时间内,游客人数大幅上升,即便在天气十分寒冷的情况下,仍然吸引了来自四面八方的游客。不断有青少年到毛主席广场举办各种纪念、瞻仰、学习活动,今天我们还看到少先队员在广场举行主题队日活动。我们也在毛主席塑像前三鞠躬、敬献花圈,这种仪式本身就使我们的思想受到教育、灵魂得到洗礼。可以说,通过精心建设和改造,韶山"一号工程"的形式、内容和氛围都得到极大提升,思想政治教育功能得到充分发挥。四是"一号工程"建设带动了地方经济发展,提高了周边群众生活水平。我第一次来韶山是在20世纪70年代,当时感到韶山还是贫穷落后地区。这次再来韶山,沿途所见,到处是一派生机盎然、欣欣向荣的景象,刚才春贤[1]同志在汇报中谈到近年来韶山的地区生产总值和财政收入等经济指标都以两位数的速度增长,听了感到十分高兴。实践证明,中央把韶山爱国主义教育基地作为"一号工程"进行建设的决策完全正确、非常必要，取得了预期效果。

党的十六大以来，以胡锦涛同志为总书记的党中央高度重视宣传思想文化工作，高度重视革命传统和革命精神教育，作出进一步加强爱国主义教育基地建设的决策部署，把韶山、井冈山、延安爱国主义教育基地建设作为"一号工程"，纳入重大文化建设项目，采取系列措施，全力予以支持。为进一步发挥爱国主义教育基地的作用，中央还决定把发展红色旅游与加强爱国主义教育基地建设结合起来，于2004年12月制定颁发了《2004—2010年全国红色旅游发展规划纲要》，要求通过发展红色旅游进一步

2009年11月30日，李长春在湖南省韶山市考察爱国主义教育基地"一号工程"建设情况时，向毛泽东铜像敬献花篮。前排左一为湖南省委书记张春贤，左二为湖南省省长周强。

（张目摄）

完善爱国主义教育基地建设、进一步发挥爱国主义教育基地的教育功能,通过爱国主义教育基地建设进一步带动红色旅游的发展、进一步加强基础设施建设,使两者相互促进、共同发展。胡锦涛总书记亲自到一些爱国主义教育基地考察,对这种"两结合"的方式给予充分肯定。中央作出这一重大决策,就是要把我们党领导亿万人民推翻三座大山、创建新中国、建立社会主义制度、进行社会主义现代化建设和改革开放取得的丰功伟绩永远铭刻在我们的民族振兴史、国史、党史上,把我们党领导亿万人民在革命建设改革各个历史时期浴血奋战、艰苦奋斗、开拓进取留下的遗址遗迹牢牢凝固在中华大地上,把我们党领导亿万人民创造的宝贵精神财富深深植根于广大人民群众心田中,使之成为实现中华民族伟大复兴的强大动力。从现在来看,三个"一号工程"进展顺利。目前,韶山爱国主义教育基地"一号工程"建设已经基本完成,希望湖南、湘潭和韶山三级党委政府深刻认识工程建设的重大意义,深刻认识肩负的历史责任,进一步增强责任感、使命感,继续努力把"一号工程"建设好、运用好,使其更好地发挥作用。

关于怎样发挥好"一号工程"的作用,我再提几点建议,供大家参考。

第一,把"一号工程"建设成为政治工程、文化工程、富民工程、民心工程。要把"一号工程"建设成为政治工程,使全党全国各族人民通过参观学习教育,进一步打牢团结奋斗的共同思想基础,进一步坚定在中国共产党领导下、走中国特色社会主义道路、实现中华民族伟大复兴的信念和信心。要把"一号工程"建设成为对广大青少年进行思想道德教育的文化工程,特别要大力弘扬以爱国主义为核心的民族精神和以改革创新为核心的时代精神。要把"一号工程"建设成为推动革命老区脱贫致富、提高生活水平的富民工程，使之成为推动韶山乃至湘潭加快发展、加快富民的龙头工程，充分发挥其辐射带动作用，吸引各方面力量为毛主席家乡做实事，带动经济发展，带动群众致富。要把"一号工程"建设成为民心工程，满足人民群众基本文化需求，为人民群众提供公益性文化服务。

第二，把"一号工程"建设成为毛主席生平事迹研究、开发、运用的重要基地。要在深入研究的基础上，把毛主席的生平事迹进一步推广到文艺创作、出版物、影视剧中去，使毛主席全心全意为人民服务、把自己和家庭的一切都奉献给中华民族解放事业的丰功伟绩、崇高思想和精神境界，以各种形式世世代代传承下去，也让湖南在以毛主席生平事迹为主题的文化建设和文化产业发展方面树立鲜明特色。

第三，进一步丰富"一号工程"展陈内容，改善服务水平，最大限度地发挥教育功能。要全力收集毛主席的著作原稿等遗物，充分展示毛主席工作活动的影视图片等，目前还欠缺的资料，可以去国家博物馆、档案馆等地复制过来，千方百计收集整理齐全，不断丰富展陈内容，把"一号工程"建设成为集中展示毛主席生平史实的基地。要把有关毛主席的历史图片、纪录片等宝贵影视资料重新进行数字化修复，推向全国，形成一个毛主席生平事迹、图片、视频的再加工、再出版基地。要大力完善服务水平，全方位提高讲解员素质，培养一批既能背讲解词、又能进行深刻阐释的讲解员，一批熟悉历史知识、有较深古典文学造诣的讲解员，一批能熟练运用外语、直接面向外国游客进行讲解的讲解员。要进一步开发丰富的旅游纪念品，制作包括毛主席诗词文字、视频资料等复制品在内的纪念品，满足广大游客的购买需求。要为全国各地开展红色旅游、开展相关教育活动创造条件，提供周到的全程服务，不断提高服务的专业化水平。要通过这些工作，不断增强吸引力，使韶山爱国主义教育基地"一号工程"建设走在全国前列，真正成为全国爱国主义教育基地建设的示范工程。

最后，关于进一步加快韶山和湘潭地区发展的问题，建议省委省政府专门研究，作出部署。在革命战争年代，毛主席的家乡人民为革命付出了巨大牺牲，作出了重大贡献。当前，我国已经进入全面建设小康社会新时期，要使毛主席的家乡不仅仅成为革命圣地，还要成为先富起来、先发展起来的地区。这样做，不仅有经济意义，而且有政治意义，要通过毛主席家乡的发展带动周边地区更好地发展。

注 释

〔1〕春贤，指张春贤，时任中共湖南省委书记。

切实保障好盲人群众基本文化权益[*]

（2011年8月16日）

> 盲文图书馆是社会文明进步的标志，是广大盲人群众学习知识、陶冶情操的重要殿堂，是公共文化服务体系建设的重要基础性设施，也是保障盲人群众基本文化权益的重要途径。可以说，盲文图书馆是照亮盲人群众心灵的明灯，肩负着党和政府的亲切关怀，肩负着广大盲人群众的殷切期盼，责任重大、使命光荣。

今天，我和云山同志以及中宣部、发展改革委、财政部、文化部、新闻出版总署、国务院机关事务管理局的负责同志，怀着十分高兴的心情到中国盲文图书馆来，一是实地察看不久前落成的中国盲文图书馆，对新馆的建成开馆表示祝贺；二是就进一步发展残疾人文化事业进行调研，听取大家的意见和建议。

2010年2月2日，我和云山同志到中国盲文出版社调研，看到盲文图书馆地处北京宛平古城的文物保护区内，远离市区、设

---

[*] 这是李长春同志在中国盲文图书馆考察调研时的讲话。

施陈旧、场地狭小，既不方便盲人群众使用，也不利于文物保护。因此，我们提出要对盲文图书馆进行异地迁建，扩大规模、提高水平。今天，我们看到，在中宣部的统筹协调下，发展改革委、财政部、文化部、新闻出版总署、国管局、中国残联等部门高度重视、通力合作，只用了1年4个月的时间，就办成了这么漂亮的一件好事实事，在北京中心城区建成了这样一个高水平、高标准的盲文图书馆，把党和政府对残疾人事业的支持、对残疾人群众的关怀，送到了广大盲人朋友的心坎上，看了十分高兴、非常振奋。

中国盲文图书馆的建成开馆，具有多方面的重要意义。第一，这是贯彻落实中共中央、国务院颁布的《关于促进残疾人事业发展的意见》的重要举措，是践行我们党以人为本、执政为民理念的具体措施，体现了胡锦涛总书记提出的让关爱的阳光照亮每个残疾人的要求。第二，这是残疾人文化事业发展的重要里程碑，是广大盲人学习知识、陶冶情操的重要殿堂，是全社会带给广大盲人的福音。这一成果，只有在社会主义中国、在改革开放的今天才能够实现。刚才我们看到，不少盲人特别是盲童在这里刻苦学习，在知识的海洋遨游，他们为生活在今天这个时代感到幸运，我们也为此激动不已。第三，这是全国公共文化服务体系建设、推动社会主义文化大发展大繁荣的一个重要标志性工程。第四，这也是我们国家高度重视人权事业的雄辩证明，是保障残疾人基本权益、促进社会公平正义的生动体现。

刚才，我们参观了盲文科技与医学阅览区、盲童阅览区、盲人有声读物阅听区、触觉博物馆、视障文化体验馆、全国盲人优秀艺术作品展，听取了新宪[1]同志代表中国残联所作的工作汇报，进一步加深了对盲文图书馆事业和残疾人文化事业发展情况的了解，也进一步感受到广大盲人群众如饥似渴学习文化知识、自强不息追求美好生活的精神风貌。目前看来，盲文图书馆新馆各方面条件都上了一个大台阶：一是区位优势进一步增强，从郊区搬迁到城区，为更多盲人群众学习借阅和参与体验提供了便利；二是服务条件和办公环境进一步改善，建筑设施完备适用，充分考虑了盲人活动的特点，特别是技术设施水平大大提高，视障文化体验馆、触觉博物馆等让人耳目一新；三是馆藏内容进一步丰富，目前已拥有五万多册盲文书刊和大字本图书、有声读物；四是服务领域进一步延伸，在向盲人群众提供借阅服务、文献查询的同时，还主动向全国各级各类盲人阅览室提供盲人读物资源支持和业务培训，组织盲用信息化产品的研发和推广，示范性开展盲人学习及生活技能训练等；五是图书馆干部职工的精神状态进一步振奋，大家热心于盲人事业，全身心投入工作，呈现出敬业奉献、昂扬向上的良好风貌，让我们深受感动。开馆一个多月来，接待了来自全国多个省区市的盲人群众和参观者，受到广大盲人群众的热烈欢迎，社会影响不断扩大，社会效益日益显现。日本、美国等国际同行也到馆参观，对中国政府高度重视和关爱残疾人的实际行动给予高度评价。所有这些可喜的变化和进展，都给我们留下深刻印象。借此机会，我代表党中央、国务院，对中国盲文图书馆的建成开馆表示热烈祝贺，对大力支持中国盲文图书馆建设的有关部门和社会各方面表示衷心感谢，对中国残联长期以来推动残疾人文化事业发展取得的成绩表示由衷敬意，对盲文图书馆全体工作人员以及全国1233万盲人朋友致以亲切慰问！

以胡锦涛同志为总书记的党中央对广大残疾人非常关心，先后作出一系列部署，推动我国残疾人事业取得了长足进步。在党

切实保障好盲人群众基本文化权益

中央、国务院的高度重视和坚强领导下,近年来我国残疾人文化事业蓬勃发展,文化设施逐步完善,文化产品日益丰富,广大残疾人的文化权益得到更好的保障。随着我国经济社会快速发展和综合国力日益增强,随着文化体制改革的加速推进和文化事业文化产业整体实力的不断增强,我们有责任也有条件采取更有力的措施,进一步完善残疾人公共文化服务体系,推动残疾人文化事业大发展大繁荣。盲文图书馆是社会文明进步的标志,是广大盲人群众学习知识、陶冶情操的重要殿堂,是公共文化服务体系建

2010年2月2日,李长春看望慰问中国盲文出版社全体员工。图为李长春观看盲文书刊。左一为新闻出版总署署长柳斌杰。 （新华社记者李学仁摄）

设的重要基础性设施,也是各级政府保障盲人群众基本文化权益的重要途径。可以说,盲文图书馆是照亮盲人群众心灵的明灯,肩负着党和政府的亲切关怀,肩负着广大盲人群众的殷切期盼,责任重大、使命光荣。方才,云山同志讲了很好的意见,几位部长也谈了自己的感受,都表示要继续支持残疾人文化事业发展,我都赞成。新宪同志的汇报也很全面,特别是讲到盲文图书馆要发挥好"五个中心、一个窗口"[2]的作用,给我们留下很深的印象。这里,我想再强调几点,与大家共勉。

第一,坚持以人为本、服务至上,努力提供优质周到的服务,把盲文图书馆建设成为全国盲人群众学习知识、陶冶情操的精神家园。与健全人相比,盲人接受教育、获取知识的难度要大千百倍,但他们对知识的渴求往往更加迫切,对丰富精神文化生活的愿望往往更加强烈。希望盲文图书馆紧紧围绕满足盲人精神文化需求、保障盲人基本文化权益这个根本任务,牢固树立全心全意为盲人服务的意识,把以人为本、服务至上的要求落到实处,为盲人群众学习文化知识、掌握生活技能、丰富精神世界、相互交流沟通提供最佳平台,让他们真正感受到党和政府的关怀、社会主义大家庭的温暖。以人为本,就是要以服务全国盲人群众为己任,贴近盲人实际,体现人文关怀,真正发挥作为服务全国1233万盲人的"五个中心"的作用;服务至上,就是全部工作都要围绕如何为盲人群众做好服务来安排和展开,不断提高服务水平,充分体现公益性、综合性、示范性、便利性、权威性的要求。体现公益性,就是坚持把社会效益摆在首位,对盲人的公共文化服务要全部免费,包括到馆借阅、邮寄借阅、文献查询、专业咨询等服务都要免费,并在此基础上探索为盲人免费送书、上门服务,最大限度地扩大受益人群。体现综合性,就是要针对盲人群众的需求,不断拓展为盲人服务的范围和领域、广度和深度,进一步丰富馆藏,收集和提供更多盲文读物和盲用产品,开辟更多电子阅览区、上网场所和互动体验空间,充分利用图书馆资源开展讲座、咨询、展览、培训等特色服务,为盲人群众提供全方位的综合服务,让广大盲人群众更好地在知识海洋中遨游。体现示范性,就是中国盲文图书馆要在全国发挥示范和辐射作用,带动全国各级公共图书馆建立盲人阅览室或盲人读书角、盲人阅览席位,在信息、技术、资料等方面资源共享、优势互补,所有典藏资源都要最大限度地为全国盲人共享,让盲人群众平等享受公共文化资源和服务。体现便利性,就是一切从盲人实际出发、一切为盲人群众着想,无论是到馆借阅还是在线服务都要体现便民利民的要求,努力营造方便、快捷、亲切、温馨的服务环境,在服务设施、服务流程、技术手段、馆藏安排、休息空间、无障碍通道等方面提供更加便捷的服务。体现权威性,就是要成为全国盲人学习文化科学知识的最高殿堂、最高学府,提供最权威的资料和最专业的服务。

第二,坚持改革创新,始终保持旺盛的生机活力,把盲文图书馆事业推向新的更高水平。坚持改革创新,既包括体制机制创新,也包括积极推动文化与科技相结合的科技创新。体制机制创新,就是按照"国家扶持、转换机制、面向受众、改善服务"的要求,结合盲文图书馆的实际,进一步深化内部人事、收入分配和社会保障制度改革,完善内部管理和运行机制,增强自我发展的内生动力,努力探索公益性文化事业单位更好地为盲人服务的新路子,用良好的体制机制保障"以人为本、服务至上"理念的落实，保证每一位员工始终对盲人文化事业带着饱满的热情和深厚的爱心，希望你们在这方面进一步探索。科技创新，就是要顺应现代信息技术迅猛发展的新趋势，把加强自主创新与强化社会依托结合起来，加快研发和推广应用盲用软件和终端阅读设备、电子盲文显示器、盲人智能导航系统等盲人信息化科技成果，推出更多更好的盲用信息化产品。文化部要会同中国残联，依托全国文化信息资源共享工程，加快盲文数字图书馆建设推广步伐，向盲人群众提供更为先进、更为广泛、更为便捷的服务，让盲人群众共享科技进步成果。我们这次高兴地看到，盲文阅读使用已经从传统的用手触摸向信息化应用快速前进，我们去年只看到了键盘输入，这次来看到又有了语音输入，极大地方便了盲人群众，向前迈进了一大步。要及时总结经验、加强调查研究，积极探索盲人视障文化资讯服务的特点和规律，准确把握盲人的精神文化需求，及时改进服务手段和方式，不断提高服务能力和水平。

第三，以加快完善残疾人公共文化服务基础设施为突破口，推动残疾人文化事业大发展大繁荣。残疾人群体是全社会的重要组成部分，社会主义文化大发展大繁荣必须包括残疾人文化事业的大发展大繁荣。与健全人相比，残疾人需要全社会更多的关爱、更特殊的照顾，因此对发展残疾人文化事业要有更大的力度、更扎实的措施、更有针对性的政策。当前，推动残疾人文化事业大发展大繁荣的一个突破口，就是加强基础设施建设，通过公共文化服务的均等化来体现全社会对残疾人的关爱。要加快残疾人公共文化设施建设，公共图书馆、博物馆、群众艺术馆、文化馆、社区文化中心、科技馆、青少年宫等基层文化阵地和各项文化惠民工程，都要提供便于残疾人参与的活动场地和设施,增加面向残疾人的文化服务内容,向广大残疾人免费开放,切实保障残疾人基本文化权益。各级公共图书馆首先要把盲人阅览室、盲人读书角、盲人阅览席建立起来,以此为契机推动各种公共文化服务基础设施对残疾人一视同仁。在完善基础设施的同时,要进一步加强调查研究,学习借鉴北京奥运会的成功经验,推动各方面盲人文化服务迈上新的台阶。要在广播电视节目中增加残疾人的栏目和时段,特别是电视节目要尽可能加配手语和字幕,便于聋哑人收听收看,中央电视台在这方面要发挥示范带动作用。要加快发展残疾人出版事业,出版更多有关残疾康复、生活技能、就业指导等方面的书籍,推出更多有关残疾人特殊教育的教材和普及读物,为广大残疾人提供充足的精神食粮。要组织广大文艺工作者创作生产更多反映残疾人追求美好生活、自强不息、努力拼搏的优秀作品,生动展示残疾人积极的人生追求、高尚的情感境界、坚韧的意志品质、健康的生活情趣,让更多的人从中受到教育、获得启迪。要积极支持残疾人艺术发展,扶持残疾人题材作品创作生产,帮助中国残疾人艺术团解决实际困难,推出更多像《千手观音》那样思想性、艺术性、观赏性俱佳的精品力作,更好地展现广大残疾人自立自强的精神状态,展现我国对残疾人事业的高度重视和人权事业进步的成就。刚才之鑫[3]同志提议分期分批为学龄盲童免费提供阅读工具,请发展改革委和财政部进一步研究论证,力争在"十二五"期间逐步解决,多为残疾人办一些实事。

第四,积极探索走出去的有效途径,努力把盲文图书馆建设成为开展国际视障文化资讯服务交流的窗口、展示我国残疾人事业进步的窗口。盲文图书馆是开展国内外盲人文化交流合作、展示我国盲人文化事业发展成就的重要平台。我国是世界上盲人最多的国家，应该为推动中外视障文化资讯服务交流合作、促进国际残疾人文化事业发展作出积极贡献。要加大走出去的力度，积极搭建国际盲人文化交流平台，在有关方面支持下，举办国际盲人文化论坛、盲人文化产品展览推介等活动，把盲文书刊、盲用信息化产品纳入参加国际图书展的内容，更好地展示我国盲人自强不息、乐观进取的精神风貌，展示我国社会理解尊重、关心帮助盲人的人文关怀，展示我国人权事业发展的巨大成就，展示中国特色社会主义制度的优越性。要充分利用互联网等新兴传播手段，增加外语语种，加大推介力度，努力扩大我国盲人文化的国际影响力。要加大盲用信息化产品研发推广应用和走出去的力度，推出一批具有自主知识产权的产品和标准，为世界范围内特别是华文世界盲人群体共享现代信息通讯和互联网技术提供便利工具。要加强与国外盲人组织、盲文图书馆的交流合作，建立定期交流、互利合作的机制，积极借鉴国际上盲文图书馆建设的先进理念、前沿技术、成熟经验和成功做法，不断提高我国盲文图书馆事业发展水平。

第五，高度重视人才队伍建设，为盲文图书馆事业繁荣发展提供有力的人才保障。推动盲文图书馆事业健康发展，关键靠人才。通过去年和今年的两次调研，我深深感到中国盲文出版社和盲文图书馆这支人才队伍，是一支默默奉献盲人文化事业、富有爱心、做了大量卓有成效工作的优秀队伍。与一般的出版社相比，盲文出版社在技术运用、工作流程等方面具有很大的特殊性，需要工作人员运用专门软件输入和翻译盲文；与普通图书馆相比，盲文图书馆工作人员需要掌握更多的知识和技能、付出更多心血和汗水。特别是随着经济社会的快速发展，盲人群体已经从求生存进入到求知求乐求发展、为中国特色社会主义作贡献的阶段，对学习知识和技能有了更高的要求，这些都对盲文图书馆工作者的综合素质和服务能力相应地提出了更高的要求。因此，这支队伍也特别需要各方面的重视和关心。要牢固树立"人才资源是第一资源"的观念，加大人才培养和引进力度，把用好现有人才、引进急需人才和培养后备人才结合起来，着力建设一支热爱盲文图书馆事业、掌握盲文特殊教育技能的工作队伍。要根据事业发展的需要，组织开展多种形式的在职培训，帮助图书馆工作人员更新观念、补充知识、开阔视野、强化技能，努力提高思想政治素质和业务工作水平。要坚持尊重劳动、尊重知识、尊重人才、尊重创造，在政治上关心、工作上支持、生活上照顾、精神上激励盲文图书馆工作人员，帮助他们解决实际困难，提高他们对盲文图书馆事业的认同感、归属感和光荣感，调动他们的积极性、主动性和创造性，鼓励他们在为盲人服务中实现自己的人生价值。

这里，我还想特别强调的是，残疾人事业是党和国家事业的一个重要组成部分，需要得到全党全社会的高度重视和支持，特别是各级党委和政府要从中国特色社会主义事业四位一体总体布局的战略高度，充分认识发展残疾人文化事业的重要意义，加强组织领导，加大财政扶持，给予更多关爱，办更多好事实事，促进残疾人群体最大限度地共享改革发展成果。要紧紧抓住即将召开的党的十七届六中全会研究部署深化文化体制改革、推动社会主义文化大发展大繁荣这一重大机遇，推动残疾人文化事业发展迎来一个新高潮。各有关部门要进一步总结借鉴中国盲文图书馆迁建的成功经验,大力协同、相互配合、多办实事,扶持残疾人文化事业发展,引导社会各界多渠道参与残疾人文化建设,为残疾人群体奉献爱心。各级宣传思想文化部门要把残疾人文化事业发展纳入重要议事日程,中央外宣办、文化部、广电总局、新闻出版总署等文化主管部门,在公共文化服务体系建设过程中要统筹兼顾、一视同仁,最大限度地保障残疾人参与社会文化活动的权益。要大力宣传社会各方面关心帮助残疾人的爱心和善举,宣传残疾人坚韧不拔、自强自立的先进典型,努力营造全社会关心帮助残疾人的良好风尚,唤起全社会对残疾人的关爱、关心、关怀,让关爱的阳光照亮每一位残疾人的心灵,让每一位残疾人都能感受到社会公平正义的脚步。要选择不同角度,进一步加强对盲文图书馆的宣传,让更多盲人群众前来学习借阅,更好地发挥图书馆的作用。

注 释

〔1〕新宪,指王新宪,时任中国残疾人联合会党组书记、理事长。

〔2〕"五个中心、一个窗口",指要把中国盲文图书馆办成各类盲人读物和盲人文化作品典藏中心、全国盲人公共文化服务中心、全国各级各类盲人阅览机构资源中心、全国盲人文化研究和辅助技术研发中心、全国盲人社会教育和终身教育中心,展示我国公益性文化服务水平、传播人道主义和开展海内外盲人文化交流的窗口。

〔3〕之鑫,指朱之鑫,时任国家发展和改革委员会副主任。

加快发展文化产业，推动文化产业成为国民经济支柱性产业

重塑微观主体,振兴电影产业[*]

(2003年9月12日)

> 微观主体的改革,就是要重塑自主经营、自负盈亏、自我发展、自我约束的文化企业法人主体,努力形成投资主体多元化,规范法人治理结构,建立现代企业制度。

作为中影集团的两个重要组成单位,北京电影制片厂是为我国电影事业作出了重大贡献的电影制作基地,中国儿童电影制片厂也为电影事业作出了重大贡献。这次能够到中影集团来看看,和大家一起交流、沟通,感到很高兴。看到几位老导演、老艺术家也感到很亲切,我是看你们的电影成长起来的。我记得《青春之歌》[1]在当时年轻人中反响是非常强烈的。借此机会,我想就振兴电影产业谈几点看法,与大家共勉。

当前,文化体制改革的课题已经紧迫地提到我们面前。在整个文化体制改革中,微观主体的改革占有非常重的分量,怎样才

---

[*] 这是李长春同志在中国电影集团公司调研时讲话的一部分。

能在微观主体的改革上取得突破，我想是不是要在这么几个方面有新的思路和新的举措。

第一，微观主体的改革就是要重塑自主经营、自负盈亏、自我发展、自我约束的文化企业法人主体，努力形成投资主体多元化，规范法人治理结构，建立现代企业制度。现在中影集团下设若干子公司，子公司有很多是合资的，集团为国家控股公司，不搞股份制，这是可以的。下面的几个子公司搞投资主体多元化，

2008年8月1日，李长春到刚刚竣工的国家中影数字制作基地调研。右四为中共中央政治局委员、中央书记处书记、中宣部部长刘云山，右三为中宣部副部长、文化部部长蔡武，右五为财政部副部长张少春，右七为中宣部副部长、中央外宣办主任王晨，左二为中共中央政治局委员、国务委员刘延东，左三为新闻出版总署署长柳斌杰。

（新华社记者饶爱民摄）

我觉得这都有很大进展。

第二，要面向社会资金和资本市场筹集发展资金。电影生产都要面向市场，向市场筹集资金，而且要做到再生产和良性循环。在企业的技术改造方面，政府可以适当支持，也就是固定资产的投资，支持办法可以是多种的，可以贷款贴息，可以无息贷款。对于弘扬主旋律的电影制作，也可以在自筹的基础上给予补助。现在面向市场筹集资金，市场的资金量是相当大的，关键是我们的微观主体改革没到位，使人家感到电影是个事业不是产业。只有按产业化运作，才能调动全社会的投资积极性，包括向固定资产投资，也包括向影片制作投资。为什么有些制片厂一年就制作两三部影片，而且拷贝还不一定能卖出去，这很值得研究。从根本上讲，它是个事业单位，不是面向市场，而企业要面向市场，两者的价值取向就不一样，所以我们强调微观主体的改革一定要到位，体制要到位，运行机制要到位，这个毫不含糊，必须是推向市场，改制为企业，充分激发它的活力。转制为企业之后，筹资渠道就拓宽了，最简单的是间接融资，就是从银行贷款，进一步的是资本运营，到资本市场上去筹资，还可以找其他法人合作，寻求战略合作，搞几个股份制公司，也可以寻求战术合作，即在制片时合作。建议你们也创造条件，搞一个公司上市。还要把多种经营搞起来，以电影为主业，包括电视、广告制作，以及电影电视的后续产品开发等，围绕主业，向上向下发展。中影集团电影主业上不去，别的产业再热闹，也不是我们希望的，关键是要把我国的电影产业振兴起来。制片厂要充分竞争，不竞争水平就上不来，像中影集团的影视制作基地也可以建两到三处，搞竞争。

第三，振兴电影产业要靠人才，特别是青年人才和既懂电脑技术又懂艺术创作的复合型人才。现在电影拍摄制作的技术手段变了，没有这样的复合型人才，创作上不去。还要营造人才发挥作用的环境，形成尊重劳动、尊重知识、尊重人才、尊重创造的氛围。我看了老艺术家反映生活困难的来信，做了批示，在改革中对已经退下来的老艺术家，按照老办法完善社会保障，企业还可以用特殊的办法，给立下汗马功劳的老艺术家搞点补助。在过去的体制下，老艺术家们工资不高，退休又比较早，要用补助的办法来解决。一头是老艺术家，一头是有困难的同志，企业要研究一些办法，给予解决。还要创造条件，让身体好的老艺术家发挥余热，带一带年轻的同志。

第四，希望中影集团在六大电影集团[2]里，迅速做强做大。中影集团的条件太好了。一是"中国"这个牌子是巨大的无形资产；二是有进口影片的授权经营，当然下一步要研究公平竞争的问题，进口经营和企业自营要分开；三是国家扶持帮助建了数字技术基地，有最好的技术设备。此外，还有这么多名导演、名演员，人才济济。所以，你们这样的条件再不能做强做大，搞不出好电影，恐怕就说不过去了。你们要有信心，尽快发展起来，尽快成为大型的文化企业集团，在国内有很强的竞争力，在国际上也树立起我们的形象，为中国电影产业的发展作出贡献，提供经验。

注　释

[1]《青春之歌》，指的是电影《青春之歌》，根据女作家杨沫的同名长篇小说改编，崔嵬、陈怀皑执导，谢芳主演，1959年拍摄完成。电影讲述

了林道静从一个受封建家庭逼迫而走投无路的青年学生，在党的教育引导下，在革命斗争的锻炼中逐步成长为一名坚强的无产阶级革命者的故事。

〔2〕六大电影集团，指中国电影集团公司、上海电影（集团）有限公司、长影集团有限公司、珠江电影集团有限公司、西部电影集团有限公司、峨眉电影集团。

加速建设一批大型国有或
国有控股的文化企业*

（2004年10月2日）

> 实践证明，发展文化产业最大的障碍就是体制弊端，要把转企改制作为改革的突破口，加快发展一批国有或国有控股的大型文化企业或企业集团，占领主渠道，发挥主体作用。

这次来沈阳，看了辽宁出版集团有限公司，留下很好的印象。感到有这样几个特点：一是起步早。2003年3月就转制为出版企业，你们的改革在中央文化体制改革试点之前就已经起步了，进度上比其他试点单位的工作超前。二是比较规范。真正实现了事业转为企业，并按照沃尔玛的模式，建立了比较完善的配送中心，连锁经营，现代物流也规范运作。三是能够跟走出去紧密结合起来。现在我们的文化产品走出去是一个大难题，最大的问题是体制性障碍。由于你们在体制上有突破，先走一步，通过跟境外的文化企业资本合作，把我们的文化产品推出去，这是一

---

* 这是李长春同志在辽宁出版集团有限公司考察时讲话的一部分。

个比较好的途径。四是水平高。水平高不高最重要的是看配送中心，你们这里实现了全系统的电脑化管理，形成了有一定规模的配送中心，把物流和信息化紧密结合起来，用现代物流的手段进行图书音像产品配置，以最小的库存，实现效益最大化。这几点都给我留下很深的印象。你们的改革实践再次证明了早改早主动、晚改就被动、不改没出路的道理。

最近召开的党的十六届四中全会作出了《中共中央关于加强党的执政能力建设的决定》，明确提出要进一步提高建设社会主义先进文化的能力，解放和发展文化生产力，发展文化事业和文化产业。要求我们以体制机制创新为重点，增强微观活力，健全文化管理体系，依法加强管理。实践证明，发展文化产业最大的障碍就是体制弊端，具体说就是事业单位性质是文化产业发展的最大体制弊端。这种事业体制比较适应公共事业的运作规律，不适应产业的运作规律，没有办法市场化运作；需要的人进不来，不需要的人出不去，"大锅饭"、"铁饭碗"；没办法融资，不是市场主体、不是企业法人，无论是直接融资还是间接融资都实现不了，无法和市场体制接轨。总之，这种体制带有明显的行政色彩和官本位文化，其价值观念和市场经济的要求不一样，因此也没有活力。你们把事业转企业作为改革的突破口，这个突破口选得很准。这样做符合四中全会的要求。你们的实践表明，加速建设一批大型国有或国有控股的文化企业或企业集团，这是文化体制改革的关键。

为什么要强调加速建设一批大型国有或国有控股的文化企业或企业集团呢？第一个原因，我国的文化资源大量地存在于国有事业单位，这部分生产力不解放出来，文化大发展大繁荣就无从谈起。

第二个原因,从现在文化市场的发展形势看,国有单位占市场的比重逐步下降,多种所有制发展起来了,个体书商发展很快,国有发行系统如不改革,有被边缘化的危险。而文化本身具有双重属性,既有产业、商品属性,又有意识形态属性。文化的产业和商品属性,要求多种所有制共同发展;文化的意识形态属性,要求公有制必须占领主渠道从而发挥引领作用。怎么使公有制占领主渠道?就必须通过体制机制创新,解放和发展文化生产力,否则公有制占领不了主渠道,就会逐步被边缘化。因为事业性质的单位没有扩张的动力,又没有市场化运作的手段,它怎么能够占领市场、扩大份额呢?所以,发展文化产业,既要符合社会主义市场经济发展的要求,又要符合社会主义精神文明建设的要求,必须加快发展一批国有或国有控股的大型文化企业或企业集团,占领主渠道,发挥主体作用。

第三个原因,我国加入世界贸易组织之后,将要在更大范围、更广领域和更高层次上对外开放。这为我们吸收境外文化资本、学习世界先进文化提供了有利条件,同时也使我国文化产业面临激烈的国际竞争。根本的办法是加快改革步伐,增强本土文化企业的竞争力,把我们自己的文化产业做强做大,牢牢占领国内市场,在这个基础上,利用不断对外开放、加入世界贸易组织的机遇,尽快地走出去,加强与其他国家的文化交流合作。这也决定了我们一定要把大型国有或国有控股的骨干文化企业搞起来。

第四个原因,是要催生一批文化领域的战略投资者。因为文化领域的改革,除公益性文化单位和一些特殊领域如党报党刊等以外,其他经营性文化单位大都应该通过股份制改造这种形式进入市场。但能够上市吸纳公众股的文化企业还是少数，吸引外资只是一个方面，估计由于种种原因数量也有限。民营资本是参与国有文化企业股份制改造的重要力量，要充分发挥这支力量的作用，与此同时，就是要打造一批国有或国有控股的大型文化企业或企业集团，使它们成为文化领域改革过程中的战略投资者。比如像出版、发行领域将来不可能各省都搞一个大型集团，全国范围内只能有少数几家，使它们成为战略投资者，打破行政区划界限，去兼并、去控股，用各种形式联合，展开竞争，占领市场。只有这样才能增强活力，冲破条块分割走向市场。

第五个原因，增强微观主体的活力，也要靠一部分大型的国有或国有控股的文化企业或企业集团，在微观主体中起骨干、示范和带动作用。

所以，从这几个方面考虑，需要尽快催生一批大型国有或国有控股的文化企业或企业集团。因此，希望你们这个企业在现有的基础上迅速完善，加快发展，最终成为我们国家具有较强竞争能力的、能够在国际市场上建立起我们文化产业形象的、能够成为文化领域战略投资者这样一个大型文化企业集团。这本身也是振兴东北老工业基地的题中应有之义。

抓紧抓好文化企业上市这件大事[*]

（2004年10月29日）

> 深化文化体制改革，解放和发展文化生产力，首要的是增强文化生产活动中微观主体的活力。推动文化企业上市就是最好的途径之一。

文化企业上市既关系文化体制改革的成效，又关系文化事业的繁荣和文化产业的发展；既是文化体制的创新，又是做强做大文化事业和文化产业的途径。我们一定要按照党的十六大和十六届三中、四中全会的要求，把推动一批文化企业上市作为大事抓紧抓好。

要充分认识推动一批文化企业上市的重要意义。深化文化体制改革，解放和发展文化生产力，首要的是增强文化生产活动中微观主体的活力。推动文化企业上市就是最好的途径之一。

第一，文化企业上市是深化文化体制改革的重要手段，是实现行政监管和社会监管、民众监管、市场监管相结合的有效途

---

[*] 这是李长春同志在文化企业上市专题研究会议上讲话的一部分。

径。传统体制下的国有企业对它的主管部门负责，每到年终，企业就把全年工作情况、经营业绩，向主管部门打个报告，部门负责人草草一看，锁到抽屉里了事。很难深入研究，更谈不上督察了。如果企业上市了，就要定期公布经营业绩，金融评论家就要对它进行分析评论，指导股民买股票，其股值在市场作用下不断升降起伏，实际上等于把企业推到全民监督的面前。这种监督比只由主管部门监督要有力得多。如果说国有企业原来都有一个"行政婆婆"，通过上市就实现了从"行政婆婆"向"市场婆婆"的转变。这个无形的"婆婆"比原来有形的"婆婆"的管理有效得多。市场的压力带来的内生动力，是行政动力无法比拟的。所以，上市是推动文化单位体制机制创新的最有效手段。

第二，文化企业上市是做强做大文化产业的有效途径。转企改制后，普遍缺少发展资金，要努力探索做强做大的途径，靠政府投资是不现实的，或只能是个别的。必须走低成本扩张的路子，有条件的企业通过上市融资是做强做大的捷径。

第三，文化企业上市有利于增强我国文化产业的国际竞争力和影响力。加入世界贸易组织后我国将形成全方位、多层次、宽领域的对外开放格局，如果我们自己的文化产业不形成优势、占领阵地，外国文化资本就可能长驱直入。我们不应该被动地让出市场，而要学习外国的先进经验并与之竞争，最根本的还是要发展壮大我们自己的文化产业，最大份额地占领文化市场，最大限度地满足人民群众日益增长的精神文化需求。同时，在对外文化交流中，以政府为主体是一个方面，还要逐步增加民间文化交流和企业文化交流。政府组织的文化交流很重要，但只能在特定的时间完成特定的任务，做不到经常化。

现在，我们的对外文化交流工作上不去，很大程度上是体制上的原因。不少事业性质的文化单位，很难形成走出去主动开拓国际文化市场的动力机制。推动中华文化走出去，当务之急就是把国有经营性文化单位推向市场，从体制机制上增强对外文化交流的动力和活力，通过国内外文化企业间的双方合作与交流，运用商业手段推动文化走出去。我们深化文化体制改革、推动文化企业上市的重要目的之一，就是增强我国文化生产和传播的动力和活力，增强开拓国际文化市场的能力，扩大我国文化的对外交流与影响，形成与我国国际地位相适应的对外文化交流格局。

第四，文化企业上市有利于打造国有控股的文化产业战略投资者，推动面上的文化企业进行股份制改造和跨地区跨行业重组，增强国有文化企业的控制力。大力发展文化产业，我们欢迎各种非公有制企业把投资延伸到文化领域，但更重要的是文化领域自身必须培育一批大的国有企业战略投资者，特别是大型国有企业战略投资者，这有利于确保国有企业在文化市场上的主导地位。微观主体转企改制后，面临着建立现代企业制度的任务，而建立现代企业制度又要求企业进行股份制改造，除少数企业通过上市吸收公众股外，引进战略投资者是股份制改造的重要途径。在推动微观主体改革的同时，还要改革传统体制下形成的条块分割、资源分散、政企不分的局面，培育战略投资者有利于跨地区跨行业重组，变行政关系为资本纽带，变条块分割为统一市场，意义重大。做强做大国有文化企业，再向其他文化企业进行战略投资，这是我们创造的经验。比如，北京儿童艺术剧院由北京青年报控股组建股份制公司，北京旅游集团公司控股北京歌舞团，深圳华侨城公司控股深圳歌舞团等，都是成功的，增强了国有资本对文化产业的控制力，使这些演出单位的社会效益和经济效益比改革前大为改观。像北京儿童艺术剧院的童话剧《迷宫》，演出收益已达500多万元，而过去排演一个戏光成本就要10多万元，票房收入却很低，越演越赔本。这种状况现在得到了根本扭转。从实践来看，由国有企业战略投资者控股，是转换艺术院团体制机制的有效途径。

要严格规范文化企业上市。文化企业上市不能一哄而起，要统筹规划，逐步推进。要通过若干年的不懈努力，在股市中打造出有影响的文化板块，给股市注入新的活力。目前要抓紧做好以下几个方面的工作：

第一，选准后备企业。要选择一批发展前景好、扩张能力强，与整个文化产业发展方向相符合的企业，进一步排排队，分出层次，做好准备。

第二，端正指导思想。文化企业上市的目的不是圈股民的钱，而是加快推动文化企业的体制机制创新。因此，必须拿出优质资产上市。对准备上市的企业，各个部门都要研究支持的措施，总的目标就是充实优质资产。要解决好关联交易的问题，找到一个既遵循市场经济的规律，又考虑意识形态特殊性的好办法，解决好上市公司自主经营和募集资金发展方向，增强股民的信心。

第三，加强辅导帮助。请证监会推荐有关的证券公司，对准备上市的文化企业加强辅导，帮助其尽快具备上市的条件。文化企业上市是个新生事物，宣传文化部门的同志都要学习相关的知识。建议中宣部改革办会同证监会组织几次证券知识讲座，请试点单位、宣传部门、文化企业的同志都来听一下。

第四，在看准的前提下尽量往前赶。对看准的上市企业，可否请证监会的同志帮助指导一下上市前的相关工作，按照积极稳妥的方针进入快车道，时间上尽量往前赶一赶。可以在实践的基础上搞一个规范文化企业上市的指导性意见。

鼓励发展民营文艺表演团体[*]

（2005年9月21日）

> 要解放思想，把民营艺术院团放开，也可以由民营资本参与国有院团的改制，鼓励多种形式构建市场主体，多种渠道闯市场，满足人民群众多方面的精神文化需求。

在文化体制改革中，按意识形态属性分类，我们首先需要牢牢把握住的是党报党刊、电台电视台、通讯社这些重要媒体，因为它们是党和人民的喉舌。这是第一个层次。第二个层次，是非党报党刊的报刊社、出版社，除少部分保留事业性质外，大部分转为企业，推向市场，有的可以施行许可证管理。第三个层次，是图书发行系统、影视制作机构、艺术表演院团等。这个层次要放开，民营也行，股份制也行，也允许按加入世界贸易组织时的承诺准入外资，主要是依法进行管理，以更好地满足人民群众多

---

[*] 这是李长春同志在十六届中央宣传思想工作领导小组第二十九次会议上讲话的一部分。

层次、多方面、多样化的精神文化需求。目前，完全依靠国有院团，成本太高，票价太贵，老百姓接受不了。国有院团的改革要抓，但是要他们开发农村市场，需要有个过程。我们组织文化科技卫生"三下乡"，本身就是弥补现阶段体制性缺陷的一种权宜办法。根本问题是把表演团体的积极性调动起来，主动开发城乡市场。因此，来得最快的，就是把民营的艺术院团放开。至于放开后会不会出现乱七八糟、搞脱衣舞的情况，我看关键在依法管理。

发展民营文艺表演团体有利于保护传统艺术。应该肯定的是，民营文艺院团绝大多数是好的，如河南小皇后豫剧团非常有活力。这都证明戏曲并不是没有市场，而是我们原来的体制不活。戏曲本身就是来自民间、来自市场。民营院团与市场有着天然联系。因此，要制定文件，出台政策，鼓励民营艺术院团的发展，进一步调动民营艺术院团的积极性。比如，关于京剧的保护问题。把京剧作为古董保护起来，我们有这个能力，给特定人群表演一下也不难。但关键不在这里，在于与群众的结合中不断创新、不断发展，这才是最好的保护办法。我曾经与艺术家座谈，他们对中央高度重视京剧的措施深感欢欣鼓舞，但也很明确讲了他们的忧虑，担心很难把京剧繁荣搞活。他们介绍说，过去马连良[1]的戏班子，在分配上很简单：老板40分，主角40分，琴师7分，跑龙套1分，演出结束，收入按分数来分。到什么地方演出，就住在戏台的后台上。现在，有的演员到外地演出要住星级宾馆、住套间，票价怎么能降下来，群众怎么能接受呢？靠现有院团、现有体制，票价永远降不下来。一个院团里国家一级演员好几个，都是名角，一有演出任务，大家都争，你也是一级演员，我也是一级演员，究竟让谁出场？只好再增加做思想政治工作的力量。至于年轻演员，更难挑大梁。这样，究竟需要卖多少票才能养一个人啊。艺术家们的担忧很有道理，实际就是演艺团体的体制过于行政化，不是闯市场的戏班子，这种体制确实问题很多。

发展民营文艺表演团体有利于推动传统艺术走向市场，造就艺术大师。作为示范，国家确定了11家重点扶持的京剧艺术院团。但要繁荣发展京剧，仅靠现有体制解决不了。必须把民营这一面放开，甚至鼓励名角下海，领办京剧院团。退休的名角，既可以按规定领取退休金，又可以自己办京剧院团。民营企业做强做大以后，也可以办京剧院团。只有多种渠道打开市场，京剧院团才会有闯市场的动力。任何一种艺术，离开了观众，就成无源之水。群众是艺术的源泉。京剧离开了群众，靠过年过节给领导演出，是不可能维持下去的。所以，要解放思想，把民营艺术院团放开，也可以由民营资本参与国有院团的改制，鼓励多种形式构建市场主体，多种渠道闯市场，满足人民群众多方面的精神文化需求。梅兰芳就是在与群众结合中成为大师的。过去，梅兰芳和马连良等大师就是靠拉起人马唱对台戏，互相竞争，看谁能把观众拉过来。在与观众的互动中，形成了不同的流派，成为群众认可的名角大师。常香玉的香玉剧社就是靠没白天没黑夜地演出，为抗美援朝志愿军捐献了一架战斗机，而现在的许多剧团连飞机票都买不起。这就是走向市场与不走向市场的最大区别。

总之，对民营艺术院团的地位作用要充分肯定，在政策上要制定扶持措施，在管理上要明确政府依法管理、行业自律、企业依法运营。在版权方面，要加大对农村文艺表演团体的支持，这一条非常重要。否则,农村文艺表演团体没有东西可演,也买不起版权。既要执行知识产权法律,又要支持面向农村和特殊团体表演的实际需要,这两方面如何统一起来,新闻出版总署要做进一步的研究,比如,对有国家经费支持的作品,政府可拥有部分使用权用于公共文化服务等。同时对于民营文艺表演团体的经营范围、经营方针,还是要有一定的界定。对民营文艺表演团体,既要体现鼓励的原则,又要体现一手抓繁荣、一手抓管理,强调依法管理,纳入法制轨道,确保民营文艺表演团体健康发展。

注 释

〔1〕马连良(1901—1966年),京剧表演艺术家。初习武生,后改老生,博采众家之长,形成柔润、潇洒的独特风格,世称"马派"。

电影要走产业发展的道路[*]

（2006年2月22日）

> 走产业发展之路，可以把社会资源调动起来发展文化，这与原来单纯向国家要钱搞文化大不一样，能够大大增强文化发展的活力。

中国电影博物馆建设得不错，很有气势，内容也很丰富，展览的水平和手法都不错，给北京的文化事业丰富了内容，给北京的旅游业增加了一个新的兴奋点。电影是艺术、科技和产业相结合的产物，是广大群众喜闻乐见的一种艺术形式。配合中国电影诞生100周年，建设这么一个展览基地，很有意义。整个展览把中国电影的发展史和电影的科普、娱乐、观赏结合起来，充分体现了思想性、艺术性、观赏性的紧密结合。

电影博物馆要尽快向社会开放，充分发挥它的社会效益。广电总局进行指导，北京市具体管理，这种运作模式我看很不错。下一步交给北京市管理，可以很好地和群众结合，和社会结合，

[*] 这是李长春同志在考察中国电影博物馆时的谈话。

以点带面，通过博物馆把附近各种现代电影游览项目都带动起来，促进电影产业发展。北京市接管之后，可以对博物馆的内容做进一步的充实完善，面向全社会征集各种电影史料，包括电影发明史、发展史等方面的内容，再做一些完善，能够进行演示的尽量演示，把介绍变成演示，就更逼真一些。四楼博览厅观众参与的内容就很好，可以进一步完善充实。要把博物馆的运作与中学生社会实践结合起来，与北京艺术院校的教学活动结合起来，组织学生特别是艺术院校新入学的大学生来参观。这也是北京市对国家电影事业作的贡献。要切实做好大学生和未成年人集体免费参观的工作。既然叫博物馆，就要体现公益性。将来在博物馆周围可以发展一些产业化的东西，如旅游纪念品等，满足游客多方面需求。这个园区产业化部分、公益性部分怎么处理好，要进一步研究，总体上，我们主张把博物馆界定为公益性文化单位，最大限度地体现社会效益。

我看这两年电影改革试点的步伐是不错的，可以说是活力初显，初步改变了过去那种"政府是投资主体，领导是基本观众，评奖是主要目的，仓库是最终归宿"的状况。这是我们整个文化体制的问题，不是哪个人工作好坏的问题。过去在传统体制下，我们的认识有误区。所以我们要把电影的生产环节放开，最后能不能播映，不是还有产品准入的审批吗？这个审批环节一定要把握住，而且要进一步强化。微观越是放活，宏观管理就越是要加强。实行剧本备案制后，每年可以搞些剧本的信息发布。从这两年电影改革试点来看，越是原来的体制越是有人千方百计闯点红灯，反正最后损失是国家的。现在投资主体变化以后就不同了，最终产品准入通不过，损失是投资者的，这样就建立了一种自我约束机制，反而守规矩了，并不是我们原来想象的，一搞成企业它就胡来。当然未取得准播许可证，擅自在网上传播，属于另一范畴的问题，也要研究管理办法。

地方的文化局必须和电影院分开。电影院是企业，企业按市场的规律去搞集团化，进入电影放映集团公司，搞连锁经营，自然就解决了画地为牢的问题。走产业发展之路后，就可以把社会资源调动起来发展文化，这与原来单纯向国家要钱搞文化大不一样，能够大大增强文化发展的活力。

我记得看过一个材料。美国一个地方有一个很大的野鹿群，吸引着狼群。狼以野鹿为食物，跑得慢的野鹿就被狼吃掉了。后来有一任总统[1]为了保护野鹿群，就调动部队把狼群歼灭掉了，给鹿群创造了一个宽松的环境，结果野鹿体态也发胖了，传染病也增加了，最后这个种群越来越退化了，快维持不住了，这才明白，还得把狼群引进来，恢复生机。对文化领域来说，这个"狼"就是市场，"鹿"就是文化单位。在传统体制下，本来我们的愿望很好，把电影生产、发行单位办成事业单位，让它没有后顾之忧，结果造成和市场脱节，整个业界难以为继，发展不下去了。所以我们现在就是要引"狼群"，这个"狼群"就是市场。

总体上，发展文化要把公益性文化事业与经营性文化产业两者界定开来，公益性文化事业是政府主导，经营性文化产业是市场主导。公益性文化事业是政府为保障人民群众基本文化权益所提供的公共文化服务，经营性文化产业是为了满足人民群众多样化、个性化的文化需求，主要由市场提供。具体来说，影视管理归广电系统，收听收看16个频道广播电视节目是公益性的。如果还不满足，还要看电影，就找市场买票；还要用电视炒股票，就找付费电视频道，这是产业化的。要把这两个界限区别开来。

农村和少数民族地区电影市场的发育还是很不够的。我们在完善公益性服务的过程中，把农村每个村每个月看一场电影界定为基本的文化服务，但怎样提供服务也要改进。过去我们从县到乡都搞一些电影放映事业单位，现在由政府买服务，不养人，都企业化了，这就有活力了。你搞一些事业单位的电影队，没有活力，而且服务还不好，群众总有意见。假如确定一个县有10个放电影的执照，就制定一些条件进行招标，大家来竞争。要把这个关系调整过来，由政府自办放映转向由社会办、政府购买服务，而且每年要进行年检，服务不好，群众投诉多、有意见的，重新进行招标，不搞终身制。

注　释

〔1〕指美国第26任总统西奥多·罗斯福（Theodore Roosevelt, 1858—1919年），人称老罗斯福，1901年至1909年任美国总统。

努力打造出版业改革发展的龙头企业[*]

（2008年12月16日）

> 基本完成从事业体制集团到企业性质集团公司的转变，仅仅是第一步，要想进而成为合格的、优秀的市场竞争主体，还要付出艰苦的努力。要抓紧建立和完善现代企业制度，完善法人治理结构，为更大的发展奠定体制机制基础。

前几天看了中国出版集团公司举办的出版精品展，今天又实地看了荣宝斋、商务印书馆、三联书店等几个企业，听了你们的工作汇报。刚才，云山同志讲了很好的意见，我完全赞成。两次参观考察活动前后不过10天，说明我们对中国出版集团公司有着深情的厚爱、热切的期望和更高的要求。通过参观考察，我们对中国出版集团公司转企改制、加快发展的情况和企业的整体实力都有了更深入的了解，进一步增强了对中国出版集团公司改革发展的信心。印象比较深的有这样几点：

---

[*] 这是李长春同志在中国出版集团公司调研时的讲话。

一是中国出版集团公司及所属企业有着丰富的文化积淀、雄厚的资产积累、优良的革命传统，为传承中华文明、传播革命思想、弘扬先进文化作出了重大贡献。集团公司的成员单位有的是"百年老店"，有的是新中国成立之初首批建立的出版社，历史悠久、资源丰富，特色各异、优势突出，在革命、建设和改革进程中，出版发行了一大批有吸引力、影响力的图书报刊，对于传承中华文明，宣传党的主张，传播社会主义先进文化，满足人民群众精神文化需求，提高全民族思想道德素质和科学文化素质，发挥了重要作用。可以说，中国出版集团公司是我国文化产业的一支劲旅，是文化百花园中一朵艳丽的奇葩。在我国出版领域有这样一家实力雄厚、传统悠久、资源丰厚的大型国有文化企业，我们深感振奋。

二是改革发展迈出了重要步伐。基本完成了从事业体制向企业体制的转变，初步树立了集团公司的品牌形象。着力深化内部改革，推动体制机制创新，在建立现代企业制度方面进行了有益探索，在整合优势资源、调整结构定位、开展集约经营、拓展海外市场等方面取得积极进展，正在推动二级企业商务印书馆、荣宝斋进行机构重组、资源整合，为上市融资做准备。积极探索跨地区跨行业经营，与一些地方出版发行集团开展多方面合作，迈出新的步伐。经过近年来的积极探索，集团公司具备了进一步深化改革、加快发展、做强做大的条件。

三是始终坚持正确导向，出版了一大批精品力作。紧紧围绕服务党和国家工作大局，出版了一批导向正确、社会效益良好的优秀图书，如针对今年大事多、喜事多、难事多的情况，及时出版了一批反对"藏独"分裂势力、配合抗震救灾斗争、迎接北京

2008年12月16日,李长春在中国出版集团公司调研。左一为中共中央政治局委员、中央书记处书记、中宣部部长刘云山,右一为中宣部常务副部长雒树刚,右二为新闻出版总署署长柳斌杰,右四为中宣部副部长李东生。　　　　(新华社记者樊如钧摄)

奥运会残奥会的书籍,产生了良好的社会影响。大力推进精品工程,实施畅销书、常销书两大推广计划和一些重大标志性文化工程,如重新修订出版《鲁迅全集》、《中国大百科全书》、《现代汉语词典》,重新校注《二十四史》等;出版了一批对文化建设产生较大影响的作品,如《中国文库》、《大中华文库》(英汉对照)、《改革开放书系》等,受到社会广泛关注。推出了一批思想性、艺术性、可读性相统一的优秀作品,如《于丹〈论语〉心得》、《藏獒》、《笨花》、《长征》等,深受广大群众喜爱。从发展的势头看,中国出版集团公司及所属成员单位出版品种不断丰富,质量不断提高,市场覆盖率不断扩大,在全国出版领域很好地发挥了龙头作用。

四是在推动中华文化走出去方面取得积极进展。近年来，中国出版集团公司不断增强推动中华文化走出去的责任感和进取精神，在有关部门的支持下，通过重组机构、整合资源、打造品牌、成立海外合资出版公司、开展国际合作、精心组织参加法兰克福国际书展等，积极推动出版物走出去，努力开拓国际市场，取得明显成效。在版权贸易方面，近年来与海外出版机构建立起了稳定的版权贸易联系，版权贸易网络目前已遍及全球一百多个国家和地区，版权贸易取得新突破，出现了版权输出量不断提高的可喜局面。

五是干部职工精神状态良好，队伍建设取得明显成效。人才济济、名家荟萃、人力资源丰富，是中国出版集团公司的突出优势。通过这两次参观考察，进一步感受到大家的精神面貌发生了很大变化，人人思改革、思进取、思发展、思创新，在改革发展中走在全国前列的紧迫感很强。在队伍建设方面采取的一些措施已经见到了成效。通过组织全体员工开展解放思想大讨论，进一步统一了思想；通过完成企业注册、转企改制，进一步坚定了干部职工改革发展的决心和信心；通过建立岗位责任制度和绩效考评制度，调动了广大干部职工的积极性创造性；通过广泛吸引人才，凝聚社会名流，提升了集团公司的文化内涵和经营管理水平。

总的感到，中国出版集团公司各方面工作都在向前推进，令人鼓舞、令人欣慰、令人信心倍增。你们能够有这样的发展态势，从根本上讲是得益于改革。实践再次证明，改革是解放和发展文化生产力的根本途径，早改早主动，早改早受益，哪里有改革，哪里就有新局面。借此机会，我提几点希望，与大家共勉。

第一，要认清形势、解放思想、锐意进取，进一步增强振兴我国文化产业的责任感和使命感。改革开放30年来，我国文化建设取得了巨大成就。特别是党的十六大以来，中央作出了深化文化体制改革的重大决策，采取了一系列重大举措，推动公益性文化事业和经营性文化产业发展，文化建设开创了新局面。站在新的历史起点上，党的十七大提出了兴起社会主义文化建设新高潮、推动社会主义文化大发展大繁荣的战略任务。面对党和国家事业发展提出的新要求，人民群众过上更好生活的新期待，文化改革发展还存在诸多方面的不适应。

一是与人民群众日益增长的精神文化需求不相适应。随着经济社会的发展和人民生活水平的提高，人民群众文化消费需求不断增长，消费能力不断提高，但掌握大批文化资源的国有文化单位活力不强，提供文化产品和服务的能力有限，难以满足人民群众日益增长的多方面、多层次、多样化的精神文化需求。

二是与日趋完善的社会主义市场经济体制不相适应。建立和完善社会主义市场经济体制是中国改革开放最伟大的创造，我们把配置资源效率高、物质财富积累快的市场经济体制和坚持公平正义的社会主义制度结合起来，创造了人类历史上崭新的体制。党的十六大以来，以胡锦涛同志为总书记的党中央作出深化文化体制改革的决策部署，明确把深化文化体制改革列入完善社会主义市场经济体制的总体部署。几年来，文化体制改革总的看进展顺利，但文化领域仍然在不少方面受到传统体制的影响，市场配置资源的积极作用在文化领域远未实现，一些国有文化单位还游离于社会主义市场经济体制之外，缺乏活力和竞争力。

三是与对外开放不断扩大的新要求不相适应。加入世界贸易组织标志着中国对外开放进入一个全方位、多层次、宽领域的新阶段。按照加入世界贸易组织的承诺，文化领域在若干方面需要对外开放，国外文化资本要在一些领域进入国内市场。在这种情况下，我们一方面面临着学习国外发展文化产业有益经验的难得机遇，同时也面临着如何提高竞争力，守住国内市场并进一步走出去的问题。同时，随着我国国际地位不断提高，外界了解中国的愿望日益增强，迫切要求我们适应新的形势，推动中华文化更多更好地走出去，增进世界各国对我们的了解。如果我们的体制机制不尽快转变，不仅走不出去，连国内文化市场都有丢失的危险。

四是与现代科学技术、传播手段迅猛发展和广泛应用的新形势不相适应。在信息技术高度发展的当今时代，谁的传播手段先进、传播能力强大，谁的思想文化和价值观念就能更广泛地流传，谁就能更有力地影响世界。科技的发展催生了网络出版、数字出版等新的文化业态，但不少国有经营性文化主体由于传统体制机制的束缚，缺少创新的动力，应变能力不强，不善于利用现代技术改造和提升传统产业，对高新技术的迅猛发展存在着严重的不适应。

总的看，以上四个方面的不适应，是文化领域各个方面都面临的共同问题。解决这些不适应的问题，迫切要求我们以深入学习实践科学发展观为强大动力，创新发展理念，转变发展方式，进一步深化体制机制改革，推动出版业又好又快发展。中国出版集团公司是目前我国出版领域唯一一家国字号的大型企业，荟萃了像荣宝斋、商务印书馆、中华书局、三联书店、人民文学出版社、人民音乐出版社以及中国图书进出口总公司、中国对外翻译出版公司等国内一流的出版机构。中国出版集团公司改革发展的成效如何，不仅关乎集团公司自身，而且关乎国家文化繁荣发展，关乎文化产业整体实力和水平，关乎全国文化体制改革的进程，关乎中华文化的国际影响力和竞争力。希望同志们从这样的高度深刻认识当前文化改革发展面临的形势，深刻认识肩负的重大责任，进一步增强光荣感、使命感、责任感和紧迫感，加大改革力度、加快发展步伐，努力把中国出版集团公司打造成为跨领域跨地区跨国经营、具有国际竞争力和影响力的大型出版传媒集团，成为我国出版业改革发展中示范作用好、引领作用强的旗舰，在传播社会主义核心价值体系、扩大中华文化影响力、推动全行业改革发展中，发挥主力军作用。

第二，要始终坚持正确出版导向，进一步发挥表率示范作用。导向是出版工作的灵魂。坚持社会主义先进文化前进方向，把更好更多的精神食粮奉献给人民，是党和人民对出版工作的根本要求，也是出版战线必须履行的神圣责任。中国出版集团公司不仅要在改革发展上发挥示范带头作用，更要做自觉坚持正确导向的表率和模范。要把建设社会主义核心价值体系的要求体现到出版业发展的全过程，出版更多振奋民族精神、凝聚党心民心的精神文化产品，传播积极的人生追求、高尚的情感境界、健康的生活情趣，坚决抵制庸俗低俗媚俗现象。最近我们正在研究进一步净化社会文化环境，为未成年人健康成长创造良好环境的问题，准备制定下发专门文件，加大整治力度。但也必须看到，我们既需要加大对庸俗低俗媚俗的整治力度，更需要提高积极健康有益文化产品的供给能力。中国出版集团公司是国家骨干文化企业，要出版更好更多的积极健康有益的优秀作品，满足人民群众的精神文化需求。今年是改革开放30周年，明年是新中国成立60周年，中国出版集团公司要会同全国出版界，精心组织策划，推出更多无愧于时代和人民的精品力作，唱响共产党好、社会主义好、改革开放好、伟大祖国好、各族人民好的主旋律。

第三，要进一步深化改革，推动创新，着力构建有利于科学发展的体制机制，切实增强集团公司的活力和竞争力。基本完成从事业体制集团到企业性质集团公司的转变，这是你们发展进程中的一个重要里程碑，但也仅仅是第一步，要想进而成为合格的、优秀的市场竞争主体，还要付出艰苦的努力。要看到，长期以来形成的事业体制，无论在思想观念、内部机制还是工作方法、人员素质上，对我们仍有诸多负面影响，改革的任务还很重。下一步，要按照培育合格市场主体的要求，抓紧建立和完善现代企业制度，完善法人治理结构，为更大的发展奠定体制机制基础。要着眼于可持续发展，抓住当前整个文化体制改革不断深化的有利契机，在更大范围内进行兼并重组，为进一步发展争取战略资源。要积极创造条件，在间接融资的同时，争取集团公司中荣宝斋、商务印书馆等有条件的二级企业直接上市融资。要继续整合内部资源，在过去行政集团物理整合的基础上实现"化学反应"，使公司的资源优势不断产生放大效应。要利用集团公司自身的品牌优势，加快推进机构整合，优化资源配置，进一步扩大知名品牌的影响力。要创新内部运行机制，充分调动干部职工的积极性主动性创造性，进一步增强自身活力。要站在科技发展前沿，充分运用高新技术改造传统出版业态，积极抢占多媒体、网络等新的出版阵地，大力发展网络出版、数字出版、手机出版等新的出版业态，拓展新的传播渠道，努力占据出版业发展的制高点。

第四，要坚持贴近实际、贴近生活、贴近群众，大力推进文化创新，出版更多群众欢迎的精神文化产品。创新是增强文化发展生机和活力的关键。中国出版集团公司在推动体制机制创新的同时，必须大力推进内容、形式和传播手段的创新。中国出版集团公司拥有丰厚的文化资源优势，在新形势下，要坚持以人为本，坚持"三贴近"，准确把握人民群众精神文化生活的新期待，了解和掌握人民群众对阅读的新需求，深入研究市场发展的新趋势，积极创新出版产品的内容和形式。不仅要自觉承担文化传承的历史责任，完成好一批站在时代前沿、弘扬民族文化、体现国家水准、能够传之久远的重大出版工程，还要努力满足人民群众多方面、多层次、多样化的精神文化需求，出版更多像《长征》、《于丹〈论语〉心得》这样具有强烈感染力影响力的优秀作品，大力传播社会主义先进文化，满足读者审美、学习、娱乐、休闲等多方面的健康阅读需求。

第五，要进一步加快走出去步伐，切实提高我国出版物的国际竞争力和影响力。出版业在整个中华文化走出去方面具有重要地位。近年来，中宣部、中央外宣办、新闻出版总署等部门采取了很多措施，推动出版业走出去取得了积极进展，图书版权贸易逆差呈现逐步缩小的趋势，全国版权贸易引进与输出之比从2002年约15∶1下降到2007年的5∶1左右。这与通过深化改革，重塑文化市场主体，培育和形成了一批实力较强的出版企业有很大关系。但是从总体上看，文化走出去的任务还很繁重，文化产品在主要方面都还是贸易逆差。如果仅从贸易角度看，文化领域这一点逆差在贸易总量中所占分量很小。但从中华文化国际影响力的角度看，文化贸易逆差却有着重要的指标意义，逆差越大，表明中华文化的国际影响力和竞争力越小，国外产品占据我国内文化市场的份额则越大，我国文化安全受到威胁的可能性也越大。现在，在推动中华文化走出去的进程中，政府间文化交流是传统优势，一直搞得比较好；但文化产业在推动中国文化走出去方面的作用更直接、更广泛、更持久，我们的文化企业在这方面还很欠缺，还是"短腿"，因此一定要加大力度，通过产业运作的方式推动更多的影视、图书等文化产品走出去，进一步扩大中华文化的国际影响力。中国出版集团公司作为出版界的"国家队"，希望你们在牢牢占领国内市场的同时，积极开拓国际市场，推出更多在国际上有竞争力和影响力的出版品牌，推动更多优秀文化产品参与国际市场竞争，开展国际合作和跨国经营，实现出版实体在国外的落地和本土化，努力打造国际一流出版企业，成为推动中华文化走出去的主力军，为扩大中华文化的国际竞争力和影响力作出新的更大贡献。

总之，当前中国出版业正面临着难得的发展机遇，希望你们增强责任感使命感，乘势而上，加大改革力度，加快发展步伐，努力成为主业突出、多元经营、人才汇集、实力雄厚，具有创新能力和可持续发展能力的现代出版企业，成为中国出版业众望所归的旗舰，不断为推动社会主义文化大发展大繁荣作出新的更大贡献。

推动文化产业逆势而上[*]

（2009年3月6日）

> 文化产业是个宏观概念，微观基础是企业。不存在没有企业的产业，也不存在没有企业的市场。为了发展文化产业，要重塑文化市场主体，推动掌握大量文化资源的国有经营性文化单位转企改制。

当前，国际金融危机的冲击，其实也是文化大发展的有利时机。国际经验表明，文化产业具有在经济萧条时逆势而上的特点，具有反周期调节的性质。美国恰恰是在20世纪30年代经济大萧条的时候崛起了好莱坞[1]、迪士尼[2]、时代[3]、华纳[4]这样一些世界上文化产业的巨无霸，到现在仍然是所向披靡。我们从去年四季度开始，电影市场接连火爆，国产影片甚至出现一票难求的局面。市场的需求也给我们创造了文化发展的空间。特别是中央在应对国际金融危机冲击、扩大内需的各项举

---

[*] 这是李长春同志在参加十一届全国人大二次会议吉林代表团审议时讲话的一部分。

措中，把文化建设作为重要内容，给予了大力扶持。所以说，当前是文化发展的大好机会。各地区都要抓住中央应对国际金融危机冲击、扩大内需的重大机遇，推动社会主义文化大发展大繁荣。

要大力发展文化产业，培育一批有竞争力的骨干文化企业，繁荣文化市场。我们国家有五千多年的文化积淀，文化资源丰富，而文化产业走不出去，就是因为长期以来我们的文化是小农经济的文化，新中国成立以后是计划经济的文化，不会用市场，不能和高科技结合。在传统体制下，经营性文化单位不是真正意义上的市场主体，没有动力和手段去参与市场竞争，在改革开放大潮中缺少生存本领，有的甚至奄奄一息。长春电影制片厂在改革前就是这么个状况。很多省市的歌舞团也是这样，个别有本事的演员自己走穴，单位没有活力，甚至破破烂烂，难以为继。文化体制改革之后就不一样了，演职员工的积极性不同了，原来是政府下达任务让我演，现在是我自己要演，主动找市场，劲头不一样，动力也不一样。为什么中央强调一定要找到有利于文化科学发展的体制机制？就是因为体制机制是决定根本的问题。靠行政动员，要求文化单位面向市场、服务市场，自觉践行"三贴近"，这个只能管一时，不能管长远。体制的问题靠管理去解决事倍功半，根本问题是解决体制问题，我们深化改革就是解决体制问题。文化产业是个宏观概念，微观基础是企业。不存在没有企业的产业，也不存在没有企业的市场。为了发展文化产业，要重塑文化市场主体，推动掌握大量文化资源的国有经营性文化单位转企改制。通过这个办法，重塑文化市场主体，进行股份制改造，有条件的还可以上市，面向资本市场直接融资。

推动文化产业逆势而上

要把文化发展同运用高科技结合起来。当今世界,以数字化、网络化为代表的现代信息技术突飞猛进,极大地推动了文化内容形式、体制机制、传播手段的创新,提高了文化的创造力和竞争力。文化与科技结合得好,文化创造力就会大幅度提升,文化的传播能力就会大幅度增强。比如动漫业,过去是手工操作,现在是数字化制作、网络化传播,发展成为一个很大的新兴产业。在文化体制改革之前,我国动漫市场80%以上被外国占领。我们感到高兴的是,这两年我们夺回了一半以上的市场。传统的艺术形式如果与高科技结合起来,效果也会大不一样。前段时

2009年3月6日,李长春参加十一届全国人大二次会议吉林代表团审议时,与代表亲切握手交谈。右一为吉林省委书记王珉。　　　　　　　　　　（新华社记者黄敬文摄）

间，我看了一台京剧叫《赤壁》，过去演《赤壁》中的草船借箭，都是体现在唱词里，现在真看到箭了，火烧连营真看到船了，声、光、电齐备，效果就比过去精彩多了。所以京剧《赤壁》至今已在北京连续演了11场，场场爆满。特别是把青年人都吸引来看了，而过去京剧在青年中缺少市场，其吸引力可见一斑。当然也有不同认识，有的说，京剧的魅力就在于抽象，都具象化了还叫什么京剧。我们的文艺方针是百花齐放、百家争鸣。老年人愿意看传统京剧就演传统京剧，年轻人愿意看创新的表现形式也应尊重理解，要发扬艺术民主，鼓励创新，宽容失败，只有这样京剧才能繁荣发展。用推动文化与科技结合的方式发展文化产业，消耗资源、能源少，几乎没有污染，就业容量大，主要是吸收大学生参加，而且出口潜力很大，优势很多，应该大力发展。

注　释

〔1〕好莱坞（Hollywood），位于美国加利福尼亚州洛杉矶市西北郊，是世界闻名的电影城，往往直接用来指美国的电影工业。

〔2〕迪士尼，全称为华特·迪士尼（The Walt Disney Company），创建于1923年，是全球最大的娱乐及媒体公司之一，主要业务包括娱乐节目制作、主题公园、玩具、图书、电子游戏和传媒网络。

〔3〕时代，指美国时代公司，成立于1923年，1990年兼并华纳公司，组建时代华纳公司。

〔4〕华纳，指美国华纳公司，成立于1923年，1990年被美国时代公司兼并，组建时代华纳公司。

大力发展民族动漫产业[*]

（2009年11月5日）

> 建立和完善有利于动漫产业发展的体制机制，关键要加快建立以企业为主体、市场为导向、产学研相结合的技术创新体系，促进创新要素向动漫企业集聚，使企业成为动漫创新投入的主体、实施动漫创新项目的主体、动漫创新成果转化的主体，以企业为纽带推动动漫艺术与市场相结合、与科技相结合、与产业化相结合。

今天看了首届中国动漫艺术大展，感到非常高兴、非常振奋。近年来，随着文化体制改革的深入推进和文化产业的快速发展，我国动漫产业发展取得了长足的进步。借此机会，我首先对动漫产业近年来取得的丰硕成果表示热烈的祝贺，对10部门[1]为扶持动漫产业发展付出的辛勤劳动表示衷心的感谢！

通过今天的参观，我感到这个展览别开生面，特别是在以下几个方面很有新意：一是把动漫艺术和动漫产业有机地结合在一

---

[*] 这是李长春同志在参观首届中国动漫艺术大展时的谈话。

起，使我们对动漫艺术的演变历程和动漫产业的发展状况有了更加全面、更加深刻的了解；二是充分展示了动漫技术发展的最新成果，特别是三维动画、受众和电脑的互动等，显示出动漫产业发展的勃勃生机；三是全面展示了动漫产业发展的规模，通过大量图表和数据，显示出2008年、2009年与2005年相比，动漫产业发展取得了大幅度上升，而且是包括动画影视、动画游戏、漫画、连环画、图书等全面的大幅度上升；四是运用动漫形式弘扬中华优秀传统文化、弘扬社会主义核心价值体系，使动漫成为弘扬优秀传统文化、传播社会主义先进文化的重要载体。可以说，举办首届中国动漫艺术大展是办了一件好事。

动漫艺术是以创意为核心，以动画和漫画为表现形式，涵盖美术、出版、影视、演出等多个门类的综合艺术，是深受人民群众特别是广大青少年喜爱的艺术形式。大力发展动漫产业，对于建设社会主义核心价值体系、弘扬中华优秀传统文化、传播先进文化，对于丰富群众精神文化生活、促进青少年健康成长，对于进一步优化经济结构、促进产业升级、培育新的经济增长点，都具有十分重要的意义。当前，我国动漫产业正处于发展壮大的关键时期。中央确定了兴起社会主义文化建设新高潮、推动社会主义文化大发展大繁荣的目标，为动漫产业发展指明了前进方向。国务院出台了《文化产业振兴规划》，确定了包括动漫产业在内的九大重点发展的文化产业，为动漫产业发展提供了难得机遇。经过各地各部门的共同努力，近年来我国动漫产业发展取得了一定成绩，涌现了一批优秀作品，掌握了一些先进技术，积聚了一批创意人才，为动漫产业发展奠定了坚实基础。希望各级党委和政府以及有关部门认真贯彻《文化产业振兴规划》提出的要求，抓住机遇，乘势而上，进一步加大工作力度，不断改革创新，推动动漫产业大发展大繁荣。

推动动漫产业大发展大繁荣，要进一步增强创新意识。动漫产业属于创意产业，是最应当具有创新精神的领域。要立足中华民族五千多年丰厚的历史文化资源和现代文明成果，深入发掘中华传统文化中的民间传说、历史故事、文学作品，系统整理中国人民在中国共产党领导下创造美好生活、实现中华民族伟大复兴的光辉历程和生动实践，通过连环画、动漫影视、动漫游戏等艺术形式加以表现，不断推动优秀原创动漫作品的创作生产，努力形成一批富有民族特色、体现时代特征、深受群众欢迎的动漫精品。要大力推进内容创新、形式创新、传播手段创新、动漫技术创新，形成一批具有自主知识产权、在国内外具有较强影响力和竞争力的知名动漫品牌。要充分运用现代科技的最新成果，积极发展手机动漫、手机游戏等新兴业态，增强动漫产业发展的后劲。

推动动漫产业大发展大繁荣，要进一步建立健全富有生机活力的体制机制。建立和完善有利于动漫产业发展的体制机制，关键要加快建立以企业为主体、市场为导向、产学研相结合的技术创新体系，促进创新要素向动漫企业集聚，使企业成为动漫创新投入的主体、实施动漫创新项目的主体、动漫创新成果转化的主体，以企业为纽带推动动漫艺术与市场相结合、与科技相结合、与产业化相结合。要着力培育一批有较强活力和竞争力、掌握核心技术和自主品牌的知名动漫企业，使之成为文化领域的"巨无霸"和"航空母舰"。要加快形成从创意到制作、从生产到销售、从艺术创作到衍生品开发环环相扣的完整动漫产业链，不断壮大我国动漫产业的整体实力。

推动动漫产业大发展大繁荣，要进一步加大政策扶持力度。动漫产业是综合文化产业门类，是朝阳产业、新兴产业。传统的产业政策和管理手段已不完全适用于动漫产业发展的实际。比如，由于动漫产业投入的是智力资源，产出的是知识产权，没有太多的基础设施和硬件装备，当动漫企业面向市场融资时，如何解决抵押贷款问题？再比如，我们现在普遍实行的税收政策是增值税计税办法，是按照普通加工业"销项减进项"的办法确定一定的税率，而动漫产品投入的是智力资源，一般有销项而很难

2009年11月5日，李长春在中国美术馆参观首届中国动漫艺术大展。右六为中共中央政治局委员、国务委员刘延东，右四为国家广电总局副局长赵实。

（新华社记者李学仁摄）

计算进项，如果按照普通加工业的方法计算增值税，显然不利于其发展。类似的问题还有很多。因此，我十分赞成10部门部际联席会议制度，可以从各个角度、各个方面研究扶持政策。希望有关部门继续深入研究，进一步加大对动漫产业发展的政策扶持力度。在产业发展之初，作为启动资金，财政每年加以支持是很必要的。但是随着产业的发展，要做强做大动漫产业，单靠财政支持是不够的，还要帮助他们拓宽融资渠道，包括银行贷款、风险投资等。现在深圳创业板已经开板，可以考虑选择一部分技术含量高的企业，通过创业板吸纳社会资金，对有实力的动漫企业将来还可以争取在主板上市。要进一步研究和完善知识产权价值评估办法，通过评估后的知识产权进行抵押贷款，推动动漫企业迅速做强做大。

推动动漫产业大发展大繁荣，要进一步加大人才培养力度。动漫是艺术与产业、艺术与现代信息技术相结合的最新产物，仅仅依靠传统的艺术人才远远不够，需要培育更多专业型、创新型、复合型、外向型的动漫人才。从目前的情况看，全国高校开设动漫专业的已达四五百家，当前最迫切的是亟待提高教学质量和水平。教育部要加强宏观指导，特别要在师资配备、教材编写、教学方法、社会实践等方面进一步提高质量，努力造就更多优秀动漫人才，为加快动漫产业发展提供有力的人才支撑。

推动动漫产业大发展大繁荣，要进一步加快动漫产业走出去步伐。不断增强中华文化的国际影响力和竞争力，提高我国文化软实力，是我们的一项紧迫任务，也是动漫产业肩负的重要使命。从总体上看，经过改革开放三十多年来的发展，我国的硬实力有了显著提升，今年经济总量在全球排序已是"坐三望二"，但软实力还存在很大差距。提高我国文化软实力，应当包括以下几个要素：一是我国发展经验和发展道路的生命力、吸引力；二是独立自主的和平外交政策的感召力、感染力；三是中华文化的亲和力、影响力。增强中华文化的亲和力和影响力，过去主要通过政府组织的文化交流活动，这是我们的传统模式，从实际情况看也是必要和有效的，特别是在配合外交战略等方面发挥了积极作用。但是，政府组织的文化交流活动，往往限于文化节、文化周、文化年，缺乏可持续性。经常性的文化走出去，最主要的是以产业和企业的形式走出去。推动中华文化走出去，提高我国文化软实力，最紧迫的任务就是要坚持"两条腿"走路，在继续推动政府间文化交流的同时，积极探索市场化、商业化、产业化的运作方式，以企业为主体推动更多的文化产品走出去。这就要求各级文化主管部门要抓住文化体制改革以来社会资本大量进入文化领域、全社会发展文化产业积极性空前高涨的有利时机，着力培育一批具有较强实力和竞争力的外向型文化企业，以骨干企业为载体推动中华文化以产业和产品的形式走出去。要进一步完善政策措施，加大走出去的扶持力度，鼓励动漫企业开拓海外市场，参与国际竞争，提高我国动漫产品的国际影响力和市场竞争力。

注　释

[1] 10 部门，指文化部、财政部、教育部、科技部、工业和信息化部、

商务部、国家税务总局、国家工商总局、国家广播电影电视总局、新闻出版总署。2006年国务院批准这10部门建立扶持动漫产业发展部际联席会议制度。

破解文化产业发展融资难题[*]

（2009年11月13日）

> 转企改制只是文化体制改革的"人之初"，继续深化改革要进行股份制改造，建立现代企业制度，破解文化产业发展融资难问题，做强做大文化产业。

随着文化体制改革的深入推进，越来越多的国有经营性文化单位完成了转企改制，但目前这些改革还只是初步的，要在初步改革的基础上进一步深化改革。所谓初步改革，就是转企改制，这可以说是文化体制改革的"人之初"。进入市场，就得是企业身份，所以第一位的是完成转企改制，这是解决了"市场准入"的标志。继续深化改革就是要进行股份制改造，建立现代企业制度，进一步建立现代产权制度，提高企业的业绩，为选择一部分有条件做强做大、能够变成文化领域战略投资者的企业上市融资做准备，这就要求破解文化产业发展的融资难问题。

---

[*] 这是李长春同志在加强和改进宣传思想文化工作座谈会上讲话的一部分。

首先要组建好文化发展基金，明确其运营管理机构是非营利性质，但也不同于传统的"保姆"体制，要讲效益，要保本微利，可持续发展。财政出些引导资金，再吸收方方面面的社会资金，制订章程，按章程办事，用经济的办法支持好文化工程、文化项目。国家已经在启动这一工作，很多省也建立了文化发展基金。要总结经验，规范发展。

其次要推动有条件的文化企业上市融资。目前，我们已经制定了文化企业上市的路线图，关键是合格的企业太少，所以文化企业要进一步深化改革，加快发展。要抓住关键环节。要积极推荐上市辅导企业，排出第一梯队、第二梯队、第三梯队，争取每年都有新的文化企业上市。特别是现在创业板也已经开市了，最近有的文化企业就在深圳创业板上市。对文化企业来说，根本问题是股民要承认你，市场要承认你，所以企业自身要做强做大做优做长。

要进一步研究文化资产评估体系，对知识产权怎样进行资产评估，怎样进行股权转让，怎样进行社会募集，怎样用好社会风险投资公司的资本，这些基础工作要跟上。上海、深圳要搞好文化资产评估公司，和股市相配套。文化资产评估也不能各地都搞，因为目前我们的股市一个是上海主板，一个是深圳主板再加上创业板，也只能在这两个地方，用好这两个平台。

另外，也要面向社会寻求战略合作和战术合作。战略合作就是寻找战略投资者，并和股份制改造结合起来。战术合作就是项目合作，一把一利索。当前民营资本的力量很大，也有发展文化产业的积极性，要积极引导，鼓励发展，特别是鼓励其参与国有文化企业股份制改造。要和对外开放结合起来，规范地吸引外资。

还要研究银行怎样对文化产业给予支持，用什么来抵押，前提是要保证金融资产的质量。比如文化产业单个企业比较小，如果能够集团化，能够形成两级法人，在集团公司层面上就更有实力了，在担保上就有更多手段了，在这个基础上再下力气进行资本运作，在经营上下功夫。所有这些模式都可以进行广泛的研究和探索。

支持民营艺术院团做强做大做优[*]

（2010年7月11日）

> 对民营艺术院团和国有艺术院团要在优秀作品评选表彰上一视同仁，在演员职称评定上一视同仁，在社会保障上一视同仁，在优秀剧目的支持上一视同仁，为民营艺术院团的健康发展创造良好的氛围和条件，支持他们做强做大做优做长。

今晚我和云山、延东同志来观看首届民营艺术院团优秀剧目展演的闭幕演出，主要就是体现对民营艺术院团的支持。

原创越剧《状元未了情》演得非常好。一是剧目立意好，彰显了社会美德，倡导了健康的恋爱观，虽然表现的是古代故事，但也具有较强的现实针对性。二是剧情编排得好，全剧虽然不长，但扣人心弦、高潮迭起，故事情节合情合理。三是演员演唱好，表演细腻。相信该剧一定能够在闯市场的过程中，进一步受到观众的欢迎。唯一的缺憾，就是该剧的悲剧性结局似乎不太圆满，

---

[*] 这是李长春同志在观看原创越剧《状元未了情》后谈话的要点。

2010年7月11日，李长春观看原创越剧《状元未了情》后与演员亲切交谈。前排左七为文化部副部长欧阳坚。
（新华社记者庞兴雷摄）

好人结局不好，坏人也没有得到应有的惩罚，是否可以考虑改为状元用"尚方宝剑"除掉两大恶人，这样比较符合现场观众惩恶扬善的愿望。

评判一出剧目的好坏，很重要的就是看这出戏能否广受欢迎、常演不衰。俗话说"无志之人常立志，有志之人立志长"，演戏也是如此，不受观众欢迎的戏就是演不长，只有思想性、艺术性、观赏性俱佳的好戏才能长期受到观众的欢迎，才能常演不衰。从社会效益和经济效益结合的角度讲，排一场优秀的剧目，演的次数越多、演出的时间越长，社会效益越好，经济效益就越高。

支持民营艺术院团做强做大做优

现在，中央支持大力发展民营艺术院团。贴近实际、贴近生活、贴近群众是一切艺术院团的生命线，艺术院团的品牌、名角的声望，是在闯市场、与观众互动的过程中形成的。民营艺术院团与市场和观众有着天然的联系，希望你们坚持"三贴近"，在与群众和市场的结合中推出更多积极健康的精品力作。要走当年梅兰芳的路子，梅兰芳的京剧大师称号不是国家哪个部门封的，而是在闯市场、与其他流派唱"对台戏"的过程中逐步树立起来的，是在服务群众的过程中开宗立派、打造出来的，最终得到了广大群众的认可。实践证明，金杯银杯不如广大观众的口碑。可以说，没有与市场的互动、没有群众的认可，就没有艺术的生命力。

有关部门要加大对民营艺术院团的支持力度，对民营艺术院团和国有艺术院团一视同仁，在优秀作品评选表彰上一视同仁，在演员职称评定上一视同仁，在社会保障上一视同仁，在优秀剧目的支持上一视同仁，为民营艺术院团的健康发展创造良好的氛围和条件，支持他们做强做大做优做长。

文化产业要努力成为
国民经济支柱性产业[*]

（2011年3月5日）

> 能否达到"一个约束性指标"、发挥"四大作用"、拥有"六大要素"，是衡量一个国家或地区文化产业能否成为国民经济支柱性产业的关键。

对一个国家或地区来说，衡量文化产业能否成为国民经济支柱性产业，关键要看文化产业能否达到"一个约束性指标"、发挥"四大作用"、拥有"六大要素"。"一个约束性指标"就是，文化产业增加值占国内生产总值的比重达到或超过5%。"四大作用"就是：一是对推进经济结构战略性调整的作用明显增强，能够带动现代服务业发展，促进形成第一、第二、第三产业协同带动经济增长的局面；二是对扩大内需的作用明显增强，能够引导和扩大居民文化消费，促进居民消费结构升级，推进形成消费、投资、出口协调拉动经济增长的局面；三是对保障和改善民

---

[*] 这是李长春同志在参加十一届全国人大四次会议四川代表团审议时讲话的一部分。

生的作用明显增强，能够创造更多就业机会，特别是缓解大学生就业难问题，促进文化惠民；四是对提高对外开放水平的促进作用明显增强，提高我国文化产品在国际市场上的份额，增强中华文化的国际影响力和竞争力，提升国家文化软实力。"六大要素"就是：一是拥有一批自主经营、富有活力的文化市场主体，形成一批有较强实力和竞争力、影响力的文化企业或企业集团；二是文化创意、影视制作、出版发行、印刷复制、广告、演艺娱乐、文化会展、数字内容和动漫等文化产业蓬勃发展，新兴文化业态不断催生，形成各具特色、结构合理、业态丰富、相互促进的文化产业体系；三是文化市场管理比较完善，形成统一开放竞争有序的现代文化市场体系；四是文化产业发展的投融资渠道健全，形成政府引导、金融资金为主体，广泛吸收社会资本的文化产业发展投融资体系；五是拥有一批具有地域特色、在全国乃至世界有一定知名度的文化品牌，尤其是具有自主知识产权的原创文化品牌；六是文化产业人才集聚，形成一支创新型、复合型、外向型、科技型等新型文化人才队伍。以上是对国家宏观层面而言的，对省一级这样的战略单位总体也是适用的，但还要细化。四川可以结合省情进行细化并积极探索。

坚持"三改一加强",努力打造合格文化市场主体*

(2011年6月21日)

> 如果说改革是生产关系变革的范畴,改造是生产力变革的范畴,改组兼而有之,加强管理则可以促使改革、改组、改造发挥出最大的社会效益和经济效益。

当前,深化文化体制改革要按照"加大力度、加快进度、巩固提高、重点突破、全面推进"的总要求,按照中央提出的"时间表"和"路线图",加快推进薄弱环节改革的步伐,重点是要加快国有经营性文化单位转企改制步伐,在较短时间内改革到位。同时,要在转企改制的基础上,坚持改革、改组、改造和加强管理这"三改一加强",努力打造合格的文化市场主体。改革,就是要在转企改制的基础上,进一步深化改革,建立现代企业制度和现代产权制度。那么,建立现代企业制度和现代产权制度的突破口是什么呢?就是股份制改造。要按照中央关于哪些领域允许社会资本进入、哪些领域允许民营资本进入、哪些领域允许外

---

* 这是李长春同志在听取山东省委省政府工作汇报时讲话的一部分。

资进入、哪些领域限制在公有制范围内的规定，积极进行股份制改造。经过股份制改造，企业才能真正建立起现代企业制度和现代产权制度，才能真正成为自主经营、自我发展、自我约束、依法运营、相对独立的市场主体。也就是说，原有体制下的文化市场中没有真正意义上的公有制市场主体，改革的任务就是要重塑合格的公有制市场主体。在股份制改造中，对于成长性好、三年业绩比较优秀的企业，可以推荐上市，面向资本市场直接融资，实现低成本扩张。不具备上市条件的，可以引入战略投资者，实现股份制改造，也可以试行员工持股，实现股份制。同时，要进一步完善企业内部经营机制，建立分配能高能低、位置能上能下、职工能进能出的机制。改组，就是以企业为主体，以资本为纽带，加快跨地区、跨领域、跨所有制兼并联合重组的进程，不断提高产业集中度，推动社会资源的合理使用，改变长期以来形成的按行政级次、行政条块分割文化资源的老体制，并使企业实现由"行政婆婆"向"资本婆婆"的转变，推动政企分开。改造，就是推动文化资源与科技相结合，运用高新技术改造文化事业，提升传统文化产业，发展新兴产业，催生新型文化业态，并且推动文化与旅游、休闲、制造、电信、交通、房地产等产业相融合，不断延伸产业链，提高附加值。加强管理，就是推动文化产业建立以市场为中心，既符合社会主义精神文明和社会主义法制要求、又适应社会主义市场经济规律的内部管理机制和市场开拓机制，建立把人民群众潜在精神文化需求转变为现实精神文化需求的商业模式，推动文化事业建立以服务为中心的内部管理机制。如果说改革是生产关系变革的范畴，改造是生产力变革的范畴，改组则兼而有之，既有生产关系变革的范畴也有生产力变革的范畴,那么,加强管理也有两个范畴,具备两种职能,一是协调生产关系,一是组织解放和发展生产力,可以促使改革、改组、改造发挥出最大的社会效益和经济效益。

从动漫大国向动漫强国跨越[*]

（2012年3月16日）

> 动漫产业投入的是智力资源、产出的是知识产权，充分体现了文化与科技融合的强大力量，体现了文化产业优化结构、扩大消费、增加就业、推动可持续发展、促进跨越式发展的显著特点和独特优势，是文化产业中强劲发展的一个新兴产业、朝阳产业。

看了这个展览，我非常高兴、非常振奋，感到近年来我国动漫产业发展取得了长足进步，可以说是年年有发展、岁岁有变化，令人欣喜。这个展览办得很好，充分体现了这些年各部门各地方努力工作的显著成效，体现了动漫产业大发展大繁荣的蓬勃态势，特别在以下几个方面留下了深刻印象：

一是动漫产品数量大幅度增加，优秀作品不断涌现，为满足人民群众精神文化需求发挥了很大作用。从产品数量上看，目

---

[*] 这是李长春同志在参观党的十七大以来中国动漫产业发展成果展时的谈话。

前完全可以说我国已经进入动漫大国的行列。以电视动画为例，2011年产量超过26万分钟，位居世界第一，与2002年我国动漫产业刚起步时只有几千分钟的年产量相比，可以说发生了天翻地覆的变化。

二是形成了一支庞大的人才队伍，培育了一批骨干动漫企业。刚才听你们介绍，已经有几百所大学开设了动漫专业，培养了一大批人才；目前全国有8300多家动漫企业，产值过亿元的有13家；动漫产业公共服务平台建设进展很大，全国已有13个。这些都为动漫产业进一步加快发展奠定了坚实基础。

三是走出去步伐进一步加快。展览通过大量图表、数据和实物，生动展示出五年来动漫走出去取得的喜人成绩，无论是动画、漫画还是衍生品，出口量都比五年前增长了五六倍，《蓝猫淘气三千问》、《宝莲灯》等一批知名品牌先后打入欧洲、日韩等发达国家市场，为弘扬中华文化作出了贡献。

四是技术水平和装备水平明显提高。刚才我们看到，通过技术研发，虚实联动技术、第三代动画电影技术、人偶互动技术等具有自主知识产权的动漫技术得到了推广应用，大大提高了动漫制作的效率，增强了艺术感染力，展示出良好发展前景。

五是产业链不断延伸，催生了新的文化业态。现在，动漫产业不再仅仅是孤立的动画、漫画和故事，而是涵盖动漫作品、移动终端、主题公园、衍生产品等多种形态，横跨影视、出版、美术、演出等多个领域，形成了完整的"全产业链"，催生了新型文化业态。比如，通过发展手机动漫，既为传播社会主义先进文化开辟了新渠道，又实现了移动运营商和动漫企业的双赢。此外，在实践发展的基础上，还提出了"大动漫观"，这在认识上也是一个很重要的进步。

以上这些，都给我们留下了深刻印象。中央对发展动漫产业高度重视，2006年组建了由文化部牵头、10部门参加的扶持动漫产业发展部际联席会议，部门之间相互联动、协同合作，出台了多项政策措施，推动动漫产业从无到有、从小到大，取得显著成效。在这里，我对党的十七大以来动漫产业发展取得的丰硕成果表示热烈祝贺，对扶持动漫产业发展部际联席会议付出的努力和取得的成效表示衷心感谢！

通过观看这个展览，我也进一步感到，动漫产业发展前景十分光明，发展空间非常广阔。动漫产业投入的是智力资源、产出的是知识产权，充分体现了文化与科技融合的强大力量，体现了文化产业优化结构、扩大消费、增加就业、推动可持续发展、促进跨越式发展的显著特点和独特优势，是文化产业中强劲发展的一个新兴产业、朝阳产业，在传播先进文化、丰富群众精神文化生活、促进青少年健康成长、培育新的经济增长点等方面具有不可替代的重要作用。

所谓优化结构，就是发展动漫产业有利于优化经济结构、产业结构、需求结构。党的十七大提出，要促进经济增长由主要依靠投资、出口拉动向依靠消费、投资、出口协调拉动转变，由主要依靠第二产业带动向依靠第一、第二、第三产业协同带动转变。前者是从总需求角度讲的，后者是从总供给角度讲的。从总供给的角度讲，动漫产业既有第二产业也有第三产业，主体是第三产业，因此抓住了动漫产业，就抓住了大力发展第三产业、在总供给方面调整经济结构的一个重要突破口。从总需求的角度讲，发展动漫产业虽然也可以带动投资需求，这主要指的是其中的建厂房、购设备部分，但主要是直接启动消费，因此可以直接带动消费需求，因为动漫产品既为广大青少年喜闻乐见，也受到了各个年龄层次人群的喜爱，市场空间很大。所谓扩大消费，就是发展动漫产业有利于扩大居民消费，拉动居民消费结构升级。现在城乡恩格尔系数都降到0.4以下，这意味着人们有条件拿出更多的钱用来进行文化消费。而动漫是老少皆宜的文化产品，能够深入社会生活的方方面面，涵盖中小学校和电脑、移动终端、出版物等多个领域，对于扩大消费具有重要的现实作用。如深圳华强集团有限公司在几个城市建设的以动漫为主要内容的主题公园，非常火爆。所谓增加就业，就是发展动漫产业有利于增加全社会特别是大学生就业。解决就业问题往往需要有相应的投资作为配套，而发展动漫产业投入很少，基本上一张桌子、一台电脑就可以了，用"公司加工作室"的模式就可以发展起来，再加上现在又建立了公共技术服务平台，发展的条件就更好了，特别适合具有一定知识层次的大学生就业。所谓推动可持续发展，就是发展动漫产业不费电、不耗油、不污染环境，是典型的低碳经济、绿色经济、环保型产业，有利于破解当前我国经济发展面临的资源、能源、环境等瓶颈制约，实现可持续发展。特别是从全球市场来看，目前日本动漫产业年产值已经达到1.67万亿元人民币，而我国2011年文化及相关产业法人单位增加值为1.3万亿元人民币，动漫产业在其中所占的份额更小，仅为621.72亿元人民币，发展潜力和空间非常大，不存在过剩的问题，完全可以在相当长一个时期内可持续发展。所谓促进跨越式发展，就是发展动漫产业与本地区现有的工业基础、配套能力、运输条件、工艺协作条件等都没有直接关系，只要有好的创意，引进优秀人才，投入一定资金，就能实现跨越式发展。正因为动漫产业具有上述五个方面的显著特点和独特优势，所以完全可以发展成为新的经济增长点、经济结构调整的重要着力点、转变经济发展方式的重要支撑点。

党的十七届六中全会对推进文化改革发展作出了全面部署，标志着我国文化繁荣发展进入了黄金机遇期。希望各有关方面和有关部门认真贯彻落实全会精神，抓住难得机遇，加快改革创新，促进动漫产业大发展大繁荣，推动我国从动漫大国向动漫强国跨越。实现向动漫强国的跨越，我国具备很多有利条件：第一，我们有五千多年的文明史，积淀了丰富多彩的文化资源，动漫产业第一道工序是编故事，丰富的历史文化为我们提供了丰富的故事；第二，我们有人才资源丰富的优势，现在一年毕业大学生650多万，动漫专业本科以上学历的毕业生一年也有1万多人，目前的人力成本也比发达国家低；第三，我们有好的扶持政策和支持机制；第四，最近10年的文化改革发展为进一步加快发展奠定了体制基础、物质技术基础。过去外国动漫游戏占领我国80％市场份额的状况全面扭转，原创动漫产品在国内市场已经占据绝对优势，一些方面已经打开国际市场，开始崭露头角，形成了一批合格的市场主体。因此，完全可以在此基础上进一步加快发展。

一是要高度重视内容创作，在编故事、讲故事上狠下功夫。目前，这方面还是我们的一个瓶颈。我国拥有五千多年的悠久文明，有着丰厚的文化底蕴，历史典故、名篇名著浩如烟海，这是其他国家难以比拟的优势。要立足我们的历史、民族和文化传统，在内容创意和编剧上下功夫，深入挖掘中华文化的丰富资源，推陈出新、鼓励原创，创作生产更多思想性艺术性观赏性相统一、人民喜闻乐见的优秀作品，将我国的资源优势转化为产品优势和产业优势。

二是要加大人才培养力度，在造就高端领军人才上狠下功夫。动漫是艺术与技术紧密融合的产业，需要大量的复合型人才。要充分发挥动漫产业广泛吸纳人才的独特优势，造就更多既懂艺术又懂技术、既善创作又善经营的复合型人才，为加快动漫产业发展提供人才支撑。根据你们的介绍，现在每年毕业的动漫专业学生数量已经不算少了，关键要在培养高端领军人才上狠下功夫。文化部、教育部要加强协调，围绕产业发展需求培养造就更多的高端人才和领军人才。对于那些有突出贡献的人才，要鼓励他们先富起来，同时要在社会上扩大他们的影响力，中央电视台"艺术人生"栏目也可以采访、介绍一些优秀的动漫艺术家，让他们有名望、有地位、有影响。

三是要加快培育技术创新体系，在提高自主创新能力上狠下功夫。动漫产业同软件产业一样，在发展初期都是从外包入手，把外包作为自主创新的敲门砖，借助外包来熟悉国际行情，学习国际规则，进入国际市场。但现在已经到了一个新阶段，要像制造业领域一样，努力从外包走向原创，加快形成以企业为主体、市场为导向、产学研相结合的技术创新体系，大力推动文化与科技的融合，不断提高自主创新能力。同时，也要建立起企业自主创新的社会依托，有关高校和科研单位要围着企业转，各种创新要素要向企业集聚，形成良性互动局面。要加快培育一批核心关键共性技术和国家标准，提高技术装备水平，发展新型文化业态，特别是在手机动漫方面，我们现在与世界先进水平保持同步态势，要抓紧研究制订手机动漫行业标准，并努力推动成为国际标准，占据发展的制高点。我们经常听到这样一种说法：一流企业卖标准，二流企业卖专利，三流企业卖品牌，四流企业才卖产品。因此，必须在培育标准上下大力气。要加快催生一批有活力有竞争力的自主创新企业，打造一批文化领域的"航母"和"旗舰"。美国文化产业之所以具有强大竞争力，一个重要原因就是因为拥有迪士尼、好莱坞、百老汇[1]、时代华纳[2]等一批"文化航母"。我们也要打造一批在国际上有影响力和竞争力的"文化航母"，使之成为中国文化在国际上的名片。在这方面，我们已经有了一些好苗子，如华强就具备了这样的基础，他们经过短短一二十年的发展，从当初一个不知名的电子企业转型发展成为今天文化领域的领军企业，通过进一步的努力，这样的企业完全可以成为中国的"文化航母"。

四是要坚持对外开放、加快走出去步伐，在提高国际竞争力和影响力上狠下功夫。随着经济全球化的深入发展，外资大举进入我国文化领域，这一方面为我们学习借鉴外来有益文化提供了机会，另一方面也带来很大的竞争压力。中国文化企业如何在守住国内市场的同时还能走出去，最关键的还是要提高自己的竞争力。动漫产业得益于部际联席会议的行政扶持措施，自身水平不断提高，国内市场占有率不断提高，如动漫期刊就占到国内市场的85%以上，进步显著。在这方面，我们也不追求占据100%的市场份额，还是要形成和外企竞争的局面，要学习借鉴外国优秀的东西，鼓励和国外有实力的企业搞合作，利用对外开放条件提高自主创新能力。我赞成云山同志的看法，与电影、舞台艺术等相比，动漫走出去更有优势，更容易取得突破。要积极加强国际交流、展会、展销、评奖活动，建立我们自己的国际交易平台，学习借鉴外国先进经验，提高国际竞争力。深圳文博会要把动漫产业作为重要内容，为动漫产业开展国际交流合作搭建平台。

总之，今天看了这个展览，感到心旷神怡、十分欣慰，深感动漫产业大有前途、大有希望！希望你们继续努力，不断取得新成绩、创造新辉煌，早日实现我国从动漫大国变为动漫强国的目标。

注　释

〔1〕百老汇（Broadway），美国纽约曼哈顿区一条大街的名称，街两旁分布着几十家剧院，因而百老汇成为美国戏剧业的同义语。

〔2〕时代华纳（Time Warner Inc），美国大型媒体娱乐公司，1990年由传统媒体巨头时代公司兼并老牌电影企业华纳公司组建而成。

民营文艺院团与市场
有着天然联系[*]

（2012年6月15日）

> 只有始终贴近群众、贴近市场，根据群众需要不断推陈出新，创造出新的作品，催生出新的流派、新的风格、新的品种、新的业态，艺术剧团才能生存发展，充满生机活力。

看了这场演出，我感到，在当前深化文化体制改革、推动文化大发展大繁荣的形势下，民营剧团大有可为，潜力很大。在文化体制改革过程中，我们鼓励名角"下海"领办民营剧团。民营剧团与市场有着天然联系，这是我们国有演艺企业不容易做到的。按照舞台艺术规律，文艺创作就要既来自群众同时又奉献给群众，只有紧紧贴近群众、贴近市场的体制，才能取得良好的效果。民营剧团与市场有着天然联系，与观众是鱼水关系，因此其活力是其他剧团不能相比的。

---

[*] 这是李长春同志在河南省郑州市观看小皇后豫剧团演出剧目《铡刀下的红梅》后谈话的一部分。

中央推行文化体制改革的政策，就是不管你是国有的还是民营的，都给予大力支持，都给予鼓励。当前，我们正在推动国有院团转企改制，因为只有创办成企业，才是真正的市场主体，才能与市场对接。原来的那种事业单位体制，总体上适合公共社会事业，不适合产业性质的单位，再加上这种体制事实上或多或少地染上了一些"官化"和"行政化"的色彩，既不能与市场对接，同时也违背艺术规律。因为过去事业单位的管理办法，容易造成需要的人进不来、不需要的人出不去，"大锅饭"、"铁饭碗"的局面。这样一种体制只能使我们的剧团越来越萎缩，越来越脱离群众，越来越远离市场，最后有的甚至难免进地方志、进博物馆。只有始终贴近群众、贴近市场，根据群众需要不断推陈出新，创造出新的作品，催生出新的流派、新的风格、新的品种、新的业态，艺术剧团才能生存发展，焕发生机活力。转企改制就是克服"官化"、"行政化"，回归群众，回归市场。河南是传统剧种非常丰富的地区，这些剧种怎么来的呢？就是从宋代开始，随着社会的发展，从社会分工中分业出来，进入了市场、进入了百姓生活，出现了各种各样的地方戏，形成了产业，有了演出市场，所以它们不是在研究所确定个标准、组织些人员研究出来的，而是在与市场的结合、与观众的互动中，不断推陈出新而产生的。如果我们还是沿用一种与市场脱节、与观众脱节的体制，那么不仅创造不出来新的艺术形式，就是原来我们前辈留下的东西也很难传下去、保存下去。因此，我对小皇后豫剧团给予高度评价，原因就在这里。希望你们继续努力，创作更多精品力作，活跃在大江南北，成为文化大发展大繁荣的一支劲旅，将来有机会还可以支持你们到国外演出。我们的舞台艺术，真正能够到国外商业演出的太少了。你们的作品群众欢迎不欢迎，最根本的还是群众愿意花多少钱买你的票，这是最根本的标准，也是最重要的经验，它比什么杯什么奖都重，正如俗话所说的"金杯银杯不如老百姓的口碑"，希望你们能够生产更多群众喜闻乐见的精品力作。

中国电影要打翻身仗[*]

（2012年8月23日）

> 要抢抓机遇，尽快把国产电影的水平搞上去，特别是在影片制作、先进设备制造和高科技应用上打一个翻身仗，增强国际竞争力。

在各种文化产品中，电影受到国内外广泛关注，因为它是各种文化产品种类里最具有代表性的。中华文化走出去，扩大中华文化的国际影响力，除了内容——"魂"之外，在"体"上——电影业是最有影响力的。但现在，恰恰是电影走出去差距还比较大。就国内来讲，这些年电影业在走向市场、壮大产业方面进步很大，但与走出去的形势要求相比，与国际先进水平相比，差距还很大。所以，中国的电影人面临着打翻身仗的艰巨任务。

第一，要有好的剧本和好的创意。剧本是电影创作的文本基础，是电影生产的第一道工序。没有好的剧本和好的创意，电影就不会有吸引力，电影产业就不可能真正做强做大。要狠抓剧本

---

[*] 这是李长春同志在参观2012北京国际广播影视设备展时谈话的一部分。

创作，力争推出一大批优秀电影剧本，为我国电影打翻身仗提供源头支撑。

第二，巨幕电影和 3D 电影要先行。3D 电影无论如何要增强紧迫感，尽快把中国自己的 3D 电影拍摄出来，振奋国人的信心。可以借鉴国外的有益经验，开展国际合作，走引进消化吸收再创新的路子。

第三，设备要突破。要力争能够在巨幕电影、3D 电影的设备研发、技术装备水平上有新提高，提升数字化技术水平和后期

2005 年 12 月 28 日，李长春出席纪念中国电影诞生 100 周年大会并讲话。图为李长春为获得"国家有突出贡献电影艺术家"荣誉称号的电影工作者颁奖。右三为中央书记处书记、中央军委副主席徐才厚，右四为中央政治局委员、北京市委书记刘淇。

（新华社记者饶爱民摄）

制作水平，增强自主创新能力，改变长期受制于人的局面。

第四，人才是关键。从《阿凡达》这部电影上看，电影技术上的突破使我感到，导演需要掌握多学科的知识，能不能培养高级导演，关系到电影产业的长远发展，这也关系到我们电影人才的培养体制。该片导演卡梅隆本身有着很宽的知识面，原来是学理工科的，工程师出身，而我们这种应试教育从高中就分科，弄得很窄。我们可否在电影学院试办一两个本硕连读的班，增加数理化和工科知识的学习，让学生掌握丰富的物理知识、化学知识、计算机知识、信息化知识。现在我们是懂艺术的不懂电脑软件、懂电脑的不懂艺术，复合型人才少，要大力培养适应现代科技发展要求的电影人才。

第五，要完善体制，加强管理。谁掌握了电影院线，谁就掌握了电影市场。要加快电影院线建设步伐，完善院线体制，使得我们现有年产的这500多部电影能够最大限度地进入院线。要建立健全影片进入院线的竞争机制，增强透明度，起码初始公平要体现，国产电影都有权利来竞标，按照公开、公平、公正、择优的原则参加市场竞争。就是要鼓励大家多出观众喜闻乐见的精品力作。要抢抓机遇，尽快把国产电影的水平搞上去，增强国际竞争力。这方面目前来看，任务还十分繁重，中国电影人面临光荣而艰巨的任务，大家要增强文化自觉和文化自信，一定要在影片制作、先进设备制造和高科技应用上打一个翻身仗。

加强对文化产品创作生产的引导，为人民提供更好更多的精神食粮

文艺评奖要以群众满意不满意、
喜欢不喜欢为根本标准[*]

（2003年3月7日）

> 一个作品能不能获奖，不仅要由专家来评判，更要由广大群众来评判。不受群众欢迎的，不能说是好的作品。

通过设立各类奖项特别是大奖，鼓励和引导文艺工作者贯彻落实"三个代表"重要思想，按照"二为"方向和"双百"方针的要求，创作更多更好的文艺作品，这是必要的。但是，评奖要体现以人民为中心的创作导向，必须以群众满意不满意、喜欢不喜欢为根本标准。这是人民是历史的创造者这一马克思主义唯物史观所决定的，是文艺产品创作生产的规律所决定的。一个作品能不能获奖，不仅要由专家来评判，更要由广大群众来评判。要把群众的评判作为专家评判的基础，或叫作准入的条件，使专家评判和群众评判统一起来。不受群众欢迎的，不能说是好的作

---

[*] 这是李长春同志在参加全国政协十届一次会议文艺界委员讨论时讲话的一部分。

品。就是高雅艺术，也要通过长期的推广和普及，让更多的群众接受和喜欢，不断地引导群众提高欣赏水平，在受众范围内做到喜闻乐见，引导广大文艺工作者创作更多的为群众所喜闻乐见的文艺作品。

要严格纠正为评奖而评奖的倾向。为了得奖，耗费巨资，广聘人才，排一台戏、搞一部电影，演一场两场，就放进仓库，根本谈不上什么社会效益和经济效益，却能获得大奖。这种现象，群众概括为"以获奖为目的，以评委为标准，以政府为市场，以亏损为结局"，不仅严重损害各类奖项的严肃性，严重损害评奖单位的形象，而且错误地引导一些人远离群众、远离市场，甚至引发行业不正之风，引发文艺领域的腐败行为。这种现象再也不能继续下去了。要严肃清理各种奖项，严格评奖标准，改革评奖办法，规范评奖程序，更重要的是，必须改革文化产品立项、拨款、制作、流通、评价的运行机制，从源头上制止不正之风和腐败行为，真正发挥评奖的导向和激励作用，引导广大文艺工作者面向群众、面向市场，创作出群众满意和喜欢的好作品。

在新的历史条件下不断改革创新，振兴和繁荣京剧[*]

（2005年1月25日）

> 历史上的名篇、名剧、名段无一不是在市场和群众的检验中产生的，历史上的艺术大师也都是历经市场锤炼和群众检验脱颖而出的。脱离群众、脱离市场，任何艺术都要失去生命力和创造力，任何艺术大师都会江郎才尽。面向群众、面向市场是繁荣文化艺术的根本途径，更是振兴京剧的根本出路。

我这次来的目的，一是给大家拜年。北京京剧院是全国京剧院团的一支劲旅，有一批很有名的国家级京剧演员。中国京剧院是国字号剧院，代表国家形象，体现国家水准。春节前，我来看望大家，特别是看望老艺术家，给你们拜个早年。二是想和大家座谈讨论，研究新形势下京剧如何适应新情况，迎接新挑战，焕发新活力，进一步振兴繁荣的问题。

刚才听了大家的发言，讲得都很好，出了许多好主意。党中

---

[*] 这是李长春同志在北京京剧院和中国京剧院调研时的讲话。

2005年1月25日,李长春在北京京剧院和中国京剧院调研。图为李长春在北京京剧院看望演职人员。右一为中宣部副部长李从军,右三为北京市委宣传部部长蔡赴朝。

(新华社记者张旭摄)

央高度重视京剧艺术,中央政治局常委每年集体观看的作为一个品种的文艺节目只有一个,就是新年京剧晚会。京剧是中华民族文化的瑰宝,具有鲜明的民族特色和浓郁的艺术魅力,堪称国粹,涌现出一大批像梅兰芳这样德艺双馨的艺术大师、国宝级的人物,这些都是我们民族的骄傲。京剧在国外也很有影响,被外国人称为中国的歌剧。京剧是综合艺术,外国人听不懂文戏,但通过外文字幕或剧情介绍也能领略其艺术魅力,至于武戏则直观些,觉得很热闹,很新奇。总之,京剧可以成为外国观众了解中国博大精深的传统文化的一个很好的窗口。

在新的历史条件下,如何振兴京剧、繁荣京剧,如何面向群众、面向市场，如何走出国门、走向世界，是我们面临的一个重大课题，任重而道远。一方面，我们的时代变了，大环境变了，随着物质生活水平的提高，科学技术的迅猛发展，现代电子传媒技术的广泛运用，社会文化生活大大丰富，人民群众的精神文化需求呈现出多样化、多层次、多方面的特点。和其他传统艺术品种一样，京剧的观众群发生了转移和分流，看京剧的人少了。新成长起来的年轻人，他们喜欢节奏快、刺激性强的节目，对这种慢节奏、有韵味的京剧，欣赏喜爱的人也不多。另一方面，京剧本身也有个在保持其优秀传统和艺术特色基础上不断创新，适应时代要求，与时俱进、争取观众的问题。同时，我们的文化工作者和京剧院团也有一个怎样冲破思想观念束缚，适应新形势，勇于创新，努力开拓市场，培养观众的问题。就地方来讲，还有一些地方重视支持不够的问题。我们既要面对当前京剧不景气的现实，又要相信，京剧艺术来源于民间，发展于民间，是在群众中产生的，因此也必须在和群众的结合中，创造新生。关键是我们如何适应新形势、研究新情况，找到解决的办法。

当前，宣传思想文化战线正在认真贯彻落实党的十六大和十六届三中、四中全会精神，努力提高建设社会主义先进文化的能力。党的十六大提出了深化文化体制改革的任务，并指出发展文化产业是在市场经济条件下繁荣社会主义文化的重要途径。我们根据这一要求，坚持一手抓公益性文化事业，一手抓经营性文化产业，进行文化体制改革试点，解放和发展文化生产力，繁荣和发展社会主义先进文化，不断满足广大人民群众的精神文化需求。在社会主义市场经济条件下，发展社会主义先进文化，要坚持"两个主体"，这就是：一要形成以公有制为主体、多种所有制共同发展的文化产业格局；二要形成以民族文化为主体、吸收外来有益文化的文化开放格局。同时，还要实施中华文化走出去工程，让我们优秀的民族文化更好地走向世界。根据这些精神，我们积极推进文化体制改革试点工作。按照党的十六届三中全会关于文化体制改革的要求和中办关于文化体制改革试点工作意见的相关规定，对能够进入市场的，如影视剧制作机构、图书发行单位、绝大多数出版社、一般文艺院团等，按照"创新体制、转换机制、面向市场、壮大实力"的原则，走产业化的路子，目前改革试点工作进展顺利，效果很好。另一方面，对公益性文化事业，如博物馆、图书馆、文化馆等，按照"增加投入、转换机制、增强活力、改善服务"的原则，深化内部改革，提高服务水平，经过这一段实践证明，这个方向也是正确的。

国家级的京剧院团，以及昆曲、粤剧、豫剧、川剧等这些具有深厚民族文化传统、鲜明地方特色，并在广大人民群众中产生深刻影响的传统剧种，既不同于公益性文化事业，也不能按一般的文化产业来对待，而是属于党的十六大提出的"四个扶持"的范围。这一类的艺术院团介乎公益性文化事业与经营性文化产业之间，属于政府重点扶持的对象。在新的历史条件下，如何搞活和繁荣，我们也要有一个思路，根据大家的意见，可以概括为对其重点院团保留事业性质，实行企业化管理，具体内容四句话，就是政府扶持、转换机制、面向市场、增强活力。

第一，政府扶持。政府扶持的对象要突出重点，分级负责。国家这个层次，主要是京剧和昆曲的重点院团。例如京剧，全国有76个院团，可选10个左右作为国家的重点，属于中西部地区的，由中央支持，属于东部地区的，由东部地区自己解决。国家

在新的历史条件下不断改革创新，振兴和繁荣京剧

重点之外的其他院团由所在省区市区别对待。其他一些地方剧种，如评剧、豫剧、越剧、粤剧、黄梅戏等，由地方选一部分重点，予以支持。通过扶持重点院团，既可以解决名角载体的问题，又有利于形成全国范围的演出市场链。支持的内容主要体现在以下几个方面：一是吃饭靠财政，增收和发展事业靠市场。按照国家标准工资，保证吃饭问题，至于增加收入，发展事业要靠市场。这就体现了政府扶持。二是帮助改善必要的设施。包括改善排练场地、新增必要的装备、建设院团所属的演出场地等，财政给予一次性投入。三是扶持定向市场开发。大中学生观看京剧，可由政府补贴，从小熏陶，从小培养，让他们了解京剧、熟悉京剧，进而喜爱京剧，培养新的后备观众群体。这项措施可以与贯彻中共中央、国务院关于进一步加强和改进未成年人思想道德建设和大学生思想政治教育的意见结合起来。还可以考虑在课外阅读教材中适当介绍京剧艺术，也可以请一些京剧艺术家给学生开讲座。政府组织"三下乡"活动也要予以补助。四是要重视京剧人才队伍建设，抓好名角优秀剧目的录制和传播。瑞环[1]同志、关根[2]同志非常重视京剧的振兴。为了让京剧能一代代传下去，瑞环同志专门搞了一个老一代名角的音配像工程[3]，抢救和保留了一批濒临失传的经典剧目。关根同志抓晚霞工程、彩霞工程[4]等，对振兴京剧艺术起到了积极的促进作用。现在我们要在他们所做工作的基础上，重点扶持宣传中青年演员，从中挑选一批优秀的名角，把他们的经典剧目整理出来，制作成光盘，纳入全国文化信息资源共享工程数据库，通过互联网，让千家万户随时都可以看，可称之为名角名戏数字化工程。同时要继续办好中央电视台戏曲频道，反复播放名角名剧，扩大影响。京

剧是名角戏，没有名角，这个剧团就站不住，甚至这个剧种都很难生存。名角要靠演员的刻苦努力，也要靠社会宣传。五是要抓后备人才的培养。要确定几所重点戏曲院校，重点支持。要大力培养编剧、导演及吹、拉、弹、唱、演、作词、作曲的专门人才。六是要制定促进国家水准的京剧院团走出去的政策措施，推动中国传统戏剧艺术走向世界。京剧代表国家形象，在对外文化交流中发挥着重要作用。对国家水准的京剧团出国演出，要在交通经费上给予支持。

第二，转换机制。京剧院团转换机制的核心是解决两个"大锅饭"的问题：一个是院团吃国家财政的"大锅饭"，一个是演职人员吃院团的"大锅饭"。"大锅饭"的机制不解决，扶持措施越多，就越会形成没有生存能力的"保姆"机制。实践证明，不转换机制，不打破"大锅饭"，就不能焕发出积极性和创造性，就不能适应变化了的新形势的要求，就没有活力。打破第一个"大锅饭"，就是明确吃饭靠财政，增收和发展靠市场。财政部门要根据院团的实际情况，核定基本人头，一次包死，几年不变。院团要提高收入，改善条件，进行再生产，就要建立盈亏机制，靠市场增收和发展事业。这样才能调动院团面向群众、走向市场的积极性。打破第二个"大锅饭"，就是进行院团内部的干部制度、人事制度、分配制度的改革。只有实行人事制度改革、体现按劳分配的原则，才能调动演职人员的积极性和创造性，才能使院团充满活力。转换机制的最终目的是推动京剧更好地面向群众、走向市场，多出精品、多出人才。

第三，面向市场。任何艺术，其生命力在于与群众和市场的紧密联系。人民群众是艺术创作的源泉，是艺术发展的动力，是

在新的历史条件下不断改革创新，振兴和繁荣京剧

艺术的最终评判者。历史上的名篇、名剧、名段无一不是在市场和群众的检验中产生的，历史上的艺术大师也都是历经市场锤炼和群众检验脱颖而出的。脱离群众、脱离市场，任何艺术都要失去生命力和创造力，任何艺术大师都会江郎才尽。观众是最严格的评委，市场是最好的试金石，只有观众和市场才能真正逼迫你上水平、上档次，逼迫你把思想性、艺术性、观赏性紧密结合起来，创造出精品力作甚至不朽的传世之作。面向群众、面向市场是繁荣文化艺术的根本途径，更是振兴京剧的根本出路。在美国经济大萧条的1930年，梅兰芳带着自己的京剧班子，历时半年，演遍了大半个美国，开创了京剧在国际市场上成功商业演出的先

2009年1月22日，李长春看望著名京剧表演艺术家梅葆玖。

（新华社记者高洁摄）

河，而现在我们的京剧却很难在国际上商业演出，值得深思。作为京剧艺术，走向市场、开拓市场，首先要靠京剧院团这个微观主体的体制机制创新。京剧院团一定要强化市场意识，努力探索在政府扶持条件下与市场接轨的体制机制。与此同时，要把经营作为关系院团生存的大事来抓。京剧院团也存在对观众进行市场调查的问题，要以市场为龙头，多方面开发市场，围绕市场需求创作优秀剧目，最大范围地满足群众的需求，最大限度地实现京剧艺术的自身价值。院长要带头了解观众心理，多与演出公司、经纪公司建立联系，形成强大的销售网络。编导、演职人员都要了解市场需求、观众心理。要抓住流动人口、外国游客这一特定市场，把京剧作为北京旅游的又一个品牌，做出影响来。还可以针对台湾观众的心理和特点，深入发掘海峡两岸的历史渊源、地缘、人缘、文缘、法缘、血缘，创作反映祖国统一、两岸人民骨肉情深、催人泪下的优秀剧目。这里还涉及一个评奖机制的问题。过去评奖往往忽视和观众结合、和市场结合，排戏为了评奖，演员为了获奖，领导是基本观众，仓库是最终归宿，奖得了戏也封箱了，这是劳民伤财，既无社会效益又无经济效益。一定要改革这种评奖机制、评奖办法。评奖项目要减少，评奖跨度要延长，评奖要面向群众、面向市场，要过群众这一关，所有参评剧目都要经过群众和市场的检验，这是评奖的准入条件。近来，中宣部等部门作了新规定[5]，提出了很多改进的措施，正在征求相关方面的意见。在社会主义市场经济条件下，人民群众是通过市场来选择和实现自己的文化消费的，群众检验和市场检验是一致的。只有经过群众、市场的检验，才有资格成为优秀剧目，只有在市场的洗礼中长盛不衰的剧目，才算经典大剧。优秀剧目考核的主要标准首先是能演多少场。在导向正确的前提下，演的场次越多，社会效益和经济效益越好，演员也越有知名度和影响力。只排不演，劳民伤财。国外的一些音乐剧，例如《猫》剧[6]，几十年常演不衰，我们要研究。各文艺单位一定要转变观念，要认识到，获奖不是目的，赢得市场才是目的。要树立这种意识，坚持这种导向，坚决不能为评奖而排戏。你的剧目再好，获奖再多，如果观众不爱看，也等于零。优秀剧目、优秀作品最根本的标准，就是观众认可、观众喜欢。当然，这首先是个宏观管理、宏观导向问题，责任不在剧团本身。针对评奖过多过滥的局面，中宣部牵头，搞了一个办法，要清理目前的奖项，形成有利于面向群众、面向市场的导向。

第四，增强活力。当前，京剧艺术处于一种不景气的状况，许多京剧院团经济效益低下，在发展道路上遇到了许多困难和问题，其中一个重要原因就是缺乏活力，既缺乏创作活力，又缺乏经营活力，导致事业难发展、队伍不稳定，形成一种难以为继的局面。当务之急是要增强两个活力，一是创作活力，二是经营活力。增强创作活力，就是要按照"三贴近"的要求，深入群众，了解市场，多出名戏，培养名角。只有从实践中吸取营养，从生活中感悟真谛，从群众中获得力量，才能创作出广大观众真正喜爱的名戏，才能培育出广大观众真心追捧的名角。京剧名角不是行政任命的，也不是获奖得来的，而是在市场闯荡中对京剧不断推陈出新，在观众中树立了威望，才产生出来的。梅兰芳大师为我们树立了典范。要坚持深入实际、深入生活、深入群众，把精力和心思用在培养名角、创作名剧上来，用名角来占领市场，用名剧来满足观众，通过名角、名剧来提高京剧的影响力和号召力。要努力借鉴和吸收其他民族艺术的长处，创作出富于时代气息、充满艺术魅力、长盛不衰的精品力作，积极推进京剧艺术形式、风格、流派的充分发展和创新。繁荣京剧，关键是人才。要通过学校培养和实践历练，努力培养艺术精湛、台风严谨、品德高尚的德艺双馨的优秀演员，使新人辈出、名家辈出。增强经营活力，就是要在政府扶持、抬高了"正负零"[7]的基础上，实现再生产，改变那种排戏就打报告，排完了就亏损，再排戏再打报告的局面。要通过经营市场，实现自我循环、自我发展，起码能有进行简单再生产的能力。要把增强经营活力纳入院团主要的议事日程，配备过硬的分管经营的负责人，健全财务管理，加强经济核算，降低成本消耗，不断提高经营本领，学会在激烈的市场竞争中生存发展，学会在与群众和市场的结合中，增强活力，壮大实力。

政府扶持、转换机制、面向市场、增强活力，这四句话是有机的整体。政府扶持是外部条件，转换机制是内因、是根据，面向市场是根本途径，增强活力是归宿。政府扶持的目的是增强活力，即出优秀剧目、优秀人才，开辟市场，满足人民群众的精神文化需求。对于确实没有条件"激活"的，可进行资源整合、重组。院团不在于多，而在于能"干事"。今后各地再办京剧团，要努力探索和鼓励社会力量办京剧团、名角下海领办民营京剧团的路子，改变单一由国家办京剧的体制。

总之，在文化体制改革的实践中，要探索优秀民族文化改革发展的途径。对京剧、昆曲以及粤剧、川剧、豫剧等优秀民族文化艺术，要确定一批重点院团，在政府扶持、转换机制、面向市场、增强活力的方针下，坚持贴近实际、贴近生活、贴近群众，在继承传统的基础上不断改革创新，多出优秀作品，多出优秀人才，更好地满足人民群众的精神文化需求，为发展社会主义先进文化作出新的贡献。

注　释

〔1〕瑞环，指李瑞环同志。

〔2〕关根，指丁关根同志。

〔3〕中国京剧音配像工程，是从1985年开始实施的一项旨在抢救、传留和振兴京剧艺术的文化工程，即对老一代京剧艺术家的演出录音进行配像。该工程录制的剧目大部分是20世纪40年代后期到60年代前期京剧舞台上的艺术珍品，有的还追溯到20世纪初，涉及京剧各个行当、各个流派。

〔4〕中国京剧晚霞工程、彩霞工程，是一项记录和保留当代京剧老艺术家及中青年演员珍贵演出资料的文化工程，旨在将中国京剧艺术推进到21世纪，使之进一步传承发展。该工程由中国文学艺术界联合会组织，自1998年开始实施。

〔5〕新规定，指《全国性文艺新闻出版评奖管理办法》，该办法于2005年3月由中共中央办公厅、国务院办公厅印发。

〔6〕《猫》剧（Cats），是英国作曲家安德鲁·洛伊·韦伯根据英国诗人艾略特的诗集《老负鼠的猫经》及其他诗歌所编写的一部音乐剧，自1981年在伦敦首演以来，先后被翻译成多种语言在全世界演出。中文版《猫》2012年下半年在中国开始首演。

〔7〕"正负零"，基建术语，指主体工程的一个基准面或主体工程的进展程度。当主体工程中的地下工程完成，要进行地上工程施工的时候，意即主体工程达到"正负零"。

建设和谐文化，繁荣发展社会主义文艺[*]

（2006年11月14日）

> 广大文学艺术工作者要进一步解放思想、实事求是、与时俱进，在继承优良传统的基础上，积极推进文艺理论、体制机制、内容形式、风格流派的全面创新，创作深刻反映现实生活，表现人民群众真实情感，深受人民群众喜爱，与时代同行的好作品，推动我国文学艺术事业的繁荣发展。

中国文学艺术界联合会第八次全国代表大会、中国作家协会第七次全国代表大会圆满完成了各项议程。这两个大会开得很好，总结了经验，规划了未来，选出了新一届领导机构。这是一次承前启后、继往开来的盛会，是一次促进文艺界大团结、大繁荣、大发展的盛会。我代表党中央向大会取得成功表示热烈祝贺，对当选的各位委员，主席、副主席表示热烈的祝贺，并通过

---

[*] 这是李长春同志在中国文联第八届全国委员会、中国作协第七届全国委员会全体会议上的讲话。

大家向全国的文学艺术工作者致以崇高的敬意。

党中央一贯高度重视文艺工作。在这次大会上，胡锦涛总书记发表了重要讲话，深刻阐述了文艺在中国特色社会主义事业全局中的地位和作用，充分肯定了文艺工作取得的显著成绩，进一步明确了新时期文艺工作的基本要求和主要任务，强调一切有理想有抱负的文学艺术工作者都要奋力担当起时代赋予的使命，密切与人民群众的血肉联系，大力发扬创新精神，努力成为人类灵魂的工程师。胡锦涛总书记的重要讲话，是指导文艺事业发展的纲领性文献，必将对繁荣社会主义文艺产生重要而深远的影响。我们一定要认真学习贯彻胡锦涛总书记的重要讲话精神，努力开创中国特色社会主义文艺事业的新局面。

改革开放以来特别是党的十六大以来，我国社会主义文艺生机勃勃、欣欣向荣，取得了显著成就。文艺创作空前活跃，一大批具有深刻思想内涵和独特艺术魅力的优秀作品感召和激励了亿万人民。文化体制改革稳步推进，体制机制创新取得重大进展，进一步解放和发展了文化生产力。公共文化服务体系建设成效明显，文化产业蓬勃发展，文化市场持续繁荣，极大地激发了文艺创作和生产的活力，人民群众精神文化生活日益丰富。积极实施文化走出去战略，对外文化交流日益活跃，中华文化的国际影响力和竞争力进一步增强。广大文学艺术工作者思想解放、精神振奋、心情舒畅，积极性、主动性、创造性空前高涨。社会主义文艺为改革开放和现代化建设提供了强大精神动力和良好文化条件。我国文艺取得的每一项成就，无不凝聚着广大文学艺术工作者的聪明才智和辛勤劳动。实践证明，我们的文学艺术工作者队伍是一支热爱祖国、热爱人民、热爱社会主义的队伍，是一支富于进取和甘于奉献的队伍，是一支党和人民信赖的队伍。

中国文联、中国作协作为党领导的重要人民团体，很好地发挥了党和政府联系文艺界的桥梁与纽带作用。自七次文代会、六次作代会以来，中国文联、中国作协高举邓小平理论和"三个代表"重要思想伟大旗帜，坚持以科学发展观为指导，全面贯彻落实党的文艺方针政策，做了大量卓有成效的工作，为团结和凝聚广大文学艺术工作者，繁荣社会主义文艺作出了重要贡献。对中国文联、中国作协五年来的工作，中央是满意的。

多年来的实践深刻昭示我们，繁荣社会主义文艺必须坚持以下重要方针原则：

——必须坚持以邓小平理论和"三个代表"重要思想为指导，全面贯彻落实科学发展观，坚持以人为本，为人民服务、为社会主义服务，牢牢把握社会主义先进文化的前进方向。

——必须坚持百花齐放、百家争鸣的方针，尊重文艺规律，尊重作家艺术家的创造性劳动，弘扬主旋律、提倡多样化。

——必须坚持贴近实际、贴近生活、贴近群众的原则，始终把人民群众拥护不拥护、赞成不赞成、高兴不高兴、满意不满意作为检验文艺工作成效的根本标准。

——必须坚持解放思想、实事求是、与时俱进，不断深化文化体制改革，推进文化创新，充分激发文学艺术工作者的创造活力，解放和发展文化生产力。

——必须坚持一手抓繁荣、一手抓管理，始终把社会效益放在首位，努力实现社会效益与经济效益相统一。

这些重要方针原则，是我们党领导文艺实践的经验总结，体现了社会主义文艺的客观规律，对做好新形势下文艺工作具有重

建设和谐文化，繁荣发展社会主义文艺

要指导意义，一定要继续坚持，认真贯彻，并在实践中不断丰富和发展。

前不久召开的党的十六届六中全会，通过了《中共中央关于构建社会主义和谐社会若干重大问题的决定》，提出建设和谐文化，巩固社会和谐的思想道德基础。当前，文艺战线的首要任务，就是以胡锦涛总书记在这次大会上的重要讲话为指导，认真学习贯彻六中全会精神，把繁荣社会主义先进文化、建设和谐文化，为构建社会主义和谐社会作出贡献，作为现阶段我国文化工

2006年11月14日，李长春出席中国文联第八届全国委员会、中国作协第七届全国委员会全体会议并讲话。图为李长春接见出席会议的代表。右一为中共中央政治局委员、中央书记处书记、中宣部部长刘云山。

(新华社记者黄敬文摄)

作的主题,作为我国广大文化工作者的庄严使命,充分发挥文艺反映时代生活、团结鼓舞人民、推动社会进步的巨大作用,为全面建设小康社会、实现中华民族的伟大复兴提供强大精神动力。

下面,我就贯彻落实党的十六届六中全会精神和胡锦涛总书记的重要讲话,讲几点意见,与大家共勉。

一、紧紧抓住建设社会主义核心价值体系这个根本,大力推进和谐文化建设

建设和谐文化,是我们党从实现全面建设小康社会宏伟目标、开创中国特色社会主义事业新局面的高度作出的重大战略决策,对于巩固马克思主义在意识形态领域的指导地位,打牢社会和谐的思想道德基础,有效凝聚全党全国各族人民的智慧和力量,共同致力于构建社会主义和谐社会的伟大事业,具有重大意义。

建设和谐文化,最根本的就是要坚持社会主义核心价值体系。马克思主义指导思想,中国特色社会主义共同理想,以爱国主义为核心的民族精神和以改革创新为核心的时代精神,社会主义荣辱观,是社会主义核心价值体系的基本内容。社会主义核心价值体系的提出,抓住了社会主义意识形态建设的关键,体现了时代的要求,是我们党在经济体制深刻变革、社会结构深刻变动、利益格局深刻调整、思想观念深刻变化的新形势下,凝聚和统一社会各阶层、各利益群体思想的有力武器。我们要全面准确地理解社会主义核心价值体系的深刻内涵,牢牢把握和谐文化建设的正确方向。

要始终坚持以马克思主义中国化的最新成果指导文艺实践。

我国是社会主义国家,中国共产党是中国特色社会主义事业的领导核心,马克思主义是我们党和国家的根本指导思想。这就决定了马克思主义是社会主义意识形态的旗帜,是社会主义文艺的灵魂。广大文学艺术工作者要始终坚持文艺发展的正确方向,以邓小平理论和"三个代表"重要思想为指导,全面贯彻落实科学发展观,大力发展先进文化,支持健康有益文化,努力改造落后文化,坚决抵制腐朽文化。要始终坚持人民群众是历史创造者的唯物史观,用体现社会主义核心价值体系的文艺作品引领多样性的社会思潮和文化追求,在坚持马克思主义指导地位的前提下尊重差异,包容多样,最大限度地形成思想共识,共同繁荣社会主义先进文化。要牢固树立马克思主义文艺观,坚持把社会生活作为文艺创作的唯一源泉,坚持为人民服务、为社会主义服务,努力创造出更好更多适合人民群众需求的文化产品。

要在全社会牢固树立中国特色社会主义的共同理想。理想是一个国家和民族奋勇前进的精神动力。摆脱贫穷落后,争取富强民主文明和谐,实现中华民族的伟大复兴,是中华儿女世世代代的梦想和追求。鸦片战争以来一百多年的历史证明,在中国共产党领导下、走中国特色社会主义道路、实现中华民族伟大复兴,是历史的选择、人民的选择,已成为当今中国不同社会阶层、不同利益群体的人们普遍认同和接受的共同理想。在全社会树立和巩固这一共同理想,是和谐文化建设的主题,是当代文艺的重要使命。国运昌,文运兴。一个经济发展、政治稳定、社会进步的时代,一个与时俱进、改革创新、民族生命力和创造力极大迸发的时代,必然是广大作家艺术家创作热情空前高涨、文学艺术空前繁荣的时代。每一个有理想有抱负的作家艺术家,都会从中华民族自强不息的奋斗历程中汲取力量，投身中国人民为实现共同理想而奋斗的伟大实践，大力讴歌中国共产党领导全国各族人民在革命、建设、改革进程中取得的辉煌成就，大力弘扬一切有利于国家富强、民族振兴、人民幸福的思想和精神，创造无愧于时代、无愧于历史、无愧于人民的精品力作，激励广大干部群众为实现中华民族共同理想而努力奋斗。

要大力弘扬以爱国主义为核心的民族精神和以改革创新为核心的时代精神。以爱国主义为核心的民族精神是民族文化最本质、最集中的体现，已深深融入我们的民族意识、民族品格、民族气质之中，成为各民族团结一心、共同奋斗的价值取向。以改革创新为核心的时代精神，是中华民族与时俱进思想品格与改革开放和现代化建设伟大实践相结合的成果，已深深融入我国经济、政治、文化、社会建设的各个方面，成为各族人民不断开创中国特色社会主义事业新局面的强大精神力量。弘扬民族精神和时代精神，使全体人民始终保持昂扬向上的精神状态，是和谐文化建设的精髓，是当代文艺创作和生产的主旋律。广大文学艺术工作者要把弘扬民族精神和时代精神贯穿到文艺创作生产的各个方面，热情描绘中华民族辉煌灿烂的历史画卷，谱写各民族和睦相处、和衷共济、共同奋斗的生动篇章，增强民族的自信心、自豪感和凝聚力、向心力。要深入刻画当今时代中国人民解放思想、实事求是、与时俱进、开拓创新的精神风貌，塑造具有时代特点、体现时代精神的崭新艺术形象，为全面建设小康社会、构建社会主义和谐社会增添精神力量。

要大力弘扬社会主义荣辱观。道德是人的基本价值规范，是社会生活安定有序的基石。胡锦涛总书记提出的以"八荣八耻"

为主要内容的社会主义荣辱观，是对与社会主义市场经济相适应、与社会主义法律规范相协调、与中华民族传统美德相承接的社会主义思想道德体系全面系统、准确通俗的表达，为社会主义市场经济条件下，全体社会成员判断行为得失、作出道德选择、确定价值取向，提供了基本的价值准则和行为规范。在全社会大力弘扬社会主义荣辱观，是和谐文化建设的基本任务，是当代文艺的重要内容。广大文学艺术工作者要通过自己的创造性劳动，生动形象地弘扬社会主义荣辱观，倡导爱国、敬业、诚信、友善等道德规范，推动形成知荣辱、讲正气、促和谐的良好社会氛围。要大力弘扬社会公德、职业道德和家庭美德，生动反映家庭亲情、人间友情和社会真情，讴歌真善美，让人们在艺术享受中陶冶情操、愉悦身心，引导人们努力营造新型人际关系，促进社会和谐。

社会主义核心价值体系这四个方面的内容，相互联系、相互贯通、相互促进，是有机统一的整体。坚持马克思主义的指导地位是社会主义核心价值体系的灵魂，树立共同理想是社会主义核心价值体系的主题，培育和弘扬民族精神和时代精神是社会主义核心价值体系的精髓，树立和践行社会主义荣辱观是社会主义核心价值体系的道德基础。把握社会主义核心价值体系这个根本，就把握了和谐文化的正确方向。

二、坚持"三贴近"原则，推出更多优秀文艺作品

贴近实际、贴近生活、贴近群众，是贯彻党的文艺方针、促进文艺事业繁荣发展的必然要求，是多出优秀作品、多出优秀人

才的根本途径。我们说的实际，就是今天中华民族为全面建设小康社会而奋斗的伟大实践，这是文学艺术的立根之本。我们说的生活，就是今天亿万人民共同创造美好未来的奋斗历程，这是文艺创作的不竭源泉。我们说的群众，就是今天在改革开放和现代化建设实践中创造自己新生活的人民群众，他们是文艺表现的主体和服务的对象。社会主义的文学艺术工作者必须立足于此，为这个实际而写，为这个生活而歌，为我们的人民而奉献。

贯彻"三贴近"原则，要求广大文学艺术工作者热情关注现实生活，真诚聚焦普通群众。创作深刻反映现实生活，表现人民群众真实情感，深受人民群众喜爱，与时代同行的好作品，是时代对文学艺术工作者的呼唤。我们需要好的历史题材作品，更需要具有深刻影响力的当代题材作品；我们需要反映历史人物的作品，更需要描绘当代英雄的作品，为引导生活、纯洁心灵、推动社会进步提供精神力量。广大文学艺术工作者一定要牢固树立实践的观点、生活的观点、群众的观点，在创作无愧于时代的精品力作上作出更大的努力。

贯彻"三贴近"原则，必须深入实际、深入生活、深入群众。广大文艺工作者要深入改革开放和现代化建设的第一线，了解社会真情、把握时代脉搏、体验百姓情感，把创作真正扎根于社会生活和人民群众之中。要树立创造精品力作、传世佳作的宏大志气，要有十年磨一剑的坚韧意志，甘于寂寞、潜心创作，不断进入至高至美的境界。要建立和完善有利于落实"三贴近"原则的体制机制、政策措施，鼓励和支持"三贴近"作品的创作、生产和传播，使遵循"三贴近"原则成为广大文学艺术工作者的自觉追求。

三、大力激发创新活力,全面繁荣文艺创作

创新是一个民族进步的灵魂,是一个国家兴旺发达的不竭动力,也是文学艺术保持生机、蓬勃发展的关键所在。广大文学艺术工作者要进一步解放思想、实事求是、与时俱进,在继承优良传统的基础上,积极推进文艺理论、体制机制、内容形式、风格流派的全面创新,为繁荣发展社会主义文艺、建设创新型国家注入强大活力。

大力推进文艺理论及观念的创新。要全面领会党的十六大以来党中央关于发展社会主义先进文化的一系列新观点新论断,不断深化对文化地位和作用、发展目的、发展方向、发展动力、发展思路、发展格局的认识,牢固树立新的文化发展理念。要根据时代变化和中国特色社会主义文艺发展的新要求,积极推进马克思主义文艺理论研究,回答关系文艺发展全局的战略性问题,回答新时期文艺创作面临的重大理论和现实问题,加快建设体现马克思主义中国化最新成果的文艺理论体系和美学体系。要积极开展正确的文艺评论,探索文艺规律,引导文艺思潮,促进文艺事业健康发展。

大力推进文艺内容和形式的创新,大力推进文艺题材、体裁的充分发展。要紧跟全面建设小康社会的伟大实践,集中反映人民群众在改革开放和现代化建设中展现的新思想新风貌,集中反映经济社会生活的新变化新进步,不断丰富创作内容。要积极推动不同艺术门类相互学习、相互交流,推动传统文艺与现代文艺、民族文艺与外国文艺相互借鉴、取长补短,不断创新表现形式。

要适应现代科学技术迅猛发展的新形势，大力推动现代科技在文化领域的广泛运用，改进和提高文艺表现的手段，催生新的文艺品种，培育新的文艺业态，扩大文艺传播的途径，发展新兴文化产业，形成一批具有自主知识产权的文化品牌，增强我国文化的国际影响力和竞争力。

要认真贯彻百花齐放、百家争鸣的方针，充分发扬艺术民主和学术民主，在艺术创作上提倡不同形式和风格的自由发展，在艺术理论上提倡不同观点和学派的充分讨论，在艺术发展上提倡不同品种和业态的积极创新，弘扬主旋律，提倡多样化，不断满足人民群众多层次、多样化、多方面的精神文化需求。要尊重差异，包容多样，大力营造保护创新热情、鼓励创新实践、完善创新机制、宽容创新挫折的良好氛围，最大限度地焕发文学艺术工作者的创造活力。要大力扶持原创性作品，保护知识产权，推出更多具有中国特色、中国风格、中国气派的传世之作，充分展现中国文艺的创新风范，引领中国文艺的发展潮流。

四、建设一支高素质的文学艺术工作者队伍

加强文学艺术工作者队伍建设，培养和造就一支热爱祖国、热爱人民、德艺双馨、开拓进取的文学艺术工作者队伍，是社会主义文艺事业繁荣发展的重要保障。

加强文学艺术工作者队伍建设，必须加强文学艺术工作者的思想道德修养。文艺是照耀人们思想和心灵的火炬。文学艺术工作者要用自己的作品影响和教育群众，首先要使自己的精神世界进一步丰富和高尚起来。广大文学艺术工作者要牢固树立正确的

世界观、人生观和价值观，切实增强历史使命感和社会责任感，把最好的精神食粮奉献给人民。要弘扬良好的职业精神和职业道德，努力以高尚的情操、真诚的艺术态度和创造性的劳动赢得社会认可，赢得人民尊重。

加强文学艺术工作者队伍建设，必须切实促进文学艺术工作者队伍的团结。要用共同理想、共同事业、共同责任，把广大文学艺术工作者的智慧和力量凝聚起来，专心致志搞创作，同心同德促繁荣。文学艺术工作者要以大局为重，以和为贵，相互尊重、共同提高。不同专业、不同流派之间要相互交流、共同进步。老中青文学艺术工作者之间要相互支持，前贤奖掖后进，新人尊重前辈，同仁相互切磋。

加强文学艺术工作者队伍建设，必须造就大批优秀人才。要继续推进"四个一批"人才培养工程，制定长远规划，完善激励机制，研究制定国家荣典制度，努力造就一批政治坚定、业务精湛、品德优良、成就突出的文艺领军人物。要适应文艺事业发展的新需要，注重培养懂艺术、善经营、会管理的复合型人才。要加强对后备文艺人才的培训教育，特别是加强基层文艺人才的选择和培养，努力造就一支梯次分明、结构合理的文学艺术工作者队伍。

五、努力做好文联和作协工作，增强凝聚力和影响力

中国文联、中国作协是党和政府联系广大文学艺术工作者的桥梁和纽带，在团结和组织广大文学艺术工作者，繁荣发展社会主义文艺事业中具有重要作用。希望新一届文联、作协全委会认

真贯彻中央要求，积极履行联络、协调、服务的职能，更好地把广大文学艺术工作者团结和凝聚起来，共同推进我国文学艺术事业的繁荣发展。

要讲政治、讲大局。始终坚持正确的政治方向，自觉与以胡锦涛同志为总书记的党中央保持高度一致，把广大文学艺术工作者团结在党的周围。要坚持马克思主义在意识形态领域的指导地位，引导广大文学艺术工作者始终与党和人民站在一起，坚持先进文化的前进方向。要坚持围绕中心、服务大局，从党和国家工作大局出发开展工作，为促进改革发展、维护社会稳定作出贡献。要积极组织作家艺术家深入实际、深入生活、深入群众，了解社会主义初级阶段的基本国情，了解国家经济社会的新发展新成就，了解人民群众在改革开放和现代化建设实践中创造的丰功伟绩，自觉践行党的文艺方针政策，唱响在中国共产党领导下，走中国特色社会主义道路，实现中华民族伟大复兴的时代主旋律。

要促团结、多服务。多做增进了解、加强交流、化解矛盾的工作，调动一切积极因素，把广大文学艺术工作者团结起来、凝聚起来，心情舒畅地干事业。要努力改进服务方式，提高服务质量，多办实事好事，使文联、作协真正成为文学艺术工作者之家。要主动听取各方面的意见，及时反映大家的要求，维护和保障文学艺术工作者的合法权益。要努力创造条件、搭建舞台，推荐优秀作品，推出文艺新人。

要积极实施走出去战略，推动中华文化走向世界。要加强与国际文学艺术组织的联系，争取国际话语权，维护国家利益。要有计划地邀请境外文学艺术界的知名人士来华访问，为他们提供了解中国文化的机会，通过他们向世界介绍和传播中华文化。要加强海峡两岸民间文化交流，强化中华文化认同感，为促进祖国和平统一大业服务。

要加强行业管理和行业自律。适应文艺从业方式、生产经营方式、传播消费方式多样化的新趋势，建立健全符合社会主义市场经济体制要求、符合文艺发展规律和人民团体特点的组织体制和运行机制，逐步形成以中国文联和中国作协为主，地方文联、作协和专业协会相协调的行业管理网络。要把新的文化组织和自由职业者纳入工作范围，深入调查研究，加强协调指导，提供帮助服务，规范从业行为。要积极探索加强行业自律的有效办法，引导广大会员自尊自重、自珍自爱。要积极引入社会监督机制，逐步形成功能完善、运转协调的行业自律机制。

在座的中国文联、中国作协新一届全国委员会的委员，具有广泛的代表性和社会影响力。做好文联、作协工作，大家担子重、责任大。一定要牢记使命，不负众望，以党和人民的事业为重，充分发挥表率作用，把广大文学艺术工作者紧紧团结起来，不断开创社会主义文艺新局面。

六、切实加强和改善党对文艺工作的领导

加强和改善党的领导是文艺事业繁荣发展的根本保证。各级党委和政府要高度重视和关心文艺工作，把加强和改善对文艺工作的领导作为提高党的执政能力建设的重要内容，不断提高领导文艺工作的能力和水平。

党对文艺工作的领导，首先是思想政治领导。要积极引导广

大文学艺术工作者坚持以邓小平理论和"三个代表"重要思想为指导，全面贯彻落实科学发展观，深刻领会党的十六大以来党中央提出的一系列重大战略思想和重大战略任务，不断增强贯彻党的路线方针政策的自觉性和坚定性。要引导广大文学艺术工作者用科学的世界观和方法论观察事物，认识生活，开展创作。要加强文艺界党组织的思想建设、组织建设和作风建设，努力增强创造力、凝聚力和战斗力，为发展社会主义文艺事业提供可靠的组织保证。

要贯彻落实党的各项文艺方针政策。各级党委和政府要加强指导，制定规划，突出特色，抓好重点。要大力推进文化体制改革，推动体制机制创新，一手抓公益性文化事业，一手抓经营性文化产业，做到两手抓两加强。要认真落实国家文化经济政策，制定有利于地方文艺事业发展的具体措施，增加投入，改善条件，大力扶持文艺创新和精品生产。要进一步完善社会力量参与文化建设的政策规定，鼓励和吸引社会资本依法进入文艺领域。要完善鼓励民营文艺单位发展的政策措施，在职称评定、人才培养、评奖表彰等方面与国有文艺单位一视同仁，促进各类文艺单位相互补充、共同发展。

要尊重文艺规律，尊重作家艺术家的创造性劳动，广交善交深交朋友，以诚相待，以情感人，政治上充分信任，创作上热情支持，生活上真诚关怀，在全社会营造尊重知识、尊重人才、尊重劳动、尊重创造的良好氛围。要发挥文联、作协等文艺界人民团体的作用，关心和支持他们的工作。

回眸历史，辉煌灿烂的中华文化为人类文明的发展进步作出了重要贡献；展望未来，勤劳勇敢的中国人民正在谱写人类历史上的崭新篇章。让我们紧密团结在以胡锦涛同志为总书记的党中央周围，高举邓小平理论和"三个代表"重要思想伟大旗帜，全面落实科学发展观，以恢宏气势和绚丽色彩描绘时代画卷，以激越豪情和优美旋律谱写英雄史诗，为人民而写，为时代而歌，燃起精神的火炬，吹响奋进的号角，鼓舞和激励全国各族人民共同创造幸福生活和美好未来！

进一步推动话剧事业繁荣发展[*]

（2007年4月17日）

> 一切进步的文学艺术，一切有作为的文艺家，总是心系祖国和人民，顺应时代要求，关注现实生活，在人民的历史创造中进行艺术的创造，在讴歌伟大时代的进程中铸就伟大的作品。这是中国话剧100年来不断发展壮大的根本原因，也是中国话剧在新世纪新阶段取得更大成就的关键所在。

今天，我们在这里召开座谈会，隆重纪念中国话剧诞生100周年。在此，我代表党中央、国务院，对100年来中国话剧取得的辉煌成就表示热烈祝贺，向为中国话剧事业作出重要贡献的老一辈艺术家致以崇高敬意，向广大话剧工作者表示诚挚问候，向关心和支持话剧事业发展的社会各界表示衷心感谢！同时，也向获得"国家有突出贡献话剧艺术家"和"文化部优秀话剧艺术工作者"称号的同志表示热烈祝贺！

---

[*] 这是李长春同志在中国话剧诞生100周年纪念座谈会上的讲话。

刚才几位同志的发言，表达了广大话剧工作者对话剧事业的热爱，对中国话剧在新世纪新阶段创造更大辉煌的信心，听了很受启发，很受鼓舞。中国话剧有着光荣的历史和光荣革命传统。1907年，由中国戏剧工作者自编自演的五幕新剧《黑奴吁天录》的上演，标志着中国话剧的诞生。从那一刻起，中国话剧就把自己的命运与民族独立、人民解放和国家富强、人民幸福紧紧联系在一起。在近代文化启蒙和五四新文化运动中，话剧成为反帝反封建、警醒国民意识、激励民族斗志的战斗号角。在争取民族独立、人民解放的峥嵘岁月里，进步话剧工作者深入农村、工矿、学校、街头，深入炮火纷飞的战场，创作和演出了一大批具有革命性和战斗性的话剧作品，为振奋民族精神、凝聚民族力量发挥了重要作用。新中国成立后，在党的文艺方针的正确指引下，广大话剧工作者的创作热情得到极大迸发，创作了一批讴歌新时代、赞美新生活的优秀作品，塑造了许多生动感人的舞台形象，为鼓舞和激励人民群众投身社会主义建设作出了积极贡献。改革开放以来，中国话剧在继承中创新，在探索中前进，在变革中发展，涌现出一批思想性艺术性观赏性相统一、深受人民群众喜爱的精品力作，在广大群众中产生了强烈反响，丰富了人们的精神世界，进一步满足了人民群众的精神文化需求。今天，历经百年沧桑的中国话剧正焕发出新的生机和活力，为繁荣发展社会主义文化谱写更加灿烂的篇章。

100年来，中国话剧事业从无到有、从小到大，走过了光辉历程，成为深受人民群众喜爱的重要艺术品种；100年来，中国话剧人才辈出、群星璀璨，一部部脍炙人口的经典作品、一个个鲜活生动的艺术形象，已成为中国文艺宝库中耀眼的明珠；100

年来，中国话剧顺应时代、贴近现实、关注民生，发挥了教育人民、启迪民智、鼓舞斗志、陶冶情操的重要作用。中国话剧取得的成就，是中国共产党对我国文艺事业正确领导的生动体现。无论是在革命战争年代，还是在和平建设时期，我们党对话剧艺术高度重视、十分关心，制定了一系列方针政策，给予多方面的实际支持，为话剧事业的发展指明了方向。中国话剧取得的成就，凝聚着无数话剧工作者的心血与汗水。100年来，一代又一代话剧工作者与人民同呼吸、与祖国共命运，高举民族精神的火炬，吹响时代进步的号角，不懈追求，勇攀高峰，创造了中国话剧艺术的辉煌业绩。实践证明，中国话剧工作者队伍是一支热爱祖国、热爱人民、热爱社会主义的队伍，是一支富于进取意识和奉献精神的队伍，是一支党和人民信赖的队伍。

中国话剧100年的光辉历程昭示我们：一切进步的文学艺术，一切有作为的文艺家，总是心系祖国和人民，顺应时代要求，关注现实生活，在人民的历史创造中进行艺术的创造，在讴歌伟大时代的进程中铸就伟大的作品。这是中国话剧100年来不断发展壮大的根本原因，也是中国话剧在新世纪新阶段取得更大成就的关键所在。当前，我国话剧事业面临着难得的发展机遇。中国特色社会主义事业的伟大实践和人民群众火热的现实生活，为话剧的创作提供了不竭源泉；人民群众日益增长的精神文化需求，为话剧的发展开辟了广阔空间；各种艺术门类和艺术品种的蓬勃发展，为丰富话剧的表现形式提供了有益借鉴；现代科学技术的广泛应用，为增强话剧艺术的表现力和感染力提供了有利条件；文化体制改革的深入推进，为话剧事业的发展注入了新的活力。特别是中华民族五千多年的文化底蕴，新世纪新阶段全国各族人民

进一步推动话剧事业繁荣发展

在中国共产党领导下、走中国特色社会主义道路、实现中华民族伟大复兴的壮举,为话剧的繁荣发展提供了丰富的创作源泉。中国话剧前途光明、前景广阔,我们对未来充满信心。同时,也要清醒地看到,我国已进入改革发展的关键时期,经济体制深刻变革,社会结构深刻变动,利益格局深刻调整,思想观念深刻变化,特别是社会文化生活日益丰富,人民群众获取精神文化产品的渠道日益多样,这对话剧事业的发展提出了新的更高要求,也使话剧面临新的挑战。如何紧跟时代步伐,顺应社会变革,满足人们精神文化需求,不断改革创新,进一步推动话剧事业的繁荣发展,是广大话剧工作者面临的重大课题和肩负的庄严使命。我

2011年12月23日,李长春观看国家大剧院原创话剧《王府井》后,与演职人员合影。二排左五为中共中央政治局委员、中央书记处书记、中宣部部长刘云山,左三为中宣部副部长、文化部部长蔡武,右五为中共中央政治局委员、北京市委书记刘淇,右三为中共中央政治局委员、国务委员刘延东,右一为北京市市长郭金龙。

(新华社记者黄敬文摄)

们一定要坚持以邓小平理论和"三个代表"重要思想为指导，全面贯彻落实科学发展观，紧紧抓住历史机遇，牢固树立改革意识、创新意识、精品意识，以高度的社会责任感和强烈的事业心，创作出更多无愧于时代、无愧于历史、无愧于人民的优秀作品，开创中国话剧事业繁荣发展的新局面。

下面，我就进一步推动话剧事业的繁荣发展提几点希望，与大家共勉。

第一，进一步推动话剧事业的繁荣发展，一定要牢牢把握社会主义先进文化的前进方向。话剧是社会主义先进文化的重要载体和传播渠道，在构建社会主义核心价值体系、建设和谐文化方面肩负着重要使命。要高举邓小平理论和"三个代表"重要思想伟大旗帜，全面贯彻落实科学发展观，始终坚持为人民服务、为社会主义服务和百花齐放、百家争鸣，坚持面向现代化、面向世界、面向未来的，民族的科学的大众的前进方向，弘扬主旋律、提倡多样化，创作出更多更好适应人民群众精神文化需求的优秀作品。要始终坚持正确的创作思想，热情歌颂改革开放和现代化建设的伟大实践，深入反映当今时代中国人民解放思想、实事求是、与时俱进、开拓创新的精神风貌，唱响在中国共产党领导下、走中国特色社会主义道路、实现中华民族伟大复兴的时代主旋律。要大力弘扬社会主义荣辱观，弘扬一切有利于国家富强、民族团结、社会进步、人民幸福的思想和精神，讴歌真善美，展现人间真情，倡导和谐理念，培育和谐精神，为推进和谐文化建设，加快构建社会主义和谐社会贡献力量。

第二，进一步推动话剧事业的繁荣发展，一定要坚持贴近实际、贴近生活、贴近群众。贴近实际、贴近生活、贴近群众，是中国话剧在新世纪新阶段繁荣发展的根本途径。脱离实际、脱离生活、脱离群众，一切形式的文学艺术都将失去存在的价值。当今时代，包括话剧在内的所有文学艺术，都要把今天中国人民全面建设小康社会、构建社会主义和谐社会的伟大实践，作为自己的立根之本；把今天中华儿女为实现中华民族的伟大复兴，共同创造美好未来的奋斗历程，作为自己创作的不竭源泉；把今天在改革开放和现代化建设实践中创造新生活的人民群众，作为自己表现的主体和服务的对象，努力创作深受人民欢迎、对人民有深刻影响力的当代题材作品，为引导生活、纯洁心灵、推动社会进步提供精神力量。这应成为当代中国文艺自觉肩负的神圣使命，成为广大文艺工作者实现艺术价值的最高追求。广大话剧工作者要自觉树立实践观点和群众观点，坚持深入社会实践和群众日常生活，从当代中国波澜壮阔的伟大变革中，从人民群众丰富多彩的现实生活中，激发灵感，挖掘素材，提炼主题，把精力和智慧集中到创作现实题材上来，在时代的进步中展现才华，在国家的发展中成就事业。要认真听取群众意见，反映群众心声，汲取群众智慧，运用群众语言，不断改进和丰富表演手段，提高表演水平。要鼓励各级话剧院团深入农村、社区、校园、企业、军营进行演出，把话剧表演的舞台搭建在人民群众中间，在贴近群众的过程中拓展话剧繁荣发展的广阔空间。

第三，进一步推动话剧事业的繁荣发展，一定要继承优良传统、勇于开拓创新。创新是艺术的生命，是推动中国话剧繁荣发展的必然要求。要大力弘扬中华民族优秀文化传统，积极借鉴世界各国话剧艺术的优秀成果，广泛吸取其他艺术门类的表现手法，博采众长，融会贯通，使中国话剧更具民族风格、民族特色和民族气派。要适应时代变化，遵循艺术规律，积极推进话剧理论、表现形式、美学思想、艺术手法、舞美设计等方面的创新，为话剧注入新的生机和活力。要积极采用现代声光电技术，改进舞台、灯光、布景设计，增强话剧的艺术表现力和感染力。要树立强烈的精品意识，始终保持一丝不苟、精益求精的艺术品格，在推动话剧创新的过程中着力打造精品力作，不断增强话剧的吸引力和影响力。

第四，进一步推动话剧事业的繁荣发展，一定要深化改革，创造有利于话剧事业发展的体制和机制。深化文化体制改革，推进体制机制创新，是繁荣发展话剧事业的强大动力。要切实增强改革的紧迫感，适应社会主义市场经济发展的要求，深化话剧院团的体制和机制改革，努力探索用多种形式面向市场的体制，积极推进人事、收入分配和社会保障制度改革，建立健全有利于优秀作品和优秀人才脱颖而出的体制机制，充分激发广大话剧工作者的积极性、主动性、创造性。要按照政企分开、政事分开的原则，理顺文化行政管理部门与话剧院团的关系，改进国家扶持方式，完善相关政策和配套措施，为话剧的繁荣发展创造良好体制环境。要鼓励和推动话剧院团进一步面向群众、面向市场，在与群众和市场的结合中增强活力、发展壮大。要引导社会力量参与话剧院团的改革和发展，通过多种方式和多种渠道促进话剧事业的繁荣和发展。

第五，进一步推动话剧事业的繁荣发展，一定要大力培养优秀人才，营造全社会关心、支持话剧事业的良好氛围。实现中国话剧事业的繁荣发展，关键在人才。要高度重视话剧人才的培养，努力造就一批德艺双馨、成就突出、深受人民群众喜爱的名编剧、名导演、名演员等话剧艺术家。要适应社会主义市场经济条件下话剧事业发展的新需要，着力培养一批懂艺术、善经营、会管理的复合型人才。要加强后备人才的培养，为话剧事业的繁荣发展提供人才保证。广大话剧工作者要认真履行人类灵魂工程师的光荣职责，弘扬老一辈话剧艺术家热爱祖国、热爱人民、忠诚敬业、无私奉献的崇高精神，增强历史使命感和社会责任感，不断加强自身道德修养和艺术修养，潜心创作，精心排演，为人民群众奉献最好的精神食粮。各级党委、政府和宣传文化部门要重视支持话剧事业的发展，密切同广大话剧工作者的联系，主动听取他们的意见，关心他们的创作和生活，尊重艺术规律，尊重话剧艺术家的创造性劳动，为他们多办实事好事，为话剧事业的繁荣发展营造良好环境。要积极支持和引导戏剧家协会等群众团体开展工作，充分发挥党联系广大话剧工作者的桥梁和纽带作用。

回顾过去，中国话剧经历了百年的风雨洗礼，已经在中华大地上深深扎根并取得了令人瞩目的成就；展望未来，中国话剧站在一个新的历史起点上，肩负着为繁荣发展社会主义先进文化再创辉煌的历史重任。时代在召唤，人民在期待。让我们紧密团结在以胡锦涛同志为总书记的党中央周围，全面贯彻落实科学发展观，牢记职责，不辱使命，与时俱进，开拓创新，进一步推动中国话剧事业的繁荣发展，为全面建设小康社会、构建社会主义和谐社会、实现中华民族伟大复兴作出新的更大贡献。

青年作家大有可为[*]

（2007年11月13日）

> 伟大的事业需要杰出的文学作品来讴歌和颂扬，伟大的事业也为文学创作提供了不竭的源泉和充沛的力量。面对前所未有的大好机遇，创作出无愧于时代、无愧于历史、无愧于人民，令后人引为骄傲和自豪的精品力作，是广大青年作家义不容辞的庄严职责。

在全党全国各族人民兴起学习贯彻党的十七大精神的热潮之际，中国作家协会和共青团中央联合召开全国青年作家创作会议，这是继中国作家协会第七次全国代表大会之后我国文学界的又一次盛会，也是2001年全国青年作家创作会议以来广大青年作家的又一次相聚。大家欢聚一堂，认真学习贯彻党的十七大精神，交流思想，切磋艺术，为繁荣我国文学事业、兴起社会主义文化建设新高潮建言献策，令人欣喜和振奋。我代表党中央，向会议的召开表示热烈的祝贺！向参加会议的青年作家朋友们，

---

[*] 这是李长春同志在全国青年作家创作会议上的讲话。

并通过你们向全国的文学工作者致以诚挚的问候!

青年是祖国和民族的希望,青年作家是我国社会主义文学的未来。青年人思维敏捷、充满朝气,富有远大理想、富于创造精神,始终是社会生活中最积极、最活跃、最有生气的力量。改革开放以来,我国社会主义文学不断发展繁荣,文学队伍不断发展壮大,一大批青年作家发挥了重要作用。进入新世纪,全国青年文学创作出现了令人欣喜的局面,20世纪60年代出生的青年作家进入中坚行列,70年代出生的青年作家迅速成长,80年代出生的青年作家脱颖而出。广大青年作家在不断的学习和思索中升华情感,在与时代洪流的融合中增长才智,在借鉴和继承中提高学养,在挥洒才情中开启新篇,讴歌时代、反映现实、关注民生的热情不断高涨,思想水平和艺术表现力不断提高,奉献出了一大批优秀作品,与广大中老年作家一道,使新世纪我国文学的天空群星璀璨,为繁荣发展社会主义文学作出了积极贡献。借此机会,对青年作家朋友们的不断进步和付出的辛勤劳动表示敬意。

当前,在党的十七大精神指引下,全面建设小康社会的伟大实践正深入推进,勤劳、勇敢、智慧的中国人民朝着建设社会主义现代化国家的宏伟目标阔步前进,中国特色社会主义道路展现广阔前景,中华民族伟大复兴处在新的历史起点上。一个经济发展、政治昌明、文化繁荣、社会和谐的时代,一个与时俱进、改革创新、民族生命力和创造力极大迸发的时代,必然是广大作家创作热情空前高涨、文学作品空前繁荣的时代。伟大的事业需要杰出的文学作品来讴歌和颂扬,伟大的事业也为文学创作提供了不竭的源泉和充沛的力量。面对前所未有的大好机遇,创作出无

2007年11月13日，李长春出席全国青年作家创作会议并讲话。图为李长春接见出席会议的代表。

（新华社记者李学仁摄）

愧于时代、无愧于历史、无愧于人民，令后人引为骄傲和自豪的精品力作，是广大青年作家义不容辞的庄严职责。借此机会，我向广大青年作家朋友们提几点希望。

希望广大青年作家认真学习贯彻党的十七大精神和胡锦涛总书记在八次文代会、七次作代会上的重要讲话，为兴起社会主义文化建设新高潮建功立业。党的十七大是在我国改革发展关键阶段召开的一次十分重要的大会。胡锦涛总书记在大会上所做的报告，内容丰富，含义深刻，描绘了在新的时代条件下继续全面建设小康社会、加快推进社会主义现代化的宏伟蓝图，是我们党团结带领全国各族人民坚定不移走中国特色社会主义道路、在新的历史起点上继续发展中国特色社会主义的政治宣言和行动纲领，对进一步推动党和国家事业发展具有十分重大的意义。党的十七大突出强调了加强文化建设、提高国家文化软实力的极端重要性，要求更加自觉、更加主动地推动社会主义文化大发展大繁荣，兴起社会主义文化建设新高潮。胡锦涛总书记在去年11月召开的八次文代会、七次作代会上的重要讲话，深刻阐述了文艺在中国特色社会主义事业全局中的地位和作用，进一步明确了新时期文艺工作的基本要求和主要任务，号召一切有理想有抱负的文学艺术工作者都要奋力担当起时代赋予的使命，密切与人民群众的血肉联系，大力发扬创新精神，努力成为人类灵魂的工程师。党的十七大关于文化建设的重要论述、战略部署和胡锦涛总书记的重要讲话，充分反映了我们党对当今时代发展趋势和我国文化发展方位的科学把握，体现了我们党在新的历史条件下的高度文化自觉，是社会主义文艺发展的重要指导方针。我相信，广大青年作家朋友一定会按照党的十七大精神和胡锦涛总书记重要讲话的要求，加深对文化是民族凝聚力创造力的重要源泉、是综合国力竞争重要因素的认识，加深对文艺在提高国家文化软实力、振奋民族精神中的重要作用的认识，不断增强责任感、使命感，肩负起党和人民赋予的历史重任，积极投身到社会主义文化建设新高潮之中，以更加符合时代要求、反映人民愿望的文学创造，以更多思想性、艺术性俱佳的精品力作，为社会主义文化的大发展大繁荣谱写新的篇章。

希望广大青年作家紧紧抓住建设社会主义核心价值体系这个根本，始终坚持正确的文学创作方向。从人类文艺发展史看，一切优秀文艺作品都反映了时代最迫切的前进要求和人民最深刻的心灵呼唤，都是隽永艺术魅力和现实社会进步相结合的结晶。社会主义是人类发展史上的新阶段，社会主义文艺必然要体现社会主义社会的思想体系、价值观念、道德准则和审美要求。当代中国正在发生广泛而深刻的变化，在经济体制深刻变革、社会结构深刻变动、利益格局深刻调整、思想观念深刻变化的新形势下，在各种思想文化相互交织、相互碰撞、相互激荡的大背景下，社会主义核心价值体系就是凝聚和统一社会各阶层、各利益群体思想的有力武器，是维系社会团结和睦的精神纽带，是推动社会全面发展的精神动力和指引社会前进方向的精神旗帜。用社会主义核心价值体系引领文艺创作，用体现社会主义核心价值体系的文艺作品引领各种文化思潮和文化追求，体现了时代的要求、人民的愿望，抓住了繁荣社会主义文艺的关键，为在新的时代条件下更好地贯彻"二为"方向和"双百"方针，弘扬主旋律，提倡多样化指明了方向。要把马克思主义的指导思想、中国特色社会主义共同理想、以爱国主义为核心的民族精神和以改革创新为核心的时代精神、社会主义荣辱观鲜明地体现在文学创作中，努力通过多样化的题材体裁、艺术形式和表现手法，唱响代表时代发展方向、体现时代进步要求的主旋律，使作家的创造潜力得以充分发挥，使文学发展的路子越走越宽。我相信，广大的青年作家朋友一定能够准确地把握时代脉搏，通过自己的文学实践，努力体现社会主义核心价值体系的要求，把高尚的情感境界、健康的人生追求、美好的艺术情趣传递给人民，使人民从中得到鼓舞和激励、教益和陶冶，真正体现先进文化前进方向，为全面建设小康社会提供强大的精神力量。

希望广大青年作家贴近实际、贴近生活、贴近群众，自觉把艺术创造融入到中国特色社会主义伟大实践中。"三贴近"原则是贯彻党的文艺方针、促进文艺繁荣发展的必然要求，是多出优秀作品、多出优秀人才的根本途径。古往今来，无数优秀作家的创作实践表明，创作出厚重、隽永之作的关键，不在于资历学历、不在于专业业余，最根本的是看他们是否拥有丰厚的生活积累、深刻的生活感悟，是否始终关注现实生活、聚焦普通群众，作品是否经受住人民群众检验、给予人民群众美的享受和深刻启迪。当前，我国正处在发展变革的重要时期，社会生活每天都涌动着新的事物，人们的精神世界不断发生着新的变化，作家要想敏锐地把握时代变迁的主流、反映人民的心声，就必须深入实际、深入生活、深入群众。我们说的实际，就是今天中华民族为全面建设小康社会、实现民族复兴而奋斗的伟大实践，这是文学的立根之本。我们说的生活，就是今天亿万人民共同创造美好未来的奋斗历程，这是文学的重要源泉和表现内容。我们说的群众，就是今天在改革开放和现代化建设实践中创造自己新生活的人民，他们是文学表现的主体和服务的对象，也是文艺作品的鉴赏主体。我们的作家只有真正深入到广阔的社会生活中，深入到广大的人民群众中，始终保持与人民群众水乳交融的联系，从火热实践中汲取营养，才能创作出深刻表现时代精神、深受人民群众喜爱的精品力作。我相信，广大的青年作家朋友一定会自觉走与人民共命运、与实践相结合的创作道路，将个人的理想融入中国特色社会主义的共同理想之中，将个人的艺术追求融入人民群众创造历史的伟大实践中，把丰富独特的想象与脚踏实地的体悟结合起来，把飞扬灵动的才情与鲜活感人的火热现实结合起来，使自己的创作永远保持蓬勃向上的青春活力，永远涌动源源不断的生活激情，在时代的进步中催生优秀的作品。

希望广大青年作家不断推进文化创新，为人民群众提供更好更多的精神食粮。新的时代需要新的文学。以改革创新的精神推出更多创新的文学成果，是人民群众的热切愿望。文学本质上是用情感、形象的方式对生活的表现和重铸，特别需要创造的激情和创新的勇气，需要打破陈规的胆识。青年作家善于接受新知识新事物，勇于探索创新，富有生机活力，最少保守思想，最具进取精神，在创作中常常领风气之先。适应人民群众精神文化多层次、多方面、多样性的新特点，适应人民群众审美情趣、欣赏习惯的新需求，适应科学技术日新月异的新变化，大力推进文学内容和形式的创新，实现题材体裁、风格手法的极大丰富，使我们的文学更具吸引力和感染力，青年作家有着不可替代的优势和作用。创新不是简单的追新逐异。创新离不开对优秀传统文化的继承，离不开对世界优秀文明成果的借鉴。要努力从中华民族的优秀文化和人类创造的一切优秀文明成果中，从不断发展的社会实践中汲取知识和智慧。我相信，广大的青年作家朋友一定能够在已有成就的基础上，继续保持创新的勇气和激情，把创新精神同科学态度结合起来，虚心学习，潜心钻研，在继承传统中开辟新风，在博采百家中创造辉煌，以更多精美的优秀作品赞美时代、歌颂生活、服务人民。

希望广大青年作家不断加强人格修养与锤炼，努力提升思想道德境界。优秀的文学作品是对人类美好理想的抒发、对人们道德情操的陶冶，在丰富人民群众的艺术享受、推动社会发展进步中具有重要作用。没有崇高的精神追求和高超的艺术才华，就难以写出精神品位高尚的作品，难以成为人民群众喜爱的作家。靠人品立身，靠作品说话，是每一位青年作家都要铭记的箴言。人品重于文品,立德先于立言。青年作家正处在人生的选择期、探索期和成长期,一定要确立高远的人生目标,努力提升思想境界。要加强理论学习,学习马克思列宁主义、毛泽东思想、邓小平理论和"三个代表"重要思想,全面贯彻落实科学发展观,坚定走中国特色社会主义道路的信念。要加强业务学习,广泛涉猎经济、政治、科技、法律、历史,特别是中国革命史等方面的知识,不断提高自身综合素质。要加强自身的人格修养,坚定正确的创作方向,秉持高尚的文学理想,培养健康的审美情趣,修炼良好的个人品德,树立正确的世界观、人生观、价值观。要弘扬良好的职业精神,珍惜和爱护人类灵魂工程师的荣誉,甘于寂寞、孜孜以求,克服浮躁趋利的心态,不断增强社会责任感,始终把社会效益放在首位。要加强团结、谦虚谨慎,严于律己、宽以待人,尊重前辈、互谅互助。我相信,广大的青年作家朋友一定能够通过自身的努力,做到创作与修身共进,文品与人品齐升,以高尚的道德情操、真诚的艺术态度和创造性的精神劳动,赢得社会赞誉,赢得人民的尊重和喜爱。

青年作家的成长需要各级党委、政府的重视、关心和支持。要根据文学创作的特点和规律,适应发展社会主义市场经济要求,积极探索文学人才辈出、富有生机活力的体制机制和组织形式。要尊重文艺规律、尊重创造性劳动,同青年作家广交朋友,政治上充分信任、创作上热情支持、生活上真诚关怀,在全社会形成尊重劳动、尊重知识、尊重人才、尊重创造的良好氛围,为他们的创作创造良好的环境。各级作协要重视青年文学工作,重视培养青年作家,在深入生活、扶持创作、加强培训、评奖激励、理论评论、宣传推介等方面多办实事、多办好事。要充分发挥中老年作家传帮带的作用，积极提携、真诚帮助青年作家更快成长。各级共青团组织要发挥自身优势，把青年文学工作作为整个青年工作的重要组成部分，加强与作协和有关部门的密切配合，共同努力，不断发展壮大青年文学队伍。新闻出版和文化单位要大力加强对优秀青年作家的扶持，为他们健康成长营造良好环境。

中华民族的伟大复兴必将伴随着中华文化的繁荣兴盛，文化建设新高潮的兴起必将推动我国文学事业的大发展大繁荣。壮丽的事业呼唤伟大的作品，伟大的时代造就杰出的作家。每一位有理想有抱负的青年作家，在这样一个伟大的时代都大有可为、前程似锦。让我们高举中国特色社会主义伟大旗帜，更加紧密地团结在以胡锦涛同志为总书记的党中央周围，以邓小平理论和"三个代表"重要思想为指导，深入贯彻落实科学发展观，肩负起自己的历史使命和庄严职责，积极进取，潜心创作，奉献更多优秀的文学作品，让新世纪我国社会主义文学百花园更加绚丽多姿，为夺取全面建设小康社会新胜利作出自己应有的贡献。

推进艺术创新，繁荣歌剧事业[*]

（2010年1月15日）

> 对体现民族特色和国家水准的艺术院团，国家扶持是生存发展的重要前提和条件，但如何壮大实力，扩大影响力，最根本的还必须依靠自身的改革创新，增强内部活力和市场竞争力。

今天，我到中央歌剧院，一是在春节前来看望大家，给大家拜个早年；二是在当前兴起社会主义文化建设新高潮、推动社会主义文化大发展大繁荣的大好形势下，就中央直属艺术院团如何在改革发展中进一步发挥示范带头作用进行调查研究。

刚才，观看了歌剧《图兰朵》和《热瓦普恋歌》的排练，参观了中央歌剧院艺术发展历史图片展，与大家进行了座谈，进一步加深了对中央歌剧院的了解。我感到，多年来中央歌剧院把歌剧这种外来艺术形式与民族文化紧密结合，创作排演了《白毛女》等一批有中国特色的代表性作品，使歌剧艺术成为我国艺术

---

[*] 这是李长春同志在中央歌剧院调研时的讲话。

百花园中一枝艳丽的奇葩，为中国歌剧事业的发展作出了重要贡献；成功演出了《茶花女》等一批西方经典歌剧，为学习借鉴人类优秀文化成果作出了贡献；多年来，中央歌剧院培养了一大批优秀人才，有的在国内外具有很高知名度；干部群众和演职人员精神状态非常好，对繁荣发展中国歌剧事业充满了信心和期待，特别是近年来在探索国有艺术院团深化内部体制机制改革方面做了不少有益的工作，取得了成效。刚才，俞峰[1]同志作了很好的汇报，郑小瑛[2]同志讲得很生动，表达了老一辈艺术家对歌剧事业的热爱，王霞[3]同志也代表年轻演员表达了对进一步推动歌剧事业繁荣发展的决心，听了以后感到非常高兴、深受启发。借此机会，向中央歌剧院全体员工表示亲切问候！向为我国歌剧事业作出突出贡献的老一辈歌剧艺术家致以崇高敬意！同时，也向所有中央直属艺术院团的同志们表示亲切问候和崇高敬意！

当前，我国文化领域的改革发展呈现出良好势头。公益性文化事业快速发展，广播电视村村通、全国文化信息资源共享、社区和乡镇综合文化站、农家书屋和农村电影放映等重大文化惠民工程扎实推进，公共博物馆、纪念馆和爱国主义教育基地免费开放成效显著，覆盖城乡的公共文化服务体系进一步完善，人民基本文化权益得到更好保障。经营性文化产业的体制改革不断深化，紧紧抓住国有经营性文化单位转企改制这一中心环节，加快推进中央和国家机关出版发行单位、一般文艺院团转企改制步伐，一批国有或国有控股的文化企业和企业集团在市场竞争中逐步做强做大。出版、影视、动漫、网络游戏等行业快速发展，成为新的经济增长点，在保增长、扩内需、调结构中发挥了积极作

推进艺术创新，繁荣歌剧事业

用。特别是去年在应对国际金融危机冲击过程中，文化产业逆势上扬，九大文化产业平均以超过国内生产总值增速6至8个百分点的速度发展，其中电影产量从2008年的406部上升到去年的456部，增长12%，票房收入达到62亿元，增长40%多，继续保持了国产影片占票房收入60%的市场份额，为拉动经济增长作出了积极贡献。艺术院团改革的形势也很好。按照中央确定的改革"路线图"和"时间表"，改革步伐不断加快。目前，包括

2010年1月15日，李长春在中央歌剧院调研时，与著名指挥家郑小瑛亲切交谈。右三为中宣部副部长翟卫华，右四为中宣部副部长、文化部部长蔡武。

(新华社记者李涛摄)

中国东方歌舞团在内，全国共有 108 家文化系统国有艺术院团实现转企改制。其中，有几家演艺集团已经产生了较强的市场影响力，取得了良好的社会效益和经济效益。如江苏演艺集团有限公司整合资源、转企改制后，演出场次翻了三番，院团收入增长了三倍，演员收入也增长了两倍。按照中央文件精神，作为体现国家水准和民族特色"国家队"的中央直属艺术院团保留事业单位性质，但要探索面向市场的途径。希望中央直属艺术院团进一步增强改革意识，在保留事业体制不变的情况下，积极探索面向群众、面向市场的运营机制，转换内部管理机制，不断增强内部活力，努力取得与自身地位相称的业绩，在推动社会主义文化大发展大繁荣中切实担负起示范带动作用。

中央歌剧院是一个具有光荣革命传统、为我国文艺事业作出重要贡献的艺术院团，是我国歌剧艺术的最高殿堂，在我国歌剧艺术发展中发挥着引领作用。按照中央批准的方案，中央歌剧院属于介于典型的公益性文化单位和经营性文化单位之间、由国家重点扶持的文艺院团，保留事业单位性质不变，也可以说是事业单位企业化管理。国家扶持的主要目的，是要支持这些艺术院团不断提升艺术水平，扩大国际影响，体现国家水准，代表国家形象，发挥示范作用。但这种文化单位又有一定的经营性质，不同于一般的公益性文化事业单位，所以要研究如何面向观众、开拓市场，积极转换内部机制，适应市场竞争的需要。大家一定要认识到，国家扶持是生存发展的重要前提和条件，但如何壮大实力，扩大影响力，最根本的还必须依靠自身的改革创新，增强内部活力和市场竞争力。因此，希望中央歌剧院把国家扶持作为动力，进一步解放思想、实事求是、与时俱进，切实增强紧迫感、责任感、使命感，大力推进观念创新、体制创新、机制创新、内容创新、形式创新、科技创新、业态创新、传播手段创新，面向群众、面向市场、面向世界，逐步建立有利于调动文化艺术工作者积极性主动性创造性，推动文化创新，多出精品、多出人才的管理体制和运行机制，努力把中央歌剧院建设成为国际知名的歌剧艺术团体。这里，我讲几点意见，与大家共勉。

第一，要始终坚持"二为"方向，贯彻"双百"方针，弘扬主旋律、提倡多样化，在推动社会主义文化大发展大繁荣中发挥旗帜和表率作用。"二为"方向、"双百"方针是社会主义文化建设必须长期坚持的基本方针，弘扬主旋律、提倡多样化是落实"二为"方向、"双百"方针的有效途径。坚持"二为"方向、贯彻"双百"方针，与弘扬主旋律、提倡多样化从根本上讲是一致的，都是社会主义文化建设规律的客观反映。可以说，弘扬主旋律，就是坚持为人民服务、为社会主义服务的方向；提倡多样化，就是贯彻百花齐放、百家争鸣的方针。坚持"二为"方向，弘扬主旋律，是社会主义制度对文化建设提出的本质要求，是社会主义精神文明的具体体现，是社会主义文化必须担负的历史责任；贯彻"双百"方针，提倡多样化，是我国基本国情对文化建设提出的客观要求，是由人民群众日益增长的多方面、多层次、多样化的精神文化需求决定的，是社会主义文化繁荣发展的活力所在。这两个方面相辅相成、不可偏废，必须有机统一起来。当前，在全面建设小康社会、加快推进中国特色社会主义事业的历史进程中，我们既要求一切社会主义文艺必须始终坚持为人民服务、为社会主义服务的正确方向，热情歌颂改革开放和社会主义现代化建设取得的伟大成就，深刻展现当代中国人民解放思想、开拓创新、迎难而上、共克时艰的良好精神风貌，充分反映中华民族五千多年的辉煌文明和当代文化建设的最新成果，大力唱响共产党好、社会主义好、改革开放好、伟大祖国好、各族人民好的时代主旋律，进一步坚定广大干部群众在中国共产党领导下、走中国特色社会主义道路、实现中华民族伟大复兴的共同理想信念。同时，又要适应社会思想文化日趋多元多样多变、社会生活日趋丰富多彩、人民群众精神文化需求日趋多样化的客观现实，在坚持"二为"方向、弘扬主旋律的前提下，认真贯彻"双百"方针，尊重差异、包容多样，充分发扬艺术民主，鼓励一切能够使人们受到教育和启迪、得到娱乐和美的享受、格调健康的文艺作品的创作生产，支持多种题材、主题、样式、风格相互竞争、相互促进，弘扬一切有利于国家富强、民族振兴、社会进步、人民幸福的思想和精神，最大限度地满足人民群众对精神文化生活多方面、多层次、多样化的需求。中央直属艺术院团都是"国家队"，在坚持"二为"方向、贯彻"双百"方针，弘扬主旋律、提倡多样化的实践中也要当好"排头兵"，创作更多源于人民群众火热生活的鲜活艺术形象和丰富多彩的艺术作品，生动表现社会主义核心价值体系的深刻内涵，生动表现中国特色社会主义的共同理想信念，生动表现以爱国主义为核心的民族精神和以改革创新为核心的时代精神，生动表现中华民族的道德情操和社会主义荣辱观，为激励广大干部群众投身全面建设小康社会、推动中华民族伟大复兴的宏伟事业作出应有的贡献。希望中央歌剧院发挥模范带头作用，不断创造新鲜经验。

第二，要大力推进体制机制创新，建立面向群众、面向市场的经营管理模式。中央歌剧院作为国家重点扶持的艺术院团，保留事业单位性质不变，没有转企改制的任务，但也要按照"政府扶持、转换机制、面向市场、增强活力"的原则，不断深化内部改革，推进体制机制创新，实行企业化管理。政府扶持，就是国家财政对中央直属艺术院团在基本需求层面上予以扶持，比如保证基本工资、基本创作经费和重要基础设施建设资金，落实走出去的扶持政策，以政府购买文化服务的方式适度、定向帮助院团开拓市场等。转换机制，就是要在社会主义市场经济深入发展、社会保障制度不断完善的情况下，进一步深化内部劳动人事制度和分配制度改革，全面推行聘任制度和岗位管理制度，健全岗位管理目标责任制，引进竞争激励机制，改变过去长期存在的艺术院团需要的人进不来、不需要的人出不去的问题，改变过去演与不演一个样、演好演坏一个样的"大锅饭"问题，建立起体现按劳分配原则的分配制度和有利于优秀人才脱颖而出的人才流动机制。面向市场，就是要确立通过市场更好服务人民群众的观念，建立起以观众为中心、以市场为导向、以社会效益和经济效益有机统一为目标的院团经营管理机制，在赢得市场的过程中服务人民、赢得群众。在社会主义市场经济条件下，人民群众越来越多地通过市场满足文化需求。购买优秀文化产品的人越多，受教育的面就越大，社会效益就越广泛，经济效益也就越好。因此，面向市场就是面向观众，就是更好地为人民群众服务。要把开发演出市场作为院团内部体制机制改革的主导方向，紧紧围绕开拓市场进行内部机构的设置和调整，加强开发市场的领导力量，增设专门研究和开发市场的机构，充实研究市场、了解市场、善于进行市场运作的专业人员，把研究市场、开发市场纳入领导班子特别是主要领导同志的重要议事日程，努力增强院团适应市场和开发市场的能力。要紧密结合群众和市场的需求创作排演节目，在创作排演之前，要积极开展市场调查研究，了解观众需求，变"我演什么观众看什么"为把观众需要摆在首位，排演更多满足观众需要的积极健康向上的节目；在演出过程中，要注意听取观众的意见建议，不断加以改进、完善、提高；在演出结束后，要接受观众的检验，以观众喜欢不喜欢、满意不满意、接受不接受、认可不认可为最终标准，确保艺术产品为广大人民群众喜闻乐见。与此相配套，国家文艺评奖机制也要进一步改革，改变以前评奖过多过滥和艺术作品只面向评委而不面向观众的弊端，将观众的接受和满意程度作为评奖的根本标准，将演出场次和票房收入作为衡量社会影响的客观指标，评委的评价也要以观众的评价为主要依据，使两者统一起来，建立起面向群众、面向市场和少而精的评奖机制，使评奖成为推动艺术作品更好地面向市场、为人民群众服务的重要宏观调控手段，而不是相反。要通过面向市场，改变过去院团资金来源单一的局面，进一步拓宽资金投入渠道，形成政府投入、票房收入、社会资助、产品后续开发收入等多元资金来源的格局。要以项目为平台，在政府的支持下，充分利用社会力量推出小投入、小制作和大投入、大制作相结合的文艺节目，增强赢得观众、占领市场的能力，使院团在市场竞争中不断发展壮大。在开拓市场的过程中，要正确处理社会效益与经济效益的关系，始终把社会效益放在首位，努力做到两个效益相辅相成、相互促进、有机统一。增强活力，就是院团通过创新内部体制机制，切实做到面向观众、面向市场，演出场次增加、院团经营收入增加、职工个人收入增加，建立起再生产和良性循环机制，广大演职人员的积极性主动性创造性得到更好发挥，形成干事创业、勇于创新、争先创优的浓厚氛围。要培育自己的文化品牌，每年既要有新排练的体现院团水平的节目，又要有占领市场、繁荣市场、增加院团收入的"当家品牌"，推出一批常演不衰的剧目，改变传统体制下的经营模式。在传统体制下，排一场戏只演三五场就刀枪入库，既没有社会效益，也没有经济效益。希望中央歌剧院不断深化内部改革，创新体制机制，在面向群众、面向市场的实践中焕发出更加旺盛的生机活力，为中央直属艺术院团的改革创新不断提供新鲜经验。

第三，要大力推进艺术创新，打造具有民族风格、时代特色、深受群众喜爱的歌剧艺术精品。创新是艺术的生命，是推动歌剧艺术繁荣发展的必然要求。艺术创新离不开人民，艺术创新的最终目的是为了人民。人民群众的实践是艺术发展的不竭源泉，人民群众是艺术鉴赏和艺术消费的主体，是艺术作品成功与否的最终评判者。因此，必须坚持贴近实际、贴近生活、贴近群众，深入全面建设小康社会的伟大实践，聚焦人民群众创造美好生活的精神风貌，善于从人民群众中汲取艺术创新的丰富营养，紧紧围绕人民群众的精神文化需求进行艺术创新，只有这样，才能建立起艺术与人民群众之间的天然联系。要把艺术创新与民族文化结合起来，充分挖掘利用民族文化的丰厚资源，在继承优良传统、尊重艺术规律、吸收人类一切有益文明成果的基础上，大力推进艺术创新，创作演出一批能够代表国家艺术形象、体现国家最高艺术水平，思想性、艺术性、观赏性俱佳的精品力作，把中华民族优秀文化传统和当代社会主义精神文明建设的丰硕成果充分展示出来。要把艺术创新与现代科技结合起来，善于运用现代声光电技术改进舞美、灯光、音响、布景设计，善于运用现代高新技术手段表现真善美的主题,丰富艺术想象力,提高艺术表现力和感染力。要把艺术创新与兼收并蓄结合起来,积极吸收借鉴其他艺术门类的优点和长处,并与国外优秀文化有机地融合起来,在借鉴融合中催生新的艺术表现形式,推动艺术不断向前发展。作为西洋艺术,歌剧自20世纪30年代进入中国至今只有八十多年时间,加之又属于高雅艺术,还有一个让群众了解、认识和接受的过程,所以更应该通过不断创新,不断打造精品剧目增强吸引力和影响力。一是要引进世界上的经典歌剧并精心排演,展示中国歌剧艺术的表演水平,树立中国歌剧艺术在世界上的地位;二是要把国外好的歌剧作品更多地翻译成中文,介绍给中国观众,方便人民群众鉴赏世界优秀歌剧作品,方便专业创作人才学习借鉴,从中得到启发;三是要善于把歌剧这种外来艺术形式与中华民族五千多年的文化底蕴结合起来,通过引进消化吸收再创新,推出一批我国原创的、体现民族特色和中国气派的优秀歌剧作品。我们高兴地看到,自歌剧传入我国之后,从《白毛女》开始,产生了包括《江姐》、《洪湖赤卫队》等一批这样的优秀剧目。第一种不宜多而在于精。第三种要成为院团创作排演的主攻方向。歌剧艺术的创作和生产,投入的是智力资源,产出的是版权和著作权,院团是艺术创新的主体。因此,要确立院团在艺术创新中的主体地位,建立起以院团为主体、观众为中心、市场为导向、产学研相结合的艺术创新体系,推动各种创新要素向院团聚集,形成集聚效应,迅速提高艺术创新能力。要大力营造有利于创新的良好氛围,建立和完善鼓励创新的考核评价体系和激励机制,善于用观众的评价来衡量创新成果,善于用积极的文艺评论来推动创新实践,最大限度地激发广大歌剧艺术工作者的创造活力。希望中央歌剧院在激励艺术创新、推动艺术创新方面也不断创造出新鲜经验。

第四,要在推动中华文化走出去中成为骨干力量,发挥示范带头作用,不断增强中华文化的国际影响力。随着我国国际地位的不断提高,世界各国接触、了解中国的愿望越来越强烈,这为中华文化走出去提供了难得的机遇。实施中华文化走出去战略,既要进一步开展由政府主导的各种文化交流活动,如文化节、文化周、文化年等,也要大力推动以文化企业为主体、文化产业为主要形式的更为直接、更为持久深入的文化走出去。中央直属艺术院团作为"国家队",要进一步加快走出去步伐,既要成为政府对外文化交流活动的骨干,更要大力开拓国外演出市场,积极参加国际商业演出,成为参与国际文化市场竞争的重要力量,力争在两种形式的文化走出去中都发挥主力军作用。要认真贯彻落实国家关于鼓励文化走出去的政策措施,中央直属艺术院团参加政府组织的各种对外文化交流活动所需的费用,原则上由政府提供;出国参加商业演出的,政府也有在装备运费等方面的支持政策。希望中央歌剧院在推动中华文化走出去方面努力探索新途径、新渠道,特别是要勇于开拓对外商业演出的新路子,创造新鲜经验。

第五,要加大人才培养的力度,创新人才培养的方式,为歌剧事业繁荣发展提供有力的人才保障。推动歌剧事业繁荣发展,关键在人才。要尊重劳动、尊重知识、尊重人才、尊重创造,牢固树立"人才资源是第一资源"的观念,建立和完善有利于优秀人才健康成长和脱颖而出的体制机制。要加强各类人才配套培养的力度,加快培养造就一支艺术精湛、结构合理的歌剧创作、编导、表演的专业人才队伍；培养造就一支既懂歌剧艺术又善经营管理，既懂传统表演形式又善于运用现代科技手段，既善于开发国内市场又熟悉国际演艺市场的复合型、创新型、外向型人才队伍。要充分发挥中央歌剧院的影响力，以重要剧目、重要活动和重大工程为载体，吸引和凝聚各种社会人才、国外人才和高校培养的优秀人才，为他们的成长成才搭建舞台，不断壮大人才队伍，提高队伍的整体素质。要有计划地选派优秀青年艺术家、艺术工作者继续深造或出国深造，为他们提高艺术水准、开阔国际视野创造条件。要发挥老一辈艺术家的传帮带作用，帮助年轻一代尽快提高水平。要引导歌剧艺术工作者切实增强社会责任感，不断提高职业道德水平和艺术修养，潜心创作、精心排演，为人民群众奉献最好的精神食粮，争做"德艺双馨"的人民艺术家。希望中央歌剧院在源源不断发现苗子、培养人才、造就大师方面创造出更多的新鲜经验。

注 释

〔1〕俞峰，时任中央歌剧院院长。

〔2〕郑小瑛，著名指挥家。

〔3〕王霞，中央歌剧院青年歌唱演员。

切实加强对文化产品
创作生产的引导，多出精品力作，
多出优秀人才[*]

（2010年12月17日）

> 中华民族的伟大复兴必然伴随着中华文化的繁荣兴盛，当今时代是一个需要也能够产生传世之作和名家大师的时代。要把加强对文化产品创作生产的引导贯穿于文化建设和文化体制改革的全过程，多出精品力作，多出优秀人才，最大限度发挥文化引导社会、教育人民、推动发展的功能和作用。

2010年7月23日，中共中央政治局就深化我国文化体制改革研究进行了第二十二次集体学习。胡锦涛总书记在主持学习时发表重要讲话，从中国特色社会主义事业四位一体总体布局的战略高度，总结了党的十六大以来文化建设情况，充分肯定了文化建设和文化体制改革取得的成绩，深刻阐述了深化文化体制改革的重大意义，进一步明确了深入推进文化体制改革必须坚持的指导思想和重点工作。胡锦涛总书记的重要讲话，为当前和今后一

---

[*] 这是李长春同志发表在《人民日报》上的文章。

个时期我国文化建设和文化体制改革指明了方向,我们必须认真学习领会,深入贯彻落实,进一步开创中国特色社会主义文化建设新局面。

胡锦涛总书记在讲话中特别强调,深入推进文化体制改革必须抓好四项重点工作,即加快文化体制机制改革创新、加快构建公共文化服务体系、加快发展文化产业、加强对文化产品创作生产的引导。我体会,这四项重点工作中,加快文化体制机制改革创新,事关冲破影响文化发展的体制机制障碍,为增强文化发展的生机活力、不断解放和发展文化生产力提供强大动力,决定着文化发展的整体实力和竞争力、影响力;加快构建公共文化服务体系事关保障人民群众基本文化权益,加快发展文化产业事关满足人民群众多样化、多层次、多方面的文化需求,二者如同车之两轮、鸟之双翼,共同构成了文化建设的两项基本任务,体现着社会主义文化建设的根本目的,成为社会主义文化大发展大繁荣的重要标志;加强对文化产品创作生产的引导,事关文化建设的旗帜和灵魂,体现着文化建设的思想内涵和精神价值,决定着文化建设的性质和方向。这几个方面相互促进、相辅相成,不可偏废。关于加快文化体制机制改革创新、加快构建公共文化服务体系、加快发展文化产业,党的十六大以来,以胡锦涛同志为总书记的党中央作出了一系列重大决策部署,各地区各部门认真贯彻落实中央精神,在实践中不断探索总结,取得了许多新进展,创造了许多新经验。这里,我想着重谈一谈加强对文化产品创作生产的引导问题。

文化建设是精神生产,投入的是智力劳动,产出的是精神产品,影响的是人们的思想和社会的精神。不论是文化事业还是文

切实加强对文化产品创作生产的引导，多出精品力作，多出优秀人才

化产业，不论是推进改革还是加强创新，其最终的结果都要落实到推出更好更多的文化产品上来。因此，文化建设要始终重视加强对文化产品创作生产的引导，这是社会主义文化建设的根本和关键所在，是实现文化大发展大繁荣的重要基础，也是当前文化改革发展中迫切需要解决的问题。加强对文化产品创作生产的引导，要坚持以社会主义先进文化为引领，以满足人民群众日益增长的精神文化需求为根本目的，以改革创新为强大动力，把数量不断增长和质量显著提高紧密结合起来，推动精神文化产品又好

2010年2月9日，李长春看望著名歌唱家杨洪基。　　　　　　（新华社记者李涛摄）

又快繁荣发展，多出精品力作、多出优秀人才，充分发挥文化引导社会、教育人民、推动发展的功能和作用。引导社会，就是要求文化产品的创作生产必须紧跟时代步伐，反映社会发展要求，大力弘扬一切有利于发扬爱国主义、集体主义、社会主义的思想和精神，弘扬一切有利于改革开放和现代化建设的思想和精神，弘扬一切有利于民族团结、社会进步、人民幸福的思想和精神，弘扬一切有利于用诚实劳动争取美好生活的思想和精神，大力发展先进文化，支持健康有益文化，努力改造落后文化，抵御腐朽文化，坚决反对低俗之风，推动全社会形成共同理想信念、核心价值观念、社会主义道德规范和良好文明风尚，引领社会发展方向。教育人民，就是要以优秀的作品鼓舞人，以高尚的精神塑造人，把积极的人生追求、高尚的情感境界、健康的生活情趣传递给人民，让人们在美的享受中增长知识、愉悦身心、受到鼓舞、得到陶冶、获得启迪，丰富人们的精神世界，增强人们的精神力量，使广大干部群众始终保持昂扬向上、锐意进取的精神状态。推动发展，就是要通过优秀文化产品凝聚力量，鼓舞斗志，激励人们增强改革创新意识和加快发展的责任感、使命感，积极投身改革开放和现代化建设伟大实践；就是要通过加强公共文化服务体系建设，保障人民基本文化权益，推动经济社会协调发展；就是要通过大力发展文化产业，增加文化产业在国民经济中的比重，推动文化产业成为国民经济的支柱性产业，为推动科学发展、加快转变经济发展方式作出贡献。

充分发挥文化引导社会、教育人民、推动发展的功能和作用，落实到文化建设的具体实践中，就是要多出精品力作，多出优秀人才，以创作生产的丰硕成果和人才辈出的生动局面，展示

切实加强对文化产品创作生产的引导，多出精品力作，多出优秀人才

文化改革发展的勃勃生机，满足人民群众日益增长的精神文化需求，为推动经济社会又好又快发展作出更大贡献。

多出精品力作，就是要充分调动广大文化工作者的积极性、主动性、创造性，努力推出更多体现民族精神和时代精神，反映人民意愿，广大人民群众喜闻乐见，无愧于时代、无愧于历史、无愧于人民的优秀作品。多出精品力作特别是传世之作，要着力在以下几个方面下功夫：

一是要始终坚持社会主义先进文化的前进方向。社会主义先进文化，就是以马克思列宁主义、毛泽东思想、中国特色社会主义理论体系为指导，面向现代化、面向世界、面向未来的，民族的科学的大众的社会主义文化。坚持社会主义先进文化前进方向，就要高举中国特色社会主义伟大旗帜，遵循社会主义核心价值体系的要求，坚持"二为"方向和"双百"方针，弘扬主旋律、提倡多样化，热情歌颂改革开放和现代化建设的伟大实践，深刻反映当今时代中国人民解放思想、实事求是、与时俱进、开拓创新的精神风貌，大力唱响在中国共产党领导下、走中国特色社会主义道路、实现中华民族伟大复兴的时代主旋律，努力创作出经得起历史和人民检验的优秀精神文化产品。

二是要坚持思想性、知识性、艺术性、观赏性的有机统一。思想性是指文化产品引领方向、以文化人、凝聚共识的作用，知识性是指文化产品传承文明、传播知识的作用，艺术性是指文化产品审美育人、提升情趣、陶冶情操的作用，观赏性是指文化产品赏心悦目、娱乐放松、愉悦身心的作用。文化产品的创作生产与意识形态领域其他工作相比，都有引导社会、教育人民、推动发展的普遍性，但同时也有自身的特殊性。其特殊性就在于，思

想性、知识性寓于艺术性、观赏性之中，并通过艺术性、观赏性得以实现。缺乏艺术性、观赏性，文艺产品就失去了吸引力，就难以为群众所接受，思想性、知识性也就无从谈起；缺乏思想性、知识性，文艺产品的艺术性、观赏性也就丧失了灵魂，失去内涵，变得浅薄乏味，因而就失去了生命力。这就要求在文艺产品的创作生产中，要善于把深刻的思想内涵、丰富的知识信息与完美的艺术形式有机结合起来，在注重提升作品思想内涵的同时，不断提高作品的艺术魅力，增强对人民群众的吸引力和感染力。

三是要始终坚持贴近实际、贴近生活、贴近群众。社会生活的广阔天地，人民群众的伟大实践，始终是文艺创作取之不尽、用之不竭的源泉，是产生精品力作的土壤和根基。古往今来，无数优秀作家艺术家的创作实践表明，能否创作生产出厚重隽永的文化精品，关键是看他们是否始终关注现实生活、聚焦普通群众，是否拥有丰富的生活积累、深刻的生活感悟，作品是否能够经受群众和实践的检验、给人以美的享受和深刻启迪。要自觉把人民群众作为文艺创作表现的主体和服务的对象，把全面建设小康社会、实现中华民族伟大复兴的生动实践作为文艺创作的丰富题材，深入生产生活第一线，建立文艺与人民群众的紧密联系，从人民群众的火热生活中挖掘素材，从人民群众的实践创造中提炼主题，从人民群众的审美需要中汲取灵感，说群众想说的话、讲群众能懂的话，创作更多反映现实生活和时代要求、深受人民群众喜爱的精品力作。

四是要开展积极的文艺批评。对于文艺作品的创作生产，我们一直主张要创造既有利于文艺作品始终坚持社会主义先进文化的前进方向，又有利于文艺工作者充分发挥聪明才智的良好环境。如何加强思想引导，推动文艺作品推陈出新、不断进步，比较好的办法就是推动文艺界自身运用好批评与自我批评的武器，即开展好文艺评论和文艺批评。要进一步加强文艺批评的队伍建设，在全社会倡导正确的文艺批评导向。文化类专业报刊和专业网站应该更多地开展切中要害、积极有益的文艺批评，面向知识界、文化界的光明日报也要更多地开展健康的文艺批评，人民日报作为党报同样要重视文艺评论，开辟专栏，旗帜鲜明地开展正确的文艺批评，发挥文艺评论的积极引领作用。

五是要建立健全科学的评价标准和评价机制。人民群众是文化产品的最终评判者，要坚持把群众喜欢不喜欢、满意不满意、接受不接受、认可不认可作为评价作品的最终标准，这是历史唯物主义的基本观点在文化工作中的根本体现。在实际工作中，要处理好领导评价、专家评价、群众评价之间的关系。从根本上讲，三者的评价应该是一致的。但由于所处的角度不同，在实际当中三者的评价可能存在一定的差异，只要把群众认可作为领导与专家评价的重要依据，就能实现主观和客观相一致，认识和实践相统一。从操作层面看，对于文艺作品的评价，需要借助一些客观的、量化的指标，如发行量、收视率、点击率、票房收入等指标。事实上，思想性、知识性、艺术性、观赏性"四性"俱佳的优秀作品总是具有较好的社会效益和经济效益，《红楼梦》《三国演义》《西游记》《水浒传》"四大名著"等就一直位列常销书前列。同时，也不能把这些指标绝对化，因为文化产品引导社会、教育人民、推动发展等方面的功能有时需要较长时间的检验。但无论如何，文艺作品束之高阁、无人问津，其引导社会、

2010年9月13日,李长春在新疆艺术剧院与正在排练节目的演员亲切交谈。

(新华社记者李涛摄)

教育人民、推动发展的功能就是纸上谈兵,就很难说是好作品。这些量化指标也如同经济领域衡量经济总量的国内生产总值一样,是一个重要的统计工具,但如不能正确运用,也会产生很多弊端。因此,我们既要重视市场反映出的这些信息,充分发挥市场在文化资源配置中的积极作用,又要充分考虑文化产品具有引导社会、教育人民、推动发展的特殊属性和市场存在自发性、盲目性的一面,把发挥市场作用和加强宏观调控、加强引导紧密结合起来,既不能将这些量化指标绝对化,又不能忽视市场信息甚至简单否定这些量化指标,而是要在加强引导和管理的前提下,趋利避害,积极探索,正确运用,逐步完善。要加强对市场的主动引导,对于弘扬主流价值观的作品,要通过多种方式开拓市场，广泛推介，营造出良好的市场氛围，让更多的人了解和接受，比如，可以采用政府采购的方式，向青少年等特定人群推广，可以通过主流媒体宣传，扩大作品的社会影响，使这些优秀作品能够在市场上得到广泛认可和接受，实现社会效益和经济效益的有机统一。另外，在实践中，要正确处理"评奖"问题。首先，"评奖"作为一种评价的手段，不可或缺，运用得好，可起到示范作用、导向作用、激励作用。其次，要评得准。要把人民群众喜欢不喜欢、满意不满意、接受不接受、认可不认可作为根本标准。评选过程中，要充分地、正确地反映民意，反映市场信息，避免出现获奖作品束之高阁、无人问津的尴尬局面。当然，有一些好的作品，短期内群众可能还不了解，所以还有一个宣传推介、开拓市场的过程，但这并不能否定人民群众作为最终评判者的地位。这些年来我们开展"五个一工程"、文华奖[1]、华表奖[2]等评奖活动，都要求它们先经过群众和市场的检验，目的就是要把领导、专家、群众三种评判统一起来，最大限度地反映人民群众的意愿。同时，我们也强调，评奖不能过多过滥，要增强其权威性、示范性、指导性，评奖是手段不是目的，不能成为指挥棒，最根本的检验标准还是实践，实践的主体是人民群众，金杯银杯不如人民群众的口碑。总之，建立健全对文化产品创作生产科学的评价标准和评价机制，归根结底就是要引导广大文化工作者真正做到面向群众、面向市场、面向基层、面向农村，努力实现社会效益和经济效益的有机统一，使文化产品更好地发挥引导社会、教育人民、推动发展的作用。

六是要营造有利于文化创新、使优秀文化产品竞相涌现的良好环境。要坚持尊重差异、包容多样，充分发扬艺术民主和学术民主，提倡不同形式和风格的自由发展，提倡不同观点和学派的充分讨论，提倡不同种类和业态的积极创新，鼓励探索，扶持原创，宽容失败，着力营造积极健康、宽松和谐的氛围，最大限度地焕发广大文化工作者的创造活力。要处理好高雅与通俗的关系、继承与创新的关系、普及与提高的关系，兼顾大众需求与小众需求，使不同流派相得益彰、不同受众各得其所，最大限度地满足人民群众多样化、多层次、多方面的精神文化需求。

多出优秀人才，就是要尊重劳动、尊重知识、尊重人才、尊重创造，深入实施人才强国战略，把人才作为文化繁荣发展的重要支撑，培养造就更多锐意创新、勇于担当，在文化改革发展中作出突出贡献、发挥示范带动作用，为人民群众认可和欢迎的优秀文化人才。多出优秀人才特别是名家大师，要着力在以下几个方面下功夫：

一是要激励广大文艺工作者热爱党、热爱人民、热爱社会主义祖国。要通过组织文艺工作者到革命圣地、改革开放前沿、抗震救灾恢复重建现场实地体验和采风等方式，引导大家深入了解国情，了解中国共产党领导中国人民进行的革命、建设、改革开放史，不断增进对党、对人民、对国家的感情，牢固树立中国特色社会主义共同理想，以高度的政治责任感和历史使命感积极投身推动社会主义文化大发展大繁荣的伟大进程，热情讴歌中国共产党带领人民在革命、建设、改革进程中创造的辉煌业绩，热情讴歌以爱国主义为核心的民族精神和以改革创新为核心的时代精神，在人民的历史创造中进行文化的创造，在推动社会的进步中成就自己的艺术辉煌。

二是要激励广大文艺工作者加强学习、丰富知识。要勤于学习、善于学习，不断丰富知识积累，更新知识结构。既要向书本学习，广泛涉猎经济、政治、文化、社会、科技、法律、历史等方面的知识，学习互联网等新媒体知识，学习继承民族优秀文化传统，学习借鉴世界各国有益文明成果，又要向实践和群众学习，注重了解和掌握人民群众的鲜活语言和无穷智慧，学习来源于现实生活的一切生动知识，不断打牢知识根底，为创作出具有厚重历史积淀、丰富知识内涵和鲜明时代特色的优秀作品奠定坚实基础。

三是要激励广大文艺工作者树立精品意识，心无旁骛、潜心创作。要树立十年磨一剑的精神，树立成就一番伟业的雄心，克服浮躁心态，克服急功近利，耐得住寂寞，坐得住冷板凳，精雕细琢、反复打磨，不断挖掘作品的深刻主题，不断丰富作品的表现力，不断提升作品的艺术境界，使自己的作品真正经得起历史和人民的检验。要始终保持创新的勇气和激情，不断攀登艺术高峰，在继承传统中开辟新风，在博采百家中创造辉煌，以更多精美的优秀作品赞美时代、歌颂生活、服务人民。

四是要激励广大文艺工作者加强思想道德修养，争做德艺双馨、深受人民群众欢迎和喜爱的文艺家。德艺双馨是对文艺家的品格、成就、贡献和社会影响的最高评价，是文化艺术工作者孜孜以求、毕生为之奋斗的至高荣誉。人品决定艺品，立艺先要立德；唯有德艺双馨，才能使高尚的人品和高超的艺品相得益彰、行之久远。要树立人品重于艺品、立德先于立言的观念，把思想道德修养作为立身和创作之本，追求积极的人生态度，陶冶高尚人格，培养健康向上的审美情趣，充分认识肩负的社会责任和作品的社会效果，多表现真善美的主题，多创作给人以深刻启迪和审美享受的隽永之作，努力用自己的人格魅力和作品的艺术魅力吸引打动广大读者和观众，用自己的艺术风范和模范言行影响带动广大文艺工作者，真正无愧于人类灵魂工程师的美誉。

五是要建立健全有利于优秀人才脱颖而出的体制机制。要牢固树立"人才资源是第一资源"的观念，从政治上、生活上、创作上关心广大文艺工作者，为他们深入实际、深入生活、深入群众创造条件，加大对有发展潜力的中青年文艺工作者的培养力度，抓紧研究制定设立国家荣誉制度、对有突出贡献的文艺工作者进行奖励的相关办法，加快建立完善有利于优秀人才健康成长和脱颖而出的体制机制，真正形成人才辈出、各领风骚的生动局面。要充分发挥各方面人才的积极作用，既要调动好专业文艺工作者的积极性、主动性、创造性，也要加强与业余作家、网络作家等各方面人才的联系，在评奖、职称评定、培训、资助等方面一视同仁，把他们团结和凝聚在党的周围，各尽其能、各展所长。

中华民族的伟大复兴必然伴随着中华文化的繁荣兴盛，当今时代是一个需要也能够产生传世之作和名家大师的时代。我们一定要顺应时代发展要求，以高度的责任感和使命感，把加强对文化产品创作生产的引导贯穿于文化建设和文化体制改革的全过程，努力创作生产更多无愧于时代、无愧于历史、无愧于人民的文化精品，培养造就更多德艺双馨、深受人民群众欢迎和喜爱的优秀人才，最大限度发挥文化引导社会、教育人民、推动发展的功能，更好地推动社会主义文化大发展大繁荣。

切实加强对文化产品创作生产的引导,多出精品力作,多出优秀人才

注 释

〔1〕文华奖,文化部主办的专业舞台艺术政府奖,设立于1991年,自2004年起与"中国艺术节奖"两奖合一,要求参评剧目在市场上演出不少于100场。

〔2〕华表奖,国家广播电影电视总局主办的中国电影政府奖,前身是文化部优秀影片奖,始评于1957年,每年评选一次。

博采众长，推陈出新，促进我国交响音乐繁荣发展[*]

（2011年11月13日）

> 我国交响乐团一定要树立与西方知名乐团一较高低的决心和信心，树立摘取"皇冠上的明珠"的雄心壮志，充分展示中国人的音乐艺术才华。

看了广州交响乐团的排练，感到十分高兴。我对交响乐是外行，最多只是业余爱好者，可能连爱好者也不够，只能算是个喜欢者。借此机会，我有感而发，与大家共勉。

第一，培养造就"形神兼备"的优秀指挥家是提升交响乐团水平的关键。

今天我对乐团指挥的作用有了新认识，感到指挥是交响乐团的核心和灵魂。看了广州交响乐团的指挥排演，我给予高度评价。指挥对乐曲的理解深刻独到，动作潇洒优美，肢体语言表达充分、激情四射，辐射力感染力很强，既很好调动了演奏者的情

---

[*] 这是李长春同志在广州交响乐团调研时的即席讲话，经整理发表在2011年12月19日的《中国艺术报》上。

绪，又深深打动了现场听众。

在现代音乐艺术中，指挥既是音乐作品的解释者，也是带领和指导乐团成员以集体方式对音乐作品进行二度艺术创作的组织者和领导者。古今中外的艺术实践表明，指挥水平的高低直接决定着乐团演奏水平的高低。一个优秀的指挥，必须具备良好的思想修养、深厚的文化底蕴、非凡的感染力和包括听觉、乐感、乐器、音乐理论、阅读总谱、指挥技术等能力在内的高超的艺术造诣。因此，指挥艺术可以说是一门最全面的音乐表演艺术。

当然，指挥特别是优秀的指挥都有自己鲜明的个性和风格，同一个乐团，同一首乐曲，在不同指挥带领下，其表演风格往往会有显著变化，呈现不同的艺术效果。但无论哪种风格的指挥，要想指挥好乐团的演奏，很关键的一点，就是要处理好"形"与"神"的关系。

"形"与"神"本是一对哲学范畴的概念，"形"是指实有的物质形体，"神"是指形体所蕴含的精神魅力。在指挥艺术中，"形"就是指挥的手势动作、表情神态等肢体语言，是指挥表达对音乐作品内涵理解、统一乐团成员行动、展现音乐作品内在精神魅力的重要途径，也是音乐表演观赏性的重要方面；"神"就是音乐作品的内在精神魅力，是音乐作品思想性艺术性等重要内涵的自然流露和艺术展现，也是音乐作品陶冶情操、振奋精神、审美育人的重要源泉。"形"与"神"相互依存、相辅相成，统一于指挥带领乐团创作演出的整个过程之中。在艺术表现过程中，既不能有"形"无"神"，也不能重"神"轻"形"，否则就会失之偏颇，以致"形""神"俱损。只有形神交融、恰如其分，才能形成"文质彬彬"的君子之风。所以，任何优秀的、成功的指挥家，都是处理"形"与"神"关系的高手，不管是从演奏还是从欣赏的角度看，都能够做到肢体语言之"形"和表现作品精神魅力之"神"的高度统一，做到以神带形、以形传神，形神兼备、浑然一体。也就是说，只有深刻理解音乐作品的内涵真谛和精神魅力，熟练掌握作品结构、音乐情绪、乐器组合等各方面细节，掌握贯穿和支撑肢体语言的神韵，不断强化对作品的理解，才能以自己的"神"凝聚乐团全体成员的认识和思想。只有通过真实自然、充满激情而又富于理智的肢体语言，才能以自己的"形"传递对音乐作品内涵的理解，强化对乐团成员的感染力和号召力，保持与乐团成员的交流，激发乐团成员的激情。如果说"形"是用动作统一乐队行动，并给观众传递美的享受，那么"神"就是以作品的精神内涵统一乐队的思想认识，感染观众情绪。"统一认识"、"统一行动"的综合作用，确保了每个音符准确无误、各个乐器协调一致，展现出音乐旋律的抑扬顿挫，演奏员情绪的跌宕起伏，给听众带来美的享受，增强音乐作品的吸引力和感染力。

第二，充分发挥我国交响乐团在促进文化繁荣发展中的积极作用。

推动我国音乐艺术以及整个社会主义文化的繁荣发展，交响乐团担负着重要职责，应当成为敢于创新、勇攀高峰的生力军。当前，特别要在以下三个方面发挥作用：

一是要敢于摘取"皇冠上的明珠"，努力为国争光。尽管交响乐发源于西方，但自20世纪初传入我国以来，我国交响乐作品就以洋为中用、东西合璧的独特音乐风格崭露头角，逐步跨入了世界交响乐殿堂。特别是近年来，随着我国经济社会的快速发展和对外开放的不断扩大，交响乐在我国方兴未艾、持续繁荣。因此，我国交响乐团一定要树立与西方知名乐团一较高低的决心和信心，树立摘取"皇冠上的明珠"的雄心壮志，充分展示中国人的音乐艺术才华，真正做到只要是西方交响乐团能演奏的经典乐曲、鸿篇巨制，我们中国人也能演奏，而且能演奏得更好，以此进一步增强民族自尊心自信心自豪感，同时也表明中华文化博采众长、海纳百川的胸襟和气度。

二是要把西方优秀交响乐作品介绍给我国听众，使我国听众进一步了解世界。交响音乐自17世纪初在西方发端以来，以其丰富的音色、恢宏的气势、深邃的意境和强大的表现力受到人们的喜爱，展现了独特的艺术魅力，成为音乐艺术百花园中一朵瑰丽的奇葩，也成为代表一个国家、一个民族音乐水平的重要标志。透过不同国家、不同时期、不同流派的音乐家及其作品，可以感受到其鲜明的民族气质和时代精神。因此，交响乐也是我们进一步了解世界、学习人类优秀文明成果的重要途径。我国交响乐团要积极把西方经典交响乐作品和现代优秀交响乐作品介绍给我国听众，使越来越多的中国音乐爱好者能够近距离欣赏到西方各个时期的优秀交响乐作品，并通过这些优秀作品进一步了解世界，进一步增进与世界各国的文化交流，并在吸收借鉴其有益成果的过程中不断激发我国社会主义文化繁荣发展的创新活力。

三是要本着"洋为中用"的原则，用西方交响乐器演奏民族乐曲，大力推动中华文化走向世界。实践证明，艺术创作只有具备民族特色，才能在世界上有地位，才能更好地走向世界、影响世界，从这个意义上讲，越是民族的就越是世界的。只有民族化，才能站稳脚跟，发展壮大。中华民族优秀文化多姿多彩、博大精深，因此，推动用西方交响乐乐器和演奏方法演奏民族乐曲，逐步形成鲜明的中国特色、中国风格、中国气派，是我国交响乐繁荣发展并在世界交响乐坛脱颖而出的必由之路。近年来，西方文化企业把花木兰[1]、图兰朵[2]、功夫熊猫[3]等中国文化元素，与现代科技和表现手法相融合、与全球文化市场相结合，获得极大成功。我国优秀交响乐作品《梁祝》、《黄河》、《红旗颂》等，把西方交响乐与中国文化元素完美结合起来，长期以来一直受到广大听众的喜爱，这就充分说明，我国交响乐完全可以在进一步面向听众、面向市场中焕发出巨大的活力和潜能，打造出既充分展现中华民族优秀文化内涵、体现中国价值精神，又符合国外受众的思维方式、审美特点和接受习惯的精品力作，使我们的民族交响乐作品越来越受到国内外听众的喜爱，成为中华文化走向世界的亮丽风景。希望我国的音乐界和交响乐团努力实践，大胆创新，推出更多的民族交响乐作品，并走向世界。

第三，积极借鉴西方交响乐团的成功经验，促进我国民乐乐团的改革提高，实现民乐交响化。

民乐乐团的演奏，从某种意义上来讲，就是我国民族乐器演出的"交响乐"。近年来，我国民乐乐团的演奏有了一定的发展和提高，但在实际演出中还存在三方面的问题：一是规模普遍比较小，演奏气势不够恢宏，震撼力不够强烈，俗话说还压不住阵脚；二是低音比较欠缺，乐曲演奏不够悦耳动听，个别乐器还有些刺耳；三是缺乏优秀的有影响力的民乐作品，不能满足在艺术舞台上常演不衰的需要。总而言之，就是影响力不大。

2011年11月13日，李长春在广州交响乐团调研时，与音乐工作者亲切交谈。右十一为中共中央政治局委员、广东省委书记汪洋，右八为中宣部副部长孙志军。

（罗文清摄）

相较而言，西方交响乐团阵容庞大、乐器多样，气势恢宏、低音丰富、震撼力强。因此，可不可以考虑借鉴西方交响乐团的成功经验，对我国的民乐乐团进行符合音乐艺术发展规律的改革，以更好地体现中国民族音乐的多样性，体现中国民族音乐的魅力，进一步使我国的民乐作品为更多的国内外听众喜闻乐见，推动中国民乐艺术繁荣发展，走向世界。

要改变乐器配备，建议可以考虑集各民族优秀乐器之大成，发掘历朝历代的精华，适当扩充乐器配置和乐队阵容，探索增加编钟、大鼓、扬琴、古筝等既有浓郁民族特色又有强大气势的乐器，进一步增强民乐演奏的震撼力和感染力。这样做，通俗地讲，就是要"稳得住阵脚、压得住台面"。还可以考虑进行乐器改革，特别是要进一步丰富低音乐器，拓展低音音域，使乐曲演奏更加悦耳动听。从物理学角度看，乐器的最终表现结果就是声波振动的结果，而乐器的固有振动频率与乐器大小、材质有关，相对来讲，体型大的乐器发音体长、粗、重，声音低沉，体型小的乐器发音体短、细、轻，声音高亮，因此要在增加大型乐器配置、拓展低音音域上下功夫。也要考虑加强优秀民乐作品创作的力度，特别是大力创作有利于发扬民族乐器长处的民乐作品，在作品中增加古筝、扬琴等民族乐器独立演奏的乐章，给其更多演奏机会，使其更加突出，而不致因为夹杂在其他乐器中做无关紧要的"配角"，在乐曲演奏中被淹没。

这里，我还想特别给广东的音乐工作者提一点希望，就是希望你们弘扬民族传统音乐，借鉴国外优秀音乐成果，积极探索，推陈出新，创作更多深受人民群众喜爱的广东音乐作品，再创广东音乐辉煌。广东音乐在我国民乐中，具有鲜明地方特色和独特艺术风格，富有感染力和影响力，涌现过许多脍炙人口的曲目，比如《步步高》、《平湖秋月》、《雨打芭蕉》等等，都曾经风靡国内外，拥有众多的听众，享有盛誉。20世纪五六十年代，在海外，凡是有华人的地方，就有广东音乐。我在广东工作时，还专门让广东的同志给我找几张广东音乐的光盘，我也经常放来听一听。但20世纪80年代以后，我感到，广东音乐影响力有所下降，一是新的有影响的作品不多，二是对外演出交流的力度不够。广东音乐不仅是广东的宝贵艺术财富，也是中华民族音乐宝库中的瑰丽奇葩；不仅是广东的骄傲，也是中国的骄傲。因此，繁荣发展广东音乐，是促进我国音乐繁荣发展的重要方面，也是推动社会主义文化大繁荣大发展的重要标志。希望大家增强责任感和紧迫感，担当起再创广东音乐辉煌的重任。要深入发掘广东音乐的深厚底蕴，赋予新的时代内涵，创作出符合时代要求的乐曲。要深入民间采风，搜集整理流传于民间的音乐元素，提炼出富有表现力的音乐主题，用新的音乐形式加以表达，使之更加清新流畅、悠扬动听。要开放性地选择、吸收外国音乐及国内其他民间音乐艺术的有益成分，并加以改造，为我所用，形成广东音乐的独特风格，增强广东音乐的表现力，使广东音乐流传更广，受到更多人的欢迎和喜爱。如能把群众熟悉的曲子串起来，搞成交响乐曲就更好了。

以上就是我今天看了广州交响乐团排练有感而发的几点体会，供大家参考。衷心祝愿你们的乐团改革创新、奋发图强，不断取得新的业绩；也衷心期待通过中国音乐人的共同努力，早日推动我国交响乐走向世界，为增强中华文化在世界上的感召力和影响力作出贡献。

注　释

〔1〕花木兰，是我国南北朝时期一位替父从军的女英雄，她的故事在我国家喻户晓。1998年，美国迪士尼公司将花木兰的故事改编成动画电影，在全球受到广泛喜爱。

〔2〕图兰朵，是意大利作曲家贾科莫·普契尼创作的同名三幕歌剧中的女主人公。该剧讲述的是，中国元代一位公主图兰朵与流亡中国的鞑靼王子卡拉富之间的爱情故事，1926年4月25日在米兰斯卡拉歌剧院首演并获得成功。在该剧中，还部分采用了中国民歌《茉莉花》的曲调，使中国

元素更加丰富。

〔3〕功夫熊猫，是美国梦工厂电影公司以中国功夫为主题制作的一部喜剧动画电影。本片以中国古代为背景，讲述了一只笨拙的熊猫立志成为武林高手的故事，其场景、服装以至食物均充满中国元素。2008年5月上映后风靡全球。

创作生产更多
无愧于历史、无愧于时代、
无愧于人民的优秀作品[*]

（2011年11月25日）

> 实践证明，什么时候坚持了"三贴近"，就能创作出思想性艺术性观赏性完美统一的优秀作品，社会主义文艺就会焕发出蓬勃的生机和活力；什么时候偏离或忽略了"三贴近"，文艺作品就苍白无力、枯燥无味，社会主义文艺的生机就会窒息和枯萎。广大文艺工作者要自觉把"三贴近"作为重要原则，贯穿到文艺作品创作生产传播的全过程和各方面。

中国文学艺术界联合会第九次全国代表大会、中国作家协会第八次全国代表大会圆满完成议程，胜利闭幕了。在此，我对两个大会圆满成功表示热烈祝贺，向新选举产生的中国文联、中国作协全委会委员表示热烈祝贺。

中国文联第九次、中国作协第八次全国代表大会认真学习贯

---

[*] 这是李长春同志在中国文联第九届全国委员会、中国作协第八届全国委员会全体会议上的讲话。

彻党的十七届六中全会精神,紧紧围绕深化文化体制改革、推动社会主义文化大发展大繁荣这个主题,总结经验、分析形势、规划未来,是一次高举旗帜、承前启后、继往开来的大会,是一次民主、团结、求实、鼓劲的大会,必将进一步动员激励广大文艺工作者坚持中国特色社会主义文化发展道路、为建设社会主义文化强国而努力奋斗。

党中央对这两个大会高度重视,胡锦涛总书记出席大会开幕式并发表重要讲话。讲话充分肯定了文艺工作取得的巨大成就,深刻阐述了文艺在全面建设小康社会、坚持和发展中国特色社会主义、实现中华民族伟大复兴中的重要地位和作用,从党和国家事业发展全局的高度,进一步阐明新时期文艺工作的基本要求和主要任务,号召广大文艺工作者认清时代和人民赋予的神圣使命,坚持为人民服务、为社会主义服务,坚持百花齐放、百家争鸣,坚持贴近实际、贴近生活、贴近群众,高擎民族精神火炬,吹响时代前进号角,创作生产更多无愧于历史、无愧于时代、无愧于人民的优秀作品,奋力开创文艺发展新局面,为推动社会主义文化大发展大繁荣、建设社会主义文化强国贡献智慧和力量。胡锦涛总书记的重要讲话高瞻远瞩、内涵丰富、语重心长、饱含感情,充满了对文艺工作者的信任和期望,是指导文艺事业发展的光辉文献,必将对繁荣发展社会主义文艺产生重要而深远的影响。我们一定要认真学习、深刻领会,切实把讲话精神落实到文化产品创作生产传播的各个方面,更加自觉、更加主动地推动中国特色社会主义文化繁荣发展。

自 2006 年中国文学艺术界联合会第八次全国代表大会、中国作家协会第七次全国代表大会以来,在党中央的坚强领导下,

创作生产更多无愧于历史、无愧于时代、无愧于人民的优秀作品

文艺战线坚持"二为"方向、贯彻"双百"方针，紧跟时代步伐，顺应人民期待，推动文艺事业不断取得新成就新突破，巩固了大团结、大繁荣、大发展的生动局面。创作生产持续繁荣，各个门类百花齐放、异彩纷呈，涌现出一大批代表国家水准、体现民族特色、社会影响广泛、深受人民喜爱的优秀作品；坚持面向基层、服务群众，广泛开展各种形式的群众性文化活动，丰富了基层文化生活；深入推进文化体制改革，极大解放和发展了文化

2011年11月25日，李长春出席中国文联第九届全国委员会、中国作协第八届全国委员会全体会议并讲话。图为李长春接见出席会议的代表。右三为中共中央政治局委员、中央书记处书记、中宣部部长刘云山，右二为中共中央政治局委员、国务委员刘延东，右一为全国政协副主席、中国社科院院长陈奎元。　　　　（新华社记者刘建生摄）

生产力，形成了文化事业全面繁荣、文化产业健康发展的良好态势；积极开展对外文化交流，加快走出去步伐，中华文化的国际影响力和竞争力不断增强。特别是在迎接党的十七大、纪念党的十一届三中全会召开30周年、庆祝新中国成立60周年、庆祝中国共产党成立90周年、纪念辛亥革命100周年和举办北京奥运会残奥会、上海世博会、广州亚运会亚残运会、深圳大运会等大事喜事中，在成功抗击低温雨雪冰冻灾害、汶川玉树抗震救灾和应对国际金融危机冲击的过程中，文艺界推出一大批昂扬向上、振奋人心的优秀作品，举办一系列有声势、有影响的文艺活动，唱响了社会主义好、共产党好、改革开放好、伟大祖国好、各族人民好的时代主旋律，为成功举办大事喜事、妥善应对难事急事提供了强大精神动力，作出了突出贡献。广大文艺工作者思想解放、精神振奋、心情舒畅，积极性、创造性空前高涨，责任感、使命感和凝聚力、战斗力大大增强。实践证明，我们的文艺工作者队伍是一支热爱党、热爱祖国、热爱人民的队伍，是一支勇于担当、善于创新、甘于奉献的队伍，是一支党和人民完全可以信赖的队伍！

中国文联、中国作协作为党领导的重要人民团体，在过去五年里，坚持以邓小平理论和"三个代表"重要思想为指导，深入贯彻落实科学发展观，认真贯彻党的文艺工作方针政策，在组织文艺界学习培训、繁荣文艺创作生产、推动文艺创新、培养文艺人才、加强行业服务维权、推动中华文化走出去、指导和开展群众性文艺活动等方面做了大量卓有成效的工作，文联、作协的凝聚力、影响力不断提升，为团结广大文艺工作者、繁荣发展社会主义文艺作出了积极贡献。中央对过去五年中国文联、中国作协的工作充分肯定。在此，我代表党中央、国务院向在座的各位同志，并通过大家向全国广大文艺工作者表示崇高的敬意和衷心的感谢！

五年来我国文艺工作的丰富实践，进一步深化了我们对中国特色社会主义文艺工作特点和规律的认识，积累了许多宝贵经验，概括起来就是：

第一，必须高举中国特色社会主义伟大旗帜，以马克思列宁主义、毛泽东思想、邓小平理论和"三个代表"重要思想为指导，深入贯彻落实科学发展观，大力弘扬社会主义核心价值体系，牢牢把握社会主义先进文化的前进方向。这是社会主义文艺繁荣发展的根本指针。

第二，必须坚持为人民服务、为社会主义服务的方向和百花齐放、百家争鸣的方针，尊重劳动、尊重知识、尊重人才、尊重创造，立足发展先进文化、建设和谐文化，弘扬主旋律、提倡多样化。这是社会主义文艺繁荣发展的根本原则。

第三，必须坚持以人为本，贴近实际、贴近生活、贴近群众，以满足人民精神文化需求为出发点和落脚点，为人民创造更好更多的精神食粮，做到文化发展为了人民、文化发展依靠人民、文化发展成果由人民共享。这是社会主义文艺繁荣发展的根本目的。

第四，必须坚持解放思想、改革创新，不断深化文化体制改革，大力推进文化内容形式、方法手段创新，加快构建有利于文化繁荣发展的体制机制，充分发挥文化和科技相互促进的作用，不断解放和发展文化生产力。这是社会主义文艺繁荣发展的根本动力。

第五,必须坚持把社会效益放在首位、社会效益和经济效益相统一,遵循文化发展规律,适应社会主义市场经济发展要求,一手抓繁荣、一手抓管理,推动文化事业和文化产业全面协调可持续发展。这是社会主义文艺繁荣发展的根本要求。

第六,必须坚持党对文艺工作的领导,加强文艺战线领导班子和人才队伍建设,健全领导体制和工作机制,调动广大文艺工作者的积极性主动性创造性,营造团结鼓劲、和谐奋进的良好氛围。这是社会主义文艺繁荣发展的根本保障。

这些宝贵经验,继承了党领导文艺工作的优良传统,体现了新世纪新阶段文艺工作的成功探索,反映了社会主义文艺工作的本质要求,是繁荣发展社会主义文艺的重要遵循,一定要长期坚持、大力发扬,并在实践中不断丰富和发展。

党的十七届六中全会是在我国进入全面建设小康社会关键时期和深化改革开放、加快转变经济发展方式的攻坚时期召开的一次十分重要的会议。全会全面分析了当前形势和任务,通过了《中共中央关于深化文化体制改革推动社会主义文化大发展大繁荣若干重大问题的决定》。全会通过的《决定》,以邓小平理论和"三个代表"重要思想为指导,深入贯彻落实科学发展观,全面总结我们党领导文化建设的经验,深刻分析文化改革发展面临的形势和任务,在集中全党智慧的基础上,阐述了中国特色社会主义文化发展道路,确立了建设社会主义文化强国的战略目标,提出了新形势下推进文化改革发展的指导思想、重要方针、目标任务、政策举措,是当前和今后一个时期指导我国文化改革发展的纲领性文件。以这次全会为标志,我们党吹响了向文化强国进军的新号角。随着时间的推移,将越来越证明,党的十七届六中全会是继毛泽东同志在延安文艺座谈会上发表重要讲话之后，我们党领导文化工作又一具有里程碑意义的大事，我国文化改革发展必将进入新的重要阶段。

全会《决定》提出坚持中国特色社会主义文化发展道路、努力建设社会主义文化强国的重大历史命题，强调要坚持社会主义先进文化前进方向，以科学发展为主题，以建设社会主义核心价值体系为根本任务，以满足人民精神文化需求为出发点和落脚点，以改革创新为动力，发展面向现代化、面向世界、面向未来的，民族的科学的大众的社会主义文化，培养高度的文化自觉和文化自信，提高全民族文明素质，增强国家文化软实力，弘扬中华文化，努力建设社会主义文化强国。这是新中国成立特别是改革开放以来我国文化建设实践探索的基本结论，鲜明地回答了新的历史条件下我国文化改革发展走什么样的路、朝什么样的目标迈进这个带有方向性、战略性的重大问题，是对中国特色社会主义道路的丰富和发展。广大文艺工作者要紧紧围绕这一重大历史命题，准确把握我国经济社会发展新要求，准确把握当今时代文化发展新趋势，准确把握各族人民精神文化生活新期待，进一步增强深化文化体制改革、推动社会主义文化大发展大繁荣的责任感和紧迫感，进一步增强坚持中国特色社会主义文化发展道路的自觉性和坚定性，进一步增强建设社会主义文化强国的信心和决心，解放思想，转变观念，抓住机遇，乘势而上，在坚持和发展中国特色社会主义的伟大实践中进行文化创造，在推动社会主义文化大发展大繁荣、建设社会主义文化强国的进程中建功立业。

下面，我就文艺战线贯彻落实党的十七届六中全会精神和胡锦涛总书记重要讲话精神，坚持中国特色社会主义文化发展道路、努力建设社会主义文化强国讲几点意见,与大家共勉。

一、牢牢把握社会主义核心价值体系这个兴国之魂,始终坚持社会主义先进文化前进方向

建设社会主义核心价值体系,是坚持中国特色社会主义文化发展道路、建设社会主义文化强国的根本任务。全会《决定》强调,社会主义核心价值体系是兴国之魂,是社会主义先进文化的精髓,决定着中国特色社会主义发展方向。这一重要论述,深刻揭示了社会主义核心价值体系在文化建设中的灵魂作用,体现了我们党对文化建设规律认识的进一步深化,是全会《决定》突出强调的一个重点。

从精神生产的特有属性和内在规律来看,任何文化都是所包含的精神价值与承载这些精神价值的物质基础和传播形态之间的有机统一。文化的精神价值是文化的"魂",是文化思想性的根本体现,是文化引领风尚、教育人民、服务社会、推动发展的力量源泉,决定着文化的性质和方向;承载文化精神价值的物质基础和传播形态是文化的"体",是文化实现教育功能、以文化人的根本途径,决定着文化精神价值的传播力和影响力。"魂"与"体"相互依存、相辅相成,统一于文化建设的实践中。离开"魂","体"就没有精神价值的支撑,就会空洞无物,失去吸引力、影响力,甚至偏离正确方向;离开"体","魂"就无所依附,难以传播,文化的精神价值就无从实现。古今中外的历史表明,每一次文化的繁荣发展,都是文化"魂"与"体"完美统一的结果。文化之"魂"是以民族优秀传统文化为根基,并随着时代的

发展而不断被赋予鲜明的时代内涵。当代中国文化之"魂",就是社会主义核心价值体系。社会主义核心价值体系是根源于民族优秀文化和社会主义先进文化并吸收人类文明成果发展起来的,适应了时代发展要求,集中反映着当代中国人民的理想信念和精神追求,是我国社会主义文化的引领和主导。在当代中国,一切文化产品只有生动地体现了社会主义核心价值体系这个"魂",才有主心骨,才有精气神。文化之"体",有着鲜明的民族性、时代性,随着时代的发展有着不同的表现形式。当代中国文化之"体"的主要形式,包括国民教育体系、公共文化服务体系、文化产业体系以及各种形式的文化产品如小说、影视、戏曲、动漫等。这些"体"作为文化的物质基础和传播形态,都是承载、传播文化精神价值的重要载体和形式,都承担着弘扬社会主义核心价值体系这个"魂"的重要功能。广大文艺工作者要深刻认识和把握文化建设"魂"与"体"的辩证关系,自觉把社会主义核心价值体系体现到精神文化产品创作生产传播各方面,赋予文艺作品更加丰富、更加深刻的思想内涵,推动全社会形成统一指导思想、共同理想信念、强大精神力量、基本道德规范。

把社会主义核心价值体系体现到精神文化产品创作生产传播各方面,就要坚持用中国特色社会主义理论体系武装头脑、指导实践,热情讴歌改革开放和社会主义现代化建设的伟大成就,生动展示中国人民奋发有为的精神风貌和创造历史的宏伟业绩,唱响在中国共产党领导下、走中国特色社会主义道路、实现中华民族伟大复兴的时代最强音。要把以爱国主义为核心的民族精神和以改革创新为核心的时代精神作为文艺作品表现的永恒主题,大力弘扬中华民族自强不息、艰苦奋斗、顽强拼搏、敢于胜利的思想传统，深刻反映当代中国人民解放思想、实事求是、与时俱进、开拓创新的进取精神，进一步增强民族自尊心、自信心、自豪感。要通过各种形式的文艺创作，大力倡导中华民族优秀传统道德和社会主义精神文明，弘扬真善美、贬斥假恶丑，在全社会形成积极践行社会主义荣辱观的良好风尚。要坚持用社会主义核心价值体系引领社会思潮，在有力抵制各种错误和腐朽思想影响的同时，尊重差异、包容多样，团结一切可以团结的力量，激发社会思想文化活力，努力在多元多样中立主导、在交流交融中谋共识，不断巩固和壮大主流思想文化，建设中华民族共有精神家园。

二、全面贯彻"二为"方向和"双百"方针，努力为人民创造出更好更多的精神食粮

为人民服务、为社会主义服务方向和百花齐放、百家争鸣方针，是坚持中国特色社会主义文化发展道路、建设社会主义文化强国的根本遵循。全会《决定》指出，要全面贯彻"二为"方向和"双百"方针，立足发展先进文化、建设和谐文化，激发文化创作生产活力，提高文化产品质量，发挥文化引领风尚、教育人民、服务社会、推动发展的作用。这是党和人民对广大文艺工作者的殷切期望。广大文艺工作者要认清肩负的历史责任，自觉把"二为"方向和"双百"方针的要求贯穿于文化产品创作生产全过程，为时代立传，为人民放歌，努力创作生产更多无愧于历史、无愧于时代、无愧于人民的优秀作品。

全面贯彻"二为"方向和"双百"方针，就要始终坚持正确创作方向。这是文化创作生产的根本性问题。要牢固树立人民是

历史创造者的观点，牢记为人民服务、为社会主义服务的神圣职责，坚持以人民为中心的创作导向，坚持正确的文化立场，认真对待和积极追求文化产品社会效果，大力倡导一切有利于国家富强、民族振兴、人民幸福、社会和谐的思想和精神，大力倡导爱国、敬业、诚信、友善等道德规范，坚持把学术探索和艺术创作融入实现中华民族伟大复兴的事业之中，把积极的人生追求、高尚的情感境界、健康的生活情趣传递给人民。

全面贯彻"二为"方向和"双百"方针，就要把多出思想性艺术性观赏性相统一的精品力作作为不懈追求。精品力作是一个时代文艺繁荣发展的根本标志，是中华民族伟大复兴征程上最耀眼的文化印记。在当今文化建设的春天里，人民呼唤更多思想性艺术性观赏性相统一的精品力作。思想性是指文艺作品传播社会主义核心价值体系，引领风尚、教育人民、服务社会、推动发展的作用，艺术性是指文艺作品审美育人、提升情趣、陶冶情操的作用，观赏性是指文艺作品赏心悦目、娱乐放松、愉悦身心的作用。思想性寓于艺术性、观赏性之中，并通过艺术性、观赏性得以实现。缺乏艺术性、观赏性，文艺作品就失去了吸引力，就难以为群众所喜闻乐见，以文化人的功能就无从谈起；缺乏思想性，文艺作品的艺术性、观赏性也就失去了灵魂，失去了内涵，失去了生命力。这就要求在文艺创作中，善于把深刻的思想内涵、丰富的知识信息与完美的艺术形式有机结合起来，在注重提升作品思想内涵的同时，不断提高作品的艺术魅力，增强吸引力和感染力。要发挥文学对各种文艺作品的基础性、支撑性作用。要发扬十年磨一剑的精神，甘于寂寞、心无旁骛，潜心创作、精益求精，不断挖掘作品的深刻主题，不断丰富作品的表现形式，不断提升作品的艺术境界，努力创作出更多经得起历史和人民检验的精品力作、传世佳作。

全面贯彻"二为"方向和"双百"方针，就要坚持把遵循社会主义先进文化前进方向、人民群众喜闻乐见作为评价作品的最高标准。人民群众是文艺鉴赏和消费的主体，是文艺作品的最终评判者，要把群众评价、专家评价和市场检验统一起来。要坚持把社会效益放在首位、社会效益和经济效益相统一，催生更多既叫好又叫座的文化产品。要建立公开、公平、公正的评奖机制，开展积极健康的文艺批评，努力形成褒优贬劣、激浊扬清的正确导向。要运用主流媒体、公共文化场所等资源，拓展优秀文艺作品的推广手段和传播方式。

全面贯彻"二为"方向和"双百"方针，就要营造有利于优秀文化产品竞相涌现的良好环境。要坚持尊重差异、包容多样，弘扬主旋律、提倡多样化，充分发扬艺术民主和学术民主，提倡不同观点和学派充分讨论，提倡各种体裁、题材、形式、手段充分发展，推动观念、内容、风格、流派积极创新，鼓励探索，扶持原创，宽容失败，着力营造积极健康、宽松和谐的氛围，使广大文艺工作者的一切才华都有展示舞台、一切创造都有实现空间、一切贡献都能得到社会尊重，最大限度地焕发创新激情和创造活力。

三、坚持贴近实际、贴近生活、贴近群众，进一步增强社会主义文艺的吸引力和感染力

贴近实际、贴近生活、贴近群众，是坚持中国特色社会主义

创作生产更多无愧于历史、无愧于时代、无愧于人民的优秀作品

文化发展道路、建设社会主义文化强国的必然要求。全会《决定》强调,文学、戏剧、电影、电视、音乐、舞蹈、美术、摄影、书法、曲艺、杂技以及民间文艺、群众文艺等各领域文艺工作者都要积极投身到讴歌时代和人民的文艺创造活动之中,在社会生活中汲取素材、提炼主题,以充沛的激情、生动的笔触、优美的旋律、感人的形象,创作生产出思想性艺术性观赏性相统一、人民喜闻乐见的优秀文艺作品。这为广大文艺工作者深入贯彻、自觉践行"三贴近"原则指明了方向。

社会主义文化建设的实践证明,什么时候坚持了"三贴近",就能创作出思想性艺术性观赏性完美统一的优秀作品,社会主义文艺就会焕发出蓬勃的生机和活力;什么时候偏离或忽略了"三贴近",文艺作品就苍白无力、枯燥无味,社会主义文艺的生机就会窒息和枯萎。广大文艺工作者要牢固树立马克思主义群众观点,贯彻党的群众路线,始终与人民群众同呼吸、共命运、心连心,自觉把"三贴近"作为重要原则,贯穿到文化产品创作生产传播的全过程和各方面,把人民群众作为文艺创作表现的主体和服务对象,积极投身到讴歌时代和人民的文艺创造活动之中。要深入实际、深入生活、深入群众,向实践学习,拜人民为师,增强国情了解,增加基层体验,增进群众感情,从人民群众的火热生活中挖掘素材,从人民群众的实践创造中提炼主题,从人民群众的审美需要中汲取灵感,用群众喜欢的形式、说群众想说的话、讲群众能懂的话,使文艺作品雅俗共赏、深入人心。要适应群众文化需求的新特点新变化,积极发展新的艺术样式,努力创作生产一切有利于陶冶情操、愉悦身心、寓教于乐的文艺作品,更好地满足人民群众多层次、多样化、多方面的精神文化需求。

要坚持面向基层、重心下移，多创作生产传播适合基层群众需要的文艺作品，多深入基层和农村演出，多开展方便基层群众欣赏和参与的文化活动，进一步丰富基层文化生活。

四、坚持以改革创新为强大动力，推动文艺事业全面繁荣发展

改革创新是坚持中国特色社会主义文化发展道路、建设社会主义文化强国的不竭动力。全会《决定》强调，文化引领时代风气之先，是最需要创新的领域。这就要求广大文艺工作者充分认识改革创新对于繁荣发展文艺事业的极端重要性，不断增强改革创新的自觉性和坚定性。

要进一步解放思想、转变观念，自觉把思想认识从不符合文化改革发展要求的思想观念和思维定势的桎梏中解放出来，从不符合文化改革发展要求的做法和规定的限制中解放出来，从不符合文化改革发展要求的传统体制机制的束缚中解放出来，牢固树立遵循科学发展观要求，与社会主义市场经济体制相适应、与社会主义精神文明建设要求相符合、与文化发展规律相一致的新的文化发展理念，热情支持改革，积极投身改革，勇于破解改革难题，在文化体制改革的大潮中激发创作热情，成就艺术辉煌。要紧密结合时代发展的新要求、人民群众审美需求的新变化、文艺创作生产传播手段的新变革，大力推进文化体制机制创新、内容形式创新、传播手段创新、业态创新、科技创新，使创新始终成为文化产品创作生产传播的强劲动力，形成创新活力竞相迸发、创新成果充分涌现的生动局面。要善于把继承和创新有机结合起

来，大力弘扬民族优秀文化传统和五四运动以来形成的革命文化传统，学习借鉴国外文化创新有益成果，兼收并蓄、博采众长，不断增强文化产品的时代感和吸引力。要积极鼓励原创和现实题材创作，推出更多具有民族特色、体现时代特征、富有中国气派的文艺精品，展示中国文艺的创新品格和创新风范，引领中国文艺不断推陈出新、蓬勃发展。要高度重视互联网、手机等新兴媒体在文化产品创作生产传播和新业态发展中的作用，善于运用现代信息技术进行文化创造和传播，推进文化科技创新。要充分发挥人民群众的首创精神，不断总结提炼来自群众、生动鲜活的文化创新经验，推广大众文化优秀成果，在全社会营造鼓励文化创造的良好氛围，让蕴藏于人民中的文化创造活力得到充分发挥。

五、积极推动中华文化走出去，不断增强中华文化在世界上的感召力和影响力

推动中华文化走出去、增强中华文化在世界上的感召力和影响力，是坚持中国特色社会主义文化发展道路、建设社会主义文化强国的重要任务。要按照全会《决定》关于推动中华文化走向世界的重要部署，开展多渠道多形式多层次对外文化交流，广泛参与世界文明对话，促进文化相互借鉴，充分展示中华优秀传统文化的多姿多彩和博大精深，充分展示当代中国文化建设的最新成果，充分展示中国人民改革创新、和平发展、文明进步的精神风貌和良好形象，努力形成与我国国际地位相适应的文化软实力。要把政府交流和民间交流结合起来，在继续推动政府主导的文化交流同时，充分发挥文化产业和文化企业在推动文化走出去

中经常性、持久性的优势和作用,着力打造一批有世界影响的知名文化品牌,培育一批具有较强实力和国际竞争力的外向型文化企业,努力构建以政府为主导、以企业为主体、以市场化运作为主要方式的文化走出去新格局。

广大文艺工作者是文化走出去的中坚力量。要进一步增强责任感和使命感,积极参与政府主导的各种文化交流活动,努力开拓文化产业、文化产品走向世界的新渠道新途径。要遵循国际文化交流规律,适应国际文化市场需求,既充分展现中华民族优秀文化内涵、体现当代中国价值观念,又符合国外受众的思维方式、审美特点和接受习惯,努力做到"中国内涵、国际表达",使中华文化越来越多地为国外受众所接受和喜爱。要积极吸收国外优秀文化成果,坚持以我为主、为我所用,学习借鉴一切有利于加强我国社会主义文化建设的有益经验、一切有利于丰富我国人民文化生活的积极成果、一切有利于发展我国文化事业和文化产业的经营管理理念和机制,在提高文化开放水平的过程中增强我国文化的整体实力。

六、建设高素质人才队伍,为文艺事业繁荣发展提供有力人才支撑

建设高素质人才队伍,是坚持中国特色社会主义文化发展道路、建设社会主义文化强国的重要保障。全会《决定》指出,推动社会主义文化大发展大繁荣,队伍是基础,人才是关键。要按照《决定》提出的要求,坚持尊重劳动、尊重知识、尊重人才、尊重创造,深入实施人才强国战略,牢固树立人才是第一资源的

思想，全面贯彻党管人才的原则，加快培养造就德才兼备、锐意创新、结构合理、规模宏大的文化人才队伍。要实施好"四个一批"人才培养工程和文化名家工程，造就各领域各门类高层次领军人物，推出和表彰一批人民喜爱、有国际影响的名家大师和民族文化代表人物。要适应文化改革发展新要求，加强专业文化工作队伍、文化企业家队伍建设，重视发现和培养社会文化人才，扶持资助优秀中青年文化人才主持重大课题、领衔重点项目，抓紧培养善于开拓文化新领域的拔尖创新人才、掌握现代传媒技术的专门人才、懂经营善管理的复合型人才、适应文化走出去需要的国际化人才。要加强基层文化人才队伍建设，鼓励和扶持群众中涌现的各类文化人才，充分发挥群众性文化活动积极分子的作用，充分调动文化志愿者的积极性，打造一支扎根基层、服务群众、专兼结合的基层文化队伍。

广大文艺工作者要加强职业道德、职业精神和作风建设，努力追求德艺双馨。德，就是个人品德、职业道德、家庭美德、社会公德、职业精神、价值取向、社会信誉，以及理想信念、思想境界、精神追求等，是中华民族优秀传统文化和社会主义先进文化的集中体现，是文艺工作者立身处世之根、人格魅力之本。艺，就是艺术才华、艺术能力、艺术思想、艺术风格、艺术境界等，是艺术造诣的集中展现，是文艺工作者成就事业之基、艺术魅力之源。德与艺相辅相成、相互促进。人品决定艺品，立艺先要立德。唯有德艺双馨，才能使高尚的人品和高超的艺品相得益彰、行之久远。德艺双馨不是他人的主观臆断，而是文艺工作者用自己实践铺就的人生轨迹，是历史和人民的客观评价。广大文艺工作者要自觉地把德艺双馨作为毕生奋斗的目标，积累丰富知识,提高精神境界,培养高尚人格,树立良好形象,努力成为既富有崇高精神内涵又具有高超艺术才华的文艺家,成为经得起时代和历史检验的名家大师。

中国文联、中国作协是党和政府联系文艺界的桥梁和纽带,在团结凝聚广大文艺工作者、繁荣发展社会主义文艺事业、建设社会主义文化强国中担负重要职责。希望新一届中国文联、中国作协全委会认真落实中央要求,把学习贯彻党的十七届六中全会精神和胡锦涛总书记重要讲话精神作为当前头等重要的政治任务,坚持中国特色社会主义文化发展道路、建设社会主义文化强国,坚持正确文艺方向,坚持发挥自身优势,创新管理体制、组织形式、活动方式,更好地履行联络、协调、服务的基本职能,更好地发挥组织、引导、维权的重要作用。为此,我提几点希望:

第一,坚持正确政治方向,把广大文艺工作者紧紧团结在党的周围。要切实增强政治意识、大局意识、责任意识,从党和国家工作全局出发谋划工作,从人民群众愿望要求出发开展工作,使文联、作协工作更好地为党和人民的事业服务。要引导和激励广大文艺工作者热爱党、热爱祖国、热爱人民,始终与党和人民站在一起,牢固树立中国特色社会主义共同理想,坚持用德艺双馨的标准要求自己,以高度的责任感和使命感,积极投身文化改革发展的火热实践,在推动社会主义文化大发展大繁荣的伟大进程中展现艺术才华、铸就艺术辉煌。要关心和爱护文艺工作者,政治上充分信任,创作上热情支持,生活上真诚关怀,善于同广大文艺工作者特别是有影响的代表人士交朋友,充分调动他们的积极性主动性创造性。

第二，提高服务水平，加强行业自律，更好地发挥文联、作协在行业建设中的积极作用。要改进服务方式，拓展服务领域，适应文化体制改革的新形势，加强与各类文化单位的联系，广泛团结各种组织形态、各种所有制的文艺工作者以及民间文艺工作者、业余作家、网络作者等各方面文艺人才，在评定职称、参与培训、申报项目、表彰奖励等方面一视同仁、做好服务。要加强行业自律，突出抓好职业道德、职业精神建设，努力概括提炼文艺界的核心价值观，研究出台文艺工作者职业道德公约和各文艺门类的行业规范，引导广大文艺工作者自尊自重、崇德尚艺，切实履行好人类灵魂工程师的光荣职责。要加强行业维权，建立科学、规范、高效的维权机制，加大知识产权保护力度，综合运用各种有效手段，依法维护广大文艺工作者的合法权益。

第三，发挥独特优势，推动中华文化走向世界。要充分发挥文艺界人才聚集、名家荟萃的优势，积极开展各种形式的对外文化交流，加强与国际文学艺术组织的沟通联系，积极参与国际文学艺术交流重要活动，努力争取国际话语权。要有计划地邀请境外文学艺术界知名人士来华访问，为他们了解中国文化提供机会，通过他们向世界介绍和传播中国文化。要进一步加强同香港、澳门的文化交流合作，加强同台湾的各种形式文化交流，共同弘扬中华优秀传统文化，增强中华文化的认同感和凝聚力。

第四，加强自身建设，努力提升工作水平。要适应文化改革发展的新要求，进一步创新文联、作协管理体制、组织形式、活动方式，更好地履行联络、协调、服务职能。要全面加强文联、作协党员干部队伍的思想建设、组织建设、作风建设、制度建设和反腐倡廉建设，深入开展体现"三贴近"要求的"走基层、转作风、改文风"活动,提高文联、作协凝聚力战斗力。要按照党的十七届六中全会提出的要求,深入研究新形势下文艺界人民团体的地位、作用、职能、任务,建立健全学习培训机制、表彰激励机制、行业自律机制、维权服务机制、对外交流机制,逐步形成以中国文联、中国作协为主,地方文联、作协和专业协会相协调的服务管理网络,提升文联、作协服务文艺界的能力,努力把文联、作协建设成为团结服务广大文艺工作者的温馨和谐之家。

各级党委要把文艺工作摆在重要位置,列入重要议事日程,贯彻落实好党的各项文艺方针政策,深入研究文艺工作新情况新特点,及时解决涉及文艺繁荣发展的重大问题,切实担负起推进文化改革发展的政治责任。要加强文艺战线领导班子和党组织建设,坚持德才兼备、以德为先用人标准,选好配强领导班子,充分发挥文艺战线各级党组织的政治核心作用和广大党员的先锋模范作用。要加大支持力度,创造良好发展环境。要加强对文联、作协工作的领导,理顺工作体制,创造工作条件,支持文联、作协充分履行职责,更好发挥作用。

在座的中国文联、中国作协新一届全国委员会委员,都是全国文艺界的优秀代表,具有广泛代表性和社会影响力,是文联、作协工作的中坚力量。委员的身份,既是荣誉,更是责任。希望大家珍惜荣誉,牢记使命,不负党和人民的重托,不负广大文艺工作者的期望,带头贯彻中央决策部署,积极履行章程赋予的职责,认真执行文联、作协工作安排,团结凝聚广大文艺工作者,不断开创社会主义文艺繁荣发展的新局面。

中华民族正在新的历史起点上走向伟大复兴,中国人民正在全面建设小康社会的征程中昂首迈进,中国特色社会主义文化欣欣向荣、前景广阔,广大文艺工作者使命光荣、大有作为。让我们紧密团结在以胡锦涛同志为总书记的党中央周围,以邓小平理论和"三个代表"重要思想为指导,深入贯彻落实科学发展观,改革创新,奋发进取,为迎接党的十八大胜利召开,为坚持中国特色社会主义文化发展道路、推动社会主义文化大发展大繁荣、建设社会主义文化强国作出新的更大贡献!

争做德艺双馨的人民文艺家[*]

（2011年12月27日）

> 文艺工作者素有人类灵魂工程师的美誉，承担着提高人民精神境界、培育社会文明风尚的光荣使命。正人必先正己。要做到这一点，文艺工作者首先要努力塑造自己的崇高灵魂，始终追求德艺双馨。

党的十七届六中全会提出，要引导广大文化工作者特别是名家名人自觉践行社会主义核心价值体系，增强社会责任感，努力追求德艺双馨。胡锦涛总书记在中国文联第九次、中国作协第八次全国代表大会上的重要讲话中，希望广大文艺工作者始终坚持德艺双馨，更加自觉、更加主动地承担起弘扬文明道德风尚的历史责任。这些要求，揭示了德与艺两位一体、密不可分的辩证关系，为广大文艺工作者坚守艺术理想、承担社会责任、实现人生价值指明了方向。

---

[*] 这是李长春同志发表在《人民日报》上的文章，原题为《"德艺双馨"浅议》。

争做德艺双馨的人民文艺家

文艺工作者素有人类灵魂工程师的美誉,承担着提高人民精神境界、培育社会文明风尚的光荣使命。正人必先正己。要做到这一点,文艺工作者首先要努力塑造自己的崇高灵魂,始终追求德艺双馨。德,就是个人品德、职业道德、家庭美德、社会公德、职业精神、价值取向、社会信誉,以及理想信念、思想境界、精神追求等,是中华民族优秀传统文化和社会主义先进文化的集中体现,是文艺工作者立身处世之根、人格魅力之本。艺,就是艺术才华、艺术能力、艺术思想、艺术风格、艺术境界等,是艺术造诣的集中展现,是文艺工作者成就事业之基、艺术魅力之源。德与艺相辅相成、辩证统一,德是艺的灵魂,决定着艺的发展方向和前进动力;艺为德提供支撑,是德发挥作用的基础。所以,立艺先要立德,人品决定艺品。古人讲"才者,德之资也;德者,才之帅也",说的正是这个道理。在艺术实践中,有德而少艺,对群众不能形成强烈的艺术感召力和影响力,德就难以彰显和照人;有艺而缺德,在群众中没有良好的形象和口碑,艺就难以真正被社会认可甚至还会成为反面典型;唯有德艺双馨,才能使高尚的人品和高超的艺品相得益彰、行之久远,受到群众发自内心的欢迎和喜爱。

文以载道,以文化人。古往今来,凡是那些流芳百世、脍炙人口的经典名篇,无不以美的内涵和形式激浊扬清、陶冶情操;凡是那些受人尊敬、广为赞誉的名家大师,无不以精湛的艺术魅力和高尚的人格魅力为人师表、昭示后人。仅从近现代的文坛和艺术界来看,这样的例子就比比皆是。鲁迅[1]以"横眉冷对千夫指,俯首甘为孺子牛"的精神,用匕首和投枪一样的笔锋铸造了"民族魂";梅兰芳面对日寇的威逼利诱,毅然蓄须明志、

2006年1月23日，李长春看望著名画家吴冠中。

（新华社记者刘建生摄）

息影舞台，表现出一代艺术大师的铮铮铁骨；抗美援朝期间，常香玉带领剧社走遍大半个中国，通过义演为前方将士捐献了一架战斗机，展示出高尚的爱国情怀；吴冠中[2]一生不尚奢华、生活俭朴，却把精心挑选的几百幅画作以及多次作品拍卖所得，全部无偿捐赠……这些崇德尚艺的名家大师，以高尚的道德追求和高超的艺术造诣，诠释了德艺双馨的丰富内涵，树立了德艺双馨的光辉典范。他们的艺术历程和社会影响充分说明，德艺双馨是文艺家自己用人格品德、艺术实践铺就的人生轨迹，是历史和人民的客观评价，是文艺工作者追求的最高境界。

党的十七届六中全会吹响了向建设社会主义文化强国进军的新号角，我国文化建设迎来了繁荣发展的黄金时期。在这个百花盛开的文艺春天里，中国特色社会主义日益显现的勃勃生机和旺盛活力，既为不断涌现精品力作提供了丰厚的实践沃土，也为多出优秀人才特别是名家大师创造了良好环境。一切具有崇高精神力量又富有高超艺术才华的文艺工作者，都可以在人民的历史创造中进行丰富多彩的艺术创造，在推动社会文明进步中成就自己的艺术辉煌。在这样空前广阔的艺术舞台上，广大文艺工作者要自觉把德艺双馨作为毕生追求的奋斗目标。只有坚持把思想性艺术性观赏性相统一作为不懈追求，以十年磨一剑的精神，心无旁骛、潜心创作，才能打造出更多经得起历史和人民检验的精品力作。只有坚持贴近实际、贴近生活、贴近群众，向实践学习，拜人民为师，艺术成就才会受到人民群众的认可、赢得广泛社会赞誉。只有坚持把思想道德修养作为立身和创作之本，在不断提高作品艺术水平的同时，始终如一地提升自己的道德境界和思想品格，才会形成人品与艺品共进、人格和艺术魅力俱佳的德艺双馨，才能产生真正的传世佳作和名家大师。

　　国运昌，文运兴。在中华民族伟大复兴的进程中，中国特色社会主义文化发展道路必将越走越宽广，时代呼唤更多德艺双馨的人民艺术家，呼唤更多无愧于历史、无愧于时代、无愧于人民的鸿篇巨制，让我们一起为之努力。

注　释

　　〔1〕鲁迅（1881—1936年），文学家、思想家。原名周树人，浙江绍兴人。1918年5月，首次用笔名"鲁迅"发表中国现代文学史上第一篇白话小说《狂人日记》，奠定了新文学运动的基石。五四运动前后，参加《新青年》杂志工作，猛烈抨击封建文化与封建道德，成为新文化运动的伟大旗手。1930年起，先后参加中国自由运动大同盟、中国左翼作家联盟和中国民权保障同盟，积极参加革命文艺运动，拥护中国共产党关于建立抗日民族统一战线的政治主张，介绍马克思主义文艺理论，并提出"民族革命战争的大众文学"口号。1936年10月19日病逝于上海，在丧仪上，沈钧儒亲书的"民族魂"大寿幛，覆盖在鲁迅的灵柩上。

　　〔2〕吴冠中（1919—2010年），画家、美术教育家。江苏宜兴人。长期以来，不懈地探索东西方绘画两种艺术语言的不同美学观念，实践"油画民族化"、"中国画现代化"的创作理念，形成了鲜明的艺术特色。2000年，入选法兰西学院艺术院通讯院士，是法兰西学院成立近二百年来第一位获此殊荣的亚洲人。

推进文化科技创新,
提升文化的创造力和传播力

发展民族传统文化要善于
运用高新科技力量[*]

（2006年4月5日）

> 虽然我们国家有着极为丰厚的文化积淀，但是如果我们不善于跟高新科技结合起来，不善于走产业发展之路，不善于引进市场机制，就不会形成我们的文化产品竞争优势，问题的关键就在此。

这次调研给我留下的一个深刻印象，就是民族传统文化并不排斥现代化、产业化、市场化。恰恰相反，民族传统文化与现代高新技术、与产业化、与市场机制结合起来，就会焕发出蓬勃生机，传播得更深刻、更久远，更好地发挥启迪灵魂、振奋精神、陶冶情操、传播知识的作用。如果民族传统文化脱离现代科技，产业化水平很低，没有市场机制，就很难发挥其应有的作用。采用动漫等高科技的形式来展现、表达我们的民族传统文化，增强它的魅力，再加上市场化运作、产业化发展，不仅会很快地把民族传统文化的精华在广大青少年中迅速地传播，而且也会使我们

---

* 这是李长春同志在北京市调研时讲话的一部分。

中华文化更快地走向世界，扩大中华文化在世界的影响。

现在的问题是，一方面传统的文化人不懂高科技，不懂产业化，不会运用市场机制，而另一方面，熟悉电脑的人往往又不懂得艺术，不会导演，这就造成我们的动漫市场长期被国外产品垄断，电影市场大部分被外国大片占据。虽然我们国家有着极为丰厚的文化积淀，但是如果我们不善于跟高新科技结合起来，不善于走产业发展之路，不善于引进市场机制，就不会形成我们的文化产品竞争优势，问题的关键就在此。北京市在内容产业、动漫产业、手机电视以及手机电视里面的电影制作，即三分钟电影等方面，都已经初具规模。必须看到，数字技术的出现，大大增加了文化创造力，扩展了文化产业的业态。文化产业对全球来讲都是新兴产业。虽然从总体上看，在运用数字技术发展文化产业方面，我们还比较落后，但北京市已经呈现出很好的发展势头，文化部在全国划定了几个新兴文化产业区，北京也是重点之一。文化产业的发展大有希望，这是跟北京发展方向非常吻合的。知识经济、现代服务业、内容产业完全适合北京发展方向，应该成为北京新的经济增长点，成为北京经济新的特色。希望北京市能够产生一批有规模的新兴文化企业。文化产业是个宏观概念，微观主体就是企业。没有一批有规模的新兴文化企业，就谈不上新兴文化产业。要有一批自主知识产权，形成一批知名品牌，扩大国内市场的覆盖率。要改变国外文化产品在我们国内新兴文化产品市场处于垄断地位的局面，改变我国电影进出口严重逆差的局面，改变我国图书及各种出版物进出口严重逆差的局面。在此基础上，要扩大新兴文化产品的出口，推动中华文化走向世界。

促进文化与科技融合，
发展新兴文化产业＊

（2009年5月12日）

> 每一次重大科技革命，都会给文化创新发展注入新的强大动力。新兴文化产业作为文化与现代科技结合的创新产物，是文化创新的重要着力点，是发挥后发优势、实现赶超的关键所在。

人类文明史表明，文化发展与科技进步相辅相成、密不可分。每一次重大科技革命，都会给文化创新发展注入新的强大动力。文化领域是最需要创新的领域，也是最具广阔创新空间的领域。当今世界，以数字化、网络化为代表的现代信息技术突飞猛进，极大地推动了文化内容形式、体制机制、传播手段创新，提高了文化创造力。谁掌握了最新的数字技术和网络技术，谁就占领了新兴文化产业制高点，引领文化产业发展的潮流。

新兴文化产业作为文化与现代科技结合的创新产物，具有科技含量高、资源消耗低、环境污染少、发展潜力大的巨大优势，

＊ 这是李长春同志在听取江苏省委省政府工作汇报时讲话的一部分。

是文化创新的重要着力点,是调整经济结构、转变发展方式的重要着力点,也是我们发挥后发优势、实现赶超的关键所在。要加快建立以企业为主体、市场为导向、产学研相结合的文化创新体系,促进创新要素向文化企业集聚,使其成为文化创新投入的主体、文化创新成果转化的主体。要紧跟世界文化产业发展潮流,进一步推进观念创新、体制创新、机制创新、内容创新、形式创新、传播手段创新、业态创新、科技创新,不断增强文化产业发展的内生动力。要充分运用高新技术改造传统文化产业,加快发展文化创意、文化博览、动漫游戏、数字出版、数字传输、新型文化装备制造等新兴产业,积极发展纸质有声读物、电子书、手机报、数字报和网络出版物等新兴出版发行业态,支持发展移动多媒体广播电视、高清电视、网络广播影视、数字多媒体广播、手机广播电视等新兴媒体,加快推进下一代广播电视网建设,实施双向数字化改造,着力构建传输快捷、覆盖广泛的文化传播体系。主流媒体尤其是各级电视台要充分利用自身资源优势,通过制播分离,大力发展网络电视的内容产业,努力抢占网络电视和手机电视等新阵地。要加强数字技术、数字内容、网络技术和安全播出等核心技术的研发,努力掌握一批具有自主知识产权的核心技术,为我国新兴文化产业的发展提供有力的技术支撑。要大力培育发展一批产业关联度高、带动作用大的战略性新兴文化产业,如网络电视、互联网和手机媒体的内容产业、动漫、文化领域的装备制造业、文化创意产业等,抢占文化产业发展制高点,力争在战略性新兴文化产业发展上确立国有企业的主导地位,积极鼓励民营科技企业发展新兴文化产业,形成公有制为主体、多种所有制共同发展的文化产业格局。

努力建设国际一流的
国家网络电视台*

（2009年12月28日）

> 在新兴媒体影响力日益扩大的形势下，传统媒体向互联网等新兴传播领域延伸已成为大势所趋。谁占领了新兴媒体阵地，谁的传播手段就更先进、传播能力就更强大，谁就能更好地掌握舆论话语权和主动权。

今天，我们来到中央电视台，参加中国网络电视台开播仪式，现场体验了网络电视台新闻台、体育台、综艺台以及播客台、搜视台的演示，感到非常高兴，非常振奋，深受鼓舞。

中国网络电视台的开播，是我国广播电视事业发展的一件大事。中央电视台是党和国家的重要宣传舆论阵地，是党和人民的喉舌，是传播先进文化的平台，是人民的精神家园。在当前各种媒体激烈竞争的情况下，电视仍然是人们获取信息的重要来源。因此，中央高度重视中央电视台的工作。胡锦涛总书记在中央电视台建台50周年的贺信中要求，"努力把中央电视台建成技术

---

* 这是李长春同志在出席中国网络电视台开播仪式时的讲话。

先进、信息量大、覆盖广泛、影响力强的国际一流媒体"。中国网络电视台的开播，就是贯彻落实胡锦涛总书记重要指示，打造国际一流媒体的重大举措，也是主流媒体积极延伸互联网新媒体的重要里程碑，对加快构建覆盖广泛、技术先进的现代传播体系，对在分众化新形势下满足上网人群的信息和文化需求，对形成与我国经济社会发展水平和国际地位相适应的传播能力，都具有积极的推动作用。同时，中国网络电视台的开播，也会对加快主流传统媒体向互联网新媒体延伸起到重要的示范和带动作用。

必须看到，在信息技术高度发达的今天，媒体格局正在发生重大变化，互联网已经成为发展势头强劲的大众传媒，对社会舆论和人们精神生活产生着不可估量的影响。据统计，目前我国网民达3.67亿人，手机用户达7.3亿人，手机上网用户超过1.9亿人。如果把手机、上网电脑两种终端加起来的话，数量远远超过了4亿台电视机的社会拥有量。特别是随着3G手机加快应用，实现由固定互联网向移动互联网的延伸，使人人、时时、处处上网成为可能。互联网对人们思想和行为的影响从来没有像今天这样广泛、深刻，对传统媒体带来了巨大的挑战。虽然整个受众群体中约有50%的人仍然主要通过电视获取信息，但是青少年的信息来源主渠道已经主要转向互联网，而青少年是国家的未来，是将来的主要受众群体。所以，在新兴媒体影响力日益扩大的形势下，传统媒体面临的挑战越来越大，主流传统媒体向互联网等新兴传播领域延伸已成为大势所趋。谁占领了新兴媒体阵地，谁的传播手段就更先进、传播能力就更强大，谁就能更好地掌握舆论话语权和主动权，就能赢得更加主动的发展权，就能使宣传舆论发挥出更大的影响力。

党的十六大以来，以胡锦涛同志为总书记的党中央高度重视互联网的运用和管理，作出了一系列重大决策部署。中央主要新闻媒体认真贯彻中央要求，加快建设重点新闻网站，人民网、新华网、央视网等中央重点新闻网站不断发展壮大，在海内外的影响力和知名度逐步提升，成为我国网上新闻宣传和舆论引导的主力军。但同时必须清醒看到，面对互联网传播技术迅猛发展的新形势，从总体上看，我国传统主流媒体向互联网新兴媒体延伸的主动意识还不够强、步伐还不够快，互联网主流舆论声音还有待增强，这种情况与社会主义先进文化建设的要求不相适应，与人民群众特别是青少年日益增长的精神文化需求不相适应，一些腐朽文化趁虚而入，低俗庸俗、淫秽色情信息在网上蔓延，严重危害青少年身心健康。因此，必须把传统主流媒体向互联网新兴媒体延伸的紧迫性提到关系中国特色社会主义事业全局的战略高度加以认识，早认识早主动，晚认识就被动，甚至在工作上发生重大失误。只有主流传统媒体都去积极发展互联网新媒体，支持各类商业网站依法经营、健康发展，形成各种所有制网络企业取长补短、相互促进、共同繁荣发展的局面，才能构建以党报党刊、电台电视台为主，以网络媒体为新的舆论阵地，整合都市类媒体等多种资源，定位明确、特色鲜明、功能互补、覆盖广泛的舆论引导新格局。中国网络电视台的开播在这方面必将起到重要的示范和带动作用，它不只是一项具体活动，而且是在宣传阵地建设和广播电视事业发展全局中具有里程碑意义的一件大事。这就是我在日程安排比较紧的情况下，一定要来参加这个开播仪式的原因。

2009年12月28日,李长春出席中国网络电视台开播仪式。图为李长春点击开通中国网络电视台。

(新华社记者刘建生摄)

因为中国网络电视台刚刚诞生，作为一个新生事物，要在竞争激烈的网络视频传播中占据制高点，提高竞争力，扩大影响力，进一步做强做大做优，还需要下很大的功夫。这里，我谈几点具体希望，与大家共勉。

第一，要以中国网络电视台的开播为契机，加快建设国际一流媒体，不断提高国际传播能力。网络电视台是以视听互动为核心、融网络特色与电视特色于一体的全球化、多语种、多平台、多终端的公共电视播出机构，具有天然落地、方便快捷、全天候服务等优势，在对内进行信息服务、文化传播、舆论引导，对外传播中国声音、增强国际话语权两个方面都具有不可替代的特殊地位和作用。从中央电视台自身来讲，要集中优势资源、整合多种要素，推动中国网络电视台尽快做强做大，积极打造多语种、多平台、多终端、信息量大、影响力强、覆盖全球的综合视频门户网站，抓紧布建镜像网点，提高传输速率，努力建设中国最权威、世界有影响的网络电视传播媒体集团企业，成为能和发达国家比肩的一流国际传媒企业。从全国来讲，不仅中央级新闻媒体要发展网络广播电视台，有条件的省市和大的中心城市也都要积极向互联网新媒体延伸，建设网络广播电视台。发展新兴媒体，要有新的体制机制。在主流媒体积极向互联网拓展的过程中，不要再人为地延续把广播和电视分开的体制，不要再搞重复建设，而是从一开始就要把广播电视台合并，发展网络广播电视台，建立起网络媒体新的体制机制，这样才能够体现互联网多媒体融合的特点，更有利于在网上形成正面舆论强势。

第二，要深入研究、准确把握新形势下互联网传播的特点和规律，不断提高中国网络电视台的舆论引导能力。胡锦涛总书记在人民日报社考察工作时的重要讲话中强调，"要认真研究新闻传播的现状和趋势，深入研究各类受众群体的心理特点和接受习惯，加强舆情分析，主动设置议题，善于因势利导"，"要从社会舆论多层次的实际出发，把握媒体分众化、对象化的新趋势"。中国网络电视台要坚持团结稳定鼓劲、正面宣传为主，充分利用网络平台宣传党的理论和路线、方针、政策，宣传各级党委和政府的重大举措，探索和运用各种有效形式，在网上唱响主旋律，使正面舆论成为网上最强音。要坚持及时准确、公开透明、有序开放、有效管理、正确引导的方针，充分发挥网络电视信息传输快、图文并茂、互动性强等优势，认真做好重大突发事件的新闻报道，第一时间发出权威的信息，抢占舆论先机，争夺话语权、赢得主动权。要善于运用网民易于接受的方式，加强对党和政府政策措施的解读，对网民普遍关注的问题进行解疑释惑，对社会热点问题进行积极引导，把网民的情绪引导到理性健康的轨道上来。要加强网络内容的管理，作为国家网络电视台，一定要坚决反对低俗庸俗媚俗之风，在营造积极健康向上的网络文化环境方面发挥模范带头作用。

第三，要坚持"三贴近"，不断增强中国网络电视台的亲和力、吸引力和感染力。贴近实际、贴近生活、贴近群众是做好宣传思想文化工作的根本原则，也是中国网络电视台增强亲和力、吸引力和感染力的关键所在。传统媒体要坚持"三贴近"，网络媒体虽然面对的是虚拟空间，但也必须实现"三贴近"，只有这样才能够成为广大受众特别是青少年喜闻乐见的良师益友、知识宝库、精神家园。要立足中国特色社会主义建设的火热实践，多反映群众身边的事，推出更多反映时代变化和人民群众创造幸福美好生活的网络视频节目，不断增强节目内容的吸引力。要树立精品意识，打造精品栏目，提高服务质量和水平，努力提供最快捷、最权威、最全面、最丰富的新闻视听节目，提供丰富多彩的综艺和影视节目资源，最大限度地满足广大群众对信息的需求，最大限度地满足人民群众日益增长的精神文化需要，把中国网络电视台打造成为深受用户喜爱的公共信息平台、文化娱乐平台。要针对青少年参与意识强的特点，增加一些互动类的节目，雅俗共赏、积极健康。要针对国外受众的心理特点和接受习惯，贴近他们的思维方式，善于运用现代传播技巧和国际通用规则，用他们听得懂、易接受的方式和语言，不断增强节目的亲和力和感染力。比如网络电视台在原版播出中央电视台外语频道节目的同时，也可以尝试依托传统电视台的几十个频道，办一些适合外国受众特点的多语种的、有特色的电视节目。

第四，要坚持体制机制创新，不断增强中国网络电视台的发展活力。从网络技术飞速发展的实践看，不形成与市场接轨的体制机制，是没有办法发展网络电视台的，也很难和国际大型传媒企业比肩。央视网在中央重点媒体的网络建设方面已经积累了用企业化路子办网站的成功经验，要在这个基础上，进一步用企业化路子提升国家网络电视台。要进一步完善现代企业制度，完善法人治理结构，在市场竞争中壮大实力。作为国家网络电视台，初创时期国家可以适当支持，正常运营后就要靠自己，靠资本运作，靠市场的力量积累实力。当然，国家在信息资源上要始终给予支持，与中央电视台信息共享，这是国家网络电视台独具的优势。要把两个效益很好地统一起来，在始终把社会效益摆在首位的前提下，努力实现社会效益和经济效益的统一。没有较好的经济效益，企业就难以做强做大做优做长。要努力探索在免费为网民服务中通过增加点击率吸引广告刊播等多种途径的盈利模式，使广告经营收入成为发展再生产的重要支撑。同时，还要进一步探索拓宽融资渠道，创造条件面向股市直接融资，通过公开、公平、竞争的方法吸收公众资金。

第五，要努力掌握和开发网络传播的新技术，占据行业技术制高点。网络技术发展十分迅猛，涉及的门类也越来越广泛，这就要求中国网络电视台必须高度重视技术研发，在网络技术方面至少是在网络广播电视传输技术领域，努力占据制高点。如果跟不上行业技术的形势发展，就不可能成为国际一流媒体。在这方面，中国网络电视台必须代表国家级的技术水平，这样才能够指导、引导和服务好全国各级网络电视台。为此，中央电视台和中国网络电视台要积极发展自己的研发团队，也要建立起包括高校和科研院所在内的强大的社会依托，形成一批有自主知识产权的发明专利和中国的技术标准。同时，还要密切注视新一代互联网对网络广播电视媒体提出的新要求，跟踪研究手机电视、车载电视、楼宇电视等新型终端的发展趋势，通过更好地与电信企业合作，加强与这些终端的最新技术的融合，不断打造出网络传播领域最前沿的技术平台，占领各种终端市场。

第六，要大力加强队伍建设，为网络电视台的健康发展提供有力人才保障。人才是第一资源，办好中国网络电视台，必须要有一流的人才队伍。要着力培养一批既有坚定正确的政治方向，熟悉党的新闻宣传工作、党的文化工作的方针政策，又懂经营、善管理的复合型人才；一批既懂新闻传播规律，又懂电视艺术的专业人才和编导人才；一批精通外语、了解国外受众心理特点和接受习惯的外向型人才；一批掌握网络信息技术、具有研发能力、占据信息传播技术制高点的科技人才，为中国网络电视台迅速做强做大提供强有力的人才保障。我非常希望你们的研发团队中将来能产生中国工程院院士。要尊重劳动、尊重知识、尊重人才、尊重创造，努力营造用事业凝聚人、充满人文关怀的良好氛围，吸引和培养大批优秀人才，支持他们为办好网络电视台贡献聪明才智，实现人生价值。

大力推进广电设备自主创新[*]

（2010年8月23日）

> 科学技术是第一生产力，增强我国文化的整体实力和竞争力，推动社会主义文化大发展大繁荣，必须加快推进文化和科技的融合，提高文化企业装备水平和文化产品的科技含量，增强文化产品的艺术感染力，培育新的文化业态。

看了这个展览，感到非常高兴。特别是欣喜地看到，我国广播影视设备自主创新方面取得了长足的进步。过去我们的广播影视设备长期依赖外国产品，经过近几年的发展，我国广播影视设备的质量和水平比几年前大大提升，拥有自主知识产权的广播影视设备不断增多，而且涌现出了中科大洋、华傲精创等一批具有国际影响的一流企业。国产广播影视设备首先要打造整机品牌，用整机占领国内外市场。当然，在经济全球化背景下，并不要求所有零部件都国产化，可以在全球范围内采购，但核心技术、关

---

[*] 这是李长春同志在参观北京国际广播影视设备展时的谈话。

键零部件必须是我们的，不能受制于人。广播影视设备有的要服务于新闻拍摄，政治性、时效性很强，性能必须稳定可靠，质量要有保证，这是第一位的要求。因为新闻事件不可能重演，如果出了问题就无法补救，国产设备能否成功，这一点至关重要。中国目前在国际上已经是具有较强影响力的大国，很多发展中国家在广播影视方面要求和我们合作，可是我们有自主知识产权的产品还不多。不论是国内市场需求，还是对外文化合作，都需要我们加快广播影视设备自主创新的步伐。一定要在广播影视技术上达到国际水准，甚至在某些方面跻身领先行列，包括从内容到装备，从摄录器材到嵌入式软件等各个领域。要充分利用国内庞大的广播影视市场带动我国民族工业的发展，加快发展我们自己的广播影视装备，既攻克高端技术，也照顾低端需求，最大限度地用自主创新的设备武装自己，推动我国广播影视装备产业取得更大的进步。

从你们这个展览可以清楚地看出，科学技术是第一生产力，增强我国文化的整体实力和竞争力，推动社会主义文化大发展大繁荣，必须加快推进文化和科技的融合，提高文化企业装备水平和文化产品的科技含量，增强文化产品的艺术感染力，培育新的文化业态。为什么最近《唐山大地震》这部电影这么受欢迎？其中一个重要原因就是地震场面做得形象逼真，这就是电影数字制作的功劳，是科技的力量。文化的创造力提升了，传播力提升了，中华文化的影响力自然也就大大提升了。因此，我们要充分认识科技进步对文化发展的重要作用，紧紧抓住信息化深入发展的历史机遇，加快推进文化和科技的融合，把运用高新技术作为提高文化创新能力和传播能力的新引擎，切实增强我国文化的创造力、传播力和影响力。要一手积极利用高新技术改造传统文化产业，一手大力发展新兴文化产业，加快构建覆盖广泛、技术先进的文化传播体系和创新体系，努力掌握文化发展和文化传播的主动权。要加快建立以企业为主体、市场为导向、产学研相结合的文化创新体系，努力掌握一批具有自主知识产权的核心技术和关键共性技术，为我国文化产业的发展提供有力的技术支撑和创新动力。中国科学院要多培育一些像中科大洋这样的企业，不仅能搞研究、写论文，而且能把研究成果直接转化为现实生产力，孵化出一批高科技企业，形成产业，不断做强做大，真正把民族工业带动和发展起来。要进一步加大科研院所改革力度，把院所文化转变为企业文化，企业负责人都要与原来的事业身份完全脱钩，转变为企业人，背水一战，只有这样，才会取得成功。希望国内广播影视装备企业在现有基础上，加快自主创新的步伐，通过原始创新、集成创新、引进消化吸收再创新，努力掌握核心技术，进一步做强做大做优，迅速成长为能够与国际一流企业相比肩的知名广播影视装备企业，为我国广播影视数字化发展作出更大贡献。

主流媒体要在发展新兴媒体上发挥示范作用[*]

（2012年9月14日）

> 要坚持一手抓传统媒体的发展，一手抓新兴媒体建设，统筹国内国际两个大局，牢牢把握正确导向，积极运用先进技术向新兴媒体延伸，走出一条体现时代特征、中国特色、国际水准的新兴媒体发展之路。

当前，以数字化、网络化为代表的现代信息技术突飞猛进，带来了社会舆论形成机制乃至人类传播方式的革命性变化，这既为我们宣传党的主张、反映人民心声、弘扬先进文化提供了新渠道新载体，也对传统主流媒体带来了深远的影响和挑战。突出表现在：

一是媒体格局正在深刻调整，对传统主流媒体提出了新的挑战。互联网已经成为覆盖广泛、快捷高效、影响巨大、发展势头强劲的大众传媒，成为思想文化信息的集散地和社会舆论的放大器；特别是3G技术和智能移动终端的广泛应用，将移动设备随

---

[*] 这是李长春同志在人民日报社调研时讲话的一部分。

时随地浏览和互联网海量信息的两大优势集于一身，加快了从固定互联网向移动互联网的转变，使人人、时时、处处上网成为可能，进一步强化了新兴媒体的传播能力和竞争优势。中国互联网络信息中心发布的《第30次中国互联网络发展状况调查统计报告》显示，截至今年6月底，中国网民数量达到5.38亿，互联网普及率为39.9%；手机网民3.88亿，超过固定互联网网民的3.80亿，手机已经成为第一大上网终端。这就迫切要求传统主流媒体顺应现代信息技术飞速发展的潮流，加快与互联网、手机等新兴媒体的融合发展，一方面依托传统主流媒体发展新兴媒体，一方面积极利用信息技术改造提升传统主流媒体，在迅速提升传统主流媒体竞争能力的同时，积极向新兴媒体延伸，形成定位明确、特色鲜明、功能互补、覆盖广泛的舆论引导新格局，更好地履行党和人民赋予的职责。

二是传播方式发生深刻变化，对传统主流媒体提出了新的挑战。在数字化条件下，信息传播从传统的单向变为多向，从点对点变为点对面、面对面的多维交叉传播，呈现出无疆界、零距离、全天候和开放性、即时性、互动性等特征；特别是微博等即时通信工具的迅速崛起，出现了"人人都是记者、人人都是编辑、人人都是信息发布员、人人都是通讯社、人人都是信息接收者"的局面，与传统媒体单向传播、及时性不够等特点形成鲜明对比，这既给人民群众带来了极大的方便，更好地保障了人民的知情权、参与权、表达权、监督权，同时也使信息传播更加多样多变。这就迫切要求传统主流媒体借鉴新兴媒体的特点和优势，把体现主流媒体的权威性、公信力与发挥先进技术的创造力、传播力紧密结合起来，增强互动性、提高时效性，大力提升信息化

主流媒体要在发展新兴媒体上发挥示范作用

条件下的新闻传播和舆论引导能力,积极利用微博等新兴传播形态,为增强话语权和主导权提供有力支撑。也就是说,对新闻媒体来说,把"强魂"和"健体"统一起来的要求比以往任何时候都更加紧迫了。我们作为主流媒体,坚持正确导向、传播先进文化、做到"强魂"的要求是明确的、长期一贯的,但是怎么样"健体"、提高传播力?面对新兴媒体迅猛发展,我们必须在"健体"上有更宽的思路、有更大的力度。否则,即使有"强魂"

2012年9月14日,李长春在人民网调研。左六为中共中央政治局委员、中央书记处书记、中宣部部长刘云山,左五为新闻出版总署署长柳斌杰,左一为人民日报社总编辑吴恒权,右一为人民日报社副总编辑马利,右二为人民日报社社长张研农,右四为中宣部副部长蔡名照,右五为中宣部副部长、中央外宣办主任王晨。

(新华社记者谢环驰摄)

的主观愿望，但客观上缺乏传播的载体和能力，影响力就会大打折扣。

三是受众群体日益呈现分化细化的态势，对传统主流媒体提出了新的挑战。当前，从年龄看，中老年人还保留着使用传统媒体的习惯，但中青年人群则以网络为主要信息来源；从职业看，工人、农民、退休人员还较多地使用传统媒体，而青年学生、知识界学术界、公务员、IT[1]人士、城市白领、商界人士则以上网浏览为主。而且情况还在不断发生变化，统计显示，目前我国网民中40岁以上人群所占比重在稳步提高，中老年网民人数逐年递增；网民的职业分布也日益广泛，逐渐涵盖了包括农民工在内的所有职业群体。这就迫切要求传统主流媒体顺应这种分众化、对象化的新趋势，在发展新兴媒体、扩大国际影响力上下大功夫，不断丰富信息内容，创新传播手段，改进服务方式，努力用先进技术传播先进文化，最大限度地满足受众个性化、多样化的信息需求，通过优质高效的服务吸引受众、赢得人气。

四是"西强我弱"的国际舆论格局没有改变，我媒体影响力仍然面临着严峻的挑战。长期以来，西方国家凭借其经济、科技等方面的优势，形成了"西强我弱"的国际舆论格局，现在又在新兴媒体发展上先行一步，千方百计争夺主导权。敌对势力对我从未放弃西化分化战略，维护我国文化安全、信息安全、战略安全的任务也比以往任何时候都显得更加突出。这就迫切要求传统主流媒体充分运用现代信息技术提高国际传播能力，加快建设具有强大传播力和影响力的国际一流媒体，一方面要不断提高新闻报道的原创率、首发率、落地率，另一方面要通过新兴媒体提高开展国际舆论斗争、维护国家重大利益的能力，努力形成与我国综合国力和国际地位相称的国际传播能力。

五是新兴媒体的迅猛发展,给我们传统的新闻管理体制提出了新的挑战。在信息化时代,新兴媒体不受地域界限、国家疆界的限制,而且集通讯、娱乐、媒体于一身,很难划清哪些是媒体业务、哪些是通讯业务、哪些是文化业务,再加上技术的迅猛发展,对我们在新闻出版方面的市场准入、退出、监管制度,都带来了一系列的挑战。特别是随着时代的前进,人民群众对信息的需求越来越旺盛,参与意识越来越强,社会主义民主政治越来越健全,尊重和落实人民群众的知情权、参与权、表达权、监督权,要求我们不断研究新情况,不断创新管理体制和管理方式,以适应形势发展的需要。

同时还要看到,挑战也往往孕育着机遇。一方面,传统主流媒体历史较长、底蕴深厚、经验丰富、人才众多,如果见事早、行动快,牢牢把握新兴媒体建设的主动权,完全可以开辟更大的发展空间,形成竞争力影响力的新优势;另一方面,如果说在传统媒体领域,"西强我弱"的国际舆论格局短时间难以改变的话,那么新兴媒体的发展却很可能成为我们变被动为主动的突破口。只要我们紧跟信息技术发展的潮流,就能够化挑战为机遇、变压力为动力。

人民日报作为党中央机关报,是全国传统主流媒体的旗舰和代表。希望你们坚持一手抓传统媒体的发展,一手抓以人民网、即刻搜索[2]为代表的新兴媒体建设,坚持统筹国内国际两个大局,牢牢把握正确导向,充分发挥人才、资源、网络、品牌等独特优势,积极运用先进技术向新兴媒体延伸,走出一条体现时代特征、中国特色、国际水准的新兴媒体发展之路,当好传统主流媒体向新兴媒体延伸的排头兵，为全国创造新鲜经验。为此，我提几点希望：

第一，必须充分发挥自己的独特优势，唱响网上主旋律，不断提高网上舆论引导的吸引力和影响力。现在网上舆论参差不齐，网民呼唤提升网络信息公信力。人民日报作为党中央机关报，具有公信力强、权威性高、影响力大的独特优势，在引导社会舆论中发挥着不可替代的作用。希望你们充分发挥自身优势，加快推动传统媒体向新兴媒体延伸，积极运用网络平台，宣传党的理论和路线方针政策，宣传党和政府的重大举措，把宣传党的主张同反映人民心声统一起来，开展形式多样的主题宣传活动，满足人民群众的文化和信息需求，唱响网上主旋律，在改善网络舆论生态方面发挥骨干作用。要针对网上各种思想观点、各种社会热点、各种文化现象相互交织相互影响的特点，主动设置议题，积极加以引导，运用翔实数据和生动事例，以客观公正的立场，求证群众关切，澄清不实信息，化解思想困惑，形成正面舆论强势，改善网上舆论生态，把公众情绪引导到健康理性的轨道上来。要加强对突发事件的网上引导，完善快速反应机制，做到公开透明、及时准确，第一时间发布权威信息，更好地满足人民群众的知情权、参与权、表达权、监督权，牢牢把握网上舆论引导的主导权和话语权。要深入研究网络传播的规律和特点，准确掌握舆论引导的时机、节奏、力度和重点，用好各种网络传播手段，用活网络用语和网络传播的技巧，不断增强网上舆论引导的亲和力、感染力、吸引力。特别是要高度重视微博。传统媒体办法人博客，也是用新技术改造传统媒体的途径。要把微博作为一种新型传播工具，在社会舆论生态中发挥越来越重要的作用。人民日报要在取得良好开局的基础上,总结经验,继续办好法人微博,鼓励有条件的编辑记者开办个人微博,扩大正能量的传播力度,把微博领域的主流声音做强做大。

第二,必须创新体制机制,不断壮大整体实力和竞争力。要按照一手抓"强魂"、一手抓"健体"的要求,针对新兴媒体领域竞争日趋激烈的形势,依托传统媒体发展新兴媒体,积极探索新兴媒体"健体"的途径。这条途径,从根本上说,就是要办成企业,形成产业,走向市场,这是新兴媒体不断增强发展活力和竞争力的根本要求,否则就很难在激烈的市场竞争中做强做大。关于这个问题,我们也是经历了一个认识的过程。现在从实践看,新兴媒体办成企业,走向市场的路子是正确的。因为在原来那种事业单位体制下,没有办法与市场接轨,特别是与资本市场接轨,也就没有办法和商业网站竞争。所以,现在正积极推动原来先办起来的新兴媒体加快转企改制步伐,依托主流媒体新办的新兴媒体一律一步到位,就是要办成企业。人民网已经在转企改制上先走一步,在上市上又先走一步,希望你们认真总结,推广人民网成功上市的经验,在新兴媒体创新体制机制方面为全国的主流媒体探索新路子。人民网要运用成功上市积累的市场运作经验和充裕资金,借鉴商业网站的成功做法,进一步创新体制机制,加快做强做大步伐,不断提高竞争力和影响力,力争成为国内一流、国际知名的新闻传媒企业。目前人民网已经稳定排在全球200位之列,国内一流现在看是做到了,下一步的目标是怎么做到世界知名。即刻搜索要在取得良好开局的基础上,加快完善现代企业制度和法人治理结构,规范资本化、公司化和市场化的运作,形成符合现代企业制度要求、体现文化企业特点的资产组织形式和经营管理模式，真正成为自我发展、自我完善、自我约束的具有旺盛活力和强大竞争力的市场主体，力争在搜索引擎市场上占据更大的份额。上次我们来专门开会研究过这个问题，特别是吸引战略投资者，不一定绝对控股，相对控股就行，主要是我们要掌握影响力。人民日报下属子报子刊的网站也要积极创造条件，在转企改制的基础上，尽快建立完善与市场接轨的体制机制，主动与国有战略投资者合作，借助他们的资金、技术、体制优势发展自己，增强控制力和影响力。要遵循新兴媒体发展规律和市场经济规律，不断创新商业模式、盈利模式、服务模式，延伸产业链条，发展增值业务，加强品牌推广，探索在免费服务中通过增加点击率吸引广告刊播等多种途径的盈利模式，切实增强可持续发展能力。

第三，必须加大技术创新力度，积极开发和应用网络新技术，努力占领网络信息传播的制高点。技术创新是新兴媒体的生命所系，也是新兴媒体发展的根本动力，谁掌握了最尖端、最前沿的网络技术，谁就能占据新兴媒体发展的制高点。希望你们积极推动人民网、即刻搜索等加快建立具有较强技术研发能力的技术团队，同时与高校、科研单位开展深度合作，与有影响、有实力的商业网站相互借鉴，建立强大的社会科技依托，进一步深化与国内电信企业在科技开发、基础设施、移动通讯等方面的战略合作，实现资源共享、互利共赢。人民网要结合自身发展的特点和需要，积极研发更加适应网民新闻需求的软件系统，争取在新闻网站技术开发上走在前列。

第四，必须加快打造内容丰富、形态各异、载体多样、传播广泛的全媒体，努力为受众提供全方位、立体化、个性化的服务。随着以信息技术、网络技术为代表的现代科技日新月异,以文字、图片、声音、影像等元素综合运用为标志,以广播、电视、报纸、杂志、互联网、手机等媒介深度融合为特征,全方位、立体化展示传播内容的全媒体日益成为当今时代媒体发展的趋势。希望你们主动适应现代科技和媒体传播方式的深刻变革,充分利用传统媒体的资源优势、技术储备和传播经验,加快打造内容丰富、形态各异、载体多样、传播广泛的全媒体,不断提高内容服务供给能力,更好地满足人民群众精神文化需求。要积极运用现代科技手段提升传播效果,综合使用文图像、声光电等多种元素,使传播内容既有文字也有图片,既有音频也有视频,既有影像也有动漫,不断提升表现力和吸引力、感染力。要加快推动传统媒体和新兴媒体深入融合,建立健全资源集聚、信息共享的新闻信息采集平台,加快培养一专多能的全媒体采编队伍,大力推进数字出版、数字印刷、数字发行、数字阅读,积极拓展网络报刊、手机报刊、移动多媒体等传播阵地,实现多种媒体形式的优势互补、资源共享、融合互通、共同发展,也就是说,在传统媒体领域要分工、分业,在新兴媒体领域要融合、发展全媒体。要坚持以人为本,想受众之所想,除办好新闻、财经等专业信息外,还要创新服务的形式和载体,积极开展个性化服务,做好生活、文化、娱乐、体育、汽车、旅游、天气等各类信息发布,做好信息检索、音视频调看、微博等网络服务,不断满足人民群众个性化需求,扩大影响力和覆盖面。

第五,必须统筹国内国际两个大局,加快新兴媒体走出去步伐,不断提升新兴媒体在国际上的吸引力和影响力。网络传播无国界,具有天然落地的特点,在传播中国声音、打破西方信息垄断方面具有不可替代的特殊作用。希望你们统筹国内国际两个大局，创新网络对外传播的思想观念、体制机制、方式方法，不断增强新兴媒体在国际传播中的影响力和吸引力。要推动现有的新兴媒体集中优势资源，整合多种要素，尽快做强做大，积极打造多语种、多平台、多终端、信息量大、影响力大、覆盖全球的综合网站，提高传输速度，努力成为具有国际影响力、能与发达国家相比肩的网络传媒企业或企业集团，最大限度地把中国的声音传向世界各地。要通过"借船出海"等灵活务实的方式，主动与海外合作伙伴共同创办或经营网络传播企业，积极与各种非公有制传播企业合作，通过收购、合资、参股、兼并等方式，参与海外网络媒体经营。要加快建立网络对外传播话语体系，针对国外受众的心理特点与接受习惯，贴近他们的思维方式，善于运用现代传播技巧和国际通用规则，采用他们听得懂、易接受的方式和语言，特别是结合我们多语种的优势，在提供信息服务中实现引导，在交流互动中形成共识，不断增强传播内容在国外受众中的亲和力和感染力，做到"中国立场、国际表达"。要建设好人民日报（海外版）、环球时报等多语种网络版，进一步发挥其在海外读者中的影响力，在国际重大事件中及时发出中国声音，主动解疑释惑，回应国际舆论关切，回击蓄意歪曲事实、刻意反华的错误言论，充分展示我国民主进步、文明开放的良好形象，营造客观友善、于我有利的国际舆论环境。

第六，必须大力加强人才队伍建设，为新兴媒体发展提供坚实的人才保障。抢占新兴媒体阵地，必须依靠强有力的人才队伍为保障。要大力加强新兴媒体干部队伍建设，坚持德才兼备、以德为先的用人标准，把政治坚定、熟悉信息技术、具有创新意识的干部充实到新兴媒体管理岗位，确保领导权牢牢掌握在忠于马克思主义、忠于党、忠于人民的人手里。要坚持尊重劳动、尊重知识、尊重人才、尊重创造，牢固树立人才是第一资源的观念，建立与国际接轨的优秀人才引进机制，创新人才培养和使用方式，五湖四海选拔人才，千方百计关心人才，不拘一格用好人才，尤其要加强对中青年骨干的培养锻炼，培养造就一批熟悉党的方针政策、知识广博、受到网民广泛认可的网络名记者名编辑名主持人名评论员，一批熟练掌握网络传播最新技术的专业技术人才，一批既熟悉新闻传播规律又懂经营善管理的复合型人才，一批精通外语、对国际问题有深入研究、自觉维护国家利益的外向型人才，为抢占新兴媒体阵地提供强有力的人才保障。要深化"三项学习教育"活动，深入开展"走基层、转作风、改文风"活动，引领新兴媒体从业人员牢固树立马克思主义新闻观，模范践行社会主义核心价值体系，加强自身思想道德修养，弘扬职业精神，恪守职业道德，履行法律责任、社会责任、道德责任，有效抵制各种腐朽思想的侵蚀，坚决反对庸俗低俗媚俗之风。要以高尚的道德情操、良好的职业素养、扎实的工作业绩，树立新兴媒体的良好形象，赢得社会的信任。

注　释

〔1〕IT，是 Information Technology 的缩写，指与信息相关的技术，主要包括传感技术、通信技术和计算机技术。

〔2〕即刻搜索，是人民日报社与中国电信合作建立的搜索引擎。2010年6月人民日报社设立人民搜索，2011年6月改名为即刻搜索。2013年8月与新华社盘古搜索合并。

推动中华文化走向世界，增进中国人民同世界各国人民之间的了解与友谊

文化走出去关键是文化企业走出去[*]

（2004年11月5日）

> 中国泱泱五千多年文明，对国外来说也是魅力无穷，因此国外对我国文化产品也有需求。有需求就有市场。目前这个市场没有开发出来，主要原因是缺乏合格的市场主体。

中国对外演出中心和中国对外艺术展览中心转制为企业，组建中国对外文化集团公司，这说明文化部以及中演中展公司对文化体制改革的思想认识是深刻的。我原来想，文化体制改革的试点要尽量从地方开始。中央所属单位影响大，等地方试点有了经验，再扩展到中央。但是，文化部坚持直属单位要有试点单位，中演中展公司也有这个愿望和要求，征求职工意见后，经批准列入试点，迄今运作已经半年多了。对文化部和中演中展公司这种改革探索精神要给予高度评价。中演中展公司主要业务是对外演出，把我国的演出介绍给外国，把国外优秀的演出介绍到国

---

[*] 这是李长春同志在中国对外文化集团公司调研时讲话的主要部分。

内,同时还进行展览,起一个文化经纪人的作用,促进中外文化交流。你们希望通过深化体制机制改革进一步做强做大的思想认识,是符合文化发展客观规律的。

第一,需求就是市场,有需求就有市场。我们面对的一个是国际文化市场,一个是国内文化市场,都正处于迅猛发展时期。从国内看,随着我国对外开放进一步扩大,特别是加入世界贸易组织之后,形成了全方位、多层次、宽领域的对外开放格局,为我们学习国外有益文化创造了非常好的条件;随着人民生活水平的提高,人们的文化需求也出现多样化、多层次、多方面的变化,对国外优秀文化有客观需求。从国外看,随着中国国际地位提升,世界各国都需要了解中国;同时中国泱泱五千多年文明,对国外来说也是魅力无穷,因此国外对我国文化产品也有需求。有需求就有市场。如何将这个市场开发出来,是我们面临的最大问题。目前这个市场没有开发出来,主要原因是缺乏合格的市场主体。过去我们讲发展文化市场的很多,但真正懂得市场操作的很少。常常是党委、政府着急,而实际工作跟不上。市场操作是企业家的事情,这就急需培育一批合格的文化市场主体,承担起开发文化市场、满足国内外需求的任务。同时,文化产业是个朝阳产业,一个显著的特点,就是利润率高于一般工业领域,在可预见的将来大有前途。所以,我们的经营性文化单位一定要走文化体制改革这条路,不能错失良机。谁先改革谁主动,谁后改革谁被动,谁不改革谁就没有出路。

第二,要培育合格的市场主体,让文化真正走出去。中央提出实施走出去战略,但究竟应该是谁走出去?我想,不仅仅是文化官员出访,更应该是企业走出去,是市场主体走出去,是产

文化走出去关键是文化企业走出去

品走出去。经济领域的走出去有很大发展,赋予了一大批生产企业出口经营权,民营企业也一视同仁。尤其是加入世界贸易组织后,进出口总额每年以20%以上的速度在增加。这为文化企业走出去提供了极好的机遇。

文化要走出去,关键在哪呢?从严格意义来讲,文化领域合格的市场主体还凤毛麟角,国有文化单位在传统体制下基本上都是事业单位。事业单位要走出去,在体制机制的运作上就有很大的局限性。为什么呢?首先是没有内在动力,其价值观念是完成上级交办的任务,对上级负责,没有主动开拓市场的动力,

2004年11月5日,李长春在中国对外文化集团公司调研。左二为文化部副部长赵维绥,左四为中宣部副部长李从军,右一为文化部部长孙家正。

(新华社记者马占成摄)

即使用行政动力推动，也是暂时的，没有体制机制做保障。其次是没有手段。因为这种走出去，更多的是要用市场手段进行运作，如筹集资金、广告策划、合资合作、收入分成等都必须是市场化的方式。而我们的文化事业单位没有市场手段。如没有筹集资金的职能，只能打报告伸手向上面要钱，这就极大限制了走出去的运作。而且我们的国有文化企事业单位多年来在传统体制下，就是儿子花爹娘的钱，只有投入，不讲产出，不会运用社会资本开拓市场。这一切都源自我们过去的体制。这种"大锅饭"体制，由政府统包统揽，只讲投入，不讲效益，只能造成巨大浪费。品牌很多，但是卖不出去。

当前，我国文化领域进出口逆差严重，进口是出口的十几倍。最近有关部门报上来一个材料说，在法兰克福书展[1]上我国版权出口量很少。材料上讲了很多理由，一是缺钱，二是要中宣部牵头等等，但我看都没有讲到点子上。出版单位都是事业单位，当务之急是要加快事业单位体制改革。如果出版社转成企业，然后赋予出口版权的权利，就解决了内生动力问题。

事业单位有严格的编制管理和工资总额管理。这种管理办法适宜于承担公共服务的单位，但对面向市场的经营性单位就不合适了，只能造成有用的人才进不来，没有用的又出不去，但市场运作要求却正好相反，没有用的别进来，有用的千方百计要引进来。否则，干与不干一个样，不能充分体现按劳分配原则，谁贡献大谁拿得多。事业单位的大楼等固定资产不计折旧，不讲投入产出，而企业运行就要讲投入产出，计算成本，既要考虑活劳动的投入，也要计算物化劳动的投入。事业单位没有企业法人资格，不承担经济责任，没有贷款权，银行不理会你，也无法吸纳社会资本，更不要说到资本市场直接融资了。这是文化走出去的最大体制性障碍。因此，实施文化走出去战略，当前急需一批有竞争能力的企业走出去。

第三，要考虑文化产品的两种属性，保证其健康发展。文化产品既有与一般商品相同的一面，即进入市场进行商品交换，又有与一般商品不同的一面，即有教化作用，具有引导社会、教育人民的功能。概括地说，文化产品有两种属性：既有意识形态属性，又有产业属性。我国现在有六千多亿美元的外汇储备，不在乎文化贸易的这点逆差。但这个逆差告诉我们，如果不加快文化体制改革的话，就有可能导致连自己的文化市场都守不住，更谈不上推动我们的文化走向世界。也有人说，我们是不是想得太严重了。在这个问题上不能书生气十足。德国总理施罗德说过，他对中国经济强大起来完全有信心，但对中国经济强大后能不能坚持自己的文化传统，他没有信心。他还讲到，来到中国看到，青年热衷看美国大片，吃的是肯德基，穿的是美国名牌，向往的是美国民主。对此，连西方政治家都表示担心。文化的影响是潜移默化的，并不是看一场戏剧就毒害到哪里去，但是天天看外国的东西就会不知不觉地被同化，所以我们必须用社会主义文化牢牢占领国内思想文化阵地。当然，社会主义文化要有一个优良品格，就是在继承和发扬优秀传统文化的同时，也要吸收外来优秀文化，不排斥外来文化。中华民族文化的形成本来就是多民族文化融合的结果，但是不能把我们的文化市场拱手相让。特别是在加入世界贸易组织以后外来的文化产品、资本不断进入的情况下，我们的文化产业没有自己的骨干力量，就没有办法学习借鉴，也没有办法维护文化安全。

第四,社会主义文化市场要体现以公有制为主体、多种所有制经济共同发展。改革开放尤其是20世纪90年代以来,非公有制的文化主体发展很快,像文艺演出、影视剧制作等已经有三万多个机构,当然最终通过优胜劣汰也不会这么多。我们允许也欢迎非公有制资本进来,这有利于调动全社会的资源,壮大文化实力。但另一方面,文化建设也要落实以公有制为主体、多种所有制经济共同发展的社会主义初级阶段的基本经济制度,这同样是由文化两种属性所决定的。党的十六届四中全会提出要在五个方面提高执政能力,其中第三个方面就是提高建设社会主义先进文化的能力。要提高建设社会主义先进文化的能力,就必须有一批国有或国有控股的文化企业成为文化市场主体,影响和带动各种所有制共同发展。这样,才能确保文化市场的正确方向。加快文化体制改革,解放和发展文化生产力,最大限度地满足人民群众日益增长的精神文化需求,是社会主义生产目的的体现,是提高党的执政能力的迫切要求。深化文化体制改革,核心是国有经营性文化单位如何尽快转企改制,成为文化市场的主角,这与在经济体制改革当中国企改革是核心一样。从这个意义上讲,中演中展公司带了个好头,在全国文化系统产生了很好的影响,对推动人们解放思想、转变观念、加快机制体制创新步伐发挥了积极作用。中演中展公司本来就是公司,称谓是"公司"就应是企业,不存在事业性公司,这也是传统体制下的不伦不类,现在进行改革是正确的回归。

关于中演中展公司的发展,既然尝到了改制的甜头,就要坚定不移地走下去。如中演中展公司跟其他文化企业参股,壮大了自己的实力,票务公司占北京售票额的60%,而且运作了很多大型的演出，初步显现了转企改制后的活力，现在就要尽快做强做大。有关部门要继续加大扶持力度，帮助你们注入优质资产。中演中展公司要趁现在市场还没有竞争的情况下改善服务，创造品牌，网罗人才，积蓄实力，迎接挑战，抓紧做强做大。要把文化服务链条拉长，但要逐步进行，不要一下子铺得太开。主业做不起来，再拉长链条，就消耗掉了。在主业做强的基础上再搞上下联动，拉长产业链条，尽快走出去。

做强做大面临的一个问题就是上市问题。中演中展公司上市不涉及关联交易，所差的是缺乏优良资产，优势是人才和策划，能不能考虑进入中小企业板块。目前净资产1亿多，利润2000万元，利润率达到20%。要积极创造条件上市，做强做大还要改变经营办法。长期以来我们不讲成本核算，现在转为企业，市场主体要搞成本核算。算成本就要计提折旧，否则就是虚假的利润，也难可持续发展。

注　释

[1] 法兰克福书展，1949年由德国书业协会创办，每年10月第一个星期三至第二个星期一在法兰克福举行，为期6天。是世界上规模最大、最有声誉的国际性图书展览，被誉为"世界出版人的奥运会"。

鼓励支持文化产品和服务出口[*]

（2006年8月22日）

> 对外文化交流一定要两条腿走路，除政府间的文化交流之外，要把民间的、产业的、商业化的文化交流渠道打开，而这种渠道往往影响更深远、更持久、活力更强。

加强文化产品和服务出口，是扩大我国对外文化交流、提升我国文化软实力的重要途径。长期以来，我国的对外文化交流主要是单一的政府间交流，也就是政府行为。这是必要的，今后还要继续扩大。但是，仅有政府间交流这个单一渠道，远远不能适应我国国际地位不断提高的新形势，远远不能适应国际社会对我国越来越关注、越来越希望多了解中国的需要。因此，一定要两条腿走路，除政府间的文化交流之外，要把民间的、产业的、商业化的文化交流渠道打开，而这种渠道往往影响更深远、更持

---

[*] 这是李长春同志在十六届中央宣传思想工作领导小组第三十六次会议上讲话的一部分。

久、活力更强。现在的问题是,这个渠道还太窄。从有关材料看,美国出口排在第一位的不是IT产业,也不是航空设备制造业,而是文化产业,这是出乎很多人意料的。通过商业运作方式输出电影、电视、版权,传播其价值观。值得我们深思的是,美国建国只有两百多年,文化积淀并不深厚,但现在美国文化产品却风靡全球;我们有五千多年的悠久历史文化,但丰厚的文化资源优势并未能转化为现实的文化竞争优势。究其原因,当然离不开美国国力强大这样一个大背景,但必须看到,美国在文化的产业化、文化与现代高科技结合、文化与市场体制结合等方面,确实做得很成功,体现出了强大的软实力。因此,我们要把文化产品和服务出口作为开展对外文化交流的重要渠道,作为提升国家文化软实力的重要战略措施,切实抓好。

加强文化产品和服务出口,是增强我国文化产业活力、提高国际竞争力的重要途径。我们在经济领域的一个切身体会是,计划经济体制下关起门来搞建设的时候,没有竞争、缺乏活力,产品几十年不变;扩大对外开放,参与国际竞争,就把我们的产品水平整个带起来了。当前,文化领域同样如此。加入世界贸易组织标志着我国对外开放进入一个新阶段,我们的文化产品和服务在国内就面临着激烈的国际竞争。在全国文化体制改革工作会议上我们分析过这方面的问题,如果不加快改革,不加快提升文化产业的竞争力,我们就面临着既走不出去又守不住的危险。因此,加强文化产品和服务出口,既是提高国际竞争力的有效途径,也是增强国内文化产业活力的有效途径,因为出口可以带动我们整个体制和机制的创新。这是经济领域的成功经验,文化领域要好好学习借鉴。

加强文化产品和服务出口，是优化我国出口结构的重要途径。尽管目前我国文化产品和服务的出口在整个出口中所占比重还微不足道，但我们要看到发展前景。文化产品和服务出口总体上是属于服务贸易范畴。现在有些西方国家就贸易逆差问题向我施压，实际上只是海关能够统计的货物贸易逆差；而在服务贸易上他们是明显的顺差，只是这个数字现在海关统计不出来，我们则相反，服务贸易是严重逆差。在电影方面，我们最近五年进口4000多部（含VCD、DVD等），自己生产才几百部，进口占90%。在图书版权贸易方面，进出口之比是16∶1，差距确实太大了。当然，差距也是潜力。一定要把我们文化产品和服务出口搞上去，推动优化我国的出口结构。

当前，加快文化产品和服务出口，要着力抓好几个方面的工作。一要加大改革力度，加快改革进度。围绕推动文化产品和服务出口，我们要采取一系列的措施，其中最重要的措施就是深化文化体制改革。去年底，党中央、国务院专门下发了《关于深化文化体制改革的若干意见》。长期以来，我们的文化产品和服务之所以出不去，最重要的是体制问题。在原来的体制下，我们没有合格的市场主体，这是要害。文化产品和服务出口，参与国际竞争，主角是企业。没有合格的市场主体，注定是输定了。党的十六大提出深化文化体制改革的任务，就是基于这一点。现在改革正在积极推进，各有关方面都要加大力度，加快进度。还是那句话，早改早主动、晚改就被动、不改没出路。在《意见》中，我们严格界定了哪些是文化事业、哪些是文化产业，加强出口的任务就要落在文化产业上。这是发展文化产业的一项重要任务。

二要积极鼓励文化企业出口。行业主管部门要会同商务部研究鼓励文化企业出口的政策。作为国务院主管对外经济贸易的部门，商务部把服务贸易摆到重要议程上来了，专门成立了服务贸易司，这有助于推动文化产品和服务出口。

三要搭建出口平台。既要鼓励文化企业积极参加国际权威的文化交易平台，比如法兰克福国际书展，同时也要打造在我们国土上的国际知名交易平台，创办文化领域的广交会。现在，我们有了深圳文化产业国际博览会，图书方面有北京国际图书博览会[1]，广电方面有中国国际广播影视博览会[2]等。要把这些平台都好好梳理一下，原则上就搞一个综合性的、几个专业性的，打造成在国际上有影响力、权威性的平台。除此之外，地方有积极性也可以搞，但我们不能撒芝麻盐、都支持，这样不利于打造有影响力的平台。中宣部要协调一下，把这件事抓起来。

四要建立统计体系，并进行考核。商务部每个季度都对货物进出口发布统计数据，我们可以半年一次、一年两次，从2006年开始对文化产品和服务进出口数据进行统计。

五要加强对进口的管理。过去文化产品的进口渠道混乱，数量过多，而且有进口权的企业也存在着如何把社会效益和经济效益更好地结合起来、把社会效益放在首位的问题。一些企业觉得进口经济效益好、出口经济效益差，愿意进口不愿意出口，这也是造成文化产品和服务严重逆差的一个原因。这种局面必须改变。文化产品有特殊性，既有意识形态属性又有商品属性，不能像经济领域那样，大家都可以进口。因此，我们提出"以进带出、进出挂钩"，调动企业增加文化产品和服务出口的积极性。

注 释

〔1〕北京国际图书博览会,是由新闻出版总署、国务院新闻办公室、教育部、科技部、文化部、北京市人民政府、中国出版协会、中国作家协会联合举办的大型国际图书博览会。创办于1986年。与德国法兰克福书展、英国伦敦书展和美国书展并称为四大国际书展。

〔2〕中国国际广播影视博览会,是由国家广播电影电视总局主办的一年一度的国家级、国际性广播影视博览会,前身是创办于1987年的北京国际广播电影电视设备展览会,后与2003年创办的中国国际影视节目展合并而成。

办好孔子学院，
扩大中华文化影响力[*]

（2007年4月24日）

> 兴办孔子学院，推动汉语教学，是世界各国人民了解中国最直接的途径，也是促进中华文化走出去、为人类文明进步事业作出贡献的重大举措。

这次来孔子学院总部，主要是做些调查研究。兴办孔子学院是中华文化走向世界的重要途径，是文化交流的重要形式。建设孔子学院，加快汉语国际推广具有十分重大的意义。

当前，世界各国了解中国、与中国加强合作的愿望十分强烈，对汉语学习的需求不断增长，出现了"汉语热"。这是与我们国家综合国力显著增强、国际地位明显提高、在国际上的影响力大大提升密不可分的，也是中华盛世的一个重要标志。从鸦片战争开始，中国逐步沦为半殖民地半封建社会，受尽了列强的凌辱。西方列强逼迫中国人接受奴化教育。我的祖籍是大连，1898年，大连被俄国强行租借。1904年，日俄两个列强在中国的领

---

* 这是李长春同志在孔子学院总部调研时的讲话。

土上为争夺中国的土地而发起战争，最终日本打败了俄国，占领了大连。从那以后，大连被日本统治了41年。日本在东北搞傀儡政权，建立伪满洲国，要求中国孩子从一入小学开始，就全部学日语，不会日语，就找不到工作。其目的就是要消灭中华文化，把东北变成其永久殖民地。从昔日沦入受污辱、被奴役的境地，到今天出现全球范围的"汉语热"，真是一个伟大的转折，是中华盛世的标志，是中华民族梦寐以求的理想，也是近代以来无数仁人志士为寻求救亡图存、实现中华民族伟大复兴之路，苦思冥想，不懈探索，甚至抛头颅、洒热血换来的。因此，孔子学院的兴办，本身就是实现中华民族伟大复兴进程中的一件非常有意义的事情。

兴办孔子学院，推动汉语教学，是世界各国人民了解中国最直接的途径。从经济上看，现在中国已经是世界第四大经济体、第三大贸易体。到"十一五"时期结束，无论是经济总量还是贸易总量，中国都还将再上一个台阶。在这种形势下，跟中国做生意，已经成为世界各国经济发展上的一件大事，也成为各国年轻人找工作的一个重要门路。从政治上看，中国走出了一条适合本国国情的发展道路，这条道路被概括为中国特色社会主义。改革开放近30年来，中国的面貌发生了翻天覆地的变化。尽管这30年间，世界上发生巨大变化的国家不在少数，但像中国这么大的国家，发生这么大的变化，是历史性的、空前的，得到了世界的广泛关注。不论出于什么动机，想了解中国、研究中国、到中国来，已经成为当今世界的一个潮流。在这种形势下，开办孔子学院，推动汉语教学，适应了各国人民要求学习汉语的大形势，是让中国走向世界、让世界更加了解中国的一个重要途径。

办好孔子学院，扩大中华文化影响力

兴办孔子学院，推动汉语教学，也是促进中华文化走出去的重大举措。文化的力量，在国际竞争、国家实力的较量中占的比重越来越大，也是一个国家重要的软实力。我们要加快推动中华文化走向世界，不断扩大中华文化在世界上的影响力。我们以"孔子学院"的名称加强汉语国际推广，更增强了中华文化的魅力。不论是东方还是西方，孔子都是受人尊崇的思想家、教育家，是中华民族的骄傲，也是世界最伟大的思想家、教育家之一。孔子的思想，可以充分证明中华民族自古以来就是礼仪之

2009年12月12日，李长春参观由孔子学院总部和中国国家语言文字工作委员会联合举办的"多国语言和孔子学院资源展"。左五为中共中央政治局委员、国务委员刘延东，左一为教育部部长袁贵仁，左七为教育部副部长郝平，右一为国家汉办主任、孔子学院总干事许琳。

（新华社记者谢环驰摄）

邦，热爱和平。用"孔子学院"这个名称推广汉语教学，本身就增强了亲和力。孔子学院的工作人员要增强光荣感、使命感、责任感，全身心地投入到孔子学院建设和汉语国际推广事业中，为中华文化走向世界作出贡献，为人类文明进步事业作出贡献。

结合你们刚才的汇报，对如何办好孔子学院，提几点意见，与大家共勉。

第一，积极拓展孔子学院合作办学模式。刚才你们在汇报中，谈到了孔子学院的几种办学模式，都很好。今后还要进一步开阔视野，拓展思路，创新更加灵活多样的合作办学模式，推动孔子学院建设取得新成效。

第一种模式，就是中外双方合办。中外合作双方的资金按照1∶1的原则投入。这是孔子学院办学的基本形式，可以叫甲类模式。

第二种模式，就是以对方为主，我们支持。因为对方已经有了一定的汉语教学基础，甚至已经进入学校的教学计划之中，是他们的主课程、专业课程。在这种情况下，可以以他们为主，我们支持。我们的支持主要体现在，一是教材，二是教师，不一定再派院长了。我们关键要把住测评体系、资质认证关，像英语托福考试一样。这可以叫乙类模式。

第三种模式，就是网络孔子学院。这由孔子学院总部直接操作。网络办学的关键是要提高收视质量。这要研究当地的带宽和速率。另外，所有的信息从北京即发即收，路线长，会影响收视质量。因此，要着手在境外发展一定数量的镜像站，提前把教学内容调到当地的服务器上，这样当地用户点击后传输路径大大缩短，浏览速度更快，视频连续性更好，用较小的宽带就能实现较好的收视效果。现在也有专门提供这种服务的商业网站，要利用好。这种办学模式还能够使学员不受时间、空间限制，随时随处点击、调阅学习课程。这是少花钱多办事、扩大国际影响的办学模式，要加大力度，大大发展。这叫丙类模式。

第四种模式，就是电视孔子学院、广播孔子学院。要充分利用中央电视台的中文国际频道、英语频道、法语频道、西班牙语频道这些平台，建设电视孔子学院。电视台要把电视孔子学院作为一个栏目固定下来，教师、教材由孔子学院总部提供，制作成光盘，交给电视台播放，从而保证统一品牌、统一教材。中国国际广播电台也要按照电视孔子学院的模式建设广播孔子学院。另外，还要把央视国际、国际在线的网站建设好，在网上办好汉语教学栏目。广电总局要协调好中央人民广播电台、中央电视台、中国国际广播电台，与教育部加强沟通，共同办好电视孔子学院、广播孔子学院。这是丁类模式。

第五种模式，就是与文化部的海外文化中心联合办学。海外文化中心要把汉语教学与文化交流结合起来，丰富文化中心的内容，增强文化中心在当地的亲和力。这也是一种模式，而且能够拓宽孔子学院办学的渠道，可以称为戊类模式。

第二，切实加强孔子学院总部建设。孔子学院有一个总部很重要，能够使这项工作有一个长期的、稳定的体制机制。总部要作为非营利的事业单位，保证公益性质。孔子学院总部将来要有少量的专职教师，一方面，担负起对各大学派出教师进行培训的任务；另一方面，要直接负责网络孔子学院和广播、电视孔子学院的教学制作任务。将来可以从志愿者教师队伍中选拔，充实到总部担任专职教师，更好地适应各种办学模式的发展。总部要把住测评体系、资质认证关,这对于增强孔子学院在全球的吸引力,促进教学规范化,保证教学质量都非常重要。将来还要设立一定的名额,吸引海外孔子学院的优秀学员来华留学。

要加强志愿者教师队伍建设。孔子学院师资来源主要依靠大学,这是重要经验,与此同时,可以由总部组织建设志愿者队伍。当前国内各大学普遍存在着毕业生就业难问题。孔子学院建立志愿者教师队伍,既能够为应届毕业生的锻炼成长开辟一个新的途径,也可以作为孔子学院长远发展的"蓄水池"。今后要跟大学毕业生的就业结合起来,通过考核考试,选拔他们中的优秀人员,输送到各大学深造或帮助他们多渠道就业。孔子学院总部少量的专职教师也可以来源于志愿者,完成任务后,还可以输送到中西部地区。孔子学院建设不是权宜之计,而是长远大计,要长期办下去。因此,对孔子学院教师队伍建设,也要有长期打算,对这支队伍的选拔、派出、培养、提高、就业等,要有长远研究。

孔子学院总部的信息化建设也要加强,能够与全球各地的孔子学院进行联系,召开网络电视电话会议,甚至能够随时远程检查教学质量。要借鉴欧美大跨国公司的全球管理经验,提高管理全球孔子学院的能力。将来孔子学院总部可以作为对外开放的一个点,接待外国代表团来看一看。

第三,把汉语国际推广与文化交流更好地结合起来。在孔子学院教学活动中,除了办一些讲座外,还可以把中国电影、电视剧作为文化活动的内容,给当地的学生放映,语言是汉语,同时打上当地语言的字幕。对外的电视频道也要播一些这样的电影、电视剧。这既可以增加文化交流的内涵,又能够增强汉语教学的吸引力。电视台播放的翻译片要向孔子学院免费提供。

孔子学院的教学要有激励机制，让国外优秀学员来中国旅游，参观中国的博物馆、文物古迹、革命遗迹，帮助他们更好地了解中国的传统文化，了解中国的古代史、近现代史和革命史，了解中国特色社会主义道路，增进中国人民与世界各国人民的相互了解和友谊。对特别优秀的，要为他们创造到中国留学的通道。在这方面的思路和视野可以再开阔些。

加强中非友好合作，
携手共建美好明天*

（2011年4月20日）

> 中非有着相似的历史遭遇，在争取民族独立和人民解放的斗争中，我们相互同情、相互支持，现在又面临共同的发展任务，有很多共同的利益诉求，是相同的命运把我们紧紧地联结在一起。我们是当之无愧的天然盟友。

尊敬的马果哈校长先生，

老师们、同学们，

女士们、先生们、朋友们：

今天，我们来到"阳光下的绿城"——内罗毕，在风景如画的著名学府内罗毕大学，与各位老师、同学以及各界朋友欢聚一堂、共同交流，感到格外高兴。内罗毕大学以悠久的历史、独特的风格、丰富的经验、卓越的成就享誉非洲，内罗毕大学的毕业生活跃于肯尼亚及其他非洲国家的政治、经济、文化、社会等领

---

* 这是李长春同志在肯尼亚内罗毕大学的演讲。

域，为推动肯尼亚以及非洲经济发展和社会进步作出了重要贡献。在此，我谨向在座各位，并通过你们向兄弟的肯尼亚人民和非洲人民致以诚挚的问候和良好的祝愿！

"海内存知己，天涯若比邻"，是一千多年前中国唐代的著名诗句，也是中肯两国人民远隔重洋但友谊源远流长的生动写照。六百多年前，中国著名航海家郑和率领当时世界上最先进的船队漂洋过海，与亚非各国开展了广泛的经贸和文化交流。1415 年，郑和的船队来到肯尼亚的蒙巴萨港，受到当时的麻林国王和人民的热情欢迎，麻林国王还专门派使者随船回访中国，留下了中肯人民友好交往的一段历史佳话。郑和带来的是丝绸、茶叶、瓷器和对非洲人民的友谊，播撒了中非友谊的种子。

48 年前中肯建交，开启了两国关系的新纪元。两国相互支持，平等相待，在政治、经贸、文化、教育、旅游等领域密切合作，取得了丰硕成果。进入新世纪以来，两国高层互访频繁，政治互信进一步增强。中国视肯尼亚为中国在东非地区的重要合作伙伴，两国在国际事务中保持密切沟通与协调，为推动世界和平与发展发挥了积极作用。我相信，在双方的共同努力下，中肯友好合作关系一定能够持续健康发展！

女士们、先生们、朋友们！

中国是最大的发展中国家，非洲是发展中国家最集中的大陆。中非有着相似的历史遭遇，在争取民族独立和人民解放的斗争中，我们相互同情、相互支持，现在又面临共同的发展任务，有很多共同的利益诉求，是相同的命运把我们紧紧地联结在一起。我们是当之无愧的天然盟友。进入新世纪，中国和非洲国家领导人科学判断国际形势，于 2000 年共同倡议成立中非合作论坛。在 2006 年召开的中非合作论坛北京峰会上，胡锦涛主席和非洲国家领导人一致同意建立和发展政治上平等互信、经济上合作共赢、文化上交流互鉴的中非新型战略伙伴关系，为新时期中非关系发展指明了方向。中非合作论坛成立 10 年来，中非关系取得了长足发展。中非各层次人员交往频繁，战略互信持续增强。经贸合作达到前所未有的广度和深度，贸易额从 2001 年的 100 亿美元增长到 2010 年的 1300 亿美元，实现了历史性跨越，中国已成为非洲第一大贸易伙伴国。截至 2009 年底，中国在非洲援建了 500 多个基础设施项目，累计对非投资达 300 多亿美元。即便是在经受国际金融危机冲击、中国自身也遇到很大困难的情况下，中国不但没有减少反而增加了对非援助和投资，全面兑现了中非合作论坛北京峰会各项承诺，并且在论坛第四届部长级会议上出台了对非合作 8 项新举措，推动中非关系不断向前发展。

中非友谊之所以能够经历岁月沧桑、永不褪色，根本在于中非人民在反对殖民主义、争取国家独立的斗争中就结成了深厚战斗友谊。中国政府一贯主张，国家不分大小，都是国际社会平等的一员，坚决反对以大欺小，以富欺贫，以强欺弱。中非友谊之所以能够经受住国际风云变幻的考验，关键在于我们的友谊真正建立在平等相待的基础上，是能给双方带来切实利益的全天候、全方位、兄弟般的亲密关系。

在人类步入 21 世纪第二个十年之际，国际形势正经历着复杂深刻变化。继承传统友谊，深化务实合作，全面发展中非新型战略伙伴关系，是时代的要求、人民的愿望。中国愿同非洲国家一道努力，与时俱进，开拓创新，不断为中非友好合作开辟新途

2011年4月20日,李长春在肯尼亚内罗毕大学发表演讲。图为李长春在内罗毕大学与学生联欢。

(新华社记者赵颖全摄)

径、充实新内容、注入新活力。为此,我愿提出以下建议:

第一,增强政治互信,深化传统友谊。我们坚持相互尊重、相互信任、相互支持、平等相待的原则,愿与广大非洲朋友一道,不断加强中非合作论坛建设,继续推动中非高层领导人密切互访,不断扩大中非在政府、政党、立法机构等领域和层次的友好交往。为此,在此次访问期间,我与肯尼亚政府、主要政党和议会领导人分别进行了会晤,就进一步深化政治互信及各领域交流与合作达成了广泛共识,我还代表中国共产党邀请肯尼亚主要政党今后继续联合或分别组团访华,进一步打牢中肯传统友谊的政治基础。

第二,推动经济合作,促进互利共赢。我们愿与广大非洲国家一道,进一步加强在贸易、投资、农业、能源、金融、电信、医疗等领域的合作,积极落实中非合作论坛框架下与非洲各国达成的各种合作意向,促进非洲整体发展。鼓励实力强、信誉好的中国企业赴非洲投资,为促进非洲各国经济社会发展和增加当地就业作出积极贡献。中国愿在力所能及的范围内继续增加对包括肯尼亚在内的非洲国家的援助,优化援助结构,使援助项目向教育、农业、卫生、减贫等民生领域和节能环保领域倾斜。为此,在此次访问期间,中肯两国将签署政府间框架协议和银行贷款协议,向肯尼亚有关高校的教学、科研和转诊医疗项目提供7.45亿元人民币优惠贷款。

第三,推进人文交流,夯实友谊基础。我们愿与广大非洲国家一道,进一步加强教育、卫生、文化、体育、旅游等领域的交流与合作,鼓励双方青年和妇女组织、新闻媒体、学术机构、高等院校等加强交流互鉴。今天,我在这里宣布,中国政府将大幅增加向非洲国家提供中国政府奖学金名额,其中向肯尼亚提供的政府协议奖学金名额,将由原来每年32名提高到每年64名。还将采取切实措施,进一步加强双方在人力资源培训方面的交流与合作,同非洲国家开展各种形式的文化交流,鼓励中国民众到肯尼亚等非洲国家旅游,加深中非人民相互理解和友谊。

第四,加强沟通协调,密切国际合作。我们愿与包括肯尼亚在内的广大非洲国家一道,进一步密切在国际事务中的磋商和协调,加大与非洲联盟及次区域组织的交流与合作,在涉及国家主权、安全、领土完整等重大问题上相互坚定支持。共同应对国际金融危机冲击、气候变化、粮食安全等全球性问题带来的挑战，努力提高发展中国家在国际体系中的代表性和发言权。

女士们、先生们、朋友们！

今年是中国共产党成立90周年。90年来，中国共产党带领中国各族人民在革命、建设、改革的不同历史时期，取得了一系列举世瞩目的伟大成就。特别是改革开放三十多年来，在中国共产党的领导下，中国综合国力大幅提升，人民生活明显改善，国际地位和影响力显著提高，走出了一条符合中国国情的中国特色社会主义发展道路。同时，我们也清醒地认识到，中国仍是世界上最大的发展中国家，人口多、底子薄、发展不平衡的基本国情没有改变。中国国内生产总值虽然升至世界第二位，但人均国内生产总值还排在世界100位左右。中国要实现现代化，使全体人民过上全面小康的幸福生活，还有很长的路要走。

今年3月，中国十一届全国人大四次会议审议通过了《国民经济和社会发展第十二个五年规划纲要》，描绘了未来五年中国经济社会发展的宏伟蓝图，明确提出以科学发展为主题，以加快转变经济发展方式为主线，深化改革开放，保障和改善民生，巩固和扩大应对国际金融危机冲击成果，促进经济长期平稳较快发展和社会和谐稳定，为2020年全面建成小康社会打下具有决定性意义的基础。

实践证明，中国发展离不开世界，世界繁荣稳定也离不开中国。中国将始终不渝地走和平发展道路，既通过维护世界和平发展自己，又通过自身发展促进世界和平。中国将始终不渝地奉行互利共赢的开放战略，继续以自己的发展促进非洲和世界共同发展，为推动建设持久和平、共同繁荣的和谐世界发挥积极作用。

女士们、先生们、朋友们！

今天，在座的大多数是青年朋友。青年是国家的未来、民族的希望。中国人民已故的伟大领袖毛泽东曾经说过："世界是你们的，也是我们的，但是归根结底是你们的。你们青年人朝气蓬勃，正在兴旺时期，好像早晨八、九点钟的太阳。希望寄托在你们身上。"[1] 来到你们中间，感受到你们身上洋溢的青春气息，我也感觉自己好像回到了四十多年前的大学时代。借此机会，衷心祝愿青年朋友们有一个美好的未来。

中非友好的今天是中非几代人共同努力的结果，中非友好的明天要靠中非青年共同开创。中非年轻一代不仅是双方发展的希望，也承载着中非友好的未来。中国一贯重视和支持中非青年加强交往、加深了解。近年来，应中国国家主席胡锦涛邀请，500名非洲青年访华；中国先后举办三届中非青年联欢节，来自非洲各国的380名青年代表参加了活动；中非在青年人力资源培训开发领域的合作成效显著；中国援非青年志愿者活动逐步走向机制化、规模化、多样化。今天，在内罗毕大学，我还将参观孔子学院，了解肯尼亚学生学习汉语的情况，这充分说明中肯交流正在日益深入，两国友谊后继有人、更加牢固。今后，我们将进一步加大在非洲的孔子学院建设力度，为非洲青年朋友学习汉语创造更好条件，进一步增加非洲赴华留学生人数，进一步鼓励更多中国青年志愿者和学生来非交流学习，使中国和非洲的青年一代成为促进双边文化交流、巩固传统友谊的使者。

朋友们，加强中非传统友好，发展中非新型战略伙伴关系，推动建设和谐世界，是我们共同的历史责任。让我们携起手来，为实现共同的美好理想而不懈努力！

谢谢大家！

注　释

〔1〕《建国以来毛泽东文稿》第 6 册，中央文献出版社 1992 年版，第 650 页。

加强友好交往,巩固传统友谊*

(2012年4月27日)

> 相似的历史遭遇增进了我们的相互理解,长期的互利合作加深了我们的真诚友谊,和平友好的信念已经牢牢地熔铸于两国历史文化之中,深深地根植于两国人民心田上。巩固和发展双方的和平友好关系,是人心所向、大势所趋。

尊敬的索曼特里校长,

女士们、先生们、青年朋友们:

今天,我和我的同事们应邀来到美丽的印度尼西亚大学,与各位老师、同学以及各界朋友欢聚一堂,共话友情,感到格外高兴。印尼大学是印尼历史最为悠久的高等学府,是印尼重要的人才摇篮。如果说美丽的"千岛之国"印尼是"太平洋上的翡翠",那么印尼大学就是镶嵌在这块"翡翠"上闪烁着智慧光芒的明珠。长期以来,贵校秉承"真理、正直、正义"的校训和包

---

* 这是李长春同志在印度尼西亚大学的演讲。

容、开放的理念,为印尼国家建设输送了大批优秀人才,也为推动中国和印尼人文交流作出了积极贡献。在此,我谨向印尼大学的全体师生,向长期致力于促进中印尼友好交流与合作的各界朋友们,致以诚挚的问候和良好的祝愿!衷心祝愿印尼大学培养出更多的精英才俊,为印尼经济社会发展作出更大贡献!

印尼历史悠久、人民勤劳,风光秀丽、物产丰饶。近年来,在国际和地区环境日趋复杂多变的情况下,印尼依然保持了经济发展和社会稳定,人民生活水平不断提高,地区和国际影响力日益上升。我和我的同事们两天来的所见所闻,也进一步加深了这些印象。作为友好邻邦,我们为印尼的发展成就感到由衷的高兴。

中国和印尼同为拥有悠久历史和灿烂文明的国度,日惹的婆罗浮屠塔[1]与中国的万里长城都是古代东方文明的奇迹。在漫长的历史发展中,两国文化都体现出兼容并蓄、博采众长的胸襟和融多元于一体的魅力,如中国的"和而不同"与印尼的"殊途同归"都是追求和谐、和睦的文化理念,中国的"友爱互助"和印尼的"互助精神"都倡导着人心向善的美德。今天,我们两国都在致力于实现自身的现代化,在新的历史条件下,改革、开放、包容、创新,成了我们经济社会发展的共同特点。

中国和印尼虽然隔着茫茫大海,但两国人民之间的友好交往源远流长。早在公元132年,中国汉朝的汉顺帝就接待过到访的爪哇[2]使者。公元4世纪,中国佛教高僧法显[3]也曾到印尼的爪哇、苏门答腊居住和学习。在很长一段时间里,"海上丝绸之路"[4]将我们两国紧紧联系在一起。600年前中国著名航海家郑和七下西洋,中途多次驻足印尼。至今,印尼的三宝垄[5]还

2012年4月27日，李长春在印度尼西亚大学发表演讲。（新华社记者马占成摄）

流传着郑和船队与当地居民友好交往的佳话。

近代以来,中国和印尼又有着非常相似的历史遭遇,都曾遭受西方列强的侵略和欺侮。在争取国家独立和民族解放的艰苦斗争中,两国人民彼此同情、相互支持,结下了深厚友谊。新中国成立后,印尼是最早与中国建交的国家之一。在20世纪50年代万隆会议[6]上,中印尼与其他亚非国家一道,倡导了历久弥新的"万隆精神"[7],在中印尼和国际关系史上留下了光辉的一笔。之后,中印尼关系虽经历曲折,但发展友好关系始终是两国人民的共同愿望。

进入新世纪,在两国领导人的高度重视和有力推动下,中印尼关系取得快速发展。特别是胡锦涛主席与苏希洛总统2005年共同宣布两国建立战略伙伴关系以来,中印尼关系呈现全面迅猛发展的良好势头。2011年双边贸易额超过600亿美元,中国已成为印尼最主要的贸易伙伴和出口市场之一。双方在文化、教育、科技、旅游等各领域的合作不断推进,在共同应对全球性问题、推动全球治理结构改革等方面保持着良好的协调与配合。特别值得一提的是,在对方遭受重大自然灾害时,两国人民感同身受、守望相助;在应对国际金融危机冲击中,两国风雨同舟、共克时艰。随着时代的发展,中印尼友好关系正不断增添新的内涵,焕发新的光彩。

回顾两国交往的历史,相似的历史遭遇增进了我们的相互理解,长期的互利合作加深了我们的真诚友谊,和平友好的信念已经牢牢地熔铸于两国历史文化之中,深深地根植于两国人民心田上。巩固和发展双方的和平友好关系,是人心所向、大势所趋。我们坚信,通过两国政府和人民的不懈努力,中国和印尼一定能够成为不同文明之间和谐共处、共谋发展的典范。

当今世界正处在大发展大变革大调整之中，亚洲特别是东亚已成为全球最富有活力的地区。中国是世界上第二大经济体，印尼是东盟最大的国家，两国都是本地区具有重要影响的国家，扩大和深化中印尼全方位友好合作，符合两国和两国人民的利益，有利于维护本地区和平、稳定与繁荣，有利于促进发展中国家团结进步。中国愿同印尼一道，从战略高度和长远角度不断密切两国战略合作，深化战略伙伴关系，促进共同发展，为维护亚洲的和平与繁荣，建立更加公正合理的国际政治经济新秩序发挥更大作用。为此，我愿提出以下建议：

第一，增强政治互信，深化传统友谊。我们要继承两国友好传统，弘扬求同存异、和平共处的"万隆精神"，坚定不移地做和平、友好、合作的好邻居、好朋友、好伙伴。我们愿进一步加强双方高层密切往来，就共同关心的问题及时交换意见，不断深化政治和战略互信。更好地发挥现有对话机制和交往平台的作用，通过增进两国政府、政党、立法机构等渠道的交流对话，推动双边关系全面健康发展，不断巩固发展战略伙伴关系的政治基础。

第二，深化经贸合作，促进互利共赢。当前，中国正在实施"十二五"规划，印尼也制定了2011—2025年经济发展总体规划，两国经贸合作前景广阔、大有可为。中方鼓励有实力、信誉好的中国企业扩大在印尼的投资，积极参与印尼六大经济走廊建设，也欢迎印尼企业到中国投资兴业。当前，双方可在农业及油气、矿产、电力等领域加强合作，并在互补互利的基础上，充分发挥各自产业优势，优化贸易结构，推动双边贸易全面平衡发展，争取提前实现到2015年双边贸易额达到800亿美元的目标，让经贸合作的丰硕成果更好地惠及两国和两国人民，不断强化发展战略伙伴关系的经济纽带。

第三，扩大人文交流，夯实友好基础。2011年两国人员往来已突破百万人次，呈现出可喜的势头，但与我们两国的人口规模相比，双方人员交往的潜力仍然很大，特别是在文化、教育、媒体、青年、旅游等领域可以进一步扩大交流合作。我们愿意与印尼方共同努力，推动双方高校之间的交流，欢迎更多印尼留学生到中国学习，促进青年一代相互了解、加深友谊。我们双方还将举办更多类似"中印尼友好年"等交流活动。通过这些努力，使中印尼友好关系深入人心、代代相传，不断构建发展战略伙伴关系的人文环境。

第四，加强沟通协调，密切多边合作。中国和印尼在国际和地区事务中拥有广泛的共同利益。中方重视并乐见印尼在国际和地区事务中发挥重要作用。我们愿同印尼加强在东盟、东亚、二十国集团、联合国等多边框架机制下的协调与配合，共同应对国际金融危机、气候变化、粮食安全等全球性挑战和地区热点问题，促进地区和平、稳定与繁荣，推动国际秩序朝着更加公正合理的方向发展，不断拓展战略伙伴关系的新领域。

中国经济总量虽排名世界第二位，但仍然是世界上最大的发展中国家，人口多、底子薄、发展不平衡的基本国情没有改变，人均国内生产总值不到5500美元，仍排在世界100位左右，农村扶贫对象还有一亿五千万人，城乡差距、地区差距仍然很大，经济发展的质量和效益还不高，不平衡、不协调、不可持续的问题依然突出。中国要实现全面建设小康社会的目标，让13亿人民过上更好的生活，还需要几代人甚至更长时间的艰苦努力。

"睦邻友好"、"协和万邦"是中国的历史文化传统，"强不执弱"、"富不侮贫"是中国在对外交往中始终秉承的理念。1949年以前的一百多年中，中国人民曾饱受列强的侵略和欺凌，深知和平之可贵。中国人民从亲身的经历和世界发展的经验教训中深刻认识到：任何国家和民族都应该通过和平方式来实现自己的发展，只有通过和平方式实现的发展才是持久可靠的发展，也才是既有利于本国人民、也有利于世界各国人民的发展。中国今天取得的发展进步，就是得益于坚持走和平发展道路；中国未来要实现更大发展，仍然要坚定不移地走和平发展道路。中国已故领导人邓小平先生1974年出席联合国大会时讲过："中国永远不称霸。"这是中国始终不变的坚定承诺和坚强决心。

青年如初升的太阳，象征着前途和光明，承载着国家和民族的希望。来到你们中间，感受你们身上洋溢的青春气息，我自己也仿佛又回到了青年时代。特别是我看到你们穿着鲜艳的黄色校服，如同冉冉升起的太阳。借此机会，衷心祝愿每一位青年朋友都拥有美好的未来，都能够为本国的繁荣发展和人类的文明进步发出自己的光和热。

国之交在于民相亲，民相亲寄望于青年一代。青年是中印尼友好事业的生力军，中国和印尼和平友好的未来要靠两国青年共同开创。加强中印尼青年之间的交流与合作，是一项具有重大意义的战略工程。正如不久前苏希洛总统与我在北京共同会见100名印尼各界青年代表时所说的那样，"印尼和中国青年加强交流是一项长远投资，是两国建设持久和睦关系的重要组成部分"，"印尼和中国的青年不仅决定着两国和两国关系的未来，也决定着亚洲和世界的未来"。衷心希望中印尼两国青年通过更加紧密的交流,相互学习、相互促进,增进了解、加深友谊,培养友好、合作、共赢的精神,增强服务国家、服务中印尼友好、服务亚洲的意识和本领,为两国和两国友好关系发展及本地区的和平与繁荣作出积极贡献。中方愿与印尼方一道,努力为两国青年加强多方面的交流和对话创造条件、搭建平台、开辟渠道,推动两国青年交往不断跃上新的台阶,进一步夯实两国友好的基础,使中印尼的友好之树在两国青年手中,绽放更加绚丽的花朵、结出更加丰硕的果实。

深化和平友好,实现繁荣共赢,我们面临着难得的良好机遇。巩固传统友谊,加强互利合作,是我们共同的历史责任。我坚信,只要中国人民和印尼人民特别是两国青年一代携起手来,我们两国和两国关系的未来一定会更加美好,亚洲与世界和平发展的未来一定会更加美好!愿我们共同努力,愿我们两国的青年共同努力。

注　释

〔1〕婆罗浮屠塔,位于印度尼西亚爪哇岛日惹附近的佛教古建筑,建于8世纪至9世纪,曾被火山灰掩埋数百年,19世纪初被清理出来,1978年至1983年进行了大规模翻修。与中国的万里长城、印度的泰姬陵、柬埔寨的吴哥窟并称为古代东方四大奇迹。

〔2〕爪哇,指古国爪哇国,位于今印度尼西亚境内。古称阇婆或诃陵,并有爪蛙、爪鸦、爪亚等异名。很早就同中国建立友好关系。

〔3〕法显（约337—约422年），东晋僧人、旅行家、翻译家。平阳郡（今山西临汾市）人。中国僧人到天竺留学的先驱。399年，从长安（今陕西西安）西行求法，足迹遍布北、西、中、东天竺等地，后赴狮子国（今斯里兰卡），并到过爪哇岛。

〔4〕海上丝绸之路，古代中国与海外各地进行经济、文化交流的航海路线的总称，因最初主要用以丝绸贸易而得名。始于中国东南沿海地区，经今东南亚、斯里兰卡、印度等地，抵达红海、地中海以及非洲东海岸等地。

〔5〕三宝垄，是印度尼西亚爪哇岛北岸中段商港，中爪哇省首府，为纪念我国明代著名航海家三宝公郑和而得名，华侨称"垄川"，有三宝公庙及三宝洞等胜迹。

〔6〕万隆会议，即亚非会议，1955年4月18—24日在印度尼西亚万隆举行，是亚非国家和地区第一次在没有殖民国家参加下，讨论有关亚非人民切身利益问题的大规模国际会议。参加会议的有29个亚非国家和地区。周恩来率领中国代表团出席了这次会议。会议广泛讨论了民族主权和反殖民主义斗争、世界和平、与会国的经济和文化合作等问题，通过了《亚非会议最后公报》。

〔7〕万隆精神，指万隆会议所反映的亚非人民团结一致、反对帝国主义和殖民主义、争取和维护民族独立、保卫世界和平和各国人民之间友谊的精神。

附 录

中国共产党第十七届中央委员会
第六次全体会议公报

(2011年10月18日中国共产党第十七届
中央委员会第六次全体会议通过)

中国共产党第十七届中央委员会第六次全体会议,于2011年10月15日至18日在北京举行。

出席这次全会的有,中央委员202人,候补中央委员163人。中央纪律检查委员会常务委员会委员和有关方面负责同志列席了会议。党的十七大代表中部分基层文化工作者和从事文化研究的专家学者也列席了会议。

全会由中央政治局主持。中央委员会总书记胡锦涛作了重要讲话。

全会听取和讨论了胡锦涛受中央政治局委托作的工作报告,审议通过了《中共中央关于深化文化体制改革推动社会主义文化大发展大繁荣若干重大问题的决定》。李长春就《决定(讨论稿)》向全会作了说明。

全会充分肯定党的十七届五中全会以来中央政治局的工作。一致认为,面对风云变幻的国际形势和艰巨繁重的国内改革发展稳定任务,中央政治局全面贯彻党的十七大和十七届三中、四中、五中全会精神,高举中国特色社会主义伟大旗帜,以邓小平理论和"三个代表"重要思想为指导,深入贯彻落实科学发展观,团结带领全党全军全国各族人民,隆重庆祝中国共产党成立90周年,制定实施"十二五"规划纲要,着力稳物价、调结构、保民生、促和谐，推动国民经济继续朝着宏观调控的预期方向发展，全面推进社会主义经济建设、政治建设、文化建设、社会建设以及生态文明建设，全面推进党的建设新的伟大工程，各项工作取得新进展，为实现"十二五"时期良好开局打下了坚实基础。

全会研究了深化文化体制改革、推动社会主义文化大发展大繁荣若干重大问题，认为总结我国文化改革发展的丰富实践和宝贵经验，研究部署深化文化体制改革、推动社会主义文化大发展大繁荣，进一步兴起社会主义文化建设新高潮，对夺取全面建设小康社会新胜利、开创中国特色社会主义事业新局面、实现中华民族伟大复兴具有重大而深远的意义。

全会指出，中国共产党从成立之日起，就既是中华优秀传统文化的忠实传承者和弘扬者，又是中国先进文化的积极倡导者和发展者。我们党历来高度重视运用文化引领前进方向、凝聚奋斗力量，团结带领全国各族人民不断以思想文化新觉醒、理论创造新成果、文化建设新成就推动党和人民事业向前发展，文化工作在革命、建设、改革各个历史时期都发挥了不可替代的重大作用。

全会指出，改革开放特别是党的十六大以来，我们党始终把文化建设放在党和国家全局工作重要战略地位，坚持物质文明和精神文明两手抓，实行依法治国和以德治国相结合，促进文化事业和文化产业同发展，推动文化建设不断取得新成就，走出了中国特色社会主义文化发展道路。我国文化改革发展，显著提高了全民族思想道德素质和科学文化素质、促进了人的全面发展，显著增强了国家文化软实力，为坚持和发展中国特色社会主义提供了强大精神力量。

全会指出，当今世界正处在大发展大变革大调整时期，文化在综合国力竞争中的地位和作用更加凸显，维护国家文化安全任务更加艰巨，增强国家文化软实力、中华文化国际影响力要求更加紧迫。当代中国进入了全面建设小康社会的关键时期和深化改革开放、加快转变经济发展方式的攻坚时期，文化越来越成为民族凝聚力和创造力的重要源泉、越来越成为综合国力竞争的重要因素、越来越成为经济社会发展的重要支撑，丰富精神文化生活越来越成为我国人民的热切愿望。全面建成惠及十几亿人口的更高水平的小康社会，既要让人民过上殷实富足的物质生活，又要让人民享有健康丰富的文化生活。我们必须抓住和用好我国发展的重要战略机遇期，在坚持以经济建设为中心的同时，自觉把文化繁荣发展作为坚持发展是硬道理、发展是党执政兴国第一要务的重要内容，作为深入贯彻落实科学发展观的一个基本要求，进一步推动文化建设与经济建设、政治建设、社会建设以及生态文明建设协调发展，为继续解放思想、坚持改革开放、推动科学发展、促进社会和谐提供坚强思想保证、强大精神动力、有力舆论支持、良好文化条件。

全会强调，坚持中国特色社会主义文化发展道路，深化文化体制改革，推动社会主义文化大发展大繁荣，必须全面贯彻党的十七大精神，高举中国特色社会主义伟大旗帜，以马克思列宁主义、毛泽东思想、邓小平理论和"三个代表"重要思想为指导，深入贯彻落实科学发展观，坚持社会主义先进文化前进方向，以科学发展为主题，以建设社会主义核心价值体系为根本任务，以满足人民精神文化需求为出发点和落脚点，以改革创新为动力，发展面向现代化、面向世界、面向未来的，民族的科学的大众的社会主义文化，培养高度的文化自觉和文化自信，提高全民族文明素质，增强国家文化软实力，弘扬中华文化，努力建设社会主义文化强国。

全会认为，建设社会主义文化强国，就是要着力推动社会主义先进文化更加深入人心，推动社会主义精神文明和物质文明全面发展，不断开创全民族文化创造活力持续迸发、社会文化生活更加丰富多彩、人民基本文化权益得到更好保障、人民思想道德素质和科学文化素质全面提高的新局面，建设中华民族共有精神家园，为人类文明进步作出更大贡献。

全会按照实现全面建设小康社会奋斗目标新要求，提出了到2020年文化改革发展奋斗目标，号召全党全国为实现这个目标共同努力，不断提高文化建设科学化水平，为把我国建设成为社会主义文化强国打下坚实基础。

全会对推进文化改革发展作出了部署，强调要推进社会主义核心价值体系建设、巩固全党全国各族人民团结奋斗的共同思想道德基础，全面贯彻"二为"方向和"双百"方针、为人民提供更好更多的精神食粮，大力发展公益性文化事业、保障人民基本文化权益，加快发展文化产业、推动文化产业成为国民经济支柱性产业，进一步深化改革开放、加快构建有利于文化繁荣发展的体制机制，建设宏大文化人才队伍、为社会主义文化大发展大繁荣提供有力人才支撑。

全会提出，社会主义核心价值体系是兴国之魂，是社会主义先进文化的精髓，决定着中国特色社会主义发展方向。必须把社会主义核心价值体系融入国民教育、精神文明建设和党的建设全过程，贯穿改革开放和社会主义现代化建设各领域，体现到精神文化产品创作生产传播各方面，坚持用社会主义核心价值体系引领社会思潮，在全党全社会形成统一指导思想、共同理想信念、强大精神力量、基本道德规范。要坚持马克思主义指导地位，坚定中国特色社会主义共同理想，弘扬以爱国主义为核心的民族精神和以改革创新为核心的时代精神，树立和践行社会主义荣辱观。

全会提出，创作生产更多无愧于历史、无愧于时代、无愧于人民的优秀作品，是文化繁荣发展的重要标志。必须全面贯彻为人民服务、为社会主义服务的方向和百花齐放、百家争鸣的方针，立足发展先进文化、建设和谐文化，激发文化创作生产活力，提高文化产品质量，发挥文化引领风尚、教育人民、服务社会、推动发展的作用。要坚持正确创作方向，繁荣发展哲学社会科学，加强和改进新闻舆论工作，推出更多优秀文艺作品，发展健康向上的网络文化，完善文化产品评价体系和激励机制。

全会提出，满足人民基本文化需求是社会主义文化建设的基本任务。必须坚持政府主导，加强文化基础设施建设，完善公共文化服务网络，让群众广泛享有免费或优惠的基本公共文化服务。要构建公共文化服务体系，发展现代传播体系，建设优秀传统文化传承体系，加快城乡文化一体化发展。

全会提出，发展文化产业是社会主义市场经济条件下满足人民多样化精神文化需求的重要途径。必须坚持把社会效益放在首位、社会效益和经济效益相统一，推动文化产业跨越式发展，为推动科学发展提供重要支撑。要构建现代文化产业体系，形成公有制为主体、多种所有制共同发展的文化产业格局，推进文化科技创新，扩大文化消费。

全会提出，文化引领时代风气之先，是最需要创新的领域。必须牢牢把握正确方向，加快推进文化体制改革，发挥市场在文化资源配置中的积极作用，创新文化走出去模式，为文化繁荣发展提供强大动力。要深化国有文化单位改革，健全现代文化市场体系，创新文化管理体制，完善政策保障机制，推动中华文化走向世界，积极吸收借鉴国外优秀文化成果。

全会提出，推动社会主义文化大发展大繁荣，队伍是基础，人才是关键。要深入实施人才强国战略，牢固树立人才是第一资源思想，全面贯彻党管人才原则，加快培养造就德才兼备、锐意创新、结构合理、规模宏大的文化人才队伍。要造就高层次领军人物和高素质文化人才队伍，加强基层文化人才队伍建设，加强职业道德建设和作风建设。

全会强调，要加强和改进党对文化工作的领导。各级党委和政府要切实担负起推进文化改革发展的政治责任，把文化建设摆在全局工作重要位置、纳入经济社会发展总体规划，把文化改革发展成效纳入科学发展考核评价体系。要加强文化领域领导班子和党组织建设，发挥文化战线全体共产党员在推进文化改革发展中的先锋模范作用。要发挥人民群众文化创造积极性，在全社会营造鼓励文化创造的良好氛围，让蕴藏于人民中的文化创造活力得到充分发挥。

全会全面分析了当前形势和任务，强调必须增强忧患意识和风险意识，科学判断国际国内形势，全面把握改革发展稳定大局，保持经济平稳较快发展，加大保障和改善民生工作力度，加强和创新社会管理，维护社会和谐稳定，全面推进党的建设各项工作，着力解决经济社会发展中的突出矛盾和问题，有效防范各种潜在风险，努力实现经济社会发展预期目标。

全会审议并通过了《关于召开党的第十八次全国代表大会的决议》，决定党的十八大于 2012 年下半年在北京召开。这次大会，是我们党在全面建设小康社会的关键时期和深化改革开放、加快转变经济发展方式的攻坚时期召开的一次十分重要的会议，对我们党团结带领全国各族人民继续全面建设小康社会、加快推进社会主义现代化、开创中国特色社会主义事业新局面具有重大而深远的意义。党的各级组织和全体共产党员要团结带领全国各族人民继续解放思想、坚持改革开放、推动科学发展、促进社会和谐，以优异成绩迎接中国共产党第十八次全国代表大会召开。

全会号召，全党要紧密团结在以胡锦涛同志为总书记的党中央周围，满怀信心带领全国各族人民在坚持和发展中国特色社会主义的伟大实践中进行文化创造，为把我国建设成为社会主义文化强国而努力奋斗！

中共中央关于深化文化体制改革推动社会主义文化大发展大繁荣若干重大问题的决定

（2011年10月18日中国共产党第十七届中央委员会第六次全体会议通过）

中国共产党第十七届中央委员会第六次全体会议全面分析形势和任务，认为总结我国文化改革发展的丰富实践和宝贵经验，研究部署深化文化体制改革、推动社会主义文化大发展大繁荣，进一步兴起社会主义文化建设新高潮，对夺取全面建设小康社会新胜利、开创中国特色社会主义事业新局面、实现中华民族伟大复兴具有重大而深远的意义。全会作出如下决定。

一、充分认识推进文化改革发展的重要性和紧迫性，更加自觉、更加主动地推动社会主义文化大发展大繁荣

文化是民族的血脉，是人民的精神家园。在我国五千多年文明发展历程中，各族人民紧密团结、自强不息，共同创造出源远流长、博大精深的中华文化，为中华民族发展壮大提供了强大精神力量，为人类文明进步作出了不可磨灭的重大贡献。

中国共产党从成立之日起，就既是中华优秀传统文化的忠实传承者

和弘扬者，又是中国先进文化的积极倡导者和发展者。我们党历来高度重视运用文化引领前进方向、凝聚奋斗力量，团结带领全国各族人民不断以思想文化新觉醒、理论创造新成果、文化建设新成就推动党和人民事业向前发展，文化工作在革命、建设、改革各个历史时期都发挥了不可替代的重大作用。

改革开放特别是党的十六大以来，我们党始终把文化建设放在党和国家全局工作重要战略地位，坚持物质文明和精神文明两手抓，实行依法治国和以德治国相结合，促进文化事业和文化产业同发展，推动文化建设不断取得新成就，走出了中国特色社会主义文化发展道路。我们坚持解放思想、实事求是、与时俱进，不断推进马克思主义中国化时代化大众化，形成和发展了中国特色社会主义理论体系，为开辟和拓展中国特色社会主义道路、确立和完善中国特色社会主义制度提供了科学理论指导；坚持推进社会主义核心价值体系建设，用马克思主义中国化最新成果武装全党、教育人民，用中国特色社会主义共同理想凝聚力量，用以爱国主义为核心的民族精神和以改革创新为核心的时代精神鼓舞斗志，用社会主义荣辱观引领风尚，巩固了全党全国各族人民团结奋斗的共同思想道德基础；坚持为人民服务、为社会主义服务的方向和百花齐放、百家争鸣的方针，发扬广大人民群众和文化工作者的创造精神，推动优秀文化产品大量涌现，丰富了人民精神文化生活；坚持推进文化体制改革，创新文化发展理念，解放和发展文化生产力，推动文化事业全面繁荣、文化产业健康发展，大幅度提高了人民基本文化权益保障水平，大幅度提高了文化在经济社会发展中的地位和作用；坚持发展多层次、宽领域对外文化交流格局，借鉴吸收人类优秀文明成果，实施文化走出去战略，不断增强中华文化国际影响力，向世界展示了我国改革开放的崭新形象和我国人民昂扬向上的精神风貌。我国文化改革发展，显著提高了全民族思想道德素质和科学文化素质、促进了人的全面发展，显著增强了国

中共中央关于深化文化体制改革推动社会主义文化大发展大繁荣若干重大问题的决定

家文化软实力，为坚持和发展中国特色社会主义提供了强大精神力量。

当今世界正处在大发展大变革大调整时期，世界多极化、经济全球化深入发展，科学技术日新月异，各种思想文化交流交融交锋更加频繁，文化在综合国力竞争中的地位和作用更加凸显，维护国家文化安全任务更加艰巨，增强国家文化软实力、中华文化国际影响力要求更加紧迫。当代中国进入了全面建设小康社会的关键时期和深化改革开放、加快转变经济发展方式的攻坚时期，文化越来越成为民族凝聚力和创造力的重要源泉、越来越成为综合国力竞争的重要因素、越来越成为经济社会发展的重要支撑，丰富精神文化生活越来越成为我国人民的热切愿望。我国仍处于并将长期处于社会主义初级阶段，人民日益增长的物质文化需要同落后的社会生产之间的矛盾仍然是社会主要矛盾。全面建成惠及十几亿人口的更高水平的小康社会，既要让人民过上殷实富足的物质生活，又要让人民享有健康丰富的文化生活。我们必须抓住和用好我国发展的重要战略机遇期，在坚持以经济建设为中心的同时，自觉把文化繁荣发展作为坚持发展是硬道理、发展是党执政兴国第一要务的重要内容，作为深入贯彻落实科学发展观的一个基本要求，进一步推动文化建设与经济建设、政治建设、社会建设以及生态文明建设协调发展，更好满足人民精神需求、丰富人民精神世界、增强人民精神力量，为继续解放思想、坚持改革开放、推动科学发展、促进社会和谐提供坚强思想保证、强大精神动力、有力舆论支持、良好文化条件。

我国文化领域正在发生广泛而深刻的变革，推动文化大发展大繁荣既具备许多有利条件，也面临一系列新情况新问题。我国文化发展同经济社会发展和人民日益增长的精神文化需求还不完全适应，突出矛盾和问题主要是：一些地方和单位对文化建设重要性、必要性、紧迫性认识不够，文化在推动全民族文明素质提高中的作用亟待加强；一些领域道德失范、诚信缺失，一些社会成员人生观、价值观扭曲，用社会主义核心价值体系引领社会思潮更为紧迫，巩固全党全国各族人民团结奋斗的共同思想道德基础任务繁重；舆论引导能力需要提高，网络建设和管理亟待加强和改进；有影响的精品力作还不够多，文化产品创作生产引导力度需要加大；公共文化服务体系不健全，城乡、区域文化发展不平衡；文化产业规模不大、结构不合理，束缚文化生产力发展的体制机制问题尚未根本解决；文化走出去较为薄弱，中华文化国际影响力需要进一步增强；文化人才队伍建设急需加强。推进文化改革发展，必须抓紧解决这些矛盾和问题。

全党必须深刻认识到，社会主义先进文化是马克思主义政党思想精神上的旗帜，文化建设是中国特色社会主义事业总体布局的重要组成部分。没有文化的积极引领，没有人民精神世界的极大丰富，没有全民族精神力量的充分发挥，一个国家、一个民族不可能屹立于世界民族之林。物质贫乏不是社会主义，精神空虚也不是社会主义。没有社会主义文化繁荣发展，就没有社会主义现代化。在新的历史起点上深化文化体制改革、推动社会主义文化大发展大繁荣，关系实现全面建设小康社会奋斗目标，关系坚持和发展中国特色社会主义，关系实现中华民族伟大复兴。我们要准确把握我国经济社会发展新要求，准确把握当今时代文化发展新趋势，准确把握各族人民精神文化生活新期待，增强责任感和紧迫感，解放思想，转变观念，抓住机遇，乘势而上，在全面建设小康社会进程中、在科学发展道路上奋力开创社会主义文化建设新局面。

二、坚持中国特色社会主义文化发展道路，努力建设社会主义文化强国

坚持中国特色社会主义文化发展道路，深化文化体制改革，推动社会主义文化大发展大繁荣，必须全面贯彻党的十七大精神，高举中国特

中共中央关于深化文化体制改革推动社会主义文化大发展大繁荣若干重大问题的决定

色社会主义伟大旗帜,以马克思列宁主义、毛泽东思想、邓小平理论和"三个代表"重要思想为指导,深入贯彻落实科学发展观,坚持社会主义先进文化前进方向,以科学发展为主题,以建设社会主义核心价值体系为根本任务,以满足人民精神文化需求为出发点和落脚点,以改革创新为动力,发展面向现代化、面向世界、面向未来的,民族的科学的大众的社会主义文化,培养高度的文化自觉和文化自信,提高全民族文明素质,增强国家文化软实力,弘扬中华文化,努力建设社会主义文化强国。

建设社会主义文化强国,就是要着力推动社会主义先进文化更加深入人心,推动社会主义精神文明和物质文明全面发展,不断开创全民族文化创造活力持续迸发、社会文化生活更加丰富多彩、人民基本文化权益得到更好保障、人民思想道德素质和科学文化素质全面提高的新局面,建设中华民族共有精神家园,为人类文明进步作出更大贡献。

按照实现全面建设小康社会奋斗目标新要求,到二〇二〇年,文化改革发展奋斗目标是:社会主义核心价值体系建设深入推进,良好思想道德风尚进一步弘扬,公民素质明显提高;适应人民需要的文化产品更加丰富,精品力作不断涌现;文化事业全面繁荣,覆盖全社会的公共文化服务体系基本建立,努力实现基本公共文化服务均等化;文化产业成为国民经济支柱性产业,整体实力和国际竞争力显著增强,公有制为主体、多种所有制共同发展的文化产业格局全面形成;文化管理体制和文化产品生产经营机制充满活力、富有效率,以民族文化为主体、吸收外来有益文化、推动中华文化走向世界的文化开放格局进一步完善;高素质文化人才队伍发展壮大,文化繁荣发展的人才保障更加有力。全党全国要为实现这些目标共同努力,不断提高文化建设科学化水平,为把我国建设成为社会主义文化强国打下坚实基础。

实现上述奋斗目标,必须遵循以下重要方针。

——坚持以马克思主义为指导，推进马克思主义中国化时代化大众化，用中国特色社会主义理论体系武装头脑、指导实践、推动工作，确保文化改革发展沿着正确道路前进。

——坚持社会主义先进文化前进方向，坚持为人民服务、为社会主义服务，坚持百花齐放、百家争鸣，坚持继承和创新相统一，弘扬主旋律、提倡多样化，以科学的理论武装人，以正确的舆论引导人，以高尚的精神塑造人，以优秀的作品鼓舞人，在全社会形成积极向上的精神追求和健康文明的生活方式。

——坚持以人为本，贴近实际、贴近生活、贴近群众，发挥人民在文化建设中的主体作用，坚持文化发展为了人民、文化发展依靠人民、文化发展成果由人民共享，促进人的全面发展，培育有理想、有道德、有文化、有纪律的社会主义公民。

——坚持把社会效益放在首位，坚持社会效益和经济效益有机统一，遵循文化发展规律，适应社会主义市场经济发展要求，加强文化法制建设，一手抓繁荣、一手抓管理，推动文化事业和文化产业全面协调可持续发展。

——坚持改革开放，着力推进文化体制机制创新，以改革促发展、促繁荣，不断解放和发展文化生产力，提高文化开放水平，推动中华文化走向世界，积极吸收各国优秀文明成果，切实维护国家文化安全。

三、推进社会主义核心价值体系建设，巩固全党全国各族人民团结奋斗的共同思想道德基础

社会主义核心价值体系是兴国之魂，是社会主义先进文化的精髓，决定着中国特色社会主义发展方向。必须强化教育引导，增进社会共识，创新方式方法，健全制度保障，把社会主义核心价值体系融入国民

教育、精神文明建设和党的建设全过程，贯穿改革开放和社会主义现代化建设各领域，体现到精神文化产品创作生产传播各方面，坚持用社会主义核心价值体系引领社会思潮，在全党全社会形成统一指导思想、共同理想信念、强大精神力量、基本道德规范。

（一）坚持马克思主义指导地位。马克思主义深刻揭示了人类社会发展规律，坚定维护和发展最广大人民根本利益，是指引人民推动社会进步、创造美好生活的科学理论。要毫不动摇地坚持马克思主义基本原理，紧密结合中国实际、时代特征、人民愿望，用发展着的马克思主义指导新的实践。坚持不懈用中国特色社会主义理论体系武装全党、教育人民，推动学习实践科学发展观向深度和广度拓展，引导党员、干部深入学习贯彻党的基本理论、基本路线、基本纲领、基本经验，学习马克思主义经典著作，系统掌握马克思主义立场、观点、方法。科学分析世情、国情、党情新变化，深入研究解决改革开放和社会主义现代化建设新课题，不断深化对共产党执政规律、社会主义建设规律、人类社会发展规律的认识，不断把党带领人民创造的成功经验上升为理论，不断赋予当代中国马克思主义鲜明的实践特色、民族特色、时代特色。坚持以领导班子和领导干部为重点，以提高思想政治素养为根本，以建设学习型党组织为抓手，大力推进马克思主义学习型政党建设。深入推进马克思主义理论研究和建设工程，实施中国特色社会主义理论体系普及计划，加强重点学科体系和教材体系建设，推动中国特色社会主义理论体系进教材、进课堂、进头脑，加强和改进学校思想政治教育。

（二）坚定中国特色社会主义共同理想。中国特色社会主义是当代中国发展进步的根本方向，集中体现了最广大人民根本利益和共同愿望。要深入开展理想信念教育，引导干部群众深刻认识中国共产党领导和中国特色社会主义制度的历史必然性和优越性，深刻认识中国特色社会主义道路既是实现社会主义现代化和中华民族伟大复兴的必由之路，也是创造人民美好生活的必由之路，自觉把个人理想融入中国特色社会主义共同理想之中，最大限度把广大人民团结和凝聚在中国特色社会主义伟大旗帜之下。紧密结合中国特色社会主义成功实践，联系干部群众思想实际，针对社会热点难点问题，从理论和实践结合上作出有说服力的回答，引导干部群众在重大思想理论问题上划清是非界限、澄清模糊认识，有力抵制各种错误和腐朽思想影响。深入开展形势政策教育、国情教育、革命传统教育、改革开放教育、国防教育，组织学习中国近现代史特别是党领导人民进行革命、建设、改革的历史，坚定广大干部群众对中国特色社会主义的信心和信念。

（三）弘扬以爱国主义为核心的民族精神和以改革创新为核心的时代精神。爱国主义是中华民族最深厚的思想传统，最能感召中华儿女团结奋斗；改革创新是当代中国最鲜明的时代特征，最能激励中华儿女锐意进取。要广泛开展民族精神教育，大力弘扬爱国主义、集体主义、社会主义思想，增强民族自尊心、自信心、自豪感，激励人民把爱国热情化作振兴中华的实际行动，以热爱祖国和贡献自己全部力量建设祖国为最大光荣、以损害祖国利益和尊严为最大耻辱。广泛开展时代精神教育，引导干部群众始终保持与时俱进、开拓创新的精神状态，永不自满、永不僵化、永不停滞，以思想不断解放推动事业持续发展。大力弘扬一切有利于国家富强、民族振兴、人民幸福、社会和谐的思想和精神，大力发扬艰苦奋斗、劳动光荣、勤俭节约的优良传统。加强民族团结进步教育，增进对伟大祖国和中华民族的认同，促进各民族共同团结奋斗、共同繁荣发展。加强爱国主义教育基地建设，用好红色旅游资源，使之成为弘扬培育民族精神和时代精神的重要课堂。

（四）树立和践行社会主义荣辱观。社会主义荣辱观体现了社会主义道德的根本要求。要深入开展社会主义荣辱观宣传教育，弘扬中华传统美德，推进公民道德建设工程，加强社会公德、职业道德、家庭美德、个人品德教育，评选表彰道德模范，学习宣传先进典型，引导人民增强道德判断力和道德荣誉感，自觉履行法定义务、社会责任、家庭责任，在全社会形成知荣辱、讲正气、作奉献、促和谐的良好风尚。深化群众性精神文明创建活动，广泛开展志愿服务，拓展各类道德实践活动，倡导爱国、敬业、诚信、友善等道德规范，形成男女平等、尊老爱幼、扶贫济困、扶弱助残、礼让宽容的人际关系。全面加强学校德育体系建设，构建学校、家庭、社会紧密协作的教育网络，动员社会各方面共同做好青少年思想道德教育工作。深入开展学雷锋活动，采取措施推动学习活动常态化。深化政风、行风建设，开展道德领域突出问题专项教育和治理，坚决反对拜金主义、享乐主义、极端个人主义，坚决纠正以权谋私、造假欺诈、见利忘义、损人利己的歪风邪气。把诚信建设摆在突出位置，大力推进政务诚信、商务诚信、社会诚信和司法公信建设，抓紧建立健全覆盖全社会的征信系统，加大对失信行为惩戒力度，在全社会广泛形成守信光荣、失信可耻的氛围。加强法制宣传教育，弘扬社会主义法治精神，树立社会主义法治理念，提高全民法律素质，推动人人学法尊法守法用法，维护法律权威和社会公平正义。加强人文关怀和心理疏导，培育自尊自信、理性平和、积极向上的社会心态。弘扬科学精神，普及科学知识，倡导移风易俗、抵制封建迷信。深入开展反腐倡廉教育，推进廉政文化建设。

四、全面贯彻"二为"方向和"双百"方针，为人民提供更好更多的精神食粮

创作生产更多无愧于历史、无愧于时代、无愧于人民的优秀作品，是文化繁荣发展的重要标志。必须全面贯彻为人民服务、为社会主义服务的方向和百花齐放、百家争鸣的方针，立足发展先进文化、建设和谐

文化，激发文化创作生产活力，提高文化产品质量，发挥文化引领风尚、教育人民、服务社会、推动发展的作用。

（一）坚持正确创作方向。正确创作方向是文化创作生产的根本性问题，一切进步的文化创作生产都源于人民、为了人民、属于人民。必须牢固树立人民是历史创造者的观点，坚持以人民为中心的创作导向，热情讴歌改革开放和社会主义现代化建设伟大实践，生动展示我国人民奋发有为的精神风貌和创造历史的辉煌业绩。要引导文化工作者牢记为人民服务、为社会主义服务的神圣职责，坚持正确文化立场，认真对待和积极追求文化产品社会效果，弘扬真善美，贬斥假恶丑，把学术探索和艺术创作融入实现中华民族伟大复兴的事业之中。坚持发扬学术民主、艺术民主，营造积极健康、宽松和谐的氛围，提倡不同观点和学派充分讨论，提倡体裁、题材、形式、手段充分发展，推动观念、内容、风格、流派积极创新。把创新精神贯穿文化创作生产全过程，弘扬民族优秀文化传统和五四运动以来形成的革命文化传统，学习借鉴国外文化创新有益成果，兼收并蓄、博采众长，增强文化产品时代感和吸引力。

（二）繁荣发展哲学社会科学。坚持和发展中国特色社会主义，必须大力发展哲学社会科学，使之更好发挥认识世界、传承文明、创新理论、咨政育人、服务社会的重要功能。要巩固发展马克思主义理论学科，坚持基础研究和应用研究并重，传统学科和新兴学科、交叉学科并重，结合我国实际和时代特点，建设具有中国特色、中国风格、中国气派的哲学社会科学。坚持以重大现实问题为主攻方向，加强对全局性、战略性、前瞻性问题研究，加快哲学社会科学成果转化，更好服务经济社会发展。实施哲学社会科学创新工程，发挥国家哲学社会科学基金示范引导作用，推进学科体系、学术观点、科研方法创新，重点扶持立足中国特色社会主义实践的研究项目，着力推出代表国家水准、具有世界影响、经得起实践和历史检验的优秀成果。整合哲学社会科学研究力量，建设一批社会科学研究基地和国家重点实验室，建设一批具有专业优势的思想库，加强哲学社会科学信息化建设。

（三）加强和改进新闻舆论工作。舆论导向正确是党和人民之福，舆论导向错误是党和人民之祸。要坚持马克思主义新闻观，牢牢把握正确导向，坚持团结稳定鼓劲、正面宣传为主，壮大主流舆论，提高舆论引导的及时性、权威性和公信力、影响力，发挥宣传党的主张、弘扬社会正气、通达社情民意、引导社会热点、疏导公众情绪、搞好舆论监督的重要作用，保障人民知情权、参与权、表达权、监督权。以党报党刊、通讯社、电台电视台为主，整合都市类媒体、网络媒体等宣传资源，构建统筹协调、责任明确、功能互补、覆盖广泛、富有效率的舆论引导格局。加强和改进正面宣传，加强社会主义核心价值体系宣传，加强舆情分析研判，加强社会热点难点问题引导，从群众关注点入手，科学解疑释惑，有效凝聚共识。做好重大突发事件新闻报道，完善新闻发布制度，健全应急报道和舆论引导机制，提高时效性，增加透明度。加强和改进舆论监督，推动解决党和政府高度重视、群众反映强烈的实际问题，维护人民利益，密切党群关系，促进社会和谐。新闻媒体和新闻工作者要秉持社会责任和职业道德，真实准确传播新闻信息，自觉抵制错误观点，坚决杜绝虚假新闻。

（四）推出更多优秀文艺作品。文学、戏剧、电影、电视、音乐、舞蹈、美术、摄影、书法、曲艺、杂技以及民间文艺、群众文艺等各领域文艺工作者都要积极投身到讴歌时代和人民的文艺创造活动之中，在社会生活中汲取素材、提炼主题，以充沛的激情、生动的笔触、优美的旋律、感人的形象，创作生产出思想性艺术性观赏性相统一、人民喜闻乐见的优秀文艺作品。实施精品战略，组织好"五个一工程"、重大革命和历史题材创作工程、重点文学艺术作品扶持工程、优秀少儿作品创作工程，鼓励原创和现实题材创作，不断推出文艺精品。扶持代表国家水准、具有民族特色和地方特色的优秀艺术品种，积极发展新的艺术样式。鼓励一切有利于陶冶情操、愉悦身心、寓教于乐的文艺创作，抵制低俗之风。

（五）发展健康向上的网络文化。加强网上思想文化阵地建设，是社会主义文化建设的迫切任务。要认真贯彻积极利用、科学发展、依法管理、确保安全的方针，加强和改进网络文化建设和管理，加强网上舆论引导，唱响网上思想文化主旋律。实施网络内容建设工程，推动优秀传统文化瑰宝和当代文化精品网络传播，制作适合互联网和手机等新兴媒体传播的精品佳作，鼓励网民创作格调健康的网络文化作品。支持重点新闻网站加快发展，打造一批在国内外有较强影响力的综合性网站和特色网站，发挥主要商业网站建设性作用，培育一批网络内容生产和服务骨干企业。发展网络新技术新业态，占领网络信息传播制高点。广泛开展文明网站创建，推动文明办网、文明上网，督促网络运营服务企业履行法律义务和社会责任，不为有害信息提供传播渠道。加强网络法制建设，加快形成法律规范、行政监管、行业自律、技术保障、公众监督、社会教育相结合的互联网管理体系。加强对社交网络和即时通信工具等的引导和管理，规范网上信息传播秩序，培育文明理性的网络环境。依法惩处传播有害信息行为，深入推进整治网络淫秽色情和低俗信息专项行动，严厉打击网络违法犯罪。加大网上个人信息保护力度，建立网络安全评估机制，维护公共利益和国家信息安全。

（六）完善文化产品评价体系和激励机制。坚持把遵循社会主义先进文化前进方向、人民群众满意作为评价作品最高标准，把群众评价、专家评价和市场检验统一起来，形成科学的评价标准。要建立公开、公平、公正评奖机制，精简评奖种类，改进评奖办法，提高权威性和公信度。加强文艺理论建设，培养高素质文艺评论队伍，开展积极健康的文艺批评，褒优贬劣，激浊扬清。加大优秀文化产品推广力度，运用主流媒体、公共文化场所等资源，在资金、频道、版面、场地等方面为展演展映展播展览弘扬主流价值的精品力作提供条件。设立专项艺术基金，支持收藏和推介优秀文化作品。加大知识产权保护力度，依法惩处侵权行为，维护著作权人合法权益。

五、大力发展公益性文化事业，保障人民基本文化权益

满足人民基本文化需求是社会主义文化建设的基本任务。必须坚持政府主导，按照公益性、基本性、均等性、便利性的要求，加强文化基础设施建设，完善公共文化服务网络，让群众广泛享有免费或优惠的基本公共文化服务。

（一）构建公共文化服务体系。加强公共文化服务是实现人民基本文化权益的主要途径。要以公共财政为支撑，以公益性文化单位为骨干，以全体人民为服务对象，以保障人民群众看电视、听广播、读书看报、进行公共文化鉴赏、参与公共文化活动等基本文化权益为主要内容，完善覆盖城乡、结构合理、功能健全、实用高效的公共文化服务体系。把主要公共文化产品和服务项目、公益性文化活动纳入公共财政经常性支出预算。采取政府采购、项目补贴、定向资助、贷款贴息、税收减免等政策措施鼓励各类文化企业参与公共文化服务。鼓励国家投资、资助或拥有版权的文化产品无偿用于公共文化服务。加强文化馆、博物馆、图书馆、美术馆、科技馆、纪念馆、工人文化宫、青少年宫等公共文化服务设施和爱国主义教育示范基地建设并完善向社会免费开放服务，鼓励其他国有文化单位、教育机构等开展公益性文化活动，各类公共场所要为群众性文化活动提供便利。统筹规划和建设

基层公共文化服务设施,坚持项目建设和运行管理并重,实现资源整合、共建共享。加强社区公共文化设施建设,把社区文化中心建设纳入城乡规划和设计,拓展投资渠道。完善面向妇女、未成年人、老年人、残疾人的公共文化服务设施。引导和鼓励社会力量通过兴办实体、资助项目、赞助活动、提供设施等形式参与公共文化服务。推进国家公共文化服务体系示范区创建。制定公共文化服务指标体系和绩效考核办法。

(二)发展现代传播体系。提高社会主义先进文化辐射力和影响力,必须加快构建技术先进、传输快捷、覆盖广泛的现代传播体系。要加强党报党刊、通讯社、电台电视台和重要出版社建设,进一步完善采编、发行、播发系统,加快数字化转型,扩大有效覆盖面。加强国际传播能力建设,打造国际一流媒体,提高新闻信息原创率、首发率、落地率。建立统一联动、安全可靠的国家应急广播体系。完善国家数字图书馆建设。整合有线电视网络,组建国家级广播电视网络公司。推进电信网、广电网、互联网三网融合,建设国家新媒体集成播控平台,创新业务形态,发挥各类信息网络设施的文化传播作用,实现互联互通、有序运行。

(三)建设优秀传统文化传承体系。优秀传统文化凝聚着中华民族自强不息的精神追求和历久弥新的精神财富,是发展社会主义先进文化的深厚基础,是建设中华民族共有精神家园的重要支撑。要全面认识祖国传统文化,取其精华、去其糟粕,古为今用、推陈出新,坚持保护利用、普及弘扬并重,加强对优秀传统文化思想价值的挖掘和阐发,维护民族文化基本元素,使优秀传统文化成为新时代鼓舞人民前进的精神力量。加强文化典籍整理和出版工作,推进文化典籍资源数字化。加强国家重大文化和自然遗产地、重点文物保护单位、历史文化名城名镇名村保护建设,抓好非物质文化遗产保护传承。深入挖掘

中共中央关于深化文化体制改革推动社会主义文化大发展大繁荣若干重大问题的决定

民族传统节日文化内涵，广泛开展优秀传统文化教育普及活动。发挥国民教育在文化传承创新中的基础性作用，增加优秀传统文化课程内容，加强优秀传统文化教学研究基地建设。大力推广和规范使用国家通用语言文字，科学保护各民族语言文字。繁荣发展少数民族文化事业，开展少数民族特色文化保护工作，加强少数民族语言文字党报党刊、广播影视节目、出版物等译制播出出版。加强同香港、澳门的文化交流合作，加强同台湾的各种形式文化交流，共同弘扬中华优秀传统文化。

（四）加快城乡文化一体化发展。增加农村文化服务总量，缩小城乡文化发展差距，对推进社会主义新农村建设、形成城乡经济社会发展一体化新格局具有重大意义。要以农村和中西部地区为重点，加强县级文化馆和图书馆、乡镇综合文化站、村文化室建设，深入实施广播电视村村通、文化信息资源共享、农村电影放映、农家书屋等文化惠民工程，扩大覆盖、消除盲点、提高标准、完善服务、改进管理。加大对革命老区、民族地区、边疆地区、贫困地区文化服务网络建设支持和帮扶力度。深入开展全民阅读、全民健身活动，推动文化科技卫生"三下乡"、科教文体法律卫生"四进社区"、"送欢乐下基层"等活动经常化。引导企业、社区积极开展面向农民工的公益性文化活动，尽快把农民工纳入城市公共文化服务体系。建立以城带乡联动机制，合理配置城乡文化资源，鼓励城市对农村进行文化帮扶，把支持农村文化建设作为创建文明城市基本指标。鼓励文化单位面向农村提供流动服务、网点服务，推动媒体办好农村版和农村频率频道，做好主要党报党刊在农村基层发行和赠阅工作。扶持文化企业以连锁方式加强基层和农村文化网点建设，推动电影院线、演出院线向市县延伸，支持演艺团体深入基层和农村演出。中央、省、市三级设立农村文化建设专项资金，保证一定数量的中央转移支付资金用于乡镇和村文化建设。

六、加快发展文化产业，推动文化产业成为国民经济支柱性产业

发展文化产业是社会主义市场经济条件下满足人民多样化精神文化需求的重要途径。必须坚持社会主义先进文化前进方向，坚持把社会效益放在首位、社会效益和经济效益相统一，按照全面协调可持续的要求，推动文化产业跨越式发展，使之成为新的经济增长点、经济结构战略性调整的重要支点、转变经济发展方式的重要着力点，为推动科学发展提供重要支撑。

（一）构建现代文化产业体系。加快发展文化产业，必须构建结构合理、门类齐全、科技含量高、富有创意、竞争力强的现代文化产业体系。要在重点领域实施一批重大项目，推进文化产业结构调整，发展壮大出版发行、影视制作、印刷、广告、演艺、娱乐、会展等传统文化产业，加快发展文化创意、数字出版、移动多媒体、动漫游戏等新兴文化产业。鼓励有实力的文化企业跨地区、跨行业、跨所有制兼并重组，培育文化产业领域战略投资者。优化文化产业布局，发挥东中西部地区各自优势，加强文化产业基地规划和建设，发展文化产业集群，提高文化产业规模化、集约化、专业化水平。加大对拥有自主知识产权、弘扬民族优秀文化的产业支持力度，打造知名品牌。发掘城市文化资源，发展特色文化产业，建设特色文化城市。发挥首都全国文化中心示范作用。规划建设各具特色的文化创业创意园区，支持中小文化企业发展。推动文化产业与旅游、体育、信息、物流、建筑等产业融合发展，增加相关产业文化含量，延伸文化产业链，提高附加值。

（二）形成公有制为主体、多种所有制共同发展的文化产业格局。加快发展文化产业，必须毫不动摇地支持和壮大国有或国有控股文化企业，毫不动摇地鼓励和引导各种非公有制文化企业健康发展。要培育一

中共中央关于深化文化体制改革推动社会主义文化大发展大繁荣若干重大问题的决定

批核心竞争力强的国有或国有控股大型文化企业或企业集团,在发展产业和繁荣市场方面发挥主导作用。在国家许可范围内,引导社会资本以多种形式投资文化产业,参与国有经营性文化单位转企改制,参与重大文化产业项目实施和文化产业园区建设,在投资核准、信用贷款、土地使用、税收优惠、上市融资、发行债券、对外贸易和申请专项资金等方面给予支持,营造公平参与市场竞争、同等受到法律保护的体制和法制环境。加强和改进对非公有制文化企业的服务和管理,引导他们自觉履行社会责任。

(三)推进文化科技创新。科技创新是文化发展的重要引擎。要发挥文化和科技相互促进的作用,深入实施科技带动战略,增强自主创新能力。抓住一批全局性、战略性重大科技课题,加强核心技术、关键技术、共性技术攻关,以先进技术支撑文化装备、软件、系统研制和自主发展,重视相关技术标准制定,加快科技创新成果转化,提高我国出版、印刷、传媒、影视、演艺、网络、动漫等领域技术装备水平,增强文化产业核心竞争力。依托国家高新技术园区、国家可持续发展实验区等建立国家级文化和科技融合示范基地,把重大文化科技项目纳入国家相关科技发展规划和计划。健全以企业为主体、市场为导向、产学研相结合的文化技术创新体系,培育一批特色鲜明、创新能力强的文化科技企业,支持产学研战略联盟和公共服务平台建设。

(四)扩大文化消费。增加文化消费总量,提高文化消费水平,是文化产业发展的内生动力。要创新商业模式,拓展大众文化消费市场,开发特色文化消费,扩大文化服务消费,提供个性化、分众化的文化产品和服务,培育新的文化消费增长点。提高基层文化消费水平,引导文化企业投资兴建更多适合群众需求的文化消费场所,鼓励出版适应群众购买能力的图书报刊,鼓励在商业演出和电影放映中安排一定数量的低价场次或门票,鼓励网络文化运营商开发更多低收费业务,有条件的地方要为困难群众和农民工文化消费提供适当补贴。积极发展文化旅游，促进非物质文化遗产保护传承与旅游相结合，发挥旅游对文化消费的促进作用。

七、进一步深化改革开放，加快构建有利于文化繁荣发展的体制机制

文化引领时代风气之先，是最需要创新的领域。必须牢牢把握正确方向，加快推进文化体制改革，建立健全党委领导、政府管理、行业自律、社会监督、企事业单位依法运营的文化管理体制和富有活力的文化产品生产经营机制，发挥市场在文化资源配置中的积极作用，创新文化走出去模式，为文化繁荣发展提供强大动力。

（一）深化国有文化单位改革。以建立现代企业制度为重点，加快推进经营性文化单位改革，培育合格市场主体。科学界定文化单位性质和功能，区别对待、分类指导、循序渐进、逐步推开，推进一般国有文艺院团、非时政类报刊社、新闻网站转企改制，拓展出版、发行、影视企业改革成果，加快公司制股份制改造，完善法人治理结构，形成符合现代企业制度要求、体现文化企业特点的资产组织形式和经营管理模式。创新投融资体制，支持国有文化企业面向资本市场融资，支持其吸引社会资本进行股份制改造。着眼于突出公益属性、强化服务功能、增强发展活力，全面推进文化事业单位人事、收入分配、社会保障制度改革，明确服务规范，加强绩效评估考核。创新公共文化服务设施运行机制，吸纳有代表性的社会人士、专业人士、基层群众参与管理。推动党报党刊、电台电视台进一步完善管理和运行机制。推动一般时政类报刊社、公益性出版社、代表民族特色和国家水准的文艺院团等事业单位实行企业化管理，增强面向市场、面向群众提供服

务能力。

（二）健全现代文化市场体系。促进文化产品和要素在全国范围内合理流动，必须构建统一开放竞争有序的现代文化市场体系。要重点发展图书报刊、电子音像制品、演出娱乐、影视剧、动漫游戏等产品市场，进一步完善中国国际文化产业博览交易会等综合交易平台。发展连锁经营、物流配送、电子商务等现代流通组织和流通形式，加快建设大型文化流通企业和文化产品物流基地，构建以大城市为中心、中小城市相配套、贯通城乡的文化产品流通网络。加快培育产权、版权、技术、信息等要素市场，办好重点文化产权交易所，规范文化资产和艺术品交易。加强行业组织建设，健全中介机构。

（三）创新文化管理体制。深化文化行政管理体制改革，加快政府职能转变，强化政策调节、市场监管、社会管理、公共服务职能，推动政企分开、政事分开，理顺政府和文化企事业单位关系。完善管人管事管资产管导向相结合的国有文化资产管理体制。健全文化市场综合行政执法机构，推动副省级以下城市完善综合文化行政责任主体。加快文化立法，制定和完善公共文化服务保障、文化产业振兴、文化市场管理等方面法律法规，提高文化建设法制化水平。坚持主管主办制度，落实谁主管谁负责和属地管理原则，严格执行文化资本、文化企业、文化产品市场准入和退出政策，综合运用法律、行政、经济、科技等手段提高管理效能。深入开展"扫黄打非"，完善文化市场管理，坚决扫除毒害人们心灵的腐朽文化垃圾，切实营造确保国家文化安全的市场秩序。

（四）完善政策保障机制。保证公共财政对文化建设投入的增长幅度高于财政经常性收入增长幅度，提高文化支出占财政支出比例。扩大公共财政覆盖范围，完善投入方式，加强资金管理，提高资金使用效益，保障公共文化服务体系建设和运行。落实和完善文化经济政策，支持社会组织、机构、个人捐赠和兴办公益性文化事业，引导文化非营利机构提供公共文化产品和服务。加大财政、税收、金融、用地等方面对文化产业的政策扶持力度，鼓励文化企业和社会资本对接，对文化内容创意生产、非物质文化遗产项目经营实行税收优惠。设立国家文化发展基金，扩大有关文化基金和专项资金规模，提高各级彩票公益金用于文化事业比重。继续执行文化体制改革配套政策，对转企改制国有文化单位扶持政策执行期限再延长五年。

（五）推动中华文化走向世界。开展多渠道多形式多层次对外文化交流，广泛参与世界文明对话，促进文化相互借鉴，增强中华文化在世界上的感召力和影响力，共同维护文化多样性。创新对外宣传方式方法，增强国际话语权，妥善回应外部关切，增进国际社会对我国基本国情、价值观念、发展道路、内外政策的了解和认识，展现我国文明、民主、开放、进步的形象。实施文化走出去工程，完善支持文化产品和服务走出去政策措施，支持重点主流媒体在海外设立分支机构，培育一批具有国际竞争力的外向型文化企业和中介机构，完善译制、推介、咨询等方面扶持机制，开拓国际文化市场。加强海外中国文化中心和孔子学院建设，鼓励代表国家水平的各类学术团体、艺术机构在相应国际组织中发挥建设性作用，组织对外翻译优秀学术成果和文化精品。构建人文交流机制，把政府交流和民间交流结合起来，发挥非公有制文化企业、文化非营利机构在对外文化交流中的作用，支持海外侨胞积极开展中外人文交流。建立面向外国青年的文化交流机制，设立中华文化国际传播贡献奖和国际性文化奖项。

（六）积极吸收借鉴国外优秀文化成果。坚持以我为主、为我所用，学习借鉴一切有利于加强我国社会主义文化建设的有益经验、一切有利于丰富我国人民文化生活的积极成果、一切有利于发展我国文化事业和文化产业的经营管理理念和机制。加强文化领域智力、人才、技术引进工作。吸收外资进入法律法规许可的文化产业领域，保障投资者合法权益。鼓励文化单位同国外有实力的文化机构进行项目合作,学习先进制作技术和管理经验。鼓励外资企业在华进行文化科技研发,发展服务外包。开展知识产权保护国际合作。

八、建设宏大文化人才队伍,为社会主义文化大发展大繁荣提供有力人才支撑

推动社会主义文化大发展大繁荣,队伍是基础,人才是关键。要坚持尊重劳动、尊重知识、尊重人才、尊重创造,深入实施人才强国战略,牢固树立人才是第一资源思想,全面贯彻党管人才原则,加快培养造就德才兼备、锐意创新、结构合理、规模宏大的文化人才队伍。

(一)造就高层次领军人物和高素质文化人才队伍。高层次领军人物和专业文化工作者是社会主义文化建设的中坚力量。要继续实施"四个一批"人才培养工程和文化名家工程,建立重大文化项目首席专家制度,造就一批人民喜爱、有国际影响的名家大师和民族文化代表人物。加强专业文化工作队伍、文化企业家队伍建设,扶持资助优秀中青年文化人才主持重大课题、领衔重点项目,抓紧培养善于开拓文化新领域的拔尖创新人才、掌握现代传媒技术的专门人才、懂经营善管理的复合型人才、适应文化走出去需要的国际化人才。创新人才培养模式,实施高端紧缺文化人才培养计划,搭建文化人才终身学习平台。鼓励和扶持高等学校和中等职业学校优化专业结构,与文化企事业单位共建培养基地。完善人才培养开发、评价发现、选拔任用、流动配置、激励保障机制,深化职称评审改革,为优秀人才脱颖而出、施展才干创造有利制度环境。重视发现和培养社会文化人才。对非公有制文化单位人员评定职称、参与培训、申报项目、表彰奖励同等对待。完善相关政策措施,多渠道吸引海外优秀文化人才。落实国家荣誉制度,抓紧设立国家级文

荣誉称号，表彰奖励成就卓著的文化工作者。

（二）加强基层文化人才队伍建设。基层文化人才队伍是文化改革发展的基础力量。要制定实施基层文化人才队伍建设规划，完善机构编制、学习培训、待遇保障等方面的政策措施，吸引优秀文化人才服务基层。配好配齐乡镇、街道党委宣传委员、宣传干事和乡镇综合文化站专职人员。设立城乡社区公共文化服务岗位，对服务期满高校毕业生报考文化部门公务员、相关专业研究生实行定向招录。重视发现和培养扎根基层的乡土文化能人、民族民间文化传承人特别是非物质文化遗产项目代表性传承人，鼓励和扶持群众中涌现出的各类文化人才和文化活动积极分子，促进他们健康成长、发挥作用。壮大文化志愿者队伍，鼓励专业文化工作者和社会各界人士参与基层文化建设和群众文化活动，形成专兼结合的基层文化工作队伍。

（三）加强职业道德建设和作风建设。文化工作者要成为优秀文化的生产者和传播者，必须加强自身修养，做道德品行和人格操守的示范者。要引导广大文化工作者特别是名家名人自觉践行社会主义核心价值体系，增强社会责任感，弘扬科学精神和职业道德，发扬严谨笃学、潜心钻研、淡泊名利、自尊自律的风尚，努力追求德艺双馨，坚决抵制学术不端、情趣低俗等不良风气。鼓励文化工作者特别是文化名家、中青年骨干深入实际、深入生活、深入群众，拜人民为师，增强国情了解，增加基层体验，增进群众感情。文化工作者要相互尊重、平等交流、取长补短，共同营造风清气正、和谐奋进的良好氛围。

九、加强和改进党对文化工作的领导，提高推进文化改革发展科学化水平

加强和改进党对文化工作的领导，是推进文化改革发展的根本保

证，也是加强党的执政能力建设和先进性建设的内在要求。必须从战略和全局出发，把握文化发展规律，健全领导体制机制，改进工作方式方法，增强领导文化建设本领。

（一）切实担负起推进文化改革发展的政治责任。各级党委和政府要把文化建设摆在全局工作重要位置，深入研究意识形态和宣传文化工作新情况新特点，及时研究文化改革发展重大问题，加强和改进思想政治工作，牢牢把握意识形态工作主导权，掌握文化改革发展领导权。把文化建设纳入经济社会发展总体规划，与经济社会发展一同研究部署、一同组织实施、一同督促检查。把文化改革发展成效纳入科学发展考核评价体系，作为衡量领导班子和领导干部工作业绩的重要依据。制定社会主义核心价值体系建设实施纲要。在全党深入开展社会主义核心价值体系学习教育，使广大党员、干部成为实践社会主义核心价值体系的模范，做共产主义远大理想和中国特色社会主义共同理想的坚定信仰者。深入做好文化领域知识分子工作，充分尊重知识分子创造性劳动，善于同知识分子特别是有影响的代表人士交朋友，把广大知识分子紧紧团结在党的周围。

（二）加强文化领域领导班子和党组织建设。坚持德才兼备、以德为先用人标准，选好配强文化领域各级领导班子，把政治立场坚定、思想理论水平高、熟悉文化工作、善于驾驭意识形态领域复杂局面的干部充实到领导岗位上来，把文化领域各级领导班子建设成为坚强领导集体。加强领导班子思想政治建设，增强政治敏锐性和政治鉴别力，筑牢思想防线，确保文化阵地导向正确。各级领导干部要高度重视并切实抓好文化工作，加强文化理论学习和文化问题研究，提高文化素养，努力成为领导文化建设的行家里手。把文化建设内容纳入干部培训计划和各级党校、行政学院、干部学院教学体系。结合文化单位特点加强和创新基层党的工作，发挥文化事业单位、国有和国有控股文化企业党组织的领导核心和政治核心作用，重视文化领域非公有制经济组织、新社会组织党的组织建设。注重在文化领域优秀人才、先进青年、业务骨干中发展党员。文化战线全体共产党员要牢固树立党的观念、党员意识，讲党性、重品行、作表率，在推进文化改革发展中创先争优、发挥先锋模范作用。

（三）健全共同推进文化建设工作机制。推动社会主义文化大发展大繁荣是全党全社会的共同责任。要建立健全党委统一领导、党政齐抓共管、宣传部门组织协调、有关部门分工负责、社会力量积极参与的工作体制和工作格局，形成文化建设强大合力。文化领域各部门各单位要自觉贯彻中央决策部署，落实文化改革发展目标任务，发挥文化建设主力军作用。支持人大、政协履行职能，调动各部门积极性，支持民主党派、无党派人士和人民团体发挥作用，共同推进文化改革发展。推动文联、作协、记协等文化领域人民团体创新管理体制、组织形式、活动方式，履行好联络协调服务职能，加强行业自律，依法维护文化工作者权益。全面贯彻党的宗教工作基本方针，发挥宗教界人士和信教群众在促进文化繁荣发展中的积极作用。

（四）发挥人民群众文化创造积极性。人民是推动社会主义文化大发展大繁荣最深厚的力量源泉。要牢固树立马克思主义群众观点，自觉贯彻党的群众路线，为广大群众成为社会主义文化建设者提供广阔舞台。广泛开展群众性文化活动，提高社区文化、村镇文化、企业文化、校园文化等建设水平，引导群众在文化建设中自我表现、自我教育、自我服务。积极搭建公益性文化活动平台，依托重大节庆和民族民间文化资源，组织开展群众乐于参与、便于参与的文化活动。支持群众依法兴办文化团体，精心培育植根群众、服务群众的文化载体和文化样式。及时总结来自群众、生动鲜活的文化创新经验，推广大众文化优秀成果，在全社会营造鼓励文化创造的良好氛围，让蕴藏于人民中的文化创造活力得到充分发挥。

中国人民解放军和中国人民武装警察部队文化建设工作，由中央军委根据本决定精神作出部署。

中华民族伟大复兴必然伴随着中华文化繁荣兴盛。全党要紧密团结在以胡锦涛同志为总书记的党中央周围，满怀信心带领全国各族人民在坚持和发展中国特色社会主义的伟大实践中进行文化创造，为把我国建设成为社会主义文化强国而努力奋斗！

出版后记

《文化强国之路》一书选编了李长春同志2002年12月至2013年5月期间关于文化改革发展的重要讲话、谈话、文章、批示共91篇，照片69幅。其中，所选的讲话和谈话绝大部分为第一次公开发表。有些文稿是讲话和谈话的节选或摘录，在题注中作了说明。

党的十六大以来，以胡锦涛同志为总书记的党中央高度重视文化建设，从中国特色社会主义经济建设、政治建设、文化建设、社会建设四位一体总体布局的战略高度，先后就深化文化体制改革、推动社会主义文化大发展大繁荣、建设社会主义文化强国，作出一系列重要决策部署。作为主管宣传思想文化工作的中央领导同志，李长春同志深入农村、社区、企业和文化单位进行调研，召开专题座谈会，听取基层干部群众的意见和建议，与广大文化工作者共商文化改革发展大计，谋划文化改革发展蓝图，制定重要方针政策，指导文化体制改革工作，推动贯彻落实中央决策部署。本书所选的讲话、谈话、文章、批示，真实记录了党的十六大以来文化改革发展的历程。在收入本书时，李长春同志逐篇作了修改审定。

为方便读者对文化改革发展深入了解，本书还收录了《中国共产党第十七届中央委员会第六次全体会议公报》和《中共中央关于深化文化体制改革推动社会主义文化大发展大繁荣若干重大问题的决定》。同时，对正文中涉及的部分人物、事件和专有名词等，首次出现时编者做了简要注释，以后不再注释。书中领导同志职务均为时任职务。

第十六届和第十七届中央宣传思想工作领导小组成员、中央文化体制改革工作领导小组部分成员对本书提出了宝贵意见。中央宣传部对本书编辑工作提供了大力支持，雒树刚同志给予了具体指导。在此，一并表示谢忱。

参加本书编辑工作的有赵奇、张西明、郑伟、王雷鸣、桂本东、张二国、夏云海、阮宏波、欧阳辉同志。为本书从各方面提供支持的还有张江、邓茂生、王宗华、刘辉等同志。

人民出版社
2013 年 10 月

责任编辑：郑　治
封面设计：马淑玲
责任校对：王　惠

图书在版编目（CIP）数据

文化强国之路：文化体制改革的探索与实践／李长春　著．
－北京：人民出版社，2013.12
ISBN 978－7－01－012775－0

I.①文… II.①李… III.①文化事业－体制改革－研究－中国　IV.①G12

中国版本图书馆 CIP 数据核字（2013）第 262747 号

文化强国之路
WENHUA QIANGGUO ZHI LU
文化体制改革的探索与实践

李长春　著

人 民 出 版 社 出版发行
（100706　北京市东城区隆福寺街 99 号）

北京新华印刷有限公司印刷　新华书店经销

2013 年 12 月第 1 版　2013 年 12 月北京第 1 次印刷
开本：710 毫米 ×1000 毫米 1/16　印张：52.75　插页：1
字数：585 千字　印数：00,001－50,000 册

ISBN 978－7－01－012775－0　定价：138.00 元（上、下）

邮购地址 100706　北京市东城区隆福寺街 99 号
人民东方图书销售中心　电话（010）65250042　65289539

版权所有·侵权必究
凡购买本社图书，如有印制质量问题，我社负责调换。
服务电话：（010）65250042